Р. ФЕЙНМАН Р. ЛЕЙТОН М. СЭНДС

Р. ФЕЙНМАН Р. ЛЕЙТОН М. СЭНДС

ФЕЙНМАНОВСКИЕ ЛЕКЦИИ ПО ФИЗИКЕ

том 6

Квантовая механика

Издательство АСТ
Москва

УДК 53
ББК 22.3
Ф36

Серия «Фейнмановские лекции по физике»

Richard P. Feynman, Robert B. Leighton, Matthew Sands

THE FEYNMAN LECTURES ON PHYSICS:
THE NEW MILLENNIUM EDITION

Печатается с разрешения издательства Basic Books,
an imprint of Perseus Books, LLC,
a subsidiary of Hachette Book Group, Inc. (США) при содействии
Агентства Александра Корженевского (Россия).

Компьютерный дизайн *В.А. Воронина*

Перевод с английского *Г.И. Копылова*
под редакцией *Я.А. Смородинского*

Фейнман, Ричард.

Ф36 Фейнмановские лекции по физике. Т. VI (8-9) / Ричард Фейнман, Роберт Лейтон, Мэтью Сэндс; [перевод с английского]. — Москва : Издательство АСТ, 2021. — 528 с. — (Фейнмановские лекции по физике).

ISBN 978-5-17-135436-7

В свое время преподаватели Калифорнийского технологического университета задумались о том, как можно было бы перестроить курс физики, чтобы сделать его более занимательным и современным. Ричард Фейнман с энтузиазмом подхватил эту идею и согласился прочитать авторский двухгодичный курс лекций по общей физике, но только один раз. Университет, для которого это событие стало историческим, организовал запись лекций, и затем команда физиков подготовила издание в трех томах, которое и поныне считается одним из лучших вводных курсов по физике.

На русском языке трехтомник печатался по частям, всего было девять выпусков. Настоящее издание состоит из 6 томов; номера выпусков, упоминаемые редактором в комментариях, указаны в выходных данных в скобках после номера тома.

В шестой том «Фейнмановских лекций по физике» включены лекции по квантовой механике.

УДК 53
ББК 22.3

От редактора

«Фейнмановские лекции по физике» подходят к концу. Настоящие восьмой и девятый выпуски, составляющие третий том американского издания, завершают курс и приводят читателя к идеям и задачам современной квантовой механики.

Квантовая механика считается трудной наукой. И это правда: ее методы и понятия еще очень далеки от наглядности. Чтобы рассказать о ней понятно и увлекательно, надо совмещать талант педагога и большой опыт исследователя. Обычно барьером к изучению квантовой механики служит ее математический аппарат. Чтобы научиться решать квантовомеханические задачи, надо знать дифференциальные уравнения в частных производных, свободно обращаться со специальными функциями и уметь делать многое другое.

Но в действительности трудность квантовой механики связана не только с математикой. Более того, с нее даже не обязательно начинать. В лекциях Фейнмана изучение квантовой механики начинается с физики, а уравнение Шредингера появляется лишь в конце. При этом оказывается, что о многих задачах — от рассеяния электронов до сверхпроводимости — можно рассказать, не прибегая к исследованию сложных уравнений. Однако это вовсе не означает, что квантовая механика простая наука. В действительности выучить формулы и уравнения, пожалуй, легче, чем следовать физическим рассуждениям и понимать логику явлений природы, которая часто выглядит весьма странной. Поэтому надо потратить много времени и труда, чтобы постичь красоту и величие того, о чем рассказано в этом курсе. Если читатель с успехом преодолеет первый этап долгого пути, то будет полностью вознагражден за свои усилия. К счастью, этот путь не имеет конца. Те, кто захочет пойти дальше, должны, конечно, изучить еще многое другое и, разумеется, довольно сложную (и также очень красивую) математику. Однако и для них то, что они узнали из лекций, будет хорошей школой: полезно с самого начала научиться отделять математический язык науки от ее физического содержания.

Квантовая механика — наука не изолированная. Ее нельзя понять без знания классической физики. Поэтому, читая последние выпуски, полезно время от времени возвращаться к предыдущим. Кстати, то, что в них рассказано, будет теперь выглядеть по-новому.

При подготовке перевода настоящих лекций было обнаружено и исправлено довольно много опечаток и мелких ошибок. Наверное, кое-что и осталось. Многие читатели писали нам об этом, за что мы им весьма признательны. В новом издании все правильные замечания учтены. Мы пользуемся случаем поблагодарить одного из соавторов книги проф. Мэтью Сэндса за исправления, присланные им специально для русского издания.

Я. Смородинский

Июль 1966 г.

Предисловие

Со времени величайшего триумфа физики XX века — рождения квантовой механики — прошло уже 40 лет, но до сих пор, читая студентам вводный (а для многих из них и последний) курс физики, мы ограничиваемся, как правило, не более чем случайными намеками на эту центральную область наших знаний о физическом мире. Считая, что так поступать со студентами нехорошо, мы сделали в настоящем курсе попытку изложить им основные, самые существенные идеи квантовой механики и сделать это так, чтобы это им было понятно. Курс был построен совершенно по-новому, особенно если учесть, что он был рассчитан на второкурсников, и все происшедшее можно было в значительной степени рассматривать как эксперимент. Впрочем, после того как выяснилось, насколько легко многие студенты усваивают предмет, я считаю, что эксперимент удался. Конечно, здесь есть что улучшать, и улучшения последуют, как только у нас появится опыт преподавания. Пока же перед вами лишь отчет о первом эксперименте.

В двухгодичном курсе «Фейнмановских лекций по физике», который читался с сентября 1961 г. по май 1963 г. в качестве вводного курса физики в КАЛТЕХе, понятия квантовой механики вводились всюду, где они были необходимы для понимания описываемых явлений. Кроме того, последние двенадцать лекций второго года были целиком посвящены более связному введению в некоторые понятия квантовой механики. Но по мере того, как лекции близились к концу, становилось ясно, что на квантовую механику мы оставили слишком мало времени. По мере подготовки материала постепенно выяснялось, что с помощью уже развитых элементарных подходов можно рассмотреть и другие важные и интересные темы. Кроме того, еще было опасение, что, чересчур мало поработав с волновой функцией Шредингера, введенной в двенадцатой лекции, студент не сможет ориентироваться в изложении, принятом в других книгах, которые ему придется читать. Поэтому было решено расширить курс еще на семь лекций; они и были прочитаны второкурсникам в мае 1964 г. Эти лекции завершают и несколько расширяют материал, развитый в предыдущих лекциях.

С самого начала в этом томе делается попытка пролить свет на основные и самые общие черты квантовой механики. Первые главы обращаются к представлениям об амплитуде вероятности, интерференции амплитуд, абстрактному определению состояния и к наложению и разложению состояний, причем с самого начала используются обозначения Дирака. В каждом случае введение нового представления сопровождается подробным разбором некоторых частных примеров, чтобы эти физические идеи приобрели как можно большую реальность. Затем следует зависимость состояний от времени, включая состояния с определенной энергией, и эти идеи немедленно применяются к изучению двухуровневых систем — систем, имеющих только два возможных значения энергии. Подробное изучение аммиачного мазера подготавливает почву для введения поглощения света и индуцированных переходов. Затем лекции продолжают рассмотрение более сложных систем, подводя к изучению распространения электронов в кристалле и к довольно полному изложению квантовомеханической теории момента количества движения. Наше введение в квантовую механику заканчивается обсуждением свойств шредингеровской волновой функции, ее дифференциального уравнения и решений для атома водорода.

Последнюю главу этого тома не следует считать частью «курса». Это «семинар» по сверхпроводимости, проведенный в духе тех лекций из первых двух томов, которые были прочитаны «для развлечения», чтобы помочь студентам шире взглянуть на связь того, чему их учили, с общим физическим мировоззрением. «Эпилог» Фейнмана ставит точку на этом курсе.

Как уже объяснялось в предисловии к первому тому (см. вып. 1—4), эти лекции являются лишь частью программы по разработке нового вступительного курса, проводимой в КАЛТЕХе под руководством Комитета по пересмотру курса физики (Роберт Лейтон, Виктор Неер и Мэтью Сэндс). Осуществление этой программы стало возможным благодаря помощи Фонда Форда. Техническую помощь при подготовке этого тома оказали Мэрилу Клейтон, Юлия Курцио, Джеймс Хартл, Том Харвей, Мартин Израэль, Патриция Прейс, Фанни Уоррен, Барбара Циммерман и многие другие. Проф. Джерри Нойгебауер и проф. Чарльз Уилтс внимательно прочли рукопись и во многом способствовали четкости и ясности изложения материала.

Но сама повесть о квантовой механике, которую вы здесь найдете, принадлежит Ричарду Фейнману. Наши труды не были напрасными, если нам удалось донести до других хоть долю восторга, который мы испытывали сами, следя, как в его полных жизни лекциях по физике перед нами разворачиваются все новые и новые идеи.

Декабрь 1964 *Мэтью Сэндс*

Глава 1

АМПЛИТУДЫ ВЕРОЯТНОСТИ *

Повторить: гл. 37 (вып. 3) «Квантовое поведение»; гл. 38 (вып. 3) «Соотношение между волновой и корпускулярной точками зрения»

§ 1. Законы композиции амплитуд

Когда Шредингер впервые открыл правильные законы квантовой механики, он написал уравнение, которое описывало амплитуду вероятности обнаружения частицы в различных местах. Это уравнение было очень похоже на уравнения, которые были уже известны классическим физикам, они ими пользовались, чтобы описать движение воздуха в звуковой волне, распространение света и т. д. Так что в начале развития квантовой механики большую часть времени люди занимались решением этого уравнения. Но в то же время началось (в частности, благодаря Борну и Дираку) понимание тех фундаментально новых идей, которые лежали в основе квантовой механики. По мере дальнейшего ее развития выяснилось, что в ней есть много такого, что прямо в уравнении Шредингера не содержится,— таких вещей, как спин электрона и различные релятивистские явления. Все курсы квантовой механики по традиции начинают с того же самого, повторяя путь, пройденный в историческом развитии предмета. Сперва долго изучают классическую механику, чтобы потом

* В американском издании этот том начинается с двух глав из второго тома [гл. 37 и 38 (вып. 3)], которые авторы считали нужным повторить. Это было сделано для того, чтобы третий том можно было читать, не обращаясь к прежним томам. В русском издании мы не стали печатать их снова: читатель должен всегда держать первые выпуски под рукой, поэтому нумерация глав в русском издании сдвинута на 2 единицы по сравнению с третьим томом. Из тех же соображений мы не перепечатали вновь гл. 34 и 35, они вошли в вып. 7.— *Прим. ред.*

понять, как решается уравнение Шредингера. Затем столь же долго получают различные решения. И лишь после детального изучения этого уравнения переходят к «высшим» вопросам, таким, как спин электрона.

Сначала мы тоже считали, что лучше всего закончить эти лекции, показав, как решаются уравнения классической физики в различных сложных случаях, таких, как описание звуковых волн в замкнутом пространстве, типы электромагнитного излучения в цилиндрических полостях и т. д. Таков был первоначальный план этого курса. Но затем мы решили отказаться от этого плана и вместо этого дать введение в квантовую механику. Мы пришли к заключению, что то, что обычно именуют «высшими» разделами квантовой механики, на самом деле совсем простая вещь. Нужная для этого математика чрезвычайно проста — требуются лишь несложные алгебраические операции, никаких дифференциальных уравнений не нужно (или в крайнем случае нужны самые простые). Проблема только в том, чтобы перепрыгнуть через одно препятствие: усвоить, что мы больше не имеем права *детально* описывать поведение частиц в пространстве. И вот этим-то мы и собираемся заняться: рассказать вам о том, что обычно называют «высшими» разделами квантовой механики. Но уверяю вас, это самые что ни на есть простые (в полном смысле этого слова), но в то же время самые фундаментальные ее части. Честно говоря, это педагогический эксперимент, и, насколько нам известно, он никогда раньше не ставился.

Конечно, здесь есть своя трудность: квантовомеханическое поведение вещей чрезвычайно странно. Никто не может полагаться на то, что его ежедневный опыт даст ему интуитивное, грубое представление о том, что должно произойти. Так что этот предмет можно представить двояким образом: можно либо довольно грубо описать, что происходит — сообщать более или менее подробно, что случится, но не формулировать точных законов, либо же можно приводить и точные законы в их абстрактном виде. Но тогда эта абстракция приведет к тому, что вы не будете знать, к чему физически она относится. Этот способ не годится, потому что он совершенно отвлеченный, а от первого способа будет оставаться неприятный осадок, потому что никогда не будет точно известно, что верно, а что нет. И мы не знаем, как эту трудность обойти. С этой проблемой мы уже сталкивались раньше [гл. 37 и 38 (вып. 3)]. В гл. 37 изложение относительно строгое, а в гл. 38 дано лишь грубое описание различных явлений. Теперь мы попытаемся найти золотую середину.

Мы начнем эту главу с некоторых общих квантовомеханических представлений. Кое-какие из этих утверждений будут совершенно точными, иные же точны лишь частично. При изложе-

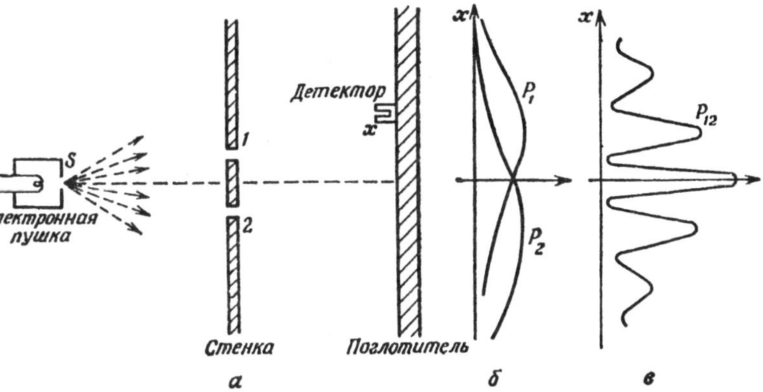

Фиг. 1.1. Интерференционный опыт с электронами.

нии нам будет трудно отмечать, которые из них какие, но к тому времени, когда вы дочитаете книжку до конца, вы уже сами будете понимать, оглядываясь назад, какие части устояли, а какие оказались только грубым объяснением. Главы, которые последуют за этой, не будут столь неточными. Одна из причин, почему мы пытаемся в последующих главах быть как можн более точными, состоит в том, что таким образом мы сможем продемонстрировать одно из самых прекрасных свойств квантовой механики — как много в ней удается вывести из столь малого.

Мы опять начинаем с выяснения свойств суперпозиции, наложения, *амплитуд вероятностей*. Для примера мы сошлемся на опыт, описанный в гл. 37 (вып. 3) и еще раз показанный здесь на фиг. 1.1. Имеется источник частиц s, скажем электронов; дальше стоит стенка, в которой имеются две щели; за стенкой помещен детектор; он находится где-то в точке x. Мы спрашиваем: какова вероятность того, что в точке x будет обнаружена частица? Наш *первый общий принцип* квантовой механики заключается в том, что *вероятность* того, что частица достигнет точки x, выйдя из источника s, может быть численно представлена квадратом модуля комплексного числа, называемого *амплитудой вероятности*, в нашем случае — «амплитудой того, что частица из s попадет в x» *. К этим амплитудам мы будем прибегать так часто, что удобно будет использовать сокращенное обозначение, изобретенное Дираком и повсеместно і. именяемое в квантовой механике, чтобы отображать это понятие. Мы запи-

* По-русски, наверно, правильнее говорить *амплитуда вероятности*, но короче говорить просто *амплитуда* и примириться с выражением типа «*амплитуда того, что электрон находится в точке x*».— *Прим. ред.*

шем аплитуду вероятности так:

$$\langle \text{Частица попадает в } x \mid \text{Частица покидает } s \rangle. \qquad (1.1)$$

Иными словами, две скобки $\langle\ \rangle$ — это знак, эквивалентный словам «амплитуда (вероятности) того, что»; выражение *справа* от вертикальной черточки всегда задает *начальное* условие, а то, что *слева*,— *конечное* условие. А иногда будет удобно еще сильнее сокращать, описывая начальные и конечные условия одной буквой. Например, амплитуду (1.1) можно при случае записать и так:

$$\langle x \mid s \rangle. \qquad (1.2)$$

Надо подчеркнуть, что подобная амплитуда — это, конечно, всего-навсего число — *комплексное* число.

В гл. 37 (вып. 3) мы уже видели, что, когда частица может достичь детектора двумя путями, итоговая вероятность не есть сумма двух вероятностей, а должна быть записана в виде квадрата модуля суммы двух амплитуд. Мы обнаружили, что вероятность того, что электрон достигнет детектора при обеих открытых амбразурах, есть

$$P_{12} = |\varphi_1 + \varphi_2|^2. \qquad (1.3)$$

Теперь мы этот результат собираемся записать в наших новых обозначениях. Сначала сформулируем наш *второй общий принцип* квантовой механики. Когда частица может достичь данного состояния двумя возможными путями, полная амплитуда процесса есть *сумма амплитуд* для этих двух путей, рассматриваемых порознь. В наших новых обозначениях мы напишем

$$\langle x \mid s \rangle_{\text{обе щели открыты}} = \langle x \mid s \rangle_{\text{через 1}} + \langle x \mid s \rangle_{\text{через 2}}. \qquad (1.4)$$

При этом мы предполагаем, что щели 1 и 2 достаточно малы, так что, когда мы говорим, что электрон прошел сквозь щель, не встает вопрос, через какую часть щели он прошел. Конечно, можно разбить каждую щель на участки с конечной амплитудой того, что электрон прошел через верх щели или через низ и т. д. Мы допустим, что щель достаточно мала, так что нам не надо думать об этой детали. Это одна из тех неточностей, о которых мы говорили; суть дела можно уточнить, но мы покамест не будем этого делать.

Теперь мы хотим подробнее расписать, что можно сказать об амплитуде процесса, в котором электрон достигает детектора в точке x через щель 1. Это можно сделать, применив *третий общий принцип*. Когда частица идет каким-то определенным данным путем, то амплитуда для этого пути может быть записана *в виде произведения амплитуды* того, что будет пройдена часть пути, на *амплитуду* того, что и остаток пути будет пройден.

Для установки, показанной на фиг. 1.1, амплитуда перехода от s к x сквозь щель 1 равна амплитуде перехода от s к 1, умноженной на амплитуду перехода от 1 к x:

$$\langle x\,|\,s\rangle_{\text{через } 1} = \langle x\,|\,1\rangle \langle 1\,|\,s\rangle. \tag{1.5}$$

Опять-таки, это утверждение не совсем точно. Нужно добавить еще один множитель — амплитуду того, что электрон пройдет щель в точке 1; но пока это у нас просто щель, и мы положим упомянутый множитель равным единице.

Заметьте, что уравнение (1.5) кажется написанным задом наперед. Его надо читать справа налево: электрон переходит от s к 1 и затем от 1 к x. В итоге если события происходят друг за другом, т. е. если вы способны проанализировать один из путей частицы, говоря, что она сперва делает то-то, затем то-то, потом то-то, то итоговая амплитуда для этого пути вычисляется последовательным умножением на амплитуду каждого последующего события. Пользуясь этим законом, мы можем уравнение (1.4) переписать так:

$$\langle x\,|\,s\rangle_{\text{обе щели открыты}} = \langle x\,|\,1\rangle \langle 1\,|\,s\rangle + \langle x\,|\,2\rangle \langle 2\,|\,s\rangle.$$

А теперь мы покажем, что, используя одни только эти принципы, уже можно решать и более трудные задачи, наподобие показанной на фиг. 1.2. Тут изображены две стенки: одна с двумя щелями 1 и 2, другая с тремя — a, b и c. За второй стенкой в точке x стоит детектор, и мы хотим узнать амплитуду того, что частица достигнет x. Один способ решения состоит в расчете суперпозиции, или интерференции, волн, проходящих сквозь щели; но можно сделать и иначе, сказав, что имеется шесть возможных путей, и накладывая друг на друга их амплитуды. Электрон может пройти через щель 1, затем через щель a и потом в x, или же он мог бы пройти сквозь щель 1, затем сквозь

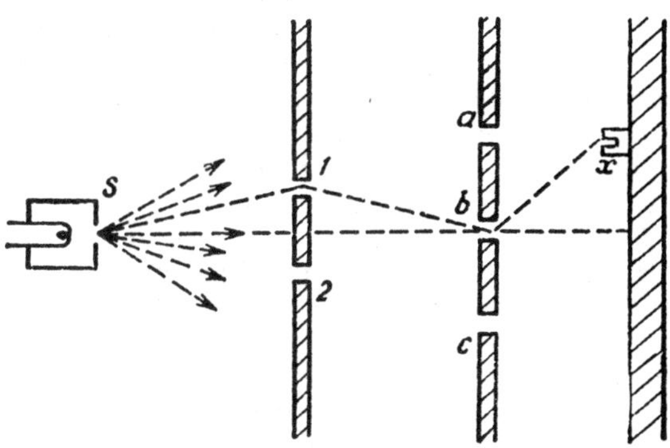

Фиг. 1.2. Интерференционный опыт посложнее.

щель b и затем в x и т. д. Согласно нашему второму принципу, амплитуды взаимоисключающих путей складываются, так что мы должны записать амплитуду перехода от s к x в виде суммы шести отдельных амплитуд. С другой стороны, согласно третьему принципу, каждую из них можно записать в виде произведения трех амплитуд. Например, одна из них — это амплитуда перехода от s к 1, умноженная на амплитуду перехода от 1 к a и на амплитуду перехода от a к x. Используя наше сокращенное обозначение, полную амплитуду перехода от s к x можно записать в виде

$$\langle x|s\rangle = \langle x|a\rangle\langle a|1\rangle\langle 1|s\rangle + \langle x|b\rangle\langle b|1\rangle\langle 1|s\rangle + \ldots$$
$$\ldots + \langle x|c\rangle\langle c|2\rangle\langle 2|s\rangle.$$

Можно сэкономить место, использовав знак суммы:

$$\langle x|s\rangle = \sum_{\substack{i=1,\ 2\\ \alpha=a,\ b,\ c}} \langle x|\alpha\rangle\langle\alpha|i\rangle\langle i|s\rangle. \tag{1.6}$$

Чтобы, пользуясь этим методом, проводить какие-то вычисления, надо, естественно, знать амплитуду перехода из одного места в другое. Я приведу пример типичной амплитуды. В ней не учтены некоторые детали, такие, как поляризация света или спин электрона, а в остальном она абсолютно точна. С ее помощью вы сможете решать задачи, куда входят различные сочетания щелей. Предположим, что частица с определенной энергией переходит в пустом пространстве из положения $\mathbf{r}_1$ в положение $\mathbf{r}_2$. Иными словами, это свободная частица: на нее не действуют никакие силы. Отбрасывая численный множитель впереди, амплитуду перехода от $\mathbf{r}_1$ к $\mathbf{r}_2$ можно записать так:

$$\langle\mathbf{r}_2|\mathbf{r}_1\rangle = \frac{e^{i\mathbf{p}\cdot\mathbf{r}_{12}/\hbar}}{r_{12}}, \tag{1.7}$$

где $\mathbf{r}_{12}=\mathbf{r}_2-\mathbf{r}_1$, а $\mathbf{p}$ — импульс частицы, связанный с ее энергией E релятивистским уравнением

$$p^2c^2 = E^2 - (m_0c^2)^2$$

или нерелятивистским уравнением

$$\frac{p^2}{2m} = \text{Кинетическая энергия.}$$

Уравнение (1.7) в итоге утверждает, что у частицы есть волновые свойства, что амплитуда распространяется как волна с волновым числом, равным импульсу, деленному на $\hbar$.

В общем случае в амплитуду и в соответствующую вероятность входит также и время. В большинстве наших первоначальных рассуждений будет предполагаться, что источник испускает частицы с данной энергией беспрерывно, так что о времени не нужно будет думать. Но, вообще-то говоря, мы вправе заинтересоваться и другими вопросами. Допустим, что частица испущена в некотором месте P в некоторый момент и вы хотите знать амплитуду того, что она окажется в каком-то месте, скажем $\mathbf{r}$, в более позднее время. Это символически можно представить в виде амплитуды $\langle \mathbf{r},\ t=t_1 | P,\ t=0 \rangle$. И ясно, что она зависит и от $\mathbf{r}$, и от t. Помещая детектор в разные места и делая измерения в разные моменты времени, вы получите разные результаты. Эта функция $\mathbf{r}$ и t, вообще говоря, удовлетворяет дифференциальному уравнению, которое является волновым уравнением. Скажем, в нерелятивистском случае это уравнение Шредингера. Получается волновое уравнение, аналогичное уравнению для электромагнитных волн или звуковых волн в газе. Однако надо подчеркнуть, что волновая функция, удовлетворяющая уравнению, не похожа на реальную волну в пространстве; с этой волной нельзя связать никакой реальности, как это делается со звуковой волной.

Хотя, имея дело с одной частицей, можно начать пытаться мыслить на языке «корпускулярных волн», но ничего в этом хорошего нет, потому что если, скажем, частиц не одна, а две, то амплитуда обнаружить одну из них в $\mathbf{r}_1$, а другую в $\mathbf{r}_2$ не есть обычная волна в трехмерном пространстве, а зависит от *шести* пространственных переменных $\mathbf{r}_1$ и $\mathbf{r}_2$. Когда частиц две (или больше), возникает потребность в следующем добавочном принципе. Если две частицы не взаимодействуют, то амплитуда того, что одна частица совершит что-то одно, а другая сделает что-то другое, есть произведение двух амплитуд — амплитуд того, что две частицы проделали бы это по отдельности. Например, если $\langle a | s_1 \rangle$ есть амплитуда того, что частица 1 перейдет из s_1 в a, а $\langle b | s_2 \rangle$ — амплитуда того, что частица 2 перейдет из s_2 в b, то амплитуда того, что оба эти события произойдут вместе, есть

$$\langle a | s_1 \rangle \langle b | s_2 \rangle.$$

И еще одну вещь надо подчеркнуть. Предположим, нам неизвестно, откуда появляются частицы на фиг. 1.2, прежде чем они пройдут через щели 1 и 2 в первой стенке. Несмотря на это, мы все равно можем предсказать, что произойдет за стенкой (скажем, вычислить амплитуду попасть в x), если только нам даны два числа: амплитуда попадания в 1 и амплитуда попадания в 2. Иными словами, из-за того, что амплитуды последовательных событий перемножаются, как это показано в уравнении (1.6), все, что вам нужно знать для продолжения анализа,— это два числа, в данном частном случае $\langle 1 | s \rangle$ и $\langle 2 | s \rangle$. Этих двух комплексных чисел достаточно для того, чтобы предсказать все будущее. Это-то и делает квантовую механику простой. В следующих главах выяснится, что именно это мы и делаем, когда отмечаем начальные условия при помощи двух (или нескольких) чисел. Конечно, эти числа зависят от того, где расположен источник и каковы другие свойства прибора, но, как только эти числа даны, все подобные детали нам больше не нужны.

§ 2. *Картина интерференции от двух щелей*

Рассмотрим еще раз вопрос, который мы довольно подробно обсудили раньше, в гл. 37 (вып. 3). Сейчас мы используем идею об амплитуде во всей ее мощи, чтобы показать вам, как она работает. Вернемся к старому опыту, изображенному на фиг. 1.1, добавив к нему еще источник света и поместив его за щелями (ср. фиг. 37.4 гл. 37). В гл. 37 мы обнаружили следующий примечательный результат. Если мы заглядывали за щель 1 и замечали фотоны, рассеивавшиеся где-то за ней, то распределение вероятности того, что электрон попадал в x при одновременном наблюдении этих фотонов, было в точности такое же, как если бы щель 2 была закрыта. Суммарное распределение для электронов, которые были «замечены» либо у щели 1, либо у щели 2, было суммой отдельных распределений и было совсем не похоже на распределение, которое получалось, когда свет бывал выключен. По крайней мере так бывало, когда использовался свет с малой длиной волн. Когда длина волны начинала расти и у нас исчезала уверенность в том, у какой из щелей произошло рассеяние света, распределение становилось похожим на то, которое бывало при выключенном свете.

Посмотрим теперь, что здесь происходит, используя наши новые обозначения и принципы композиции амплитуд. Чтобы упростить запись, можно через φ_1 опять обозначить амплитуду того, что электрон придет в x через щель 1, т. е.

$$\varphi_1=\langle x\,|\,1\rangle\langle 1\,|\,s\rangle.$$

Сходным же образом φ_2 будет обозначать амплитуду того, что электрон достигнет детектора через щель 2:

$$\varphi_2=\langle x\,|\,2\rangle\langle 2\,|\,s\rangle.$$

Это — амплитуды проникновения электрона через щель и появления в x, когда света нет. А если свет включен, мы поставим себе вопрос: какова амплитуда процесса, в котором вначале электрон выходит из s, а фотон испускается источником света L, а в конце электрон оказывается в x, а фотон обнаруживается у щели 1? Предположим, что мы с помощью счетчика D_1 наблюдаем фотон у щели 1 (фиг. 1.3), а такой же счетчик D_2 считает фотоны, рассеянные у щели 2. Тогда можно говорить об амплитуде появления фотона в счетчике D_1, а электрона в x и об амплитуде появления фотона в счетчике D_2, а электрона в x. Попробуем их подсчитать.

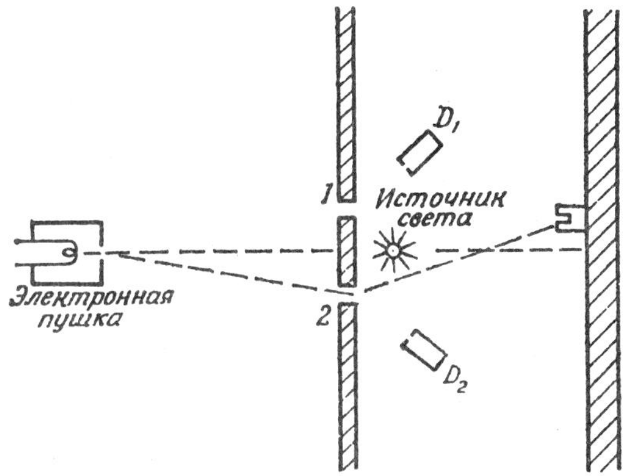

Фиг. 1.3. Опыт, в котором определяется, через которую из щелей проник электрон.

Хоть мы и не располагаем правильной математической формулой для всех множителей, входящих в этот расчет, но дух расчета вы почувствуете из следующих рассуждений. Во-первых, имеется амплитуда $\langle 1|s\rangle$ того, что электрон доходит от источника к щели 1. Затем можно предположить, что имеется конечная амплитуда того, что, когда электрон находится у щели 1, он рассеивает фотон в счетчик D_1. Обозначим эту амплитуду через a. Затем имеется амплитуда $\langle x\,|\,1\rangle$ того, что электрон переходит от щели 1 к электронному счетчику в x. Амплитуда того, что электрон перейдет от s к x через щель 1 *и* рассеет фотон в счетчик D_1, тогда равна

$$\langle x\,|\,1\rangle\, a\, \langle 1\,|\,s\rangle.$$

Или в наших прежних обозначениях это просто $a\varphi_1$.

Имеется также некоторая амплитуда того, что электрон, проходя сквозь щель 2, рассеет фотон в счетчик D_1. Вы скажете: «Это невозможно; как он может рассеяться в счетчик D_1, если тот смотрит прямо в щель 1?» Если длина волны достаточно велика, появляются дифракционные эффекты, и это становится возможным. Конечно, если прибор будет собран хорошо и если используются лишь фотоны с короткой длиной волны, то амплитуда того, что фотон рассеется в счетчик D_1 от электрона в щели 2, станет очень маленькой. Но для общности рассуждения мы учтем тот факт, что такая амплитуда всегда имеется, и обозначим ее через b. Тогда амплитуда того, что электрон проходит через щель 2 *и* рассеивает фотон в счетчик D_1, есть

$$\langle x\,|\,2\rangle\, b\, \langle 2\,|\,s\rangle = b\varphi_2.$$

Амплитуда обнаружения электрона в x и фотона в счетчике D_1 есть сумма двух слагаемых, по одному для каждого мыслимого пути электрона. Каждое из них в свою очередь составлено из двух множителей: первого, выражающего, что электрон прошел сквозь щель, и второго — что фотон рассеян таким электроном в счетчик D_1; мы имеем

$$\left\langle \begin{matrix}\text{Электрон в } x\\ \text{Фотон в счетчике } D_1\end{matrix} \middle| \begin{matrix}\text{Электрон из } s\\ \text{Фотон из } L\end{matrix} \right\rangle = a\varphi_1 + b\varphi_2. \qquad (1.8)$$

Аналогичное выражение можно получить и для случая, когда фотон будет обнаружен другим счетчиком D_2. Если допустить для простоты, что система симметрична, то a будет также амплитудой попадания фотона в счетчик D_2, когда электрон проскакивает через щель *2*, а b — амплитудой попадания фотона в счетчик D_2, когда электрон проходит через щель 1. Соответствующая полная амплитуда — амплитуда того, что фотон окажется в счетчике D_2, а электрон в x,— равна

$$\left\langle \begin{matrix}\text{Электрон в } x\\ \text{Фотон в счетчике } D_2\end{matrix} \middle| \begin{matrix}\text{Электрон из } s\\ \text{Фотон из } L\end{matrix} \right\rangle = a\varphi_2 + b\varphi_1. \qquad (1.9)$$

Вот и все. Теперь мы легко можем рассчитать вероятность тех или иных случаев. Скажем, мы желаем знать, с какой вероятностью будут получаться отсчеты в счетчике D_1 при попадании электрона в x. Это будет квадрат модуля амплитуды, даваемой формулой (1.8), т. е. попросту $|a\varphi_1+b\varphi_2|^2$. Поглядим на это выражение внимательнее. Прежде всего, если $b=0$ (мы

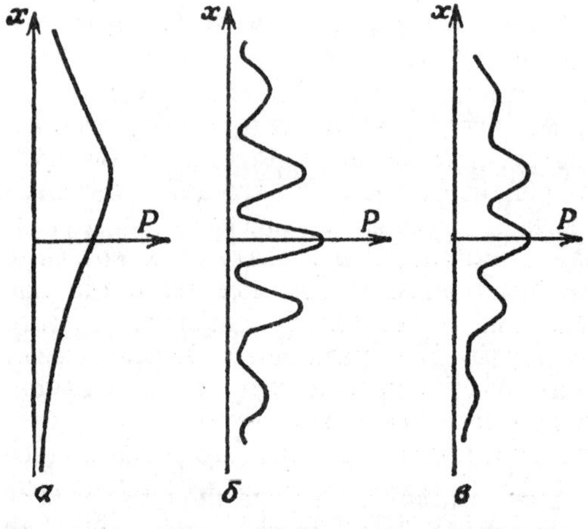

Фиг. 1.4. Вероятность отсчета электрона в x при условии, что в D_1 замечен фотон в опыте, показанном на фиг. 1.3.

а — при $b=0$; б — при $b = a$; в — при $0<b<a$.

хотели бы, чтобы наш прибор работал именно так), ответ просто равен $|\varphi_1|^2$ с множителем $|a|^2$. Это как раз то распределение вероятностей, которое получилось бы при наличии лишь одной щели, как показано на фиг. 1.4, *а*. С другой стороны, если длина волны велика, рассеяние за щелью 2 в счетчик D_1 может стать почти таким же, как за щелью 1. Хотя в a и b могут входить какие-то фазы, возьмем самый простой случай, когда обе фазы одинаковы. Если a практически совпадает с b, то полная вероятность обращается в $|\varphi_1+\varphi_2|^2$, умноженное на $|a|^2$, потому что общий множитель a можно вынести. Но тогда выходит то самое распределение вероятностей, которое получилось бы, если бы фотонов вовсе не было. Следовательно, когда длина волны очень велика (и детектировать фотоны бесполезно), вы возвращаетесь к первоначальной кривой распределения, на которой видны интерференционные эффекты, как показано на фиг. 1.4, *б*. Когда же детектирование частично все же оказывается эффективным, возникает интерференция между большим количеством φ_1 и малым количеством φ_2 и вы получаете промежуточное распределение, такое, какое намечено на фиг. 1.4, *в*. Само собой разумеется, если нас заинтересуют одновременные отсчеты фотонов в счетчике D_2 и электронов в x, то мы получим тот же результат. Если вы вспомните рассуждения гл. 37 (вып. 3), то увидите, что эти результаты описывают количественно то, что было сказано там.

Нам хотелось бы подчеркнуть очень важное обстоятельство и предостеречь от часто допускаемой ошибки. Пусть вас интересует только амплитуда того, что электрон попадает в x, причем вам *безразлично*, в какой счетчик попал фотон — в D_1 или в D_2. Должны ли вы складывать амплитуды (1.8) и (1.9)? Нет! *Никогда не складывайте амплитуды разных, отличных друг от друга конечных состояний*. Как только фотон был воспринят одним из фотонных счетчиков, мы всегда, если надо, можем узнать, не возмущая больше системы, какая из альтернатив (взаимоисключающих событий) реализовалась. У каждой альтернативы есть своя вероятность, полностью независимая от другой. Повторяем, не складывайте амплитуд для различных *конечных* условий (под «конечным» мы понимаем тот момент, когда нас интересует *вероятность*, т. е. когда опыт «закончен»). Зато нужно складывать амплитуды для различных *неразличимых* альтернатив в ходе самого опыта, прежде чем целиком закончится процесс. В конце процесса вы можете, если хотите, сказать, что вы «не желаете смотреть на фотон». Это ваше личное дело, но все же амплитуды складывать нельзя. Природа не знает, на что вы смотрите, на что нет, она ведет себя так, как ей положено, и ей безразлично, интересуют ли вас ее данные или нет. Так что мы не должны складывать амплитуды. Мы сперва возводим в квадрат модули амплитуд для всех возможных разных конечных состояний, а затем уж складываем. Правильный результат для электрона в x и фотона то ли в D_1, то ли в D_2 таков:

$$\left|\left\langle \begin{matrix}\text{Электрон в } x \\ \text{Фотон в } D_1\end{matrix} \middle| \begin{matrix}\text{Электрон из } s \\ \text{Фотон из } L\end{matrix} \right\rangle\right|^2 + \left|\left\langle \begin{matrix}\text{Электрон в } x \\ \text{Фотон в } D_2\end{matrix} \middle| \begin{matrix}\text{Электрон из } s \\ \text{Фотон из } L\end{matrix} \right\rangle\right|^2 = |a\varphi_1 + b\varphi_2|^2 + |a\varphi_2 + b\varphi_1|^2. \quad (1.10)$$

§ 3. *Рассеяние на кристалле*

Следующий пример — это явление, в котором интерференцию амплитуд вероятности следует проанализировать тщательнее. Речь идет о процессе рассеяния нейтронов на кристалле. Пусть имеется кристалл, в котором много атомов, а в центре каждого атома — ядро; ядра расположены периодически, и откуда-то издалека на них налетает пучок нейтронов. Различные ядра в кристалле можно пронумеровать индексом i, где i пробегает целые значения 1, 2, 3, ... , N, а N равняется общему числу атомов. Задача состоит в том, чтобы подсчитать вероятность того, что нейтрон окажется в счетчике, изображенном на фиг. 1.5. Для каждого отдельного атома i амплитуда того, что нейтрон достигнет счетчика C, равна амплитуде того, что нейтрон из источника S попадет в ядро i, умноженной на амплитуду a рассеяния в этом месте и умноженной на амплитуду того, что он из i попадет в счетчик C. Давайте запишем это:

$$\langle \text{Нейтрон в } C \,|\, \text{Нейтрон из } S \rangle_{\text{через } i} = \langle C \,|\, i \rangle \, a \, \langle i \,|\, S \rangle. \quad (1.11)$$

Написав это, мы предположили, что амплитуда рассеяния a — одна и та же для всех атомов. Здесь у нас есть множество, повидимому, неразличимых путей. Они неразличимы оттого, что нейтрон с небольшой энергией рассеивается на ядре, не выбивая

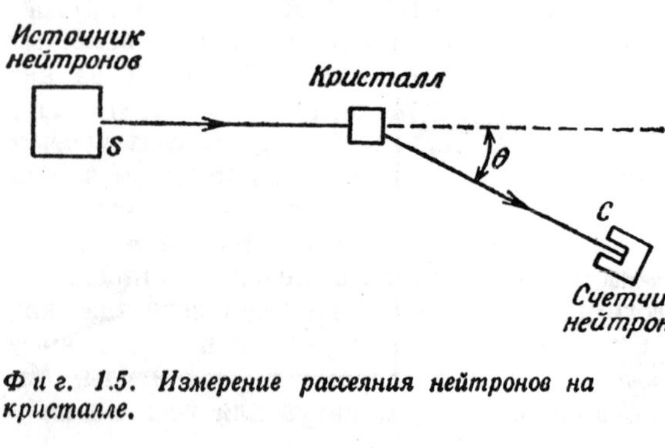

Фиг. 1.5. Измерение рассеяния нейтронов на кристалле.

при этом самого атома с его места в кристалле — никакой «отметки» о рассеянии не остается. Согласно нашим прежним рассуждениям, полная амплитуда того, что нейтрон попал в C, включает в себя сумму выражения (1.11) по всем атомам:

$$\langle \text{Нейтрон в } C \,|\, \text{Нейтрон из } S \rangle = \sum_{i=1}^{N} \langle C \,|\, i \rangle a \langle i \,|\, S \rangle. \qquad (1.12)$$

Из-за того, что складываются амплитуды рассеяния на атомах, по-разному расположенных в пространстве, у амплитуд будут разные фазы, и это даст характерную интерференционную картину, которую мы уже анализировали на примере рассеяния света на решетке.

Интенсивность нейтронов как функция угла в подобном опыте действительно часто обнаруживает сильнейшие измене-

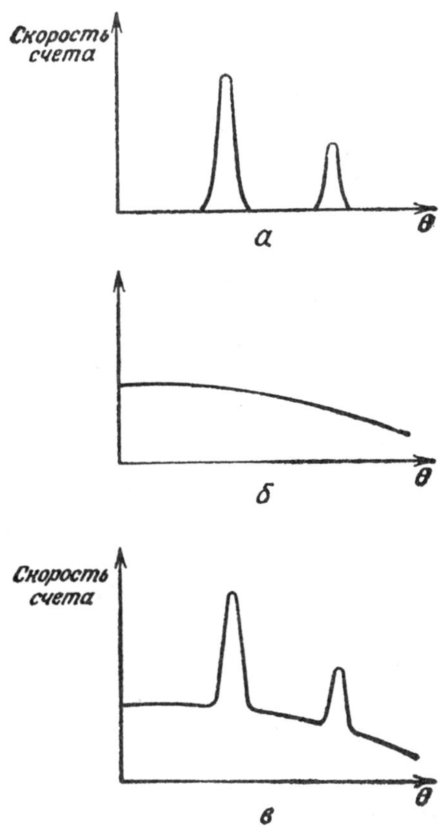

Фиг. 1.6. Скорость счета нейтронов как функция угла.
а — для ядер со спином 0; б — вероятность рассеяния с переворотом спина; в — наблюдаемая скорость счета для ядра со спином $^1/_2$

ния — очень острые интерференционные пики, между которыми ничего нет (фиг. 1.6, *а*). Однако в некоторых сортах кристаллов этого не случается, в них наряду с упомянутыми выше дифракционными пиками имеется общий фон от рассеяния во всех направлениях. Мы должны попытаться понять столь таинственную с виду причину этого. Дело в том, что мы не учли одного важного свойства нейтрона. Его спин равен $^1/_2$, и тем самым он может находиться в двух состояниях: либо его спин направлен вверх (скажем, поперек страницы на фиг. 1.5), либо вниз. И если у ядер самого кристалла спина нет, то спин нейтрона никакого действия не окажет. Но когда и у ядер кристалла есть спин, равный, скажем, тоже $^1/_2$, то вы заметите фон от описанного выше размазанного рассеяния. Объяснение состоит в следующем.

Если спин нейтрона куда-то направлен и спин атомного ядра направлен туда же, то в процессе рассеяния направление спина не меняется. Если же спины нейтрона и атомного ядра направлены в противоположные стороны, то рассеяние может происходить посредством двух процессов, в одном из которых направления не меняются, а в другом происходит обмен направлениями. Это правило о том, что сумма спинов не должна меняться, аналогично нашему классическому закону сохранения момента количества движения. И мы уже в состоянии будем понять интересующее нас явление, если предположим, что все ядра, на которых происходит рассеяние, имеют одно и то же направление спина. Нейтрон с тем же направлением спина тогда рассеется так, что получится ожидавшееся узкое интерференционное распределение. А что будет с нейтроном с противоположным направлением спина? Если он рассеивается без переворота направления спина, то ничего по сравнению со сказанным не меняется; но если при рассеянии оба спина переворачиваются, то, вообще говоря, можно указать, на каком из ядер произошло рассеяние, потому что именно у этого ядра спин перевернулся. Но если мы в состоянии указать, на каком атоме случилось рассеяние, то при чем здесь остальные атомы? Ни при чем, конечно. Рассеяние здесь такое же, как от отдельного атома.

Чтобы учесть этот эффект, надо видоизменить математическую формулировку уравнения (1.12), потому что в том анализе состояния не были охарактеризованы полностью. Пусть вначале у всех нейтронов, вылетающих из источника, спин направлен вверх, а у всех ядер кристалла — вниз. Во-первых, нам нужна амплитуда того, что в счетчике нейтронов их спин окажется направленным вверх *и* все спины в кристалле будут по-прежнему смотреть вниз. Это ничем не отличается от наших прежних рассуждений. Обозначим через a амплитуду рассеяния без переворота спина. Амплитуда рассеяния от i-го атома, разумеется, равна

$$\langle C_{\text{вверх, весь кристалл вниз}} | S_{\text{вверх, весь кристалл вниз}} \rangle = \langle C | i \rangle a \langle i | S \rangle.$$

Поскольку все спины атомов направлены вниз, разные альтернативы (разные значения i) нельзя друг от друга отличить. В этом процессе все амплитуды интерферируют.

Но есть и другой случай, когда спин детектируемого нейтрона смотрит вниз, хотя вначале, в S, он смотрел вверх. Тогда в кристалле один из спинов должен перевернуться вверх, скажем спин k-го атома. Допустим, что у всех атомов амплитуда рассеяния с переворотом спина одна и та же и равна b. (В реальном кристалле имеется еще одна неприятная возможность: перевернутый спин переходит к какому-то другому атому, но допустим, что в нашем кристалле вероятность этого мала.) Тогда амплитуда рассеяния равна

$$\langle C_{\text{вниз, ядро } k \text{ вверх}} | S_{\text{вверх, весь кристалл вниз}} \rangle = \langle C | k \rangle b \langle k | S \rangle. \quad (1.13)$$

Если мы спросим теперь, какова вероятность того, что у нейтрона спин окажется направленным вниз, а у k-го ядра — вверх, то она будет равняться квадрату модуля этой амплитуды, т. е. просто $|b|^2$, умноженному на $|\langle C|k\rangle\langle k|S\rangle|^2$. Второй множитель почти не зависит от того, где атом k расположен в кристалле, и все фазы при вычислении квадрата модуля исчезают. Вероятность рассеяния *на любом ядре* кристалла с переворотом спина, стало быть, равна

$$|b|^2 \sum_{k=1}^{N} |\langle C | k \rangle \langle k | S \rangle|^2,$$

что дает гладкое распределение, как на фиг. 1.6, *б*.

Вы можете возразить: «А мне все равно, какой атом перевернулся». Пусть так, но природа-то это знает, и вероятность на самом деле выходит такой, как написано выше,— никакой интерференции не остается. А вот если вас заинтересует вероятность того, что спин в детекторе будет направлен вверх, а спины всех атомов — по-прежнему вниз, то вы должны будете взять квадрат модуля суммы:

$$\sum_{i=1}^{N} \langle C | \quad \rangle a \langle i | S \rangle.$$

Поскольку у каждого слагаемого в этой сумме есть своя фаза, то они интерферируют и появляется резкая интерференционная картина. И если мы проводим эксперимент, в котором мы не наблюдаем спина детектируемого нейтрона, то могут произойти события обоих типов и сложатся отдельные вероятности. Полная вероятность (или скорость счета) как функция угла тогда выглядит подобно кривой на фиг. 1.6, *в*.

Давайте еще раз окинем взглядом физику этого опыта. Если вы способны *в принципе* различить взаимоисключающие *конечные* состояния (хотя вы и не собирались на самом деле этого делать), то полная конечная вероятность получается подсчетом *вероятности* каждого состояния (а не амплитуды) и последующим их сложением. А если вы *неспособны даже в принципе* различить конечные состояния, тогда надо сперва сложить амплитуды вероятностей, а уж потом вычислять квадрат модуля и находить самую вероятность. Заметьте особенно, что если бы вы попытались представить нейтрон в виде отдельной волны, то получили бы одно и то же распределение и для рассеяния нейтронов, вращающихся спином вниз, и для нейтронов, вращающихся спи́ном вверх. Вы должны были бы сказать, что «волна» нейтронов со спином, направленным вниз, пришла ото всех различных атомов и интерферирует так же, как это делает одинаковая по длине волна нейтронов со спином, направленным вверх. Но мы знаем, что на самом деле это не так. Так что (мы уже это отмечали) нужно быть осторожным и не представлять себе чересчур реально волны в пространстве. Они полезны для некоторых задач. Но не для всех.

§ 4. *Тождественные частицы*

Очередной опыт, который мы хотим описать, продемонстрирует одно из замечательных следствий квантовой механики. В нем снова встретятся такие физические события, в которых существуют два *неразличимых* пути и, как *всегда* при таких обстоятельствах, возникает интерференция амплитуд. Мы собираемся рассмотреть рассеяние одних ядер на других при сравнительно низкой энергии. Начнем, скажем, с α-частиц (это, как вы знаете, просто ядра гелия), бомбардирующих кислород. Чтобы облегчить анализ реакции, проведем его в системе центра масс, в которой скорости ядра кислорода и α-частицы перед столкновением противоположны, а после столкновения тоже противоположны (фиг. 1.7, *а*). (Величины скоростей, конечно, различны, поскольку массы различны.) Предположим также, что энергия сохраняется и что энергия столкновения настолько мала, что частицы ни раскалываются, ни переходят в возбужденное состояние. Причина, отчего частицы отклоняют друг друга, состоит попросту в том, что обе они заряжены положительно и, выражаясь классически, отталкиваются, проходя одна мимо другой. Рассеяние на разные углы будет происходить с различной вероятностью, и мы хотим выяснить угловую зависимость подобного рассеяния. (Конечно, все это можно рассчитать классически, и по удивительной случайности оказалось, что ответ на этот

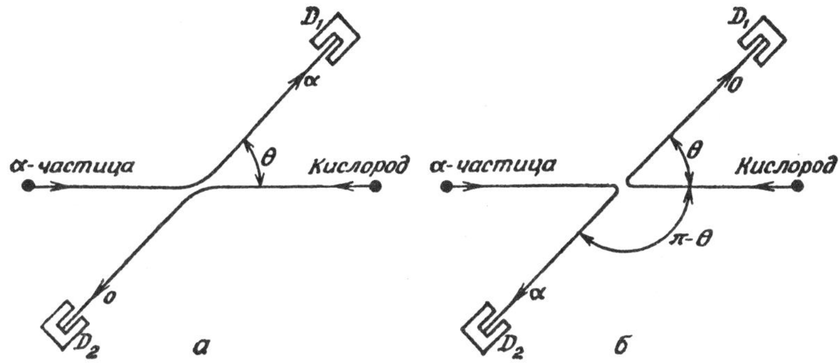

Фиг. 1.7. Рассеяние α-частиц на ядрах кислорода, наблюдаемое в системе центра масс.

вопрос в квантовой механике и в классической — один и тот же. Это очень занятно, потому что ни при каком законе сил, кроме закона обратных квадратов, так не бывает, стало быть, это и впрямь случайность.)

Вероятность рассеяния в разных направлениях можно измерить в опыте, изображенном на фиг. 1.7, *а*. Счетчик в положении D_1 может быть сконструирован так, чтобы детектировать только α-частицы; счетчик в положении D_2 может быть устроен так, чтобы детектировать кислород просто для проверки. (В системе центра масс детекторы должны смотреть друг на друга, в лабораторной — нет.) Опыт заключается в измерении вероятности рассеяния в разных направлениях. Обозначим через $f(\theta)$ амплитуду рассеяния в счетчики, когда они расположены под углом θ; тогда $|f(\theta)|^2$— наша экспериментально определяемая вероятность.

Можно было бы провести и другой опыт, в котором наши счетчики реагировали бы *и* на α-частицу, *и* на ядро кислорода. Тогда нужно сообразить, что будет, если мы решим не заботиться о том, какая из частиц попала в счетчик. Разумеется, когда кислород летит в направлении θ, то с противоположной стороны, под углом $(\pi-\theta)$, должна оказаться α-частица (фиг. 1.7, *б*). Значит, если $f(\theta)$ — амплитуда рассеяния кислорода на угол θ, то $f(\pi-\theta)$ — это амплитуда рассеяния α-частицы на угол θ*. Таким образом, вероятность того, что *какая-то*

* Вообще-то направление рассеяния должно, конечно, описываться двумя углами — полярным углом φ и азимутом θ. Тогда следовало бы сказать, что рассеяние кислорода в направлении (θ, φ) означает, что α-частица движется в направлении $(\pi-\theta,\ \varphi+\pi)$. Однако для кулоновского рассеяния (и многих других случаев) амплитуда рассеяния не зависит от φ. Тогда амплитуда того, что кислород полетел под углом θ, совпадает с амплитудой того, что α-частица полетела под углом $(\pi-\theta)$.

частица окажется в счетчике, который находится в положении D_1, равна

$$\begin{matrix}\text{Вероятность попадания } \textit{какой-то} \\ \text{частицы в счетчике } D_1\end{matrix} = |f(\theta)|^2 + |f(\pi-\theta)|^2. \quad (1.14)$$

Заметьте, что в принципе оба состояния различимы. Даже если в этом опыте мы их *не различали*, мы *могли бы* это сделать. И в соответствии с нашими прежними рассуждениями мы, стало быть, должны складывать вероятности, а не амплитуды.

Приведенный выше результат справедлив для многих ядер. Мишенью здесь могут служить и кислород, и углерод, и бериллий, и водород. *Но он неверен* при рассеянии α-частиц на α-частицах. В том единственном случае, когда обе частицы в точности одинаковы, экспериментальные данные не согласуются с предсказаниями формулы (1.14). Например, вероятность рассеяния на угол 90° в точности вдвое больше предсказанной вышеизложенной теорией — с частицами, являющимися ядрами «гелия», номер не проходит. Если мишень из He^3, а налетают на нее α-частицы (He^4), то все хорошо. И только когда мишень из He^4, т. е. ее ядра тождественны падающим α-частицам, только тогда рассеяние меняется с углом каким-то особым образом.

Быть может, вы уже догадались, в чем дело? В счетчике α-частица может очутиться по двум причинам: либо из-за рассеяния налетевшей α-частицы на угол θ, либо из-за рассеяния ее на угол $(\pi-\theta)$. Как мы можем удостовериться, кто попал в счетчик — частица-снаряд или частица-мишень? Никак. В случае рассеяния α-частиц на α-частицах существуют две альтернативы, различить которые нельзя. Приходится дать *амплитудам* вероятности интерферировать при помощи сложения, и вероятность обнаружить в счетчике α-частицу есть квадрат этой суммы:

$$\begin{matrix}\text{Вероятность того, что } \alpha\text{-частица} \\ \text{обнаруживается в счетчике } D_1\end{matrix} = |f(\theta) + f(\pi-\theta)|^2. \quad (1.15)$$

Это совсем не то, что (1.14). Возьмите, скажем, угол $\pi/2$ (это легче себе представить). При $\theta=\pi/2$ мы, естественно, имеем $f(\theta)=f(\pi-\theta)$, так что из (1.15) вероятность оказывается равной

$$\left|f\left(\frac{\pi}{2}\right)+f\left(\frac{\pi}{2}\right)\right|^2 = 4\left|f\left(\frac{\pi}{2}\right)\right|^2.$$

А с другой стороны, если бы не было интерференции, формула (1.14) дала бы только $2\,|f(\pi/2)|^2$. Так что на угол 90° рассеивается вдвое больше частиц, чем можно было ожидать. Конечно, и под другими углами результаты будут другие. И мы приходим к необычному выводу: когда частицы тождественны, происходит нечто новое, чего не бывало, когда частицы можно было друг от друга отличить. При математическом описании

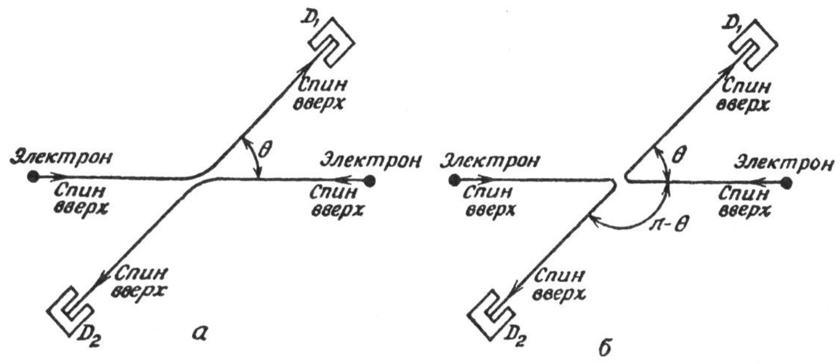

Фиг. 1.8. Рассеяние электронов на электронах.

Если спины сталкивающихся электронов параллельны, то процессы а и б неразличимы.

вы обязаны складывать амплитуды взаимоисключающих процессов, в которых обе частицы просто обмениваются ролями, и происходит интерференция.

Еще более неожиданное явление происходит с рассеянием электронов на электронах или протонов на протонах. Тогда не верен ни один из прежних результатов! Для этих частиц мы должны призвать на помощь совершенно новое правило: если попадающий в некоторую точку электрон обменивается своей индивидуальностью с другим электроном, то новая амплитуда интерферирует со старой в *противофазе*. Это все равно интерференция, но с обратным знаком. В случае α-частиц, когда происходит обмен α-частицами, достигающими счетчика, амплитуды интерферируют с одним и тем же знаком. *А в случае электронов амплитуды обмена интерферируют с разными знаками.* С точностью до одной детали, о которой будет сейчас сказано, правильная формула для электронов в опыте, подобном изображенному на фиг. 1.8, такова:

$$\text{Вероятность сбнаружить электрон в счетчике } D_1 = |f(\theta) - f(\pi - \theta)|^2. \qquad (1.16)$$

Это утверждение нуждается в уточнении, потому что мы не учли спин электрона (у α-частиц спина нет). Спин электрона можно считать направленным либо вверх, либо вниз по отношению к плоскости рассеяния. Если энергия в опыте достаточно низка, то магнитные силы, возникающие от токов, будут малы и не повлияют на спин. Предположим в нашем анализе, что так оно и есть, так что нет шансов, чтобы спины при столкновении перевернулись. Какой бы спин у электрона ни был, он уносит его с собой. Мы видим теперь, что есть много возможностей. У частицы-снаряда и частицы-мишени оба спина могут

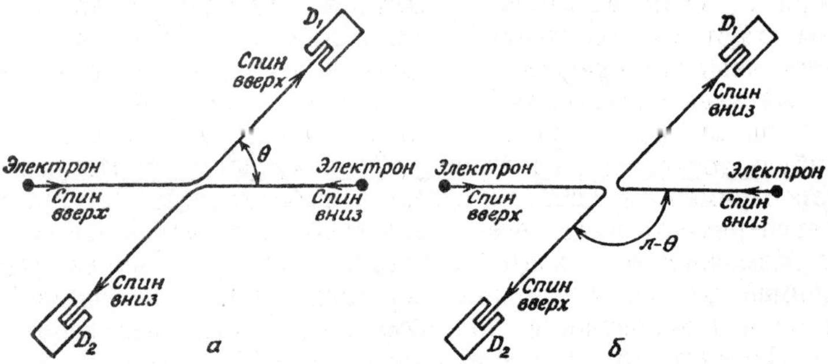

Фиг. 1.9. Рассеяние электронов с антипараллельными спинами.

быть направлены вверх, или вниз, или в разные стороны. Если они оба направлены вверх, как на фиг. 1.8 (или оба — вниз), то после рассеяния останется то же самое, и *амплитуда* процесса будет *разностью* амплитуд тех двух возможностей, которые показаны на фиг. 1.8. *Вероятность* обнаружить электрон в счетчике D_1 тогда будет даваться формулой (1.16).

Предположим, однако, что у «снаряда» спин направлен вверх, а у «мишени» — вниз. У электрона, попавшего в счетчик D_1, спин может оказаться либо направленным вверх, либо — вниз, и, измеряя этот спин, мы можем сказать, выскочил ли этот электрон из бомбардирующего пучка или же из мишени. Эти две возможности показаны на фиг. 1.9; в принципе они различимы, и поэтому интерференции не получится, просто сложатся две вероятности. Все это верно и тогда, когда оба первоначальных спина перевернуты, т. е. если спин слева смотрит вниз, а спин справа — вверх.

Таблица 1.1 • РАССЕЯНИЕ НЕПОЛЯРИЗОВАННЫХ ЧАСТИЦ СО СПИНОМ $^1/_2$

Доля случаев	Спин частицы до столкновения		Спин частицы в счетчике		Вероятность
	1	2	D_1	D_2	
$^1/_4$	Вверх	Вверх	Вверх	Вверх	$\lvert f(\theta)-f(\pi-\theta)\rvert^2$
$^1/_4$	Вниз	Вниз	Вниз	Вниз	$\lvert f(\theta)-f(\pi-\theta)\rvert^2$
$^1/_4$	Вверх	Вниз	Вверх	Вниз	$\lvert f(\theta)\rvert^2$
			Вниз	Вверх	$\lvert f(\pi-\theta)\rvert^2$
$^1/_4$	Вниз	Вверх	Вверх	Вниз	$\lvert f(\pi-\theta)\rvert^2$
			Вниз	Вверх	$\lvert f(\theta)\rvert^2$

Полная вероятность $= {}^1/_2\,\lvert f(\theta)-f(\pi-\theta)\rvert^2+{}^1/_2\lvert f(\theta)\rvert^2+{}^1/_2\lvert f(\pi-\theta)\rvert^2$.

Наконец, если электроны вылетают случайно (например, они вылетают из накаленной вольфрамовой нити полностью неполяризованным пучком), то с равной вероятностью каждый отдельный электрон вылетит либо спином вверх, либо спином вниз. Если мы не собираемся в нашем опыте измерять в какой-нибудь точке спин электронов, то получается то, что называют экспериментом с неполяризованными частицами. Результат этого эксперимента лучше всего подсчитать, перечислив все мыслимые возможности, как это сделано в табл. 1.1. Для каждой различимой альтернативы отдельно подсчитана *вероятность*. Тогда полная вероятность есть сумма всех отдельных вероятностей. Заметьте, что для неполяризованных пучков результат при $\theta=\pi/2$ составляет половину классического результата для независимых частиц.

Поведение тождественных частиц приводит ко многим интересным следствиям; в следующей главе мы обсудим их поподробнее.

Глава 2

ТОЖДЕСТВЕННЫЕ ЧАСТИЦЫ

Повторить: гл. 41 (вып. 4) «Броуновское движение» (об излучении абсолютно черного тела); гл. 42 (вып. 4) «Применения кинетическо теории»

§ 1. *Бозе-частицы и ферми-частицы*

В предыдущей главе мы начали рассматривать особые правила, по которым происходит интерференция в процессах с двумя *тождественными* частицами. *Тождественными* мы считаем такие частицы, которые, подобно электронам, никак невозможно отличить друг от друга. Если в процессе имеются две тождественные частицы, то замена той, которая повернула к счетчику, на другую — это неотличаемая альтернатива, которая, как и во всех случаях неотличимых альтернатив, интерферирует с первоначальным случаем, когда обмена не было. Амплитудой события тогда служит сумма двух интерферирующих амплитуд, и существенно, что в одних случаях интерференция происходит в *фазе*, а в других — в *противофазе*.

Представим, что сталкиваются две частицы a и b и частица a рассеивается в направлении *1*, а частица b — в направлении *2* (фиг. 2.1, *а*). Пусть $f(\theta)$ будет амплитуда этого процесса; тогда вероятность P_1 наблюдения подобного события пропорциональна $|f(\theta)|^2$. Конечно, могло случиться, что частица b рассеялась в счетчик *1*, а частица a направилась в счетчик *2* (фиг. 2.1, *б*). Если считать, что никаких специальных направлений, определяемых спином или чем-нибудь подобным, в опыте нет, то вероятность P_2 этого события можно просто записать в виде $|f(\pi-\theta)|^2$, потому что этот процесс попросту эквивалентен первому процессу, в котором счетчик *1* поставили под углом $(\pi-\theta)$. И вам могло бы показаться, что *амплитуда* второго процесса равна просто $f(\pi-\theta)$. Но это не обязательно так, потому что в ней мог стоять

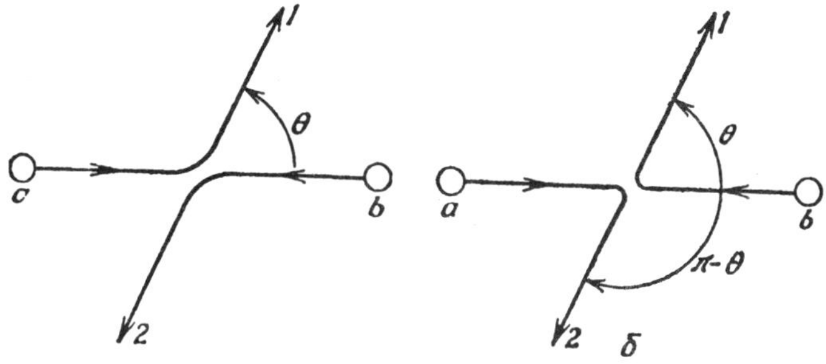

Фиг. 2.1. При рассеянии двух тождественных частиц процессы а и б неразличимы.

произвольный фазовый множитель. Иначе говоря, амплитуда могла бы быть такой:

$$e^{i\delta}f(\pi-\theta).$$

Ведь и такая амплитуда все еще приводит к вероятности P_2, равной $|f(\pi-\theta)|^2$.

Посмотрим теперь, что случается, если частицы *a* и *b* оказываются идентичными. Тогда два разных процесса, показанных на двух частях фиг. 2.1, уже нельзя друг от друга отличить. Существует амплитуда того, что *a* или *b* попадает в счетчик *1*, тогда как оставшаяся частица попадает в счетчик *2*. Эта амплитуда есть сумма амплитуд двух процессов, показанных на фиг. 2.1.

Если первую мы обозначим $f(\theta)$, то вторая будет $e^{i\delta}f(\pi-\theta)$, и теперь уже фазовый множитель очень важен, потому что мы собираемся складывать амплитуды. Предположим, что мы обязаны умножать амплитуду на некий фазовый множитель всякий раз, когда две частицы обмениваются ролями. Если они еще раз обменяются ими, то множитель появится еще раз. Но при этом мы снова возвратимся к первому процессу. Фазовый множитель, взятый дважды, должен вернуть нас к тому, с чего мы начали,— его квадрат должен быть равен единице. Есть только две возможности: $e^{i\delta}$ равно либо $+1$, либо -1. Обмен приводит ко вкладу в амплитуду с *тем же* знаком или ко вкладу с *противоположным* знаком. И оба случая встречаются в природе, каждый для своего класса частиц. Частицы, интерферирующие с *положительным* знаком, называются *бозе-частицами*, а те, которые интерферируют с *отрицательным* знаком, именуются *ферми-частицами*. Ферми-частицы — это электрон, мюон, оба нейтрино, нуклоны и барионы. Стало быть, амплитуда рассеяния тождественных частиц имеет вид

для бозе-частиц:

$$(\text{Амплитуда процесса}) + (\text{Амплитуда обмена}); \qquad (2.1)$$

для ферми-частиц:

$$(\text{Амплитуда процесса}) - (\text{Амплитуда обмена}). \qquad (2.2)$$

Для частиц со спином (скажем, электронов) возникает добавочное усложнение. Нужно указывать не только местоположение частиц, но и направление их спинов. Только в том случае, когда частицы идентичны и их *спиновые состояния тоже идентичны*, только тогда при обмене частицами амплитуды интерферируют. А если вас интересует рассеяние неполяризованных пучков, являющихся смесью различных спиновых состояний, то нужны еще выкладки и сверх этого.

Интересная проблема возникает при наличии двух или больше тесно связанных частиц. К примеру, в α-частице сидят четыре частицы: два нейтрона и два протона. И когда рассеиваются две α-частицы, может представиться несколько возможностей. Может случиться, что при рассеянии обнаружится конечная амплитуда того, что один из нейтронов перескочит от одной α-частицы к другой, а нейтрон из другой α-частицы перейдет к первой, так что две α-частицы после рассеяния оказываются не первоначальными частицами — произошел обмен парой нейтронов (фиг. 2.2). Амплитуда рассеяния с обменом парой нейтронов будет интерферировать с амплитудой рассеяния без такого обмена, и интерференция должна иметь знак минус, потому что состоялся обмен ферми-частицами. С другой стороны, если относительная энергия двух α-частиц так мала, что они находятся сравнительно далеко друг от друга (скажем, из-за кулоновского отталкивания) и вероятность обмена любыми внутренними частицами оказывается незначительной, в этом случае α-частицу можно считать простейшим объектом, не задумываясь о деталях ее внутреннего строения. В этих условиях в амплитуду рассеяния войдут только два члена. Либо обмена вовсе нет, либо при рассеянии происходит обмен всеми четырьмя нуклонами. Поскольку и протоны, и нейтроны в α-частице — это ферми-частицы, обмен любой парой меняет знак амплитуды рассеяния. Пока внутри α-частиц нет никаких изменений, обмен двумя α-частицами означает то же самое, что обмен четырьмя парами ферми-частиц. Каждая пара меняет знак, и в итоге амплитуды складываются со знаком плюс. Так что α-частица ведет себя как бозе-частица.

Значит, правило состоит в том, что сложные объекты в тех обстоятельствах, когда их можно считать неделимыми объектами, ведут себя как бозе- или ферми-частицы, смотря по тому, содержится ли в них четное или нечетное число ферми-частиц.

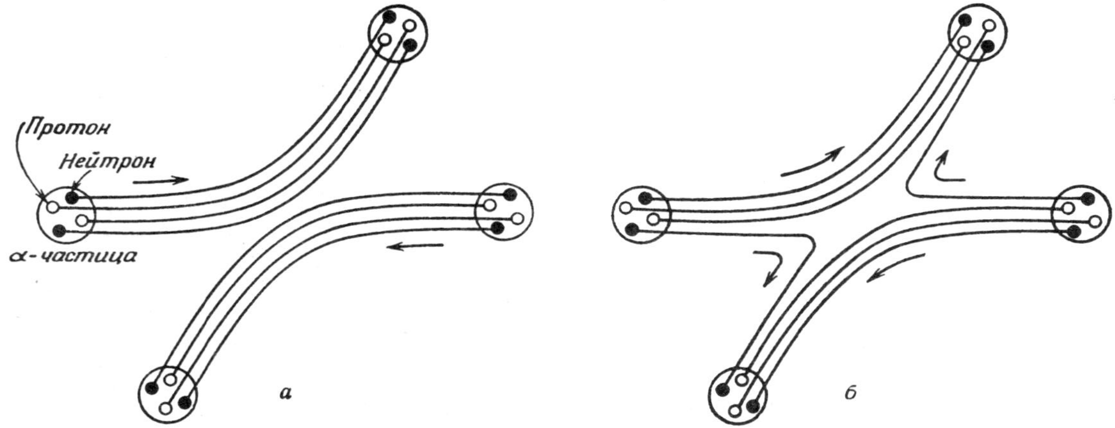

Фиг. 2.2. Рассеяние двух α-частиц.

а — обе частицы сохраняют свою индивидуальность; б — во время рассеяния происходит обмен нейтроном.

Все элементарные ферми-частицы, о которых мы упоминали (такие, как электрон, протон, нейтрон и т. д.), обладают спином $j=1/2$. Если несколько таких ферми-частиц образует сложный объект, общий их спин может быть либо целым, либо полуцелым. К примеру, у самого распространенного изотопа гелия He^4, в котором два протона и два нейтрона, спин равен нулю, а у Li^7, в котором протонов три, а нейтронов четыре, спин равен $3/2$. Позже мы выучим правила сложения моментов количества движения, а пока просто заметим, что всякий сложный объект с *полуцелым* спином имитирует *ферми-частицу*, тогда как всякий сложный объект с *целым* спином имитирует *бозе-частицу*.

Интересно, отчего так получается? Отчего частицы с полуцелым спином суть ферми-частицы, чьи амплитуды складываются со знаком минус, а частицы с целым спином суть бозе-частицы, чьи амплитуды складываются с положительным знаком? Мы просим прощения за то, что неспособны элементарно объяснить вам это. Но объяснение существует, его нашел Паули, основываясь на сложных доводах квантовой теории поля и теории относительности. Он показал, что эти факты с необходимостью связаны друг с другом; но мы не в состоянии найти способ воспроизвести его аргументы на элементарном уровне. Это, видимо, одно из немногих мест в физике, когда правило формулируется очень просто, хотя столь же простого объяснения ему не найдено. Объяснение коренится глубоко в релятивистской квантовой механике. По-видимому, это означает, что мы до конца не понимаем лежащего в его основе принципа. Будем считать его пока одним из законов Вселенной.

§ 2. Состояния с двумя бозе-частицами

Теперь мы хотели бы обсудить интересное следствие из правила сложения для бозе-частиц. Оно касается поведения этих частиц, когда их не одна, а несколько. Начнем с рассмотрения случая рассеяния двух бозе-частиц на двух различных рассеивателях. Нас интересуют не детали механизма рассеяния, а лишь одно: что происходит с рассеянными частицами. Пусть перед нами случай, показанный на фиг. 2.3. Частица *a*, рассеявшись, оказалась в состоянии 1. Под *состоянием* мы подразумеваем данное направление и энергию или какие-нибудь другие заданные условия. Частица *b* рассеялась в состояние 2. Предположим, что состояния 1 и 2 почти одинаковы. (На самом же деле мы хотели бы получить амплитуду того, что две частицы рассеялись в одном и том же направлении или в одно и то же состояние, но лучше будет, если мы сперва подумаем над тем, что произойдет, если состояния будут почти одинаковыми, а затем выведем отсюда, что бывает при их полном совпадении.)

Ф и г. 2.3. Двойное рассеяние в близкие конечные состояния.

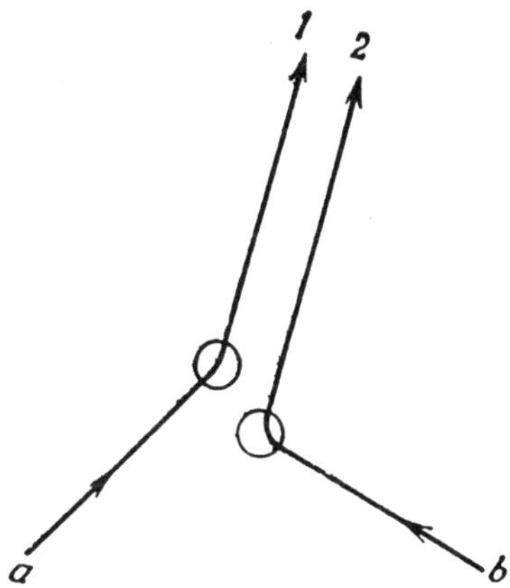

Пусть у нас была бы только частица a; тогда у нее была бы определенная амплитуда рассеяния в направлении 1, скажем $\langle 1|a\rangle$. А частица b сама по себе обладала бы амплитудой $\langle 2|b\rangle$ того, что рассеяние произойдет в направлении 2. Если частицы не тождественны, то амплитуда того, что в одно и то же время произойдут оба рассеяния, равна попросту произведению

$$\langle 1|a\rangle\langle 2|b\rangle.$$

Вероятность же такого события тогда равна

$$|\langle 1|a\rangle\langle 2|b\rangle|^2,$$

что также равняется

$$|\langle 1|a\rangle|^2|\langle 2|b\rangle|^2.$$

Чтобы сократить запись, мы иногда будем полагать

$$\langle 1|a\rangle=a_1, \quad \langle 2|b\rangle=b_2.$$

Тогда вероятность двойного рассеяния есть

$$|a_1|^2|b_2|^2.$$

Могло бы также случиться, что частица b рассеялась в направлении 1, а частица a — в направлении 2. Амплитуда такого процесса была бы равна

$$\langle 2|a\rangle\langle 1|b\rangle,$$

а вероятность такого события равна

$$|\langle 2|a\rangle\langle 1|b\rangle|^2=|a_2|^2|b_1|^2.$$

Представим себе теперь, что имеется пара крошечных счетчиков, которые ловят рассеянные частицы. Вероятность P_2 того, что они засекут сразу обе частицы, равна просто

$$P_2=|a_1|^2|b_2|^2+|a_2|^2|b_1|^2. \tag{2.3}$$

Положим теперь, что направления 1 и 2 очень близки. Будем считать, что a с изменением направления меняется плавно, тогда a_1 и a_2 при сближении направлений 1 и 2 должны приближаться друг к другу. При достаточном сближении амплитуды a_1 и a_2 сравняются, и можно будет положить $a_1=a_2$ и обозначить каждую из них просто a; точно так же мы положим и $b_1=b_2=b$. Тогда получим

$$P_2=2|a|^2|b|^2. \tag{2.4}$$

Теперь, однако, предположим, что a и b — тождественные бозе-частицы. Тогда процесс перехода a в состояние 1, а b в состояние 2 нельзя будет отличить от обменного процесса, в котором b переходит в 2, а a — в 1. В этом случае *амплитуды* двух различных процессов могут интерферировать. *Полная* амплитуда того, что в каждом из счетчиков появится по частице, равна

$$\langle 1|a\rangle\langle 2|b\rangle+\langle 2|a\rangle\langle 1|b\rangle, \tag{2.5}$$

и вероятность того, что ими будет зарегистрирована пара, дается квадратом модуля этой амплитуды:

$$P_2=|a_1b_2+a_2b_1|^2=4|a|^2|b|^2. \tag{2.6}$$

В итоге выясняется, что *вдвое более вероятно* обнаружить две *идентичные* бозе-частицы, рассеянные в одно и то же состояние, по сравнению с *расчетом, проводимым в предположении, что частицы различны.*

Хотя мы считали, что частицы наблюдаются двумя разными счетчиками,— это несущественно. В этом можно убедиться следующим образом. Вообразим себе, что оба направления 1 и 2 привели бы частицы в *один и тот же* маленький счетчик, который находится на каком-то расстоянии. Мы определим направление 1, говоря, что оно смотрит в элемент поверхности dS_1 счетчика. Направление же 2 смотрит в элемент поверхности dS_2 счетчика. (Считается, что счетчик представляет собой поверхность, поперечную к линии рассеяния.) Теперь уже нельзя говорить о вероятности того, что частица направится точно в каком-то направлении или в *определенную* точку пространства. Это невозможно — шанс зарегистрировать любое фиксированное направление равен нулю. Если уж нам хочется точности, то нужно так определить наши амплитуды, чтобы они давали вероятность попадания на *единицу площади* счетчика. Пусть у нас была бы только одна частица a; она бы имела определенную амплитуду рассеяния в направлении 1. Пусть $\langle 1|a\rangle=a_1$ определяется как амплитуда того, что a рассеется в *единицу площади* счетчика, расположенного в направлении 1. Иными словами, мы выбираем масштаб a_1 и говорим, что она «нормирована» так, что вероятность того, что a рассеется в *элемент площади* dS_1, равна

$$|\langle 1|a\rangle|^2 dS_1=|a_1|^2 dS_1. \tag{2.7}$$

Если вся площадь нашего счетчика ΔS и мы заставим dS_1 странствовать по этой площади, то полная вероятность того, что частица a рассеется в счетчик, будет

$$\int_{\Delta S} |a_1|^2 dS_1. \tag{2.8}$$

Как и прежде, мы хотим считать счетчик настолько малым, что амплитуда a_1 на его поверхности не очень меняется; значит, a_1 будет постоянным числом, и мы обозначим его через a. Тогда вероятность того, что частица a рассеялась куда-то в счетчик, равна

$$p_a = |a|^2 \Delta S. \tag{2.9}$$

Таким же способом мы придем к выводу, что частица b (когда она одна) рассеивается в элемент площади dS_2 с вероятностью

$$|b_2|^3 dS_2.$$

(Мы говорим dS_2, а не dS_1 в расчете на то, что позже частицам a и b будет разрешено двигаться в разных направлениях.) Опять положим b_2 равным постоянной амплитуде b; тогда вероятность того, что частица b будет зарегистрирована счетчиком, равна

$$p_b = |b|^2 \Delta S. \tag{2.10}$$

Когда же имеются две частицы, то вероятность рассеяния a в dS_1 и b в dS_2 будет

$$|a_1 b_2|^2 dS_1 dS_2 = |a|^2 |b|^2 dS_1 dS_2. \tag{2.11}$$

Если нам нужна вероятность того, что *обе* частицы (и a, и b) попали в счетчик, мы должны будем проинтегрировать dS_1 и dS_2 по всей площади ΔS; получится

$$P_2 = |a|^2 |b|^2 (\Delta S)^2. \tag{2.12}$$

Заметим, кстати, что это равно просто $p_a \cdot p_b$ в точности так, как если бы мы предположили, что частицы a и b действуют независимо друг от друга.

Однако, когда две частицы тождественны, имеются две неразличимые возможности для каждой пары элементов поверхности dS_1 и dS_2. Частица a, попадающая в dS_2, и частица b, попадающая в dS_1, неотличимы от a в dS_1 и от b в dS_2, так что амплитуды этих процессов будут интерферировать. (Когда у нас были две *различные* частицы, то, хотя мы *на самом деле* не заботились о том, какая из них куда попадает в счетчике, мы все же *в принципе* могли это узнать; так что интерференции не было. А для тождественных частиц мы и в принципе не можем этого сделать.) Мы должны тогда написать, что вероятность того, что пара частиц очутится в dS_1 и dS_2, есть

$$|a_1b_2+a_2b_1|^2 dS_1dS_2. \qquad (2.13)$$

Однако сейчас, интегрируя по поверхности счетчика, нужно быть осторожным. Пустив dS_1 и dS_2 странствовать по всей площади ΔS, мы бы сосчитали каждую часть площади *дважды*, поскольку в (2.13) входит все, что может случиться * с каждой парой элементов поверхности dS_1 и dS_2. Но интеграл можно все равно подсчитать, если учесть двукратный счет, разделив результат пополам. Тогда мы получим, что P_2 для тождественных бозе-частиц есть

$$P_{2\,(\text{бозе})}=\frac{1}{2}\{4\,|a|^2\,|b|^2\,(\Delta S)^2\}=2\,|a|^2\,|b|^2\,(\Delta S)^2. \qquad (2.14)$$

И опять это ровно вдвое больше того, что мы получили в (2.12) для различимых частиц.

Если вообразить на мгновение, что мы откуда-то знали, что канал b уже послал свою частицу в своем направлении, то можно сказать, что *вероятность* того, что вторая частица направится в ту же сторону, вдвое больше того, чего можно было бы ожидать, если бы мы посчитали это событие независимым. Таково уж свойство бозе-частиц, что если есть одна частица в каких-то условиях, то *вероятность* поставить в те же условия вторую вдвое больше, чем если бы первой там не было. Этот факт часто формулируют так: если уже имеется одна бозе-частица в данном состоянии, то амплитуда того, что туда же, ей на голову, можно будет поместить вторую, в $\sqrt{2}$ раз больше, чем если бы первой там не было. (Это неподходящий способ формулировать результат с той физической точки зрения, какую мы избрали, но, если это правило последовательно применять, оно все же приводит к верному результату.)

§ 3. Состояния с *n* бозе-частицами

Распространим наш результат на тот случай, когда имеются n частиц. Вообразим случай, изображенный на фиг. 2.4. Есть n частиц a, b, c, . . ., которые рассеиваются в направлениях 1, 2, 3, . . ., n. Все n направлений смотрят в небольшой счетчик, который стоит где-то поодаль. Как и в предыдущем параграфе, выберем нормировку всех амплитуд так, чтобы вероятность того, что каждая частица, действуя по отдельности, попадет в

---

* Перестановка dS_1 и dS_2 в (2.11) приводит к другому событию, так что оба элемента поверхности обязаны пройтись по всей площади счетчика. В (2.13) мы рассматриваем dS_1 и dS_2 как *пару* и включаем все, что может случиться. Если интегралы опять включают все, что случится, когда dS_1 и dS_2 поменяются местами, то все считается дважды.

Фиг. 2.4. Рассеяние n частиц в близкие конечные состояния.

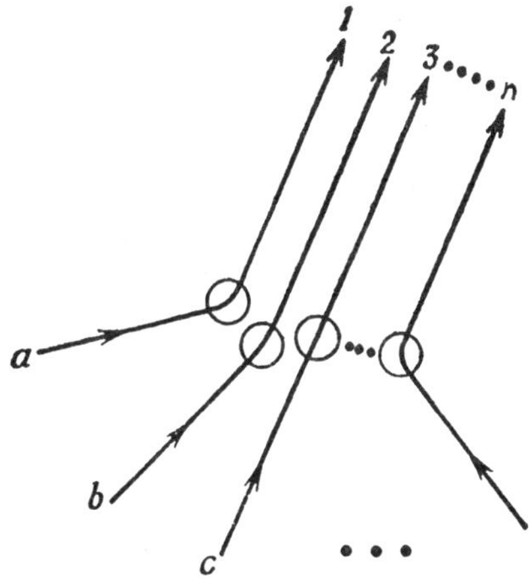

элемент поверхности dS счетчика, была равна

$$|\langle\ \rangle|^2 dS.$$

Сперва предположим, что частицы все различимы, тогда вероятность того, что n частиц будут одновременно зарегистрированы в n разных элементах поверхности, будет равна

$$|a_1 b_2 c_3 \ldots|^2 dS_1 dS_2 dS_3 \ldots . \qquad (2.15)$$

Опять примем, что амплитуды не зависят от того, где в счетчике расположен элемент dS (он считается малым), и обозначим их просто a, b, c, ... Вероятность (2.15) обратится в

$$|a|^2 |b|^2 |c|^2 \ldots dS_1 dS_2 dS_3 \ldots . \qquad (2.16)$$

Прогоняя каждый элемент dS по всей поверхности ΔS счетчика, получаем, что P_n(разные) — вероятность одновременно зарегистрировать n разных частиц — равна

$$P_n\,(\text{разные}) = |a|^2 |b|^2 |c|^2 \ldots (\Delta S)^n. \qquad (2.17)$$

Это просто произведение вероятностей попаданий в счетчик каждой из частиц по отдельности. Все они действуют независимо — вероятность попасть для одной из них не зависит от того, сколько других туда попало.

Теперь предположим, что все эти частицы — идентичные бозе-частицы. Для каждой совокупности направлений 1, 2, 3, ... существует много неразличимых возможностей. Если бы, скажем, частиц было только три, появились бы следующие возможности:

$$\begin{array}{lll} a \to 1 & a \to 1 & a \to 2 \\ b \to 2 & b \to 3 & b \to 1 \\ c \to 3 & c \to 2 & c \to 3 \end{array}$$

$$\begin{array}{lll} a \to 2 & a \to 3 & a \to 3 \\ b \to 3 & b \to 1 & b \to 2 \\ c \to 1 & c \to 2 & c \to 1 \end{array}$$

Возникает шесть различных комбинаций. А если частиц n, то будет $n!$ разных, хотя и *не отличимых* друг от друга, комбинаций; их амплитуды положено складывать. Вероятность того, что n частиц будут зарегистрированы в n элементах поверхности, тогда будет равна

$$|a_1 b_2 c_3 \ldots + a_1 b_3 c_2 \ldots + \text{и т. д.} +|^2 dS_1 dS_2 dS_3 \ldots dS_n. \tag{2.18}$$

И снова мы предположим, что все направления столь близки друг к другу, что можно будет положить $a_1 = a_2 = \ldots = a_n = a$ и то же сделать с $b, c, \ldots$; вероятность (2.18) обратится в

$$|n!\, abc\ \ldots|^2 dS_1 dS_2\ \ldots dS_n. \tag{2.19}$$

Когда каждый элемент dS прогоняют по площади ΔS счетчика, то всякое мыслимое произведение элементов поверхности считается $n!$ раз; учтем это, разделив на $n!$, и получим

$$P_n\,(\text{бозе}) = \frac{1}{n!}\,|\, n!\, abc \ldots |^2\, (\Delta S)^n,$$

или

$$P_n\,(\text{бозе}) = n!\,|\, abc \ldots |^2\, (\Delta S)^n. \tag{2.20}$$

Сравнивая это с (2.17), видим, что вероятность совместного счета n бозе-частиц в $n!$ раз больше, чем получилось бы в предположении, что все частицы различимы. Все это можно подытожить так:

$$P_n\,(\text{бозе}) = n!\, P_n\,(\text{разные}). \tag{2.21}$$

Итак, вероятность в случае бозе-частиц в $n!$ раз больше, чем вы получили бы, считая, что частицы действовали независимо.

Мы лучше поймем, что это значит, если спросим: чему равна вероятность того, что бозе-частица перейдет в некоторое состояние, в котором *уже находятся n других частиц*? Обозначим добавленную частицу буквой w. Если всего, включая w, имеется $(n+1)$ частиц, то (2.20) обращается в

$$P_{n+1}\,(\text{бозе}) = (n+1)!\,|\, abc \ldots w\,|^2\, (\Delta S)^{n+1}. \tag{2.22}$$

Это можно записать так:

$$P_{n+1}\,(\text{бозе}) = \{(n+1)\,|\, w\,|^2\, \Delta S\}\; n!\,|\, abc \ldots |^2\, (\Delta S)^n, \tag{2.23}$$

или

$$P_{n+1}\,(\text{бозе}) = (n+1)\,|\, w\,|^2\, \Delta S P_n\,(\text{бозе}).$$

Этот результат можно истолковать следующим образом. Число $|w|^2 \Delta S$ — это вероятность заполучить в счетчик частицу w, если никаких других частиц нет; P_n(бозе) — это шанс того, что там уже есть n других бозе-частиц. Значит, (2.23) говорит нам, что *когда* у нас уже есть n других идентичных друг другу бозе-частиц, то вероятность того, что *еще одна* частица придет в то же состояние, усиливается в $(n+1)$ раз. Вероятность получить еще один бозон там, где уже есть их n штук, в $(n+1)$ раз больше той, какая была бы, если бы там раньше ничего не было. *Наличие* других частиц увеличивает вероятность заполучить еще одну.

§ 4. *Излучение и поглощение фотонов*

Повсюду в наших рассуждениях шла речь о процессе, похожем на рассеяние α-частиц. Но это необязательно; можно было бы говорить и о создании частиц, например об излучении света. При излучении света «создается» фотон. В этом случае уже не нужны на фиг. 2.4 входящие линии; можно просто считать, что есть n атомов a, b, c, ... , излучающих свет (фиг. 2.5). Значит, наш результат можно сформулировать и так: *вероятность того, что атом излучит фотон в некотором конечном состоянии, увеличивается в* $(n+1)$ *раз, если в этом состоянии уже есть* n *фотонов.*

Многим больше нравится высказывать этот результат иначе; они говорят, что *амплитуда* испускания фотона увеличивается в $\sqrt{n+1}$ раз, если уже имеется в наличии n фотонов. Разумеется, это просто другой способ сказать то же самое, если только иметь в виду, что эту амплитуду для получения вероятности надо просто возвести в квадрат.

В квантовой механике справедливо в общем случае утверждение о том, что амплитуда получения состояния χ из любого другого состояния φ комплексно сопряжена амплитуде получения φ из χ

$$\langle\chi|\varphi\rangle=\langle\varphi|\chi\rangle^{*}. \qquad (2.24)$$

Мы разберемся в этом чуть позже, а пока просто предположим, что на самом деле это так. Тогда этим можно воспользоваться, чтобы понять, как фотоны рассеиваются или поглощаются *из*

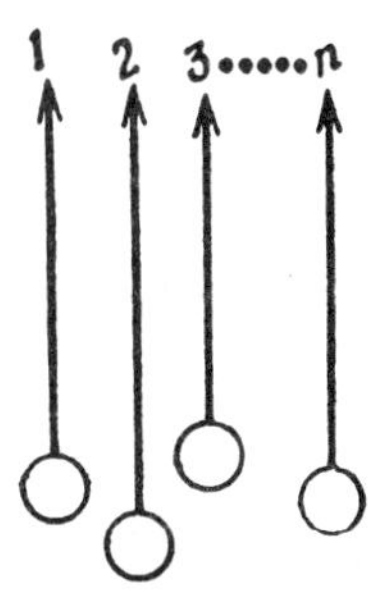

Фиг. 2.5. Образование n фотонов в близких состояниях.

данного состояния. Мы знаем, что амплитуда того, что фотон прибавится к какому-то состоянию, скажем к i, в котором уже находится n фотонов, равна

$$\langle n+1 \mid n\rangle = \sqrt{n+1}\, a, \tag{2.25}$$

где $a=\langle i \mid a\rangle$ — амплитуда, когда нет других фотонов. Если воспользоваться формулой (2.24), то амплитуда обратного перехода — от $(n+1)$ фотонов к n фотонам — равна

$$\langle n \mid n+1\rangle = \sqrt{n+1}\, a^*, \tag{2.26}$$

Но обычно говорят иначе; людям не нравится думать о переходе от $(n+1)$ к n, они всегда предпочитают исходить из того, что имелось n фотонов. Поэтому говорят, что амплитуда поглощения фотона, если имеется n других, иными словами, перехода от n к $(n-1)$, равна

$$\langle n-1 \mid n\rangle = \sqrt{n}\, a^*. \tag{2.27}$$

Это, разумеется, просто та же самая формула (2.26). Но тогда возникает новая забота — помнить, когда пишется $\sqrt{n}$ и когда $\sqrt{n+1}$. Запомнить это можно так: множитель всегда равен корню квадратному из наибольшего числа имевшихся в наличии фотонов, все равно — до реакции или после. Уравнения (2.25) и (2.26) свидетельствуют о том, что закон на самом деле симметричен; несимметрично он выглядит лишь тогда, когда его записывают в виде (2.27).

Из этих новых правил проистекает множество физических следствий; мы хотим привести одно из них, касающееся испускания света. Представим случай, когда фотоны находятся в ящике,— можете вообразить, что ящик имеет зеркальные стенки. Пусть в этом ящике в одном и том же состоянии (с одними и теми же частотой, поляризацией и направлением) имеется n фотонов, так что их нельзя друг от друга отличить, и пусть в ящике имеется атом, который может испустить еще один фотон в таком же состоянии. Тогда вероятность того, что он испустит фотон, равна

$$(n+1)\,|a|^2, \tag{2.28}$$

а вероятность того, что он фотон поглотит, равна

$$n\,|a|^2, \tag{2.29}$$

где $|a|^2$ — вероятность того, что он испустил бы фотон, если бы не было этих n фотонов. Мы уже говорили об этих правилах немного по-иному в гл. 42 (вып. 4). Выражение (2.29) утверждает, что вероятность того, что атом *поглотит* фотон и совершит переход в состояние с более высокой энергией, пропорциональна интенсивности света, освещающего его. Но, как впервые указал Эйнштейн, скорость, с которой атом переходит в *более низкое* энергетическое состояние, состоит из двух частей. Есть вероятность $|a|^2$ того, что он совершит самопроизвольный переход, и есть вероятность вынужденного перехода $n|a|^2$, пропорциональная интенсивности света, т. е. числу имеющихся фотонов. Далее, как заметил Эйнштейн, коэффициенты поглощения и вынужденного испускания равны между собой и связаны с вероятностью самопроизвольного испускания. Здесь же мы выяснили, что если интенсивность света измеряется количеством имеющихся фотонов (вместо того, чтобы пользоваться энергией в единице объема или в секунду), то коэффициенты поглощения, вынужденного испускания и самопроизвольного испускания равны друг другу. В этом смысл соотношения между коэффициентами A и B, выведенного Эйнштейном [см. гл. 42 (вып. 4), соотношение (42.18)].

§ 5. *Спектр абсолютно черного тела*

Мы хотим теперь использовать наши правила для бозе-частиц, чтобы еще раз получить спектр излучения абсолютно черного тела [см. гл. 42 (вып. 4)]. Мы сделаем это, подсчитав, сколько фотонов содержится в ящике, если излучение находится в тепловом равновесии с атомами в ящике. Допустим, что каждой световой частоте ω соответствует определенное количество N атомов с двумя энергетическими состояниями, отличающимися на энергию $\Delta E=\hbar\omega$ (фиг. 2.6). Состояние с меньшей энергией мы назовем «основным», с большей — «возбужденным». Пусть $N_{осн}$ и $N_{возб}$ — средние числа атомов в основном и возбужденном состояниях; тогда для теплового равновесия при температуре T из статистической механики

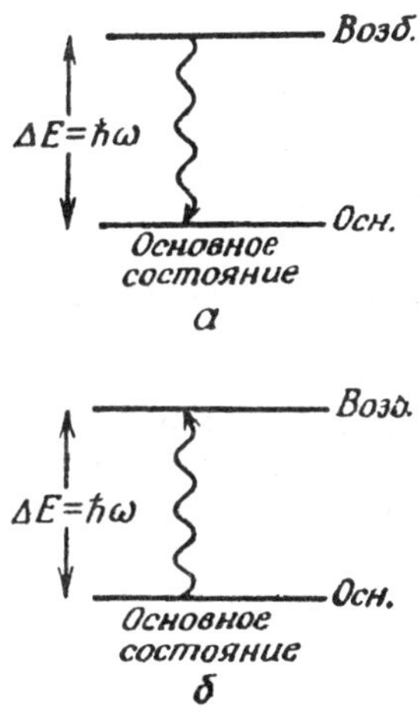

Фиг. 2.6. Излучение и поглощение фотона с частотой ω.

следует

$$\frac{N_{\text{возб}}}{N_{\text{осн}}}=e^{-\Delta E/kT}=e^{-\hbar\omega/kT}. \tag{2.30}$$

Каждый атом в основном состоянии может поглотить фотон и перейти в возбужденное состояние, и каждый атом в возбужденном состоянии может испустить фотон и перейти в основное состояние. При равновесии скорости этих двух процессов должны быть равны. Скорости пропорциональны вероятности событий и количеству имеющихся атомов. Пусть $\bar{n}$ — среднее число фотонов, находящихся в данном состоянии с частотой ω. Тогда скорость поглощения из этого состояния есть $N_{\text{осн}}\bar{n}|a|^2$, а скорость испускания в это состояние есть $N_{\text{возб}}(\bar{n}+1)|a|^2$. Приравнивая друг другу эти две скорости, мы получаем

$$N_{\text{осн}}\bar{n}=N_{\text{возб}}(\bar{n}+1). \tag{2.31}$$

Сопоставляя это с (2.30), имеем

$$\frac{\bar{n}}{\bar{n}+1}=e^{-\hbar\omega/kT}.$$

Отсюда найдем

$$\bar{n}=\frac{1}{e^{\hbar\omega/kT}-1}. \tag{2.32}$$

Это и есть среднее число фотонов в любом состоянии с частотой ω при тепловом равновесии в полости. Поскольку энергия каждого фотона $\hbar\omega$, то энергия фотонов в данном состоянии есть $\bar{n}\hbar\omega$, или

$$\frac{\hbar\omega}{e^{\hbar\omega/kT}-1}. \tag{2.33}$$

Кстати говоря, мы уже получали подобное выражение в другой связи [см. гл. 41 (вып. 4), формула (41.15)]. Вспомните, что для гармонического осциллятора (скажем, грузика на пружинке) квантовомеханические уровни энергии находятся друг от друга на равных расстояниях $\hbar\omega$, как показано на фиг. 2.7. Обозначив энергию n-го уровня через $n\hbar\omega$, мы получили, что средняя энергия такого осциллятора также давалась выражением (2.33). А сейчас это выражение было выведено для фотонов путем подсчета их числа и привело к тому же результату. Перед вами — одно из чудес квантовой механики. Если начать с рассмотрения таких состояний или таких условий для бозе-частиц, когда они друг с другом не взаимодействуют (мы ведь предположили, что фотоны не взаимодействуют друг с другом), а затем считать, что в эти состояния могут быть помещены нуль, или одна, или две и т. д. до n частиц, то оказывается, что эта

Фиг. 2.7. Уровни энергии гармонического осциллятора.

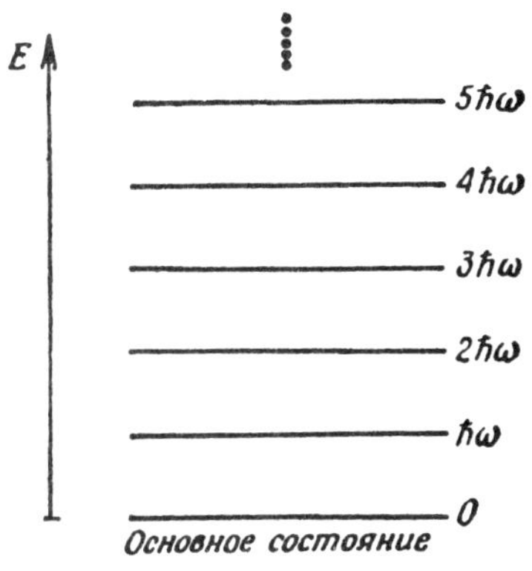

система ведет себя во всех квантовомеханических отношениях в точности, как гармонический осциллятор. Таким осциллятором считается динамическая система наподобие грузика на пружинке или стоячей волны в резонансной полости. Вот почему можно представлять электромагнитное поле фотонными частицами. С одной точки зрения можно анализировать электромагнитное поле в ящике или полости в терминах множества гармонических осцилляторов, рассматривая каждый тип колебаний, согласно квантовой механике, как гармонический осциллятор. С другой, отличной точки зрения ту же физику можно анализировать в терминах тождественных бозе-частиц. И итоги обоих способов рассуждений *всегда точно совпадают*. Невозможно установить, следует ли на самом деле электромагнитное поле описывать в виде квантуемого гармонического осциллятора или же задавать количество фотонов в каждом состоянии. Оба взгляда на вещи оказываются математически тождественными. В будущем мы сможем с равным правом говорить либо о числе фотонов в некотором состоянии в ящике, либо о номере уровня энергии, связанного с некоторым типом колебаний электромагнитного поля. Это два способа говорить об одном и том же. То же относится и к фотонам в пустом пространстве. Они эквивалентны колебаниям полости, стенки которой отошли на бесконечность.

Мы подсчитали среднюю энергию произвольного частного типа колебаний в ящике при температуре T; чтобы получить закон излучения абсолютно черного тела, остается узнать только одно: сколько типов колебаний бывает при каждой энергии. (Мы предполагаем, что для каждого типа колебаний найдутся такие атомы в ящике — или в его стенках,— у которых есть уровни энергии, способные приводить к излучению этого типа колебаний, так что каждый тип может прийти в тепловое равновесие.) Закон излучения абсолютно черного тела обычно формулируют, указывая, сколько энергии в единице объема уносится светом в малом интервале частот от ω до $\omega+\Delta\omega$. Так что нам нужно знать, сколько типов колебаний с частотой в интервале $\Delta\omega$ имеется в ящике. Хотя вопрос этот то и дело возникает в квантовой механике, это все же чисто классический вопрос, касающийся стоячих волн.

Ответ мы получим только для прямоугольного ящика. Для произвольного ящика выходит то же, только выкладка куда сложней. Нас еще будет интересовать ящик, размеры которого намного больше длины световых волн. В этом случае типов колебаний будет мириады и мириады; в каждом малом интервале частот $\Delta\omega$ их окажется очень много, так что можно будет говорить об их «среднем числе» в каждом интервале $\Delta\omega$ при частоте ω. Начнем с того, что спросим себя, сколько типов колебаний бывает в одномерном случае — у волн в натянутой струне. Вы знаете, что каждый тип колебаний — это синусоида, кривая, обращающаяся на обоих концах в нуль; иначе говоря, на всей длине линии (фиг. 2.8) должно укладываться целое число полуволн. Мы предпочитаем пользоваться волновым числом $k=2\pi/\lambda$; обозначая волновое число j-го типа колебаний через k_j, получаем

$$k_j=\frac{j\pi}{L}, \qquad (2.34)$$

где j — целое. Промежуток δk между последовательными типами равен

$$\delta k=k_{j+1}-k_j=\frac{\pi}{L}.$$

Нам удобно выбрать столь большое L, что в малом интервале Δk оказывается множество типов колебаний.

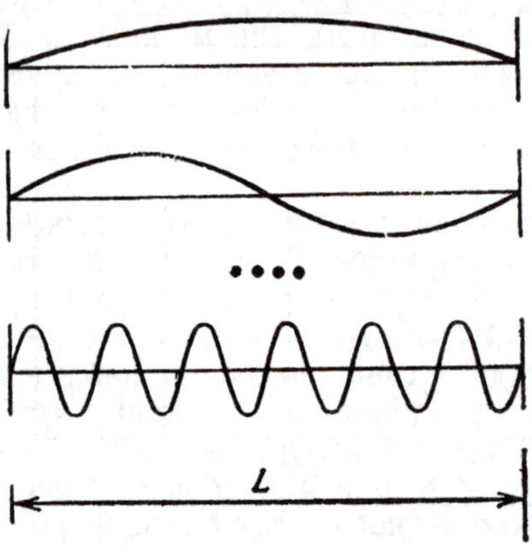

Фиг. 2.8. Типы стоячих волн на отрезке.

Обозначив число типов колебаний в интервале Δk через $\Delta\mathfrak{N}$, имеем

$$\Delta\mathfrak{N}=\frac{\Delta k}{\delta k}=\frac{L}{\pi}\Delta k. \qquad (2.35)$$

Физики-теоретики, занимающиеся квантовой механикой, обычно предпочитают говорить, что типов колебаний вдвое меньше; они пишут

$$\Delta\mathfrak{N}=\frac{L}{2\pi}\Delta k. \qquad (2.36)$$

И вот почему. Им обычно больше нравится мыслить на языке бегущих волн — идущих направо (с k положительными) и идущих налево (с k отрицательными). Но «тип колебаний», или «собственное колебание»,— это *стоячая волна*, т. е. сумма двух волн, бегущих каждая в своем направлении. Иными словами, они считают, что каждая стоячая волна включает два различных фотонных «состояния». Поэтому если предпочесть под $\Delta\mathfrak{N}$ подразумевать число фотонных состояний с данным k (где теперь уже k может быть и положительным, и отрицательным), то тогда $\Delta\mathfrak{N}$ окажется вдвое меньше. (Все интегралы теперь нужно будет брать от $k=-\infty$ до $k=+\infty$, и общее число состояний вплоть до любого заданного абсолютного значения k получится таким, как надо.) Конечно, стоячие волны мы тогда не сможем хорошо описывать, но подсчет типов колебаний будет идти согласованно.

Теперь наши результаты мы обобщим на три измерения. Стоячая волна в прямоугольном ящике должна обладать целым числом полуволн *вдоль каждой оси*. Случай двух измерений дан на фиг. 2.9. Каждое направление и частота волны описываются

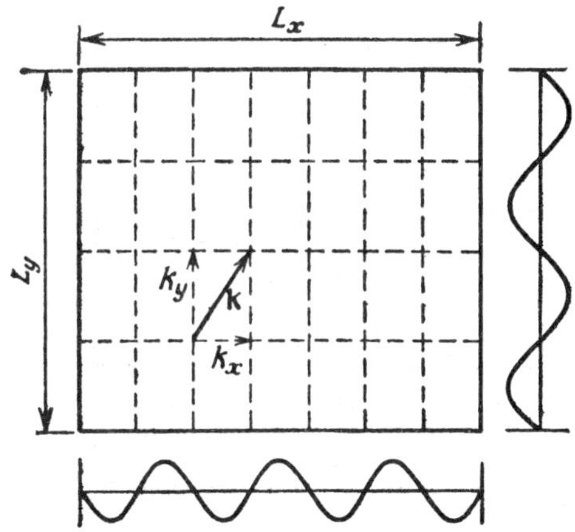

Фиг. 2.9. Типы стоячих волн в двух измерениях.

вектором волнового числа k. Его x-, y- и z-компоненты должны удовлетворять уравнениям типа (2.34). Стало быть, мы имеем

$$k_x = \frac{j_x \pi}{L_x}, \quad k_y = \frac{j_y \pi}{L_y}, \quad k_z = \frac{j_z \pi}{L_z}.$$

Число типов колебаний с k_x в интервале Δk_x, как и прежде, равно

$$\frac{L_x}{2\pi} \Delta k_x;$$

то же и с Δk_y, и с Δk_z. Если обозначить через $\Delta\mathfrak{N}(\mathbf{k})$ число таких типов колебаний, в которых векторное волновое число **k** обладает x-компонентой в интервале от k_x до $k_x + \Delta k_x$, y-компонентой в интервале от k_y до $k_y + \Delta k_y$ и z-компонентой в интервале от k_z до $k_z + \Delta k_z$, то

$$\Delta\mathfrak{N}(\mathbf{k}) = \frac{L_x L_y L_z}{(2\pi)^3} \Delta k_x \, \Delta k_y \, \Delta k_z. \tag{2.37}$$

Произведение $L_x L_y L_z$— это объем V ящика. Итак, мы пришли к важному результату, что для высоких частот (длин волн, меньших, чем габариты полости) число мод (типов колебаний) в полости пропорционально ее объему V и «объему в k-пространстве» $\Delta k_x \Delta k_y \Delta k_z$. Этот результат то и дело появляется то в одной, то в другой задаче, и его стоит запомнить:

$$\Delta\mathfrak{N}(\mathbf{k}) = V \frac{d^3\mathbf{k}}{(2\pi)^3}. \tag{2.38}$$

Хоть мы этого и не доказали, результат не зависит от формы ящика.

Теперь мы применим этот результат для того, чтобы найти число фотонных мод для фотонов с частотами в интервале $\Delta\omega$. Нас интересует всего-навсего энергия разных собственных колебаний, а не направления самих волн. Мы хотим знать число собственных колебаний в данном интервале частот. В вакууме величина к связана с частотой формулой

$$|\mathbf{k}| = \frac{\omega}{c}. \tag{2.39}$$

Значит, в интервал частот $\Delta\omega$ попадают все моды, отвечающие векторам **k**, *величина* которых меняется от k до $k + \Delta k$ независимо от направления. «Объем в k-пространстве» между k и $k + \Delta k$ — это сферический слой, объем которого равен

$$4\pi k^2 \Delta k.$$

Количество собственных колебаний (мод) тогда равно

$$\Delta\mathfrak{N}(\omega) = \frac{V 4\pi k^2 \Delta k}{(2\pi)^3}. \tag{2.40}$$

Однако раз нас интересуют частоты, то надо подставить $k=\omega/c$, и мы получаем

$$\Delta\mathfrak{N}(\omega)=\frac{V4\pi\omega^2\Delta\omega}{(2\pi)^3c^3}. \tag{2.41}$$

Но здесь возникает одно усложнение. Если мы говорим о собственных колебаниях электромагнитной волны, то каждому данному волновому вектору $\mathbf{k}$ может соответствовать любая из двух поляризаций (перпендикулярных друг другу). Поскольку эти собственные колебания независимы, то нужно (для света) удвоить их число. И мы имеем

$$\Delta\mathfrak{N}(\omega)=\frac{V\omega^2\Delta\omega}{\pi^2c^3}\ (\text{для света}). \tag{2.42}$$

Мы показали уже [см. (2.33)], что каждое собственное колебание (мода, тип колебаний, «состояние») обладает в среднем энергией

$$\bar{n}\hbar\omega=\frac{\hbar\omega}{e^{\hbar\omega/kT}-1}.$$

Умножая это на число собственных колебаний, мы получаем энергию ΔE, которой обладают собственные колебания,

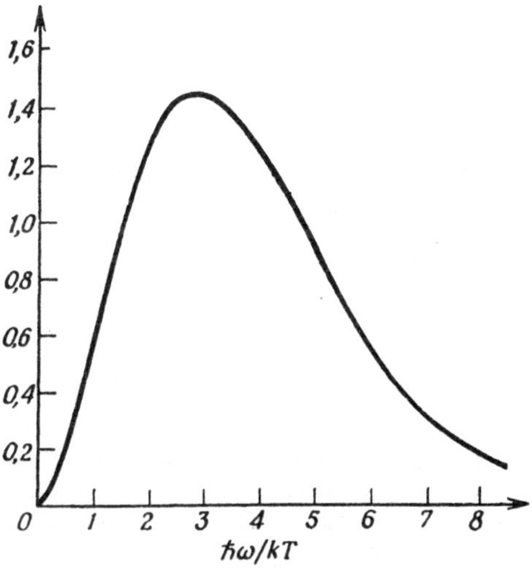

Фиг. 2.10. Спектр частот излучения в полости при тепловом равновесии (спектр «абсолютно черного тела»).

На оси ординат отложена величина x^3/e^x-1 $(x=\hbar\omega/kT)$, отличающаяся от $dE/d\omega$ постоянным множителем $(\pi\hbar)^2(c/kT)^3V^{-1}$.

лежащие в интервале $\Delta\omega$:

$$\Delta E = \frac{\hbar\omega}{e^{\hbar\omega/kT}-1}\,\frac{V\omega^2\Delta\omega}{\pi^2 c^3}. \qquad (2.43)$$

Это и есть закон для спектра частот излучения абсолютно черного тела, найденный нами уже однажды в гл. 41 (вып. 4). Спектр этот вычерчен на фиг. 2.10. Вы теперь видите, что ответ зависит от того факта, что фотоны являются бозе-частицами — частицами, имеющими тенденцию собираться всем вместе в одном и том же состоянии (амплитуда такого поведения велика). Вы помните, что именно Планк, изучавший спектр абсолютно черного тела (который представлял загадку для классической физики) и открывший формулу (2.43), положил тем самым начало квантовой механике.

§ 6. *Жидкий гелий*

Жидкий гелий при низких температурах обладает рядом странных свойств, на подробное описание которых у нас, к сожалению, не хватает времени. Многие из них просто связаны с тем, что атом гелия — это бозе-частица. Одно из этих свойств — жидкий гелий течет без какого бы то ни было вязкого сопротивления. Это в действительности та самая «сухая» вода, о которой мы говорили в одной из прежних глав (при условии, что скорости достаточно низки). Причина здесь вот в чем. Чтобы жидкость обладала вязкостью, в ней должны быть внутренние потери энергии; надо, чтобы одна из частей жидкости могла двигаться не так, как оставшаяся жидкость. Это означает, что должна быть возможность выбивать некоторые атомы в состояния, отличные от тех, в которых пребывают другие атомы. Но при достаточно низких температурах, когда тепловое движение становится очень слабым, все атомы стремятся попасть в одни и те же условия. Так, если некоторые из них движутся в одну сторону, то и все атомы пытаются двигаться все вместе таким же образом. Это своего рода жесткость по отношению к движению, и такое движение трудно разбить на неправильные турбулентные части, как это было бы, скажем, с независимыми частицами. Итак, в жидкости бозе-частиц есть сильное стремление к тому, чтобы все атомы перешли в одно состояние,— стремление, представляемое множителем $\sqrt{n+1}$, полученным нами ранее. (А в бутылке жидкого гелия n, конечно, очень большое число!) Это движение не происходит при высоких температурах, потому что тогда тепловой энергии хватает на то, чтобы перевести разные атомы во всевозможные различные высшие состояния. Но при достаточном понижении температуры внезапно наступает момент, когда все атомы гелия стремятся оказаться в одном и том же состоянии. Гелий становится сверхтекучим. Кстати, это явление возникает лишь у изотопа гелия с атомным весом 4. Отдельные атомы изотопа гелия с атомным весом 3 суть ферми-частицы, и жидкость здесь самая обычная. Поскольку сверхтекучесть бывает лишь у He^4, то со всей очевидностью этот эффект квантовомеханический, вызываемый бозевской природой α-частицы.

§ 7. *Принцип запрета*

Ферми-частицы ведут себя совершенно иначе. Посмотрим, что произойдет, если мы попытаемся поместить две ферми-частицы в одно и то же состояние. Вернемся к нашему первоначальному примеру и поинтересуемся амплитудой того, что две идентичные ферми-частицы рассеются в почти одинаковом направлении. Амплитуда того, что частица a пойдет в направлении 1, а частица b — в направлении 2, есть

$$\langle 1|a\rangle\langle 2|b\rangle,$$

тогда как амплитуда того, что направления вылетающих частиц обменяются местами, такова:

$$\langle 2|a\rangle\langle 1|b\rangle.$$

Раз мы имеем дело с ферми-частицами, то амплитуда процесса является разностью этих двух амплитуд:

$$\langle 1|a\rangle\langle 2|b\rangle-\langle 2|a\rangle\langle 1|b\rangle. \qquad (2.44)$$

Следует сказать, что под «направлением 1» мы подразумеваем, что частица обладает не только определенным направлением, но и заданным направлением своего спина, а «направление 2» почти совпадает с направлением 1 и отвечает *тому же* направлению спина. Тогда $\langle 1|a\rangle$ и $\langle 2|a\rangle$ будут примерно равны. (Этого могло бы и не быть, если бы состояния 1 и 2 вылетающих частиц не обладали одинаковым спином, потому что тогда по каким-то причинам могло бы оказаться, что амплитуда зависит от направления спина.) Если теперь позволить направлениям 1 и 2 сблизиться друг с другом, то полная амплитуда в уравнении (2.44) станет равной нулю. Для ферми-частиц результат много проще, чем для бозе-частиц. Просто абсолютно невозможно, чтобы две ферми-частицы, например два электрона, оказались в одинаковом состоянии. Вы никогда не обнаружите два электрона в одинаковом положении и со спинами, направленными в одну сторону. Двум электронам невозможно иметь один и тот же импульс и одно и то же направление спина. Если они оказываются в одном и том же месте или в одном и том же состоянии движения, то единственное, что им остается,— это завертеться навстречу друг другу.

Фиг. 2.11. Так могли бы выглядеть атомы, если бы электроны вели себя как бозе-частицы.

Каковы следствия этого? Имеется множество замечательных эффектов, проистекающих из того факта, что две ферми-частицы не могут попасть в одно и то же состояние. На самом деле почти все особенности материального мира зависят от этого изумительного факта. Все разнообразие, представленное в периодической таблице элементов, в основе своей является следствием только этого правила.

Конечно, мы не можем сказать, на что был бы похож мир, если бы это правило — и только оно одно — изменилось; ведь оно является частью всей структуры квантовой механики, и невозможно сказать, что бы еще изменилось, если бы правило, касающееся ферми-частиц, стало бы другим. Но все же попробуем представить себе, что случилось бы, если бы переменилось только это правило. Во-первых, можно показать, что каждый атом остался бы более или менее неизменным. Начнем с атома водорода. Он заметно не изменился бы. Протон ядра был бы окружен сферически симметричным электронным облаком (фиг. 2.11, *а*). Как мы уже писали в гл. 38 (вып. 3), хоть электрон и притягивается к центру, принцип неопределенности требует, чтобы было равновесие между концентрацией в пространстве и концентрацией по импульсу. Равновесие означает, что распределение электронов должно характеризоваться определенной энергией и протяженностью, определяющими характеристические размеры атома водорода.

Пусть теперь имеется ядро с двумя единицами заряда, например ядро гелия. Это ядро будет притягивать два электрона, и, будь они бозе-частицами, они бы, если не считать их электрического отталкивания, сплотились близ ядра как можно тесней. Атом гелия выглядел бы так, как на фиг. 2.11, *б*. Точно так же и атом лития, у которого ядро заряжено трехкратно, обладал бы электронным распределением, похожим на то, что изображено на фиг. 2.11, *в*. Каждый атом выглядел бы более или менее, как раньше: круглый шарик, все электроны в котором сидят близ ядра; не было бы никаких выделенных направлений и никаких сложностей.

Но из-за того, что электроны — это ферми-частицы, действительное положение вещей совершенно иное. Для атома во-

Фиг. 2.12. Атомные конфигурации для настоящих, фермиевского типа электронов со спином $^1/_2$.

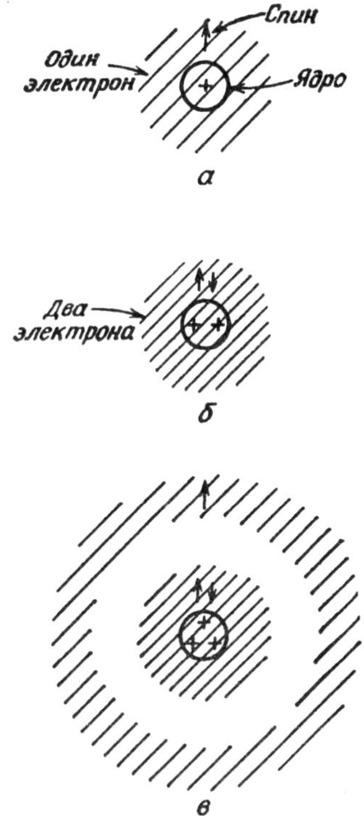

дорода оно в общем-то не меняется. Единственное отличие в том, что у электрона есть спин (показан на фиг. 2.12, *а* стрелочкой). В случае же атома гелия мы уже не сможем посадить один из электронов на другой. Впрочем, погодите, это верно лишь тогда, когда их спины направлены одинаково. Но если они разведут свои спины врозь, то они уже *будут вправе* занять одно и то же место. Так что атом гелия тоже не очень-то изменится. Он будет выглядеть так, как показано на фиг. 2.12, *б*. А вот для лития положение вещей совершенно изменится. Куда сможем мы пристроить третий электрон? Его нельзя посадить прямо на первые два, потому что оба направления спина заняты. (Вы помните, что и у электрона, и у любой частицы со спином $^1/_2$ имеются лишь два допустимых направления спина.) Третий электрон не сможет приблизиться к месту, оккупированному двумя другими, он обязан занять особое положение в каком-то ином состоянии, намного дальше от ядра (фиг. 2.12, *в*). (Мы здесь говорим обо всем довольно грубо, потому что на самом-то деле все три электрона тождественны, а раз мы не можем в действительности разобраться, кто из них кто, то наш рисунок верен только в общих чертах.)

Теперь мы уже начинаем понимать, отчего у разных атомов бывают разные химические свойства. Из-за того, что третий электрон в литии намного дальше, он связан несравненно слабее. Увести один электрон у лития куда легче, чем у гелия. (Опыт говорит, что для ионизации гелия нужно 25 *в*, а для ионизации лития лишь 5 *в*). Это отражается на валентности атома лития. Свойства валентности, зависящие от направлений, связаны с волновой картиной внешнего электрона, но мы не будем сейчас входить в подробности. Становится понятной важность так называемого *принципа запрета*, утверждающего, что никакие два электрона не могут оказаться в точности в одном и том же состоянии (включая спин).

Принцип запрета несет также ответственность за крупномасштабную стабильность вещества. Мы раньше уже объясняли, что отдельные атомы вещества не обваливаются благодаря принципу неопределенности, тогда можно понять, почему не бывает так, чтобы два атома водорода прижались друг к другу сколь угодно тесно, почему все протоны не могут сойтись вплотную, образовав вокруг себя электронную тучу. Ответ, конечно, состоит в том, что поскольку в одном месте может находиться не более двух электронов с противоположными спинами, то атомы водорода вынуждены держаться поодаль друг от друга. Так что крупномасштабная стабильность вещества на самом деле есть следствие того, что электроны — это ферми-частицы.

Конечно, если у двух атомов спины внешних электронов направлены в противоположные стороны, то они могут оказаться вплотную друг к другу. Именно так и возникает химическая связь. Оказывается, что два рядом стоящих атома обладают меньшей энергией, если между ними стоит электрон. Это своего рода электрическое притяжение двух положительных ядер к электрону между ними. Можно поместить пару электронов — коль скоро их спины противоположны — примерно посредине между двумя ядрами, и так возникает самая сильная из химических связей. Более сильной связи не бывает, потому что принцип запрета не позволит, чтобы в пространстве между атомами оказалось больше двух электронов. Считается, что молекула водорода выглядит примерно так, как изображено на фиг. 2.13.

Хочется сказать еще об одном следствии из принципа запрета. Вы помните, что если оба электрона в атоме гелия хотят оказаться поближе к ядру, то их спины обязательно должны смотреть навстречу друг другу. Допустим теперь, что нам бы захотелось расположить поблизости друг от друга два электрона с одним и тем же спином, скажем, приложив столь фантастически сильное магнитное поле, что спины выстроились бы в одну сторону. Но тогда два электрона не смогут занять одного положения в пространстве. Один из них вынужден будет занять другую геометрическую позицию (фиг. 2.14). Более удаленный от ядра электрон будет обладать меньшей энергией связи. Поэтому энергия всего атома станет чуть выше. Иными словами, если два спина противоположны, то это приводит к намного более сильному взаимному притяжению.

Фиг. 2.13. Молекула водорода.

Фиг. 2.14. Гелий с одним электроном в высшем энергетическом состоянии.

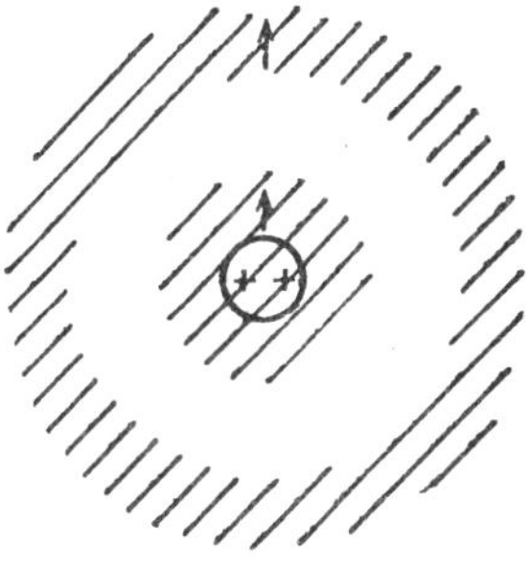

Стало быть, существует взаимодействие, стремящееся расположить спины навстречу друг другу, когда электроны сближаются. Если два электрона пытаются попасть в одно и то же место, то спины стремятся выстроиться навстречу друг другу. Эта кажущаяся сила, стремящаяся ориентировать спины в разные стороны, намного мощнее слабеньких сил, действующих между магнитными моментами двух электронов. Вы помните, что, когда мы толковали о ферромагнетизме, возникала загадка, отчего это электроны в разных атомах имеют столь сильную тенденцию выстраиваться параллельно. Хотя здесь еще нет количественного объяснения, но уже можно поверить в следующий процесс: электроны, окружающие один из атомов, взаимодействуют при помощи принципа запрета с внешними электронами, которые высвободились и бродят по кристаллу. Это взаимодействие заставляет спины свободных электронов и внутренних электронов принимать противоположные направления. Но свободные электроны и внутриатомные электроны могут выстроиться противоположно лишь при условии, что у всех внутренних электронов спины направлены одинаково (фиг. 2.15). Кажется весьма вероятным, что именно влияние принципа запрета, действующего косвенно через свободные электроны, кладет начало большим выстраивающим силам, ответственным за ферромагнетизм.

Упомянем еще один пример влияния принципа запрета. Мы уже говорили ранее, что ядерные силы, действующие между нейтроном и протоном, между протоном и протоном и между нейтроном и нейтроном, одинаковы. Почему же так получается, что протон с нейтроном могут пристать друг к другу, образовав

Фиг. 2.15. Вероятный механизм, действующий в ферромагнитном кристалле.

Спины электронов проводимости устанавливаются антипараллельно спинам неспаренных внутренних электронов.

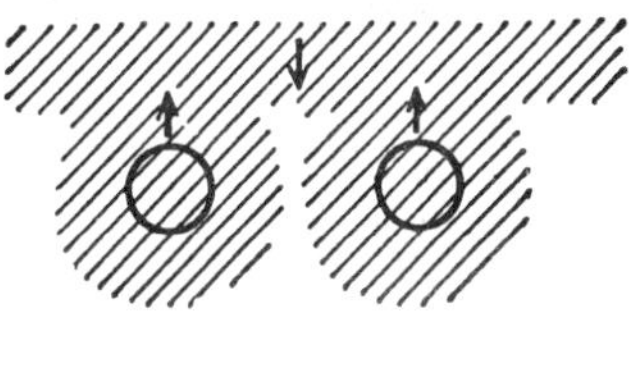

ядро дейтерия, а вот ядер просто с двумя протонами или просто с двумя нейтронами не существует? Действительно, дейтрон связан энергией около 2,2 *Мэв*, а соответствующей связи между парой протонов, которая бы создала изотоп гелия с атомным весом 2, не существует. Таких ядер не бывает. Комбинация двух протонов не дает связанного состояния.

Ответ складывается из двух эффектов: во-первых, из принципа запрета; во-вторых, из того факта, что ядерные силы довольно чувствительны к направлению спина. Силы, действующие между нейтроном и протоном,— это силы притяжения; они чуть больше, когда спины параллельны, и чуть меньше, когда они направлены противоположно. Оказывается, что различие между этими силами достаточно велико, чтобы дейтрон возникал лишь в том случае, когда спины нейтрона и протона параллельны, а когда спины противоположны, то притяжения не хватает на то, чтобы связать частицы воедино. Поскольку спины нейтрона и протона каждый равен $^1/_2$ и направлены они в одну сторону, то спин дейтрона равен единице. Мы знаем, однако, что двум протонам не разрешается сидеть друг на друге, если их спины параллельны. Если бы не было принципа запрета, два протона были бы связаны. Но раз они не могут существовать в одном месте и с одним и тем же направлением спина, ядра́ He^2 не существует. Протоны с противоположными спинами могли бы сойтись, но тогда им не хватило бы энергии связи для образования стабильного ядра, потому что ядерные силы при противоположных спинах чересчур слабы, чтобы связать пару нуклонов. В том, что силы притяжения между нейтронами и протонами с противоположными спинами существуют, можно убедиться из опытов по рассеянию. Сходные же опыты по рассеянию двух протонов с параллельными спинами показывают, что и между ними существует притяжение. Итак, принцип запрета помогает нам понять, почему дейтерий может существовать, а He^2 нет.

Глава 3

СПИН ЕДИНИЦА

Повторить: гл. 35 (вып. 7) «Парамагнетизм и магнитный резонанс»

§ 1. Фильтровка атомов при помощи прибора Штерна — Герлаха

В этой главе мы начнем изучать квантовую механику по-настоящему — в том смысле, что мы собираемся теперь описывать квантовомеханическое явление полностью с квантовомеханической точки зрения. Мы не будем искать объяснений в классической механике или пытаться установить с ней связь. Мы хотим говорить на новом языке о чем-то новом. Частный случай, с которого мы начнем, это поведение квантованного момента количества движения для частицы со *спином* 1. Но мы не хотим употреблять такие слова, как «момент количества движения» или другие понятия классической механики, мы несколько отложим их обсуждение. Мы избрали этот частный случай лишь потому, что он достаточно прост, хотя и не самый простой из всех. Он достаточно сложен для того, чтобы служить образцом, который можно будет обобщить для описания всех квантовомеханических явлений. Стало быть, хотя мы будем иметь дело лишь с частным примером, все законы, которые мы упомянем, могут быть немедленно обобщены; мы так и сделаем, чтобы вам стали ясны общие черты квантовомеханического описания.

Начнем с явления расщепления пучка атомов на три отдельных пучка в опыте Штерна — Герлаха. Вы помните, что если имеется неоднородное магнитное поле, созданное магнитом с острым полюсным наконечником, и если через прибор пропустить пучок частиц, то этот пучок может расщепиться на несколько пучков; их количество зависит от сорта атома и его состояния. Мы разберем случай, когда атом расщепляется на три пучка; такую частицу

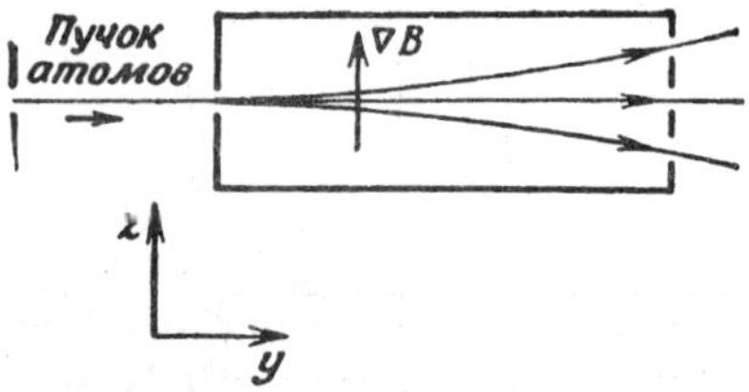

Фиг. 3.1. В опыте Штерна — Герлаха атомы со спином 1 расщепляются на три пучка.

мы будем называть частицей со *спином* 1. Вы сможете потом сами разобрать случай пяти пучков, семи пучков, двух и т. д. Вам придется попросту все скопировать, но там, где у нас были три члена, у вас окажется пять, семь, два и т. д.

Представьте себе прибор, схематически начерченный на фиг. 3.1. Пучок атомов (или любых частиц) коллимирован (ограничен) какими-то прорезями и проходит сквозь неоднородное поле. Пусть пучок движется по оси y, а магнитное поле и его градиент направлены по оси z. Тогда, глядя со стороны, мы увидим, как пучок расщепляется по вертикали на три пучка. На выходном конце магнита можно поставить небольшие счетчики, подсчитывающие скорость появления частиц в том или ином из трех пучков. Или можно перекрыть два пучка и пропускать только третий.

Предположим, что мы перекрыли два нижних пучка, а самый верхний пропустили, введя его во второй прибор Штерна — Герлаха такого же типа (фиг. 3.2). Что произойдет? Во втором приборе уже *не будет* трех пучков; там останется только верхний пучок (мы предполагаем, что угол отклонения очень мал). Если считать второй прибор простым продолжением первого, то те атомы, которые в первый раз отклонялись вверх, продолжают отклоняться вверх и вторым магнитом.

Вы видите, что первый прибор создал пучок «очищенных» объектов — атомов, которые отклонились вверх в некотором неоднородном поле. Те атомы, которые входят в первоначальный прибор Штерна — Герлаха, суть атомы трех «разновидностей», и эти три сорта выбирают разные траектории. Отфильтровывая одну-единственную разновидность, можно создать такой

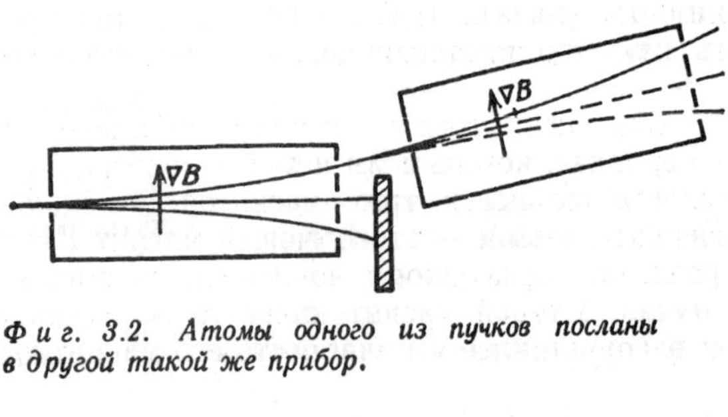

Фиг. 3.2. Атомы одного из пучков посланы в другой такой же прибор.

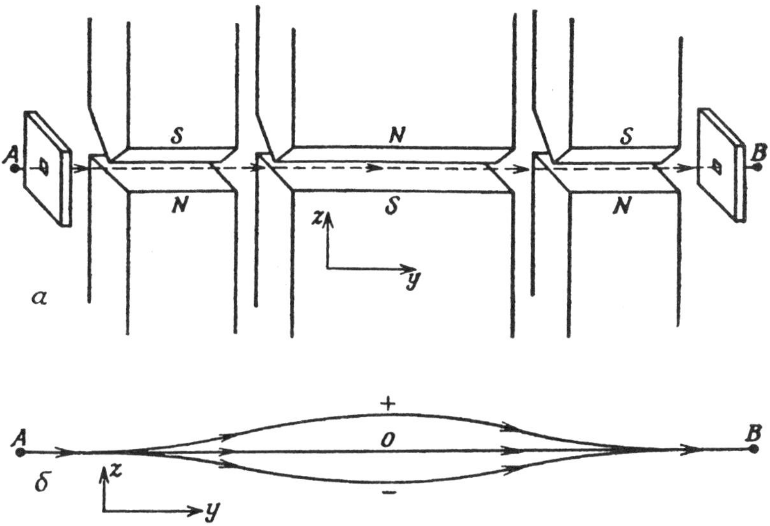

Фиг. 3.3. Воображаемое видоизменение прибора Штерна — Герлаха (а) и пути атомов со спином 1 (б).

пучок, будущее поведение которого в приборе того же типа вполне определено и предсказуемо. Такой пучок мы назовем *отфильтрованным*, или *поляризованным*: в этом пучке все атомы находятся *в определенном состоянии*.

В дальнейшем будет удобнее рассматривать слегка видоизмененный прибор Штерна — Герлаха. На первый взгляд он выглядит сложнее, но на самом деле упрощает все рассуждения. Впрочем, раз мы будем делать только «мысленные эксперименты», усложнение оборудования не будет стоить нам ни гроша. (Заметим, кстати, что никто никогда всех этих экспериментов точно таким образом не ставил, а мы тем не менее знаем, что в них *произойдет*. Мы это знаем из законов квантовой механики, которые, конечно, основаны на других сходных экспериментах. Эти другие эксперименты вначале труднее понять, и мы предпочитаем описывать какие-то идеализированные, но мыслимые эксперименты.)

На фиг. 3.3, *а* изображен чертеж «усовершенствованного прибора Штерна — Герлаха», которым мы и будем пользоваться. Он состоит из последовательности трех магнитов с сильным градиентом поля. Первый (левый) — это обычный магнит Штерна — Герлаха. Он разделяет падающий пучок частиц со спином 1 на три отдельных пучка. Второй магнит имеет то же сечение, что и первый, но он вдвое длиннее и полярность его магнитного поля противоположна полю в первом магните. Второй магнит отталкивает атомные магнитики в обратную сторону и искривляет их пути снова к оси, как показано на траекториях, начерченных на фиг. 3.3, *б*. Третий магнит в точности похож на первый; он сводит три пучка снова в одно место и выпускает их через выходное отверстие вдоль оси. Наконец, надо представить себе, что перед отверстием в *A* имеется какой-то механизм, который разгоняет атомы из состояния покоя, а после выходного отверстия в *B* имеется замедляющий механизм, который опять приводит атомы в *B* в состояние покоя. Это несущественно, но это все же будет означать, что в нашем анализе нам не придется заботиться об учете каких-либо эффектов движения, когда атомы выходят, и можно будет сосредоточиться на тех вопросах, которые связаны только со спином.

Все назначение «усовершенствованного» прибора в том и состоит, чтобы свести все частицы в одно и то же место, где они имели бы нулевую скорость.

Если мы хотим теперь провести опыт наподобие показанного на фиг. 3.2, то для начала нужно будет получить отфильтрованный пучок, вставив внутрь прибора пластинку, которая загородит два пучка (фиг. 3.4). Если теперь пропустить полученные поляризованные атомы через второй такой же прибор, то все атомы изберут верхний путь; в этом можно убедиться, поставив такие же пластинки на пути различных пучков во втором фильтре и наблюдая, пройдут ли частицы насквозь.

Обозначим первый прибор буквой *S*. (Мы собираемся рассматривать всевозможные сочетания приборов, и, чтобы не путаться, мы дадим каждому свое имя.) Об атомах, которые избрали в *S* верхний путь, мы скажем, что они находятся в «плюс-состоянии по отношению к *S*»; о тех, которые пошли по среднему пути,— что они «в нуль-состоянии по отношению к *S*», и о тех, которые выбрали нижний путь,— что они в «минус-состоянии по отношению к *S*». (На более привычном языке мы бы сказали,

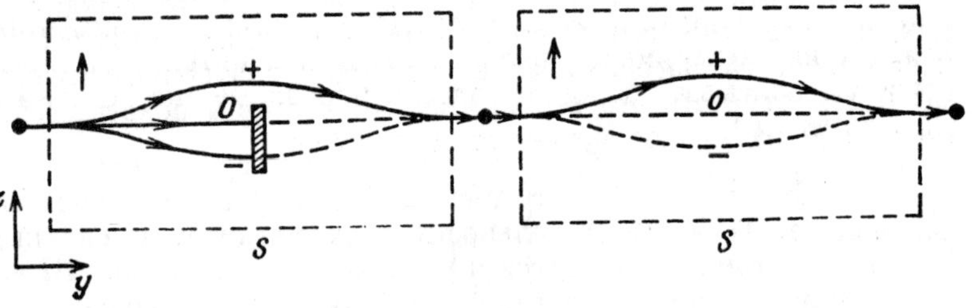

Фиг. 3.4. «Усовершенствованный» прибор Штерна — Герлаха в качестве фильтра.

что z-компонента момента количества движения равна $+1\hbar$, 0 и $-1\hbar$, но сейчас мы отказались от этого языка.) На фиг. 3.4 второй прибор ориентирован точно так же, как первый, так что отфильтрованные атомы все пойдут по верхнему пути. А если бы в первом приборе загородить верхний и нижний пучки и пропустить только находящиеся в нуль-состоянии, то все отфильтрованные атомы прошли бы через среднюю часть второго прибора. И наконец, если бы загородить в первом приборе все пучки, кроме нижнего, то во втором был бы только нижний пучок. Можно сказать, что в любом случае первый прибор создает отфильтрованный пучок в *чистом* состоянии по отношению к S (+, 0 или —), и мы всегда можем испытать, какое именно состояние он создает, пропустив атомы через второй такой же прибор.

Можно и второй прибор устроить так, чтобы он пропускал атомы только в одном определенном состоянии. Для этого нужно поставить внутри него перегородки так, как мы это делали в первом приборе, и тогда можно будет проверять состояние падающего пучка, просто глядя, вышло ли что-нибудь из дальнего конца. Например, если загородить два нижних пути во втором приборе, то все атомы выйдут наружу; если же загородить верхний, то не пройдет ничего.

Чтобы облегчить подобные рассуждения, мы сейчас придумаем сокращенное изображение наших усовершенствованных приборов Штерна — Герлаха. Вместо каждого такого прибора мы будем ставить символ

$$\underset{S}{\begin{Bmatrix} + \\ 0 \\ - \end{Bmatrix}}. \tag{3.1}$$

(Этот символ вы не встретите в квантовой механике; мы попросту выдумали его для этой главы. Он означает просто сокращенное изображение прибора, показанного на фиг. 3.3.) Поскольку мы собираемся пользоваться несколькими приборами одновременно, имеющими к тому же разную ориентацию, то каждый из них мы будем отмечать буквой внизу. Так, символ (3.1) обозначает прибор S. Загораживая внутри один или больше пучков, мы будем отмечать это вертикальными чертами, показывающими, какой из пучков перекрыт, наподобие

$$\underset{S}{\begin{Bmatrix} + & \\ 0 & | \\ - & | \end{Bmatrix}}. \tag{3.2}$$

Различные мыслимые комбинации собраны на фиг. 3.5.

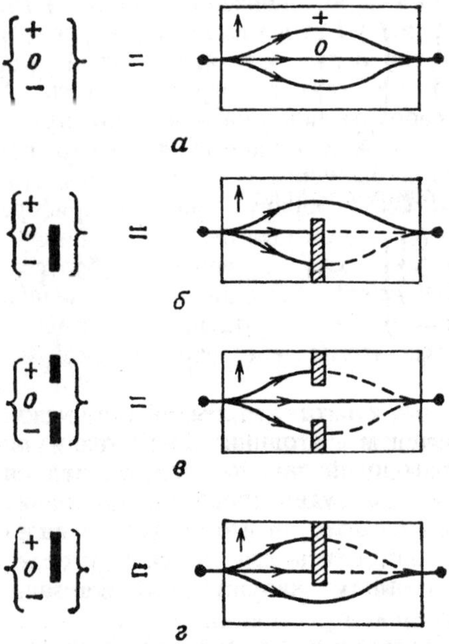

Фиг. 3.5. Специальные сокращенные обозначения для фильтров типа Штерна — Герлаха.

Если два фильтра стоят друг за другом (как на фиг. 3.4), мы и символы будем ставить друг за другом:

$$\underset{S}{\left\{\begin{array}{cc} + & \\ 0 & | \\ - & | \end{array}\right\}} \quad \underset{S}{\left\{\begin{array}{c} + \\ 0 \\ - \end{array}\right\}}. \tag{3.3}$$

При таком расположении все, что прошло через первый фильтр, пройдет и через второй. В самом деле, даже если мы перекроем каналы «нуль» и «минус» второго прибора, так что будет

$$\underset{S}{\left\{\begin{array}{cc} + & \\ 0 & | \\ - & | \end{array}\right\}} \quad \underset{S}{\left\{\begin{array}{cc} + & \\ 0 & | \\ - & | \end{array}\right\}}, \tag{3.4}$$

все равно прохождение через второй прибор будет 100%-ным. Но если имеется

$$\underset{S}{\left\{\begin{array}{cc} + & \\ 0 & | \\ - & | \end{array}\right\}} \quad \underset{S}{\left\{\begin{array}{cc} + & | \\ 0 & | \\ - & \end{array}\right\}}, \tag{3.5}$$

то из дальнего конца не выйдет ничего. Равным образом ничего не выйдет и при

$$\underset{S}{\left\{\begin{array}{cc} + & | \\ 0 & | \\ - & \end{array}\right\}} \quad \underset{S}{\left\{\begin{array}{cc} + & \\ 0 & | \\ - & | \end{array}\right\}}. \tag{3.6}$$

С другой стороны,

$$\left\{\begin{matrix} +\,| \\ 0\,| \\ - \end{matrix}\right\}_{S} \quad \left\{\begin{matrix} +\,| \\ 0\,| \\ - \end{matrix}\right\}_{S} \tag{3.7}$$

было бы просто эквивалентно одному только

$$\left\{\begin{matrix} +\,| \\ 0\,| \\ - \end{matrix}\right\}_{S}.$$

Теперь мы хотим описать эти опыты квантовомеханически. Мы скажем, что атом находится в состоянии $(+S)$, если он прошел через прибор, изображенный на фиг. 3.5, *б*, что он находится в состоянии $(0\,S)$, если прошел сквозь прибор на фиг. 3.5, *в*, и что он находится в состоянии $(-S)$, если прошел сквозь прибор на фиг. 3.5, *г* *. Затем пусть $\langle b \mid a\rangle$ будет *амплитуда* того, что атом, который находится в состоянии a, пройдя через прибор, окажется в состоянии b. Можно сказать $\langle b \mid a\rangle$ есть амплитуда для атома в состоянии *a перейти* в состояние b. Опыт (3.4) означает, что

$$\langle +S \mid +S\rangle=1,$$

а (3.5) — что

$$\langle -S \mid +S\rangle=0.$$

Точно так же и результат (3.6) означает, что

$$\langle +S \mid -S\rangle=0,$$

а (3.7) — что

$$\langle -S \mid -S\rangle=1.$$

Пока мы имеем дело только с «чистыми» состояниями, т. е. пока бывает открыт только один канал, таких амплитуд — всего девять. Их можно перечислить в следующей таблице:

В \ Из	$+S$	$0S$	$-S$
$+S$	1	0	0
$0S$	0	1	0
$-S$	0	0	1

(3.8)

* Произносить надо так: $(+S)$ — «плюс-S»; $(0S)$ — «нуль-S»; $(-S)$ — «минус-S».

Эта совокупность девяти чисел, именуемая *матрицей*, подытоживает описанные нами явления.

§ 2. Опыты с профильтрованными атомами

Теперь возникает важный вопрос: что будет, если второй прибор наклонить под некоторым углом, так чтобы ось его поля больше не была параллельной оси первого? Его можно не только наклонить, но и направить в другую сторону, например повернуть пучок поперек. Вначале для простоты возьмем такое расположение, при котором второй прибор Штерна — Герлаха повернут вокруг оси y на угол α (фиг. 3.6). Такой прибор мы обозначим буквой T. Пусть мы теперь предприняли следующий опыт:

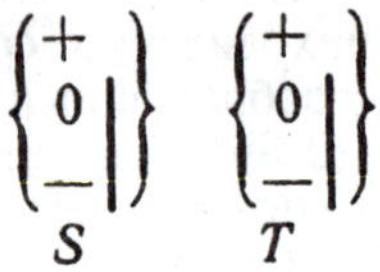

или такой опыт:

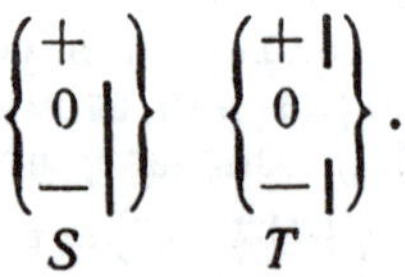

Что в этих случаях выйдет из дальнего конца?

Ответ таков. Если атомы по отношению к S находятся в определенном состоянии, то по отношению к T они *не находятся* в том же состоянии, состояние $(+S)$ *не является* также и состоянием $(+T)$. Однако *имеется* определенная *амплитуда* обнаружить атом в состоянии $(+T)$, или в состоянии $(0\,T)$, или в состоянии $(-T)$.

Иными словами, как бы досконально мы ни убедились, что наши атомы находятся в определенном состоянии, факт ос-

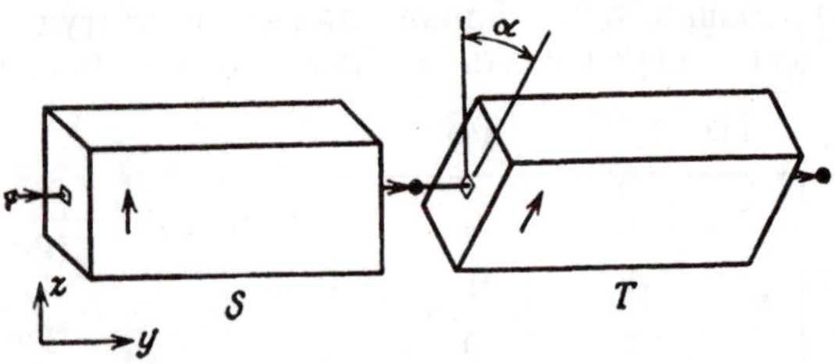

Фиг. 3.6. Два последовательно соединенных фильтра типа Штерна — Герлаха.

Второй повернут относительно первого на угол α.

тается фактом, что, когда такой атом проходит через прибор, наклоненный под другим углом, он вынужден, так сказать, «переориентироваться» (что́ происходит, не забывайте, по законам случая). Если пропускать в каждый момент по одной частице, то вопрос можно будет ставить только таким образом: какова вероятность того, что она пройдет насквозь? Некоторые прошедшие сквозь S атомы очутятся в конце в состоянии $(+T)$, другие — в состоянии $(0\ T)$, третьи — в состоянии $(-T)$, и каждому состоянию отвечает своя вероятность. Эти вероятности можно вычислить, зная квадраты модулей комплексных амплитуд; нам нужен математический метод для этих амплитуд, их квантовомеханическое описание. Нам нужно знать, чему равны различные величины типа

$$\langle -T \mid +S \rangle;$$

под этими выражениями мы подразумеваем амплитуду того, что атом, первоначально бывший в состоянии $(+S)$, может перейти в состояние $(-T)$ (что *не равно* нулю, если только S и T не параллельны друг другу). Имеются и другие амплитуды, например

$$\langle +T \mid 0S \rangle \text{ или } \langle 0T \mid -S \rangle \text{ и т. д.}$$

Таких амплитуд на самом деле девять — это тоже матрица, и теория должна сообщить нам, как их вычислять. Подобно тому как $\mathbf{F}=m\mathbf{a}$ сообщает нам, как подсчитать, что бывает в любых обстоятельствах с классической частицей, точно так же и законы квантовой механики позволяют нам определять амплитуду того, что частица пройдет через какой-то прибор. Центральный вопрос тогда заключается в том, как сосчитать для каждого данного угла α или вообще для какой угодно ориентации девять амплитуд:

$$\begin{array}{lll} \langle +T \mid +S \rangle, & \langle +T \mid 0S \rangle, & \langle +T \mid -S \rangle, \\ \langle 0\ T \mid +S \rangle, & \langle 0\ T \mid 0S \rangle, & \langle 0\ T \mid -S \rangle, \\ \langle -T \mid +S \rangle, & \langle -T \mid 0\ S \rangle, & \langle -T \mid -S \rangle. \end{array} \qquad (3.9)$$

Некоторые соотношения между этими амплитудами мы сразу можем себе представить. Во-первых, согласно нашим определениям, квадрат модуля

$$| \langle +T \mid +S \rangle |^2$$

— это *вероятность* того, что атом, бывший в состоянии $(+S)$, придет в состояние $(+T)$. Такие квадраты удобнее писать в эквивалентном виде

$$\langle +T \mid +S \rangle \langle +T \mid +S \rangle^*.$$

В тех же обозначениях число

$$\langle 0\ T \mid +S \rangle \langle 0\ T \mid +S \rangle^*$$

дает вероятность того, что частица в состоянии $(+S)$ перейдет в состояние $(0\,T)$, а

$$\langle -T \mid +S\rangle\langle -T \mid +S\rangle^*$$

— вероятность того, что она перейдет в состояние $(-T)$. Но наши приборы устроены так, что каждый атом, входящий в прибор T, должен быть найден в *каком-то* одном из трех состояний прибора T,— атомам данного сорта нет других путей. Стало быть, сумма трех только что написанных вероятностей должна равняться единице. Получается соотношение

$$\langle +T \mid +S\rangle\langle +T \mid +S\rangle^* + \langle 0T \mid +S\rangle\langle 0T \mid +S\rangle^* + \\ + \langle -T \mid +S\rangle\langle -T \mid +S\rangle^* = 1. \qquad (3.10)$$

Имеются, конечно, еще два таких же уравнения для случаев, когда вначале было состояние $(0\,S)$ или $(-S)$. Их очень легко написать, так что мы переходим к другим общим вопросам.

§ 3. *Последовательно соединенные фильтры Штерна — Герлаха*

Пусть у нас есть атомы, отфильтрованные в состояние $(+S)$, которые мы затем пропустили через второй фильтр, переведя, скажем, в состояние $(0\,T)$, а *затем* — через *другой* фильтр $(+S)$. (Обозначим его S', чтобы не путать с первым фильтром S.) Вспомнят ли атомы, что они уже раз были в состоянии $(+S)$? Иначе говоря, мы ставим такой опыт:

$$\underset{S}{\left\{\begin{matrix} + & \\ 0 & | \\ - & | \end{matrix}\right\}} \quad \underset{T}{\left\{\begin{matrix} + & | \\ 0 & \\ - & | \end{matrix}\right\}} \quad \underset{S'}{\left\{\begin{matrix} + & \\ 0 & | \\ - & | \end{matrix}\right\}} \qquad (3.11)$$

и хотим знать, все ли атомы, прошедшие сквозь T, пройдут и сквозь S'. *Нет.* Как только они пройдут фильтр T, они сразу же *позабудут* о том, что, входя в T, они были в состоянии $(+S)$. Заметьте, что второй прибор S в (3.11) ориентирован в точности так же, как первый, так что это по-прежнему фильтр типа S. Состояния, выделяемые фильтром S',— это, конечно, все те же $(+S)$, $(0\,S)$ и $(-S)$.

Здесь существенно вот что: *если фильтр T пропускает только один пучок*, то та *доля* пучка, которая проходит через второй фильтр S, зависит только от расположения фильтра T и совершенно не зависит от того, что́ было перед ним. Тот факт, что те же самые атомы однажды уже были отсортированы фильтром S, никак и ни в чем не влияет на то, что́ они будут делать после того, как прибор T снова отсортирует их в чистый пучок. Отсюда следует, что вероятность перейти в те или иные состояния для них одна и та же безотносительно к тому, что́ с ними случалось до того, как они угодили в прибор T.

Для примера сравним опыт (3.11) с опытом

$$\underset{S}{\begin{Bmatrix} +| \\ 0 \\ +| \end{Bmatrix}} \quad \underset{T}{\begin{Bmatrix} +| \\ 0 \\ -| \end{Bmatrix}} \quad \underset{S'}{\begin{Bmatrix} + \\ 0| \\ - \end{Bmatrix}}, \qquad (3.12)$$

в котором изменилось только первое S. Пусть, скажем, угол α (между S и T) таков, что в опыте (3.11) треть атомов, прошедших сквозь T, прошла также и через S'. В опыте (3.12), хоть в нем, вообще говоря, через T пройдет другое число атомов, но через S' пройдет *та же самая часть их* — одна треть.

Мы можем на самом деле показать, опираясь на то, чему мы научились раньше, что доля атомов, которые выходят из T и проходят через произвольный определенный фильтр S', зависит лишь от T и S', а не от чего бы то ни было происходившего ранее. Сравним опыт (3.12) с

$$\underset{S}{\begin{Bmatrix} +| \\ 0 \\ -| \end{Bmatrix}} \quad \underset{T}{\begin{Bmatrix} +| \\ 0 \\ -| \end{Bmatrix}} \quad \underset{S'}{\begin{Bmatrix} +| \\ 0 \\ -| \end{Bmatrix}}. \qquad (3.13)$$

Амплитуда того, что атом, выходящий из S, пройдет и сквозь T, и сквозь S', в опыте (3.12) равна

$$\langle +S' \mid 0\,T\rangle\langle 0\,T \mid 0\,S\rangle.$$

Соответствующая вероятность такова:

$$|\langle +S' \mid 0\,T\rangle\langle 0\,T \mid 0\,S\rangle|^2 = |\langle +S' \mid 0\,T\rangle|^2|\langle 0\,T \mid 0S\rangle|^2,$$

а вероятность в опыте (3.13)

$$|\langle 0\,S' \mid 0\,T\rangle\langle 0\,T \mid 0\,S\rangle|^2 = |\langle 0\,S' \mid 0\,T\rangle|^2|\langle 0\,T \mid 0\,S\rangle|^2.$$

Их отношение

$$\frac{|\langle 0S' \mid 0T\rangle|^2}{|\langle +S' \mid 0T\rangle|^2}$$

зависит только от T и S' и совсем не зависит от того, какой пучок $(+S)$, $(0\,S)$ или $(-S)$ был отобран в S. (Абсолютные же количества могут быть бо́льшими или меньшими, смотря по тому, сколько прошло через T). Мы бы получили, конечно, аналогичный результат, если бы сравнили вероятности того, что атомы перейдут в плюс- или минус-состояние (по отношению к S'), или отношения вероятностей перейти в нуль- или минус-состояние.

Но раз эти отношения зависят только от того, какой пучок может пройти сквозь T, а не от отбора, выполненного первым фильтром S, то становится ясно, что тот же результат получился бы, если бы последний прибор даже не был фильтром S. Если в качестве третьего прибора (назовем его R) мы используем прибор, повернутый относительно T на некоторый произвольный угол, то все равно увидим, что отношения типа

$$\frac{|\langle 0R\,|\,0T\rangle|^2}{|\langle +R\,|\,0T\rangle|^2}$$

не зависят от того, какой пучок проник через первый фильтр S.

§ 4. *Базисные состояния*

Эти результаты иллюстрируют один из основных принципов квантовой механики: любая атомная система может быть разделена процессом фильтрования на определенную совокупность того, что мы назовем *базисными состояниями*, и будущее поведение атомов в любом данном отдельном базисном состоянии зависит только от природы базисного состояния — оно не зависит от предыдущей истории *. Базисные состояния зависят, конечно, от примененного фильтра; например, три состояния $(+T)$, $(0\ T)$ и $(-T)$ — это одна совокупность базисных состояний, а три состояния $(+S)$, $(0\ S)$ и $(-S)$ — другая. Возможностей сколько угодно, и ни одна не хуже другой.

Необходимо быть осторожным, утверждая, что мы рассматриваем *хорошие* фильтры, которые действительно создают «чистые» пучки. Если, скажем, наш прибор Штерна — Герлаха недостаточно хорошо отделяет пучки друг от друга, то мы не можем произвести полного разделения на базисные состояния. Мы можем проверить, есть ли у нас чистые базисные состояния, посмотрев, смогут ли пучки опять расщепиться еще одним таким же фильтром. Если, например, имеется чистое состояние $(+T)$, то все атомы пройдут через

$$\underset{T}{\left\{\begin{matrix} + \\ 0\,| \\ -\,| \end{matrix}\right\}},$$

* Мы не собираемся вкладывать в слова «базисное состояние» что-либо сверх того, что здесь сказано. Не следует переводить «базис» как «основу» и хоть в каком-то смысле считать их «основными состояниями». Слово «базис» понимается как «система описания», скажем, в таком смысле, как в выражении «число в десятичной системе».

но ни один из них не пройдет ни через

$$\underset{T}{\left\{\begin{matrix} + & \vert \\ 0 & \\ - & \vert \end{matrix}\right\}},$$

ни через

$$\underset{T}{\left\{\begin{matrix} + & \vert \\ 0 & \vert \\ - & \end{matrix}\right\}}.$$

Наше утверждение относительно базисных состояний означает, что *есть возможность* отфильтровать пучок до некоторого чистого состояния, так что дальнейшее фильтрование идентичным прибором уже станет невозможным.

Следует еще отметить, что все, что мы говорим, до конца верно лишь в идеализированных случаях. В каждом реальном приборе Штерна — Герлаха надо подумать и о дифракции на щелях, которая может вынудить некоторые атомы перейти в состояния, отвечающие другим углам, и о том, нет ли в пучке атомов с другой степенью возбуждения своих внутренних состояний и т. д. Мы идеализировали наш случай и говорим только о тех состояниях, которые расщепляются в магнитном поле; при этом мы игнорируем все, что касается местоположения, импульса, внутренних возбуждений и т. п. Вообще же следовало бы рассматривать также базисные состояния, рассортированные и по отношению ко всем перечисленным характеристикам. Но для простоты мы пользуемся только нашей совокупностью трех состояний. Этого вполне достаточно для того, чтобы точно рассмотреть идеализированный случай, в котором атомы не подвергаются в приборе плохому обращению, не разрываются и, более того, покидая его, оказываются в состоянии покоя.

Заметьте, что мы всегда начинаем наши мысленные эксперименты с того, что берем фильтр, у которого открыт только один канал, так что начинаем всегда с определенного базисного состояния. Мы делаем это потому, что атомы выходят из печи в различных состояниях, случайно определенных тем, что произойдет в печи. (Это дает так называемый «неполяризованный» пучок.) Эта случайность предполагает вероятности «классического» толка (как при бросании монеты), которые отличаются от интересующих нас сейчас квантовомеханических вероятностей. Работа с неполяризованным пучком привела бы нас к добавочным усложнениям, а их лучше избегать, пока мы не поймем поведения поляризованных пучков. Так что пока не пытайтесь размышлять о том, что́ случится, если *первый* аппарат пропустит сквозь себя больше одного пучка. (В конце главы мы расскажем вам, как нужно поступать и в таких случаях.)

А теперь вернемся назад и посмотрим, что будет, если мы перейдем от базисного состояния для одного фильтра к базисному состоянию для другого фильтра. Начнем опять с

$$\underset{S}{\left\{\begin{array}{cc} + & \\ 0 & | \\ - & | \end{array}\right\}}\quad \underset{T}{\left\{\begin{array}{cc} + & | \\ 0 & \\ - & | \end{array}\right\}}.$$

Атомы, выходящие из T, оказываются в базисном состоянии ($0\,T$) и не помнят, что когда-то они побывали в состоянии ($+S$). Некоторые говорят, что при фильтровании прибором T мы «потеряли информацию» о былом состоянии ($+\,S$), потому что «возмутили» атомы, когда разделяли их прибором T на три пучка. Но это неверно. Прошлая информация теряется не при *разделении* на три пучка, а тогда, когда *ставятся перегородки*, в чем можно убедиться в следующем ряде опытов.

Начнем с фильтра $+\,S$ и обозначим количество прошедших сквозь него атомов буквой N. Если мы вслед за этим поставим фильтр $0\,T$, то число атомов, которое выйдет из фильтра, окажется некоторой частью от первоначального их количества, скажем αN. Если мы затем поставим второй фильтр $+S$, то до конца дойдет лишь часть β атомов. Это можно записать следующим образом:

$$\underset{S}{\left\{\begin{array}{cc} + & \\ 0 & | \\ - & | \end{array}\right\}} \xrightarrow{N} \underset{T}{\left\{\begin{array}{cc} + & | \\ 0 & \\ - & | \end{array}\right\}} \xrightarrow{\alpha N} \underset{S'}{\left\{\begin{array}{cc} + & \\ 0 & | \\ - & | \end{array}\right\}} \xrightarrow{\beta\alpha N}. \tag{3.14}$$

Если наш третий прибор S' выделяет другое состояние, скажем ($0\,S$), то через него пройдет другая часть атомов, скажем γ *. Мы будем иметь

$$\underset{S}{\left\{\begin{array}{cc} + & \\ 0 & | \\ - & | \end{array}\right\}} \xrightarrow{N} \underset{T}{\left\{\begin{array}{cc} + & | \\ 0 & \\ - & | \end{array}\right\}} \xrightarrow{\alpha N} \underset{S'}{\left\{\begin{array}{cc} + & | \\ 0 & \\ - & | \end{array}\right\}} \xrightarrow{\gamma\alpha N}. \tag{3.15}$$

Теперь предположим, что мы повторили оба эти опыта, убрав из T все перегородки. Тогда мы получим следующий заме-

* На языке наших прежних обозначений $\alpha=|\langle 0T|+S\rangle|^2$, $\beta=|\langle +S|0T\rangle|^2$, $\gamma=|\langle 0S|0T\rangle|^2$.

чательный результат:

$$\underset{S}{\begin{Bmatrix} + \\ 0\,| \\ -\,| \end{Bmatrix}} \xrightarrow{N} \underset{T}{\begin{Bmatrix} + \\ 0 \\ - \end{Bmatrix}} \xrightarrow{N} \underset{S'}{\begin{Bmatrix} + \\ 0\,| \\ -\,| \end{Bmatrix}} \xrightarrow{N}. \tag{3.16}$$

$$\underset{S}{\begin{Bmatrix} + \\ 0\,| \\ -\,| \end{Bmatrix}} \xrightarrow{N} \underset{T}{\begin{Bmatrix} + \\ 0 \\ - \end{Bmatrix}} \xrightarrow{N} \underset{S'}{\begin{Bmatrix} +\,| \\ 0 \\ -\,| \end{Bmatrix}} \xrightarrow{0}. \tag{3.17}$$

В первом случае через S' прошли *все* атомы, во втором — *ни одного!* Это один из самых великих законов квантовой механики. То, что природа действует таким образом, вовсе не самоочевидно; результаты, которые мы привели, отвечают в нашем идеализированном случае квантовомеханическому поведению, наблюдавшемуся в бесчисленных экспериментах.

§ 5. *Интерферирующие амплитуды*

Как же это может быть, что, когда переходят от (3.15) к (3.17), т. е. когда *открывается больше каналов*, через фильтры начинает проходить *меньше* атомов? Это и есть старый, глубокий секрет квантовой механики — интерференция амплитуд. С такого рода парадоксом мы впервые встретились в интерференционном опыте, когда электроны проходили через две щели. Помните, мы тогда увидели, что временами кое-где получается меньше электронов, когда обе щели открыты, чем когда открыта одна. Численно это получается вот как. Можно написать амплитуду того, что атом пройдет в приборе (3.17) через T и S' в виде суммы трех амплитуд — по одной для каждого из трех пучков в T; эта сумма равна нулю:

$$\langle 0\,S \mid +T\rangle\langle +T \mid +S\rangle + \langle 0\,S \mid 0\,T\rangle\langle 0\,T \mid +S\rangle + \\ + \langle 0\,S \mid -T\rangle\langle -T \mid +S\rangle = 0. \tag{3.18}$$

Ни одна из трех отдельных амплитуд не равна нулю: например, квадрат модуля второй амплитуды есть $\gamma\alpha$ [см. (3.15)], но их *сумма есть нуль*. Тот же ответ получился бы, если бы мы настроили S' на то, чтобы отбирать состояние $(-S)$. Однако при расположении (3.16) ответ уже другой. Если обозначить амплитуду прохождения через T и S' буквой a, то в этом случае мы будем иметь *

$$a = \langle +S \mid +T\rangle\langle +T \mid +S\rangle + \langle +S \mid 0\,T\rangle\langle 0\,T \mid +S\rangle + \\ + \langle +S \mid -T\rangle\langle -T \mid +S\rangle = 1. \qquad (3.19)$$

В опыте (3.16) пучок сперва расщеплялся, а потом восстанавливался. Как мы видим, Шалтая-Болтая удалось собрать обратно. Информация о первоначальном состоянии $(+S)$ сохранилась — все выглядит так, как если бы прибора T вовсе не было. И это будет верно, что́ бы ни поставили за «до отказа раскрытым» прибором T. Можно поставить за ним фильтр R — под каким-нибудь необычным углом — или что угодно. Ответ будет всегда одинаков, как будто атомы шли в S' прямо из первого фильтра S.

Итак, мы пришли к важному принципу: фильтр T или любой другой с открытыми до отказа заслонками не приводит ни к каким изменениям. Надо только упомянуть одно добавочное условие. Открытый фильтр должен не только пропускать все три пучка, но и *не* вызывать в них неодинаковых возмущений. Например, в нем не должно быть сильного электрического поля близ одного из пучков, которого не было бы возле других. Причина заключается вот в чем: хотя это добавочное возмущение может и не помешать всем атомам пройти сквозь фильтр, оно может привести к изменению *фаз* некоторых амплитуд. Тогда интерференция стала бы не такой, как была, и амплитуды (3.18) и (3.19) стали бы другими. Мы всегда будем предполагать, что таких добавочных возмущений нет.

Перепишем (3.18) и (3.19) в улучшенных обозначениях. Пусть i обозначает любое из трех состояний $(+T)$, $(0\,T)$ и $(-T)$; тогда уравнения можно написать так:

$$\sum_{\text{Все } i} \langle 0S \mid i\rangle\langle i \mid +S\rangle = 0 \qquad (3.20)$$

и

$$\sum_{\text{Все } i} \langle +S \mid i\rangle\langle i \mid +S\rangle = 1. \qquad (3.21)$$

Точно так же в опыте, в котором S' заменяется совершенно произвольным фильтром R, мы имеем

$$\underset{S}{\left\{\begin{matrix}+\\0\\-\end{matrix}\right\|\Big\}} \quad \underset{T}{\left\{\begin{matrix}+\\0\\-\end{matrix}\right\}} \quad \underset{R}{\left\{\begin{matrix}+\\0\\-\end{matrix}\right\|\Big\}}. \qquad (3.22)$$

* Из этого опыта мы на самом деле не можем заключить, что $a=1$, а видим только, что $|a|^2=1$, следовательно, a может быть $e^{i\delta}$, но можно показать, что при выборе $\delta=0$ мы ничего существенного здесь не потеряли.

Результаты будут всегда такими же, как если бы прибор T убрали и осталось бы только

$$\begin{Bmatrix} + \\ 0 \\ - \end{Bmatrix}_S \Big\| \quad \begin{Bmatrix} + \\ 0 \\ - \end{Bmatrix}_R \Big\| .$$

Или на математическом языке

$$\sum_{\text{Все } i} \langle +R \mid i\rangle \langle i \mid +S\rangle = \langle +R \mid +S\rangle. \tag{3.23}$$

Это и есть наш основной закон, и он справедлив всегда, если только i обозначает три базисных состояния любого фильтра.

Заметьте, что в опыте (3.22) никакой особой связи между S, R и T не было. Более того, рассуждения остались бы теми же независимо от того, какие состояния эти фильтры отбирают. Чтобы написать уравнение в общем виде без ссылок на какие-то особые состояния, отбираемые приборами S и R, обозначим через φ состояние, приготовляемое первым прибором (в нашем частном примере $+S$), и через χ — состояние, подвергаемое испытанию в конечном фильтре (в нашем примере $+R$). Тогда мы можем сформулировать наш основной закон (3.23) так:

$$\langle \chi \mid \varphi\rangle = \sum_{\text{Все } i} \langle \chi \mid i\rangle \langle i \mid \varphi\rangle, \tag{3.24}$$

где i должно пробегать по всем трем базисным состояниям некоторого определенного фильтра.

Хочется опять подчеркнуть, что́ мы понимаем под базисными состояниями. Они напоминают тройку состояний, которые можно отобрать с помощью одного из наших приборов Штерна — Герлаха. Одно условие состоит в том, что если у вас есть базисное состояние, то будущее не зависит от прошлого. Другое условие — что если у вас есть полная совокупность базисных состояний, то формула (3.24) справедлива для любой совокупности начальных и конечных состояний φ и χ. Но не существует никакой *особой совокупности* базисных состояний. Мы начали с рассмотрения базисных состояний по отношению к прибору T. В равной мере мы бы могли рассмотреть *другую совокупность* базисных состояний — по отношению к прибору S, к прибору R и т. д.* Мы обычно говорим о базисных состояниях «в каком-то представлении».

Другое требование к совокупности базисных состояний (в том или ином частном представлении) заключается в том, что им

* И в самом деле, для атомных систем с тремя или более базисными состояниями существуют другие типы фильтров (совершенно непохожие на приборы Штерна — Герлаха), которые можно было бы употребить для выбора других совокупностей базисных состояний (но при том же *общем их числе*).

положено полностью отличаться друг от друга. Под этим мы понимаем, что если имеется состояние $(+T)$, то для него нет амплитуды перейти в состояние $(0\ T)$ или $(-T)$. Если i и j обозначают два базисных состояния в некотором представлении, то общие правила, которые мы обсуждали в связи с (3.8), говорят, что

$$\langle j \mid i\rangle=0$$

для любых неравных между собой i и j. Конечно, мы знаем, что

$$\langle i \mid i\rangle=1.$$

Эти два уравнения обычно пишут так:

$$\langle j \mid i\rangle=\delta_{ji}, \tag{3.25}$$

где δ_{ij} («символ Кронекера») — символ, равный по определению нулю при $i\neq j$ и единице при $i=j$.

Уравнение (3.25) не независимо от остальных законов, о которых мы упоминали. Бывает, что нас не особенно интересует математическая задача поиска наименьшей совокупности независимых аксиом, из которых все законы проистекут как следствия. Нам вполне достаточно обладать совокупностью, которая полна и по виду непротиворечива. Однако мы беремся показать, что (3.25) и (3.24) не независимы. Пусть φ в (3.24) представляет одно из базисных состояний той же совокупности, что и i, скажем j-е состояние; тогда мы имеем

$$\langle\chi \mid j\rangle=\sum_i\langle\chi \mid i\rangle\langle i \mid j\rangle.$$

Но (3.25) утверждает, что $\langle i \mid j\rangle$ равно нулю, если только i не равно j, так что сумма обращается просто в $\langle\chi \mid j\rangle$ и получается тождество, что говорит о том, что эти два закона не независимы.

Можно видеть, что если справедливы оба уравнения (3.25) и (3.24), то между амплитудами должно существовать еще одно соотношение. Уравнение (3.10) имело вид

$$\langle+T \mid +S\rangle\langle+T \mid +S\rangle^*+\langle 0\ T \mid +S\rangle\langle 0\ T \mid +S\rangle^*+$$
$$+\langle-T \mid +S\rangle\langle-T \mid +S\rangle^*=1.$$

Если теперь посмотреть на (3.24) и предположить, что и φ, и χ — это состояние $(+S)$, то слева получится $\langle+S \mid +S\rangle$, а это, конечно, равно единице, и мы должны получить (3.19)

$$\langle+S \mid +T\rangle\langle+T \mid +S\rangle+\langle+S \mid 0\ T\rangle\langle 0\ T \mid +S\rangle+$$
$$+\langle+S \mid -T\rangle\langle-T \mid +S\rangle=1.$$

Эти два уравнения согласуются друг с другом (для всех относительных ориентаций приборов T и S) только тогда, когда

$$\langle +S | +T \rangle = \langle +T | +S \rangle^*,$$
$$\langle +S \mid 0\,T \rangle = \langle 0\,T \mid +S \rangle^*,$$
$$\langle +S \mid -T \rangle = \langle -T \mid +S \rangle^*.$$

Стало быть, для любых состояний φ и χ

$$\langle \varphi \mid \chi \rangle = \langle \chi \mid \varphi \rangle^*. \tag{3.26}$$

Если бы этого не было, вероятности «не сохранились бы» и частицы «терялись бы».

Прежде чем идти дальше, соберем все три общих закона для амплитуд, т. е. (3.24) — (3.26):

$$\begin{aligned} &\text{I.} && \langle j | i \rangle = \delta_{ji}, \\ &\text{II.} && \langle \chi | \varphi \rangle = \sum_{\text{Все } i} \langle \chi | i \rangle \langle i | \varphi \rangle, \\ &\text{III.} && \langle \varphi | \chi \rangle = \langle \chi | \varphi \rangle^*. \end{aligned} \tag{3.27}$$

В этих уравнениях i и j относятся ко *всем* базисным состояниям какого-то *одного* представления, тогда как φ и χ — это любое возможное состояние атома. Важно отметить, что закон II справедлив лишь тогда, когда суммирование проводится по *всем* базисным состояниям системы (в нашем случае по трем: $+T$, $0\,T$, $-T$). Эти законы ничего не говорят о том, что́ следует избирать в качестве базиса. Мы начали с прибора T, который является опытом Штерна — Герлаха с какой-то произвольной ориентацией, но и всякая другая ориентация, скажем W, тоже подошла бы. Вместо i и j нам пришлось бы ставить другую совокупность базисных состояний, но все законы остались бы правильными; какой-то единственной совокупности не существует. Успех в квантовой механике часто определяется тем, умеете ли вы использовать этот факт, помня, что расчет можно вести из-за этого разными путями.

§ 6. *Механика квантовой механики*

Мы покажем вам сейчас, почему полезны эти законы. Пусть у нас есть атом в заданном состоянии (под этим мы подразумеваем, что он как-то был приготовлен), и мы хотим знать, что́ с ним будет в таком-то опыте. Иными словами, мы начинаем с состояния φ атома и хотим знать, каковы *шансы*, что он пройдет через прибор, который пропускает атомы только в состоянии χ. Законы говорят, что мы можем полностью описать прибор тремя комплексными числами $\langle \chi \mid i \rangle$ — амплитудами того, что каждое из базисных состояний окажется в состоянии χ, и что мы, пустив атом в прибор, можем предсказать, что́ произойдет, если опишем состояние атома, задав три числа $\langle i \mid \varphi \rangle$, амплитуды того, что атом из своего первоначального состояния перейдет в любое из трех базисных состояний. Это очень и очень важная идея.

Рассмотрим другую иллюстрацию. Подумаем о следующей задаче Начинаем с прибора S, затем имеется какая-то сложная мешанина, которую мы обозначаем A, а дальше стоит прибор R:

$$\underset{S}{\left\{\begin{matrix} + \\ 0 \\ - \end{matrix}\Big|\right\}} \quad \left\{A\right\} \quad \underset{R}{\left\{\begin{matrix} + \\ 0 \\ - \end{matrix}\right\}}. \qquad (3.28)$$

Под A мы подразумеваем любое сложное расположение приборов Штерна — Герлаха — с перегородками и полуперегородками, под всевозможными углами, с необычными электрическими и магнитными полями,— словом, годится все, что вам придет в голову. (Очень приятно ставить мысленные эксперименты — тогда нас не тревожат никакие заботы, возникающие при реальном *сооружении* приборов!) Задача состоит в следующем: с какой амплитудой частица, входящая в область A в состоянии $(+S)$, выйдет из него в состоянии $(0\,R)$, так что сможет пройти через последний фильтр R? Имеется стандартное обозначение для такой амплитуды:

$$\langle 0\,R \mid A \mid +S \rangle.$$

Как обычно, это надо читать справа налево:

⟨Конец | Через | Начало⟩.

Если случайно окажется, что A ничего не меняет, а просто является открытым каналом, тогда мы пишем

$$\langle 0\,R \mid 1 \mid +S \rangle = \langle 0\,R \mid +S \rangle; \qquad (3.29)$$

эти два символа равнозначны. В более общих задачах мы можем заменить $(+S)$ общим начальным состоянием φ, а $(0\,R)$ — общим конечным состоянием χ и захотеть узнать амплитуду

$$\langle \chi \mid A \mid \varphi \rangle.$$

Полный анализ прибора A должен был бы дать нам амплитуду $\langle \chi \mid A \mid \varphi \rangle$ для каждой мыслимой пары состояний φ и χ — бесконечное количество комбинаций! Как же сможем мы тогда дать краткое описание поведения прибора A? Это можно сделать следующим путем. Вообразим, что мы видоизменили прибор (3.28) так:

$$\underset{S}{\begin{Bmatrix} + \\ 0 \\ - \end{Bmatrix}} \quad \underset{T}{\begin{Bmatrix} + \\ 0 \\ - \end{Bmatrix}} \quad \begin{Bmatrix} \\ A \\ \\ \end{Bmatrix} \quad \underset{T}{\begin{Bmatrix} + \\ 0 \\ - \end{Bmatrix}} \quad \underset{R}{\begin{Bmatrix} + \\ 0 \\ - \end{Bmatrix}}. \tag{3.30}$$

На самом деле это вовсе не видоизменение, потому что широко раскрытые приборы T ничего нигде не меняют. Но они подсказывают нам, как проанализировать проблему. Имеется определенная совокупность амплитуд $\langle i \mid +S \rangle$ того, что атомы из S перейдут в состояние i прибора T. Затем имеется другая совокупность амплитуд того, что состояние i (по отношению к T), войдя в A, выйдет оттуда в виде состояния j (по отношению к T). И наконец, имеется амплитуда того, что каждое состояние j пройдет через последний фильтр в виде состояния ($0\,R$). Для каждого допустимого пути существует амплитуда вида

$$\langle 0\,R \mid j \rangle \langle j \mid A \mid i \rangle \langle i \mid +S \rangle,$$

и полная амплитуда есть сумма членов, которые можно получить из всех сочетаний i и j. Нужная нам амплитуда равна

$$\sum_{ij} \langle 0R \mid j \rangle \langle j \mid A \mid i \rangle \langle i \mid +S \rangle. \tag{3.31}$$

Если ($0\,R$) и ($+S$) заменить общими состояниями χ и φ, то получится выражение такого же рода; так что общий результат выглядит так:

$$\langle \chi \mid A \mid \varphi \rangle = \sum_{ij} \langle \chi \mid j \rangle \langle j \mid A \mid i \rangle \langle i \mid \varphi \rangle. \tag{3.32}$$

Теперь заметьте, что правая часть (3.32) на самом деле «проще» левой части. Прибор A полностью описан *девятью* числами $\langle j \mid A \mid i \rangle$, сообщающими, каков отклик A на три базисных состояния прибора T. Как только мы узнаем эту девятку чисел, мы сможем управиться с любой парой входных и выходных состояний φ и χ, если только определим каждое из них через три амплитуды перехода в каждое из трех базисных состояний (или выхода из них). Результат опыта предсказывается с помощью уравнения (3.32).

В этом и состоит основной вывод квантовой механики частицы со спином 1. Каждое *состояние* описывается тройкой чисел — аплитудами пребывания в каждом из базисных состояний (из избранной их совокупности). Всякий прибор описывается девяткой чисел — амплитудами перехода в приборе из одного базисного состояния в другое. Зная эти числа, можно подсчитать что угодно.

Девятка амплитуд, описывающая прибор, часто изображается в виде квадратной матрицы, именуемой матрицей

$\langle j \mid A \mid i \rangle$:

$$\begin{array}{c|ccc} B\diagdown & + & 0 & - \\ \hline + & \langle + \mid A \mid + \rangle & \langle + \mid A \mid 0 \rangle & \langle + \mid A \mid - \rangle \\ 0 & \langle 0 \mid A \mid + \rangle & \langle 0 \mid A \mid 0 \rangle & \langle 0 \mid A \mid - \rangle. \\ - & \langle - \mid A \mid + \rangle & \langle - \mid A \mid 0 \rangle & \langle - \mid A \mid - \rangle \end{array} \qquad (3.33)$$

Вся математика квантовой механики является простым расширением этой идеи. Приведем несложный пример. Пусть имеется прибор C, который мы хотим проанализировать, т. е. рассчитать различные $\langle j \mid C \mid i \rangle$. Скажем, мы хотим знать, что случится в эксперименте типа

$$\underset{S}{\begin{Bmatrix} + \\ 0 \,\| \\ - \,\| \end{Bmatrix}} \quad \begin{Bmatrix} \\ C \\ \\ \end{Bmatrix} \quad \underset{R}{\begin{Bmatrix} + \,| \\ 0 \\ - \,| \end{Bmatrix}}. \qquad (3.34)$$

Но затем мы замечаем, что C просто состоит из двух частей: стоящих друг за другом приборов A и B. Сперва частицы проходят через A, а потом — через B, т. е. можно символически записать

$$\{C\} = \{A\} \cdot \{B\}. \qquad (3.35)$$

Мы можем прибор C назвать «произведением» A и B. Допустим также, что мы уже знаем, как эти две части анализировать; таким образом, мы можем узнать матрицы A и B (по отношению к T). Тогда наша задача решена. Мы легко найдем $\langle \chi \mid C \mid \varphi \rangle$ для любых входных и выходных состояний. Сперва мы напишем

$$\langle \chi \mid C \mid \varphi \rangle = \sum_k \langle \chi \mid B \mid k \rangle \langle k \mid A \mid \varphi \rangle.$$

Понимаете, почему? (*Подсказка*: представьте, что между A и B поставлен прибор T). Если мы затем рассмотрим особый случай, когда φ и χ также базисные состояния (прибора T), скажем i и j, то получим

$$\langle j \mid C \mid i \rangle = \sum_k \langle j \mid B \mid k \rangle \langle k \mid A \mid i \rangle. \qquad (3.36)$$

Это уравнение дает нам матрицу прибора «произведения» C через матрицы приборов A и B. Математики именуют новую матрицу $\langle j \mid C \mid i \rangle$, образованную из двух матриц $\langle j \mid B \mid i \rangle$ и $\langle j \mid A \mid i \rangle$ в соответствии с правилом, указанным в (3.36), матричным «произведением» BA двух матриц B и A. (Заметьте, что *порядок* существен, $AB \neq BA$.) Итак, можно сказать, что матрцца для стоящих друг за другом двух частей прибора — это матричное произведение матриц для этих двух приборов порознь (причем *первый* прибор стоит в произведении *справа*). И каждый, кто знает матричную алгебру, поймет, что речь идет просто об уравнении (3.36).

§ 7. Преобразование к другому базису

Мы хотим сделать одно заключительное замечание относительно базисных состояний, используемых в расчетах. Предположим, мы захотели работать с каким-то определенным базисом, скажем с базисом S, а кто-то другой решает провести те же расчеты с другим базисом, скажем с базисом T.

Для конкретности назовем наши базисные состояния состояниями (iS), где $i=+$, 0, —, а его базисные состояния назовем (iT). Как сравнить его работу с нашей? Окончательные ответы для результатов любых измерений обязаны оказаться одинаковыми, но употребляемые в самих расчетах всевозможные матрицы и амплитуды будут другими.

Как же они соотносятся? К примеру, если оба мы начинаем с одного и того же φ, то мы опишем это φ на языке трех амплитуд $\langle iS\mid\varphi\rangle$ — амплитуд того, что φ переходит в наши базисные состояния в представлении S, а он опишет это φ амплитудами $\langle jT\mid\varphi\rangle$ — амплитудами того, что состояние φ переходит в базисные состояния в его, T, представлении. Как проверить, что мы оба на самом деле говорим об одном и том же состоянии φ? Это можно сделать с помощью нашего общего правила II [см. (3.27)]. Заменяя χ любым из *его* состояний jT, напишем

$$\langle jT\mid\varphi\rangle=\sum_i\langle jT\mid iS\rangle\langle iS\mid\varphi\rangle. \tag{3.37}$$

Чтобы связать оба представления, нужно задать только девять комплексных чисел — матрицу $\langle jT\mid iS\rangle$. Эту матрицу затем можно использовать для того, чтобы перевести все его уравнения в нашу форму. Она сообщает нам, как *преобразовать* одну совокупность базисных состояний в другую. (По этой причине $\langle jT\mid iS\rangle$ иногда именуют «матрицей преобразования от представления S к представлению T». Слова ученые!)

Для случая частиц со спином 1, у которых бывает только тройка базисных состояний (у высших спинов их больше), математическая ситуация напоминает то, что мы видели в векторной алгебре. Каждый вектор может быть представлен тремя числами — компонентами вдоль осей x, y и z. Иначе говоря, всякий вектор может быть разложен на три «базисных» вектора, т. е. векторы вдоль этих трех осей. Но предположим, что кто-то другой решает выбрать другую тройку осей: x', y' и z'. Чтобы представить любой частный вектор, он воспользуется другими (а не теми, что мы) числами. Его выкладки не будут похожи на наши, но окончательный итог окажется таким же. Мы это уже рассматривали раньше и знаем правила преобразования векторов от одной тройки осей к другой.

Вам может захотеться увидать, как действуют квантовомеханические преобразования, и самим попробовать их проделать; для этого мы приведем здесь без вывода матрицы преобразований амплитуд спина 1 от представления S к другому представлению T для разных взаимных ориентаций фильтров S и T. (В следующих главах мы покажем, как получаются эти результаты.)

Первый случай. У прибора T ось y (вдоль которой движутся частицы) та же самая, что и у S, но T повернут вокруг общей оси y на угол α (на фиг. 3.6). (Чтобы быть точными, укажем, что в приборе T установлена система координат x', y', z', связанная с координатами x, y, z прибора S формулами $z'=z\cos\alpha+$ $+x\sin\alpha$; $x'=x\cos\alpha-z\sin\alpha$; $y'=y$.) Тогда амплитуды преобразований таковы:

$$\begin{aligned}
\langle +T\,|+S\rangle &= \tfrac{1}{2}(1+\cos\alpha),\\
\langle 0T\,|+S\rangle &= -\tfrac{1}{\sqrt{2}}\sin\alpha,\\
\langle -T\,|+S\rangle &= \tfrac{1}{2}(1-\cos\alpha),\\
\langle +T\,|\,0S\rangle &= +\tfrac{1}{\sqrt{2}}\sin\alpha,\\
\langle 0T\,|\,0S\rangle &= \cos\alpha,\\
\langle -T\,|\,0S\rangle &= -\tfrac{1}{\sqrt{2}}\sin\alpha,\\
\langle +T\,|-S\rangle &= \tfrac{1}{2}(1-\cos\alpha),\\
\langle 0T\,|-S\rangle &= +\tfrac{1}{\sqrt{2}}\sin\alpha,\\
\langle -T\,|-S\rangle &= \tfrac{1}{2}(1+\cos\alpha).
\end{aligned} \qquad (3.38)$$

Второй случай. Прибор T имеет ту же ось z, что и S, но повернут относительно оси z на угол β. (Преобразование координат: $z'=z$; $x'=x\cos\beta+y\sin\beta$; $y'=y\cos\beta-x\sin\beta$.) Тогда амплитуды преобразований суть

$$\begin{aligned}
\langle +T\,|+S\rangle &= e^{+i\beta},\\
\langle 0T\,|\,0S\rangle &= 1,\\
\langle -T\,|-S\rangle &= e^{-i\beta},\\
\text{Все прочие} &= 0.
\end{aligned} \qquad (3.39)$$

Заметьте, что любые вращения T можно составить из описанных двух вращений.

Если состояние φ определяется тремя числами

$$C_+ = \langle +S \mid \varphi \rangle, \quad C_0 = \langle 0S \mid \varphi \rangle, \quad C_- = \langle -S \mid \varphi \rangle \qquad (3.40)$$

и если то же состояние описывается с точки зрения T тремя числами

$$C'_+ = \langle +T \mid \varphi \rangle, \quad C'_0 = \langle 0T \mid \varphi \rangle, \quad C'_- = \langle -T \mid \varphi \rangle, \qquad (3.41)$$

тогда коэффициенты $\langle jT \mid iS \rangle$ из (3.38) и (3.39) дают преобразования, связывающие C_i и C'_i. Иными словами, C_i очень походят на компоненты вектора, который с точек зрения S и T выглядит по-разному.

Только у частицы со спином 1 (потому что ей требуются как раз три амплитуды) есть такое тесное соответствие с векторами. Здесь во всех случаях имеется тройка чисел, которая обязана преобразовываться при изменениях координат определенным известным образом. И действительно, здесь есть и такая совокупность базисных состояний, которая *преобразуется в точности, как три компоненты вектора.* Три комбинации

$$C_x = -\frac{1}{\sqrt{2}}(C_+ - C_-), \quad C_y = -\frac{1}{\sqrt{2}}(C_+ + C_-), \quad C_z = C_0 \qquad (3.42)$$

преобразуются в C'_x, C'_y, C'_z как раз так же, как x, y, z преобразуются в x', y', z'. [Вы можете проверить это с помощью законов преобразований (3.38) и (3.39).] Теперь вы понимаете, почему частицу со спином 1 часто называют «векторной частицей».

§ 8. *Другие случаи*

Мы начали с того, что подчеркнули, что наши рассуждения о частице со спином 1 явятся прототипом любых квантовомеханических задач. Обобщения требует только количество состояний. Вместо тройки базисных состояний в других случаях может потребоваться n базисных состояний *. Форма наших основных законов (3.27) останется той же, если только понимать, что i и j должны пробегать по всем n базисным состояниям. Любое явление можно проанализировать, задав амплитуды того, что оно начинается с любого базисного состояния и кончается тоже в любом базисном состоянии, а затем просуммировав по всей

* Число базисных состояний n может оказаться (и, вообще говоря, бывает) равным бесконечности.

полной системе базисных состояний. Можно использовать любую подходящую систему базисных состояний, и каждый вправе выбрать ту, которая ему по душе; связь между любой парой базисов осуществляется матрицей преобразований $n \times n$. Позже мы подробнее расскажем об этих преобразованиях.

Наконец, мы пообещали рассказать о том, чтó надо делать, если атомы прямо из печи проходят через какой-то прибор A и затем анализируются фильтром, который отбирает состояние χ. Вы не знаете, каково то состояние φ, в котором они входят в прибор. Лучше всего, наверное, было бы, если бы вы, не думая пока об этой проблеме, занимались такими задачами, в которых вначале имеются только чистые состояния. Но если уж вы на этом настаиваете, так вот как расправляются с этой проблемой.

Прежде всего вы должны быть в состоянии сделать разумные предположения о том, каким образом распределены состояния в атомах, которые выходят из печи. Например, если в печи нет чего-либо «особого», то разумно предположить, что атомы покидают печь, будучи «ориентированы» как попало. Квантовомеханически это соответствует вашему утверждению о том, что о состояниях вы не знаете ничего, кроме того, что треть атомов находится в состоянии $(+S)$, треть — в состоянии $(0\,S)$ и треть — в состоянии $(-S)$. Для пребывающих в состоянии $(+S)$ амплитуда пройти сквозь A есть $\langle \chi \mid A \mid +S \rangle$, а вероятность $|\langle \chi \mid A \mid +S \rangle|^2$. То же и для других. Общая вероятность тогда равна

$$\frac{1}{3}|\langle\chi|A|+S\rangle|^2+\frac{1}{3}|\langle\chi|A|0S\rangle|^2+\frac{1}{3}|\langle\chi|A|-S\rangle|^2.$$

Но почему мы пользовались S, а не T или каким-нибудь другим представлением? Дело в том, что, как это ни странно, ответ не зависит от того, каким было исходное разложение; он один и тот же, если только мы имеем дело с совершенно случайными ориентациями. Таким же образом получается, что

$$\sum_i|\langle\chi|iS\rangle|^2=\sum_j|\langle\chi|jT\rangle|^2$$

для любого χ. (Докажите-ка это сами!)

Заметьте, что *неверно* говорить, будто входные состояния обладают амплитудой $\sqrt{1/3}$ быть в состоянии $(+S)$, $\sqrt{1/3}$ в состоянии $(0\,S)$ и $\sqrt{1/3}$ в состоянии $(-S)$; если бы это было так, были бы допустимы какие-то интерференции. Здесь вы просто *не знаете*, каково начальное состояние; вы обязаны думать на языке вероятностей, что система сперва находится во всевозможных мыслимых начальных состояниях, и затем взять средневзвешенное по всем возможностям.

Глава 4

СПИН ОДНА ВТОРАЯ *

§ 1. Преобразование амплитуд

В предыдущей главе мы, пользуясь в качестве примера системой со спином 1, набросали общие принципы квантовой механики.

Любое состояние ψ можно описать через совокупность базисных состояний, задав амплитуды пребывания в каждом из них.

Амплитуда перехода из одного состояния в другое может быть в общем случае записана в виде суммы произведений амплитуд перехода в одно из базисных состояний на амплитуды перехода из этих базисных состояний в конечное положение; в сумму непременно входят члены, относящиеся к каждому базисному состоянию:

$$\langle\chi\,|\,\psi\rangle=\sum_i\langle\chi\,|\,i\rangle\langle i\,|\,\psi\rangle. \qquad (4.1)$$

Базисные состояния ортогональны друг другу — амплитуда пребывания в одном, если вы находитесь в другом, есть нуль:

$$\langle i\,|\,j\rangle=\delta_{ij}. \qquad (4.2)$$

Амплитуда перехода из одного состояния в другое комплексно сопряжена амплитуде обратного перехода

$$\langle\chi\,|\,\psi\rangle^*=\langle\psi\,|\,\chi\rangle. \qquad (4.3)$$

* Эта глава — не что иное, как весьма абстрактное и длинное отступление от основной линии рассказа; в ней нет каких-либо новых идей, которые бы не появлялись иным путем в дальнейших главах. Поэтому можете спокойно пропустить ее, а позже, если заинтересуетесь, вернуться.

Мы немного поговорили о том, что базис для состояний может быть не один и что можно использовать (4.1), чтобы перейти от одного базиса к другому. Пусть, например, мы знаем амплитуды $\langle iS \mid \psi \rangle$ обнаружения состояния ψ в любом из базисных состояний i базисной системы S, но затем решаем, что лучше описывать состояние в терминах другой совокупности базисных состояний — скажем, состояний j, принадлежащих к базису T. Мы тогда можем подставить в общую формулу (4.1) jT вместо χ и получить

$$\langle jT \mid \psi \rangle = \sum_i \langle jT \mid iS \rangle \langle iS \mid \psi \rangle. \tag{4.4}$$

Амплитуды обнаружения состояния (ψ) в базисных состояниях (jT) связаны с амплитудами его обнаружения в базисных состояниях (iS) совокупностью коэффициентов $\langle jT \mid iS \rangle$. Если базисных состояний N, то таких коэффициентов всего N^2. Эту совокупность коэффициентов часто называют «*матрицей преобразования* от *представления* S к *представлению* T». Математически это выглядит страшновато, но стоит все обозначить чуть иначе и оказывается, что ничего страшного нет. Если обозначить через C_i амплитуду того, что состояние ψ находится в базисном состоянии iS, т. е. $C_i = \langle iS \mid \psi \rangle$, а через C'_j назвать соответствующие амплитуды для базисной системы T, т. е. $C'_j = \langle jT \mid \psi \rangle$, то (4.4) можно записать в виде

$$C'_j = \sum_i R_{ji} C_i, \tag{4.5}$$

где R_{ji} — то же самое, что и $\langle jT \mid iS \rangle$. Каждая амплитуда C'_j есть сумма по *всем* i одного ряда коэффициентов R_{ji}, умноженных на каждую амплитуду C_i. Это выглядит так же, как преобразование вектора от одной системы координат к другой.

Но не будем слишком долго увлекаться абстракцией. Мы уже приводили парочку примеров этих коэффициентов для случая спина 1, и вы сами можете разобраться, как ими пользоваться практически. Но, с другой стороны, у квантовой механики существует очень красивое качество: из того факта, что состояний только три, используя лишь свойства симметрии пространства относительно вращений, она умеет чисто отвлеченным путем вычислить эти коэффициенты. Приводить на столь ранней стадии эти рассуждения было бы нехорошо: прежде чем вы «вернулись бы на землю», вы могли бы утонуть в новом море абстракций. Однако все это так красиво, что мы в свое время это непременно проделаем.

В этой же главе мы покажем вам, как можно получить коэффициенты преобразований для частиц со спином $^1/_2$. Мы выбрали этот случай потому, что он проще спина 1. Задача состоит в том, чтобы определить коэффициенты R_{ji} для частицы, или атомной системы, которая в аппарате Штерна — Герлаха расщепляется на два пучка. Мы собираемся вывести все коэффициенты для преобразования от одного представления к другому путем чистого рассуждения плюс несколько предположений. *Какие-то* предположения всегда нужны для того, чтобы пользоваться «чистыми» рассуждениями! Хотя наши доказательства будут абстрактными и немного запутанными, результат, который мы получим, сформулировать легко и понять просто; сам же по себе он будет очень важным. Можете, если угодно, рассматривать это как своего рода культмероприятие. Мы ведь условились уже, что все существенное, выведенное здесь, будет также выводиться по мере надобности в следующих главах другим путем.Так что вы не бойтесь потерять нить нашего изложения квантовой механики, если полностью пропустите эту главу или изучите ее попозже. Мероприятие «культурное» в том смысле, что оно должно показать вам, что принципы квантовой механики не только любопытны, но и настолько глубоки, что, прибавив к ним всего несколько добавочных гипотез о структуре пространства, мы сможем вывести огромное множество свойств физических систем. Кроме того, важно понимать, откуда вытекают различные следствия квантовой механики. Пока наши законы физики неполны (а так оно и есть на самом деле), всегда интересно выяснить, в каких местах наши теории перестают согласовываться с опытом — там ли, где наша логика самая лучшая, или же там, где она наихудшая. До сих пор оказывалось, что там, где наша логика наиболее абстрактна, там она всегда дает правильные результаты — теория согласуется с опытом. Только тогда, когда мы пытаемся строить конкретные модели внутреннего устройства элементарных частиц и их взаимодействий, только тогда мы оказываемся не в состоянии найти теорию, согласную с экспериментом. Та теория, которую мы намерены описать здесь, согласуется с опытом всюду, где ее испытывали; она так же хороша для странных частиц, как и для электронов, протонов и т. д.

Еще одно неприятное (но важное) замечание: коэффициенты R_{ji} невозможно определить однозначно, потому что в амплитудах вероятностей всегда есть какой-то произвол. Если у вас есть ряд каких угодно амплитуд, скажем амплитуд прихода в некоторое место по целому множеству различных путей, и если вы помножите каждую отдельную амплитуду на один и тот же фазовый множитель, скажем на $e^{i\delta}$, то получится другая совокупность, которая будет ничуть не хуже первой. Значит, всегда можно произвольно изменить фазу всех амплитуд в любой задаче, если вы этого захотите.

Допустим, вы вычисляете некоторую вероятность, беря сумму нескольких амплитуд, скажем $(A+B+C+\ldots)$, и возводя ее модуль в квадрат. Затем кто-то другой вычисляет то же самое, складывая амплитуды $(A'+B'+C'+\ldots)$ и возводя их модуль в квадрат. Если все A', B', C' и т. д. отличаются от A, B, C и т. д. только множителем $e^{i\delta}$, то все вероятности, получаемые возведением модуля в квадрат, окажутся в точности одинаковыми, потому что тогда $(A' + B' + C' + \ldots)$ равно $e^{i\delta}(A+B+C+\ldots)$. Или допустим, к примеру, что мы считали что-нибудь по уравнению (4.1), но затем внезапно изменили все фазы определенной базисной системы. Каждую из амплитуд $\langle i \mid \psi\rangle$ тогда пришлось бы умножить на один и тот же множитель $e^{i\delta}$. Точно так же изменились бы в $e^{i\delta}$ раз и все амплитуды $\langle i \mid \chi\rangle$, но амплитуды $\langle \chi \mid i\rangle$ комплексно сопряжены амплитудам $\langle i \mid \chi\rangle$; тем самым они приобрели бы множитель $e^{-i\delta}$. Плюс и минус $i\delta$ в экспонентах уничтожатся, и получится то же выражение, что было и раньше. Стало быть, общее правило таково, что изменение на одну и ту же фазу всех амплитуд по отношению к данной базисной системе или даже простое изменение *всех* амплитуд в любой задаче на одну и ту же фазу ничего не меняет. Значит, существует некоторая свобода в выборе фаз нашей матрицы преобразования. Мы то и дело будем прибегать к такому произвольному выбору, всегда следуя общепринятым соглашениям.

§ 2. Преобразование к повернутой системе координат

Рассмотрим опять «усовершенствованный» прибор Штерна — Герлаха, описанный в предыдущей главе. Пучок частиц со спином $^1/_2$, входящих слева, расщепляется, вообще говоря, на *два* пучка, как показано схематически на фиг. 4.1. (При спине 1 пучков было три.) Как и раньше, пучки в конце снова сводятся в одно место, если только один из них не будет перекрыт «пере-

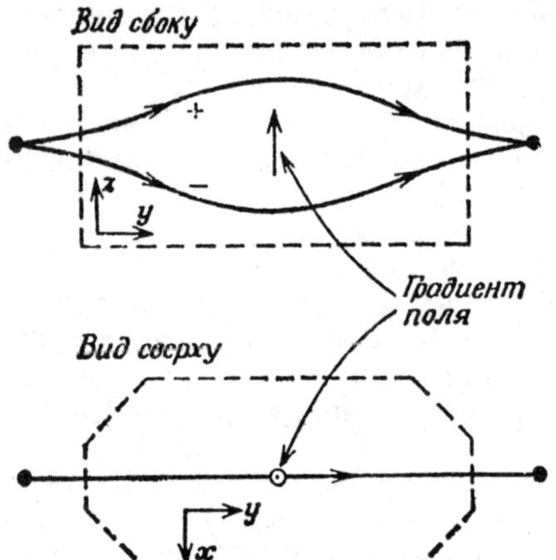

Фиг. 4.1. «Усовершенствованный» прибор Штерна — Герлаха с пучками частиц со спином $^1/_2$.

городкой», которая перехватит его на полпути. На рисунке имеется стрелка, которая показывает направление роста *величины* поля, скажем положение магнитного полюса с острым наконечником. Эта стрелка пусть будет представлять собой *направление вверх* для данного прибора. В каждом аппарате ее положение фиксировано, что позволяет указывать взаимную ориентацию нескольких приборов относительно друг друга. Наконец, предположим еще, что направление магнитного поля относительно стрелки во всех магнитах одинаково.

Будем говорить, что атомы из «верхнего» пучка находятся *по отношению к этому прибору* в состоянии (+), атомы из «нижнего» — в состоянии (—). (Нуль-состояния для спина $^1/_2$ не существует.)

Положим теперь, что мы поставили два наших усовершенствованных прибора Штерна — Герлаха один за другим (фиг. 4.2, *а*). Первый (назовем его S) можно употребить на то, чтобы приготовлять чистое состояние ($+S$) или ($-S$), загораживая то один, то другой пучок. [На рисунке приготовляется чистое состояние ($+S$).] При любом расположении всегда есть некоторая амплитуда того, что частица, выходящая из S, окажется в пучке ($+T$) или ($-T$) второго прибора. Всего таких амплитуд четыре: амплитуды перехода от ($+S$) к ($+T$), от ($+S$) к ($-T$), от ($-S$) к ($+T$) и от ($-S$) к ($-T$). Эти амплитуды —

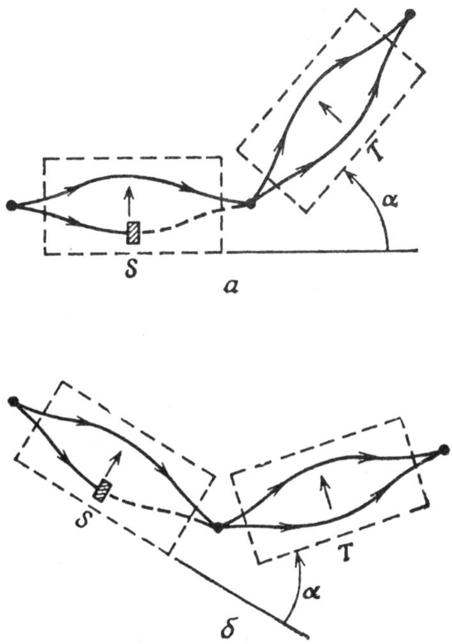

Фиг. 4.2. Два эквивалентных эксперимента.

просто четыре коэффициента матрицы преобразования R_{ji} перехода от представления S к представлению T. Можно считать, что первый прибор «приготовляет» определенное состояние в одном представлении, а второй «анализирует» это состояние в терминах второго представления. Мы хотим научиться отвечать на такие вопросы: если, загородив один из пучков в S, мы приготовили атом в данном состоянии, например в состоянии $(+S)$, то каково будет изменение, которое он испытает, пройдя через прибор T, который настроен на состояние $(-T)$? Результат, конечно, будет зависеть от углов между системами S и T.

Мы должны объяснить, почему есть надежда найти коэффициенты R_{ji} теоретически. Почти невозможно поверить, что если у частиц спин был выстроен в направлении $+z$, то есть хоть какой-то шанс обнаружить, что ее спин ориентирован в направлении $+x$ или в каком-либо другом направлении. Это действительно *почти* невозможно. Но все же не совсем. Это настолько невозможно, что остается *лишь один путь*, каким это происходит, а если этот путь один, то его уже можно найти.

Первое рассуждение можно провести так. Предположим, что, как показано на фиг. 4.2, *а*, прибор T направлен вверх под углом α относительно S. Пусть через S проходит только пучок $(+)$, а через T — только пучок $(-)$. Мы измерили некоторую вероятность того, что частицы, выходя из S, пройдут сквозь T. Теперь предположим, что мы делаем второе измерение прибором, показанным на фиг. 4.2, *б*. *Относительная* ориентация S и T одинакова, но вся система расположена в пространстве под другим углом. Мы хотим предположить, что оба опыта приведут к одному и тому же значению вероятности того, что частица в чистом состоянии относительно S окажется в некотором определенном состоянии относительно T. Иными словами, мы предполагаем, что результат любого опыта такого рода одинаков, что сама *физика* одинакова, как бы *весь* прибор ни был ориентирован в пространстве. (Вы скажете: «Это самоочевидно». Но это *все же* только предположение, и оно «правильно» только тогда, если так действительно бывает.) Это означает, что коэффициенты R_{ji} зависят лишь от взаимного расположения S и T в пространстве, а не от абсолютного их расположения. Выражаясь иначе, R_{ji} зависит только от *поворота*, который переводит S в T, потому что общим для фиг. 4.2, *а* и *б*, очевидно, является трехмерный поворот, переводящий прибор S в положение прибора T. Когда матрица преобразования R_{ji} зависит, как в нашем случае, только от поворота, ее называют *матрицей поворота*.

Для следующего шага нужно еще немного информации. Пусть мы добавили третий прибор (назовем его U), стоящий вслед за T под каким-то произвольным углом (фиг. 4.3, *а*). (Все это начинает выглядеть устрашающе, но в этом-то и пре-

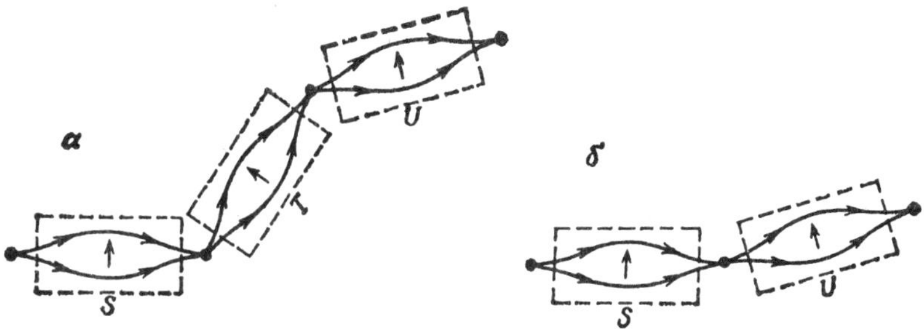

Фиг. 4.3. Если T «открыт до отказа», то б эквивалентно а.

лесть отвлеченного мышления: самые сверхъестественные опыты можно ставить, просто проводя новые линии!) Что же представляет собой преобразование $S \to T \to U$? Фактически нас интересует амплитуда перехода из некоторого состояния по отношению к S к некоторому другому состоянию по отношению к U, если известны преобразования от S к T и от T к U. Поинтересуемся сперва опытом, в котором в T открыты оба канала. Ответ можно получить, дважды подряд применяя (4.5). Для перехода от S-представления к T-представлению имеем

$$C'_j = \sum_i R_{ji}^{TS} C_i, \tag{4.6}$$

где верхние индексы TS нужны, чтобы отличать это R от R^{UT}, когда мы будем переходить от T к U.

Обозначая амплитуды появления атома в базисных состояниях представления U через C''_k, можно связать их с T-амплитудами, применяя (4.5) еще раз; получим

$$C''_k = \sum_j R_{kj}^{UT} C'_j. \tag{4.7}$$

Теперь можно из (4.6) и (4.7) получить преобразование от S прямо к U. Подставляя C'_j из (4.6) в (т.7), имеем

$$C''_k = \sum_j R_{kj}^{UT} \sum_i R_{ji}^{TS} C_i. \tag{4.8}$$

Или, поскольку в R_{kj}^{UT} отсутствует i, можно поставить суммирование по i впереди и написать

$$C''_k = \sum_i \sum_j R_{kj}^{UT} R_{ji}^{TS} C_i. \tag{4.9}$$

Это и есть формула двойного преобразования.

Заметьте, однако, что, пока пучки в T не загораживаются, состояния на выходе из T те же, что и при входе в него. Мы могли бы с равным успехом делать преобразования из S-представления прямо в представление U. Это значило бы, что прибор U поставлен прямо за S, как на фиг. 4.3, *б*. В этом случае мы бы написали

$$C''_k = \sum_i R^{US}_{ki} C_i, \tag{4.10}$$

где R^{US}_{ki} — коэффициенты, принадлежащие этому преобразованию. Но ясно, что (4.9) и (4.10) должны приводить к одинаковым амплитудам C''_k, причем независимо от того, каково было то начальное состояние φ, которое снабдило нас амплитудами C_i. Значит, должно быть

$$R^{US}_{ki} = \sum_j R^{UT}_{kj} R^{TS}_{ji}. \tag{4.11}$$

Иными словами, для любого поворота $S \to U$ базиса, если рассматривать его как два последовательных поворота $S \to T$ и $T \to U$, можно получить матрицу поворота R^{US}_{ki} из матриц двух частных поворотов при помощи формулы (4.11). Если угодно, (4.11) следует прямо из (4.1) и представляет собой лишь другую запись формулы:

$$\langle kU \mid iS \rangle = \sum_j \langle kU \mid jT \rangle \langle jT \mid iS \rangle.$$

● ● ●

Для полноты добавим еще следующее. Но не думайте, что это будет что-то страшно важное; если хотите, переходите, не читая, прямо к следующему параграфу. Надо сознаться, что то, что мы сказали, не совсем верно. Мы не можем на самом деле утверждать, что (4.9) и (4.10) обязаны привести к *абсолютно* одинаковым амплитудам. Одинаковыми должны оказаться только *физические результаты*; сами же амплитуды могут отличаться на общий фазовый множитель типа $e^{i\delta}$, не меняя результатов никаких расчетов, касающихся реального мира. Иначе говоря, вместо (4.11) единственное, что можно утверждать,— это

$$e^{i\delta} R^{US}_{ki} = \sum_j R^{UT}_{kj} R^{TS}_{ji}, \tag{4.12}$$

где δ — *какая-то* вещественная постоянная величина. Смысл этого добавочного множителя $e^{i\delta}$, конечно, в том, что амплитуды, которые мы получим, пользуясь матрицей R^{US}, могут все отличаться на одну и ту же фазу ($e^{-i\delta}$) от амплитуд, которые получились бы из двух поворотов R^{UT} и R^{TS}. Но мы знаем, что если все амплитуды изменить на одинаковую фазу, то это ни на чем не скажется. Так что при желании можно этот фазовый множитель просто игнорировать. Оказывается, однако, что если определить нашу матрицу поворота особым образом, то этот фазовый множитель вообще не появится: δ в (4.12) всегда будет нулем. Хотя это и не отражается на наших дальнейших рассуждениях, мы беремся это быстро доказать, пользуясь математической теоремой о детерминантах. [А если вы до сих пор мало знакомы с детерминантами, то не следите за доказательством и прямо переходите к определению (4.15).]

Во-первых, следует напомнить, что (4.11) — это математическое определение «произведения» двух матриц. (Просто очень удобно говорить «R^{US} есть произведение R^{UT} и R^{TS}»). Во-вторых, существует математическая теорема (которую для используемых здесь матриц 2×2 вы легко докажете), утверждающая, что детерминант «произведения» двух матриц есть произведение их детерминантов. Применив эту теорему к (4.12), получим

$$e^{i2\delta}(\mathrm{Det}\,R^{US})=(\mathrm{Det}\,R^{UT})(\mathrm{Det}\,R^{TS}). \qquad (4.13)$$

(Мы отбрасываем нижние индексы, они здесь ничего полезного нам не сообщают.) Да, слева стоит 2δ! Вспомните, что мы имеем дело с матрицами 2×2; каждый член в матрице R^{US}_{ki} умножен на $e^{i\delta}$, а каждый член в детерминанте (состоящий из двух множителей) получается умножением на $e^{i2\delta}$. Извлечем из (4.13) корень и разделим на него (4.12):

$$\frac{R^{US}_{ki}}{\sqrt{\mathrm{Det}\,R^{US}}}=\sum_i\frac{R^{UT}_{kj}}{\sqrt{\mathrm{Det}\,R^{UT}}}\,\frac{R^{TS}_{ji}}{\sqrt{\mathrm{Det}\,R^{TS}}}. \qquad (4.14)$$

Добавочный фазовый множитель исчез.

Дальше оказывается, что если мы хотим, чтобы все наши амплитуды в любом заданном представлении были нормированы (а это, как вы помните, означает, что $\sum_i\langle\varphi|i\rangle\langle i|\varphi\rangle=1$), то у всех матриц поворота детерминанты окажутся чисто мнимыми экспонентами, наподобие $e^{i\alpha}$. (Мы не будем этого доказывать; вы сами потом увидите, что это всегда так.) Значит, мы сможем, если захотим, выбрать все наши матрицы поворота R так, чтобы фаза их получалась однозначно, взяв $\mathrm{Det}\,R=1$. Это будет делаться так. Пусть мы каким-то произвольным образом определили матрицу поворота R. Возьмем за правило «приводить» ее к «стандартной форме», определяя

$$R_{\text{станд}}=\frac{R}{\sqrt{\mathrm{Det}\,R}}. \qquad (4.15)$$

Для получения однозначных фаз мы просто умножаем каждый член в R на один и тот же фазовый множитель. В дальнейшем мы будем всегда предполагать, что наши матрицы были приведены к «стандартной форме»; тогда мы сможем пользоваться прямо формулой (4.11) без каких-либо добавочных фазовых множителей.

§ 3. Повороты вокруг оси z

Теперь мы уже подготовлены к тому, чтобы отыскать матрицу преобразования R_{ji}, связывающую два разных представления. Владея нашим правилом объединения поворотов и нашим предположением, что в пространстве нет предпочтительного направления, мы владеем ключом для отыскания матрицы любого произвольного поворота. Решение здесь только *одно*. Начнем с преобразования, которое отвечает повороту вокруг оси z. Пусть имеются два прибора S и T, поставленных друг за другом вдоль одной прямой; оси их параллельны и смотрят из страницы на вас (фиг. 4.4, *а*). Это их направление мы примем за ось z. Ясно, что если пучок в приборе S идет вверх (к $+z$), то то же будет и в аппарате T. Точно так же, если он в S идет вниз, то и в T он направится вниз. Положим, однако, что прибор T был повернут на какой-то угол, но его ось, как и прежде, параллельна оси прибора S, как на фиг. 4.4, *б*. Интуитивно хочется сказать, что пучок (+) в S будет по-прежнему переходить в пучок (+) в T, потому что и поля, и их градиенты характеризуются тем же физическим направлением. И это вполне правильно. Точно так же и пучок (—) в S будет переходить в пучок (—) в T. Тот же результат применим для любой ориентации T в плоскости xy прибора S. Что же отсюда следует для связи между $C'_+ = \langle +T \mid \psi \rangle$, $C'_- = \langle -T \mid \psi \rangle$ и $C_+ = \langle +S \mid \psi \rangle$, $C_- = \langle -S \mid \psi \rangle$? Можно подумать, что любой поворот вокруг оси z «системы отсчета» базисных состояний оставляет амплитуды $C_\pm$ пребывания «вверху» и «внизу» теми же, что и раньше, и написать $C'_+ = C_+$ и $C'_- = C_-$. Но это *неверно*. Все, что *можно* отсюда заключить,— это, что при таких поворотах вероятности оказаться в «верхнем» пучке приборов S и T одинаковы, т. е.

$$|C'_+| = |C_+| \quad \text{и} \quad |C'_-| = |C_-|.$$

Но мы не вправе утверждать, что *фазы* амплитуд, относящихся к прибору T, не могут в двух различных ориентациях *а* и *б* (фиг. 4.4) различаться.

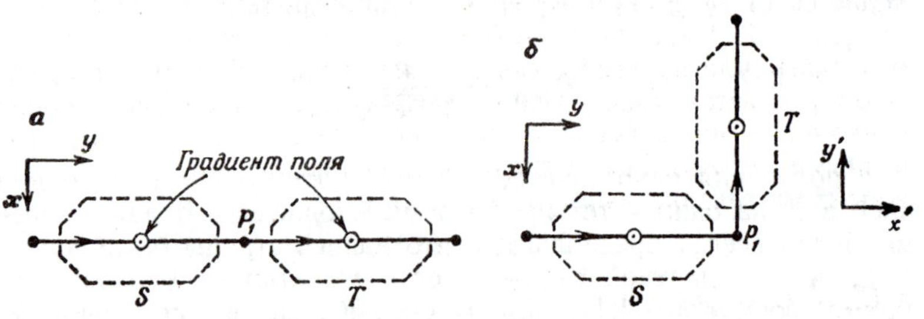

Фиг. 4.4. Поворот на 90° вокруг оси z.

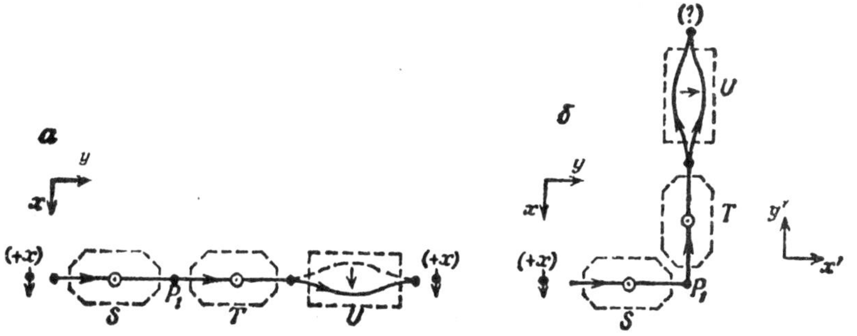

Фиг. 4.5. Частица в состоянии $(+x)$ ведет себя в опытах а и б по-разному.

Пары приборов, показанных на фиг. 4.4, на самом деле отличаются друг от друга, в чем можно убедиться следующим образом. Предположим, что мы перед прибором S поставили другой, создающий чистое $(+x)$-состояние. (Ось x направлена на рисунке вниз.) Эти частицы расщеплялись бы в S на пучки $(+z)$ и $(-z)$, но на выходе S (в точке P_1) оба пучка снова соединялись бы и восстанавливали состояние $(+x)$. Затем то же самое происхсдило бы в T. Если бы за T поставить третий прибор U, ось которого направлена по $(+x)$, как показано на фиг. 4.5, *а*, то все частицы пошли бы в пучок $(+)$ прибора U. Теперь представим, что произойдет, если T и U *вместе* повернуть на 90°, как показано на фиг. 4.5, *б*. Прибор T опять будет пропускать все, что в него поступает, так что частицы, входящие в U, будут в $(+x)$-состоянии по отношению к S. Но U теперь анализирует состояние $(+y)$ (по отношению к S), а это совсем не то, что раньше. (Из симметрии следует ожидать, что через него пройдет только половина частиц.)

Что же могло перемениться? Приборы T и U по отношению друг к другу расположены одинаково. Могла ли измениться *физика* просто из-за того, что T и U иначе ориентированы? Нет, гласит наше первоначальное предположение. Значит, различаться в двух случаях, показанных на фиг. 4.5, должны *амплитуды* по отношению к T. То же должно быть, следовательно, и на фиг. 4.4. Частица должна как-то уметь узнавать, что в P_1 она завернула за угол. Как же она может об этом проведать? Что ж, остается только одно: *величины* C'_+ и C_+ в обоих случаях одинаковы, но могут — а на самом деле *должны* — обладать разными *фазами*. Мы приходим к заключению, что C'_+ и C_+ должны быть связаны формулой

$$C'_+ = e^{i\lambda}C_+,$$

а C'_- и C — формулой

$$C'_- = e^{i\mu}C_-,$$

где λ и μ — вещественные числа, которые как-то должны быть связаны с углом между S и T.

В данный момент единственное, что мы можем сказать про λ и μ,— это то, что они не могут быть равны друг другу (кроме показанного на фиг. 4.5, *а* особого случая, когда T и S ориентированы одинаково). Мы видели, что изменение всех амплитуд на одну и ту же фазу ни к каким физическим следствиям не приводит. По той же причине всегда можно добавить к λ и μ любое постоянное число — это тоже ничего не изменит. Значит, нам представляется возможность *выбрать* λ и μ равными плюс и минус одному и тому же числу. Всегда можно взять

$$\lambda' = \lambda - \frac{1}{2}(\lambda+\mu), \quad \mu' = \mu - \frac{1}{2}(\lambda+\mu).$$

Тогда

$$\lambda' = \frac{\lambda}{2} - \frac{\mu}{2} = -\mu'.$$

Итак, мы договоримся * считать $\mu = -\lambda$ и придем к общему правилу, что поворот прибора, относительно которого ведется отсчет, вокруг оси z на какой-то угол приводит к преобразованию

$$C'_+ = e^{+i\lambda}C_+, \quad C'_- = e^{-i\lambda}C_-. \tag{4.16}$$

Абсолютные значения одинаковы, а фазы различны. Эти-то фазовые множители и отвечают за различные результаты двух опытов, показанных на фиг. 4.5.

Теперь надо узнать закон, связывающий λ с углом между S и T. Для одного случая ответ известен. Если угол — нуль, то и λ — нуль. Теперь *предположим*, что фазовый сдвиг λ есть непрерывная функция угла φ между S и T (см. фиг. 4.4) при φ, стремящемся к нулю. По-видимому, это единственное разумное допущение. Иными словами, если свернуть T с прямой линии S на малый угол ε, то и λ тоже будет малым числом, скажем $m\varepsilon$, где m — некоторый коэффициент. Мы пишем $m\varepsilon$, потому что можем доказать, что λ обязано быть пропорционально ε. Если бы мы поставили за T новый прибор T', тоже образующий с T угол ε, а с S тем самым образующий угол 2ε, то по отношению к T мы бы имели

$$C'_+ = e^{i\lambda}C_+,$$

а по отношению к T'

$$C''_+ = e^{i\lambda}C'_+ = e^{i2\lambda}C_+.$$

* Можно посмотреть на это и иначе. Мы просто производим преобразование к «стандартной форме», описанное в § 2, используя формулу (4.15).

Но мы знаем, что должны были бы получить тот же результат, если бы сразу за S поставили T'! Значит, когда угол удваивается, то удваивается и фаза. Эти аргументы мы можем, естественно, обобщить и построить любой поворот из последовательных бесконечно малых поворотов. Мы заключаем, что λ пропорционально φ для *любого* угла φ. Поэтому всегда можно писать $\lambda=m\varphi$.

Общий полученный нами результат состоит, следовательно, в том, что для T, повернутого вокруг оси z относительно S на угол φ,

$$C'_+=e^{im\varphi}C_+, \quad C'_-=e^{-im\varphi}C_-. \tag{4.17}$$

Для угла φ и для всех поворотов, которые встретятся нам в будущем, мы условимся считать, что *положительным* поворотом будет поворот правого винта, который ввинчивается в положительном направлении z.

Теперь остается узнать, каким должно быть m. Попробуем сперва следующее рассуждение: пусть T повернулся на 360°; ясно, что тогда он опять очутится под нулем градусов, и мы должны будем иметь $C'_+=C_+$ и $C'_-=C_-$, или, что то же самое, $e^{im2\pi}=1$. Мы получаем $m=1$. *Это рассуждение не годится!*

Чтобы убедиться в этом, допустим, что T повернут на 180°. Если бы m было равно единице, мы получили бы $C'_+=e^{i\pi}C_+=-C_+$ и $C'_-=e^{-i\pi}C_-=-C_-$. Но это просто опять получилось *первоначальное* состояние. *Обе* амплитуды попросту умножены на -1; это возвращает нас к исходной физической системе. (Опять случай всеобщей перемены фаз.) Это означает, что если угол между T и S на фиг. 4.5, *б* увеличивается на 180°, то система (по отношению к T) оказывается неотличимой от случая 0° и частицы должны опять проходить через состояние (+) прибора U. Но при 180° состояние (+) прибора U — это состояние ($-x$) начального прибора S. Так что состояние ($+x$) станет состоянием ($-x$). Но мы-то ведь ничего не делали для *изменения* начального состояния; ответ поэтому ошибочен. Не может быть, чтобы $m=1$.

Нет, все должно быть иначе: надо, чтобы только поворот на 360° (*и ни на какие меньшие углы*) воспроизводил то же самое физическое состояние. Это случится при $m=1/2$. Тогда и только тогда первым углом, воспроизводящим то же самое *физическое* состояние, будет угол $\varphi=360°$ *. При этом будет

$$\left.\begin{aligned} C'_+&=-C_+ \\ C'_-&=-C_- \end{aligned}\right\} \text{на } 360° \text{ вокруг оси } z. \tag{4.18}$$

* Конечно, подошло бы и $m=-1/2$. Однако из (4.17) ясно, что изменение знака просто переопределит понятие «спин вверх».

Очень курьезно вдруг обнаружить, что поворот прибора на 360° приводит к новым амплитудам. Но на самом деле они не новы, потому что одновременная перемена знака ни к какой новой физике не приводит. Если кто-нибудь задумает переменить все знаки у всех амплитуд, подумав, что он повернулся на 360°, то это его дело — физику он получит ту же, прежнюю *. Итак, наш окончательный ответ таков: если мы знаем амплитуды C_+ и C_- для частиц со спином $^1/_2$ по отношению к системе отсчета S и если затем мы используем базисную систему, связанную с T (T получается из S поворотом на φ относительно оси z), то новые амплитуды выражаются через старые так:

$$\left.\begin{aligned} C'_+ &= e^{i\varphi/2}C_+ \\ C'_- &= e^{-i\varphi/2}C_- \end{aligned}\right\} \text{на угол } \varphi \text{ вокруг оси } z. \tag{4.19}$$

§ 4. *Повороты на 180° и на 90° вокруг оси y*

Теперь попробуем подобрать преобразование для поворота T (по отношению к S) на 180° вокруг оси, *перпендикулярной* к оси z, скажем вокруг оси y. (Оси координат мы определили на фиг. 4.1.) Иными словами, берутся два одинаковых прибора Штерна — Герлаха и второй из них, T, переворачивается относительно первого, S, «вверх ногами» (фиг. 4.6). Если рассматривать частицы как маленькие магнитные диполи, то частица, которая находится в состоянии $(+S)$ (в первом приборе она избирает «верхний» путь), и во втором приборе избирает «верхний» путь, т. е. окажется по отношению к T в *минус*-состоянии. (В перевернутом приборе T переворачиваются и поле, *и* направление его градиента; для частицы с заданным направлением магнитного момента сила не меняется.) То, что́ для S было «верхом», то для T будет «низом». Для такого относительного расположения S и T преобразования, естественно, должны дать

$$|C'_+| = |C_-|, \quad |C'_-| = |C_+|.$$

Как и раньше, нельзя исключить добавочные фазовые множители; на самом деле может оказаться, что

$$C'_+ = e^{i\beta}C_-, \quad C'_- = e^{i\gamma}C_+, \tag{4.20}$$

где β и γ еще подлежат определению.

А что можно сказать о повороте вокруг оси y на угол 360°? Мы уже знаем ответ для поворота на 360° вокруг оси z: амплитуда пребывания в любом состоянии меняет знак. Повороты на 360° вокруг любой оси всегда приводят прибор в прежнее поло-

* Заметим, что если последовательность малых поворотов приведет в конце концов к первоначальной ориентации предмета, то всегда есть возможность, проследив всю историю, отличить поворот на 360° от поворота на 0° (но интересно, что для поворота на 720° это *неверно*).

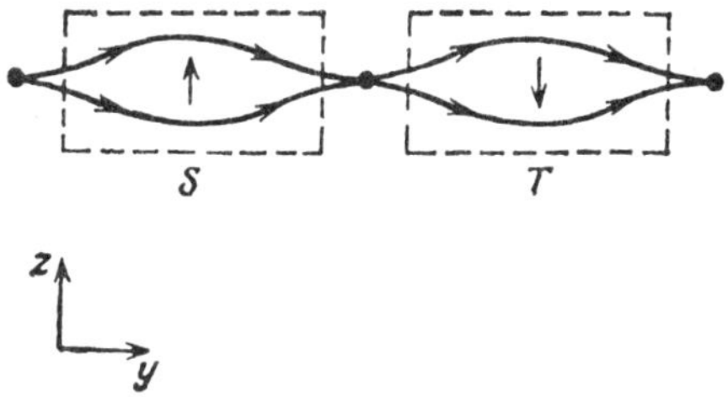

Фиг. 4.6. Поворот на 180° вокруг оси y.

жение. Таким образом, результат *любого* поворота на 360° должен быть таким же, как и при повороте на 360° вокруг оси z,— все амплитуды должны просто переменить знак. Теперь представим себе два последовательных поворота на 180° вокруг оси y по формуле (4.20); после них должен получиться результат (4.18). Иными словами,

$$C''_+ = e^{i\beta}C'_- = e^{i\beta}e^{i\gamma}C_+ = -C_+$$

и (4.21)

$$C''_- = e^{i\gamma}C'_+ = e^{i\gamma}e^{i\beta}C_- = -C_-.$$

Это означает, что

$$e^{i\beta}e^{i\gamma} = -1, \quad \text{или} \quad e^{i\gamma} = -e^{-i\beta}.$$

Следовательно, $\gamma = -\beta + \pi$, и преобразование для поворота на 180° вокруг оси y может быть записано так:

$$C'_+ = e^{i\beta}C_-, \quad C'_- = -e^{-i\beta}C_+. \tag{4.22}$$

Рассуждения, которыми мы только что пользовались, в равной степени применимы к поворотам на 180° вокруг *любой* оси в плоскости xy, хотя, конечно, повороты вокруг разных осей дадут для β разные числа. Но это единственное, чем они могут отличаться. В числе β имеется известный произвол, но, как только оно определено для какой-то одной оси в плоскости xy, оно определяется и для всех прочих осей. *Принято* выбирать $\beta = 0$ для поворотов на 180° вокруг оси y.

Чтобы показать, что свобода такого выбора у нас есть, предположим, что мы решили, что β не равно нулю для поворота вокруг оси y; тогда можно показать, что в плоскости xy существует *какая-то другая* ось, для которой соответствующая фаза *будет* нулем. Найдем фазовый множитель β_A для оси A, образующей с осью y угол α, как показано на фиг. 4.7, *а*. (Для удобства на рисунке угол α отрицателен, но это неважно.) Если теперь мы возьмем прибор T, первоначально направленный так же, как и S, а потом повернем его вокруг оси A на 180°, то его оси — назовем их x'', y'', z'' — расположатся так, как

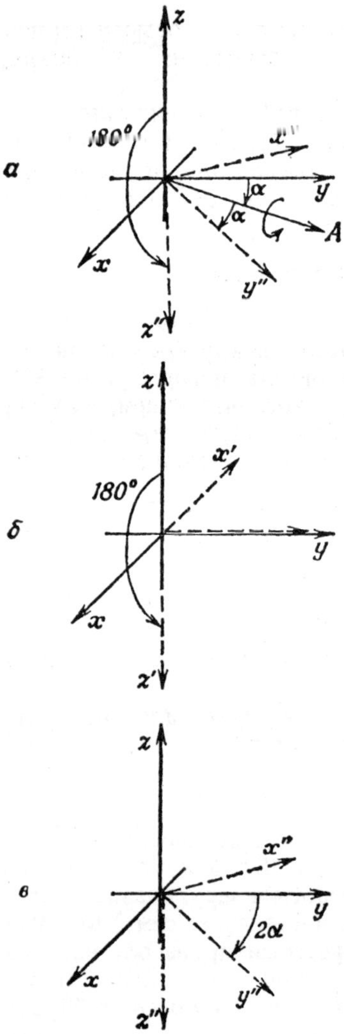

Ф и г. 4.7. Поворот на 180° вокруг оси A (а) эквивалентен повороту на 180° вокруг оси y (б), за которым следует поворот вокруг оси z' (в).

на фиг. 4.7, *а*. Амплитуды по отношению к T тогда станут

$$C''_{+} = e^{i\beta_A} C_{-},$$

$$C''_{-} = -e^{-i\beta_A} C_{+}. \qquad (4.23)$$

Но той же самой ориентации можно добиться двумя последовательными поворотами, показанными на фиг. 4.7, *б* и *в*. Возьмем сначала прибор U, повернутый по отношению к S на 180° вокруг оси y. Оси x', y' и z' прибора U будут такими, как на фиг. 4.7, *б*, а амплитуды *по отношению к* U будут даваться формулой (4.22).

Заметьте теперь, что от U к T можно перейти, повернув прибор U вокруг «оси z», т. е. вокруг z', как показано на фиг. 4.7, *в*. Из рисунка видно, что требуемый угол вдвое больше угла α, но направлен в обратную сторону (по отношению к z'). Используя преобразование (4.19) с $\varphi = -2\alpha$, получаем

$$C''_{+} = e^{-i\alpha} C'_{+}, \quad C''_{-} = e^{+i\alpha} C'_{-}. \qquad (4.24)$$

Подставляя (4.22) в (4.24), получаем

$$C''_{+} = e^{i(\beta-\alpha)} C_{-}, \quad C''_{-} = -e^{-i(\beta-\alpha)} C_{+}. \qquad (4.25)$$

Эти амплитуды, конечно, должны совпасть с полученными в (4.23). Значит, β_A должно быть связано с α и β формулой

$$\beta_A = \beta - \alpha. \qquad (4.26)$$

Это означает, что если угол α между осью A и осью y (прибора S) равен β, то в преобразовании поворота на 180° вокруг оси A будет стоять $\beta_A=0$.

Но коль скоро у *какой-то* из осей, перпендикулярных к оси z, может оказаться $\beta=0$, то ничто не мешает принять эту ось за ось y. Это всего лишь вопрос *соглашения*, и мы примем это в общем случае. *Итог*: для поворота на 180° вокруг оси y мы имеем

$$\left.\begin{aligned} C'_+ &= C_- \\ C'_- &= -C_+ \end{aligned}\right\} \text{на } 180^\circ \text{ вокруг оси } y. \qquad (4.27)$$

Продолжая размышлять о поворотах вокруг оси y, перейдем теперь к матрице преобразования для поворотов на 90°. Мы в состоянии установить ее вид, оттого что знаем, что два последовательных поворота на 90° вокруг одной и той же оси — это то же самое, что один поворот на 180°. Напишем преобразование для 90° в самой общей форме:

$$C'_+ = aC_+ + bC_-, \quad C'_- = cC_+ + dC_-. \qquad (4.28)$$

Второй поворот на 90° вокруг той же оси обладал бы теми же коэффициентами:

$$C''_+ = aC'_+ + bC'_-, \quad C''_- = cC'_+ + dC'_-. \qquad (4.29)$$

Подставляя (4.28) в (4.29), получаем

$$\begin{aligned} C''_+ &= a(aC_+ + bC_-) + b(cC_+ + dC_-), \\ C''_- &= c(aC_+ + bC_-) + d(cC_+ + dC_-). \end{aligned} \qquad (4.30)$$

Однако из (4.27) нам известно, что

$$C''_+ = C_-, \quad C''_- = -C_+,$$

так что должно быть

$$\begin{aligned} ab + bd &= 1, \\ a^2 + bc &= 0, \\ ac + cd &= -1, \\ bc + d^2 &= 0. \end{aligned} \qquad (4.31)$$

Этих четырех уравнений вполне хватает, чтобы определить все наши неизвестные a, b, c и d. Сделать это нетрудно. Посмотрите на второе и четвертое уравнения. Вы видите, что $a^2=d^2$, откуда либо $a=d$, либо $a=-d$. Но последнее отпадает, потому что тогда не выполнялось бы первое уравнение. Значит, $d=a$. А тогда сразу же выходит $b=1/2a$ и $c=-1/2a$. Теперь все выражено через a. Подставляя, скажем, во второе уравнение значения b и c, получаем

$$a^2-\frac{1}{4a^2}=0, \quad \text{или} \quad a^4=\frac{1}{4}.$$

Из четырех решений этого уравнения только два приводят к детерминанту стандартной формы. Мы можем принять $a=1/\sqrt{2}$; тогда *

$$a=\frac{1}{\sqrt{2}}, \qquad b=\frac{1}{\sqrt{2}},$$

$$c=-\frac{1}{\sqrt{2}}, \quad d=\frac{1}{\sqrt{2}}.$$

Иными словами, для двух приборов S и T при условии, что T повернут относительно S на 90° вокруг оси y, преобразование имеет вид

$$\left.\begin{aligned} C'_+&=\frac{1}{\sqrt{2}}(C_++C_-)\\ C'_-&=\frac{1}{\sqrt{2}}(-C_++C_-)\end{aligned}\right\} \text{на } 90^\circ \text{ вокруг оси } y. \qquad (4.32)$$

Эти уравнения можно, конечно, разрешить относительно C_+ и C_-; это даст нам преобразование при повороте вокруг оси y на —90°. Переставив еще и штрихи, мы напишем

$$\left.\begin{aligned} C'_+&=\frac{1}{\sqrt{2}}(C_+-C_-)\\ C'_-&=\frac{1}{\sqrt{2}}(C_++C_-)\end{aligned}\right\} \text{на } -90^\circ \text{ вокруг оси } y. \qquad (4.33)$$

§ 5. Повороты вокруг оси x

Вы, пожалуй, подумаете: «Это становится смешным. Чему же нас теперь будут учить — поворотам на 47° вокруг оси y, потом на 33° вокруг x? Долго ли это будет продолжаться?» Нет, оказывается, я почти все рассказал. Зная только два преобразования — на 90° вокруг оси y и на произвольный угол вокруг оси z (как вы помните, именно с этого мы начали),— мы уже способны производить любые повороты.

Для иллюстрации предположим, что нас интересует поворот на угол α вокруг оси x. Мы знаем, как быть с поворотом на угол α вокруг оси z, но нам нужен поворот вокруг оси x. Как его определить? Сперва повернем ось z вниз до оси x, а это есть поворот на +90° вокруг оси y (фиг. 4.8). Затем вокруг оси z' повернемся на угол α. А потом повернемся на —90°

---

* Второе решение меняет все знаки у a, b, c, d и отвечает повороту на —270°

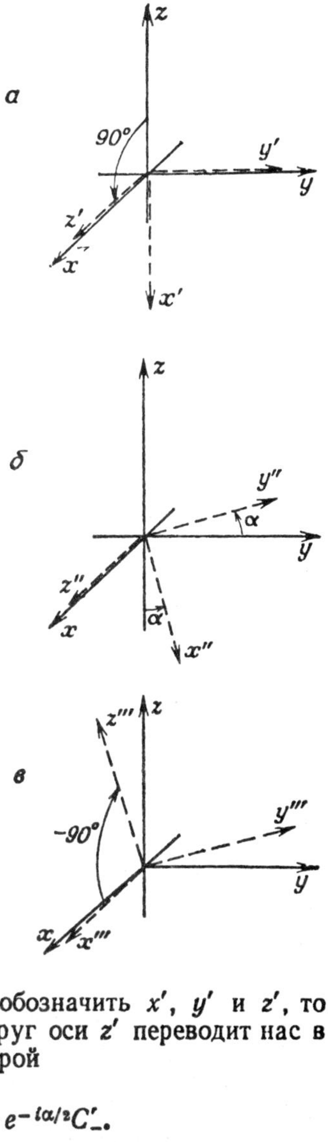

Фиг. 4.8. Поворот на угол α вокруг оси x равнозначен повороту на +90° вокруг оси y (а), за которым следует поворот на α вокруг оси z' (б), вслед за которым происходит поворот на —90° вокруг оси y'' (в).

вокруг оси y''. Итог этих трех поворотов тот же самый, что при повороте вокруг оси x на угол α. Таково свойство пространства.

(Все эти сочетания поворотов и их результат очень трудно себе представить. Не правда ли, странно, что, живя в трех измерениях, мы все же с трудом воспринимаем, что́ произойдет, если сперва повернуться так, а потом еще как-нибудь. Вероятно, если бы мы были птицами или рыбами и если бы мы на собственном опыте знали, что́ бывает, когда все время крутишь разные сальто в пространстве, нам было бы легче воспринимать подобные вещи.)

Во всяком случае, давайте выведем преобразование для поворота на угол α вокруг оси x, пользуясь тем, что́ нам уже известно. При первом повороте на +90° вокруг оси y амплитуды следуют закону (4.32). Если повернутые оси обозначить x', y' и z', то последующий поворот на угол α вокруг оси z' переводит нас в систему отсчета x'', y'', z'', для которой

$$C''_+ = e^{i\alpha/2}C'_+, \quad C''_- = e^{-i\alpha/2}C'_-.$$

Последний поворот на —90° вокруг оси y'' переводит нас в систему x''', y''', z'''; из (4.33) следует

$$C'''_+ = \frac{1}{\sqrt{2}}(C''_+ - C''_-), \quad C'''_- = \frac{1}{\sqrt{2}}(C''_+ + C''_-).$$

Сочетая эти два последних преобразования, получаем

$$C_+''' = \frac{1}{\sqrt{2}}\left(e^{+i\alpha/2}C_+' - e^{-i\alpha/2}C_-'\right),$$

$$C_-''' = \frac{1}{\sqrt{2}}\left(e^{+i\alpha/2}C_+' + e^{-i\alpha/2}C_-'\right).$$

Подставляя сюда вместо C_+' и C_-' (4.32), придем к полному преобразованию

$$C_+''' = \frac{1}{2}\left\{e^{+i\alpha/2}(C_+ + C_-) - e^{-i\alpha/2}(-C_+ + C_-)\right\},$$

$$C_-''' = \frac{1}{2}\left\{e^{+i\alpha/2}(C_+ + C_-) + e^{-i\alpha/2}(-C_+ + C_-)\right\}.$$

А если вспомнить, что

$$e^{i\theta} + e^{-i\theta} = 2\cos\theta \quad \text{и} \quad e^{i\theta} - e^{-i\theta} = 2i\sin\theta,$$

то эти формулы можно записать проще:

$$\left.\begin{aligned} C_+''' &= \left(\cos\frac{\alpha}{2}\right)C_+ + i\left(\sin\frac{\alpha}{2}\right)C_- \\ C_-''' &= i\left(\sin\frac{\alpha}{2}\right)C_+ + \left(\cos\frac{\alpha}{2}\right)C_- \end{aligned}\right\} \text{на угол } \alpha \text{ вокруг оси } x. \qquad (4.34)$$

Это и есть наше искомое преобразование для поворота вокруг оси x на *любой* угол α. Оно лишь чуть посложнее остальных.

§ 6. *Произвольные повороты*

Теперь уже понятно, как быть с *произвольным* поворотом. Во-первых, заметьте, что любая относительная ориентация двух систем координат может быть описана тремя углами (фиг. 4.9). Если есть система осей x', y', z', ориентированных относительно x, y, z как угодно, то соотношение между ними можно описать тремя углами Эйлера α, β и γ, определяющими три последовательных поворота, которые переводят систему x, y, z в систему x', y', z'. Отправляясь от x, y, z, мы поворачиваем нашу систему на угол β вокруг оси z, перенося ось x на линию x_1. Затем мы проводим поворот на угол α вокруг этой врéменной оси x_1, чтобы довести ось z до z'. Наконец, поворот вокруг новой оси z (т. е. вокруг z') на угол γ переведет ось x_1 в x', а ось y в y' *. Мы знаем преобразования для каждого из трех поворотов — они даются формулами (4.19) и (4.34). Комби-

* Нетрудно показать, что систему x, y, z можно перевести в систему x', y', z' следующими тремя поворотами вокруг *первоначальных* осей: 1) повернуть на угол γ вокруг первоначальной оси z; 2) повернуть на угол α вокруг первоначальной оси x; 3) повернуть на угол β вокруг первоначальной оси z.

Ф и г. 4.9. *Ориентацию любой системы координат x', y', z' по отношению к другой системе x, y, z можно определить с помощью углов Эйлера α, β, γ*

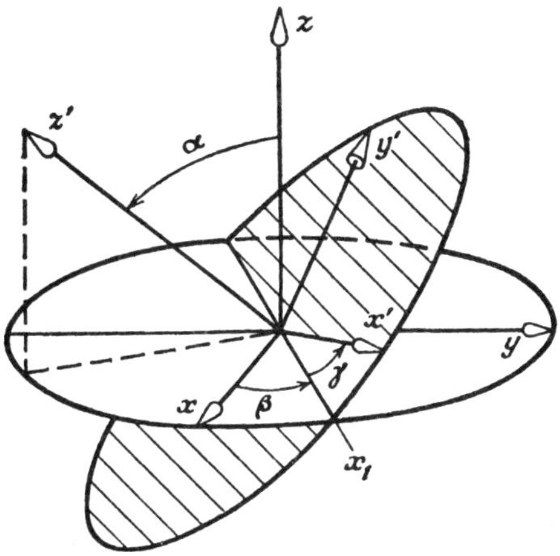

нируя их в нужном порядке, получаем

$$C'_+ = \cos\frac{\alpha}{2} e^{i(\beta+\gamma)/2} C_+ + i\sin\frac{\alpha}{2} e^{-i(\beta-\gamma)/2} C_-,$$

$$C'_- = i\sin\frac{\alpha}{2} e^{i(\beta-\gamma)/2} C_+ + \cos\frac{\alpha}{2} e^{-i(\beta+\gamma)/2} C_-. \quad (4.35)$$

Итак, начав просто с некоторых предположений о свойствах пространства, мы вывели преобразование амплитуды при любом повороте. Это означает, что если нам известны амплитуды того, что любое состояние частицы со спином $^1/_2$ перейдет в один из двух пучков прибора Штерна — Герлаха S с осями x, y, z, то мы можем подсчитать, какая часть перейдет в каждый пучок в приборе T с осями x', y', z'. Иначе говоря, если имеется состояние ψ частицы со спином $^1/_2$, у которого амплитуды пребывания вверху и внизу по отношению к оси z системы координат x, y, z равны $C_+ = \langle + | \psi \rangle$ и $C_- = \langle - | \psi \rangle$, то тем самым мы знаем амплитуды C'_+ и C'_- пребывания вверху и внизу по отношению к оси z' любой другой системы x', y', z'. Четверка коэффициентов в (4.35) — это члены «матрицы преобразования», с помощью которой можно проецировать амплитуды частицы со спином $^1/_2$ в другие системы координат.

Теперь решим несколько примеров, чтобы посмотреть, как все это работает. Возьмем следующий простой вопрос. Пустим атом со спином $^1/_2$ через прибор Штерна — Герлаха, пропускающий только состояние $(+z)$. Какова амплитуда того, что атом окажется в состоянии $(+x)$? Ось $+x$ — это все равно, что ось $+z'$ системы, повернутой на 90° вокруг оси y. Поэтому в этой задаче проще воспользоваться выражением (4.32), хотя,

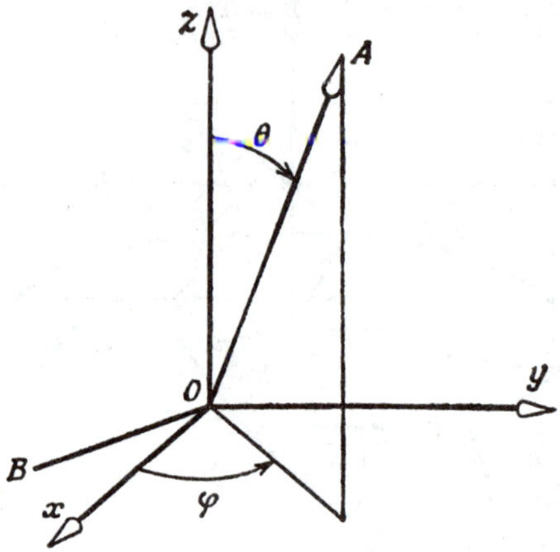

Фиг. 4.10. Ось A, определяемая полярными углами θ и φ.

конечно, можно применить и полное уравнение (4.35). Поскольку $C_+=1$ и $C_-=0$, то получится $C'_+=1/\sqrt{2}$. Вероятности — это квадраты модулей этих амплитуд; таким образом, 50% шансов за то, что частица пройдет сквозь прибор, отбирающий состояние $(+x)$. Если бы мы поинтересовались состоянием $(-x)$, то амплитуда оказалась бы $-1/\sqrt{2}$, что опять дало бы вероятность $^1/_2$, чего и следовало ожидать из симметрии пространства. Итак, если частица находится в состоянии $(+z)$, то ей в равной степени вероятно побывать в состояниях $(+x)$ и $(-x)$. Но фазы противоположны.

Ось y тоже без претензий. Частица в состоянии $(+z)$ имеет равные шансы быть в состоянии $(+y)$ или $(-y)$. Но теперь (согласно формуле для поворота на $-90°$ вокруг оси x) амплитуды суть $1/\sqrt{2}$ и $-i/\sqrt{2}$. В этом случае разница в фазах двух амплитуд уже не 180°, как было для $(+x)$ и $(-x)$, а 90°. В этом-то и проявляется различие между x и y.

Вот еще пример. Пусть нам известно, что частица со спином $^1/_2$ находится в состоянии ψ, поляризованном вверх относительно оси A, определяемой углами θ и φ (фиг. 4.10). Мы хотим знать амплитуду $\langle C_+|\psi\rangle$ того, что частица относительно оси z окажется в состоянии «вверх», и амплитуду $\langle C_-|\psi\rangle$ того, что она окажется в состоянии «вниз» относительно той же оси z. Эти амплитуды мы можем найти, вообразив, что A есть ось z' системы, у которой ось x' направлена произвольно, скажем лежит в плоскости, образованной A и z. Тогда можно перевести систему A в систему x, y, z тремя поворотами. Во-первых, надо сделать поворот на $-\pi/2$ вокруг оси A, что переведет ось x в линию B на рисунке. Затем повернуть на $-\theta$ вокруг линии B (вокруг новой оси x' системы A), чтобы ось A попала на ось z. И, наконец, повернуть вокруг оси z на угол $(\pi/2-\varphi)$. Вспоми-

Таблица 4.1 • АМПЛИТУДЫ $\langle jT \mid iS \rangle$ ДЛЯ ПОВОРОТА, ОПРЕДЕЛЯЕМОГО УГЛАМИ ЭЙЛЕРА α, β, γ (ФИГ. 4.9)

$\langle jT \mid iS \rangle$	$+S$	$-S$
$+T$	$\cos\frac{\alpha}{2}\, e^{i(\beta+\gamma)/2}$	$i\sin\frac{\alpha}{2}\, e^{-i(\beta-\gamma)/2}$
$-T$	$i\sin\frac{\alpha}{2}\, e^{i(\beta-\gamma)/2}$	$\cos\frac{\alpha}{2}\, e^{-i(\beta+\gamma)/2}$

Таблица 4.2 • АМПЛИТУДЫ $\langle jT \mid iS \rangle$ ДЛЯ ПОВОРОТА $R(\varphi)$ НА УГОЛ φ ВОКРУГ ОДНОЙ ИЗ ОСЕЙ

$R_z(\varphi)$

$\langle jT \mid iS \rangle$	$+S$	$-S$
$+T$	$e^{i\varphi/2}$	0
$-T$	0	$e^{-i\varphi/2}$

$R_x(\varphi)$

$\langle jT / iS \rangle$	$+S$	$-S$
$+T$	$\cos\frac{\varphi}{2}$	$i\sin\frac{\varphi}{2}$
$-T$	$i\sin\frac{\varphi}{2}$	$\cos\frac{\varphi}{2}$

$R_y(\varphi)$

$\langle jT \mid iS \rangle$	$+S$	$-S$
$+T$	$\cos\frac{\varphi}{2}$	$\sin\frac{\varphi}{2}$
$-T$	$-\sin\frac{\varphi}{2}$	$\cos\frac{\varphi}{2}$

ная, что вначале было только одно состояние (+) по отношению к A, получаем

$$C_+=\cos\frac{\theta}{2}e^{-i\varphi/2},\quad C_-=\sin\frac{\theta}{2}e^{+i\varphi/2}. \qquad (4.36)$$

Мы хотели бы напоследок подытожить результаты этой главы в форме, которая окажется полезной для нашей дальнейшей работы. Во-первых, напомним, что наш основной результат (4.35) может быть записан в других обозначениях. Заметьте, что (4.35) — это то же самое, что и (4.4) Иначе говоря, в (4.35) коэффициенты при $C_+=\langle +S|\psi\rangle$ и $C_-=\langle -S|\psi\rangle$ суть как раз амплитуды $\langle jT|iS\rangle$ в (4.4), амплитуды того, что частица в состоянии i по отношению к S окажется в состоянии j по отношению к T (когда ориентация T по отношению к S дается углами α, β и γ). Мы их также называли R_{ji}^{TS} в выражении (4.6). (Чего-чего, а обозначений у нас хватало!) Например, $R_{-+}^{TS}=\langle -T|+S\rangle$ — это коэффициент при C_+ в формуле для C'_-, а именно $i\sin(\alpha/2)\exp[i(\beta-\gamma)/2]$. Поэтому сводку наших результатов мы можем дать в виде табл. 4.1.

Было бы удобно иметь эти амплитуды расписанными для некоторых особо важных случаев. Пусть $R_z(\varphi)$ — поворот на угол φ вокруг оси z. Так же можно обозначить и соответствующую матрицу поворота (опуская молчаливо подразумеваемые индексы i и j). В том же смысле $R_x(\varphi)$ и $R_y(\varphi)$ будут обозначать повороты на угол φ вокруг оси x и оси y.

В табл. 4.2 мы приводим матрицы — таблицы амплитуд $\langle jT|iS\rangle$, которые проецируют амплитуды из системы S в систему T, где T получается из S указанным поворотом.

Глава 5

ЗАВИСИМОСТЬ АМПЛИТУД ОТ ВРЕМЕНИ

Повторить: гл. 17 (вып. 2) «Пространство — время»; гл. 48 (вып. 4) «Биения»

§ 1. Покоящиеся атомы; стационарные состояния

Мы хотим теперь немного рассказать о том, как ведут себя амплитуды вероятности во времени. Мы говорим «немного», потому что на самом деле поведение во времени с необходимостью включает в себя и поведение в пространстве. Значит, пожелав описать поведение со всей корректностью и детальностью, мы немедленно очутимся в весьма сложном положении. Перед нами возникает наша всегдашняя трудность — то ли изучать нечто строго логически, но абсолютно абстрактно, то ли не думать о строгости, а давать какое-то представление об истинном положении вещей, откладывая более тщательное исследование на позже. Сейчас, говоря о зависимости амплитуд от энергии, мы намерены избрать второй способ. Будет высказан ряд утверждений. При этом мы не будем стремиться к строгости, а просто расскажем вам о том, что́ было обнаружено, чтобы вы смогли почувствовать, как ведут себя амплитуды во времени. По мере хода нашего изложения точность описания будет возрастать, так что, пожалуйста, не нервничайте, видя, как фокусник будет извлекать откуда-то из воздуха разные вещи. Они и впрямь берутся из чего-то неосязаемого — из духа эксперимента и из воображения многих людей. Но проходить все стадии исторического развития предмета — дело очень долгое, кое-что придется просто пропустить. Можно было бы погрузиться в абстракции и все строго выводить (но вы вряд ли бы это поняли) или пройти через множество экспериментов, подтверждая ими каждое свое утверждение. Мы выберем что-то среднее.

Одиночный электрон в пустом пространстве может при некоторых условиях обладать вполне определенной энергией. Например, если он покоится (т. е. не обладает перемещательным движением: ни импульсом, ни кинетической энергией), то у него есть энергия покоя. Объект посложнее, например атом, тоже может, покоясь, обладать определенной энергией, но он может оказаться и внутренне возбужденным — возбужденным до другого уровня энергии. (Механизм этого мы опишем позже.) Часто мы вправе считать, что атом в возбужденном состоянии обладает определенной энергией; впрочем, на самом деле это верно только приближенно. Атом не остается возбужденным навечно, потому что он всегда стремится разрядить свою энергию, взаимодействуя с электромагнитным полем. Так что всегда есть некоторая амплитуда того, что возникнет новое состояние — с атомом в низшем состоянии возбуждения и электромагнитным полем в высшем. Полная энергия системы и до, и после — одна и та же, но энергия *атома* уменьшается. Так что не очень точно говорить, что у возбужденного атома есть *определенная* энергия; но часто так говорить удобно и не очень неправильно.

[Кстати, почему все течет в одну сторону и не течет в другую? Отчего атом излучает свет? Ответ связан с энтропией. Когда энергия находится в электромагнитном поле, то перед ней открывается столько разных путей — столько разных мест, куда она может попасть,— что, отыскивая условие равновесия, мы убеждаемся, что в самом вероятном положении поле оказывается возбужденным одним фотоном, а атом — невозбужденным. И фотону требуется немалое время, чтобы возвратиться и обнаружить, что он может возбудить атом обратно. Это полностью аналогично классической задаче: почему ускоряемый заряд излучает? Не потому, что он «хочет» утратить энергию, нет, ведь на самом-то деле, когда он излучает, энергия мира остается такой же, как и прежде. Просто излучение или поглощение всегда идет в направлении роста *энтропии*.]

Ядра тоже могут существовать на разных энергетических уровнях, и в том приближении, когда пренебрегают электромагнитными эффектами, мы вправе говорить, что ядро в возбужденном состоянии таким и остается. Хоть мы и знаем, что оно не останется таким навсегда, часто бывает полезно исходить из несколько идеализированного приближения, которое проще рассмотреть. К тому же в некоторых обстоятельствах — это узаконенное приближение. (Когда мы впервые вводили классические законы падения тел, мы не учитывали трения, а ведь почти не бывает так, чтобы трения *вовсе* не было.)

Кроме того, существуют еще «странные частицы» с различными массами. Но более массивные из них распадаются на более легкие, так что опять неправильно будет говорить, будто их энергия точно определена. Это было бы верно, если бы они сохранялись навечно. Так что когда мы приближенно считаем их обладающими определенной энергией, то забываем при этом, что они должны распасться. Но сейчас мы нарочно забудем про такие процессы, а после, со временем, выучимся принимать во внимание и их.

Пусть имеется атом (или электрон, или любая частица), обладающий в состоянии покоя определенной энергией E_0. Под энергией E_0 мы подразумеваем массу всего этого, умноженную на c^2. В массу входит любая внутренняя энергия; стало быть, масса возбужденного атома отличается от массы того же атома, но в основном состоянии. (*Основное* состояние означает состояние с наинизшей энергией). Назовем E_0 «энергией покоя».

Для атома, находящегося в состоянии *покоя*, квантовомеханическая *амплитуда* обнаружить его в каком-то месте *всюду одна и та же*; от положения она *не зависит*. Это, разумеется, означает, что *вероятность обнаружить* атом в любом месте — одна и та же. Но это означает даже большее. *Вероятность* могла бы не зависеть от положения, а *фаза амплитуды* при этом могла бы еще меняться от точки к точке. Но для частицы в покое полная амплитуда всюду одинакова. Однако она зависит от *времени*. Для частицы в состоянии определенной энергии E_0 амплитуда обнаружить частицу в точке (x, y, z) в момент t равна

$$ae^{-i(E_0/\hbar)t}, \tag{5.1}$$

где a — некоторая постоянная. Амплитуда пребывания в такой-то точке пространства для всех точек одинакова, но зато зависит от времени согласно (5.1). Мы просто допустим, что это правило верно всегда.

Можно, конечно, (5.1) записать и так:

$$ae^{-i\omega t}, \tag{5.2}$$

где

$$\hbar\omega = E_0 = Mc^2,$$

а M — масса покоя атомного состояния или частицы. Существуют три разных способа определения энергии: по частоте амплитуды, по энергии в классическом смысле или по инертной массе. Все они равноценны; это просто разные способы выражать одно и то же.

Вам может показаться, что странно представлять себе «частицу», обладающую одинаковыми амплитудами оказаться в пространстве где угодно. Ведь, помимо прочего, мы всегда представляем себе «частицу» как небольшой предмет, расположенный «где-то». Но не забудьте о принципе неопределенности. Если частица обладает определенной энергией, то и импульс у нее определенный. Если неопределенность в импульсе равна нулю, то соотношение неопределенностей $\Delta p \Delta x = \hbar$ говорит, что неопределенность в положении должна быть бесконечной; именно это мы и утверждаем, говоря, что существует одинаковая амплитуда обнаружить частицу во всех точках пространства.

Если внутренние части атома находятся в другом состоянии с другой полной энергией, тогда амплитуда меняется во времени по-другому. А если вы не знаете, в каком состоянии находится атом, то появится некоторая амплитуда пребывания в одном состоянии и некоторая амплитуда пребывания в другом, и у каждой из этих амплитуд будет своя частота. Между этими двумя разными компонентами появится интерференция наподобие биений, которые могут проявиться как переменная вероятность. Внутри атома будет что-то «назревать», даже если он будет «в покое» в том смысле, что его центр масс не будет двигаться. Если же атом обладает только одной определенной энергией, то амплитуда дается формулой (5.1) и квадрат модуля амплитуды от времени не зависит. Следовательно, вы видите, что если энергия какой-то вещи определена и если вы задаете вопрос о *вероятности* чего-то в этой вещи, то ответ от времени не зависит. Хотя сами *амплитуды* от времени зависят, но если энергия *определенная*, они изменяются как мнимая экспонента и абсолютное значение (модуль) их не меняется.

Вот почему мы часто говорим, что атом на определенном энергетическом уровне находится в *стационарном состоянии*. Если вы что-то внутри него измеряете, вы обнаруживаете, что ничего (по вероятности) во времени не меняется. Чтобы вероятность менялась во времени, должна быть интерференция двух амплитуд при двух разных частотах, а это означало бы, что неизвестно, какова энергия. У предмета были бы одна амплитуда пребывания в состоянии с одной энергией и другая амплитуда пребывания в состоянии с другой энергией. Так в квантовой механике описывается что-то, если *поведение* этого «чего-то» зависит от времени.

Если имеется случай, когда смешаны два различных состояния с разными энергиями, то амплитуды каждого из двух состояний меняются со временем согласно уравнению (5.2), скажем, как

$$e^{-i(E_1/\hbar)t} \quad \text{и} \quad e^{-i(E_2/\hbar)t}. \tag{5.3}$$

И если имеется комбинация этих двух состояний, то появится интерференция. Но заметьте, что добавление к обеим энергиям одной и той же константы ничего не меняет. Если кто-то другой пользовался другой шкалой энергий, на которой все энергии сдвинуты на константу (скажем, на A), то амплитуды оказаться в этих двух состояниях, с его точки зрения, были бы

$$e^{-i(E_1+A)t/\hbar} \quad \text{и} \quad e^{-i(E_2+A)t/\hbar}. \tag{5.4}$$

Все его амплитуды оказались бы умноженными на один и тот же множитель $\exp[-i(A/\hbar)/t]$, и во все линейные комбинации, во все интерференции вошел бы тот же множитель. Вычисляя для определения вероятностей модули, он пришел бы к тем же ответам. Выбор начала отсчета на нашей шкале энергий ничего не меняет; энергию можно отсчитывать от любого нуля. В релятивистских задачах приятнее измерять энергию так, чтобы в нее входила масса покоя, но для многих других нерелятивистских целей часто лучше вычесть из всех появляющихся энергий стандартную величину. Например, в случае атома обычно бывает удобно вычесть энергию $M_s c^2$, где M_s — масса *отдельных* его частей, ядра и электронов, отличающаяся, конечно, от массы самого атома. В других задачах полезно бывает вычесть из всех энергий число $M_g c^2$, где M_g—масса всего атома *в основном* состоянии; тогда остающаяся энергия есть просто энергия возбуждения атома. Значит, порой мы имеем право сдвигать наш нуль энергии очень и очень сильно, и это все равно ничего не меняет (при условии, что все энергии в данном частном расчете сдвинуты на одно и то же число). На этом мы расстанемся с покоящимися частицами.

§ 2. Равномерное движение

Если мы предполагаем, что теория относительности верна, то частица, покоящаяся в одной инерциальной системе, в другой инерциальной системе может оказаться в равномерном движении. В системе покоя частицы амплитуда вероятности для

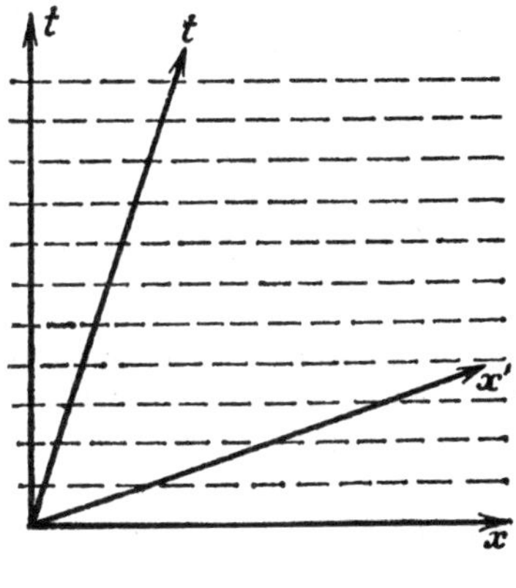

Фиг. 5.1. Релятивистское преобразование амплитуды покоящейся частицы в систему x — t.

всех x, y, и z одинакова, но зависит от t. *Величина* амплитуды всех t одинакова, а *фаза* зависит от t. Мы можем получить картину поведения амплитуды, если проведем линии равной фазы (скажем, нулевой) как функций x и t. Для частицы в покое эти линии равной фазы параллельны оси x и расположены по оси t на равных расстояниях (показано пунктирными линиями на фиг. 5.1).

В другой системе, x', y', z', t', движущейся относительно частицы, скажем, в направлении x, координаты x' и t' некоторой частной точки пространства связаны с x и t преобразованием Лоренца. Это преобразование можно изобразить графически, проведя оси x' и t', как показано на фиг. 5.1 [см. гл. 17 (вып.2), фиг. 17.2]. Вы видите, что в системе $x'—t'$ точки равной фазы* вдоль оси t' расположены на других расстояниях, так что частота временны́х изменений уже другая. Кроме того, фаза меняется и по x', т. е. амплитуда вероятности должна быть функцией x'.

При преобразовании Лоренца для скорости v, направленной, скажем, вдоль отрицательного направления x, время t связано со временем t' формулой

$$t=\frac{t'-x'v/c^2}{\sqrt{1-v^2/c^2}},$$

и теперь наша амплитуда меняется так:

$$e^{-(i/\hbar)E_0t}=e^{-(i/\hbar)\left[\left(E_0t'/\sqrt{1-v^2/c^2}\right)-\left(E_0vx'/c^2\sqrt{1-v^2/c^2}\right)\right]}.$$

В штрихованной системе она меняется в пространстве и во времени. Если амплитуду записать в виде

$$e^{-(i/\hbar)\left(E'_pt'-p'x'\right)},$$

то видно, что $E'_p=E_0/\sqrt{1-v^2/c^2}$. Это энергия, вычисленная по классическим правилам для частицы с энергией покоя E_0, движущейся со скоростью v; $p'=E'_pv/c^2$ — соответствующий импульс частицы.

Вы знаете, что $x_\mu=(t, x, y, z)$ и $p_\mu=(E, p_x, p_y, p_z)$— четырехвекторы, а $p_\mu x_\mu=Et-\mathbf{p}\cdot\mathbf{x}$ — скалярный инвариант. В системе покоя частицы $p_\mu x_\mu$ просто равно Et; значит, при преобразова-

---

* Мы предполагаем, что фазы обязаны иметь одно и то же значение в соответствующих точках в двух системах координат. Впрочем, это весьма тонкое место, поскольку в квантовой механике фаза в значительной степени произвольна. Чтобы до конца оправдать это предположение, нужны более детальные рассуждения, учитывающие интерференцию двух или нескольких амплитуд.

нии в другую систему Et следует заменить на

$$E't' - \mathbf{p}' \cdot \mathbf{x}'.$$

Итак, амплитуда вероятности для частицы, импульс которой есть $\mathbf{p}$, будет пропорциональна

$$e^{-(i/\hbar)(E_p t - \mathbf{p}\cdot\mathbf{x})}, \tag{5.5}$$

где E_p—энергия частицы с импульсом p, т. е.

$$E_p = \sqrt{(pc)^2 + E_0^2}, \tag{5.6}$$

а E_0, как и прежде,— энергия покоя. В нерелятивистских задачах можно писать

$$E_p = M_s c^2 + W_p, \tag{5.7}$$

где W_p— избыток (или нехватка) энергии по сравнению с энергией покоя $M_s c^2$ частей атома. В общем случае в W_p должны были бы войти и кинетическая энергия атома, и его энергия связи или возбуждения, которые можно назвать «внутренней» энергией. Тогда мы бы писали

$$W_p = W_{\text{внутр}} + \frac{p^2}{2M}, \tag{5.8}$$

а амплитуды имели бы вид

$$e^{-(i/\hbar)(W_p t - \mathbf{p}\cdot\mathbf{x})}. \tag{5.9}$$

Мы собираемся все расчеты вести нерелятивистски, так что именно таким видом амплитуд вероятностей мы и будем пользоваться.

Заметьте, что наше релятивистское преобразование снабдило нас формулой для изменения амплитуды атома, движущегося в пространстве, не требуя каких-либо добавочных допущений. Волновое число ее изменений в пространстве, как это следует из (5.9), равно

$$k = \frac{p}{\hbar}, \tag{5.10}$$

а, значит, длина волны

$$\lambda = \frac{2\pi}{k} = \frac{2\pi\hbar}{p}. \tag{5.11}$$

Это та самая длина волны, которую мы раньше использовали для частиц с импульсом p. Именно таким путем де-Бройль впервые пришел к этой формуле. Для движущейся частицы *частота* изменения амплитуды по-прежнему дается формулой

$$\hbar\omega = W_p. \tag{5.12}$$

Абсолютная величина (5.9) равна просто единице, так что для частицы, движущейся с *определенной энергией*, вероятность обнаружить ее где бы то ни было — одна и та же повсюду и со временем не меняется. (Важно отметить, что амплитуда — это *комплексная* волна. Если бы мы пользовались вещественной синусоидой, то ее квадрат от точки к точке менялся бы, что было бы неверно.)

Конечно, мы знаем, что бывают случаи, когда частицы движутся от одного места к другому, так что вероятность зависит от положения и изменяется со временем. Как же нужно описывать такие случаи? Это можно сделать, рассматривая амплитуды, являющиеся суперпозицией двух или большего числа амплитуд для состояний с определенной энергией. Такое положение мы уже обсуждали в гл. 48 (вып. 4), причем именно для амплитуд вероятности! Мы нашли тогда, что сумма двух амплитуд с разными волновыми числами k (т. е. импульсами) и частотами ω (т. е. энергиями) приводит к интерференционным буграм, или биениям, так что квадрат амплитуды меняется и в пространстве, и во времени. Мы нашли также, что эти биения движутся с так называемой «групповой скоростью», определяемой формулой

$$v_{\text{гр}}=\frac{\Delta\omega}{\Delta k},$$

где Δk и $\Delta\omega$ — разности волновых чисел и частот двух волн. В более сложных волнах, составленных из суммы многих амплитуд с близкими частотами, групповая скорость равна

$$v_{\text{гр}}=\frac{d\omega}{dk}. \tag{5.13}$$

Так как $\omega=E_p/\hbar$, а $k=p/\hbar$, то

$$v_{\text{гр}}=\frac{dE_p}{dp}. \tag{5.14}$$

Но из (5.6) следует, что

$$\frac{dF_p}{dp}=c^2\frac{p}{E_p}, \tag{5.15}$$

а так как $E_p=Mc^2$, то

$$\frac{dE_p}{dp}=\frac{p}{M}, \tag{5.16}$$

а это как раз классическая скорость частицы. Даже применяя нерелятивистские выражения, мы будем иметь

$$\omega=\frac{W_p}{\hbar} \quad \text{и} \quad k=\frac{p}{\hbar}$$

и

$$\frac{d\omega}{dk}=\frac{dW}{dp}=\frac{d}{dp}\left(\frac{p^2}{2M}\right)=\frac{p}{M}, \qquad (5.17)$$

т. е. опять классическую скорость.

Результат наш, следовательно, состоит в том, что если имеется несколько амплитуд для чистых энергетических состояний с почти одинаковой энергией, то их интерференция приводит к «всплескам» вероятности, которые движутся сквозь пространство со скоростью, равной скорости классической частицы с такой же энергией. Но нужно, однако, заметить, что, когда мы говорим, что можем складывать две амплитуды с разными волновыми числами, чтобы получать пакеты, отвечающие движущейся частице, мы при этом вносим нечто новое — нечто, не выводимое из теории относительности. Мы сказали, как меняется амплитуда у неподвижной частицы, и затем вывели из этого, как она должна была бы меняться, если бы частица двигалась. Но из этих рассуждений мы *не в состоянии* вывести, что́ случилось бы, если бы были *две* волны, движущиеся с разными скоростями. Если мы остановим одну из них, мы не сможем остановить другую. Так что мы втихомолку добавили *еще одну* гипотезу: кроме того, что (5.9) есть *возможное* решение, мы допускаем, что у той же системы могут быть еще решения со всевозможными p и что различные члены будут интерферировать.

§ 3. Потенциальная энергия; сохранение энергии

А теперь мы хотели бы выяснить вопрос о том, что́ бывает, когда энергия частицы может меняться. Начнем с размышления о частице, которая движется в поле сил, описываемом потенциалом. Рассмотрим сперва влияние постоянного потенциала. Пусть у нас имеется большой металлический ящик, который мы зарядили до некоторого электростатического потенциала φ (фиг. 5.2). Если внутри ящика есть заряженные объекты, то их

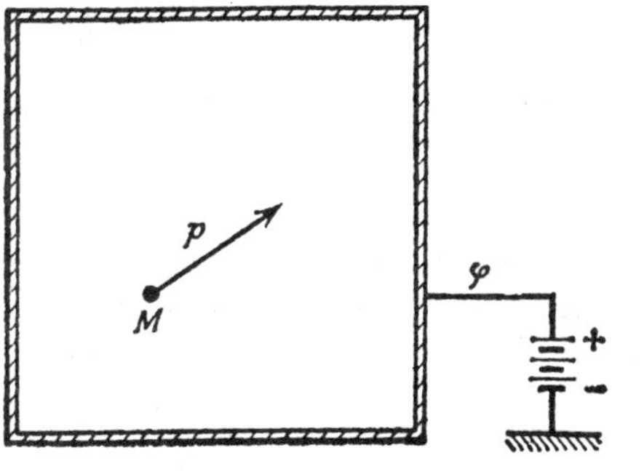

Фиг. 5.2. Частица с массой M и импульсом p в области постоянного потенциала.

потенциальная энергия будет равна $q\varphi$; мы обозначим это число буквой V. Оно по условию совершенно не зависит от положения самого объекта. От наложения потенциала никаких физических изменений внутри ящика не произойдет, ведь постоянный потенциал ничего не меняет в том, что происходит внутри ящика. Значит, закон, по которому теперь будет меняться амплитуда, вывести никак нельзя. Можно только догадаться. Вот он, правильный ответ — он выглядит примерно так, как и следовало ожидать: вместо энергии нужно поставить сумму потенциальной энергии V и энергии E_p, которая сама есть сумма внутренней и кинетической энергий. Амплитуда тогда будет пропорциональна

$$e^{-(i/\hbar)[(E_p+V)t-\mathbf{p}\cdot\mathbf{x}]}. \tag{5.18}$$

Общий принцип состоит в том, что коэффициент при t, который можно было бы назвать ω, всегда дается *полной энергией* системы: внутренней энергией («энергией массы») плюс кинетическая энергия плюс потенциальная энергия:

$$\hbar\omega = E_p + V. \tag{5.19}$$

Или в нерелятивистском случае

$$\hbar\omega = W_{\text{внутр}} + \frac{p^2}{2M} + V. \tag{5.20}$$

Ну, а что можно сказать о физических явлениях внутри ящика? Если физическое состояние не одно, а несколько, то что мы получим? В амплитуду каждого состояния войдет один и тот же добавочный множитель

$$e^{-(i/\hbar)Vt}$$

сверх того, что было при $V=0$. Это ничем не отличается от сдвига нуля нашей энергетической шкалы. Получится одинаковый сдвиг всех фаз всех амплитуд, а это, как мы раньше убедились, не меняет никаких вероятностей. Все физические явления остаются теми же. (Мы предположили, что речь идет о разных состояниях одного и того же заряженного объекта, так что $q\varphi$ у них у всех одинаково. Если бы объект мог менять свой заряд, переходя от одного состояния к другому, то мы пришли бы к совершенно другому результату, но сохранение заряда предохраняет нас от этого.)

До сих пор наше допущение согласовывалось с тем, чего следовало ожидать от простого изменения уровня отсчета энергии. Но если оно на самом деле справедливо, то обязано выполняться и для потенциальной энергии, которая не является просто постоянной. В общем случае V может меняться произвольным образом и во времени, и в пространстве, и окончательный результат для амплитуды должен выражаться на языке

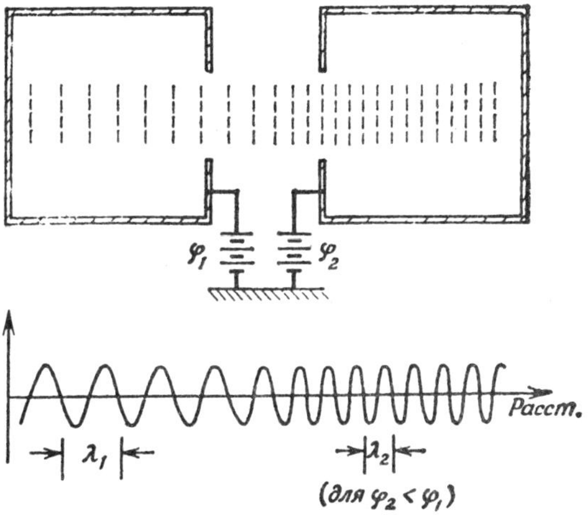

Фиг. 5.3. Амплитуда для частицы, переходящей от одного потенциала к другому.

дифференциальных уравнений. Но мы не хотим сразу приступать к общему случаю, а ограничимся некоторым представлением о том, что́ происходит. Так что пока мы рассмотрим только потенциал, который постоянен во времени и медленно меняется в пространстве. Тогда мы сможем сравнить между собой классические и квантовые представления.

Предположим, что мы размышляем о случае, изображенном на фиг. 5.3, где два ящика поддерживаются при постоянных потенциалах φ_1 и φ_2, а в области между ними потенциал плавно меняется от φ_1 к φ_2. Вообразим, что у некоторой частицы есть амплитуда оказаться в одной из этих областей. Допустим также, что импульс достаточно велик, так что в любой малой области, в которой помещается много длин волн, потенциал почти постоянен. Тогда мы вправе считать, что в любой части пространства амплитуда обязана выглядеть так, как (5.18), только V в каждой части пространства будет свое.

Рассмотрим частный случай, когда $\varphi_1=0$, так что потенциальная энергия в первом ящике равна нулю, во втором же пусть $q\varphi_2$ будет отрицательно, так что классически частица в нем будет обладать большей кинетической энергией. В классическом смысле она во втором ящике будет двигаться быстрее, у нее будет, стало быть, и больший импульс. Посмотрим, как это может получиться из квантовой механики.

При наших предположениях амплитуда в первом ящике должна была быть пропорциональна

$$e^{-(i/\hbar)\left[(W_{\text{внутр}}+p_1^2/2M+V_1)\,t-\mathbf{p}_1\cdot\mathbf{x}\right]}, \qquad (5.21)$$

а во втором

$$e^{-(i/\hbar)\left[\left(W_{\text{внутр}}+p_2^2/2M+V_2\right)t-\mathbf{p}_2\cdot\mathbf{x}\right]}. \qquad (5.22)$$

(Будем считать, что внутренняя энергия не изменяется, а остается в обеих областях одной и той же.) Вопрос заключается в следующем: как эти две амплитуды сопрягаются друг с другом в области между ящиками?

Мы будем считать, что все потенциалы во времени постоянны, так что в условиях ничего не меняется. Затем мы предположим, что изменения амплитуды (т. е. ее фазы) всюду обладают одной и той же *частотой*, потому что в «среде» между ящиками нет, так сказать, ничего, что́ бы зависело от времени. Если в пространстве ничего не меняется, то можно считать, что волна в одной области «генерирует» во всем пространстве вспомогательные волны, которые все колеблются с одинаковой частотой и, подобно световым волнам, проходящим через покоящееся вещество, не меняют своей частоты. Если частоты в (5.21) и (5.22) одинаковы, то должно выполняться равенство

$$W_{\text{внутр}}+\frac{p_1^2}{2M}+V_1=W_{\text{внутр}}+\frac{p_2^2}{2M}+V_2. \qquad (5.23)$$

Здесь по обе стороны стоят просто классические полные энергии, так что (5.23) есть утверждение о сохранении энергии. Иными словами, классическое утверждение о сохранении энергии вполне равноценно квантовомеханическому утверждению о том, что частоты у частицы всюду одинаковы, если условия во времени не меняются. Все это согласуется с представлением о том, что $\hbar\omega=E$.

В том частном случае, когда $V_1=0$, а V_2 отрицательно, (5.23) означает, что p_2 больше p_1, т. е. в области 2 волны короче. Поверхности равной фазы показаны на фиг. 5.3 пунктиром. Там еще вычерчен график вещественной части амплитуды, из которого тоже видно, как уменьшается длина волны при переходе от области 1 в область 2. Групповая скорость волн, равная p/M, тоже возрастает так, как и следовало ожидать из классического сохранения энергии, потому что оно просто совпадает с (5.23).

Существует интересный частный случай, когда V_2 становится столь большим, что V_2-V_1 уже превышает $p_1^2/2M$. Тогда p_2^2, даваемое формулой

$$p_2^2=2M\left(\frac{p_1^2}{2M}-V_2+V_1\right), \qquad (5.24)$$

становится *отрицательным*. А это значит, что p_2— мнимое число, скажем ip'. Классически мы бы сказали, что частица

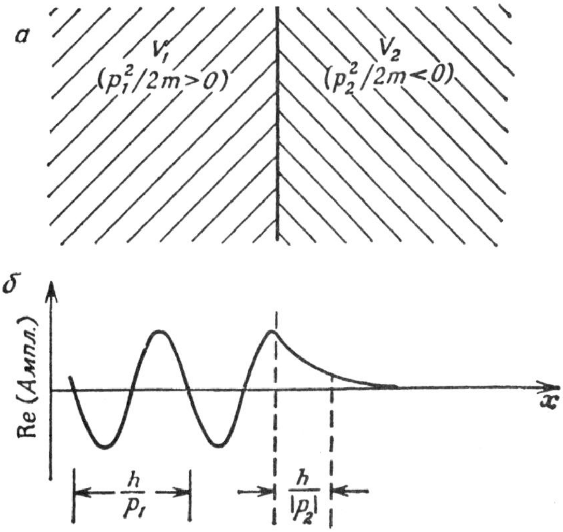

Фиг. 5.4. Амплитуда для частицы, приближающейся к сильно отталкивающему потенциалу.

никогда не попадет в область 2, ей не хватит энергии, чтобы взобраться на потенциальный холм. Однако в квантовой механике амплитуда по-прежнему представляется уравнением (5.22); ее изменения в пространстве по-прежнему следуют закону

$$e^{(i/\hbar)\mathbf{p}_2\cdot\mathbf{x}}.$$

Но раз p_2— мнимое число, то пространственная зависимость превращается в вещественную экспоненту. Если, скажем, частица сперва двигалась в направлении $+x$, то амплитуда начнет меняться, как

$$e^{-p'x/\hbar}. \tag{5.25}$$

С ростом x она быстро падает.

Вообразим, что обе области с разными потенциалами расположены очень тесно друг к другу, так что потенциальная энергия внезапно изменяется от V_1 к V_2 (фиг. 5.4, *а*). Начертив график вещественной части амплитуды вероятности, мы получим зависимость, показанную на фиг. 5.4, *б*. Волна в области 1 отвечает частице, пытающейся попасть в область 2, но там амплитуда быстро спадает. Имеется какой-то шанс, что ее заметят в области 2, где классически она *ни за что бы* не оказалась, но амплитуда этого очень мала (кроме места близ самой границы). Положение вещей очень похоже на то, что мы обнаружили для полного внутреннего отражения света. Обычно свет не выходит, но его можно все же заметить, если поставить что-нибудь на расстоянии в одну-две длины волны от поверхности.

Вспомните, что если поместить вторую поверхность вплотную к границе, где свет полностью отражался, то можно добиться того, чтобы во втором куске вещества все же распространялся какой-то свет. То же самое происходит и с частицами в квантовой механике. Если имеется узкая область с таким высоким потенциалом V, что классическая кинетическая энергия там отрицательна, то частица никогда не пройдет сквозь нее. Но в квантовой механике экспоненциально убывающая амплитуда может пробиться сквозь эту область и дать слабую вероятность того, что частицу обнаружат по другую сторону — там, где кинетическая энергия опять положительна. Все это изображено на фиг. 5.5. Эффект называется квантовомеханическим «проникновением сквозь барьер».

Проникновение квантовомеханической амплитуды сквозь барьер дает объяснение (или описание) α-распада ядра урана. Кривая зависимости потенциальной энергии α-частицы от расстояния от центра показана на фиг. 5.6 *а*. Если бы попытаться выстрелить α-частицей с энергией E *в ядро*, то она почувствовала бы электростатическое отталкивание от ядерного заряда z и по классическим канонам не подошла бы к ядру ближе, чем на такое расстояние r_1, при котором ее полная энергия сравняется с потенциальной V. Но где-то внутри ядра потенциальная энергия окажется намного ниже из-за сильного притяжения коротко-

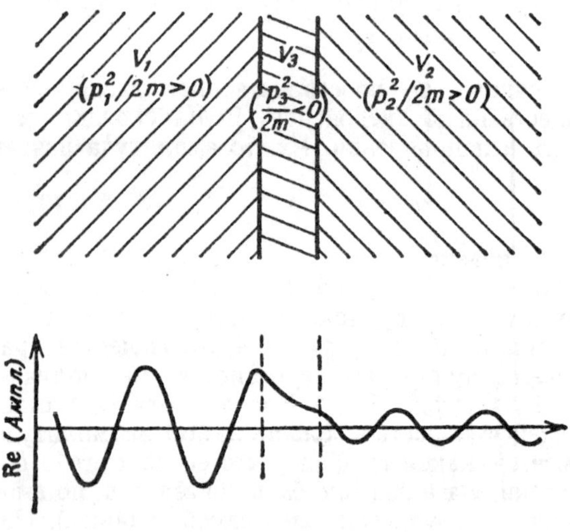

Фиг. 5.5. Проникновение амплитуды сквозь потенциальный барьер.

действующих ядерных сил. Как же тогда объяснить, отчего при радиоактивном распаде мы обнаруживаем α-частицы, которые, первоначально находясь внутри ядра, оказываются затем снаружи его с энергией E? Потому что они, с самого начала обладая энергией E, «просочились» сквозь потенциальный барьер. Схематичный набросок амплитуды вероятности дан на фиг. 5.6, *б*, хотя на самом деле экспоненциальный спад много сильнее, чем показано. Весьма примечательно, что среднее время жизни α-частицы в ядре урана достигает $4^1/_2$ миллиарда лет, тогда как естественные колебания внутри ядра чрезвычайно быстры, их в секунду бывает 10^{22}! Как же можно из 10^{-22} *сек* получить число порядка 10^9 лет? Ответ состоит в том, что экспонента дает неслыханно малый множитель порядка 10^{-45}, что и приводит к очень малой, хоть и вполне определенной, вероятности просачивания. Если уж α-частица попала в ядро, то почти нет никакой амплитуды обнаружить ее не в ядре; если, однако, взять таких ядер побольше и подождать подольше, то вам, может быть, повезет и вы увидите, как частица выскочит наружу.

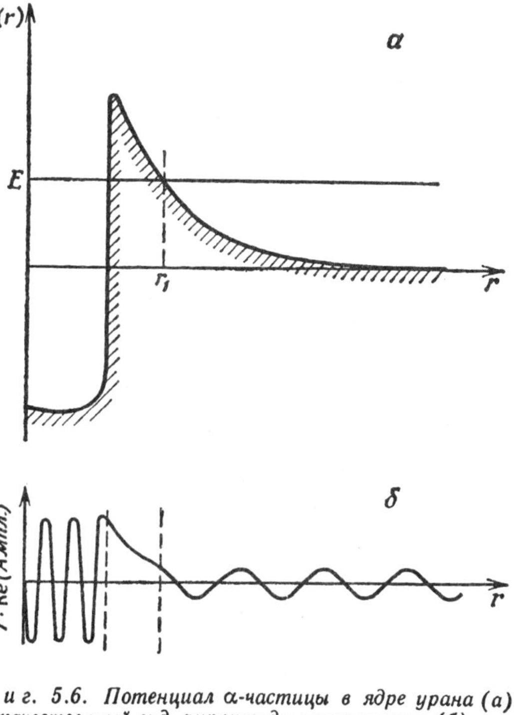

Фиг. 5.6. Потенциал α-частицы в ядре урана (а) и качественный вид амплитуды вероятности (б).

§ 4. Силы; классический предел

Предположим, что частица движется сквозь область, где есть потенциал, меняющийся поперек движения. Классически мы бы описали этот случай так, как показано на фиг. 5.7. Если частица движется в направлении x и вступает в область, где имеется потенциал, изменяющийся вдоль y, то частица получит поперечное ускорение от силы $F=-dV/dy$. Если сила присутствует только в ограниченной области шириной w, то она будет действовать только в течение времени w/v. Частица получит поперечный импульс

$$p_y = F\frac{w}{v}.$$

Тогда угол отклонения $\delta\theta$ будет равен

$$\delta\theta = \frac{p_y}{p} = \frac{Fw}{pv},$$

где p — начальный импульс. Подставляя вместо F число $-\partial V/\partial y$, получаем

$$\delta\theta = -\frac{w}{pv}\frac{\partial V}{\partial y}. \tag{5.26}$$

Теперь нам предстоит выяснить, удастся ли получить этот результат с помощью представления о том, что волны подчиняются уравнению (5.20). Мы рассмотрим то же самое явление квантовомеханически, предполагая, что все масштабы в нем намного превосходят длины волн наших амплитуд вероятности. В любой маленькой области можно считать, что амплитуда меняется как

$$e^{-(i/\hbar)[(W+p^2/2M+V)\,t-\mathbf{p}\cdot\mathbf{x}]}. \tag{5.27}$$

В состоянии ли мы увидеть, как отсюда получится отклонение частиц, когда у V будет поперечный градиент? На фиг. 5.8 мы прикинули, как будут выглядеть волны амплитуды вероятности. Мы начертили ряд «узлов волн», которые вы можете считать, скажем, поверхностями, где фаза амплитуды равна нулю.

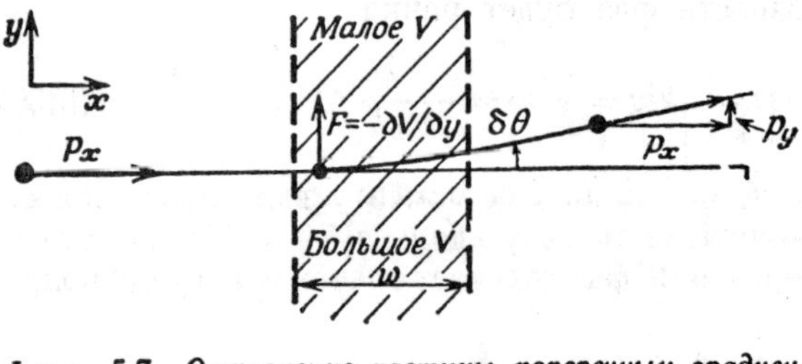

Фиг. 5.7. Отклонение частицы поперечным градиентом потенциала.

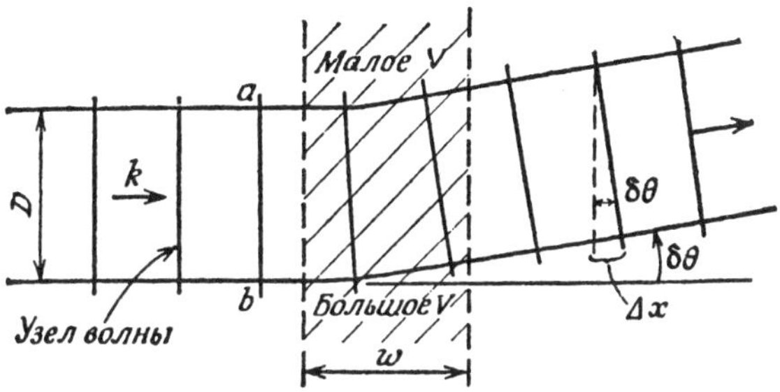

Фиг. 5.8. Амплитуда вероятности в области с поперечным градиентом потенциала.

В любой небольшой области длина волны (расстояние между соседними узлами) равна

$$\lambda = \frac{2\pi\hbar}{p},$$

где p связано с V формулой

$$W + \frac{p^2}{2M} + V = \text{const}. \qquad (5.28)$$

В области, где V больше, там p меньше, а волны длиннее. Поэтому направление линий узлов волн постепенно меняется, как показано на рисунке.

Чтобы найти изменение наклона линий узлов волн, заметим, что на двух путях a и b имеется разность потенциалов $\Delta V = (\partial V/\partial y)\,D$, а значит, и разница Δp между импульсами. Эту разность можно получить из (5.28):

$$\Delta\left(\frac{p^2}{2M}\right) = \frac{p}{M}\,\Delta p = -\,\Delta V. \qquad (5.29)$$

Волновое число $p/\hbar$ поэтому тоже на разных путях различно, что означает, что фазы растут вдоль них с разной скоростью. Разница в скорости роста фазы есть $\Delta k = \Delta p/\hbar$, и накопленная на всем пути w разность фаз будет равна

$$\Delta\,(\text{фаз}) = \Delta k w = \frac{\Delta p}{\hbar}\,w = -\,\frac{M}{p\hbar}\,\Delta V w. \qquad (5.30)$$

Это число показывает, на сколько к моменту выхода из полосы фаза вдоль пути b «опережает» фазу вдоль пути a. Но на выходе из полосы такое опережение фаз отвечает опережению узла волны на величину

$$\Delta x = \frac{\lambda}{2\pi}\,\Delta\,(\text{фаз}) = \frac{\hbar}{p}\,\Delta\,(\text{фаз}),$$

или

$$\Delta x = -\frac{M}{p^2}\Delta V w. \qquad (5.31)$$

Обращаясь к фиг. 5.8, мы видим, что новый фронт волны повернется на угол $\delta\theta$, даваемый формулой

$$\Delta x = D\delta\theta, \qquad (5.32)$$

так что мы имеем

$$D\delta\theta = -\frac{M}{p^2}\Delta V w. \qquad (5.33)$$

А это совпадает с (5.26), если заменить p/M на v, а $\Delta V/D$ на $\partial V/\partial y$.

Результат, который мы только что получили, верен лишь, когда потенциал меняется медленно и плавно — в так называемом *классическом пределе*. Мы показали, что при этих условиях получим те же движения частиц, что получились бы и из $\mathbf{F}=m\mathbf{a}$, если предположить, что потенциал дает вклад в фазу амплитуды вероятности, равный $Vt/\hbar$. *В классическом пределе квантовая механика оказывается в согласии с ньютоновской механикой.*

§ 5. «Прецессия» частицы со спином ½

Заметьте, что мы не предполагали, что потенциальная энергия у нас какая-то особая, это просто энергия, производная от которой дает силу. Например, в опыте Штерна — Герлаха энергия имела вид $U=-\boldsymbol{\mu}\cdot\mathbf{B}$; отсюда при наличии у $\mathbf{B}$ пространственной вариации и получалась сила. Если бы нам нужно было квантовомеханическое описание опыта, мы должны были бы сказать, что у частиц в одном пучке энергия меняется в одну сторону, а в другом пучке — в обратную сторону. (Магнитную энергию U можно было бы вставить либо в потенциальную энергию V, либо во «внутреннюю» энергию W; куда именно, совершенно неважно.) Из-за вариаций энергии вóлны преломляются, пучки искривляются вверх или вниз. (Мы теперь знаем, что квантовая механика предсказывает то же самое искривление, которое следует и из расчета по классической механике.)

Из зависимости амплитуды от потенциальной энергии также следует, что у частицы, сидящей в однородном магнитном поле, направленном по оси z, амплитуда вероятности обязана меняться во времени по закону

$$e^{-(i/\hbar)(-\mu_z B)t}.$$

(Можно считать это просто определением μ_z.) Иначе говоря, если поместить частицу в однородное поле B на время τ, то ее амплитуда вероятности умножится на

$$e^{-(i/\hbar)(-\mu_z B)\tau}$$

сверх того, что было бы без поля. Поскольку у частицы со спином $^1/_2$ величина μ_z может быть равна плюс или минус какому-то числу, скажем μ, то у двух мыслимых состояний в однородном поле фазы будут меняться с одинаковой скоростью в противоположные стороны. Амплитуды помножатся на

$$e^{\pm (i/\hbar)\mu B\tau}. \tag{5.34}$$

Этот результат приводит к интересным следствиям. Пусть частица со спином $^1/_2$ находится в каком-то состоянии, которое не есть ни чистое состояние со спином вверх, ни чистое состояние со спином вниз. Его можно описать через амплитуды пребывания в этих двух состояниях. Но в магнитном поле у этих двух состояний фазы начнут меняться с разной скоростью. И если мы поставим какой-нибудь вопрос насчет амплитуд, то ответ будет зависеть от того, сколько времени частица провела в этом поле.

В виде примера рассмотрим распад мюона в магнитном поле. Когда мюоны возникают в результате распада π-мезонов, они оказываются поляризованными (иными словами, у них есть предпочтительное направление спина). Мюоны в свою очередь распадаются (в среднем через 2,2 *мксек*), испуская электрон и пару нейтрино:

$$\mu^- \longrightarrow e + \nu + \bar{\nu}.$$

При этом распаде оказывается, что (по крайней мере при высоких энергиях) электроны испускаются преимущественно в направлении, противоположном направлению спина мюона.

Допустим затем, что имеется экспериментальное устройство (фиг. 5.9): поляризованные мюоны входят слева и в блоке вещества A останавливаются, а чуть позже распадаются. Испускаемые электроны выходят, вообще говоря, во всех мыслимых направлениях. Представим, однако, что все мюоны будут входить в тормозящий блок A так, что их спины будут повернуты в направлении x. Без магнитного поля там наблюдалось бы какое-то угловое распределение направлений распада; мы же хотим знать, как изменилось бы это распределение при наличии магнитного поля. Можно ожидать, что оно как-то будет меняться со временем. То, что получится, можно узнать, спросив, какой будет в каждый момент амплитуда того, что мюон обнаружится в состоянии $(+x)$.

Эту задачу можно сформулировать следующим образом: пусть известно, что в момент $t=0$ спин мюона направлен по $+x$; какова амплитуда того, что в момент τ он окажется в том же состоянии? И хотя мы не знаем правил поведения частицы

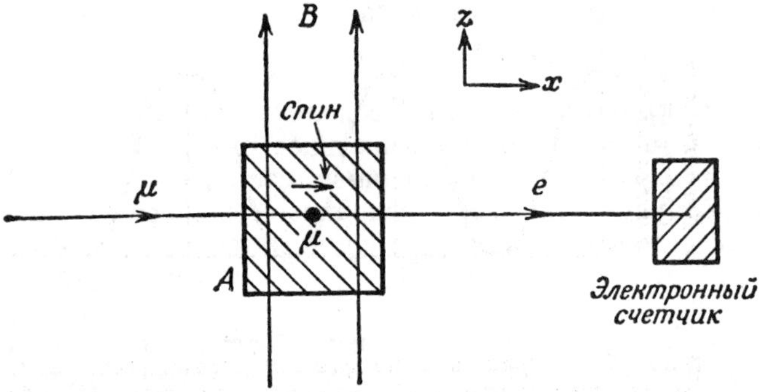

Фиг. 5.9. Опыт с распадом мюона.

со спином $^1/_2$ в магнитном поле, перпендикулярном к спину, но зато мы знаем, чтó бывает с состояниями, когда спины направлены вверх или вниз по полю,— тогда их амплитуды умножаются на выражение (5.34). Наша процедура тогда будет состоять в том, чтобы выбрать представление, в котором базисные состояния — это направления спином вверх или спином вниз относительно z (относительно направления поля). И любой вопрос тогда сможет быть выражен через амплитуды этих состояний.

Пусть $|\psi(t)\rangle$ представляет состояние мюона. Когда он входит в блок A, его состояние есть $|\psi(0)\rangle$, а мы хотим знать $|\psi(\tau)\rangle$ в более позднее время τ. Если два базисных состояния обозначить $(+z)$ и $(-z)$, то нам известны амплитуды $\langle +z|\psi(0)\rangle$ и $\langle -z|\psi(0)\rangle$ — они известны потому, что мы знаем, что $|\psi(0)\rangle$ представляет собой состояние со спином в направлении $(+x)$. Из предыдущей главы следует, что эти амплитуды равны *

$$\langle +z\,|+x\rangle = C_+ = \frac{1}{\sqrt{2}}$$

и (5.35)

$$\langle -z\,|+x\rangle = C_- = \frac{1}{\sqrt{2}}.$$

Они оказываются одинаковыми. Раз они относятся к положению при $t=0$, обозначим их $C_+(0)$ и $C_-(0)$.

---

* Если вы пропустили гл. 4, то можете пока просто считать (5.35) невыведенным правилом. Позже, в гл. 8, мы разберем прецессию спина подробнее, будут получены и эти амплитуды.

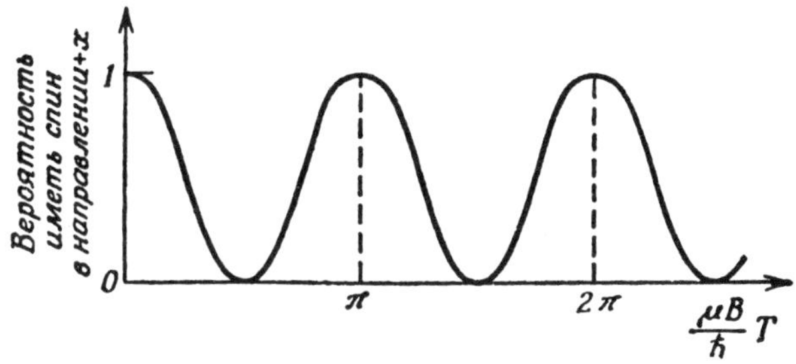

Фиг. 5.10. Временнáя зависимость вероятности того, что частица со спином $^1/_2$ окажется в состоянии (+) по отношению к оси x.

Далее, мы знаем, что́ из этих двух амплитуд получится со временем. Из (5.34) следует

$$C_+(t)=C_+(0)\,e^{-(i/\hbar)\,\mu Bt}$$

и (5.36)

$$C_-(t)=C_-(0)\,e^{+(i/\hbar)\,\mu Bt}.$$

Но если нам известны $C_+(t)$ и $C_-(t)$, то у нас есть все, чтобы знать условия в момент t. Надо преодолеть только еще одно затруднение: нужна-то нам вероятность того, что спин (в момент t) окажется направленным по $+x$. Но наши общие правила учитывают и эту задачу. Мы пишем, что амплитуда пребывания в состоянии $(+x)$ в момент t [обозначим ее $A_+(t)$] есть

$$A_+(t)=\langle +x\,|\,\psi(t)\rangle=$$
$$=\langle +x\,|+z\rangle\langle +z\,|\,\psi(t)\rangle+\langle +x\,|-z\rangle\langle -z\,|\,\psi(t)\rangle,$$

или

$$A_+(t)=\langle +x\,|+z\rangle C_+(t)+\langle +x\,|-z\rangle C_-(t). \qquad (5.37)$$

Опять пользуясь результатом последней главы (или лучше равенством $\langle\psi|\chi\rangle=\langle\chi|\varphi\rangle^*$ из гл. 3), мы пишем

$$\langle +x\,|+z\rangle=\frac{1}{\sqrt{2}},\qquad \langle +x\,|-z\rangle=\frac{1}{\sqrt{2}}.$$

Итак, в (5.37) все известно. Мы получаем

$$A_+(t)=\frac{1}{2}e^{(i/\hbar)\,\mu Bt}+\frac{1}{2}e^{-(i/\hbar)\,\mu Bt},$$

или

$$A_+(t)=\cos\frac{\mu B}{\hbar}t.$$

Поразительно простой результат! Заметьте: ответ согласуется с тем, что ожидалось при $t=0$. Мы получаем $A_+(0)=1$, и это вполне правильно, потому что сперва и было предположено, что при $t=0$ мюон был в состоянии $(+x)$.

Вероятность P_+ того, что мюон окажется в состоянии $(+x)$ в момент t, есть $(A_+)^2$, т. е.

$$P_+=\cos^2\frac{\mu Bt}{\hbar}.$$

Вероятность колеблется от нуля до единицы, как показано на фиг. 5.10. Заметьте, что вероятность возвращается к единице при $\mu Bt/\hbar=\pi$ (*а не при* 2π). Из-за того что косинус возведен в квадрат, вероятность повторяется с частотой $2\mu B/\hbar$.

Итак, мы обнаружили, что шанс поймать в электронном счетчике, показанном на фиг. 5.9, распадный электрон периодически меняется с величиной интервала времени, в течение которого мюон сидел в магнитном поле. Частота зависит от магнитного момента μ. Именно таким образом и был на самом деле измерен магнитный момент мюона.

Тем же методом, конечно, можно воспользоваться, чтобы ответить на другие вопросы, касающиеся распада мюона. Например, как зависит от времени t шанс заметить распадный электрон в направлении y, под 90° к направлению x, но по-прежнему под прямым углом к полю? Если вы решите эту задачу, то увидите, что вероятность оказаться в состоянии $(+y)$ меняется как $\cos^2\{(\mu Bt/\hbar)-(\pi/4)\}$; она колеблется с тем же периодом, но достигает максимума на четверть цикла позже, когда $\mu Bt/\hbar=\pi/4$. На самом-то деле происходит вот что: с течением времени мюон проходит через последовательность состояний, отвечающих полной поляризации в направлении, которое непрерывно вращается вокруг оси z. Это можно описать, говоря, что *спин прецессирует* с частотой

$$\psi_p=\frac{2\mu B}{\hbar}. \tag{5.38}$$

Вам должно становиться понятно, в какую форму выливается квантовомеханическое описание, когда мы описываем поведение чего-либо во времени.

Глава 6

ГАМИЛЬТОНОВА МАТРИЦА

Повторить: гл. 49 (вып. 4) «Собственные колебания»

§ 1. Амплитуды и векторы

Прежде чем приступить к основной теме этой главы, мы хотели бы изложить несколько математических идей, которые часто встречаются в книгах по квантовой механике. Знание их облегчит вам чтение других книг или статей по этому предмету. Первая идея — это тесное математическое подобие между уравнениями квантовой механики и формулами для скалярного произведения двух векторов. Вы помните, что если χ и φ — два состояния, то амплитуда начать в φ и кончить в χ может быть записана в виде суммы (по полной совокупности базисных состояний) амплитуд перехода из φ в одно из базисных состояний и затем из этого базисного состояния уже в χ:

$$\langle\chi\,|\,\varphi\rangle = \sum_{\text{Все } i} \langle\chi\,|\,i\rangle\langle i\,|\,\varphi\rangle. \qquad (6.1)$$

Мы объясняли это при помощи прибора Штерна — Герлаха, но сейчас напоминаем вам, что в этих приборах нет нужды. Уравнение (6.1) — это математический закон, который верен всегда, все равно, есть ли у нас фильтровальное оборудование или нет; вообще совсем не обязательно воображать наличие какого-то прибора. Можно рассматривать это просто как формулу для амплитуды $\langle\chi|\varphi\rangle$.

Сопоставим (6.1) с формулой для скалярного произведения двух векторов **B** и **A**. Если **B** и **A** — обычные трехмерные векторы, то скалярное произведение можно написать так:

$$\sum_{\text{Все } i} (\mathbf{B}\cdot\mathbf{e}_i)(\mathbf{e}_i\cdot\mathbf{A}), \qquad (6.2)$$

считая, что символ $\mathbf{e}_i$ обозначает любой из трех единичных векторов в направлениях x,

y и z. Тогда $\mathbf{B}\cdot\mathbf{e}_1$— это то, что обычно называют B_x, а $\mathbf{B}\cdot\mathbf{e}_2$— то, что обычно называют B_y, и т. д. Значит, (6.2) эквивалентно

$$B_xA_x+B_yA_y+B_zA_z,$$

а это и есть скалярное произведение $\mathbf{B}\cdot\mathbf{A}$.

Сравнение (6.1) с (6.2) обнаруживает следующую аналогию. Состояния χ и φ соответствуют двум векторам $\mathbf{A}$ и $\mathbf{B}$. Базисные состояния i отвечают специальным векторам $\mathbf{e}_i$, к которым мы относим все прочие векторы. Любой вектор может быть представлен как линейная комбинация трех «базисных векторов» $\mathbf{e}_i$. Далее, если вам известны коэффициенты при каждом «базисном векторе» в этой комбинации, т. е. три его компоненты, то вы знаете о векторе все. Точно так же любое квантовомеханическое состояние может быть полностью описано амплитудами $\langle i|\varphi\rangle$ перехода в базисные состояния, и если эти коэффициенты вам известны, то вы знаете все, что можно знать о состоянии. Из-за этой тесной аналогии то, что мы назвали «состоянием», часто именуют «вектором состояния».

Раз базисные векторы $\mathbf{e}_i$ перпендикулярны друг другу, то существует соотношение

$$\mathbf{e}_i\cdot\mathbf{e}_j=\delta_{ij}. \tag{6.3}$$

Это соответствует соотношению (3.25) между базисными состояниями i

$$\langle i\,|\,j\rangle=\delta_{ij}. \tag{6.4}$$

Теперь вы понимаете, почему говорят, что базисные состояния i все «ортогональны друг другу».

Между (6.1) и скалярным произведением есть одно минимальное различие. У нас

$$\langle\varphi\,|\,\chi\rangle=\langle\chi\,|\,\varphi\rangle^*, \tag{6.5}$$

а в векторной алгебре

$$\mathbf{A}\cdot\mathbf{B}=\mathbf{B}\cdot\mathbf{A}.$$

В квантовой механике с ее комплексными числами мы обязаны выдерживать порядок множителей, а в скалярном произведении порядок неважен.

Теперь рассмотрим такое векторное уравнение:

$$\mathbf{A}=\sum_i\mathbf{e}_i\,(\mathbf{e}_i\cdot\mathbf{A}); \tag{6.6}$$

оно немножко необычно, но тем не менее верно. И означает оно то же самое, что и

$$\mathbf{A}=\sum_i A_i\mathbf{e}_i=A_x\mathbf{e}_x+A_y\mathbf{e}_y+A_z\mathbf{e}_z. \tag{6.7}$$

Заметьте, однако, что в (6.6) входит величина, *отличная* от скалярного произведения. Скалярное произведение — это просто *число*, а (6.6) — *векторное* уравнение. Одним из великих приемов векторного анализа было абстрагировать от уравнений идею самого *вектора*. Равным образом можно попытаться абстрагировать от уравнения (6.1) то, что в квантовой механике является аналогом «вектора». И это действительно можно сделать. Уберем $\langle\chi|$ по обе стороны (6.1) и напишем такое уравнение (не пугайтесь — это просто обозначение, и через пару минут вы узнаете, что означают эти символы):

$$|\varphi\rangle=\sum_i |i\rangle\langle i|\varphi\rangle. \tag{6.8}$$

Скобку $\langle\chi|\varphi\rangle$ представляют себе состоящей из двух половинок. Вторую половинку $|\varphi\rangle$ называют *кет*, а первую $\langle\chi|$ называют *брэ* (поставленные рядом они образуют брэ-кет≡bracket, скоб-ка≡скобка — обозначение, предложенное Дираком); полусимволы $\langle\chi|$ и $|\varphi\rangle$ также называют *векторами состояний*. Это не числа отнюдь, а нам вообще-то нужно, чтобы результаты наших расчетов выражались числами; стало быть, такие «незаконченные» величины представляют собой промежуточные шаги в расчетах.

До сих пор мы все свои результаты выражали с помощью чисел. Как же мы умудрялись избегать векторов? Забавно, что даже в обычной векторной алгебре *можно сделать* так, чтобы во все уравнения входили только числа. Например, вместо векторного уравнения типа

$$\mathbf{F}=m\mathbf{a}$$

всегда можно написать

$$\mathbf{C}\cdot\mathbf{F}=\mathbf{C}\cdot(m\mathbf{a}).$$

Получается уравнение, связывающее скалярные произведения и справедливое для *любого* вектора **C**. Но если оно верно для любого **C**, то едва ли имеет смысл вообще писать это **C**!

Теперь вернемся к (6.1). Это уравнение справедливо при *любых* χ. Значит, для сокращения письма мы должны просто *убрать* χ и написать вместо (6.1) уравнение (6.8). Это уравнение снабдит нас той же самой информацией, *лишь бы* мы понимали, что его всегда надлежит «завершить», «умножив слева на...», т. е. просто дописав некоторое $\langle\chi|$ по обе стороны знака равенства. Следовательно, (6.8) означает в точности то же, что и (6.1),— ни более ни менее. Если вы предпочитаете числа, вы подставляете то $\langle\chi|$, которое вам нужно.

Может быть, вы в уравнении (6.8) уже нацелились и на φ? Раз (6.8) справедливо при *любом* φ, зачем же нам *его* держать? И действительно, Дирак предлагает абстрагироваться и от φ, так что остается только

$$| = \sum_i | i\rangle\langle i |. \qquad (6.9)$$

Вот он каков — великий закон квантовой механики! Этот закон утверждает, что если вы вставите любые два состояния χ и φ с обеих сторон, слева и справа, то опять *вернетесь* к (6.1). Уравнение (6.9) вообще-то не очень полезно, но зато является неплохим напоминанием о том, что уравнение выполняется для любых двух состояний.

§ 2. Разложение векторов состояний

Посмотрим на уравнение (6.8) еще раз; его можно рассматривать следующим образом. Любой вектор состояния $|\varphi\rangle$ может быть представлен в виде линейной комбинации совокупности базисных «векторов» с подходящими коэффициентами, или, если угодно, в виде суперпозиции «единичных векторов» в подходящих пропорциях. Чтобы подчеркнуть, что коэффициенты $\langle i|\varphi\rangle$ — это просто обычные (комплексные) числа, напишем

$$\langle i|\varphi\rangle = C_i.$$

Тогда (6.8) совпадает с

$$|\varphi\rangle = \sum_i |i\rangle C_i. \qquad (6.10)$$

Такое же уравнение можно написать и для всякого другого вектора состояния, скажем для $|\chi\rangle$, но, конечно, с другими коэффициентами, скажем с D_i. Тогда будем иметь

$$|\chi\rangle = \sum_i |i\rangle D_i, \qquad (6.11)$$

где D_i— это просто амплитуды $\langle i|\chi\rangle$.

Представим, что мы начали бы с того, что в (6.1) абстрагировались бы от φ. Тогда мы бы имели

$$\langle\chi| = \sum_i \langle\chi|i\rangle\langle i|. \qquad (6.12)$$

Вспоминая, что $\langle\chi|i\rangle = \langle i|\chi\rangle^*$, можно записать это в виде

$$\langle\chi| = \sum_i D_i^* \langle i|. \qquad (6.13)$$

А теперь интересно вот что: чтобы обратно получить $\langle\chi|\varphi\rangle$, можно просто *перемножить* (6.13) и (6.10). Только, делая это, надо быть внимательным к индексам суммирования, потому что они в разных уравнениях разные. Перепишем сперва (6.13):

$$\langle\chi| = \sum_j D_j^* \langle j|.$$

Это ничего не меняет. Объединяя с (6.10), получаем

$$\langle\chi|\varphi\rangle = \sum_{ij} D_j^* \langle j|i\rangle C_i. \tag{6.14}$$

Вспомните, однако, что $\langle j|i\rangle = \delta_{ij}$, так что в сумме останутся только члены с $j=i$. Выйдет

$$\langle\chi|\varphi\rangle = \sum_i D_i^* C_i, \tag{6.15}$$

где, как вы помните, $D_i^* = \langle i|\chi\rangle^* = \langle\chi|i\rangle$, а $C_i = \langle i|\varphi\rangle$. Опять мы являемся свидетелями тесной аналогии со скалярным произведением

$$\mathbf{A}\cdot\mathbf{B} = \sum_i A_i B_i.$$

Единственная разница — что D_i нужно комплексно сопрягать. Значит, (6.15) утверждает, что если разложить векторы состояний $\langle\chi|$ и $|\varphi\rangle$ по базисным векторам $\langle i|$ или $|i\rangle$, то амплитуда перехода из φ в χ дается своего рода скалярным произведением (6.15). А это просто (6.1), записанное в других символах. Мы ходим по кругу, привыкая к новым символам.

Может быть, стоит подчеркнуть, что в то время, как пространственные трехмерные векторы выражаются через *три* ортогональных единичных вектора, базисные векторы $|i\rangle$ квантовомеханических состояний должны пробегать всю совокупность, отвечающую данной задаче. В зависимости от положения вещей в нее может входить два три три, пять или бесконечно много базисных состояний.

Мы говорили также о том, что́ происходит, когда частицы проходят через прибор. Если мы выпустим частицы в определенном состоянии φ, затем проведем их через прибор, а после проделаем измерение, чтобы посмотреть, находятся ли они в состоянии χ, то результат будет описываться амплитудой

$$\langle\chi|A|\varphi\rangle. \tag{6.16}$$

Такой символ не имеет близкого аналога в векторной алгебре. (Он ближе к тензорной алгебре, но эта аналогия не так уж полезна.) Мы видели в гл. 3 [формула (3.32)], что (6.16) можно переписать так:

$$\langle\chi|A|\varphi\rangle = \sum_{ij} \langle\chi|i\rangle\langle i|A|j\rangle\langle j|\varphi\rangle. \tag{6.17}$$

Это пример двукратного применения основного правила (6.9).

Мы обнаружили также, что если вслед за прибором A поставить другой прибор B, то можно написать

$$\langle\chi|BA|\varphi\rangle=\sum_{ijk}\langle\chi|i\rangle\langle i|B|j\rangle\langle j|A|k\rangle\langle k|\varphi\rangle. \qquad (6.18)$$

Это опять-таки следует прямо из предложенного Дираком метода записи уравнения (6.9). Вспомните, что между B и A всегда можно поставить черту (|), которая ведет себя совсем как множитель единица.

Кстати говоря, об уравнении (6.17) можно рассуждать и иначе. Предположим, что мы рассуждаем о частице, попадающей в прибор A в состоянии φ и выходящей из него в состоянии ψ. Мы можем задать себе такой вопрос: можно ли найти такое состояние ψ, чтобы амплитуда перехода от ψ к χ тождественно совпадала с амплитудой $\langle\chi|A|\varphi\rangle$? Ответ гласит: да. Мы хотим, чтобы (6.17) заменилось уравнением

$$\langle\chi|\psi\rangle=\sum_{i}\langle\chi|i\rangle\langle i|\psi\rangle. \qquad (6.19)$$

Конечно, этого можно достичь, если взять

$$\langle i|\psi\rangle=\sum_{j}\langle i|A|j\rangle\langle j|\varphi\rangle=\langle i|A|\varphi\rangle, \qquad (6.20)$$

что и определяет собой ψ. «Но оно не определяет собой ψ,— скажете вы,— оно определяет только $\langle i|\psi\rangle$». Однако $\langle i|\psi\rangle$ *все же определяет* ψ; ведь если у вас есть все коэффициенты, связывающие ψ с базисными состояниями i, то ψ определяется однозначно. И действительно, можно поупражняться с нашими обозначениями и записать (6.20) в виде

$$\langle i|\psi\rangle=\sum_{j}\langle i|j\rangle\langle j|A|\varphi\rangle. \qquad (6.21)$$

А раз это уравнение справедливо при всех i, то можно просто писать

$$|\psi\rangle=\sum_{j}|j\rangle\langle j|A|\varphi\rangle. \qquad (6.22)$$

Теперь мы вправе сказать: «Состояние ψ — это то, что получается, если начать с φ и пройти сквозь аппарат A».

Еще один, последний пример полезных уловок. Начинаем опять с (6.17). Раз это уравнение соблюдается при любых χ и φ, то их обоих можно сократить! Получаем *

$$A=\sum_{ij}|i\rangle\langle i|A|j\rangle\langle j|. \qquad (6.23)$$

---

* Вы можете сказать, что надо писать не просто A, но $|A|$. Но тогда это будет похоже на символ «абсолютного значения A». Поэтому обычно черточки опускают. Черточка (|) вообще ведет себя очень похоже на множитель единица.

Что это значит? Только то, что получится, если вернуть на свои места φ и χ. В таком виде это уравнение «недокончено» и неполно. Если умножить его «справа» на $|\varphi\rangle$, то оно превращается в

$$A\,|\,\varphi\rangle = \sum_{ij} |\,i\rangle \langle i\,|\,A\,|\,j\rangle \langle j\,|\,\varphi\rangle, \tag{6.24}$$

а это снова то же уравнение (6.22). В самом деле, мы бы могли просто убрать из (6.22) все j и написать

$$|\,\psi\rangle = A\,|\,\varphi\rangle. \tag{6.25}$$

Символ A — это не амплитуда и не вектор; это вещь особого рода, именуемая *оператором*. Он — нечто, что «оперирует» над состоянием, чтобы создать новое состояние; уравнение (6.25) говорит, что $|\psi\rangle$ — это то, что получается, если A действует на $|\varphi\rangle$. Это уравнение тоже нужно считать недоконченным, открытым, пока слева оно не умножится на какое-то «брэ», скажем на $\langle\chi\,|$, и не обратится в

$$\langle\chi\,|\,\psi\rangle = \langle\chi\,|\,A\,|\,\varphi\rangle. \tag{6.26}$$

Оператор A, разумеется, полностью описывается тем, что задается матрица амплитуд $\langle i\,|A\,|\,j\rangle$; ее также пишут в виде A_{ij}— через любую совокупность базисных векторов.

Все эти математические обозначения на самом деле ничего нового не вносят. Единственный резон, почему мы их ввели,— мы хотели показать, как пишутся обрывки уравнений, потому что во многих книжках вы встретите уравнения, написанные в неполном виде, и нет причин вам пугаться, увидев их. Если вы захотите, вы всегда сможете дописать те части, которых не хватает, и получить уравнение, связывающее числа. Оно будет выглядеть более привычно.

Кроме того, как вы увидите, обозначения «брэ» и «кет» очень удобны. Прежде всего мы теперь сможем указывать состояния, задавая их вектор состояния. Когда мы захотим вести речь о состоянии с определенным импульсом $\mathbf{p}$, то скажем: «состояние $|\mathbf{p}\rangle$». Или будем говорить о некотором произвольном состоянии $|\psi\rangle$. Для единообразия мы всегда, говоря о состоянии, будем употреблять «кет» и писать $|\psi\rangle$. (Конечно, этот выбор совершенно произволен; в равной мере мы могли бы остановиться и на «брэ» $\langle\psi\,|$.)

§ 3. *Каковы базисные состояния мира?*

Мы обнаружили, что всякое состояние в мире может быть представлено в виде суперпозиции (линейной комбинации с подходящими коэффициентами) базисных состояний. Вы вправе спросить, во-первых: *каких именно* базисных состояний? Что ж, возможностей здесь немало. Можно, например, взять проекцию спина на направление z или на некоторое другое направление. Имеется очень-очень много различных *представлений* — аналогов различных *систем координат*, которые можно применять для представления обычных векторов. Затем можно спросить: с *какими* коэффициентами их брать? А это уж зависит от физических обстоятельств. Различные совокупности коэффициентов отвечают разным физическим условиям. Здесь важно знать одну вещь — «пространство», в котором вы работаете, иными словами, знать, что́ эти базисные состояния означают физически. Так что первое, что вы, вообще говоря, должны знать, — это на что похожи базисные состояния. Тогда вам станет понятно, как описывать положение вещей на языке этих базисных состояний.

Мы хотели бы чуть-чуть заглянуть вперед и немножко поговорить о том, каким скорей всего окажется общее квантовомеханическое описание природы — во всяком случае, каким оно будет, судя по нынешним физическим представлениям. Первым делом надо решиться на тот или другой выбор представления базисных состояний (всегда ведь возможны различные представления). Например, для частицы со спином $^1/_2$ можно использовать плюс- и минус-состояния относительно оси z. В оси z нет ничего особенного — можете выбрать любую ось, какую вам захочется. Но для единообразия мы всегда будем брать ось z. Начнем со случая одного электрона. Наряду с двумя возможностями для спина (вверх и вниз по оси z) электрон имеет еще импульс. Мы выбираем совокупность базисных состояний, по одному на каждое значение импульса. А что если у электрона нет определенного импульса? Ничего страшного: мы ведь говорим только, каковы *базисные* состояния. Если у электрона не будет определенного импульса, то у него какая-то амплитуда будет иметь один импульс, а какая-то — другой и т. д. А если он вертится не обязательно вверх спином, то у него есть какая-то амплитуда вертеться при этом импульсе спином вверх, а какая-то — вниз и т. д. Для полного описания электрона, *насколько нам сейчас известно*, требуется только, чтобы базисные состояния описывались *импульсом и спином*. Значит, одна из приемлемых совокупностей базисных состояний $|i\rangle$ для отдельного электрона указывает различные значения импульса и еще направление, куда смотрит спин,— вверх или вниз. Различные смеси амплитуд, т. е. различные сочетания чисел C, описывают различные обстоятельства. Что делает тот или иной электрон, описывается тем, что сообщается, с какой амплитудой у него спин может быть вверх, а с какой — вниз, и при этом импульс будет равен тому или иному числу, и так для всех мыслимых импульсов. Вы теперь видите, что́ требуется для полного квантовомеханического описания отдельного электрона.

А как обстоит дело с системами нескольких электронов? В этих случаях базисные состояния становятся сложнее. Пусть электронов пара. Во-первых, имеются четыре мыслимых состояния по отношению к спину: у обоих электронов спины вверх, или у первого вверх, а у второго вниз, или у первого вниз, а у второго вверх, или у обоих вниз. Кроме того, нужно указать, что у первого электрона импульс $\mathbf{p}_1$, а у второго импульс $\mathbf{p}_2$. Базисные состояния для двух электронов требуют указания двух импульсов и двух значков для спина. Для семерки электронов нужно указать семь пар таких чисел.

Если же имеются протон и электрон, то нужно указать направление спина протона и его импульс и направление спина электрона и его импульс. По крайней мере, в каком-то приближении это так. *Мы на самом деле не знаем*, каким является правильное представление для нашего мира. Мы начинаем с предположения, что если указать спин и импульс электрона и то же самое для протона, то получатся базисные состояния; все это очень хорошо, но как быть с «протоньими внутренностями»? В самом деле, рассудим следующим образом. В атоме водорода, в котором имеются один протон и один электрон, приходится описывать множество различных базисных состояний, отмечать направления вверх и вниз у спинов протона и электрона и всевозможные импульсы протона и электрона. Затем имеются различные комбинации амплитуд C_i; все вместе они описывают характер атома водорода в тех или иных состояниях. Но представьте, что мы смотрим на целый атом водорода, как на «частицу». Если бы мы не знали, что он состоит из протона и электрона, то могли бы сказать: «О, я знаю, какие у него базисные состояния — они соответствуют разным импульсам атома водорода». Но это на самом деле не так, ведь у атома водорода есть какие-то внутренние части. Значит, у него могут быть различные состояния с разной внутренней энергией, и описание реальной природы потребовало бы дальнейших подробностей.

То же и с протоном. Вопрос стоит так: есть ли у протона внутренние части? Должны ли мы описывать протон, задавая все мыслимые состояния протонов, мезонов или странных частиц? Мы этого не знаем. И даже хотя мы допускаем, что электрон прост и все, что можно о нем сказать,— это задать его импульс и спин, но ведь не исключена возможность завтра открыть наличие внутри электрона каких-то колесиков и шестеренок. А это будет означать, что наше представление неполно, или неверно, или неточно, так же как и представление атома водорода, описывающее только его импульс, было бы неполным, потому что оно пренебрегало бы тем фактом, что атом водорода может оказаться возбужденным изнутри. Если электрон тоже может оказаться возбужденным изнутри и превратиться еще во что-то, например в мюон, то его следовало бы описывать не простым заданием состояний новой частицы, а, вероятно, в терминах более сложных внутренних колесиков. *Главная сегодняшняя проблема в изучении фундаментальных частиц* и состоит в том, чтобы открыть, каковы правильные представления для описания природы. В настоящее время мы полагаем, что для электрона достаточно указывать его импульс и спин. Но мы полагаем также, что существует идеализированный протон, имеющий при себе свои π-мезоны, свои K-мезоны и т. д., и все они должны быть отмечены. Но ведь отмечать несколько десятков частиц смысла мало! Вопрос о том, *что есть* фундаментальная частица, а что — не фундаментальная,— вопрос, о котором столько сейчас говорится,— это вопрос о том, на что будет похоже окончательное *представление* в окончательном квантовомеханическом описании мира. Будет ли такая вещь, как импульс электрона, все еще способна описывать природу? И вообще нужно ли весь вопрос ставить именно таким образом! Такие мысли беспрерывно возникают в любом научном исследовании. Во всяком случае, проблема нам понятна — как найти представление? Но ответа мы не знаем. Мы даже не знаем, «в этом ли состоит» проблема или нет; но если проблема в этом, то сперва нужно попытаться узнать, «фундаментальна» или нет каждая отдельная частица.

В нерелятивистской квантовой механике, где энергии не очень высоки и где вы не затрагиваете внутреннего устройства странных частиц и т. п., вы можете делать весьма сложные расчеты, не заботясь об этих деталях. Вы можете просто остановиться на импульсах и спинах электронов и ядер, и все будет в порядке. В большинстве химических реакций и других низкоэнергетических событий в ядрах ничего не происходит; они не возбуждаются. Дальше, если атом водорода движется медленно и если он спокойно стукается о другие атомы водорода и ничего внутри него не возбуждается, не излучается, никаких сложностей не происходит, а все остается в основном состоянии энергии внутреннего движения,— в этом случае вы можете пользоваться приближением, при котором об атоме водорода говорят как об отдельном предмете, или частице, не заботясь о том, что он *может* что-то внутри себя с собой сделать. Это будет хорошим приближением до тех пор, пока кинетическая энергия в любом столкновении будет заметно меньше 10 *эв*, т. е. энергии, требуемой для того, чтобы возбудить атом водорода до следующего внутреннего состояния. Мы часто будем прибегать к приближению, при котором исключается возможность внутреннего движения, тем самым уменьшая число деталей, которые должны быть учтены в наших базисных состояниях. Конечно, при этом мы опускаем кое-какие явления, которые проявляются (как правило) при каких-то высших энергиях, но такое приближение сильно упрощает анализ физических задач. Например, можно рассуждать о столкновении двух атомов водорода при низкой энергии (или о любом химическом процессе), не заботясь о том, что атомные ядра могут возбуждаться. Итак, подведем итог. Когда мы вправе пренебречь влиянием любых внутренних возбужденных состояний частицы, мы вправе выбрать базисную совокупность из состояний с определенным импульсом и z-компонентой момента количества движения.

Первой проблемой при описании природы является отыскание подходящего представления для базисных состояний. Но это только начало. Надо еще уметь сказать, что́ «случится». Если известны «условия» в мире в один момент, то мы хотим знать условия в более поздний момент. Значит, надо также найти законы, определяющие, как все меняется со временем. Мы теперь обращаемся ко второй части основ квантовой механики — к тому, как состояния меняются во времени.

§ 4. Как состояния меняются во времени

Мы уже говорили о том, как отображать ход событий, где мы что-то пропускаем через прибор. Но самый привлекательный, самый удобный для рассмотрения «опыт» состоит в том, что вы останавливаетесь и ждете несколько минут, т. е. вы приготовляете состояние φ и, прежде чем проанализировать его, оставляете его в покое. Быть может, вы оставите его в покое в каком-то электрическом или магнитном поле — все зависит от физических обстоятельств. Во всяком случае, какими бы ни были условия, вы от момента t_1 до момента t_2 оставляете объект на свободе. Допустим, что он выпущен из нашего первого прибора в состоянии φ в момент t_1. А затем он проходит через «прибор», в котором он находится до момента t_2. Во время такой «задержки» могут продолжаться различные события, прилагаться внешние силы,— словом, что-то в это время случается. После такой задержки амплитуда того, что этот объект обнаружится в состоянии χ, уже не та же самая, какой она была бы, если бы задержки не было. Так как «ожидание» — это просто частный случай «прибора», то можно описать то, что происходит, задав амплитуду в том же виде, как в уравнении (6.17). Поскольку операция «ожидания» представляет особую важность, мы вместо A обозначим ее U, а чтобы отмечать начальный и конечный моменты t_1 и t_2, будем писать $U(t_2, t_1)$. Интересующая нас амплитуда — это

$$\langle\chi|U(t_2, t_1)|\varphi\rangle. \tag{6.27}$$

Как и всякая подобная амплитуда, она может быть представлена в той или иной базисной системе в виде

$$\sum_{ij} \langle \chi | i \rangle \langle i | U(t_2, t_1) | j \rangle \langle j | \varphi \rangle. \tag{6.28}$$

Тогда U описывается заданием полной совокупности амплитуд — матрицы

$$\langle i | U(t_2, t_1) | j \rangle. \tag{6.29}$$

Кстати, следует отметить, что матрица $\langle i | U(t_2, t_1) | j \rangle$ могла бы дать гораздо больше всяких деталей, чем нам обычно нужно. Теоретик высокого класса, работающий в физике высоких энергий, рассматривает примерно такие проблемы (потому что именно так обычно ставятся эксперименты): он начинает с двух частиц, скажем с протона и протона, налетающих друг на друга из бесконечности. (В лаборатории обычно одна частица покоится, другая же вылетает из ускорителя, который по атомным масштабам пребывает в бесконечности.) Они сталкиваются, и в итоге появляются, скажем, два K-мезона, шесть π-мезонов и два нейтрона с определенными импульсами в определенных направлениях. Какова амплитуда того, что это случится? Математика здесь выглядит так. Состояние φ отмечает спины и импульсы сближающихся частиц. А χ — это сведения о том, что́ получается в конце. К примеру, с какой амплитудой вы получите шесть мезонов, идущих в таких-то и таких-то направлениях, а два нейтрона, вылетающих вот в этих направлениях и со спинами, торчащими так-то и так-то. Иными словами, χ отмечается заданием всех импульсов, спинов и т. п. конечных продуктов. И вот работа теоретика состоит в том, чтобы подсчитать амплитуду (6.27). Однако на самом деле его интересует только частный случай, когда $t_1 = -\infty$, а $t_2 = +\infty$. (У нас не бывает экспериментальных данных о детальном ходе процесса, известно только, что́ вошло и что́ вышло.) Предельный случай $U(t_2, t_1)$ при $t_1 \to -\infty$ и $t_2 \to +\infty$ обозначается буквой S; теоретик нуждается в величине

$$\langle \chi | S | \varphi \rangle.$$

Или, если пользоваться формой (6.28), ему нужно вычислить матрицу

$$\langle i | S | j \rangle,$$

называемую *S-матрицей*. Стало быть, если вы увидите физика-теоретика, который меряет шагами комнату и говорит: «Мне нужно только вычислить S-матрицу»,— то вы теперь уже будете понимать, над чем он ломает голову.

Как анализировать S-матрицу, т. е. как указать законы для нее,— вопрос интересный. В релятивистской квантовой механике при высоких энергиях это делается одним способом, в нерелятивистской же квантовой механике — другим, более удобным. (Он годится и в релятивистском случае, но перестает быть таким удобным.) Состоит он в том, чтобы вывести U-матрицу для небольших интервалов времени, т. е. для близких t_2 и t_1. Если мы сможем найти последовательность таких U для последовательных интервалов времени, то сможем проследить за тем, как все меняется в зависимости от времени. Сразу же ясно, что для теории относительности этот способ не очень хорош, потому что не так уж просто указать, как «одновременно» все всюду выглядит. Но не стоит нам думать об этом; нашей заботой будет только нерелятивистская механика.

Рассмотрим матрицу U для задержки от t_1 до t_3, где t_3 больше t_2. Иными словами, возьмем три последовательных момента: t_1 меньше t_2, t_2 меньше t_3. Тогда мы утверждаем, что матрица, которая тянется от t_1 до t_3, получается *перемножением* подряд всего того, что происходит при задержке от t_1 до t_2, и затем от t_2 до t_3. Это в точности то же самое, что было с двумя последовательными приборами B и A. Тогда, следуя обозначениям, принятым в гл. 3, § 6, мы можем написать

$$U(t_3, t_1)=U(t_3, t_2)\,U(t_2, t_1). \tag{6.30}$$

Иначе говоря, можно проанализировать любой интервал времени, если мы умеем анализировать последовательность промежуточных коротких интервалов. Мы просто перемножаем все куски; это и есть способ нерелятивистского анализа квантовой механики.

Итак, задача состоит в том, чтобы узнать матрицу $U(t_2, t_1)$ для бесконечно малого интервала времени — для $t_2=t_1+\Delta t$. Спросим себя: если сейчас у нас есть состояние φ, то как оно будет выглядеть через бесконечно малое время Δt? Посмотрим, как это можно расписать. Обозначим состояние в момент t через $|\psi(t)\rangle$ (мы указываем зависимость ψ от времени, чтобы было совершенно ясно, что речь идет об условиях в момент t). Теперь зададим вопрос: каково будет положение вещей через короткое время Δt? Ответ таков:

$$|\psi(t+\Delta t)\rangle=U(t+\Delta t, t)|\psi(t)\rangle. \tag{6.31}$$

Здесь имеется в виду то же, что и в (6.25), а именно, что амплитуда обнаружить χ в момент $t+\Delta t$ есть

$$\langle\chi|\psi(t+\Delta t)\rangle=\langle\chi|U(t+\Delta t, t)|\psi(t)\rangle. \tag{6.32}$$

Поскольку мы еще не очень хорошо разбираемся в этих абстрактных вещах, то давайте спроецируем наши амплитуды в определенное представление. Умножая обе части (6.31) на $\langle i|$, получаем

$$\langle i|\psi(t+\Delta t)\rangle=\langle i|U(t+\Delta t, t)|\psi(t)\rangle. \tag{6.33}$$

Можно также разложить и $|\psi(t)\rangle$ на базисные состояния и написать

$$\langle i \mid \psi(t+\Delta t)\rangle = \sum_j \langle i \mid U(t+\Delta t, t) \mid j\rangle \langle j \mid \psi(t)\rangle. \quad (6.34)$$

Понять это можно так. Если через $C_i(t) = \langle i|\psi(t)\rangle$ обозначить амплитуду пребывания в базисном состоянии i в момент t, то можно считать эту амплитуду (помните, это просто *число!*) меняющейся во времени. Каждое C_i становится функцией времени t. Кроме того, у нас есть информация о том, *как* амплитуды C_i меняются во времени. Каждая амплитуда в момент $(t+\Delta t)$ пропорциональна *всем прочим* амплитудам в момент t, умноженным на ряд коэффициентов. Обозначим U-матрицу через U_{ij}, считая, что

$$U_{ij} = \langle i|U|j\rangle.$$

Тогда (6.34) можно записать так:

$$C_i(t+\Delta t) = \sum_j U_{ij}(t+\Delta t, t)\, C_j(t). \quad (6.35)$$

Вот как будет выглядеть динамика квантовой механики.

Нам пока мало известно об U_{ij}. Мы знаем только, что при Δt, стремящемся к нулю, ничего не должно произойти, просто должно получиться начальное состояние. Значит, $U_{ii} \to 1$ и $U_{ij} \to 0$ при $i \neq j$. Иными словами, $U_{ij} \to \delta_{ij}$ при $\Delta t \to 0$. Кроме того, мы вполне вправе предположить, что при малых Δt каждый из U_{ij} обязан отличаться от δ_{ij} на величину, пропорциональную Δt; так что можно писать

$$U_{ij} = \delta_{ij} + K_{ij}\Delta t. \quad (6.36)$$

Однако обычно по историческим и по иным причинам из коэффициентов K_{ij} выносят множитель $(-i/\hbar)$ *; предпочитают писать

$$U_{ij}(t+\Delta t, t) = \delta_{ij} - \frac{i}{\hbar} H_{ij}(t)\, \Delta t. \quad (6.37)$$

Это, разумеется, то же самое, что и (6.36). Если угодно, это просто определение коэффициентов $H_{ij}(t)$. Члены K_{ij} — это как раз производные по t_2 от коэффициентов $U_{ij}(t_2, t_1)$, вычисляемые при $t_2 = t_1 = t$.

Подставляя в (6.35) этот вид U, получаем

$$C_i(t+\Delta t) = \sum_j \left[\delta_{ij} - \frac{i}{\hbar} H_{ij}(t)\, \Delta t\right] C_j(t). \quad (6.38)$$

* Здесь небольшая неприятность с обозначениями. В этом множителе i означает мнимую единицу $\sqrt{-1}$, *а не индекс* i, относящийся к i-му базисному состоянию! Надеемся, это не слишком смутит вас.

Суммируя члены с δ_{ij}, получаем просто $C_i(t)$, что можно перенести в другую сторону уравнения. После деления на Δt мы распознаем в этом производную

$$\frac{C_i(t+\Delta t)-C_i(t)}{\Delta t}=-\frac{i}{\hbar}\sum_j H_{ij}(t)\,C_j(t),$$

или

$$i\hbar\,\frac{dC_i(t)}{dt}=\sum_j H_{ij}(t)\,C_j(t). \tag{6.39}$$

Вы помните, что $C_i(t)$ — это амплитуда $\langle i|\psi\rangle$ обнаружить состояние ψ в одном из базисных состояний i (в момент t). Значит, уравнение (6.39) сообщает нам, как каждый из коэффициентов $\langle i|\psi\rangle$ меняется со временем. Но это все равно, что сказать, что (6.39) сообщает нам, как со временем меняется состояние ψ, раз мы описываем ψ через амплитуды $\langle i|\psi\rangle$. Изменение ψ со временем описывается через матрицу H_{ij}, которая, конечно, должна включать все то, что мы делали с системой, чтобы вызвать ее изменения. Если мы знаем матрицу H_{ij}, которая содержит в себе всю физику явления и может, вообще говоря, зависеть от времени, то у нас есть полное описание поведения системы во времени. Таким образом, (6.39) — это квантовомеханический закон для динамики мира.

(Нужно сказать, что мы всегда будем выбирать совокупность базисных состояний, которые фиксированы и со временем не меняются. Иногда используют такие базисные состояния, которые сами меняются. Однако это все равно, что пользоваться в механике вращающейся системой координат, а мы не хотим входить в подобные тонкости.)

§ 5. Гамильтонова матрица

Идея, стало быть, заключается в том, что для квантовомеханического описания мира нужно выбрать совокупность базисных состояний i и написать физические законы, задавая матрицу коэффициентов H_{ij}. Тогда у нас будет все, что нужно,— мы сможем отвечать на любой вопрос о том, чтó случится. Нам остается выучить правила, по которым находят H в соответствии с данной физической обстановкой: какое H отвечает магнитному полю, какое электрическому и т. д. Это самая трудная часть дела. К примеру, для новых странных частиц мы совершенно не представляем, какие H_{ij} употреблять. Иными словами, никто не знает *полного* H_{ij} для всего мира. (Частично трудность заключается в том, что едва ли можно надеяться на открытие H_{ij}, раз никому не известно, каковы базисные состояния!) Мы действительно владеем превосходными приближениями для нерелятивистских явлений и некоторых других особых случаев. В частности, мы знаем вид H_{ij}, требуемый для движений электронов в атомах — для описания химии. Но мы не знаем полного, истинного H для всей Вселенной.

Коэффициенты H_{ij} называют *гамильтоновой матрицей*, или, короче, просто *гамильтонианом*. (Как получилось, что Гамильтон, работавший в 30-х годах прошлого века, дал свое имя квантовомеханической матрице,— история длинная.) Много лучше было бы называть ее *энергетической матрицей* по причинам, которые станут ясны, когда мы поработаем с ней. Итак, все сошлось на гамильтониане. *Как узнать гамильтониан — вот в чем вопрос*!

У гамильтониана есть одно свойство, которое выводится сразу же:

$$H^*_{ij}=H_{ji}. \tag{6.40}$$

Это следует из того, что полная вероятность пребывания системы *хоть в каком-то* состоянии не должна меняться. Если вначале у вас была частица (или любой объект, или весь мир), то с течением времени она пропасть не может. Полная вероятность ее *где-то* найти равна

$$\sum_i |C_i(t)|^2,$$

что не должно меняться со временем. Если это обязано выполняться для любого начального условия φ, то уравнение (6.40) тоже должно соблюдаться.

В качестве первого примера возьмем случай, когда физические условия не меняются со временем; мы имеем в виду *внешние* физические условия, так что H не зависит от времени, никаких магнитов никто не включает и не выключает. Выберем также систему, для описания которой хватает одного базисного состояния; такое приближение годится для покоящегося атома водорода и сходных систем. Уравнение (6.39) тогда утверждает, что

$$i\hbar\frac{dC_1}{dt}=H_{11}C_1. \tag{6.41}$$

Только одно уравнение — и все! Если H_{11} постоянно, это дифференциальное уравнение легко решается, давая

$$C_1=(\text{const})\,e^{-(i/\hbar)H_{11}t}. \tag{6.42}$$

Так зависит от времени состояние с определенной энергией $E=H_{11}$. Вы видите, почему H_{ij} следовало бы называть энергетической матрицей: она обобщает понятие энергии на более сложные случаи.

Вслед за этим, чтобы еще лучше разобраться в смысле уравнений, рассмотрим систему с двумя базисными состояниями.

Тогда (6.39) читается так:

$$i\hbar\frac{dC_1}{dt}=H_{11}C_1+H_{12}C_2,\quad i\hbar\frac{dC_2}{dt}=H_{21}C_1+H_{22}C_2. \qquad (6.43)$$

Если все H опять не зависят от времени, то эти уравнения легко решить. Для интереса займитесь этим сами, а мы позже еще вернемся к ним. Вот вы уже и можете вести расчеты по квантовой механике, зная об H только то, что оно не зависит от времени!

§ 6. *Молекула аммиака*

Теперь мы хотим продемонстрировать, как динамическое уравнение квантовой механики может быть использовано для описания какой-то физической обстановки. Мы выбрали интересный и простой пример, в котором, сделав некоторые разумные предположения о гамильтониане, сможем вывести кое-какие важные (и даже практически важные) результаты. Возьмем случай, когда достаточно двух состояний,— это молекула аммиака.

Молекулу аммиака образуют один атом азота и три атома водорода, плоскость которых проходит мимо атома азота, так что молекула имеет форму пирамидки (фиг. 6.1, *а*). Эта молекула, как и всякая другая, обладает бесконечным количеством состояний. Она может вращаться вокруг какой угодно оси; двигаться в любом направлении, вибрировать и т. д. и т. п. Значит, это вовсе не система с двумя состояниями. Но мы сделаем следующее приближение: предположим, что все прочие степени свободы закреплены и не связаны с теми, которые нас сейчас интересуют. Будем считать, что молекула может только вращаться вокруг оси симметрии (как показано на рисунке), что импульс ее переносного движения равен нулю и что ее колебания очень слабы. Это фиксирует все условия, кроме одного: *для атома азота все еще существуют два возможных положения* — он может оказаться по одну сторону плоскости атомов водорода, а может оказаться и по другую (фиг. 6.1). Так что мы будем рассуждать о молекуле, как если бы она была системой с двумя состояниями. Под этим подразумевается, что существуют только два состояния, о которых реально следует заботиться, все же прочее предполагается зафиксированным. Как видите, если даже известно, что молекула вращается вокруг оси с определенным моментом количества движения и что она движется с определенным импульсом и колеблется определенным образом, то все равно еще остаются два допустимых состояния. Будем говорить, что молекула находится в состоянии $|1\rangle$, когда азот «вверху» (фиг. 6.1, *а*) и в состоянии $|2\rangle$, когда азот «внизу» (фиг. 6.1, *б*). Состояния

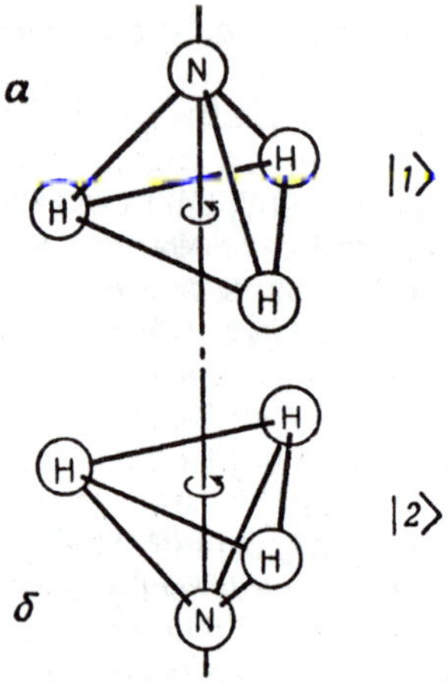

Фиг. 6.1. Два равноценных геометрических расположения молекулы аммиака.

$|1\rangle$ и $|2\rangle$ в нашем анализе поведения молекулы аммиака можно принять за совокупность базисных состояний. В каждый момент истинное состояние $|\psi\rangle$ молекулы может быть представлено заданием $C_1 = \langle 1|\psi\rangle$ — амплитуды пребывания в состоянии $|1\rangle$ и $C_2 = \langle 2|\psi\rangle$ — амплитуды пребывания в состоянии $|2\rangle$. Тогда, используя (6.8), вектор состояния $|\psi\rangle$ можно записать так:

$$|\psi\rangle = |1\rangle\langle 1|\psi\rangle + |2\rangle\langle 2|\psi\rangle,$$

или (6.44)

$$|\psi\rangle = |1\rangle C_1 + |2\rangle C_2.$$

Но вот что интересно: если известно, что молекула в определенный момент была в определенном состоянии, то в следующий момент она может уже *не быть* в том же состоянии. Два C-коэффициента меняются со временем в соответствии с уравнениями (6.43), которые верны для любой системы с двумя состояниями. Предположим, к примеру, что вы сделали какое-то наблюдение (или как-то отобрали молекулы), так что *знаете*, что *первоначально* молекула находилась в состоянии $|1\rangle$. Чуть позже уже появляются некоторые шансы засечь ее в состоянии $|2\rangle$. Чтобы узнать, сколь велики эти шансы, нужно решить дифференциальное уравнение, которое говорит, как амплитуды меняются со временем.

Единственная трудность в том, что мы не знаем, что́ ставить вместо коэффициентов H_{ij} в (6.43). Но кое-что мы все же *можем* сказать. Предположим, что, если уж молекула оказалась в состоянии $|1\rangle$, тогда у нее не будет никакого шанса когда-либо попасть в состояние $|2\rangle$. И наоборот. Тогда H_{12} и H_{21} будут оба равны нулю, и (6.43) примет вид

$$i\hbar\frac{dC_1}{dt} = H_{11}C_1, \quad i\hbar\frac{dC_2}{dt} = H_{22}C_2.$$

Эти уравнения легко решить; получается

$$C_1 = (\text{const})\, e^{-(i/\hbar)H_{11}t}, \quad C_2 = (\text{const})\, e^{-(i/\hbar)H_{22}t}. \qquad (6.45)$$

Это просто амплитуды *стационарных* состояний с энергиями $E_1=H_{11}$ и $E_2=H_{22}$. Еще мы знаем, что у молекулы аммиака состояния $|1\rangle$ и $|2\rangle$ обладают определенной симметрией. Если природа ведет себя более или менее разумно, то матричные элементы H_{11} и H_{22} должны равняться друг другу. Мы обозначим их через E_0, потому что они соответствуют энергии, которой обладали бы состояния, будь H_{12} и H_{21} равны нулю.

Но (6.45) не отражает того, что на самом деле бывает с аммиаком. Оказывается, что аммиак имеет возможность протолкнуть свой азот мимо трех водородов и перебросить его по ту сторону. Это очень трудно: чтобы азоту пройти полпути, нужна немалая энергия. Как же он может пройти на другую сторону, если он не располагает достаточной энергией? Просто имеется *некоторая* амплитуда того, что он *проникнет* сквозь энергетический барьер. В квантовой механике разрешается быстро проскакивать через энергетически нелегальную область. Стало быть, существует небольшая амплитуда того, что молекула, начав с состояния $|1\rangle$, перейдет в состояние $|2\rangle$. Коэффициенты H_{12} и H_{21} на самом деле не равны нулю. И опять из симметрии ясно, что они должны быть одинаковы, по крайней мере по величине. И действительно, мы уже знаем, что вообще H_{ij} равняется комплексно сопряженной величине H_{ji}, т. е. они могут отличаться только фазой. Оказывается, как вы потом увидите, что без потери общности можно положить эти коэффициенты равными друг другу. Позднее нам будет удобнее считать их равными отрицательному числу; мы примем поэтому $H_{12}=H_{21}=-A$. Тогда получится следующая пара уравнений:

$$i\hbar\,\frac{dC_1}{dt}=E_0C_1-AC_2, \tag{6.46}$$

$$i\hbar\,\frac{dC_2}{dt}=E_0C_2-AC_1. \tag{6.47}$$

Эти уравнения достаточно просты и могут быть решены разным путем. Удобно решать их так. Складывая их, получаем

$$i\hbar\,\frac{d}{dt}(C_1+C_2)=(E_0-A)(C_1+C_2)$$

с решением

$$C_1+C_2=ae^{-(i/\hbar)(E_0-A)t}. \tag{6.48}$$

Вычитая затем (6.47) из (6.46), получаем

$$i\hbar\,\frac{d}{dt}(C_1-C_2)=(E_0+A)(C_1-C_2),$$

что дает

$$C_1-C_2=be^{-(i/\hbar)(E_0+A)t}. \tag{6.49}$$

Две постоянные интегрирования мы обозначили a и b; их надо выбрать так, чтобы получились подходящие начальные условия данной физической задачи. Наконец, складывая и вычитая (6.48) и (6.49), получаем C_1 и C_2:

$$C_1(t)=\frac{a}{2}e^{-(i/\hbar)(E_0-A)t}+\frac{b}{2}e^{-(i/\hbar)(E_0+A)t}, \tag{6.50}$$

$$C_2(t)=\frac{a}{2}e^{-(i/\hbar)(E_0-A)t}-\frac{b}{2}e^{-(i/\hbar)(E_0+A)t}. \tag{6.51}$$

Они отличаются только знаком при втором слагаемом.

Решения-то мы получили, но что они значат? (В квантовой механике трудность не только в том, чтобы получить решения, но и в том, чтобы разобраться в их смысле!) Заметьте, что при $b=0$ оба решения обладают одинаковой частотой $\omega=(E_0-A)/\hbar$. Если все меняется с одной частотой, это значит, что система пребывает в состоянии с определенной энергией, в данном случае с энергией (E_0-A). Значит, существует стационарное состояние с такой энергией; в нем обе амплитуды C_1 и C_2 равны друг другу. Мы приходим к выводу, что *молекула аммиака обладает определенной энергией* (E_0-A), если для атома азота одинакова амплитуда оказаться «вверху» и «внизу».

Имеется другое допустимое стационарное состояние, когда $a=0$; тогда обе амплитуды обладают частотой $(E_0+A)/\hbar$. Значит, имеется другое состояние с определенной энергией (E_0+A), когда две амплитуды равны, но отличаются знаком: $C_2=-C_1$. Вот и все состояния с определенной энергией. В следующей главе мы поговорим о состояниях молекулы аммиака подробнее; здесь же мы отметим еще только некоторые особенности.

Мы приходим к заключению, что *из-за того*, что имеется некоторая вероятность перескока атома азота из одного положения в другое, энергия молекулы равна не просто E_0, как можно было ожидать, но обладает *двумя* энергетическими уровнями (E_0+A) и (E_0-A). Каждое из возможных состояний молекулы, какую бы энергию оно ни имело, «расщепляется» на два уровня. Мы говорим «*каждое* из состояний», потому что, как вы помните, мы выбрали какое-то определенное состояние вращения с определенной внутренней энергией и т. д. И для каждых мыслимых условий подобного рода возникает (из-за возможности переворота молекулы) пара энергетических уровней.

Теперь поставим следующий вопрос. Пусть мы *знаем*, что при $t=0$ молекула находится в состоянии $|1\rangle$, т. е. что $C_1(0)=1$ и $C_2(0)=0$. Какова вероятность того, что молекула будет обнаружена в момент t в состоянии $|2\rangle$ или же что она окажется в этот момент в состоянии $|1\rangle$? Наши начальные условия го-

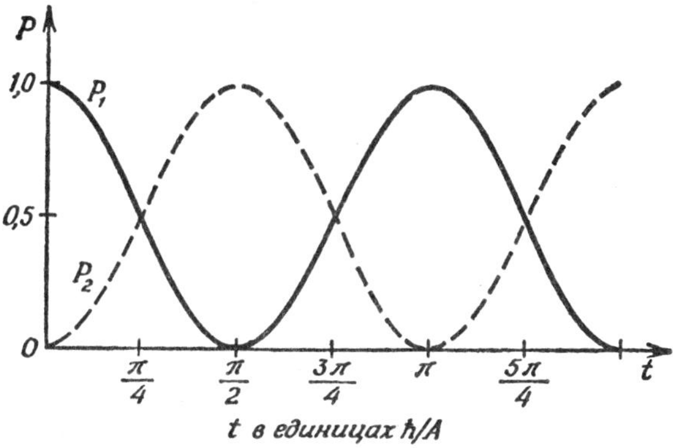

Фиг. 6.2. P_1 *— вероятность того, что молекула аммиака, находившаяся при* $t=0$ *в состоянии* $|1\rangle$*, будет обнаружена в момент* t *тоже в состоянии* $|1\rangle$*;* P_2 *— вероятность того, что она будет обнаружена в состоянии* $|2\rangle$*.*

ворят нам, какими должны быть a и b в (6.50) и (6.51). Полагая $t=0$, имеем

$$C_1(0)=\frac{a+b}{2}=1, \qquad C_2(0)=\frac{a-b}{2}=0.$$

Значит, $a=b=1$. Подставляя их в формулы для $C_1(t)$ и $C_2(t)$ и вынося общий множитель, получаем

$$C_1(t)=e^{-(i/\hbar)E_0t}\left(\frac{e^{(i/\hbar)At}+e^{-(i/\hbar)At}}{2}\right),$$

$$C_2(t)=e^{-(i/\hbar)E_0t}\left(\frac{e^{(i/\hbar)At}-e^{-(i/\hbar)At}}{2}\right).$$

Это можно переписать так:

$$C_1(t)=e^{-(i/\hbar)E_0t}\cos\frac{At}{\hbar}, \tag{6.52}$$

$$C_2(t)=ie^{-(i/\hbar)E_0t}\sin\frac{At}{\hbar}. \tag{6.53}$$

Величина обеих амплитуд гармонически изменяется во времени.

Вероятность того, что молекула будет обнаружена в состоянии $|2\rangle$ в момент t, равна квадрату модуля $C_2(t)$:

$$|C_2(t)|^2=\sin^2\frac{At}{\hbar}. \tag{6.54}$$

Она, как и следует, начинается с нуля, растет до единицы и затем колеблется вперед и назад между нулем и единицей, как показано на кривой, обозначенной P_2, на фиг. 6.2. Вероятность остаться в состоянии $|1\rangle$ тоже, конечно, не остается равной единице. Она «перекачивается» во второе состояние до тех пор, пока вероятность увидать молекулу в первом состоянии не обратится в нуль, как показано на кривой P_1 фиг. 6.2. Вероятность попросту переливается туда и обратно между этими двумя состояниями.

Еще раньше мы видели, чтó бывает, если качаются два одинаковых маятника, слегка связанные друг с другом [см. гл. 49 (вып. 4)]. Когда мы отводим в сторону один из них и отпускаем, он колеблется, но затем постепенно начинает колебаться другой и вскоре забирает себе всю энергию. Затем процесс обращается, и энергию отбирает первый маятник. В точности то же самое происходит и здесь. Скорость, с какой происходит обмен энергией (быстрота просачивания «колебаний»), зависит от связи между маятниками. Кроме того, как вы помните, при двух маятниках существуют два определенных типа движений (каждый с определенной частотой), которые мы назвали фундаментальными типами колебаний. Если отклонить оба маятника вместе, они колеблются с одной частотой. Если же отклонить один в одну сторону, а другой — в другую, то появляется иной стационарный тип колебаний и тоже с определенной частотой.

С тем же мы встретились и сейчас — молекула аммиака математически походит на пару маятников. Существуют две частоты $(E_0+A)/\hbar$ и $(E_0-A)/\hbar$, при которых они колеблются либо разом, либо навстречу друг другу.

Сходство с маятником ненамного глубже принципа, что у одинаковых уравнений и решения одинаковы. Линейные уравнения для амплитуд (6.39) очень похожи на линейные уравнения для гармонических осцилляторов. (В действительности именно этой причине обязана успехом наша классическая теория показателя преломления, в которой квантовомеханический атом мы заменяли гармоническим осциллятором, хотя классически неразумно говорить об электронах, циркулирующих вокруг ядра.) Толкнув атом азота в одну сторону, вы получите *суперпозицию* этих двух колебаний и тем самым своеобразные биения, потому что система *не будет находиться* в том или ином состоянии с определенной частотой. Однако расщепление уровней энергии молекулы аммиака — это строго квантовомеханический эффект.

Расщепление уровней энергии молекулы аммиака имеет важные практические применения, которые мы опишем в следующей главе. Наконец-то у нас будет пример практической физической задачи, которую мы сможем понять при помощи квантовой механики!

Глава 7

АММИАЧНЫЙ МАЗЕР

§ 1. Состояния молекулы аммиака

В этой главе мы хотим обсудить применение квантовой механики в одном практическом устройстве — в аммиачном мазере. Вас может удивить, отчего это мы бросаем на полпути наше изложение формального аппарата квантовой механики и обращаемся к частной задаче. Но позже вы увидите, что многие черты этой частной задачи сплошь и рядом встречаются и в общей теории квантовой механики, так что детальное изучение задачи многому нас научит. Аммиачный мазер — это устройство для генерирования электромагнитных волн. Его действие основано на свойствах молекулы аммиака, о которых вкратце говорилось в предыдущей главе. Поэтому сначала мы подведем итоги тому, что нам уже известно.

Молекула аммиака имеет много состояний. Но мы будем считать ее системой с двумя состояниями (двухуровневой); сейчас нас интересует лишь то, что́ бывает, когда молекула находится в любом заданном состоянии вращения или поступательного движения. Физическую модель этих двух состояний можно наглядно представить себе следующим образом. Если вращать молекулу аммиака вокруг оси, проведенной через атом азота перпендикулярно плоскости атомов водорода, как показано на фиг. 7.1, мы обнаружим, что существуют два сорта состояний, которые не переходят друг в друга при таких поворотах и отличаются положением атома азота. Азот может быть либо по одну сторону плоскости атомов водорода, либо по другую. Эти два состояния мы обозначаем $|1\rangle$ и $|2\rangle$. Их мы выберем в качестве совокупности базисных состояний в нашем анализе поведения молекулы аммиака.

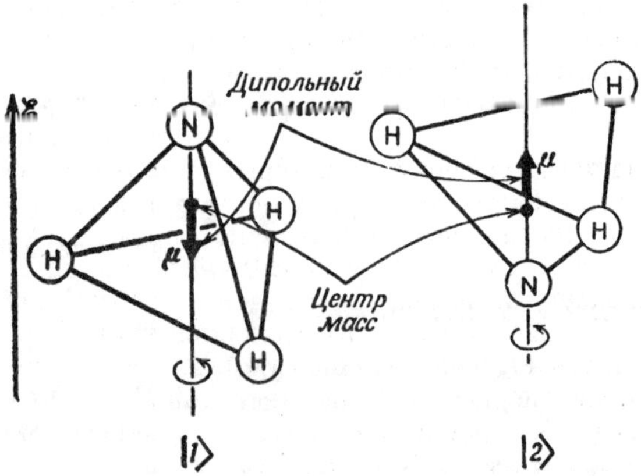

Фиг. 7.1. Физическая модель двух базисных состояний молекулы аммиака.

Электрические дипольные моменты этих состояний равны μ.

В системе с двумя базисными состояниями любое состояние $|\psi\rangle$ системы всегда может быть описано линейной комбинацией двух базисных состояний; это значит, что существует определенная амплитуда C_1 быть в одном базисном состоянии и амплитуда C_2 быть в другом. Вектор состояния $|\psi\rangle$ можно записать в виде

$$|\psi\rangle = |1\rangle C_1 + |2\rangle C_2, \tag{7.1}$$

где

$$C_1 = \langle 1|\psi\rangle \text{ и } C_2 = \langle 2|\psi\rangle.$$

Эта пара амплитуд меняется со временем согласно нашим гамильтоновым уравнениям — уравнениям (6.43). Используя симметрию двух состояний молекулы аммиака, мы полагаем $H_{11}=H_{22}=E_0$ и $H_{12}=H_{21}=-A$ и получаем такое решение [см. (6.50) и (6.51)]:

$$C_1 = \frac{a}{2} e^{-(i/\hbar)(E_0-A)t} + \frac{b}{2} e^{-(i/\hbar)(E_0+A)t}, \tag{7.2}$$

$$C_2 = \frac{a}{2} e^{-(i/\hbar)(E_0-A)t} - \frac{b}{2} e^{-(i/\hbar)(E_0+A)t}. \tag{7.3}$$

Кинем теперь на эти решения более внимательный взгляд. Пусть сперва молекула была поставлена в состояние $|\psi_{II}\rangle$, для которого коэффициент b был равен нулю. Тогда при $t=0$ амплитуды оказаться в состояниях $|1\rangle$ и $|2\rangle$ одинаковы и *останутся такими все время*. Их фазы обе меняются во времени одинаково, с частотой $(E_0-A)/\hbar$. И точно так же, если бы мы поставили молекулу в состояние $|\psi_I\rangle$, для которого $a=0$, амплитуда C_2 равнялась бы C_1 с минусом, и это соотношение сохранилось бы навсегда — обе амплитуды менялись бы теперь во времени с частотой $(E_0+A)/\hbar$. Это все состояния, для которых связь между C_1 и C_2 не зависит от времени; других возможностей нет.

Мы нашли два частных решения, в которых амплитуды *не меняются по величине* и, более того, фазы меняются с одинаковой частотой. Это *стационарные состояния* по определению, данному в гл. 5, § 1, т. е. *состояния с определенной энергией*. Состояние $|\psi_{II}\rangle$ обладает энергией $E_{II}=E_0-A$, а состояние $|\psi_I\rangle$ — энергией $E_I=E_0+A$. Кроме этих, никаких стационарных состояний не существует, т. е. мы обнаруживаем, что у молекулы есть два уровня энергии, отличающиеся на $2A$. (Подразумеваются, конечно, два уровня энергии для заданного состояния колебания и вращения, о которых говорилось в наших исходных допущениях.) *

Если бы азот не мог перескакивать вверх или вниз, нам пришлось бы принять A равным нулю, и оба энергетических уровня (с энергией E_0) налезли бы один на другой. Истинные уровни не таковы; их *среднее* значение E_0, но они разведены на $\pm A$, т. е. промежуток между энергиями двух состояний равен $2A$. Поскольку A на самом деле мало, то и разница в энергиях очень мала.

Чтобы возбудить *электрон* внутри атома, требуются довольно высокие энергии, нужны фотоны оптического или ультрафиолетового диапазона. Чтобы возбудить вибрации молекул, требуются инфракрасные фотоны. Если речь идет о возбуждении *вращений*, различия в энергиях состояний соответствуют фотонам в далекой инфракрасной области. Но разность энергий $2A$ меньше их всех, меньше инфракрасных энергий, она приходится на микроволновой диапазон. Опытным путем было найдено, что существует пара уровней энергии с промежутком 10^{-4} *эв*, что́ отвечает частоте 24 000 *Мгц*. Это, очевидно, означает, что $2A=hf$, где $f=24\,000$ *Мгц* (отвечает волне длиной $1^1/_4$ *см*). Значит, перед нами молекула с переходами, которые вызывают испускание микроволн, а не свет в обычном смысле.

Для дальнейшей работы нам понадобится немного более удобное описание этих двух состояний с определенной энергией. Представим, что мы построили амплитуду C_{II} из суммы двух чисел C_1 и C_2:

$$C_{II}=C_1+C_2=\langle 1|\Phi\rangle+\langle 2|\Phi\rangle. \tag{7.4}$$

Что бы это могло означать? Очень просто: это амплитуда того, что состояние $|\Phi\rangle$ окажется в новом состоянии $|II\rangle$, в котором

* В дальнейшем полезно (и читая, и произнося вслух) отличать арабские 1 и 2 и римские I и II. Мы считаем, что удобно для арабских цифр резервировать названия «один» и «два», а I и II читать как «первый», «второй».

амплитуды первоначальных базисных состояний равны между собой. Иначе говоря, когда мы пишем $C_{II}=\langle II|\Phi\rangle$, то мы вправе абстрагироваться в уравнении (7.4) от $|\Phi\rangle$, поскольку оно выполняется при любых Φ, и писать

$$\langle II|=\langle 1|+\langle 2|;$$

это означает то же самое, что и

$$|II\rangle=|1\rangle+|2\rangle. \tag{7.5}$$

Амплитуда того, что состояние $|II\rangle$ окажется в состоянии $|1\rangle$, равна

$$\langle 1|II\rangle=\langle 1|1\rangle+\langle 1|2\rangle,$$

а это, конечно, равняется просто единице, поскольку и $|1\rangle$, и $|2\rangle$ суть базисные состояния. И амплитуда обнаружения состояния $|II\rangle$ в состоянии $|2\rangle$ тоже равна единице, так что у состояния $|II\rangle$ одинаковы амплитуды оказаться в каждом из базисных состояний $|1\rangle$ и $|2\rangle$.

Но тут всплывает новая трудность. У состояния $|II\rangle$ полная вероятность оказаться *то ли в одном* базисном состоянии, *то ли в другом* получается больше единицы. Но это всего лишь означает, что вектор состояния неудачно «отнормирован». Чтобы исправить дело, надо вспомнить, что всегда для любого состояния обязано быть $\langle II|II\rangle=1$. Использовав общее соотношение

$$\langle\chi\,|\,\Phi\rangle=\sum_i\langle\chi\,|\,i\rangle\,\langle i\,|\,\Phi\rangle,$$

полагая, что и Φ, и χ суть состояние II, и суммируя по базисным состояниям $|1\rangle$ и $|2\rangle$, получаем

$$\langle II|II\rangle=\langle II|1\rangle\langle 1|II\rangle+\langle II|2\rangle\langle 2|II\rangle.$$

Это даст, как положено, единицу, если мы изменим наше определение C_{II} [см. уравнение (7.4)] и примем

$$C_{II}=\frac{1}{\sqrt{2}}[C_1+C_2].$$

Таким же путем можно построить и амплитуду

$$C_I=\frac{1}{\sqrt{2}}[C_1-C_2],$$

или

$$C_I=\frac{1}{\sqrt{2}}[\langle 1\,|\,\Phi\rangle-\langle 2\,|\,\Phi\rangle]. \tag{7.6}$$

Эта амплитуда есть проекция состояния $|\Phi\rangle$ на новое состояние $|I\rangle$, обладающее амплитудами противоположного знака, для пребывания в состояниях $|1\rangle$ и $|2\rangle$. А именно (7.6) означает то же самое, что и

$$\langle I| = \frac{1}{\sqrt{2}}[\langle 1| - \langle 2|],$$

или

$$|I\rangle = \frac{1}{\sqrt{2}}[|1\rangle - |2\rangle], \tag{7.7}$$

откуда следует

$$\langle 1|I\rangle = -\langle 2|I\rangle = \frac{1}{\sqrt{2}}.$$

Зачем все это нужно? С какой целью все это делается? Дело в том, что состояния $|I\rangle$ и $|II\rangle$ *могут быть приняты за новую совокупность базисных состояний*, особенно подходящую для описания стационарных состояний молекулы аммиака. Вы помните, что требования к совокупности базисных состояний были таковы:

$$\langle i|j\rangle = \delta_{ij}.$$

Мы уже сами сделали так, чтобы было

$$\langle I|I\rangle = \langle II|II\rangle = 1.$$

Из (7.5) и (7.7) легко вывести, что и

$$\langle I|II\rangle = \langle II|I\rangle = 0.$$

Амплитуды $C_I = \langle I|\Phi\rangle$ и $C_{II} = \langle II|\Phi\rangle$ того, что любое состояние $|\Phi\rangle$ окажется в одном из наших новых базисных состояний $|I\rangle$ и $|II\rangle$, обязаны также удовлетворять гамильтонову уравнению вида (6.39). И действительно, если мы просто вычтем друг из друга два уравнения (7.2) и (7.3) и продифференцируем по t, то убедимся, что

$$i\hbar\frac{dC_I}{dt} = (E_0 + A)C_I = E_I C_I. \tag{7.8}$$

А взяв сумму (7.2) и (7.3), увидим

$$i\hbar\frac{dC_{II}}{dt} = (E_0 - A)C_{II} = E_{II} C_{II}. \tag{7.9}$$

Если за базисные состояния взять $|I\rangle$ и $|II\rangle$, то гамильтонова матрица очень проста:

$$H_{I,I} = E_I, \quad H_{I,II} = 0,$$

$$H_{II,I} = 0, \quad H_{II,II} = E_{II}.$$

Заметьте, что каждое из уравнений (7.8) и (7.9) выглядит очень похоже на то, что получалось в гл. 6, § 6, для уравнения системы с одним состоянием. Они дают простую экспоненциальную зависимость от времени, отвечающую определенной энергии.

С ростом времени амплитуды пребывания в каждом из состояний ведут себя независимо.

Найденные нами раньше стационарные состояния $|\psi_I\rangle$ и $|\psi_{II}\rangle$ тоже являются, конечно, решениями уравнений (7.8) и (7.9). У состояния $|\psi_I\rangle$ (для которого $C_1=-C_2$)

$$C_I=e^{-(i/\hbar)(E_0+A)t},\quad C_{II}=0. \tag{7.10}$$

А у состояния $|\psi_{II}\rangle$ (для которого $C_1=C_2$)

$$C_I=0,\quad C_{II}=e^{-(i/\hbar)(E_0-A)t}. \tag{7.11}$$

Пусть мы теперь умножили (7.10) на вектор состояния $|I\rangle$; тогда получится

$$|I\rangle\langle I\,|\,\psi_I\rangle=|I\rangle e^{-(i/\hbar)(E_0+A)t}.$$

Вспомним, однако, что $|I\rangle\langle I|=1$; значит, это одно и то же, что сказать

$$|\psi_I\rangle=|I\rangle e^{-(i/\hbar)(E_0+A)t}.$$

Иначе говоря, вектор состояния стационарного состояния $|\psi_I\rangle$ не отличается от вектора состояния базисного состояния $|I\rangle$ ничем, кроме экспоненциального множителя, связанного с энергией состояния. И действительно, при $t=0$

$$|\psi_I\rangle=|I\rangle;$$

физическая конфигурация у состояния $|I\rangle$ та же самая, что и у стационарного состояния с энергией E_0+A. Точно так же для второго стационарного состояния получается

$$|\psi_{II}\rangle=|II\rangle e^{-(i/\hbar)(E_0-A)t}.$$

Состояние $|II\rangle$ — это просто стационарное состояние с энергией E_0-A при $t=0$. Стало быть, оба наших новых базисных состояния $|I\rangle$ и $|II\rangle$ физически имеют вид состояний с определенной энергией, но с изъятым экспоненциальным временны́м множителем, так что они могут быть приняты за базисные состояния, не зависящие от времени. (В дальнейшем нам будет удобно не отличать стационарные состояния $|\psi_I\rangle$ и $|\psi_{II}\rangle$ от их базисных состояний $|I\rangle$ и $|II\rangle$, ведь различаются они только очевидными временны́ми множителями.)

Подведем итог. Векторы состояний $|I\rangle$ и $|II\rangle$ — это пара базисных векторов, приспособленных для описания состояний молекулы аммиака с определенной энергией. Они связаны с нашими исходными базисными векторами формулами

$$|I\rangle=\frac{1}{\sqrt{2}}[\,|1\rangle-|2\rangle],\quad |II\rangle=\frac{1}{\sqrt{2}}[\,|1\rangle+|2\rangle]. \tag{7.12}$$

Амплитуды пребывания в $|I\rangle$ и $|II\rangle$ связаны с C_1 и C_2 формулами

$$C_I=\frac{1}{\sqrt{2}}[C_1-C_2],\quad C_{II}=\frac{1}{\sqrt{2}}[C_1+C_2]. \tag{7.13}$$

Всякое состояние может быть представлено линейной комбинацией $|1\rangle$ и $|2\rangle$ (с коэффициентами C_1 и C_2) или линейной комбинацией базисных состояний с определенной энергией $|I\rangle$ и $|II\rangle$ (с коэффициентами C_I и C_{II}). Итак,

$$|\Phi\rangle=|1\rangle C_1+|2\rangle C_2,$$

или

$$|\Phi\rangle=|I\rangle C_I+|II\rangle C_{II}.$$

Вторая формула дает нам амплитуды обнаружить состояние $|\Phi\rangle$ в состоянии с энергией $E_I=E_0+A$ или в состоянии с энергией $E_{II}=E_0-A$.

§ 2. *Молекула в статическом электрическом поле*

Если молекула аммиака находится в любом из двух состояний определенной энергии, а мы приложим к ней возмущение с частотой ω, такой, что $\hbar\omega=E_I-E_{II}=2A$, то система может перейти из нижнего состояния в верхнее. Или она может перейти из верхнего в нижнее и испустить фотон. Но для возбуждения таких переходов у вас должна быть физическая связь с состояниями — возможность возмущать систему. Должен существовать какой-то внешний механизм влияния на состояния, нечто вроде электрического или магнитного поля. В нашем частном случае эти состояния чувствительны к электрическому полю. На очереди, стало быть, у нас теперь проблема поведения молекулы аммиака во внешнем электрическом поле.

Для разбора этого поведения вернемся опять к первоначальной базисной системе $|1\rangle$ и $|2\rangle$ вместо $|I\rangle$ и $|II\rangle$. Предположим, что имеется электрическое поле, направленное поперек плоскости атомов водорода. Пренебрежем на мгновение возможностью переброса атома азота вверх или вниз и зададим вопрос: верно ли, что энергия этой молекулы в обоих положениях атома азота будет одинаковой? Вообще говоря, нет. Электроны стремятся к тому, чтобы находиться ближе к ядру азота, чем к ядрам водорода, так что водороды оказываются слегка положительно заряженными. Насколько — это зависит от деталей расположения электронов. Каково это распределение, точно представить очень трудно, но, во всяком случае, окончательный результат состоит в том, что у молекулы аммиака есть электрический дипольный момент, как показано на фиг. 7.1. С его помощью можно продолжить дальнейший анализ, не интересуясь деталями направлений или величин смещений зарядов. Впрочем, чтобы наши обозначения не отличались от общепринятых, предположим, что электрический дипольный момент равен $\boldsymbol{\mu}$ и направлен *от* атома азота поперек плоскости атомов водорода.

Далее, когда азот перепрыгивает с одной стороны на другую, то центр масс не перемещается, а электрический дипольный момент переворачивается. В результате энергия в электрическом поле $\mathscr{E}$ будет зависеть от ориентации молекулы *. При сделанном только что допущении потенциальная энергия будет выше тогда, когда атом азота будет удален от плоскости водородов в направлении поля, и ниже, когда он удален в обратную сторону; промежуток между обеими энергиями будет равен $2\mu\mathscr{E}$.

До этого места мы вынуждены были делать предположения о том, чему равны E_0 и A, не зная, как подсчитать их. В соответствии со строгой физической теорией обязана существовать возможность вычисления этих констант, если известны положения и движения всех ядер и электронов. Но никто никогда не делал этого. В систему входит десяток электронов и четверка ядер, и задача чересчур сложна. Факт остается фактом: о молекуле этой никто не знает больше того, что́ знаем мы с вами. И все, что всякий может о ней сказать,— что в электрическом поле энергия двух состояний отличается и разность энергий пропорциональна электрическому полю. Коэффициент пропорциональности мы обозначили 2μ, но его величина должна определяться экспериментально. Можно еще сказать, что молекула имеет амплитуду A перевернуться, но и она должна измеряться экспериментально. Никто не укажет нам точных теоретических значений μ и A, потому что расчеты уж слишком сложны, чтобы честно их проделать.

Для молекулы аммиака в электрическом поле наше описание придется изменить. Если игнорировать амплитуду переброса молекулы из одной конфигурации в другую, то энергии двух состояний $|1\rangle$ и $|2\rangle$ обязаны быть равны $(E_0 \pm \mu\mathscr{E})$. Следуя процедуре, принятой в предыдущей главе, мы примем

$$H_{11} = E_0 + \mu\mathscr{E}, \quad H_{22} = E_0 - \mu\mathscr{E}. \tag{7.14}$$

Кроме того, предположим, что при интересующих нас электрических полях сами поля не сказываются заметно на геометрии молекулы и, стало быть, на амплитуде того, что атом азота перепрыгнет из одного положения в другое. Поэтому можно принять, что H_{12} и H_{21} не изменились, т. е.

$$H_{12} = H_{21} = -A. \tag{7.15}$$

Теперь с этими новыми значениями H_{ij} надо решать гамильтоновы уравнения (6.43). Мы могли бы их решить просто, как

* Очень жаль, но нам придется ввести новое обозначение. Раз буквы p и E заняты у нас импульсом и энергией, то мы поостережемся опять обозначать ими дипольный момент и электрическое поле. Напомним, что в этом параграфе μ означает *электрический* дипольный момент.

делали это прежде, но поскольку нам не раз, видимо, представится случай решать системы с двумя состояниями, то давайте уж решим их раз и навсегда в общем случае произвольного H_{ij}, считая только, что со временем оно не меняется.

Мы ищем общее решение пары гамильтоновых уравнений

$$i\hbar\frac{dC_1}{dt}=H_{11}C_1+H_{12}C_2, \tag{7.16}$$

$$i\hbar\frac{dC_2}{dt}=H_{21}C_1+H_{22}C_2. \tag{7.17}$$

Это линейные дифференциальные уравнения с постоянными коэффициентами. Значит, всегда можно найти решения, являющиеся экспоненциальными функциями независимой переменной t. Сперва отыщем решения, в которых C_1 и C_2 одинаково зависят от времени; возьмем пробные функции

$$C_1=a_1e^{-i\omega t}, \quad C_2=a_2e^{-i\omega t}.$$

Поскольку это решение отвечает состоянию с энергией $E=\hbar\omega$, то можно прямо написать

$$C_1=a_1e^{-(i/\hbar)Et}, \tag{7.18}$$

$$C_2=a_2e^{-(i/\hbar)Et}, \tag{7.19}$$

где E пока неизвестна и должна быть определена так, чтобы дифференциальные уравнения (7.16) и (7.17) выполнялись.

При подстановке C_1 и C_2 из (7.18) и (7.19) в дифференциальные уравнения (7.16) и (7.17) производные дают просто $-iE/\hbar$, умноженное на C_1 или C_2, так что слева остается попросту EC_1 или EC_2. Сокращая общие экспоненциальные множители, получаем

$$Ea_1=H_{11}a_1+H_{12}a_2, \qquad Ea_2=H_{21}a_1+H_{22}a_2,$$

или после перестановки членов

$$(E-H_{11})a_1-H_{12}a_2=0, \tag{7.20}$$

$$-H_{21}a_1+(E-H_{22})a_2=0. \tag{7.21}$$

У такой системы однородных алгебраических уравнений ненулевые решения для a_1 и a_2 будут лишь тогда, когда определитель, составленный из коэффициентов при a_1 и a_2, равен нулю, т. е. если

$$\begin{Vmatrix} E-H_{11} & -H_{12} \\ -H_{21} & E-H_{22} \end{Vmatrix}=0. \tag{7.22}$$

Но когда уравнений два и неизвестных тоже два, то можно обойтись и без столь возвышенных представлений. Каждое из уравнений (7.20) и (7.21) дает отношение двух коэффициентов

a_1 и a_2, и эти два отношения должны быть равны. Из (7.20) мы имеем

$$\frac{a_1}{a_2}=\frac{H_{12}}{E-H_{11}}, \tag{7.23}$$

а из (7.21)

$$\frac{a_1}{a_2}=\frac{E-H_{22}}{H_{21}}. \tag{7.24}$$

Приравнивая эти отношения, получаем, что E должно удовлетворять равенству

$$(E-H_{11})(E-H_{22})-H_{12}H_{21}=0.$$

То же получилось бы и из (7.22). В любом случае для E получается квадратное уравнение с двумя решениями:

$$E=\frac{H_{11}+H_{22}}{2}\pm\sqrt{\frac{(H_{11}-H_{22})^2}{4}+H_{12}H_{21}}. \tag{7.25}$$

Энергия E может иметь два значения. Заметьте, что оба они *вещественны*, потому что H_{11} и H_{22} вещественны, а $H_{12}H_{21}$, равное $H_{12}H_{12}^*=|H_{12}|^2$, тоже вещественно, да к тому же положительно.

Пользуясь тем же соглашением, что и раньше, обозначим большую энергию E_I, а меньшую E_{II}. Имеем

$$E_I=\frac{H_{11}+H_{22}}{2}+\sqrt{\frac{(H_{11}-H_{22})^2}{4}+H_{12}H_{21}}, \tag{7.26}$$

$$E_{II}=\frac{H_{11}+H_{22}}{2}-\sqrt{\frac{(H_{11}-H_{22})^2}{4}+H_{12}H_{21}}. \tag{7.27}$$

Подставив каждую из этих энергий по отдельности в (7.18) и (7.19), получим амплитуды для двух стационарных состояний (состояний определенной энергии). Если нет каких-либо внешних возмущений, то система, первоначально бывшая в одном из этих состояний, останется в нем навсегда, у нее только фаза будет меняться.

Наши результаты можно проверить на двух частных случаях. Если $H_{12}=H_{21}=0$, то получается $E_I=H_{11}$ и $E_{II}=H_{22}$. А это бесспорно правильно, потому что тогда уравнения (7.16) и (7.17) не связаны и каждое представляет состояние с энергией H_{11} и H_{22}. Далее, положив $H_{11}=H_{22}=E_0$ и $H_{21}=H_{12}=-A$, придем к найденному выше решению:

$$E_I=E_0+A \quad \text{и} \quad E_{II}=E_0-A.$$

В общем случае два решения E_I и E_{II} относятся к двум состояниям; мы их опять можем назвать состояниями

$$|\psi_I\rangle=|I\rangle e^{-(i/\hbar)E_It} \quad \text{и} \quad |\psi_{II}\rangle=|II\rangle e^{-(i/\hbar)E_{II}t}.$$

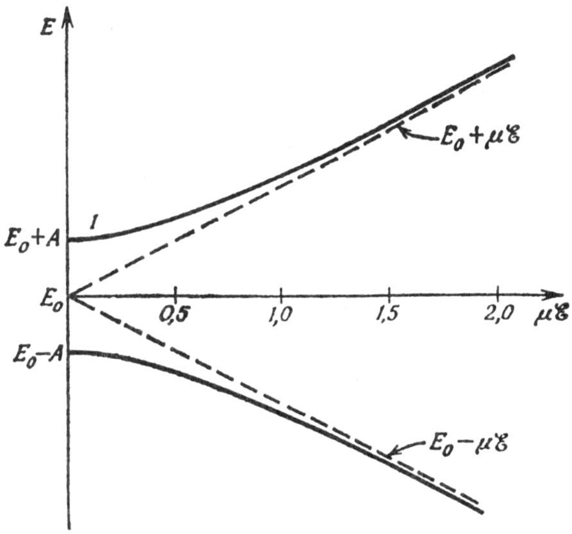

Фиг. 7.2. Уровни энергии молекулы аммиака в электрическом поле.

Кривые построены по формулам (7.30): $E=E_0\pm\sqrt{A^2+\mu^2\mathscr{E}^2}$

У этих состояний C_1 и C_2 будут даваться уравнениями (7.18) и (7.19), где a_1 и a_2 еще подлежат определению. Их отношение дается либо формулой (7.23), либо (7.24). Они должны также удовлетворять еще одному условию. Если известно, что система находится в одном из стационарных состояний, то сумма вероятностей того, что она окажется в $|1\rangle$ или $|2\rangle$, должна равняться единице. Следовательно,

$$|C_1|^2+|C_2|^2=1, \tag{7.28}$$

или, что то же самое,

$$|a_1|^2+|a_2|^2=1. \tag{7.29}$$

Эти условия не определяют a_1 и a_2 однозначно: остается еще произвол в фазе, т. е. в множителе типа $e^{i\delta}$. Хотя для a можно выписать общие решения *, но обычно удобнее вычислять их в каждом отдельном случае.

Вернемся теперь к нашему частному примеру молекулы аммиака в электрическом поле. Пользуясь значениями H_{11},

* Например, как легко убедиться, одно из допустимых решений имеет вид

$$a_1=\frac{H_{12}}{[(E-H_{11})^2+H_{12}H_{21}]^{1/2}}, \quad a_2=\frac{E-H_{11}}{[(E-H_{11})^2+H_{12}H_{21}]^{1/2}}.$$

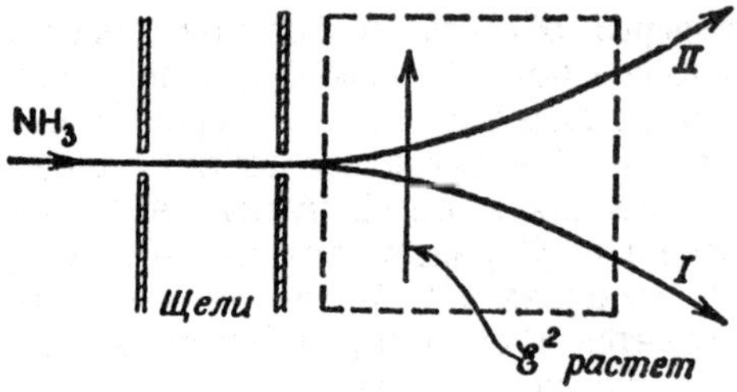

Фиг. 7.3. Пучок молекул аммиака может быть разделен электрическим полем, в котором $\mathscr{E}^2$ обладает градиентом, перпендикулярным пучку.

H_{22} и H_{12} из (7.14) и (7.15), мы получим для энергий двух стационарных состояний выражения

$$E_I = E_0 + \sqrt{A^2 + \mu^2\mathscr{E}^2}, \quad E_{II} = E_0 - \sqrt{A^2 + \mu^2\mathscr{E}^2}. \qquad (7.30)$$

Эти две энергии как функции напряженности $\mathscr{E}$ электрического поля изображены на фиг. 7.2. Когда электрическое поле нуль, то энергии, естественно, обращаются в $E_0 \pm A$. При наложении электрического поля расщепление уровней растет. Сперва при малых $\mathscr{E}$ оно растет медленно, но затем может стать пропорциональным $\mathscr{E}$. (Эта линия — гипербола.) В сверхсильных полях энергии попросту равны

$$E_I = E_0 + \mu\mathscr{E} = H_{11}, \quad E_{II} = E_0 - \mu\mathscr{E} = H_{22}. \qquad (7.31)$$

Тот факт, что у азота существует амплитуда переброса вверх — вниз, малосуществен, когда энергии в этих двух положениях сильно отличаются. Это интересный момент, к которому мы позже еще вернемся.

Теперь мы наконец готовы понять действие аммиачного мазера. Идея в следующем. Во-первых, мы находим способ отделения молекул в состоянии $|I\rangle$ от молекул в состоянии $|II\rangle$*. Затем молекулы в высшем энергетическом состоянии $|I\rangle$ пропускаются через полость, у которой резонансная частота равна 24 000 *Мгц*. Молекулы могут оставить свою энергию полости (способ будет изложен позже) и покинуть полость в состоянии $|II\rangle$. Каждая молекула, совершившая такой переход, передаст полости энергию $E = E_I - E_{II}$. Энергия, отобранная у молекул, проявится в виде электрической энергии полости.

Как же разделить два молекулярных состояния? Один способ такой. Аммиачный газ выпускается тонкой струйкой и проходит через пару щелей, создающих узкий пучок (фиг. 7.3).

* Теперь мы опять будем писать $|I\rangle$ и $|II\rangle$ вместо $|\psi_I\rangle$ и $|\psi_{II}\rangle$. Вы должны вспомнить, что настоящие состояния $|\psi_I\rangle$ и $|\psi_{II}\rangle$ суть энергетические базисные состояния, умноженные на соответствующий экспоненциальный множитель.

Затем пучок пропускается через область, в которой имеется сильное поперечное электрическое поле. Создающие поле электроды изогнуты так, чтобы электрическое поле поперек пучка резко менялось. Тогда квадрат $\mathcal{E}\cdot\mathcal{E}$ электрического поля будет иметь большой градиент, перпендикулярный пучку. А у молекулы в состоянии $|I\rangle$ энергия с $\mathcal{E}^2$ растет, значит, эта часть пучка отклонится в область меньших $\mathcal{E}^2$. Молекула же в состоянии $|II\rangle$, наоборот, отклонится к области, где $\mathcal{E}^2$ побольше, потому что ее энергия падает, когда $\mathcal{E}^2$ растет.

Кстати, при тех электрических полях, которые удается генерировать в лаборатории, энергия $\mu\mathcal{E}$ всегда много меньше A. В этом случае корень в уравнении (7.30) приближенно равен

$$A\left(1+\frac{1}{2}\frac{\mu^2\mathcal{E}^2}{A^2}\right). \tag{7.32}$$

Во всех практических случаях энергетические уровни, стало быть, равны

$$E_I=E_0+A+\frac{\mu^2\mathcal{E}^2}{2A} \tag{7.33}$$

и

$$E_{II}=E_0-A-\frac{\mu^2\mathcal{E}^2}{2A}, \tag{7.34}$$

и энергии с $\mathcal{E}^2$ меняются линейно. Действующая на молекулы сила тогда равна

$$\mathbf{F}=\frac{\mu^2}{2A}\nabla\mathcal{E}^2. \tag{7.35}$$

Энергия в электрическом поле у многих молекул пропорциональна $\mathcal{E}^2$. Коэффициент пропорциональности — это поляризуемость молекулы. Поляризуемость аммиака необычно высока: у него A в знаменателе очень мало. Стало быть, молекулы аммиака очень чувствительны к электрическому полю.

§ 3. *Переходы в поле, зависящем от времени*

В аммиачном мазере пучок молекул в состоянии $|I\rangle$ и с энергией E_I пропускается через резонансную полость, как показано на фиг. 7.4. Другой пучок отводится прочь. Внутри полости существует меняющееся во времени электрическое поле, так что нашей очередной задачей явится изучение поведения молекулы в электрическом поле, которое меняется во времени. Это совершенно новый род задач — задача с гамильтонианом, меняющимся во времени. Раз H_{ij} зависит от $\mathcal{E}$, то и H_{ij} меняется во времени, и нам надлежит определить поведение системы в этих обстоятельствах.

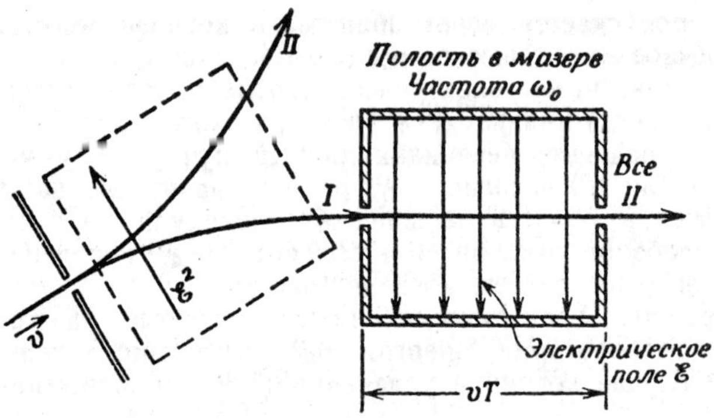

Фиг. 7.4. Схематическое изображение аммиачного мазера.

Для начала выпишем уравнения, которые нужно решить:

$$i\hbar\frac{dC_1}{dt}=(E_0+\mu\mathscr{E})C_1-AC_2, \tag{7.36}$$

$$i\hbar\frac{dC_2}{dt}=-AC_1+(E_0-\mu\mathscr{E})C_2.$$

Для определенности положим, что электрическое поле меняется синусоидально; тогда можно написать

$$\mathscr{E}=2\mathscr{E}_0\cos\omega t=\mathscr{E}_0(e^{i\omega t}+e^{-i\omega t}). \tag{7.37}$$

На самом деле частота ω берется всегда очень близкой к резонансной частоте молекулярного перехода $\omega_0=2A/\hbar$, но пока мы для общности будем считать ω произвольной. Лучший способ решить наши уравнения — это, как и прежде, составить из C_1 и C_2 линейные комбинации. Сложим поэтому оба уравнения, разделим на $\sqrt{2}$ и вспомним определения C_I и C_{II} из (7.13). Получим

$$i\hbar\frac{dC_{II}}{dt}=(E_0-A)C_{II}+\mu\mathscr{E}C_I. \tag{7.38}$$

Вы видите, что это похоже на (7.9), но появился добавочный член от электрического поля. Равным образом, вычитая уравнения (7.36), получаем

$$i\hbar\frac{dC_I}{dt}=(E_0+A)C_I+\mu\mathscr{E}C_{II}. \tag{7.39}$$

Вопрос теперь в том, как решить эти уравнения. Это труднее, чем прежде, потому что $\mathscr{E}$ зависит от t; и действительно, при общем $\mathscr{E}(t)$ решение не представимо в элементарных функциях. Однако, пока электрическое поле мало, можно добиться хорошего приближения. Сперва напишем

$$\begin{aligned} C_I &= \gamma_I e^{-i(E_0+A)t/\hbar} = \gamma_I e^{-i(E_I)t/\hbar}, \\ C_{II} &= \gamma_{II} e^{-i(E_0-A)t/\hbar} = \gamma_{II} e^{-i(E_{II})t/\hbar}. \end{aligned} \tag{7.40}$$

Если бы электрического поля не было, то, беря в качестве γ_I и γ_{II} две комплексные постоянные, мы бы получили правильное решение. Ведь поскольку вероятность быть в состоянии $|I\rangle$ есть квадрат модуля C_I, а вероятность быть в состоянии $|II\rangle$ есть квадрат модуля C_{II}, то вероятность быть в состоянии $|I\rangle$ или в состоянии $|II\rangle$ равна просто $|\gamma_I|^2$ или $|\gamma_{II}|^2$. Например, если бы система начинала развиваться из состояния $|II\rangle$ так, что γ_I было бы нулем, а $|\gamma_{II}|^2$ — единицей, то эти условия сохранились бы навсегда. Молекула из состояния $|II\rangle$ никогда бы не перешла в состояние $|I\rangle$.

Польза записи решений в форме (7.40) состоит в том, что оно сохраняет свой вид и тогда, когда есть электрическое поле, если только $\mu\mathcal{E}$ меньше A, только γ_I и γ_{II} при этом станут медленно меняющимися функциями времени. «Медленно меняющиеся» означает медленно *в сравнении* с экспоненциальными функциями. В этом весь фокус. Для получения приближенного решения используется тот факт, что γ_I и γ_{II} меняются медленно.

Подставим теперь C_I из (7.40) в дифференциальное уравнение (7.39), но вспомним, что γ_I тоже зависит от t. Имеем

$$i\hbar\frac{dC_I}{dt} = E_I\gamma_I e^{-iE_It/\hbar} + i\hbar\frac{d\gamma_I}{dt}e^{-iE_It/\hbar}.$$

Дифференциальное уравнение обращается в

$$\left(E_I\gamma_I + i\hbar\frac{d\gamma_I}{dt}\right)e^{-(i/\hbar)E_It} = E_I\gamma_I e^{-(i/\hbar)E_It} + \mu\mathcal{E}\gamma_{II}e^{-(i/\hbar)E_{II}t}. \tag{7.41}$$

Равным образом уравнение для dC_{II}/dt обращается в

$$\begin{aligned} \left(E_{II}\gamma_{II} + i\hbar\frac{d\gamma_{II}}{dt}\right)e^{-(i/\hbar)E_{II}t} = E_{II}\gamma_{II}e^{-(i/\hbar)E_{II}t} + \\ + \mu\mathcal{E}\gamma_I e^{-(i/\hbar)E_It}. \end{aligned} \tag{7.42}$$

Обратите теперь внимание, что в обеих частях каждого уравнения имеются одинаковые члены. Сократим их и умножим первое уравнение на $e^{+iE_It/\hbar}$, а второе на $e^{+iE_{II}t/\hbar}$. Вспоминая, что $(E_I - E_{II}) = 2A = \hbar\omega_0$, мы в конце концов получаем

$$\begin{aligned} i\hbar\frac{d\gamma_I}{dt} &= \mu\mathcal{E}(t)\,e^{i\omega_0t}\gamma_{II}, \\ i\hbar\frac{d\gamma_{II}}{dt} &= \mu\mathcal{E}(t)\,e^{-i\omega_0t}\gamma_I, \end{aligned} \tag{7.43}$$

Получилась довольно простая пара уравнений — и пока еще точная. Производная от одной переменной есть функция от времени $\mu\mathscr{E}(t)e^{i\omega_0 t}$, умноженная на вторую переменную; производная от второй — такая же функция от времени, умноженная на первую. Хотя эти простые уравнения в общем не решаются, но в некоторых частных случаях мы решим их.

Нас, по крайней мере сейчас, интересует только случай колеблющегося электрического поля. Взяв $\mathscr{E}(t)$ в форме (7.37), мы увидим, что уравнения для γ_I и γ_{II} обратятся в

$$
\begin{aligned}
i\hbar\frac{d\gamma_I}{dt} &= \mu\mathscr{E}_0\left[e^{i(\omega+\omega_0)t}+e^{-i(\omega-\omega_0)t}\right]\gamma_{II},\\
i\hbar\frac{d\gamma_{II}}{dt} &= \mu\mathscr{E}_0\left[e^{i(\omega-\omega_0)t}+e^{-i(\omega+\omega_0)t}\right]\gamma_I.
\end{aligned}
\tag{7.44}
$$

И вот если $\mathscr{E}_0$ достаточно мало, то скорости изменения γ_I и γ_{II} тоже будут малы. Обе γ не будут сильно меняться с t, особенно в сравнении с быстрыми вариациями, вызываемыми экспоненциальными членами. У этих экспоненциальных членов есть вещественные и мнимые части, которые колеблются с частотой $\omega+\omega_0$ или $\omega-\omega_0$. Члены с частотой $\omega+\omega_0$ колеблются вокруг среднего значения (нуля) очень быстро и поэтому не дадут сильного вклада в скорость изменения γ. Значит, можно сделать весьма разумное приближение, заменив эти члены их средним значением, т. е. нулем. Их просто убирают и в качестве приближения берут

$$
\begin{aligned}
i\hbar\frac{d\gamma_I}{dt} &= \mu\mathscr{E}_0 e^{-i(\omega-\omega_0)t}\gamma_{II},\\
i\hbar\frac{d\gamma_{II}}{dt} &= \mu\mathscr{E}_0 e^{i(\omega-\omega_0)t}\gamma_I.
\end{aligned}
\tag{7.45}
$$

Но даже и оставшиеся члены с показателями, пропорциональными $(\omega-\omega_0)$, меняются быстро, если только ω не близко к ω_0. Только тогда правая сторона будет меняться достаточно медленно для того, чтобы набежало большое число, пока интегрируешь эти уравнения по t. Иными словами, при *слабом* электрическом поле изо всех частот представляют важность лишь те, которые близки к ω_0.

При тех приближениях, которые были сделаны для того, чтобы получить (7.45), эти уравнения можно решить и точно; но работа эта все же трудоемкая, и мы отложим ее на другое время, когда обратимся к другой задаче того же типа. Пока же мы их просто решим приближенно, или, лучше сказать, найдем точное решение для случая идеального резонанса $\omega=\omega_0$ и приближенное — для частот близ резонанса.

§ 4. *Переходы при резонансе*

Первым рассмотрим случай идеального резонанса. Если положить $\omega=\omega_0$, то экспоненты в обоих уравнениях (7.45) станут равными единице, и мы просто получим

$$\frac{d\gamma_I}{dt}=-\frac{i\mu\mathscr{E}_0}{\hbar}\gamma_{II},\quad \frac{d\gamma_{II}}{dt}=-\frac{i\mu\mathscr{E}_0}{\hbar}\gamma_I. \tag{7.46}$$

Если из этих уравнений исключить сперва γ_I, а потом γ_{II}, то мы увидим, что каждое из них удовлетворяет дифференциальному уравнению простого гармонического движения

$$\frac{d^2\gamma}{dt^2}=-\left(\frac{\mu\mathscr{E}_0}{\hbar}\right)^2\gamma. \tag{7.47}$$

Общее решение этих уравнений может быть составлено из синусов и косинусов. Легко проверить, что решениями являются следующие выражения:

$$\begin{aligned}\gamma_I&=a\cos\left(\frac{\mu\mathscr{E}_0}{\hbar}\right)t+b\sin\left(\frac{\mu\mathscr{E}_0}{\hbar}\right)t,\\ \gamma_{II}&=ib\cos\left(\frac{\mu\mathscr{E}_0}{\hbar}\right)t-ia\sin\left(\frac{\mu\mathscr{E}_0}{\hbar}\right)t,\end{aligned} \tag{7.48}$$

где a и b — константы, которые надо еще определить так, чтобы они укладывались в ту или иную физическую ситуацию.

К примеру, предположим, что при $t=0$ наша молекулярная система была в верхнем энергетическом состоянии $|I\rangle$, а это требует [из уравнения (7.40)], чтобы $\gamma_I=1$ и $\gamma_{II}=0$ при $t=0$. Для такого случая должно быть $a=1$ и $b=0$. Вероятность того, что молекула окажется в том же состоянии $|I\rangle$ в какой-то позднейший момент t, равна квадрату модуля γ_I, или

$$P_I=|\gamma_I|^2=\cos^2\left(\frac{\mu\mathscr{E}_0}{\hbar}\right)t. \tag{7.49}$$

Точно так же и вероятность того, что молекула окажется в состоянии $|II\rangle$, дается квадратом модуля γ_{II}:

$$P_{II}=|\gamma_{II}|^2=\sin^2\left(\frac{\mu\mathscr{E}_0}{\hbar}\right)t. \tag{7.50}$$

Пока $\mathscr{E}$ мало и пока мы находимся в резонансе, вероятности даются простыми колебательными функциями. Вероятность быть в состоянии $|I\rangle$ падает от единицы до нуля и возрастает опять, а вероятность быть в состоянии $|II\rangle$ растет от нуля до единицы и наоборот. Изменение обеих вероятностей во времени показано на фиг. 7.5. Нечего и говорить, что сумма обеих вероятностей всегда равна единице; ведь молекула всегда находится в *каком-то* состоянии.

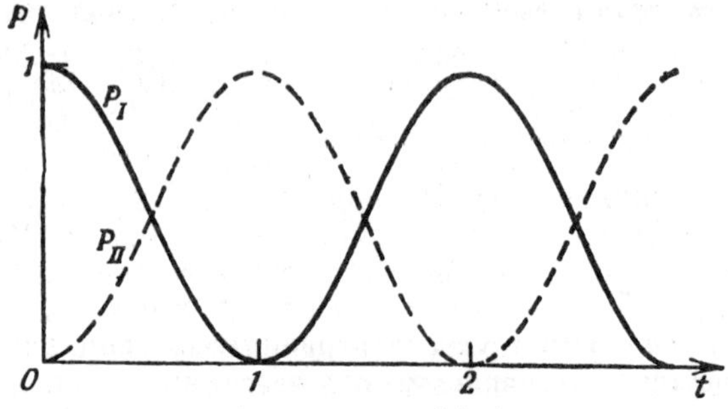

Фиг. 7.5. Вероятности обоих состояний молекулы аммиака в синусоидальном электрическом поле.

Положим, что прохождение через полость занимает у молекулы время T. Если сделать полость как раз такой длины, чтобы было $\mu\mathcal{E}_0T/\hbar=\pi/2$, то молекула, ныряющая в нее в состоянии $|I\rangle$, наверняка вынырнет из нее в состоянии $|II\rangle$. Если она вошла в полость в верхнем состоянии, то выйдет из полости в нижнем. Иными словами, ее энергия упадет, и эта потеря энергии не сможет перейти ни во что другое, а только в механизм, который генерирует поле. Детали, которые помогли бы вам разглядеть, как именно энергией молекулы питаются колебания полости, не так уж просты; однако нам и не нужно все эти детали изучать, потому что имеется принцип сохранения энергии. (Мы могли бы, если бы это было нужно, изучить их, но тогда нам пришлось бы иметь дело с квантовой механикой поля в полости наряду с квантовой механикой атома.)

Подытожим. Молекула входит в полость, поле полости, колеблющееся как раз с нужной частотой, индуцирует переходы с верхнего состояния на нижнее, и высвобождаемой энергией питается осциллирующее поле. В работающий мазер молекулы доставляют достаточно энергии для того, чтобы поддерживались колебания полости, ее хватает не только на то, чтобы возместить потери в полости, но и на то, чтобы небольшие избытки энергии извлекались из полости. Итак, молекулярная энергия превращается в энергию внешнего электромагнитного поля.

Вспомним, что перед входом в полость нам приходилось пользоваться фильтром, который разделял пучок так, что в полость входило только верхнее состояние. Легко показать, что, если бы мы начали с молекул в нижнем состоянии, процесс пошел бы в другую сторону и энергия от полости отбиралась бы. Если пустить в полость нефильтрованный пучок, то сколько молекул будет отбирать энергию от полости, столько же из них будет отдавать ей свою энергию, и в итоге ничего не случится. В настоящем мазере, конечно, не обязательно делать $(\mu\mathcal{E}_0 T/\hbar)$ точно равным $\pi/2$. И при других значениях (кроме точных кратных π) существует какая-то вероятность переходов из состояния $|I\rangle$ в состояние $|II\rangle$. Но при этих других значениях прибор уже не имеет к. п. д., равного 100%; многие из молекул, покидающие полость, могли бы снабдить ее энергией, но не сделали этого.

На самом деле и скорости молекул неодинаковы; они распределены по Максвеллу. Это означает, что идеальные периоды времени для разных молекул окажутся различными, и невозможно получить к. п. д., равный 100%, сразу для всех молекул. Вдобавок имеется еще одно усложнение, которое, правда, легко принять во внимание, но на этой стадии мы не будем им заниматься. Вы помните, что электрическое поле обычно меняется в полости от места к месту. Когда молекулы дрейфуют вдоль полости, электрическое поле близ молекул меняется как-то очень сложно, сложнее, чем предположенное нами обычное синусоидальное колебание. Ясно, что для точного решения задачи следовало бы воспользоваться более сложными интегрированиями, но общая идея остается прежней.

Можно мазеры устраивать и иначе. Не отделять прибором Штерна — Герлаха атомы в состоянии $|I\rangle$ от атомов в состоянии $|II\rangle$, а собрать атомы в какой-то полости (в газообразном или твердом виде) и как-то переселить их из состояния $|II\rangle$ в состояние $|I\rangle$. Один такой способ применяется в так называемом трехуровневом мазере. Для него используются атомные системы с тремя уровнями энергии (фиг. 7.6) и со следующими специальными свойствами. Система поглощает излучение (скажем, свет) с энергией $\hbar\omega_1$ и переходит от низшего уровня энергии E_{II} к какому-то более высокому уровню E', а затем быстро испускает фотоны с энергией $\hbar\omega_2$ и переходит в состояние $|I\rangle$ с энергией E_I. У состояния $|I\rangle$ большое время жизни, так что

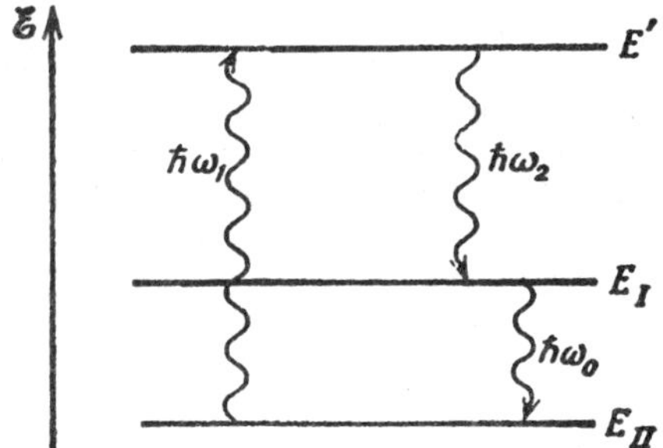

Фиг. 7.6. Уровни энергии «трехуровневого» мазера.

его населенность может возрасти; создаются условия, благоприятствующие работе мазера между состояниями $|I\rangle$ и $|II\rangle$. Хотя такой прибор называют «трехуровневым» мазером, но сама мазерная процедура на самом деле происходит так же, как и у описанной нами двухуровневой системы.

Лазер — это всего-навсего мазер, действующий на световых частотах. «Полость» лазера обычно состоит попросту из двух зеркал, между которыми генерируются стоячие волны.

§ 5. Переходы вне резонанса

Наконец, хотелось бы выяснить, как изменяются состояния в условиях, когда частота полости, хотя и близка к ω_0, но не совпадает с ней. Эту задачу можно было бы решить точно, но мы не будем пытаться это делать, а обратимся к важному случаю малого электрического поля и малого промежутка времени T, так что $\mu\mathscr{E}_0T/\hbar$ много меньше единицы. Тогда даже в случае уже изученного нами идеального резонанса вероятность перехода очень мала. Будем исходить опять из того, что $\gamma_I=1$ и $\gamma_{II}=0$. Тогда мы вправе ожидать, что в течение всего времени T наша величина γ_I останется близкой к единице, а γ_{II} будет малой по сравнению с единицей, и задача облегчается. Из второго уравнения (7.45) мы можем подсчитать γ_{II}, принимая γ_I равной единице и интегрируя от $t=0$ до $t=T$. Получается

$$\gamma_{II}=\frac{\mu\mathscr{E}_0}{\hbar}\left[\frac{1-e^{i(\omega-\omega_0)t}}{\omega-\omega_0}\right]. \qquad (7.51)$$

Это та величина γ_{II}, которая стоит в (7.40), и она дает амплитуду того, что переход из состояния $|I\rangle$ в состояние $|II\rangle$ произойдет за время T. Вероятность $P(I\rightarrow II)$ такого перехода равна $|\gamma_{II}|^2$, или

$$P(I\longrightarrow II)=|\gamma_{II}|^2=\left[\frac{\mu\mathscr{E}_0T}{\hbar}\right]^2\frac{\sin^2[(\omega-\omega_0)T/2]}{[(\omega-\omega_0)T/2]^2}. \qquad (7.52)$$

Интересно начертить эту вероятность при фиксированном времени T как функцию частоты полости, чтобы посмотреть, насколько чувствительна она к частотам близ резонансной частоты ω_0. Кривая $P(I\rightarrow II)$ показана на фиг. 7.7. (Вертикальная шкала была подогнана так, чтобы в пике была единица, для этого разделили на величину вероятности при $\omega=\omega_0$.) С подобными кривыми мы встречались в теории дифракции, так что они должны быть вам знакомы. Кривая довольно резко падает до нуля при $(\omega-\omega_0)=2\pi/T$ и никогда при бóльших отклонениях частоты снова не достигает заметной величины. Почти вся площадь под кривой лежит в пределах $\pm\pi/T$. Можно

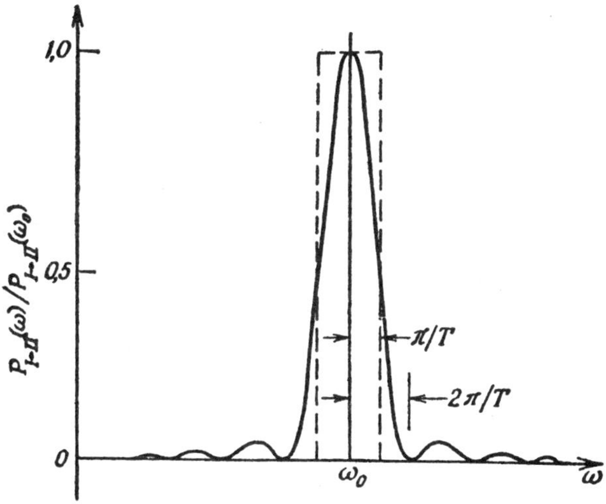

Фиг. 7.7. Вероятность перехода для молекулы аммиака как функция частоты.

показать [с помощью формулы $\int_{-\infty}^{\infty}(\sin^2 x/x^2)dx=\pi$], что площадь под кривой равна $2\pi/T$ и совпадает с площадью выделенного штрихованной линией прямоугольника.

Посмотрим, что это дает для реального мазера. Возьмем разумное время пребывания молекулы аммиака в полости, скажем 1 *мсек.* Тогда для $f_0=24\,000$ *Мгц* можно подсчитать, что вероятность падает до нуля при отклонениях $(f-f_0)/f_0=1/f_0T$, т. е. порядка $5\cdot 10^{-8}$. Очевидно, что для заметных вероятностей перехода частóты должны очень точно совпадать с ω_0. Этот эффект является основой той большой точности, которой можно достичь в «атомных» часах, работающих на принципе мазера.

§ 6. Поглощение света

Наше изложение применимо и к более общему случаю, чем аммиачный мазер. Мы ведь изучали поведение молекулы под влиянием электрического поля независимо от того, заключено оно в полость или нет. Просто можно было направить пучок «света» — микроволновой частоты — на молекулу и искать вероятность испускания или поглощения. Наши уравнения ничуть не хуже применимы и к этому случаю, но только лучше переписать их на языке *интенсивности* излучения, а не электрического поля. Если определить интенсивность $\mathscr{I}$ как средний поток энергии через единицу площади в секунду, то из гл. 27 (вып. 6) следует

$$\mathcal{I} = \epsilon_0 c^2 |\mathcal{E}\times\mathbf{B}|_{\text{сред}} = \frac{1}{2}\epsilon_0 c^2 (\mathcal{E}\times\mathbf{B})_{\text{макс}} = 2\epsilon_0 c\mathcal{E}_0^2.$$

(Максимум $\mathcal{E}$ равен $2\mathcal{E}_0$.) Вероятность перехода принимает вид

$$P(I\to II) = 2\pi\left[\frac{\mu^2}{4\pi\epsilon_0\hbar^2 c}\right]\mathcal{I}T^2\frac{\sin^2[(\omega-\omega_0)T/2]}{[(\omega-\omega_0)T/2]^2}. \qquad (7.53)$$

Обычно свет, освещающий подобную систему, не точно монохроматичен. Поэтому интересно решить еще одну задачу — подсчитать вероятность перехода, когда интенсивность света на единицу интервала частот равна $\mathcal{I}(\omega)$ и покрывает собой широкую полосу, включающую ω_0. Тогда вероятность перехода от $|I\rangle$ к $|II\rangle$ обратится в интеграл

$$P(I\to II) = 2\pi\left[\frac{\mu^2}{4\pi\epsilon_0\hbar^2 c}\right]T^2\int_0^\infty \mathcal{I}(\omega)\frac{\sin^2[(\omega-\omega_0)T/2]}{[(\omega-\omega_0)T/2]^2}d\omega. \qquad (7.54)$$

Как правило, $\mathcal{I}(\omega)$ меняется с ω медленнее, чем острый резонансный фактор. Эти две функции могут выглядеть так, как показано на фиг. 7.8. В таких случаях можно заменить $\mathcal{I}(\omega)$ ее значением $\mathcal{I}(\omega_0)$ в центре острой резонансной кривой и вынести из-под интеграла. Оставшийся интеграл — это просто площадь под кривой на фиг. 7.7, которая, как известно, равна

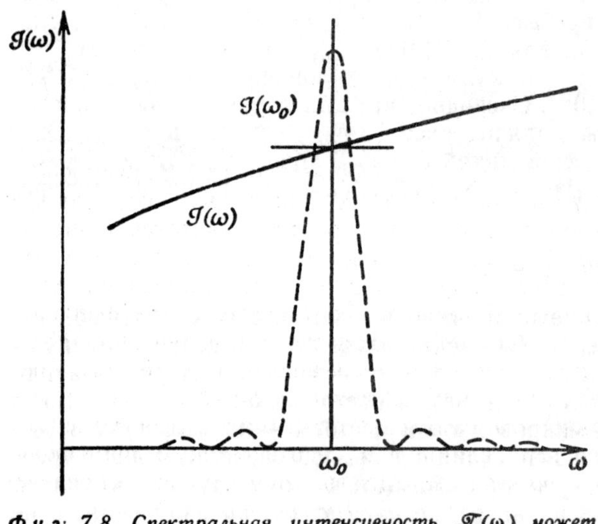

Фиг. 7.8. Спектральная интенсивность $\mathcal{I}(\omega)$ может быть представлена своим значением при ω_0.

$2\pi/T$. Мы приходим к результату

$$P(I \to II) = 4\pi^2 \left[\frac{\mu^2}{4\pi\varepsilon_0\hbar^2 c}\right] \mathcal{T}(\omega_0)\,T. \qquad (7.55)$$

Это очень важный результат: *перед нами общая теория поглощения света любой молекулярной или атомной системой.* Хотя мы вначале считали, что состояние $|I\rangle$ обладает более высокой энергией, чем состояние $|II\rangle$, но никакие наши рассуждения от этого не зависели. Уравнение (7.55) соблюдается и тогда, когда энергия состояния $|I\rangle$ *ниже* энергии состояния $|II\rangle$; тогда $P(I\to II)$ представляет собой вероятность перехода с *поглощением* энергии от падающей электромагнитной волны. Поглощение атомной системой света всегда предполагает, что имеется амплитуда для перехода в колеблющемся электрическом поле между состояниями, отличающимися на энергию $E=\hbar\omega_0$. В каждом отдельном случае она рассчитывается так же, как мы это проделали, и дает выражения наподобие (7.55). Поэтому мы подчеркнем следующие свойства этой формулы. Во-первых, вероятность пропорциональна T. Иными словами, существует неизменная вероятность на единицу времени, что переход произойдет. Во-вторых, эта вероятность пропорциональна *интенсивности* света, падающего на систему. В-третьих, вероятность перехода пропорциональна μ^2, где, как вы помните, $\mu\mathcal{E}$ определяет энергетический сдвиг, вызываемый электрическим полем $\mathcal{E}$. По этой именно причине $\mu\mathcal{E}$ появлялось и в уравнениях (7.38) и (7.39) в качестве коэффициента связи, ответственного за переход между стационарными состояниями $|I\rangle$ и $|II\rangle$. Иными словами, для рассматривавшихся нами малых $\mathcal{E}$ член $\mu\mathcal{E}$ есть так называемое «возмущение» в матричном элементе гамильтониана, связывающем состояния $|I\rangle$ и $|II\rangle$. В общем случае $\mu\mathcal{E}$ заменилось бы матричным элементом $\langle II|H|I\rangle$ (см. гл. 3, § 6).

В гл. 42, § 5 (вып. 4) мы говорили о связи между поглощением света, вынужденным испусканием и самопроизвольным испусканием в терминах введенных Эйнштейном коэффициентов A и B. Здесь наконец-то в наших руках появляется квантовомеханическая процедура для подсчета этих коэффициентов. То, что мы обозначили $P(I\to II)$ для нашей аммиачной двухуровневой молекулы, в точности соответствует коэффициенту поглощения B_{nm} в эйнштейновской теории излучения. Из-за сложности молекулы аммиака — слишком трудной для расчета — нам пришлось взять матричный элемент $\langle II|H|I\rangle$ в виде $\mu\mathcal{E}$ и говорить, что μ извлекается из опыта. Для более простых атомных систем величину μ_{mn}, отвечающую произвольному переходу, можно подсчитать, исходя из определения

$$\mu_{mn}\mathcal{E} = \langle m|H|n\rangle = H_{mn}, \qquad (7.56)$$

где H_{mn} — это матричный элемент гамильтониана, учитывающего влияние слабого электрического поля. Величина μ_{mn}, вычисленная таким способом, называется *электрическим дипольным матричным элементом*. Квантовомеханическая теория поглощения и испускания света сводится тем самым к расчету этих матричных элементов для тех или иных атомных систем.

Итак, изучение простых систем с двумя состояниями (двухуровневых) привело нас к пониманию общей проблемы поглощения и испускания света.

Глава 8

ДРУГИЕ СИСТЕМЫ С ДВУМЯ СОСТОЯНИЯМИ

§ 1. Молекулярный ион водорода

В предыдущей главе мы обсудили некоторые свойства молекулы аммиака в предположении, что это система о двух состояниях (или двухуровневая система). На самом деле, конечно, это не так — у нее есть множество состояний: вращения, колебания, перемещения и т. д., но в каждом из этих состояний движения следует говорить о паре внутренних состояний из-за того, что атом азота может быть переброшен с одной стороны плоскости трех атомов водорода на другую. Сейчас мы рассмотрим другие примеры систем, которые в том или ином приближении можно будет считать системами с двумя состояниями. Многое здесь будет приближенным, потому что всегда имеется множество других состояний, и в более точном анализе их следовало бы учитывать. Но в каждом из этих примеров мы окажемся в силах очень многое понять, рассуждая только о двух состояниях.

Раз мы будем иметь дело только с двухуровневыми системами, то нужный нам гамильтониан будет выглядеть так же, как и в предыдущей главе. Когда гамильтониан не зависит от времени, то известно, что имеются два стационарных состояния с определенными (и обычно разными) энергиями. В общем случае, однако, мы будем начинать наш анализ с выбора базисных состояний (*не обязательно* этих стационарных состояний), таких, которые, скажем, имеют другой простой физический смысл. Тогда стационарные состояния системы будут представлены линейной комбинацией этих базисных состояний.

Для удобства подытожим важнейшие уравнения, выведенные в гл. 7. Пусть первоначально в качестве базисных состояний были приняты $|1\rangle$ и $|2\rangle$. Тогда любое состояние $|\psi\rangle$ представляется их линейной комбинацией:

$$|\psi\rangle=|1\rangle\langle 1|\psi\rangle+|2\rangle\langle 2|\psi\rangle=|1\rangle C_1+|2\rangle C_2. \tag{8.1}$$

Амплитуды C_i (под этим подразумеваются как C_1, так и C_2) удовлетворяют двум линейным дифференциальным уравнениям

$$i\hbar\frac{dC_i}{dt}=\sum_j H_{ij}C_j, \tag{8.2}$$

где и i, и j принимают значения 1 и 2.

Когда члены гамильтониана H_{ij} не зависят от t, то два состояния с определенной энергией (стационарные), которые мы обозначим

$$|\psi_I\rangle=|I\rangle e^{-(i/\hbar)E_I t} \quad \text{и} \quad |\psi_{II}\rangle=|II\rangle e^{-(i/\hbar)E_{II}t}.$$

обладают энергиями

$$\begin{aligned}E_I&=\frac{H_{11}+H_{22}}{2}+\sqrt{\left(\frac{H_{11}-H_{22}}{2}\right)^2+H_{12}H_{21}},\\ E_{II}&=\frac{H_{11}+H_{22}}{2}-\sqrt{\left(\frac{H_{11}-H_{22}}{2}\right)^2+H_{12}H_{21}}.\end{aligned} \tag{8.3}$$

Для каждого из этих состояний оба C имеют одинаковую зависимость от времени. Векторы состояний $|I\rangle$ и $|II\rangle$, которые отвечают стационарным состояниям, связаны с нашими первоначальными базисными состояниями $|1\rangle$ и $|2\rangle$ формулами

$$\begin{aligned}|I\rangle&=|1\rangle a_1+|2\rangle a_2,\\ |II\rangle&=|1\rangle a_1'+|2\rangle a_2'.\end{aligned} \tag{8.4}$$

Здесь a — комплексные постоянные, удовлетворяющие равенствам

$$|a_1|^2+|a_2|^2=1,\quad \frac{a_1}{a_2}=\frac{H_{12}}{E_I-H_{11}}, \tag{8.5}$$

$$|a_1'|^2+|a_2'|^2=1,\quad \frac{a_1'}{a_2'}=\frac{H_{12}}{E_{II}-H_{22}}. \tag{8.6}$$

Если H_{11} и H_{22} между собой равны, скажем оба равны E_0, а $H_{12}=H_{21}=-A$, то $E_I=E_0+A$, $E_{II}=E_0-A$, и состояния $|I\rangle$ и $|II\rangle$ особенно просты:

$$|I\rangle=\frac{1}{\sqrt{2}}[|1\rangle-|2\rangle],\quad |II\rangle=\frac{1}{\sqrt{2}}[|1\rangle+|2\rangle]. \tag{8.7}$$

Фиг. 8.1. *Совокупность базисных состояний для двух протонов и электрона.*

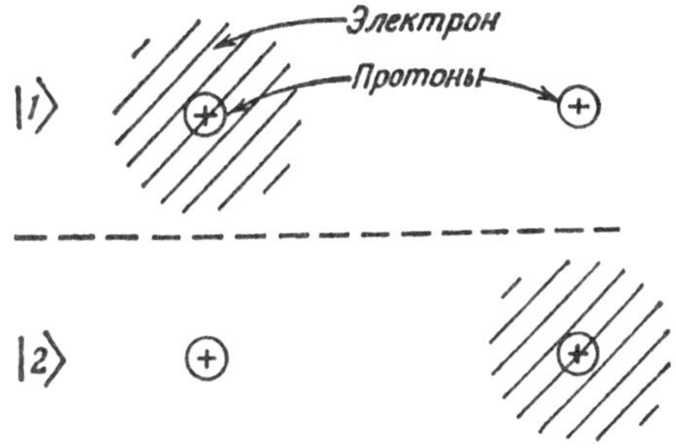

Эти результаты мы хотим теперь использовать, чтобы рассмотреть ряд интересных примеров, взятых из химии и физики. Первый пример — это ион молекулы водорода. Положительно ионизированная молекула водорода состоит из двух протонов и одного электрона, как-то бегающего вокруг них. Каких состояний можно ожидать для этой системы, если расстояние между протонами велико? Ответ вполне ясен: электрон расположится вплотную к одному протону и образует атом водорода в его наинизшем состоянии, а другой протон останется одиночкой, положительным ионом. Значит, когда два протона удалены друг от друга, то можно себе наглядно представить одно физическое состояние, в котором электрон «придан» одному из протонов. Существует, естественно, и другое, симметричное первому состояние, в котором электрон находится возле второго протона, а ионом оказывается первый протон. Эту пару состояний мы и сделаем базисными, обозначив их $|1\rangle$ и $|2\rangle$. Они показаны на фиг. 8.1. Конечно, на самом деле у электрона возле протона имеется множество состояний, потому что их комбинация может существовать в виде одного из возбужденных состояний атома водорода. Но нас сейчас не интересует это разнообразие состояний, мы будем рассматривать лишь случай, когда атом водорода пребывает в наинизшем состоянии — своем основном состоянии,— и пренебрежем на время спином электрона. Мы просто предположим *, что для всех наших состояний спин электрона направлен вверх по оси z.

Чтобы убрать электрон из атома водорода, требуется 13,5 *эв* энергии. Столько же энергии — очень много по нашим теперешним масштабам — понадобится и на то, чтобы электрон оказался на полпути между протонами (коль скоро сами протоны сильно удалены друг от друга). Так что по классическим понятиям электрону немыслимо перескочить от одного протона к

* До тех пор, пока нет сильных магнитных полей, это предположение вполне удовлетворительно. Влияние магнитных полей на электрон мы обсудим в этой же главе позже, а очень слабые спиновые эффекты в атоме водорода — в гл. 10.

другому. Однако в квантовой механике это возможно, хоть и не очень вероятно. Существует некая малая амплитуда того, что электрон уйдет от одного протона к другому. Тогда в первом приближении каждое из наших базисных состояний $|1\rangle$ и $|2\rangle$ будет иметь энергию E_0, равную просто сумме энергий атома водорода и протона. Матричные элементы H_{11} и H_{22} гамильтониана мы можем принять приближенно равными E_0. Другие матричные элементы H_{12} и H_{21}, представляющие собой амплитуды перехода электрона туда и обратно, мы опять запишем в виде $-A$.

Вы видите, что это та же игра, в какую мы играли в последних двух главах. Если пренебречь способностью электрона перескакивать туда и обратно, то два состояния будут иметь в точности одинаковую энергию. Эта энергия, однако, расщепляется на два энергетических уровня из-за того, что электрон может переходить туда и назад, и чем больше вероятность перехода, тем больше расщепление. Стало быть, два уровня энергии системы равны E_0+A и E_0-A, и состояния, у которых такие энергии, даются уравнениями (8.7).

Из нашего решения мы видим, что если протон и водородный ион как-то расположить близко один к другому, то электрон не останется подле одного протона, а будет перескакивать от протона к протону и обратно. Если вначале он был близ одного из протонов, то затем он начнет колебаться туда и назад между состояниями $|1\rangle$ и $|2\rangle$, давая решение, меняющееся во времени. Чтобы получить решение, отвечающее самой низкой энергии (которое не меняется со временем), необходимо, чтобы вначале система обладала одинаковыми амплитудами пребывания электрона возле каждого из протонов. Кстати, вспомните, что электронов отнюдь не два; мы совсем не утверждаем, что вокруг каждого протона имеется электрон. Имеется только *один* электрон, и это *он* имеет одинаковую амплитуду ($1/\sqrt{2}$ по величине) быть в том или ином положении.

Дальше, для электрона, который находится близ одного протона, амплитуда A оказаться близ другого зависит от расстояния между протонами. Чем они ближе один к другому, тем больше амплитуда. Вы помните, что в гл. 5 мы говорили об амплитуде «проникновения» электрона «сквозь барьер», на что по классическим канонам он не способен. Здесь то же самое положение дел. Амплитуда того, что электрон переберется к другому протону, спадает с расстоянием примерно по экспоненте (для больших расстояний). Раз вероятность, а следовательно, и значение A при сближении протонов возрастают, то возрастает и расстояние между уровнями энергии. Если система находится в состоянии $|I\rangle$, то энергия E_0+A с уменьшением расстояния растет так, что эти квантовомеханические эффекты приводят к *силе отталкивания*, стремящейся раз-

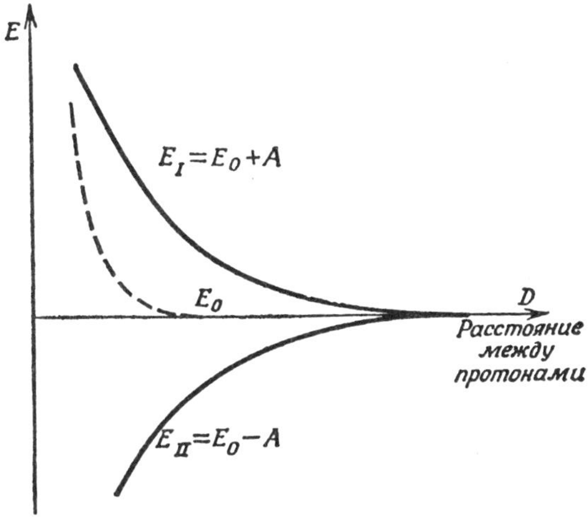

Фиг. 8.2. Энергии двух стационарных состояний иона H_2^+ как функция расстояния между двумя протонами.

вести протоны. Если же система пребывает в состоянии $|II\rangle$, то полная энергия при сближении протонов *убывает*; существует *сила притяжения*, подтягивающая протоны один к другому. Эти энергии меняются с расстоянием между протонами примерно так, как показано на фиг. 8.2. Тем самым у нас появляется квантовомеханическое объяснение силы связи, скрепляющей ион H_2^+.

Однако мы позабыли об одной вещи. В дополнение к только что описанной силе имеется также электростатическая сила взаимного отталкивания двух протонов. Когда оба протона очень удалены друг от друга (как на фиг. 8.1), то «голый» протон видит перед собой только нейтральный атом, так что электростатической силой можно пренебречь. При очень тесных сближениях, однако, «голый» протон оказывается порой «внутри» электронного распределения, т. е. в среднем он ближе к протону, чем к электрону. Появляется некоторая добавочная электростатическая энергия, которая, конечно, положительна. Эта энергия — она тоже зависит от расстояния — должна быть включена в E_0. Значит, за E_0 мы должны принять нечто похожее на штриховую кривую на фиг. 8.2; она быстро подымается на расстояниях, меньших, чем радиус атома водорода. Энергию переворота A надо вычесть и прибавить к этому E_0. Если это сделать, то энергии E_I и E_{II} будут меняться с межпротонным расстоянием D, как показано на фиг. 8.3. [На рисунке мы воспроизвели результаты более детальных выкладок.

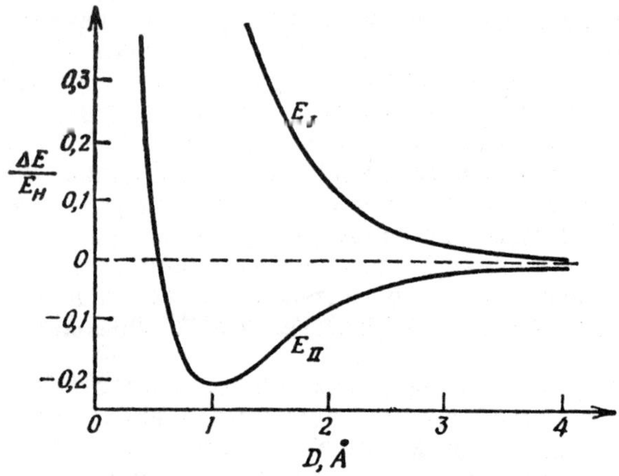

Фиг. 8.3. Уровни энергии иона H_2^+ *как функция межпротонного расстояния D* ($E_H = 13{,}6$ *эв*).

Межпротонное расстояние дано в ангстремах ($1Å = 10^{-8}$ *см*), а избыток энергии над протоном плюс водородным ионом дается в единицах энергии связи атома водорода, так называемых «ридбергах» (13,6 *эв*).] Мы видим, что состояние $|II\rangle$ имеет точку минимума энергии — равновесную конфигурацию (условие наинизшей энергии) для иона H_2^+. Энергия в этой точке ниже, чем энергии отдельно протона и отдельно водородного иона, так что система связана. Отдельный электрон действует так, что скрепляет протоны. Химик назвал бы это «одноэлектронной связью».

Этот род химической связи часто также называют «квантовомеханическим резонансом» (по сходству с двумя связанными маятниками, о котором мы уже говорили). Но звучит это таинственнее, чем оно есть на самом деле; это только тогда «резонанс», когда базисные состояния с самого начала неудачно выбраны, как у нас и было! А если выбрать состояние $|II\rangle$, вы сразу получите наинизшее энергетическое состояние — и все.

Можно и по-иному объяснить, отчего энергия этого состояния должна быть ниже, чем у протона плюс атома водорода. Представим себе электрон возле двух протонов, удаленных на определенное, но не очень большое расстояние. Вы помните, что электрон возле одиночного протона «размазан» из-за принципа неопределенности. Он ищет равновесия, пытаясь раздобыть энергию пониже (низкую кулоновскую *потенциальную* энергию) и не оказаться при этом сжатым в пространстве чересчур тесно, что привело бы к высокой *кинетической* энергии (из-за соотношения неопределенности $\Delta p \Delta x \approx \hbar$). Если же протонов два, то будет больше места, где у электрона может быть низкая потенциальная энергия. Он может размазаться (снижая тем самым свою кинетическую энергию), не повышая при этом своей потенциальной энергии. В итоге его энергия ниже, чем в атоме водорода. Тогда почему же у другого состояния $|II\rangle$ энергия выше? Но заметьте, что это состояние есть *разность* состояний $|1\rangle$ и $|2\rangle$. Вследствие симметрии $|1\rangle$ и $|2\rangle$ разность должна иметь нулевую амплитуду того, что электрон окажется на полпути между протонами. Это означает, что электрон немного сильнее ограничен в пространстве, что и приводит к большей энергии.

Следует сказать, что наше приближенное рассмотрение иона H_2^+ как двухуровневой системы рассыпается вправ, едва лишь протоны сблизятся до минимума энергии на кривой фиг. 8.3; тогда больше не получается хорошего значения истинной энергии связи. На малых удалениях энергии двух «состояний» на самом деле уже не равны E_0; требуется более тонкое квантовомеханическое рассмотрение.

Положим, мы теперь заинтересуемся, что случилось бы, если бы вместо двух протонов у нас были два разных объекта, скажем один протон и один положительный ион лития (причем обе частицы по-прежнему имеют по единичному положительному заряду). В этом случае два члена H_{11} и H_{22} в гамильтониане больше не совпадали бы; они были бы совершенно различны. Если бы оказалось, что разность $(H_{11}-H_{22})$ по абсолютной величине много больше $A=-H_{12}$, то сила притяжения стала бы очень слабой. В этом можно убедиться следующим образом.

Если в (8.3) подставить $H_{12}H_{21}=A^2$, то мы получим

$$E=\frac{H_{11}+H_{22}}{2}\pm\frac{H_{11}-H_{22}}{2}\sqrt{1+\frac{4A^2}{(H_{11}-H_{22})^2}}.$$

Когда $H_{11}-H_{22}$ много больше A^2, корень довольно точно равен

$$1+\frac{2A^2}{(H_{11}-H_{22})^2}.$$

Тогда энергии обращаются в

$$E_I=H_{11}+\frac{A^2}{H_{11}-H_{22}},$$
$$E_{II}=H_{22}-\frac{A^2}{H_{11}-H_{22}}. \tag{8.8}$$

Теперь они почти вплотную совпадают с энергиями H_{11} и H_{22} изолированных атомов и только чуть-чуть отличаются из-за наличия амплитуды перескока A.

Разность энергий $(E_I - E_{II})$ равна

$$(H_{11}-H_{22})+\frac{2A^2}{H_{11}-H_{22}}.$$

Добавка к расстоянию между уровнями из-за переброса электрона уже не равна $2A$; она составляет $A/(H_{11}-H_{22})$ — часть этой величины (что по предположению много меньше единицы). Кроме того, сама зависимость $E_I - E_{II}$ от расстояния между ядрами сейчас намного слабее, чем для иона H_2^+: в нее тоже входит множитель $A/(H_{11}-H_{22})$. Можно поэтому понять, отчего связь несимметричных двуатомных молекул, как правило, очень слаба.

В нашей теории иона H_2^+ мы открыли объяснение механизма, с помощью которого электрон, распределенный между двумя протонами, создает в итоге силу притяжения между ними даже тогда, когда они очень удалены друг от друга. Сила притяжения проистекает от уменьшения энергии системы, вызываемого тем, что у электрона есть возможность прыгать от одного протона к другому. При таких прыжках система переходит от конфигурации атом водорода — протон к конфигурации протон — атом водорода и обратно. Процесс символически можно записать так:

$$(H, p) \rightleftarrows (p, H).$$

Сдвиг энергии, вызываемый этим процессом, пропорционален амплитуде A того, что электрон с энергией $-W_H$ (его энергия связи в атоме водорода) может от одного протона перейти к другому.

При больших расстояниях R между протонами электростатическая потенциальная энергия электрона близка к нулю почти во всем том пространстве, которое он вынужден преодолеть, делая прыжок. Так что в этом пространстве электрон движется почти как свободная частица в пустом пространстве, но обладая при этом *отрицательной* энергией! В гл. 1 [уравнение (1.7)] мы видели, что амплитуда для частицы определенной энергии перейти с одного места на другое, удаленное на расстояние r, пропорциональна

$$\frac{e^{(i/\hbar)pr}}{r},$$

где p — импульс, отвечающий заданной энергии. В теперешнем случае (применяется нерелятивистская формула) p определяется из выражения

$$\frac{p^2}{2m} = -W_H. \qquad (8.9)$$

А это значит, что p — число мнимое:

$$p = i\sqrt{2mW_H}$$

(другой знак перед корнем приводит к абсурду).

Стало быть, следует ожидать, что амплитуда A для иона H_2^+ будет меняться как

$$A \sim \frac{e^{-(\sqrt{2mW_H}/\hbar)R}}{R} \qquad (8.10)$$

при больших расстояниях R между протонами. Сдвиг энергии, вызываемый электронной связью, пропорционален A; значит, существует сила, сближающая два протона, которая пропорциональна (при больших R) производной от (8.10) по R.

Наконец, для полноты следует заметить, что в одноэлектронной системе с двумя протонами есть еще один эффект, который тоже приводит к зависимости энергии от R. Мы пока им пренебрегали, поскольку он обычно не очень важен, за исключением как раз тех больших расстояний, на которых энергия обменного члена A убывает экспоненциально до очень малых величин. Новый эффект, о котором мы говорим,— это электростатическое притяжение протона к атому водорода, возникающее по той же причине, по какой любой заряженный предмет притягивает к себе незаряженный. «Голый» протон создает электрическое поле $\mathcal{E}$ (изменяющееся как $1/R^2$) возле нейтрального атома водорода. Атом становится поляризованным, приобретая наведенный дипольный момент μ, пропорциональный $\mathcal{E}$. Энергия диполя есть $\mu\mathcal{E}$, т. е. пропорциональна $\mathcal{E}^2$, или $1/R^4$. Значит, в выражении для энергии системы существует член, убывающий как четвертая степень расстояния (это поправка к E_0). Эта энергия спадает с расстоянием медленнее, чем сдвиг A, даваемый формулой (8.10). На каких-то больших расстояниях R член с R^4 становится важнейшим, определяющим изменение энергии с R, и поэтому единственной оставшейся силой. Заметьте, что электростатический член для обоих базисных состояний имеет один знак (раз сила притягивает, то энергия отрицательна), а потому и для обоих стационарных состояний его знак один и тот же, в то время как член электронного обмена A для двух стационарных состояний дает разные знаки.

§ 2. *Ядерные силы*

Мы видели, что система, составленная из атома водорода и протона, вследствие обмена одним электроном обладает энергией взаимодействия, которая на больших расстояниях R меняется как

$$\frac{e^{-\alpha R}}{R}, \tag{8.11}$$

где $\alpha=\sqrt{2mW_H}/\hbar$. (Обычно говорят, что происходит обмен «виртуальным» электроном, когда, как в нашем случае, электрон вынужден перепрыгивать через ту область, где его энергия оказалась бы отрицательной. Конкретнее говоря, «виртуальный обмен» означает, что явление предполагает квантовомеханическую интерференцию между состоянием без обмена и состоянием с обменом.)

А теперь следует задать такой вопрос: не может ли быть, что и силы, действующие между другими частицами, имеют сходное происхождение? Что́, к примеру, можно сказать о ядерной силе, действующей между нейтроном и протоном или между двумя протонами? Пытаясь объяснить природу ядерных сил, Юкава предположил, что сила, действующая между двумя нуклонами, вызывается сходным обменным эффектом, только в этом случае из-за виртуального обмена не электроном, а какой-то новой частицей, которую он назвал «мезон». Сегодня мы бы отождествили мезон Юкавы с π-мезоном (или «пионом»), возникающим в высокоэнергетических столкновениях протонов или других частиц.

Посмотрим для примера, какого рода силы возникнут от того, что протон и нейтрон обменяются положительным пионом (π^+), имеющим массу m_π. Как атом водорода H^0 может, отказавшись от электрона e^-, превратиться в протон p^+

$$H^0 \longrightarrow p^+ + e^-, \tag{8.12}$$

точно так же протон p^+ может перейти в нейтрон n^0, отказавшись от π^+-мезона:

$$p^+ \longrightarrow n^0 + \pi^+. \tag{8.13}$$

Значит, если у нас есть протон (в точке a) и нейтрон (в точке b), разделенные расстоянием R, то протон может стать нейтроном, испуская π^+-мезон, который затем поглощается нейтроном в точке b, обращая его в протон. И имеется энергия взаимодействия системы из двух нуклонов и одного пиона, зависящая от амплитуды A пионного обмена, как это было с электронным обменом в ионе H_2^+.

В процессе (8.12) энергия атома H^0 (если вычислять ее нерелятивистски, опуская энергию покоя электрона mc^2) меньше энергии протона на величину W_H, так что *кинетическая* энергия электрона отрицательна — или импульс мнимый [см. уравнение (8.9)]. В ядерном процессе (8.13) массы протона и нейтрона почти равны, так что *полная* энергия π^+-мезона окажется равной нулю. Соотношение между полной энергией E и импульсом p пиона с массой m_π таково:

$$E^2 + p^2c^2 = m_\pi^2 c^4.$$

Раз E равно нулю (или по крайней мере пренебрежимо мало по сравнению с m_π), то импульс опять выходит мнимый:

$$p + im_\pi c.$$

Повторяя знакомые нам уже рассуждения, с помощью которых мы вычисляли амплитуду того, что связанный электрон проникнет через барьер в пространстве между двумя протонами, мы получаем для ядерного случая амплитуду обмена A, которая — при больших R — будет вести себя как

$$\frac{e^{-(m_\pi c/\hbar)R}}{R}. \qquad (8.14)$$

Энергия взаимодействия пропорциональна A и, значит, меняется таким же образом. Мы получаем изменение энергии в форме так называемого *потенциала Юкавы* между двумя нуклонами. Кстати, ту же формулу мы получили раньше прямо из дифференциального уравнения для движения пиона в пустом пространстве [см. гл. 28 (вып. 6), уравнение (28.18)].

Следуя той же линии рассуждений, можно попытаться прикинуть взаимодействие двух протонов (или двух нейтронов), происходящее от обмена *нейтральными* пионами (π^0). Основной процесс теперь таков:

$$p^+ \longrightarrow p^+ + \pi^0. \qquad (8.15)$$

Протон может испустить виртуальный π^0, оставаясь после этого все еще протоном. Если протонов два, то протон № 1 может испустить виртуальный π^0, который поглотится протоном № 2. В конце остается опять пара протонов. Это немного не то, что было в случае иона H_2^+. Тогда H^0 переходил после испускания электрона в другое состояние — в протон. Теперь же мы предполагаем, что протон может испускать π^0, не меняя своего характера. Такие процессы и впрямь наблюдаются в высокоэнергетических столкновениях. Процесс аналогичен тому, как электрон, испуская фотон, остается все же электроном:

$$e \longrightarrow e + \text{фотон}. \qquad (8.16)$$

Мы не «видим» фотонов внутри электрона до того, как они испустятся, или после того, как они поглотятся, и их «испускание» не изменяет «природы» электрона.

Вернемся к нашей паре протонов. Между ними существует взаимодействие из-за наличия амплитуды A — амплитуды того, что один из протонов испускает нейтральный пион, который проскакивает (с мнимым импульсом) к другому протону и там поглощается. Амплитуда эта опять пропорциональна

(8.14), но m_π — теперь масса нейтрального пиона. Сходные рассуждения приводят к такому же взаимодействию между двумя нейтронами. А раз ядерные силы (в пренебрежении электрическими эффектами), действующие между нейтроном и протоном, между протоном и протоном, между нейтроном и нейтроном, одинаковы, то мы приходим к заключению, что массы заряженного и нейтрального пионов обязаны быть равны между собой. И экспериментально оказывается, что массы действительно очень близки друг к другу, а небольшая разница между ними — это примерно то, что и следует из поправок на собственную энергию [см. гл. 28 (вып. 6)].

Существуют и другие виды частиц, скажем K-мезоны, которыми могут обмениваться два нуклона. Допусти́м также и одновременный обмен двумя пионами. Но у всех этих прочих обмениваемых «объектов» масса покоя m_x выше массы пиона m_π, что приводит к членам в амплитуде обмена, изменяющимся как

$$\frac{e^{-(m_x c/\hbar)R}}{R}.$$

Такие члены с ростом R отмирают быстрее, чем одномезонный член. Сегодня еще никто не знает, как вычислять эти члены с большей массой, но для достаточно высоких значений R выживает только однопионный член. И действительно, те опыты, в которых играет роль только взаимодействие на больших расстояниях, свидетельствуют, что энергия взаимодействия именно такова, как предсказывает теория однопионного обмена.

В классической теории электричества и магнетизма кулоновское электростатическое взаимодействие и излучение света ускоряемым зарядом тесно связаны — оба они вытекают из уравнений Максвелла. Мы видим, что в квантовой теории свет может быть представлен как квантовые возбуждения гармонических колебаний классического электромагнитного поля в ящике. С другой стороны, квантовая теория может быть построена при помощи описания света как частиц — фотонов, подчиняющихся статистике Бозе. В гл. 2, § 5, мы подчеркнули, что обе эти взаимоисключающие точки зрения всегда приводят к одинаковым предсказаниям. Может ли вторая точка зрения быть проведена последовательно и до конца, так чтобы в нее вошли *все* электромагнитные эффекты? В частности, если мы хотим описать электромагнитное поле полностью на языке бозе-частиц, т. е. фотонов, то чем будет вызвана сила Кулона?

С точки зрения «частиц» кулоновское взаимодействие между двумя электронами *вытекает из обмена виртуальными фотонами*. Один из электронов испускает фотон [как в реакции (8.16)], который переходит к другому электрону и там поглощается,— та же реакция идет в обратную сторону. Энергия взаимодействия снова дается формулой типа (8.14), но теперь m_π заменяется массой покоя фотона, которая равна нулю. Значит, виртуальный обмен фотоном приводит к энергии взаимодействия, которая меняется просто обратно пропорционально R — расстоянию между электронами — в точности, как нормальная кулоновская потенциальная энергия! В «частичной» (от слова частица) теории электромагнетизма процесс обмена виртуальным фотоном приводит ко всем явлениям электростатики.

§ 3. *Молекула водорода*

В качестве очередной системы с двумя состояниями рассмотрим нейтральную молекулу водорода H_2. В ней, естественно, труднее разобраться, потому что там имеются два электрона. Мы опять начнем с рассуждения о том, что́ происходит, когда оба протона достаточно удалены друг от друга. Но теперь к ним следует добавить еще два электрона. Чтобы удобнее было следить за ними, назовем их «электрон *a*» и «электрон *b*». Здесь опять можно себе вообразить два мыслимых состояния. Одна возможность: «электрон *a*» размазан вокруг первого протона, а «электрон *b*» — вокруг второго (фиг. 8.4). Получаются попросту два атома водорода. Это состояние назовем $|1\rangle$. Но есть и другая возможность: вокруг первого протона размазан «электрон *b*», а вокруг второго — «электрон *a*». Это состояние обозначим $|2\rangle$. Из-за симметрии эти две возможности обязаны быть энергетически эквивалентными, но, как мы увидим, энергия системы *не есть* просто энергия двух атомов водорода.

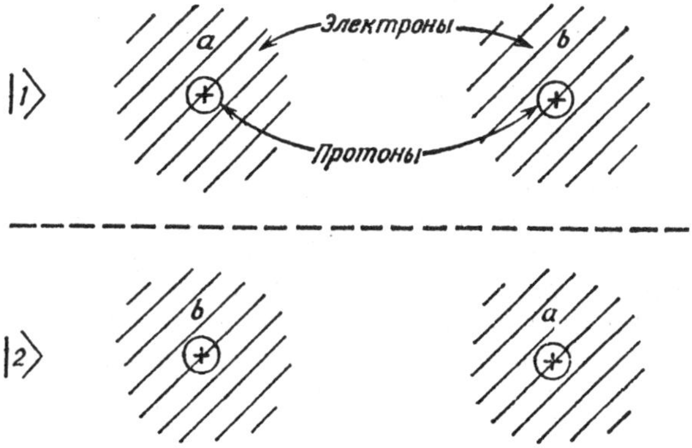

Фиг. 8.4. Совокупность базисных состояний для молекулы H_2.

Нужно заметить, что имеются многие другие возможности. Например, «электрон *a*» может находиться близ первого протона, а «электрон *b*» — в другом состоянии вокруг *того же* протона. Мы не станем рассматривать такой случай, поскольку его энергия заведомо будет больше (из-за сильного кулоновского отталкивания между двумя электронами). Для большей точности, конечно, стоило бы учесть и такие состояния; но уже из рассмотрения одной только пары состояний, показанных на фиг. 8.4, мы узнаем самое главное о молекулярной связи. В этом приближении мы можем описать всякое состояние, задав амплитуду $\langle 1|\varphi\rangle$ быть в состоянии $|1\rangle$ и амплитуду $\langle 2|\varphi\rangle$ быть в состоянии $|2\rangle$. Иными словами, вектор состояния $|\varphi\rangle$ может быть записан в виде линейной комбинации

$$|\varphi\rangle=\sum_i |i\rangle\langle i|\varphi\rangle.$$

Для дальнейшего, как всегда, предположим, что имеется некоторая амплитуда A того, что электроны могут проходить через промежуточное пространство и обмениваться местами. Эта возможность обмена означает, что энергия системы, как мы наблюдали и в других системах с двумя состояниями, расщеплена. Как и у молекулярного иона водорода, расщепление очень мало, когда расстояние между протонами велико. А когда протоны сближаются, возрастает амплитуда переходов электронов туда-сюда, а вместе с ней растет и расщепление. Убывание энергии в нижнем состоянии означает, что имеется сила притяжения, сближающая атомы. И опять, когда протоны сблизятся особенно тесно, уровни энергии поднимутся вследствие кулоновского отталкивания. В итоге энергии двух стационарных состояний будут меняться с расстоянием так, как показано на фиг. 8.5. На расстоянии порядка 0,74 Å низший энергетический уровень достигает минимума; это и есть расстояние между протонами в настоящей молекуле водорода.

Но у вас уже, вероятно, появилось возражение. А как же быть с тем, что оба электрона — тождественные частицы? Мы их назвали «электрон *a*» и «электрон *b*», но на самом-то деле невозможно сказать, кто из них кто. И мы еще говорили в гл. 2, что если за счет обмена электронами (ферми-частицами) имеются два пути, по которым что-то может произойти, то две амплитуды будут интерферировать с *отрицательным* знаком. Это значит, что если у электронов переставить обозначающие их номера, то знак амплитуды должен перемениться. Однако мы только что пришли к выводу, что связанное состояние молекулы водорода имело бы вид (при $t=0$)

$$|II\rangle=\frac{1}{\sqrt{2}}(|1\rangle+|2\rangle).$$

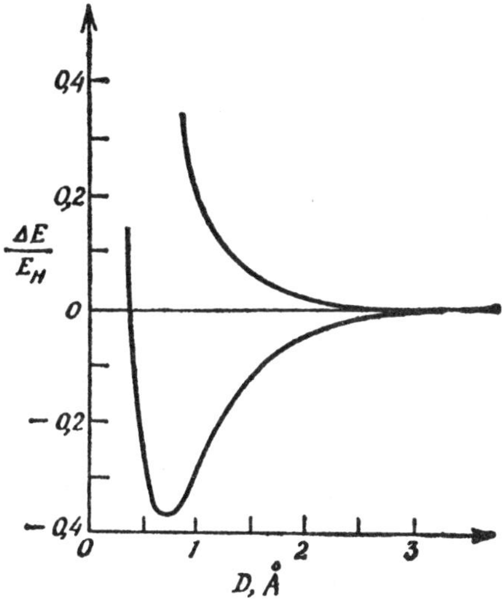

Фиг. 8.5. Уровни энергии молекулы H_2 для различных межпротонных расстояний D (E_H=13,6 эв).

А согласно нашим правилам, перечисленным в гл. 2, такое состояние недопустимо. Если переставить номера электронов, то мы получим состояние

$$\frac{1}{\sqrt{2}}(|2\rangle+|2\rangle),$$

и знак выйдет тот же, а не обратный.

Эти рассуждения верны, но только тогда, когда *спины обоих электронов одинаковы*. Если у них обоих спины смотрят вверх (или вниз), то единственно допустимое состояние таково:

$$|I\rangle=\frac{1}{\sqrt{2}}(|1\rangle-|2\rangle).$$

Для этого состояния перестановка электронов дает

$$\frac{1}{\sqrt{2}}(|2\rangle-|1\rangle),$$

что, как и положено, равно $-|I\rangle$. Значит, если сблизить два атома водорода так, чтобы их электроны вращались глядя в одну сторону, то они смогут перейти лишь в состояние $|I\rangle$, но не в состояние $|II\rangle$. Но заметьте теперь, что состояние $|I\rangle$ — это *верхнее* энергетическое состояние. Его кривая «энергия — расстояние» не имеет минимума. Два атома водорода всегда будут отталкиваться и не смогут образовать молекулу. Мы заключаем, что молекула водорода, в которой спины электронов параллельны, не способна существовать. И это на самом деле так.

С другой стороны, наше состояние $|II\rangle$ полностью симметрично по двум электронам. Действительно, если переименовать электроны, назвав первый a, а второй b, то мы снова получим в точности то же состояние. В гл. 2, § 7, мы видели, что если две ферми-частицы находятся в одном и том же состоянии, то спины их *обязаны* быть противоположными. Значит, у связанной молекулы водорода спин одного из электронов должен быть направлен вверх, а спин другого — вниз.

Весь рассказ о молекуле водорода на самом деле будет звучать еще более запутанно, если мы захотим включить в него спины протонов. Тогда уже будет нельзя считать молекулу системой с *двумя* состояниями. Она скорее должна походить на систему с *восемью* состояниями — для каждого из наших состояний $|1\rangle$ и $|2\rangle$ возможны четыре различные расстановки спинов, так что, пренебрегая спинами, мы слегка упростили дело. Наши окончательные выводы, однако, все равно верны.

Мы нашли, что в низшем энергетическом состоянии молекулы H_2— единственном связанном состоянии — спины двух электронов противоположны друг другу. Полный спиновый момент количества движения электронов равен нулю. Наоборот, два близких атома водорода с параллельными спинами (и, стало быть, с полным моментом количества движения $\hbar$) должны находиться в высшем (несвязанном) энергетическом состоянии; атомы будут отталкиваться. Налицо интересная корреляция между спинами и энергиями. Она еще раз иллюстрирует то, о чем мы упоминали раньше: что выходит, будто у двух спинов существует энергия «взаимодействия», потому что случай параллельных спинов обладает большей энергией, чем случай спинов антипараллельных. В каком-то смысле можно говорить, что спины стремятся выстроиться в антипараллельное положение и, стремясь к этому, обладают потенциалом к высвобождению энергии не из-за того, что там имеется большая магнитная сила, а из-за принципа запрета.

В § 1 мы видели, что связь двух *различных* ионов посредством *одного* электрона чаще всего оказывается весьма слабой. При *двухэлектронной* связи это *не так*. Представим, что два протона на фиг. 8.4 мы заменили любой парой ионов (с замкнутыми внутренними электронными оболочками и единичным ионным зарядом) и что энергии связи электрона в этих двух ионах различны. Энергии состояний $|1\rangle$ и $|2\rangle$ по-прежнему будут равны друг другу, потому что в каждом из этих состояний имеется по одному электрону на каждый ион. Поэтому у нас всегда будет расщепление, пропорциональное A. Двухэлектронная связь поистине вездесуща — это самая обычная валентная связь. Химическая связь, как правило, предполагает эту игру в «туда-сюда», в которую играют два электрона. Хотя пара атомов может быть связана только одним электроном, это случается сравнительно редко, потому что требует надлежащих условий.

Наконец, надо заметить, что если энергия притяжения электрона к одному ядру намного больше, чем к другому, то уже нельзя говорить, будто можно игнорировать другие мыслимые состояния. Пусть ядро *a* (это может быть и положительный ион) притягивает электрон намного сильнее, чем ядро *b*. Это сильное притяжение может более чем компенсировать взаимное отталкивание двух электронов. И если это так, то низшее энергетическое состояние может обладать большой амплитудой того, что оба электрона окажутся возле *a* (образуя отрицательный ион), и малой амплитудой того, что хотя бы один из них обнаружится возле *b*. Состояние выглядит как отрицательный ион рядом с положительным ионом. Именно это и случается в «ионных» молекулах наподобие NaCl. Вы видите, что мыслимы любые градации между ковалентной связью и ионной связью.

Теперь вы ясно видите, что многие химические факты на квантовомеханическом языке удается очень отчетливо понять.

§ 4. *Молекула бензола*

Для изображения сложных органических молекул химики изобрели изящные диаграммы. Мы хотим теперь поговорить об одной из самых интересных молекул — о молекуле бензола, диаграмма которой приведена на фиг. 8.6. В нее входят по шести весьма симметрично расположенных атомов углерода и водорода. Каждая черточка на диаграмме представляет *пару* электронов с противоположными спинами, пляшущих танец ковалентной связи. Каждый атом водорода вводит в игру по одному электрону, а каждый атом углерода — по четыре, образуя в общей сложности систему из 30 участвующих в игре электронов. (В углероде ближе к ядру есть еще два электрона, образующих первую, или *K*, оболочку. Они не показаны, поскольку их связь столь тесна, что сколько-нибудь заметной важности для ковалентной связи они не представляют.) Итак, каждая черточка на рисунке представляет *связь*, или пару электронов, а двойные связи означают, что между чередующимися парами атомов углерода имеются по *две пары* электронов.

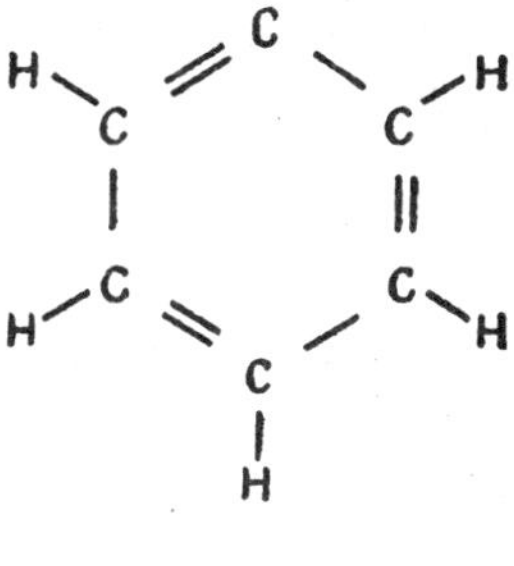

Фиг. 8.6. Молекула бензола C_6H_6.

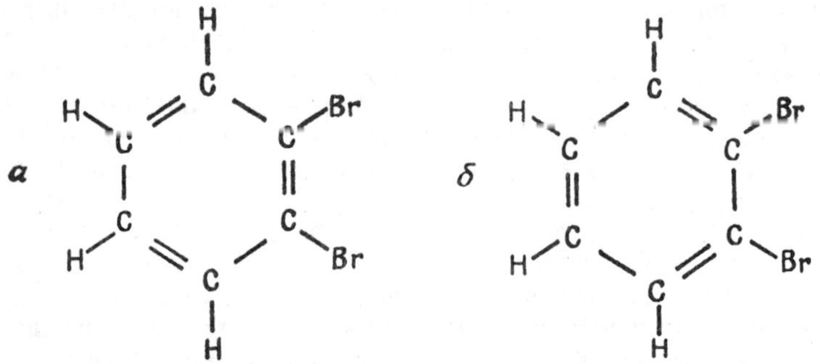

Фиг. 8.7. Две возможности для орто-дибромбензола.
Два атома брома могут разделяться либо одиночной связью, либо двойной.

С молекулой бензола связана одна загадка. Можно подсчитать, какая энергия должна потребоваться на образование этого химического соединения, потому что химики измерили энергии различных соединений, включающих части кольца; к примеру, изучая этилен, они узнали энергию двойной связи и т. д. Поэтому мы можем подсчитать полную энергию, которую должна была бы иметь молекула бензола. Однако истинная энергия бензольного кольца намного меньше, чем получается при таком подсчете: кольцо связано куда крепче, чем полагается обычной системе «ненасыщенных двойных связей». Как правило, система двойных связей, не образующая подобного кольца, весьма легко поддается химическим атакам: ее энергия сравнительно высока, и, добавляя лишние атомы водорода, двойные связи удается легко разрывать. Не то у бензола — кольцо его почти нерушимо: сломать его нелегко. Иными словами, энергия бензола намного ниже, чем дает подсчет по картине двойных связей.

Имеется еще и другая загадка. Пусть мы заменили два смежных водорода атомами брома, образуя *орто*-дибромбензол. Это можно сделать двумя путями. Атомы брома могут быть на противоположных концах двойной связи (фиг. 8.7, *а*) или могут быть на противоположных концах одинарной связи (фиг. 8.7, *б*). Можно было бы подумать, что должны существовать две разные формы *орто*-дибромбензола, но это не так. Есть только одно такое вещество *.

---

* Мы немного упрощаем дело. Первоначально химики думали, что должны существовать *четыре* формы дибромбензола: две формы с атомами брома при соседних атомах углерода (*орто*-дибромбензол), третья форма с атомами брома при атомах углерода, идущих через один (*мета*-дибромбензол), и четвертая форма с атомами брома, стоящими друг против друга (*пара*-дибромбензол). Однако отыскали они только три формы — существует лишь *одна* форма *орто*-молекулы.

Фиг. 8.8. Совокупность базисных состояний для молекулы бензола.

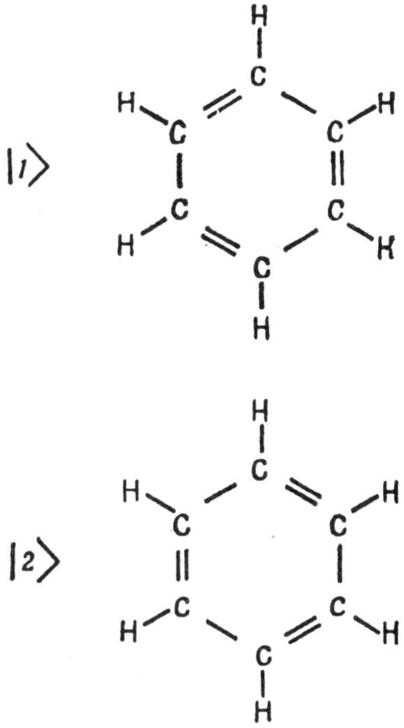

Теперь мы собираемся разрешить эти загадки, и вы, может быть, уже догадались как: конечно, дело в том, что «основное состояние» бензольного кольца на самом деле является системой с двумя состояниями. Можно представить себе, что связи в бензоле могут быть расположены двояким образом, как показано на фиг. 8.8. Вы скажете: «Но ведь это одно и то же; у них должна быть одинаковая энергия». Конечно, должна быть. Именно поэтому их и надо анализировать как систему с двумя состояниями. Каждое состояние представляет другую конфигурацию всей совокупности электронов, и существует некоторая амплитуда A того, что все переплетение переключится с одного расположения на другое, есть какой-то шанс, что электроны смогут сменить фигуру в танце.

Как мы видели, эта вероятность переброса приводит к смешанному состоянию, энергия которого ниже, чем получилось бы, если бы мы рассчитали каждую из схем, представленных на фиг. 8.8, по отдельности. Вместо этого существуют два стационарных состояния: одно с энергией выше, другое — ниже ожидаемого значения. Значит, в действительности истинное нормальное состояние бензола (с наинизшей энергией) не есть какая-либо из возможностей, представленных на фиг. 8.8, а обладает амплитудой $1/\sqrt{2}$ пребывания в каждом из нарисованных состояний. Это единственное состояние, которое и стоит принимать в расчет в химии бензола при нормальных температурах. Кстати, существует и верхнее состояние; мы вправе так говорить, потому что бензол обладает сильным поглощением света в ультрафиолетовой области с частотой $\omega=(E_I-E_{II})/\hbar$. Вспомните, что в аммиаке, где прыгающим вверх и вниз объектом являлась тройка протонов, расстояние между энергиями приходилось на микроволновую область. В бензоле таким объектом являются электроны, и, поскольку они намного легче, им и перескакивать туда-сюда тоже намного легче, отчего и коэффициент A становится куда больше. В итоге разница энергий намного больше — около 1,5 *эв*, а это энергия фотона *.

Что же происходит, когда мы присоединяем бром? Тогда опять возникают две возможности с двумя разными электронными конфигурациями, показанные на фиг. 8.7. Отличие их в том, что те два базисных состояния, из которых мы исходим, обладают теперь слегка различными энергиями. В стационарное состояние с наинизшей энергией по-прежнему войдет линейная комбинация двух состояний, но с неравными амплитудами. Для состояния $|1\rangle$ амплитуда может стать равной, скажем, $\sqrt{2/3}$, для состояния $|2\rangle$ она будет $\sqrt{1/3}$; чтобы знать коэффициенты точно, нужна добавочная информация, но, во всяком случае, если уж энергии H_{11} и H_{22} не равны друг другу, то и амплитуды C_1 и C_2 не могут быть равны между собой. Это, естественно, означает, что одна из двух изображенных на рисунке возможностей более вероятна, чем другая, но все же электроны достаточно подвижны, чтобы и та, и другая обладали какой-то конечной амплитудой. У другого стационарного состояния амплитуды другие (скажем, $\sqrt{1/3}$ и $-\sqrt{2/3}$), но оно лежит при более высокой энергии. Есть только одно наинизшее состояние, а не два, как можно было бы подумать, пользуясь наивной теорией закрепленных химических связей.

---

* Сказанное нами может вас слегка ввести в заблуждение. Поглощение света в принятой нами для бензола системе с двумя состояниями было бы очень слабым, потому что матричный элемент дипольного момента между двумя состояниями равен нулю. [Оба состояния электрически симметричны, и в нашей формуле (7.55) для вероятности перехода дипольный момент μ равен нулю, и свет не поглощается.] Если бы других состояний не было, существование верхнего состояния пришлось бы доказывать иными путями. Однако более полная теория бензола, которая исходит из большего числа базисных состояний (обладающих, скажем, смежными двойными связями), показывает, что истинные стационарные состояния бензола слегка искажены по сравнению с найденными нами. В результате все же возникает дипольный момент, который и разрешает упомянутые в тексте переходы, приводящие к поглощению света.

§ 5. *Красители*

Приведем еще один химический пример явления, связанного с двумя состояниями, но на этот раз на уровне крупных молекул. Касается это теории красителей. У многих красителей, а именно у большинства искусственных красителей, есть одна общая характеристика — они обладают своего рода симметрией. На фиг. 8.9 изображен ион одного из красителей — фуксина (он дает пурпурный цвет). В молекуле есть три кольцевые структуры, две из которых — бензольные кольца. Третья не совсем совпадает с бензольным кольцом, потому что внутри кольца в ней только две двойные связи. На рисунке показаны две в равной степени подходящие схемы, и мы догадываемся, что их энергии должны быть равны. Но имеется еще и амплитуда того, что все электроны смогут переброситься из одного состояния в другое, передвинув местоположение «незаполненного» кольца в другой конец. Когда электронов так много, то амплитуда переброса несколько ниже, чем у бензола, и различие в энергиях двух стационарных состояний не так велико. Но тем не менее все равно имеется обычная пара стационарных состояний $|I\rangle$ и $|II\rangle$, представляющая собой сумму и разность двух базисных состояний, показанных на рисунке. Энергетический промежуток между $|I\rangle$ и $|II\rangle$ оказывается равным энергии фотона в оптической области. Если молекулу осветить, возникает очень сильное поглощение при некоторой частоте и молекула покажется ярко окрашенной. Вот почему она краситель!

Другая интересная черта такой молекулы красителя — в двух изображенных базисных состояниях центры электрического заряда расположены в разных местах. В итоге молекула должна быть сильно подвержена действию внешнего электрического поля. Такой же эффект мы наблюдали в молекуле аммиака. Ясно, что его можно анализировать при помощи той же математики, если только известны числа E_0 и A. Их, вообще говоря,

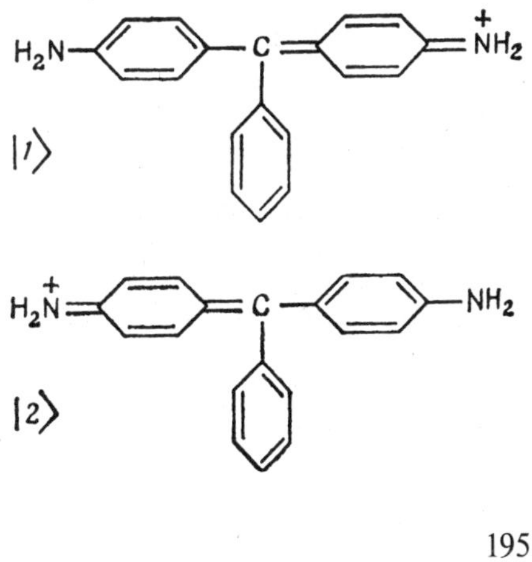

Фиг. 8.9. Пара базисных состояний для молекулы красителя фуксин.

получают, накапливая опытные данные. Если проделать измерения со многими красителями, то часто можно догадаться, что́ произойдет с какой-то родственной молекулой красителя. Из-за сильного сдвига местоположения центра электрического заряда значение μ в формуле (7.55) велико, и вещество обладает большой вероятностью поглощения света с характеристической частотой $2A/\hbar$. Значит, вещество не просто окрашено, а окрашено очень густо — малое количество вещества поглощает много света.

Скорости переброса (и тем самым A) очень чувствительны ко всей структуре молекулы. Если изменить A, то изменится расщепление энергии и вместе с ним цвет красителя. Кроме того, молекулы не обязаны быть совершенно симметричными. Мы видели, что то же самое основное явление бывает и при небольших видоизменениях — даже когда имеется небольшая асимметрия. Небольшого изменения цвета можно добиваться введением в молекулы легких асимметрий. Так, другой важный краситель, малахитовая зелень, очень похож на фуксин, только у него две из имеющихся молекул водорода замещены на CH_3. Цвет выходит другой, потому что A сдвинуто и скорость переброса электронов изменилась.

§ 6. Гамильтониан частицы со спином $^1/_2$ в магнитном поле

Обратимся теперь еще к одной системе с двумя состояниями. На этот раз нашим объектом будет частица со спином $^1/_2$. Кое-что из того, что мы намерены сказать, затрагивалось уже в предыдущих главах, но повторение поможет нам немного прояснить кое-какие темные места. Покоящийся электрон мы можем считать тоже системой с двумя состояниями. Хотя в этом параграфе мы будем толковать об «электроне», но то, что мы выясним, будет справедливо по отношению ко *всякой* частице со спином $^1/_2$.

Предположим, что в качестве наших базисных состояний $|1\rangle$ и $|2\rangle$ мы выбрали состояния, в которых z-компонента спина электрона равна либо $+\hbar/2$, либо $-\hbar/2$. Эти состояния, конечно, те же самые состояния $(+)$ и $(-)$, с которыми мы встречались в прежних главах. Чтобы согласовать эти и прежние обозначения, спиновое состояние $|1\rangle$ мы будем отмечать «плюсом», а спиновое состояние $|2\rangle$ — «минусом», причем «плюс» и «минус» относятся к моменту количества движения в направлении z.

Всякое мыслимое состояние $|\psi\rangle$ электрона можно описать уравнением (8.1), задав амплитуду C_1 того, что электрон находится в состоянии $|1\rangle$, и амплитуду C_2 того, что он находится в состоянии $|2\rangle$. Для этого нам понадобится гамильтониан нашей системы с двумя состояниями — электрона в магнитном поле. Начнем с частного случая магнитного поля в направлении z.

Пусть вектор **B** имеет только z-компоненту B_z. Из определения двух базисных состояний (что их спины параллельны и антипараллельны **B**) мы знаем, что они уже являются стационарными состояниями — состояниями с определенной энергией в магнитном поле. Состояние $|1\rangle$ соответствует энергии *, равной $-\mu B_z$, а состояние $|2\rangle$ — энергии $+\mu B_z$. В этом случае гамильтониан должен быть очень простым, поскольку на C_1— амплитуду оказаться в состоянии $|1\rangle$ C_2 не влияет и наоборот:

$$i\hbar\frac{dC_1}{dt}=E_1C_1=-\mu B_zC_1,$$
$$i\hbar\frac{dC_2}{dt}=E_2C_2=+\mu B_zC_2. \tag{8.17}$$

В этом частном случае гамильтониан равен

$$H_{11}=-\mu B_z,\qquad H_{12}=0,$$
$$H_{21}=0,\qquad H_{22}=+\mu B_z. \tag{8.18}$$

Итак, мы знаем, какой вид имеет гамильтониан, когда магнитное поле направлено по z, и знаем еще энергии стационарных состояний.

А теперь пусть поле *не направлено* по z. Каков теперь гамильтониан? Как меняются матричные элементы, когда поле не направлено по z? Мы сделаем предположение, что для членов гамильтониана имеется своего рода принцип суперпозиции. Точнее, мы предположим, что если два магнитных поля налагаются одно на другое, то члены гамильтониана просто складываются: если нам известно H_{ij} для поля, состоящего из одной только компоненты B_z, и известно H_{ij} для одной только B_x, то H_{ij} для поля с компонентами B_z, B_x получится простым сложением. Это бесспорно верно, если рассматриваются только поля в направлении z: если удвоить B_z, то удвоятся и все H_{ij}. Итак, давайте допустим, что H линейно по полю **B**. Чтобы найти H_{ij} для какого угодно магнитного поля, больше ничего и не нужно.

Пусть у нас есть постоянное поле **B**. Мы бы *могли* провести нашу ось z в направлении поля и *обнаружили бы* два стационарных состояния с энергиями $\mp\mu B$. Простой выбор другого направления осей не изменил бы *физики* дела. Наше *описание* стационарных состояний стало бы иным, но их энергии

* Мы принимаем энергию покоя m_0c^2 за «нуль» энергии и считаем магнитный момент μ электрона *отрицательным* числом, поскольку он направлен против спина.

по-прежнему были бы $\mp\mu B$, т. е.

и
$$E_I = -\mu\sqrt{B_x^2 + B_y^2 + B_z^2}$$
$$E_{II} = +\mu\sqrt{B_x^2 + B_y^2 + B_z^2}. \qquad (8.19)$$

Дальше все уже совсем легко. У нас есть формулы для энергий. Нам нужен гамильтониан, линейный по B_x, B_y и B_z, который даст именно такие энергии, если применить нашу общую формулу (8.3). Задача — найти гамильтониан. Прежде всего заметим, что энергия расщепляется симметрично и ее среднее значение есть нуль. Взглянув на (8.3), мы сразу же увидим, что для этого требуется

$$H_{22} = -H_{11}.$$

(Заметьте, что это подтверждается тем, что́ нам уже известно при $B_x = B_y = 0$; в этом случае $H_{11} = -\mu B_z$ и $H_{22} = \mu B_z$.) Если теперь приравнять энергии из (8.3) к тому, что нам известно из (8.19), то получится

$$\left(\frac{H_{11} - H_{22}}{2}\right)^2 + |H_{12}|^2 = \mu^2 (B_x^2 + B_y^2 + B_z^2). \qquad (8.20)$$

(Мы использовали также тот факт, что $H_{21} = H_{12}^*$, так что $H_{12}H_{21}$ может быть записано в виде $|H_{12}|^2$.) Опять в частном случае по́ля в направлении z это даст

$$\mu^2 B_z^2 + |H_{12}|^2 = \mu^2 B_z^2,$$

откуда $|H_{12}|$ в этом частном случае равно нулю, что означает, что в H_{12} не может войти член с B_z. (Вы помните, что мы говорили о линейности всех членов по B_x, B_y и B_z.)

Итак, пока мы узнали, что в H_{11} и H_{22} входят члены с B_z, а в H_{12} и H_{21} — нет. Можно попробовать угадать формулы, которые будут удовлетворять уравнению (8.20), написав

$$H_{11} = -\mu B_z,$$
$$H_{22} = \mu B_z$$

и

$$|H_{12}|^2 = \mu^2 (B_x^2 + B_y^2). \qquad (8.21)$$

Оказывается, что *никак иначе* этого сделать нельзя!

«Погодите,— скажете вы,— H_{12} по B не линейно. Из (8.21) следует, что $H_{12} = \mu\sqrt{B_x^2 + B_y^2}$». Не обязательно. Есть и другая возможность, которая уже *линейна*, а именно

$$H_{12} = \mu (B_x + iB_y).$$

На самом деле таких возможностей не одна, в общем случае можно написать

$$H_{12} = \mu (B_x \pm iB_y) e^{i\delta},$$

где δ — произвольная фаза.

Какой же знак и какую фазу мы обязаны взять? Оказывается, что можно выбрать любой знак и фазу тоже любую, а физические результаты от этого не изменятся. Так что выбор — это вопрос соглашения. Еще до нас кто-то решил ставить знак минус и брать $e^{i\delta} = -1$. Мы можем делать так же и написать

$$H_{12} = -\mu (B_x - iB_y), \quad H_{21} = -\mu (B_x + iB_y).$$

(Кстати, эти соглашения связаны и согласуются с тем произволом в выборе фаз, который мы использовали в гл. 4.)

Полный гамильтониан для электрона в произвольном магнитном поле, следовательно, равен

$$\begin{aligned} H_{11} &= -\mu B_z, & H_{12} &= -\mu (B_x - iB_y), \\ H_{21} &= -\mu (B_x + iB_y), & H_{22} &= +\mu B_z. \end{aligned} \tag{8.22}$$

А уравнения для амплитуд C_1 и C_2 таковы:

$$\begin{aligned} i\hbar \frac{dC_1}{dt} &= -\mu [B_z C_1 + (B_x - iB_y) C_2], \\ i\hbar \frac{dC_2}{dt} &= -\mu [(B_x + iB_y) C_1 - B_z C_2]. \end{aligned} \tag{8.23}$$

Итак, мы открыли «уравнения движения спиновых состояний» электрона в магнитном поле. Мы угадали их, пользуясь некоторыми физическими аргументами, но истинная проверка всякого гамильтониана заключается в том, что он обязан давать предсказания, согласующиеся с экспериментом. Из всех сделанных проверок следует, что эти уравнения правильны. Более того, хотя все наши рассуждения относились к постоянному полю, написанный нами гамильтониан правилен и тогда, когда магнитные поля меняются со временем. Значит, мы теперь можем применять уравнения (8.23) для решения всевозможных интересных задач.

§ 7. *Вращающийся электрон в магнитном поле*

Пример первый: пусть сначала имеется постоянное поле в направлении z. Ему соответствуют два стационарных состояния с энергиями $\mp\mu B_z$. Добавим небольшое поле в направлении x. Тогда уравнения получатся такими же, как в нашей старой задаче о двух состояниях. Опять, в который раз, получается знакомый уже нам переброс, и уровни энергии немного расщепляются. Пусть, далее, x-компонента поля начнет меняться во

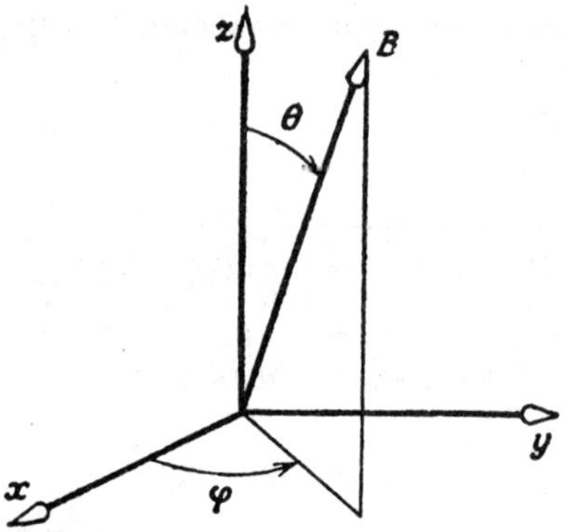

Фиг. 8.10. Направление **B** *определяется полярным углом θ и азимутальным углом φ.*

времени, скажем, как $\cos\omega t$. Тогда уравнения станут такими, как для молекулы аммиака в колеблющемся электрическом поле (см. гл. 7). И тем же способом, что и прежде, вы можете рассчитать процесс во всех деталях. При этом вы увидите, что колеблющееся поле приводит к переходам от $+z$-состояния к $-z$-состоянию и обратно, если только горизонтальное поле колеблется с частотой, близкой к резонансной, $\omega_0=2\mu B_z/\hbar$. *Это приводит к квантовомеханической теории явлений магнитного резонанса, описанной нами в гл. 35 (вып. 7).*

Можно еще сделать мазер, в котором используется система со спином $^1/_2$. Прибор Штерна — Герлаха создает пучок частиц, поляризованных, скажем, в направлении $+z$, и они потом направляются в полость, находящуюся в постоянном магнитном поле. Колеблющиеся в полости поля, взаимодействуя с магнитным моментом, вызовут переходы, которые будут снабжать полость энергией.

Рассмотрим теперь второй пример. Пусть у нас имеется магнитное поле **B**, направление которого характеризуется полярным углом θ и азимутальным углом φ (фиг. 8.10). Допустим еще, что имеется электрон, спин которого направлен по полю. Чему равны амплитуды C_1 и C_2 для этого электрона? Иными словами, обозначая состояние электрона $|\psi\rangle$, мы хотим написать

$$|\psi\rangle=|1\rangle C_1+|2\rangle C_2,$$

где C_1 и C_2 равны

$$C_1=\langle 1|\psi\rangle,\quad C_2=\langle 2|\psi\rangle,$$

а $|1\rangle$ и $|2\rangle$ обозначают то же самое, что раньше обозначалось $|+\rangle$ и $|-\rangle$ (по отношению к выбранной нами оси z).

Ответ на этот вопрос также содержится в наших общих уравнениях для систем с двумя состояниями. Во-первых, мы знаем, что раз спин электрона параллелен **B**, то электрон находится в стационарном состоянии с энергией $E_I=-\mu B$. Поэтому и C_1, и C_2 должны изменяться как $e^{-iE_It/\hbar}$ [см. уравнение (7.18)]; и их коэффициенты a_1 и a_2 даются формулой (8.5):

$$\frac{a_1}{a_2}=\frac{H_{12}}{E_I-H_{11}}. \tag{8.24}$$

Вдобавок a_1 и a_2 должны быть нормированы так, чтобы было $|a_1|^2+|a_2|^2=1$. Величины H_{11} и H_{12} мы можем взять из (8.22), используя равенства

$$B_z=B\cos\theta,\quad B_x=B\sin\theta\cos\varphi,\quad B_y=B\sin\theta\sin\varphi.$$

Тогда мы имеем

$$\begin{aligned}H_{11}&=-\mu B\cos\theta,\\ H_{12}&=-\mu B\sin\theta(\cos\varphi-i\sin\varphi).\end{aligned} \tag{8.25}$$

Кстати, скобка во втором уравнении есть просто $e^{-i\varphi}$, так что проще писать

$$H_{12}=-\mu B\sin\theta e^{-i\varphi}. \tag{8.26}$$

Подставляя эти матричные элементы в (8.24) и сокращая на $-\mu B$, находим

$$\frac{a_1}{a_2}=\frac{\sin\theta e^{-i\varphi}}{1-\cos\theta}. \tag{8.27}$$

Зная это отношение и зная условие нормировки, можно найти и a_1, и a_2. Сделать это нетрудно, но мы сократим путь, прибегнув к одному трюку. Известно, что $1-\cos\theta=2\sin^2(\theta/2)$ и $\sin\theta=2\sin(\theta/2)\cos(\theta/2)$. Значит, (8.27) совпадает с

$$\frac{a_1}{a_2}=\frac{\cos(\theta/2)e^{-i\varphi}}{\sin(\theta/2)}. \tag{8.28}$$

Один из ответов, следовательно, таков:

$$a_1=\cos\frac{\theta}{2}e^{-i\varphi},\quad a_2=\sin\frac{\theta}{2}. \tag{8.29}$$

Он удовлетворяет и уравнению (8.28), и условию

$$|a_1|^2+|a_2|^2=1.$$

Вы знаете, что умножение a_1 и a_2 на произвольный фазовый множитель ничего не меняет. Обычно формуле (8.29) предпочитают более симметричную запись, умножая на $e^{i\varphi/2}$. Принято писать так:

$$a_1=\cos\frac{\theta}{2}e^{-i\varphi/2},\quad a_2=\sin\frac{\theta}{2}e^{+i\varphi/2}. \tag{8.30}$$

Это и есть ответ на наш вопрос. Числа a_1 и a_2 — это амплитуды того, что электрон будет замечен спином вверх или вниз (по отношению к оси z), если известно, что его спин направлен вдоль оси (θ, φ). [Амплитуды C_1 и C_2 равны просто a_1 и a_2, умноженным на $e^{-iE_I t/\hbar}$.]

Заметьте теперь занятную вещь. Напряженность B магнитного поля нигде в (8.30) не появляется. Тот же результат, разумеется, получится в пределе, если поле B устремить к нулю. Это означает, что мы дали *общий* ответ на вопрос, как представлять частицу, спин которой направлен вдоль произвольной оси. Амплитуды (8.30) — это проекционные амплитуды для частиц со спином $^1/_2$, подобные проекционным амплитудам для частиц со спином 1, приведенным в гл. 3 [уравнения (3.38)]. Теперь мы сможем находить для фильтрованных пучков частиц со спином $^1/_2$ амплитуды проникновения через тот или иной фильтр Штерна — Герлаха.

Пусть $|+z\rangle$ представляет состояние со спином, направленным по оси z вверх, а $|-z\rangle$ — состояние со спином вниз. Если $|+z'\rangle$ представляет состояние со спином, направленным вверх по оси z', образующей с осью z углы θ и φ, то в обозначениях гл. 3 мы имеем

$$\langle +z\,|+z'\rangle = \cos\frac{\theta}{2}\,e^{-i\varphi/2}, \quad \langle -z\,|+z'\rangle = \sin\frac{\theta}{2}\,e^{+i\varphi/2}. \quad (8.31)$$

Эти результаты эквивалентны тому, что мы нашли из чисто геометрических соображений в гл. 4 [уравнение (4.36)]. (Если вы в свое время решили пропустить гл. 4, то вот перед вами один из ее существенных результатов.)

Напоследок вернемся еще раз к тому примеру, о котором уже не раз говорилось. Рассмотрим такую задачу. Сперва имеется электрон с определенным образом направленным спином, затем на 25 минут включается магнитное поле в направлении z, а затем выключается. Каким окажется конечное состояние? Опять представим состояние в виде линейной комбинации $|\psi\rangle = |1\rangle C_1 + |2\rangle C_2$. Но в нашей задаче состояния с определенной энергией являются одновременно нашими базисными состояниями $|1\rangle$ и $|2\rangle$. Значит, C_1 и C_2 меняются только по фазе. Мы знаем, что

$$C_1(t) = C_1(0)\,e^{-iE_I t/\hbar} = C_1(0)\,e^{+i\mu Bt/\hbar}$$

и

$$C_2(t) = C_2(0)\,e^{-iE_{II} t/\hbar} = C_2(0)\,e^{-i\mu Bt/\hbar}.$$

Мы сказали, что вначале у спина электрона было определенное направление. Это означает, что вначале C_1 и C_2 были двумя числами, определяемыми формулами (8.30). Переждав T секунд, новые C_1 и C_2 мы получим из прежних умножением соответственно на $e^{i\mu B_z T/\hbar}$ и $e^{-i\mu B_z T/\hbar}$. Что это будут за состояния? Узнать это легко, ведь это все равно, что изменить угол φ, вычтя из него $2\mu B_z T/\hbar$, и не трогать угол θ. Это значит, что к концу интервала времени T состояние $|\psi\rangle$ будет представлять электрон, выстроенный в направлении, отличающемся от первоначального только *поворотом* вокруг оси z на угол $\Delta\varphi=2\mu B_z T/\hbar$. Раз этот угол пропорционален T, то можно говорить, что направление спина прецессирует вокруг оси z с угловой скоростью $2\mu B_z/\hbar$. Этот результат мы уже получали раньше несколько раз, но не так полно и строго. Теперь мы получили полное и точное квантовомеханическое описание прецессии атомных магнитов.

Любопытно, что математические идеи, которые мы только что применили к электрону, вращающемуся в магнитном поле, применимы и для *любой* системы с двумя состояниями. Это означает, что, проведя математическую *аналогию* с вращающимся электроном, можно при помощи чисто геометрических рассуждений решить *любую задачу* для двухуровневой системы. Сперва вы сдвигаете энергию так, чтобы $(H_{11}+H_{22})$ было равно нулю (так что $H_{11}=-H_{22}$). И тогда любая задача о такой системе *формально* совпадет с задачей об электроне в магнитном поле. Вам нужно будет только *отождествить* $-\mu B_z$ с H_{11}, а $-\mu(B_x-iB_y)$ с H_{12}. И неважно, какая физика там была первоначально — молекула ли аммиака или что другое,— вы можете перевести ее на язык соответствующей задачи об электроне. Стало быть, если мы в состоянии решить в *общем случае* задачу об электроне, мы уже решили *все* задачи о двух состояниях.

А общее решение для электронов у нас есть! Пусть вначале электрон обладает определенным состоянием, в котором спин направлен вверх по некоторому направлению, а магнитное поле **B** — в какую-то другую сторону. Вращайте просто направление спина вокруг оси **B** с *векторной* угловой скоростью $\omega(t)$, равной некоторой константе, умноженной на вектор **B** (а именно $\omega=2\mu\mathbf{B}/\hbar$). Если **B** меняется со временем, двигайте по-прежнему ось вращения так, чтобы она оставалась параллельной **B**, и

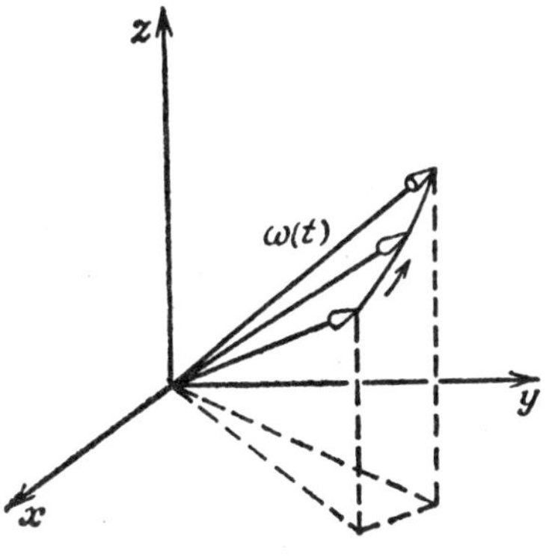

Фиг. 8.11. Направление спина электрона в изменяющемся магнитном поле **B**(t) *прецессирует с частотой* $\boldsymbol{\omega}(t)$ *вокруг оси, параллельной* **B**.

изменяйте скорость вращения так, чтобы она все время была пропорциональна напряженности **B** (фиг. 8.11). Если все время это делать, вы остановитесь на какой-то конечной ориентации спиновой оси, и амплитуды C_1 и C_2 получатся просто как ее проекции [при помощи (8.30)] на вашу систему координат.

Вы видите, что задача эта чисто геометрическая: надо заметить, где закончились все ваши вращения. Хотя сразу видно, что́ для этого требуется, но эту геометрическую задачу (отыскание окончательного итога вращений с переменным вектором угловой скорости) нелегко в общем случае решить явно. Во всяком случае, мы *в принципе* видим общее решение любой задачи для двух состояний. В следующей главе мы глубже исследуем математическую технику обращения с частицами спина $^1/_2$ и, следовательно, обращения с системами, обладающими двумя состояниями, в общем случае.

Глава 9

ЕЩЕ СИСТЕМЫ С ДВУМЯ СОСТОЯНИЯМИ

§ 1. Спиновые матрицы Паули

Продолжаем обсуждение свойств двухуровневых систем. В конце предыдущей главы мы говорили о частице со спином $^1/_2$ в магнитном поле. Мы описывали спиновое состояние, задавая амплитуду C_1 того, что z-компонента спинового момента количества движения равна $+\hbar/2$, и амплитуду C_2 того, что она равна $-\hbar/2$. В предыдущих главах мы эти базисные состояния обозначали $|+\rangle$ и $|-\rangle$. Прибегнем опять к этим обозначениям, хотя, когда это будет удобнее, мы будем менять их на $|1\rangle$ и $|2\rangle$.

Мы видели в последней главе, что когда частица со спином $^1/_2$ и с магнитным моментом μ находится в магнитном поле $\mathbf{B}=(B_x, B_y, B_z)$, то амплитуды $C_+(=C_1)$ и $C_-(=C_2)$ связаны следующими дифференциальными уравнениями:

$$
\begin{aligned}
i\hbar\frac{dC_+}{dt}&=-\mu[B_zC_+ +(B_x-iB_y)C_-],\\
i\hbar\frac{dC_-}{dt}&=-\mu[(B_x+iB_y)C_+ -B_zC_-].
\end{aligned}
\qquad (9.1)
$$

Иначе говоря, матрица-гамильтониан H_{ij} имеет вид

$$
\begin{aligned}
H_{11}&=-\mu B_z, & H_{12}&=-\mu(B_x-iB_y),\\
H_{21}&=-\mu(B_x+iB_y), & H_{22}&=+\mu B_z,
\end{aligned}
\qquad (9.2)
$$

и, конечно, уравнения (9.1) совпадают с

$$
i\hbar\frac{dC_i}{dt}=\sum_j H_{ij}C_j, \qquad (9.3)
$$

где i и j принимают значения $+$ и $-$ (или 1 и 2).

* Параграф 5 при первом чтении книги можно пропустить. Он сложнее, чем положено в таких курсах.

Эта система с двумя состояниями — спин электрона — настолько важна, что очень полезно было бы найти для ее описания способ поаккуратнее и поизящнее. Мы сейчас сделаем небольшое математическое отступление, чтобы показать вам, как обычно пишутся уравнения системы с двумя состояниями. Это делается так: во-первых, заметьте, что каждый член гамильтониана пропорционален μ и некоторой компоненте **B**; поэтому (*чисто формально*) можно написать

$$H_{ij} = -\mu\left[\sigma_{ij}^{x} B_x + \sigma_{ij}^{y} B_y + \sigma_{ij}^{z} B_z\right]. \tag{9.4}$$

Здесь нет какой-либо новой физики; эти уравнения просто означают, что коэффициенты σ_{ij}^{x}, σ_{ij}^{y} и σ_{ij}^{z} — их всего $4\times3=12$ — могут быть представлены так, что (9.4) совпадает с (9.2).

Посмотрим, почему это так. Начнем с B_z. Раз B_z встречается только в H_{11} и H_{22}, то все будет в порядке, если взять

$$\sigma_{11}^{z} = 1, \qquad \sigma_{12}^{z} = 0,$$
$$\sigma_{21}^{z} = 0, \qquad \sigma_{22}^{z} = -1.$$

Мы часто пишем матрицу H_{ij} в виде таблички такого рода:

$$H_{ij} = \overset{i\downarrow \xrightarrow{j}}{\begin{pmatrix} H_{11} & H_{12} \\ H_{21} & H_{22} \end{pmatrix}}.$$

Для гамильтониана частицы со спином $^1/_2$ в магнитном поле **B** — это все равно что

$$H_{ij} = \overset{i\downarrow \xrightarrow{j}}{\begin{pmatrix} -\mu B_z & -\mu(B_x - iB_y) \\ -\mu(B_x + iB_y) & +\mu B_z \end{pmatrix}}.$$

Точно так же и коэффициенты σ_{ij}^{y} можно записать в виде матрицы

$$\sigma_{ij}^{z} = \overset{i\downarrow \xrightarrow{j}}{\begin{pmatrix} 1 & 0 \\ 0 & -1 \end{pmatrix}}. \tag{9.5}$$

Расписывая коэффициенты при B_x, получаем, что элементы матрицы σ_x должны иметь вид

$$\sigma_{11}^{x} = 0, \qquad \sigma_{12}^{x} = 1,$$
$$\sigma_{21}^{x} = 1, \qquad \sigma_{22}^{x} = 0.$$

Или сокращенно:

$$\sigma_{ij}^{x} = \begin{pmatrix} 0 & 1 \\ 1 & 0 \end{pmatrix}. \tag{9.6}$$

И наконец, глядя на B_y, получаем

$$\sigma^y_{11}=0, \qquad \sigma^y_{12}=-i,$$
$$\sigma^y_{21}=i, \qquad \sigma^y_{22}=0,$$

или

$$\sigma^y_{ij}=\begin{pmatrix}0 & -i\\ i & 0\end{pmatrix}. \tag{9.7}$$

Если так определить три матрицы сигма, то уравнения (9.2) и (9.4) совпадут. Чтобы оставить место для индексов i и j, мы отметили, какая σ стоит при какой компоненте **B**, поставив индексы x, y, z сверху. Обычно, однако, i и j отбрасывают (их легко себе и так вообразить), а индексы x, y, и z ставят внизу. Тогда (9.4) записывается так:

$$H=-\mu[\sigma_x B_x+\sigma_y B_y+\sigma_z B_z]. \tag{9.8}$$

Матрицы сигма так важны (ими беспрерывно пользуются), что мы выписали их в табл. 9.1. (Тот, кто собирается работать в квантовой физике, обязан запомнить их.) Их еще называют *спиновыми матрицами Паули* — по имени физика, который их выдумал.

Таблица 9.1 • СПИНОВЫЕ МАТРИЦЫ ПАУЛИ

$$\sigma_z=\begin{pmatrix}1 & 0\\ 0 & -1\end{pmatrix}$$
$$\sigma_x=\begin{pmatrix}0 & 1\\ 1 & 0\end{pmatrix}$$
$$\sigma_y=\begin{pmatrix}0 & -i\\ i & 0\end{pmatrix}$$
$$1=\begin{pmatrix}1 & 0\\ 0 & 1\end{pmatrix}$$

В таблицу мы включили еще одну матрицу 2×2, которая бывает нужна тогда, когда мы хотим рассматривать систему, оба спиновых состояния которой имеют одинаковую энергию, или когда хотим перейти к другой нулевой энергии. В таких случаях к первому уравнению в (9.1) приходится добавлять E_0C_+, а ко второму E_0C_-. Это можно учесть, введя новое обозначение — *единичную матрицу* «1», или δ_{ij}:

$$1=\delta_{ij}=\begin{pmatrix}1 & 0\\ 0 & 1\end{pmatrix} \tag{9.9}$$

и переписав (9.8) в виде

$$H_{ij}=E_0\delta_{ij}-\mu(\sigma_x B_x+\sigma_y B_y+\sigma_z B_z). \tag{9.10}$$

Обычно просто *понимают без лишних оговорок*, что любая константа наподобие E_0 автоматически умножается на единичную матрицу, и тогда пишут просто

$$H=E_0-\mu(\sigma_x B_x+\sigma_y B_y+\sigma_z B_z). \tag{9.11}$$

Одна из причин, отчего спиновые матрицы так полезны,— это что *любая матрица* 2×2 может быть выражена через них. Во всякой матрице стоят четыре числа, скажем

$$M=\begin{pmatrix} a & b \\ c & d \end{pmatrix}.$$

Ее всегда можно записать в виде линейной комбинации четырех матриц. Например,

$$M=a\begin{pmatrix} 1 & 0 \\ 0 & 0 \end{pmatrix}+b\begin{pmatrix} 0 & 1 \\ 0 & 0 \end{pmatrix}+c\begin{pmatrix} 0 & 0 \\ 1 & 0 \end{pmatrix}+d\begin{pmatrix} 0 & 0 \\ 0 & 1 \end{pmatrix}.$$

Это можно делать по-всякому, но, в частности, можно сказать, что M состоит из какого-то количества σ_x плюс какое-то количество σ_y и т. д., и написать

$$M=\alpha 1+\beta\sigma_x+\gamma\sigma_y+\delta\sigma_z,$$

где «количества» α, β, γ, и δ в общем случае могут быть комплексными числами.

Раз любая матрица 2×2 может быть выражена через единичную матрицу и матрицу сигма, то все , что может понадобиться для *любой* системы с двумя состояниями, у нас уже есть. Какой бы ни была система с двумя состояниями — молекула аммиака, краситель фуксин, что угодно,— гамильтоново уравнение может быть переписано в сигмах. Хотя в физическом случае электрона в магнитном поле сигмы кажутся имеющими геометрический смысл, но их можно считать и просто полезными матрицами, пригодными к употреблению во всякой системе с двумя состояниями.

Например, один из способов рассмотрения протона и нейтрона — это представлять их как одну и ту же частицу в любом из двух состояний. Мы говорим, что *нуклон* (протон или нейтрон) есть система с двумя состояниями, в данном случае состояниями по отношению к электрическому заряду. Если рассматривать нуклон таким образом, то состояние $|1\rangle$ может представлять протон, а $|2\rangle$ — нейтрон. Говорят, что у нуклона есть два состояния «изотопспина».

Поскольку бы будем применять матрицы сигма в качестве «арифметики» квантовой механики систем с двумя состояниями, то наскоро познакомимся с соглашениями матричной алгебры. Под «суммой» двух или большего числа матриц подразумевается как раз то, что имелось в виду в уравнении (9.4). Вообще если мы «складываем» две матрицы A и B, то «сумма» C означает, что каждый ее элемент C_{ij} дается формулой

$$C_{ij}=A_{ij}+B_{ij}.$$

Каждый элемент C есть сумма элементов A и B, стоящих на тех же самых местах.

В гл. 3, § 6, мы уже сталкивались с представлением о матричном «произведении». Та же идея полезна и при обращении с матрицами сигма. В общем случае «произведение» двух матриц A и B (в этом именно порядке) определяется как матрица C с элементами

$$C_{ij}=\sum_k A_{ik}B_{kj}. \tag{9.12}$$

Это — сумма произведений элементов, взятых попарно из i-й строчки A и k-го столбца B. Если матрицы расписаны в виде таблиц, как на фиг. 9.1, то можно указать удобную «систему» получения элементов матрицы-произведения. Скажем, вы вычисляете C_{23}. Вы двигаете левым указательным пальцем по *второй строчке* A, а правым — *вниз по третьему столбцу* B, перемножаете каждую пару чисел и складываете пары по мере движения. Мы попытались изобразить это на рисунке.

Для матриц 2×2 это выглядит особенно просто. Например, если σ_x умножается на σ_x, то выходит

$$\sigma_x^2=\sigma_x\cdot\sigma_x=\begin{pmatrix}0&1\\1&0\end{pmatrix}\cdot\begin{pmatrix}0&1\\1&0\end{pmatrix}=\begin{pmatrix}1&0\\0&1\end{pmatrix},$$

т. е. просто единичная матрица. Или, для примера, подсчитаем еще

$$\sigma_x\sigma_y=\begin{pmatrix}0&1\\1&0\end{pmatrix}\cdot\begin{pmatrix}0&-i\\i&0\end{pmatrix}=\begin{pmatrix}i&0\\0&-i\end{pmatrix}.$$

Взглянув на табл. 9.1, вы видите, что это просто матрица σ_z, умноженная на i. (Вспомните, что умножение матрицы на число означает умножение каждого элемента матрицы на число.) Попарные произведения сигм очень важны и выглядят они довольно забавно, так что мы их выписали в табл. 9.2. Вы сами можете подсчитать их, как мы сделали это с σ_x^2 и $\sigma_x\sigma_y$.

С матрицами σ связан еще один очень интересный и важный момент. Можно, если угодно, представить себе, что три матрицы σ_x, σ_y и σ_z подобны трем компонентам вектора; его иногда именуют «вектором сигма» и обозначают $\boldsymbol{\sigma}$. Это на самом деле «матричный вектор», или «векторная матрица». Это три разные матрицы, связанные каждая со своей осью x, y или z. С их помощью гамильтониан системы можно записать в красивом

$$
\begin{pmatrix}
A_{11} & A_{12} & A_{13} & A_{14} \\
A_{21} & A_{22} & A_{23} & A_{24} \\
A_{31} & A_{32} & A_{33} & A_{34} \\
A_{41} & A_{42} & A_{43} & A_{44}
\end{pmatrix}
\cdot
\begin{pmatrix}
B_{11} & B_{12} & B_{13} & B_{14} \\
B_{21} & B_{22} & B_{23} & B_{24} \\
B_{31} & B_{32} & B_{33} & B_{34} \\
B_{41} & B_{42} & B_{43} & B_{44}
\end{pmatrix}
=
\begin{pmatrix}
C_{11} & C_{12} & C_{13} & C_{14} \\
C_{21} & C_{22} & C_{23} & C_{24} \\
C_{31} & C_{32} & C_{33} & C_{34} \\
C_{41} & C_{42} & C_{43} & C_{44}
\end{pmatrix}
$$

$$C_{ik} = \sum_j A_{ij} B_{jk}$$

Пример: $C_{23} = A_{21} B_{13} + A_{22} B_{23} + A_{23} B_{33} + A_{24} B_{43}$

Фиг. 9. 1. *Перемножение двух матриц.*

Таблица 9.2 • ПРОИЗВЕДЕНИЯ СПИНОВЫХ МАТРИЦ

$\sigma_x^2 = 1$
$\sigma_y^2 = 1$
$\sigma_z^2 = 1$
$\sigma_x\sigma_y = -\sigma_y\sigma_x = i\sigma_z$
$\sigma_y\sigma_z = -\sigma_z\sigma_y = i\sigma_x$
$\sigma_z\sigma_x = -\sigma_x\sigma_z = i\sigma_y$

виде, пригодном для любой системы координат:

$$H = -\mu\boldsymbol{\sigma}\cdot\mathbf{B}. \tag{9.13}$$

Хотя мы записали эти три матрицы в представлении, в котором понятия «вверх» и «вниз» относятся к направлению z (так что σ_z выглядит особенно просто), но можно представить себе, как будут они выглядеть в любом другом представлении. И хотя это требует немалых выкладок, можно все же показать, что они изменяются как компоненты вектора. (Мы, впрочем, пока не будем заботиться о том, чтобы доказать это. Проверьте сами, если хотите.) Вы можете пользоваться $\boldsymbol{\sigma}$ в различных системах координат, как если бы это был вектор.

Вы помните, что гамильтониан H связан в квантовой механике с энергией. Он действительно в точности совпадает с энергией в том простом случае, когда состояний только одно. Даже в системе с двумя состояниями, какой является спин электрона, если записать гамильтониан в виде (9.13), он очень напоминает *классическую* формулу энергии магнита с магнитным моментом $\boldsymbol{\mu}$ в магнитном поле $\mathbf{B}$. Классически это выглядит так:

$$U = -\boldsymbol{\mu}\cdot\mathbf{B}, \tag{9.14}$$

где $\boldsymbol{\mu}$ — свойство объекта, а $\mathbf{B}$ — внешнее поле. Можно вообразить себе, что (9.14) обращается в (9.13), если классическую энергию заменяют гамильтонианом, а классическое $\boldsymbol{\mu}$ — матрицей $\mu\boldsymbol{\sigma}$. Тогда после такой чисто формальной замены результат можно будет интерпретировать как матричное уравнение. Иногда утверждают, что каждой величине в классической физике соответствует в квантовой механике матрица. На самом деле правильнее было бы говорить, что матрица Гамильтона соответствует энергии и что у каждой величины, которая может быть определена через энергию, есть соответствующая матрица.

Например, магнитный момент можно определить через энергию, сказав, что энергия во внешнем поле $\mathbf{B}$ есть $-\boldsymbol{\mu}\cdot\mathbf{B}$. Это *определяет* вектор магнитного момента μ. Затем мы смотрим на формулу для гамильтониана реального (квантового) объекта в магнитном поле и пытаемся угадать, какие матрицы соответствуют тем или иным величинам в классической формуле. С помощью этого трюка *иногда у некоторых* классических величин появляются их квантовые двойники.

Если хотите, попробуйте разобраться в том, как, в каком смысле классический вектор равен матрице $\mu\sigma$; может быть, вы что-нибудь и откроете. Но не надо ломать над этим голову. Право же, не стоит: на самом-то деле они *не равны*. Квантовая механика — это совсем другой тип теории, другой тип представлений о мире. Иногда случается, что всплывают некоторые соответствия, но вряд ли они представляют собой нечто большее, нежели мнемонические средства — правила для запоминания.

Иначе говоря, вы запоминаете (9.14), когда учите классическую физику; затем если вы запомнили соответствие $\mu \rightarrow \mu\sigma$, то у вас есть повод вспомнить (9.13). Разумеется, природа знает *квантовую* механику, классическая же является всего лишь приближением, значит, нет ничего загадочного в том, что из-за классической механики выглядывают там и сям тени квантовомеханических законов, представляющих на самом деле их подоплеку. Восстановить реальный объект по тени прямым путем никак невозможно, но тень помогает нам вспомнить, как выглядел объект. Уравнение (9.13) — это истина, а уравнение (9.14) — ее тень. Мы сперва учим классическую механику и поэтому нам хочется выводить из нее квантовые формулы, но раз и навсегда установленной схемы для этого нет. Приходится каждый раз возвращаться обратно к реальному миру и открывать правильные квантовомеханические уравнения. И когда они оказываются похожими на что-то классическое, мы радуемся.

Если эти предостережения покажутся вам надоедливыми, если, по-вашему, здесь изрекаются старые истины об отношении классической физики к квантовой, то прошу прощения: сработал условный рефлекс преподавателя, который привык втолковывать квантовую механику студентам, никогда прежде не слыхавшим о спиновых матрицах Паули. Мне всегда казалось, что они не теряют надежды, что квантовая механика как-то сможет быть выведена как логическое следствие классической механики, той самой, которую они старательно учили в прежние годы. (Может быть, они просто хотят обойтись без изучения чего-то нового.) Но, к счастью, вы выучили классическую формулу (9.14) всего несколько месяцев тому назад, да и то с оговорками, что она не совсем правильна, так что, может быть, вы не будете столь неохотно воспринимать необходимость рассматривать квантовую формулу (9.13) в качестве первичной истины.

§ 2. Спиновые матрицы как операторы

Раз уж мы занялись математическими обозначениями, то хотелось бы описать *еще один* способ записи, способ, часто употребляемый из-за своей краткости. Он прямо следует из обозначений, введенных в гл. 6. Если имеется система в состоянии $|\psi(t)\rangle$, изменяющемся во времени, то можно, как мы это делали в уравнении (6.31), написать амплитуду того, что система при $t+\Delta t$ оказалась бы в состоянии $|i\rangle$:

$$\langle i\,|\,\psi(t+\Delta t)\rangle=\sum_j\langle i\,|\,U(t,\,t+\Delta t)\,|\,j\rangle\langle j\,|\,\psi(t)\rangle.$$

Матричный элемент $\langle i|U(t,\ t+\Delta t)|j\rangle$ — это амплитуда того, что базисное состояние $|j\rangle$ превратится в базисное состояние $|i\rangle$ за время Δt. Затем мы *определяли* H_{ij} при помощи

$$\langle i\,|\,U(t,\,t+\Delta t)\,|\,j\rangle=\delta_{ij}-\frac{i}{\hbar}H_{ij}(t)\,\Delta t$$

и показывали, что амплитуды $C_i(t)=\langle i|\psi(t)\rangle$ связаны дифференциальными уравнениями

$$i\hbar\frac{dC_i}{dt}=\sum_j H_{ij}C_j. \qquad (9.15)$$

Если амплитуды C_i записать явно, то это же уравнение будет выглядеть по-иному:

$$i\hbar\frac{d}{dt}\langle i\,|\,\psi\rangle=\sum_j H_{ij}\langle j\,|\,\psi\rangle. \qquad (9.16)$$

Далее, матричные элементы H_{ij} — это тоже амплитуды, которые можно записывать в виде $\langle i|H\,|\,j\rangle$; наше дифференциальное уравнение выглядит тогда так:

$$i\hbar\frac{d}{dt}\langle i\,|\,\psi\rangle=\sum_i\langle i\,|\,H\,|\,j\rangle\langle j\,|\,\psi\rangle. \qquad (9.17)$$

Мы видим, что $-i/\hbar\langle i|H|j\rangle$ — это амплитуда того, что в физических условиях, описываемых матрицей H, состояние $|j\rangle$ за время dt «генерирует» состояние $|i\rangle$. (Все это неявно подразумевалось в рассуждениях гл. 6, § 4.)

Теперь, следуя идеям гл. 6, § 2, мы можем сократить в (9.17) общий «множитель» $\langle i|$, поскольку (9.17) справедливо при любом $|i\rangle$, и записать это уравнение просто в виде

$$i\hbar\frac{d}{dt}\,|\,\psi\rangle=\sum_j H\,|\,j\rangle\langle j\,|\,\psi\rangle. \qquad (9.18)$$

Или, сделав еще один шаг, убрать к тому же и j и написать

$$i\hbar \frac{d}{dt} | \psi \rangle = H | \psi \rangle. \qquad (9.19)$$

В гл. 6 мы указывали, что при такой записи H в $H|j\rangle$ или в $H|\psi\rangle$ называется *оператором*. Отныне на операторы мы будем надевать маленькие шапочки (^), чтобы напоминать вам, что это оператор, а не число. Мы будем писать $\hat{H}|\psi\rangle$. Хотя оба уравнения (9.18) и (9.19) *означают в точности то же самое*, что и (9.15) или (9.17), мы можем *думать* о них совершенно иначе. Например, уравнение (9.18) можно было бы описывать так: «Производная по времени от *вектора состояния* $|\psi\rangle$ равняется тому, что получается от действия *оператора* Гамильтона $\hat{H}$ на каждое базисное состояние, умноженному на амплитуду $\langle j|\psi\rangle$ того, что ψ окажется в состоянии j, и просуммированному по всем j». Или уравнение (9.19) можно описать так: «Производная по времени (умноженная на $i\hbar$) от состояния $|\psi\rangle$ равняется тому, что вы получите, если подействуете гамильтонианом $\hat{H}$ на вектор состояния $|\psi\rangle$». Это просто сокращенный способ выражения того, что содержится в (9.17), но, как вы потом убедитесь, он может оказаться очень удобным.

Если хотите, идею «абстрагирования» можно продвинуть еще на шаг. Уравнение (9.19) справедливо для *всякого состояния* $|\psi\rangle$. Кроме того, левая сторона $i\hbar d/dt$ — это тоже оператор; его действие: «продифференцируй по t и умножь на $i\hbar$». Итак, (9.19) можно рассматривать как уравнение между операторами — операторное уравнение

$$i\hbar \frac{d}{dt} = \hat{H}.$$

Оператор Гамильтона (с точностью до константы), действуя на любое состояние, приводит к тому же результату, что и d/dt. Помните, что это уравнение, как и (9.19), *не есть* утверждение о том, что оператор $\hat{H}$ просто та же *операция*, что и d/dt. Эти уравнения — динамический закон природы (закон движения) для квантовой системы.

Только для того, чтобы попрактиковаться в этих представлениях, продемонстрируем вам другой вывод уравнения (9.18). Вы знаете, что любое состояние $|\psi\rangle$ можно записать через его проекции на какой-то базис [см. (6.8)]:

$$| \psi \rangle = \sum_i | i \rangle \langle i | \psi \rangle. \qquad (9.20)$$

Как же меняется $|\psi\rangle$ во времени? Продифференцируем его:

$$\frac{d}{dt} | \psi \rangle = \frac{d}{dt} \sum_i | i \rangle \langle i | \psi \rangle. \qquad (9.21)$$

Но базисные состояния $|i\rangle$ во времени не меняются (по крайней мере *у нас* они всегда были определенными, закрепленными состояниями), и только амплитуды $\langle i|\psi\rangle$ — это числа, которые могут меняться. Иначе говоря, (9.21) превращается в

$$\frac{d}{dt}|\psi\rangle=\sum_i |i\rangle \frac{d}{dt}\langle i|\psi\rangle. \tag{9.22}$$

Но ведь $d\langle i|\psi\rangle/dt$ нам известно — это (9.16); получается, следовательно,

$$\frac{d}{dt}|\psi\rangle=-\frac{i}{\hbar}\sum_i |i\rangle\sum_j H_{ij}\langle j|\psi\rangle=$$

$$=-\frac{i}{\hbar}\sum_{ij}|i\rangle\langle i|H|j\rangle\langle j|\psi\rangle=-\frac{i}{\hbar}\sum_j H|j\rangle\langle j|\psi\rangle.$$

А это опять-таки уравнение (9.18).

Итак, на гамильтониан можно смотреть по-разному. Можно рассматривать совокупность коэффициентов H_{ij} просто как компанию чисел, можно говорить об «амплитудах» $\langle i|H|j\rangle$, можно представлять себе «матрицу» H_{ij} и можно считать его «оператором» $\hat{H}$. Все это одно и то же.

Вернемся теперь к нашей системе с двумя состояниями. Если уж мы записываем гамильтониан через матрицы сигма (с подходящими численными множителями, такими, как B_x и т. д.), то естественно рассматривать и σ^x_{ij} как амплитуду $\langle i|\sigma_x|j\rangle$, или, для краткости, как оператор $\hat{\sigma}_x$. Если применить эту идею оператора, то уравнение движения состояния $|\psi\rangle$ в магнитном поле можно написать в виде

$$i\hbar\frac{d}{dt}|\psi\rangle=-\mu(B_x\hat{\sigma}_x+B_y\hat{\sigma}_y+B_z\hat{\sigma}_z)|\psi\rangle. \tag{9.23}$$

Желая «использовать» это уравнение, нам, естественно, приходится выражать $|\psi\rangle$ через базисные векторы (равносильно тому, что приходится находить компоненты пространственных векторов, когда задача доводится до числа). Так что обычно мы предпочитаем расписывать (9.23) в более раскрытом виде:

$$i\hbar\frac{d}{dt}|\psi\rangle=-\mu\sum_i(B_x\hat{\sigma}_x+B_y\hat{\sigma}_y+B_z\hat{\sigma}_z)|i\rangle\langle i|\psi\rangle. \tag{9.24}$$

Сейчас вы увидите, чем красива идея оператора. Чтобы применять уравнение (9.24), нужно знать, что будет, когда операторы $\hat{\sigma}$ подействуют на каждое базисное состояние. Напишем $\hat{\sigma}_z|+\rangle$; это какой-то вектор $|?\rangle$, но какой? Что ж, умножим его слева на $\langle+|$ и получим

$$\langle+|\hat{\sigma}_z|+\rangle=\sigma_{z11}=1$$

(пользуясь табл. 9.1). Итак, мы знаем, что

$$\langle + | ? \rangle = 1. \tag{9.25}$$

Теперь умножим $\hat{\sigma}_z|+\rangle$ слева на $\langle -|$. Получится

$$\langle - | \hat{\sigma}_z | + \rangle = \sigma_{z21} = 0,$$

т. е.

$$\langle - | ? \rangle = 0. \tag{9.26}$$

Существует только один вектор состояния, удовлетворяющий и (9.25), и (9.26); это $|+\rangle$. Мы, стало быть, открыли, что

$$\hat{\sigma}_z | + \rangle = | + \rangle. \tag{9.27}$$

Такого рода рассуждениями можно легко показать, что все свойства матриц сигма могут быть в операторных обозначениях описаны рядом правил, приведенных в табл. 9.3.

Таблица 9.3 • СВОЙСТВА ОПЕРАТОРА $\hat{\sigma}$

$\hat{\sigma}_z \| + \rangle = \| + \rangle$
$\hat{\sigma}_z \| - \rangle = - \| - \rangle$
$\hat{\sigma}_x \| + \rangle = \| - \rangle$
$\hat{\sigma}_x \| - \rangle = \| + \rangle$
$\hat{\sigma}_y \| + \rangle = i \| - \rangle$
$\hat{\sigma}_y \| - \rangle = -i \| + \rangle$

Если у нас есть произведения матриц сигма, то они переходят в произведения операторов. Когда два оператора стоят рядом в виде произведения, то сперва приступает к операции тот оператор, который стоит правее. Скажем, под $\hat{\sigma}_x\hat{\sigma}_y|+\rangle$ надо понимать $\hat{\sigma}_x(\hat{\sigma}_y|+\rangle)$. Из табл. 9.3 получаем $\hat{\sigma}_y|+\rangle = i|-\rangle$, так что

$$\hat{\sigma}_x\hat{\sigma}_y | + \rangle = \hat{\sigma}_x (i | - \rangle). \tag{9.28}$$

Числа (как, например, i) просто проходят сквозь операторы (операторы действуют только на векторы состояний); значит, (9.28) перейдет в

$$\hat{\sigma}_x\hat{\sigma}_y | + \rangle = i\hat{\sigma}_x | - \rangle = i | + \rangle.$$

Если сделать то же самое с $\hat{\sigma}_x\hat{\sigma}_y|-\rangle$, то получится

$$\hat{\sigma}_x\hat{\sigma}_y | - \rangle = -i | - \rangle.$$

Если взглянуть на табл. 9.3, то видно, что $\hat{\sigma}_x\hat{\sigma}_y$, действуя на $|+\rangle$ или $|-\rangle$, даст в точности то же, что получается, если просто подействовать оператором $\hat{\sigma}_z$ и умножить на i. Поэтому можно сказать, что операция $\hat{\sigma}_x\hat{\sigma}_y$ совпадает с операцией $i\hat{\sigma}_z$, и записать это утверждение в виде операторного уравнения

$$\hat{\sigma}_x\hat{\sigma}_y = i\hat{\sigma}_z. \tag{9.29}$$

Убедитесь, что это уравнение совпадает с одним из наших матричных уравнений табл. 9.2. Итак, мы опять видим соответствие между матричной и операторной точкой зрения. Каждое из уравнений в табл. 9.2 может поэтому рассматриваться и как уравнение относительно операторов сигма. Можно проверить, что они действительно следуют из табл. 9.3. Работая с этими вещами, лучше не следить за тем, являются ли величины типа σ или H операторами или матрицами. Чем их ни считай, уравнения выйдут одни и те же, так что табл. 9.2 можно при желании относить то к операторам сигма, то к матрицам сигма.

§ 3. *Решение уравнений для двух состояний*

Теперь можно писать наше уравнение двух состояний в различных видах, например:

$$i\hbar\frac{dC_i}{dt} = \sum_j H_{ij}C_j,$$

или вот так:

$$i\hbar\frac{d\,|\psi\rangle}{dt} = \hat{H}\,|\psi\rangle. \tag{9.30}$$

Оба они означают одно и то же. Для частицы со спином $^1/_2$ в магнитном поле гамильтониан H дается уравнением (9.8) или (9.13).

Если поле направлено по z, то, как мы уже много раз видели, решение заключается в том, что состояние $|\psi\rangle$, каким бы оно ни было, прецессирует вокруг оси z (в точности, как если бы взять физическое тело и вращать его как целое вокруг оси z) с угловой скоростью, вдвое большей, чем $\mu B/\hbar$. Все это, конечно, относится и к магнитному полю, направленному под другим углом, ведь физика от системы координат не зависит. Если магнитное поле время от времени как-то сложно меняется, то такое положение вещей можно анализировать следующим образом. Путь вначале спин был в направлении $+z$, а магнитное поле — в направлении x. Спин начал поворачиваться. Если выключать x-поле, поворот прекратится. Если теперь включить z-поле, спин начнет поворачиваться вокруг z и т. д. Значит, смотря по тому, как меняются поля во времени, вы можете представить себе, каким будет конечное состояние — по какой оси оно будет направлено. Затем можно отнести это состояние к первоначальным $|+\rangle$ и $|-\rangle$ по отношению к z, пользуясь проекционными формулами, полученными в гл. 8 (или в гл. 4). Если в конечном состоянии спин направлен по (θ, φ), то амплитуда того, что спин будет смотреть вверх, равна $\cos(\theta/2)e^{-i\varphi/2}$, а амплитуда того, что спин будет смотреть вниз, равна $\sin(\theta/2)e^{+i\varphi/2}$. Это решает любую задачу. Таково словесное описание решений дифференциальных уравнений.

Только что описанное решение достаточно общо для того, чтобы справиться *с любой системой с двумя состояниями*. Возьмем наш пример с молекулой аммиака, на которую действует электрическое поле. Если система описывается на языке состояний $|I\rangle$ и $|II\rangle$, то уравнения выглядят так:

$$
\begin{aligned}
i\hbar\frac{dC_I}{dt} &= +AC_I+\mu\mathscr{E}C_{II},\\
i\hbar\frac{dC_{II}}{dt} &= -AC_{II}+\mu\mathscr{E}C_I.
\end{aligned}
\tag{9.31}
$$

Вы скажете: «Нет, там, я помню, стояло еще E_0». Неважно, мы просто сдвинули начало отсчета энергий, чтобы E_0 стало равно нулю. (Это всегда можно сделать, изменив обе амплитуды в одно и то же число раз — в $e^{iE_0T/\hbar}$; так можно избавиться от любой постоянной добавки к энергии.) Одинаковые уравнения обладают одинаковыми решениями, поэтому не стоит решать их вторично. Если взглянуть на эти уравнения и на (9.1), то их можно отождествить между собой следующим образом. Состояние $|+\rangle$ обозначим $|I\rangle$, состояние $|-\rangle$ обозначим $|II\rangle$. Это *вовсе не значит*, что мы выстраиваем аммиак в пространстве в одну линию или что $|+\rangle$ и $|-\rangle$ как-то связаны с осью z. Это все делается чисто искусственно. Имеется искусственное пространство, которое можно было бы назвать, например, «модельным пространством молекулы аммиака» или еще как-нибудь иначе. Это просто трехмерная «диаграмма», и направление «вверх» означает пребывание молекулы в состоянии $|I\rangle$, а направление «вниз» по фальшивой оси z означает пребывание молекулы в состоянии $|II\rangle$. Тогда уравнения отождествляются следующим образом.

Прежде всего вы видите, что гамильтониан может быть записан через матрицы сигма:

$$
H=+A\sigma_z+\mu\mathscr{E}\sigma_x. \tag{9.32}
$$

Если сравнить это с (9.1), то μB_z будет соответствовать $-A$, а μB_x будет соответствовать $-\mu\mathscr{E}$. В нашем «модельном» пространстве возникает, стало быть, постоянное поле $\mathbf{B}$, направленное по оси z. Если есть, кроме этого, электрическое поле $\mathscr{E}$, меняющееся со временем, то у поля $\mathbf{B}$ появится и пропорционально меняющаяся x-компонента. Таким образом, *поведение электрона в магнитном поле с постоянной составляющей в направлении z и колеблющейся составляющей в направлении x*

математически во всем подобно и точно соответствует поведению молекулы аммиака в осциллирующем электрическом поле. К сожалению, у нас нет времени входить глубже в детали этого соответствия или разбираться в каких-либо технических деталях. Мы только хотели подчеркнуть, что можно сделать так, чтобы все системы с двумя состояниями были аналогичны объекту со спином $^1/_2$, прецессирующему в магнитном поле.

§ 4. Состояния поляризации фотона

Есть множество других интересных для изучения систем с двумя состояниями, и первая, о которой мы бы хотели поговорить,— это фотон. Чтобы описать фотон, нужно сначала задать вектор его импульса. У фотона импульс определяет и частоту, так что указывать особо частоту не придется. Но еще остается одно свойство, именуемое поляризацией. Представьте себе фотон, приходящий к вам с определенной монохроматической частотой (которую во всем нашем обсуждении мы будем считать постоянной, так что можно не говорить о множестве состояний импульса). Тогда существуют два направления поляризации. По классической теории свет обладает, например, либо горизонтально колеблющимся электрическим полем, либо вертикально колеблющимся электрическим полем; этот свет двух сортов называют x-поляризованным и y-поляризованным светом. У света может быть и какое-то иное направление поляризации, его можно создать суперпозицией полей в направлении x и в направлени y. Или, взяв x- и y-компоненты со сдвигом фаз в 90°, получить вращающееся электрическое поле — свет будет поляризован эллиптически. [Это краткое напоминание классической теории поляризованного света, которую мы изучали в гл. 33 (вып. 3).]

Пусть теперь у нас есть *одиночный* фотон, всего один. Уже нет электрического поля, которое можно было бы рассматривать прежним способом. *Один-единственный* фотон и ничего больше. Но он тоже должен обладать аналогом классического явления поляризации. Значит, должны существовать по крайней мере два разных сорта фотонов. Сперва могло бы показаться, что их должно быть бесконечное множество, ведь, как бы то ни было, электрический вектор может быть направлен в любую сторону. Однако поляризацию фотона можно описать как систему с двумя состояниями. Фотон может быть либо в состоянии $|x\rangle$, либо в состоянии $|y\rangle$. Под $|x\rangle$ подразумевается состояние поляризации каждого из фотонов в пучке света, который *классически* x-поляризован. А $|y\rangle$ означает состояние поляризации каждого из фотонов в y-поляризованном пучке. Эти $|x\rangle$ и $|y\rangle$ вы можете выбрать в качестве базисных состояний фотона с данным направленным на вас импульсом — импульсом в направлении z.

Итак, существуют два базисных состояния $|x\rangle$ и $|y\rangle$, и их вполне хватает, чтобы описать всякий фотон.

К примеру, если у нас есть поляроид, ось которого расположена так, чтобы пропускать свет, поляризованный в направлении, которое мы называем направлением x, и если мы направили туда фотон, который, как нам известно, находится в состоянии $|y\rangle$, то он поглотится поляроидом. Если послать туда фотон, который, как нам известно, находится в состоянии $|x\rangle$, он и выйдет в состоянии $|x\rangle$. Когда мы берем кусок кальцита (исландского шпата), который расщепляет пучок поляризованного света на $|x\rangle$-пучок и $|y\rangle$-пучок, то этот кусок кальцита полностью аналогичен прибору Штерна — Герлаха, расщепляющему пучок атомов серебра на два состояния $|+\rangle$ и $|-\rangle$. Значит, все, что мы раньше делали с частицами и приборами Штерна — Герлаха, можно повторить со светом и кусками поляроида. А что можно сказать о свете, который отфильтрован куском поляроида, повернутым на угол θ? Другое ли это состояние? Да, действительно, это *другое* состояние. Обозначим ось поляроида x', чтобы отличать ее от осей наших базисных состояний (фиг. 9.2). Выходящий наружу фотон будет в состоянии $|x'\rangle$. Но всякое состояние может быть представлено в виде линейной комбинации базисных состояний, а формула для такой комбинации известна:

$$|x'\rangle = \cos\theta\,|x\rangle + \sin\theta\,|y\rangle. \tag{9.33}$$

Иначе говоря, если фотон пройдет сквозь кусок поляроида, повернутого на угол θ (по отношению к x), он все равно может быть разрешен на $|x\rangle$- и $|y\rangle$-пучки (например, куском кальцита). Или, если угодно, вы можете в своем воображении просто разбить его на x- и y-компоненты. Любым путем вы получите амплитуду $\cos\theta$ быть в $|x\rangle$-состоянии и амплитуду $\sin\theta$ быть в $|y\rangle$-состоянии.

Теперь поставим такой вопрос: пусть фотон поляризован в направлении x' куском поляроида, повернутого на угол θ,

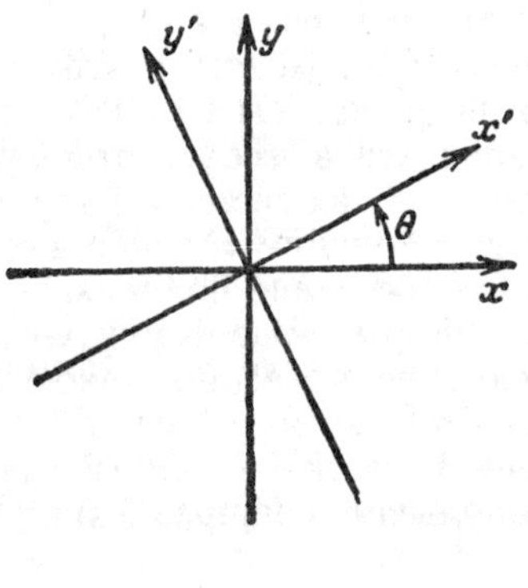

Фиг. 9.2. Оси координат, перпендикулярные к вектору импульса фотона.

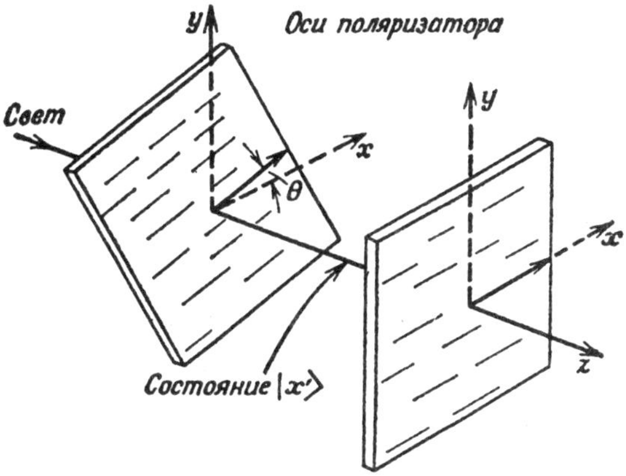

Фиг. 9.3. Две поляроидные пластины с углом θ между плоскостями поляризации.

и пусть он попадет в другой поляроид, повернутый на угол нуль (фиг. 9.3). Что тогда произойдет? С какой вероятностью он пройдет сквозь поляроид? *Ответ*: Пройдя первый поляроид, фотон наверняка оказывается в состоянии $|x'\rangle$. Через второй поляроид он протиснется лишь в том случае, если будет в состоянии $|x\rangle$ (и поглотится им, оказавшись в состоянии $|y\rangle$). Значит, мы спрашиваем, с какой вероятностью фотон окажется в состоянии $|x\rangle$? Эту вероятность мы получим из квадрата модуля амплитуды $\langle x|x'\rangle$, аплитуды того, что фотон в состоянии $|x'\rangle$ находится также и в состоянии $|x\rangle$. Чему равно $\langle x|x'\rangle$? Умножив (9.33) на $\langle x|$, получим

$$\langle x|x'\rangle=\cos\theta\,\langle x|x\rangle+\sin\theta\,\langle x|y\rangle.$$

Но $\langle x|y\rangle=0$; это следует из физики, так *должно* быть, если $|x\rangle$ и $|y\rangle$ суть базисные состояния, а $\langle x|x\rangle=1$. И мы получаем

$$\langle x|x'\rangle=\cos\theta,$$

а вероятность равна $\cos^2\theta$. Например, если первый поляроид поставлен под углом 30°, то $^3/_4$ времени фотон будет проходить через него, а $^1/_4$ времени будет нагревать поляроид, поглощаясь внутри него.

Посмотрим теперь, что́ в такой же ситуации происходит с точки зрения классической физики. Там мы имели бы пучок света, электрическое поле которого меняется тем или иным образом,— скажем «неполяризованный» пучок. После того как он прошел бы через первый поляроид, электрическое поле величины $\mathscr{E}$ начало бы колебаться в направлении x'; мы бы начертили его в виде колеблющегося вектора с пиковым значением $\mathscr{E}_0$ на

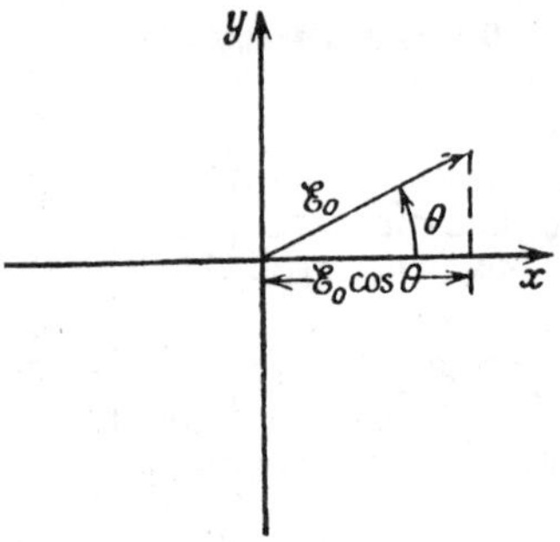

Фиг. 9.4. Классическая картина электрического вектора ε.

диаграмме фиг. 9.4. Если бы затем свет достиг второго поляроида, то через него прошла бы только x-компонента $\mathscr{E}_0 \cos\theta$ электрического поля. *Интенсивность* была бы пропорциональна квадрату поля, т. е. $\mathscr{E}_0^2 \cos^2\theta$. Значит, проходящая сквозь последний поляроид энергия была бы в $\cos^2\theta$ слабее энергии, поступающей в него.

И классическая, и квантовая картины приводят к одинаковым результатам. Если бы вы бросили на второй поляроид 10 миллиардов фотонов, а средняя вероятность прохождения каждого из них была бы, скажем, $^3/_4$, то следовало бы ожидать, что сквозь него пройдет $^3/_4$ от 10 миллиардов. Равным образом и энергия, которую они унесли бы, составила бы $^3/_4$ той энергии, которую вам хотелось протолкнуть через поляроид. Классическая теория ничего не говорит о статистике этих вещей, она попросту утверждает, что энергия, которая пройдет насквозь, в точности равна $^3/_4$ той энергии, которая была пущена в поляроид. Это, конечно, немыслимо, если фотон только один. Не бывает $^3/_4$ фотона. Либо он *весь* здесь, либо его вовсе нет. И квантовая механика говорит нам, что он бывает *весь здесь* $^3/_4$ *времени*. Связь обеих теорий ясна.

А как же с другими сортами поляризации? Скажем, с правой круговой поляризацией? В классической теории компоненты x и y правой круговой поляризации были равны, но сдвинуты по фазе на 90°. В квантовой теории фотон, поляризованный по кругу вправо («правый»), обладает равными амплитудами быть $|x\rangle$- и $|y\rangle$-поляризованным, и эти амплитуды сдвинуты по фазе на 90°. Обозначая состояние «правого» фотона через $|П\rangle$, а состояние «левого» фотона через $|Л\rangle$, можно написать [см. гл. 33, § 1 (вып. 3)]

$$|П\rangle = \frac{1}{\sqrt{2}}(|x\rangle + i\,|y\rangle),$$
$$|Л\rangle = \frac{1}{\sqrt{2}}(|x\rangle - i\,|y\rangle); \quad (9.34)$$

множитель $1/\sqrt{2}$ поставлен, чтобы нормировать состояния. С помощью этих состояний можно подсчитывать любые эффекты, связанные с фильтрами или интерференцией, применяя законы квантовой теории. При желании можно также выбрать в качестве базисных состояний $|П\rangle$ и $|Л\rangle$ и все представлять через них. Надо только предварительно убедиться, что $\langle П|Л\rangle=0$, а это можно сделать, взяв сопряженный вид первого уравнения [см. (6.13)] и перемножив их друг с другом. Можно раскладывать свет, пользуясь в качестве базиса и x-, и y-поляризациями, и x'-, и y'-поляризациями, а можно — и правой, и левой поляризациями.

Попробуйте (просто для упражнения) обратить наши формулы. Можно ли представить состояние $|x\rangle$ в виде линейной комбинации правого и левого? Да, вот ответ:

$$
\begin{aligned}
|x\rangle &= \frac{1}{\sqrt{2}}(|П\rangle + |Л\rangle),\\
|y\rangle &= -\frac{i}{\sqrt{2}}(|П\rangle - |Л\rangle).
\end{aligned}
\tag{9.35}
$$

Доказательство: сложите и вычтите два уравнения в (9.34). От одного базиса к другому очень легко переходить.

Впрочем, одно замечание надо бы сделать. Если фотон поляризован по правому кругу, он не имеет никакого касательства к осям x и y. Если бы мы взглянули на него из системы координат, повернутой вокруг направления полета на какой-то угол, то свет по-прежнему был бы поляризован по кругу; то же с левой поляризацией. Право- и левополяризованный по кругу свет при любом таком повороте одинаков; определение не зависит от выбора направления x (если не считать того, что направление фотона задано). Великолепно, не так ли? Для определения не нужны никакие оси. Куда лучше, чем x и y! Но, с другой стороны, не чудо ли, что, складывая левое и правое, вы в состоянии узнать, где было направление x? Если «правое» и «левое» никак не зависят от x, как же получается, что мы можем сложить их и вновь получить x? На этот вопрос можно частью ответить, расписав состояние $|П'\rangle$, представляющее фотон, правополяризованный в системе координат x', y'. В этой системе мы бы написали

$$
|П'\rangle = \frac{1}{\sqrt{2}}(|x'\rangle + i|y'\rangle).
$$

Как же будет выглядеть такое состояние в системе x, y? Подставим $|x'\rangle$ из (9.33) и соответствующее $|y'\rangle$; мы его не выписывали, но оно равно $(-\sin\theta)|x\rangle + (\cos\theta)|y\rangle$. Тогда

$$|\text{П}'\rangle = \frac{1}{\sqrt{2}}[\cos\theta\,|x\rangle + \sin\theta\,|y\rangle - i\sin\theta\,|x\rangle + i\cos\theta\,|y\rangle] =$$

$$= \frac{1}{\sqrt{2}}[(\cos\theta - i\sin\theta)\,|x\rangle + i(\cos\theta - i\sin\theta)\,|y\rangle] =$$

$$= \frac{1}{\sqrt{2}}(|x\rangle + i\,|y\rangle)(\cos\theta - i\sin\theta).$$

Первый множитель — это просто $|\text{П}\rangle$, а второй $e^{-i\theta}$; итог таков:

$$|\text{П}'\rangle = e^{-i\theta}\,|\text{П}\rangle. \tag{9.36}$$

Состояние $|\text{П}'\rangle$ и $|\text{П}\rangle$ отличаются только фазовым множителем $e^{-i\theta}$. Если подсчитать такую же вещь для $|\text{Л}'\rangle$, мы получим *

$$|\text{Л}'\rangle = e^{+i\theta}\,|\text{Л}\rangle. \tag{9.37}$$

Теперь мы видим, что́ происходит. Сложив $|\text{П}\rangle$ и $|\text{Л}\rangle$, мы получаем нечто отличное от того, что получилось бы при сложении $|\text{П}'\rangle$ и $|\text{Л}'\rangle$. Скажем, x-поляризованный фотон есть [см. (9.35)] сумма $|\text{П}\rangle$ и $|\text{Л}\rangle$, но y-поляризованный фотон — это сумма со сдвигом фазы первого на 90° назад, а второго — на 90° вперед. Это просто то же самое, что получилось бы из суммы $|\text{П}'\rangle$ и $|\text{Л}'\rangle$ при определенном выборе угла $\theta = 90°$, и это правильно. В *штрихованной* системе x-поляризация — это то же самое, что y-поляризация в первоначальной системе. Значит, не совсем верно, что поляризованный по кругу фотон выглядит в любой системе осей одинаково. Его *фаза* (фазовое соотношение между право- и левополяризованными по кругу состояниями) запоминает направление x.

§ 5. Нейтральный К-мезон **

Теперь мы расскажем о двухуровневой системе из мира странных частиц — о системе, для которой квантовая механика приводит к поразительнейшим предсказаниям. Полное описа-

---

* Это похоже на то, что́ мы обнаружили (в гл. 4) для частиц со спином ½, когда поворачивали систему координат вокруг оси z; тогда мы получили фазовые множители $\exp(\pm i\varphi/2)$. В действительности это в точности то же самое, что мы писали в гл. 3, § 7, для состояний $|+\rangle$ и $|-\rangle$ частицы со спином 1, и это не случайно. Фотон — это частица со спином 1, у которой, однако, нет «нуль»-состояния.

** Мы, сознаем, что материал этого параграфа длиннее и труднее, чем это положено на нашем уровне знаний. Лучше пропустите его и переходите прямо к § 6. Но если у вас есть самолюбие и время, попозже вернитесь к нему опять. Это великолепнейший пример (взятый к тому же из последних работ по физике высоких энергий) того, что́ можно сотворить с помощью нашей формулировки квантовой механики двухуровневых систем. (Для русского издания параграф переделан проф. Сэндсом.— *Прим. ред.*)

ние этой системы потребовало бы от нас таких знаний о странных частицах, каких у нас пока нет, поэтому, к сожалению, кое-какие углы нам придется срезать. Мы лишь вкратце успеем изложить историю того, как было сделано одно открытие, чтобы показать вам, какого типа рассуждения для этого потребовались. Началось это с открытия Гелл-Манном и Нишиджимой понятия *странности* и нового закона *сохранения странности*. И вот когда Гелл-Манн и Пайс проанализировали следствия из этих новых представлений, то они пришли к предсказанию замечательнейшего явления, о котором мы и хотим повести речь. Сперва, однако, нужно немного рассказать о «странности».

Начать нужно с того, что́ называется *сильными взаимодействиями* ядерных частиц. Существуют взаимодействия, которые ответственны за мощные ядерные силы, в отличие, например, от относительно более слабых электромагнитных взаимодействий. Взаимодействия «сильны» в том смысле, что если две частицы сойдутся так близко, чтобы быть способными взаимодействовать, то взаимодействуют они очень мощно и создают другие частицы очень легко. Ядерные частицы обладают еще так называемым «слабым взаимодействием», в результате которого происходят такие вещи, как бета-распад; но они всегда происходят очень медленно (по ядерным масштабам времени): слабые взаимодействия на много-много порядков величины слабее, чем сильные, и даже слабее, чем электромагнитные.

Когда при помощи больших ускорителей начали изучать сильные взаимодействия, все были поражены, увидев, что некоторые вещи, которые «должны были» произойти (ожидалось, что они произойдут), на самом деле не возникали. К примеру, в некоторых взаимодействиях не появлялась частица определенного сорта, хотя ожидалось, что она появится. Гелл-Манн и Нишиджима заметили, что многие из этих странных случаев можно было объяснить одним махом, изобретя новый закон сохранения: *сохранение странности*. Они предположили, что существует свойство нового типа, связываемое с каждой частицей,— число, названное ими «странностью»,— и что во всяком сильном взаимодействии «количество странности» сохраняется.

Предположим, например, что отрицательный K-мезон высокой энергии, скажем с энергией во много *Гэв*, сталкивается с протоном. Из их взаимодействия могут произойти много других частиц: π-мезонов, K-мезонов, Λ-частиц, Σ-частиц,— любые из мезонов или барионов, перечисленных в табл. 2.2 (вып. 1). Оказалось, однако, что возникали только *определенные комбинации*, а другие — никогда.

Про некоторые законы сохранения было известно, что они обязаны соблюдаться. Во-первых, всегда сохранялись энергия и импульс. Полная энергия и импульс после события должны быть такими же, как и перед событием. Во-вторых, существует закон сохранения электрического заряда, утверждающий, что полный заряд выходящих частиц обязан равняться полному заряду, внесенному начальными частицами. В нашем примере столкновения K-мезона и протона действительно *происходят* такие реакции:

$$K^- + p \to p + K^- + \pi^+ + \pi^- + \pi^0$$

или

$$K^- + p \to \Sigma^- + \pi^+. \tag{9.38}$$

И никогда из-за несохранения заряда не идут реакции

$$K^- + p \to p + K^- + \pi^+ \quad \text{или} \quad K^- + p \to \Lambda^0 + \pi^+. \tag{9.39}$$

Было также известно, что *количество барионов* сохраняется. Количество *выходящих* барионов должно быть равно количеству *входящих*. В этом законе *античастица* бариона считается за *минус* один барион. Это значит, что мы можем видеть — и видим — реакции

$$K^- + p \to \Lambda^0 + \pi^0$$

или

$$K^- + p \to p + K^- + p + \overline{p} \tag{9.40}$$

(где $\overline{p}$ — это антипротон, несущий отрицательный заряд). Но мы *никогда* не увидим

$$K^- + p \to K^- + \pi^+ + \pi^0$$

или

$$K^- + p \to p + K^- + n \tag{9.41}$$

(даже если энергия очень-очень большая), потому что число барионов здесь не сохранялось бы.

Эти законы, однако, *не объясняют* того странного факта, что нижеследующие реакции, которые с виду не особенно отличаются от кое-каких приведенных в (9.38) или (9.40), тоже никогда не наблюдались:

$$K^- + p \to p + K^- + K^0,$$

или

$$K^- + p \to p + \pi^-, \tag{9.42}$$

или

$$K^- + p \to \Lambda^0 + K^0.$$

Объяснением служит сохранение странности. За каждой частицей следует число — ее *странность* S, и имеется закон, что в любом *сильном* взаимодействии полная странность *на выходе* должна равняться полной странности *на входе*. Протон и антипротон (p, $\overline{p}$), нейтрон и антинейтрон (n, $\overline{n}$) и π-мезоны (π^+, π^0, π^-) — все имеют странность *нуль*; у K^+- и K^0-мезонов странность равна $+1$; у K^- и $\overline{K}^0$ (анти-K^0)*, у Λ^0- и Σ-частиц (Σ^+, Σ^0, Σ^-) странность равна —1. Существует также частица со странностью —2(Ξ-частица), а может быть, и другие, пока неизвестные. Перечень этих странностей приведен в табл. 9.4**.

Таблица 9.4 ● СТРАННОСТИ СИЛЬНО ВЗАИМОДЕЙСТВУЮЩИХ ЧАСТИЦ

	—2	—1	0	+1
Барионы	Ξ^0 Ξ^-	Σ^+ Λ^0, Σ^0 Σ^-	p n	
Мезоны		$\overline{K}^0$ K^-	π^+ π^0 π^-	K^+ K_0

Посмотрим, как действует сохранение странности в некоторых написанных реакциях. Если мы исходим из K^- и протона, то их суммарная странность равна (—1)+0=—1. Сохранение странности утверждает, что странности *продуктов* реакции после сложения тоже должны дать —1. Вы видите, что в реакциях (9.38) и (9.40) это действительно так. Но в реакциях (9.42) странность справа во всех случаях есть *нуль*. В них странность не сохраняется, и они не происходят. Почему? Это никому не известно. Никому не известно что-либо сверх того, что мы только что рассказали. Просто природа так действует — и все.

Давайте теперь взглянем на такую реакцию: π^- попадает в протон. Вы можете, например, получить Λ^0-частицу плюс нейтральный K-мезон — две нейтральные частицы. Какой же из нейтральных K-мезонов вы получите? Раз у Λ-частицы странность —1, а у π^- и p^+ странность нуль и поскольку перед нами быстрая реакция рождения, то странность измениться не должна. Вот K-частица и должна обладать странностью +1, —и быть поэтому K^0. Реакция имеет вид

$$\pi^- + p \to \Lambda^0 + K^0,$$

причем

$$S = 0 + 0 = (-1) + (+1) \text{ (сохраняется).}$$

Если бы здесь вместо K^0 стояло $\overline{K}^0$, то странность справа была бы —2, чего природа не позволит, ведь слева странность нуль.

* Читайте: «K-нуль с чертой».

** Среди новых частиц есть барион Ω^- со странностью —3.— *Прим. ред.*

С другой стороны, $\bar{K}^0$ может возникать в других реакциях:

$$n + p \rightarrow n + n + \bar{K}^0 + K^+,$$

где

$$S = 0 + 0 = 0 + 0 + (+1) + (-1),$$

или

$$K^- + p \rightarrow n + \bar{K}^0,$$

где

$$S = (-1) + 0 = 0 + (-1).$$

Вы можете подумать: «Не слишком ли много разговоров? *Как узнать*, $\bar{K}^0$ это или K^0? Выглядят-то они одинаково. Они античастицы друг друга, значит, массы их одинаковы, заряды у обеих равны нулю. Как вы их различите?» По реакциям, которые *они* вызывают. Например, $\bar{K}^0$-мезон может взаимодействовать с веществом, создавая Λ-частицу, скажем, так:

$$\bar{K}^0 + p \rightarrow \Lambda^0 + \pi^+,$$

а K^0-мезон не может. У K^0 *нет* способа создать Λ-частицу, взаимодействуя с обычным веществом (протонами и нейтронами)*. Значит, экспериментальное отличие между K^0- и $\bar{K}^0$-мезонами состояло бы в том, что один из них создает Λ-частицу, а другой — нет.

Одно из предсказаний теории странности тогда заключалось бы в следующем: если в опыте с пионами высокой энергии Λ-частица возникает вместе с нейтральным K-мезоном, тогда *этот* нейтральный K-мезон, попадая в другие массивы вещества, никогда не создаст Λ-частицы. Опыт мог бы протекать таким образом. Вы посылаете пучок π^--мезонов в большую водородную пузырьковую камеру. След π^- исчезает, но где-то в стороне появляется пара следов (протона и π^--мезона), указывающая на то, что распалась Λ-частица ** (фиг. 9.5). Тогда вы знаете, что где-то есть K^0-мезон, который вам не виден.

Но вы можете представить, куда он направился, применяя сохранение импульса и энергии. (Он затем иногда раскрывает свое местоположение, распадаясь на пару заряженных частиц, как показано на фиг. 9.5, *а*.) Когда K^0-мезон летит в веществе, он может провзаимодействовать с одним из ядер водорода (протонов), создав при этом, быть может, еще какие-то частицы.

---

* Если, конечно, он не создает *еще двух* K^+ или других частиц с общей странностью +2. Можно считать, что здесь речь идет о реакциях, в которых не хватает энергии для возникновения этих добавочных странных частиц.

** Свободная Λ-частица медленно распадается путем *слабого* взаимодействия (так что странность не обязана при этом сохраняться). Продуктами распада могут быть либо p и π^-, либо n и π^0. Время жизни $2{,}2 \cdot 10^{-10}$ *сек*.

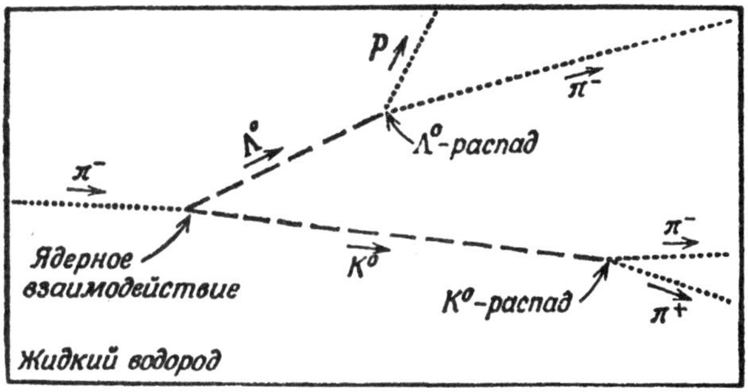

а

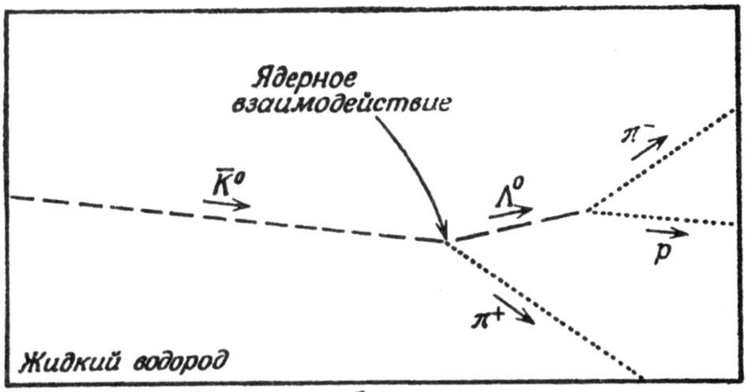

б

Фиг. 9.5. Высокоэнергетические события, наблюдаемые в водородной пузырьковой камере.

а — π^--мезон взаимодействует с ядром водорода (протоном), образуя Λ^0-частицу и K^0-мезон; обе частицы распадаются в камере; *б* — $\overline{K}^0$-мезон взаимодействует с протоном, образуя π^--мезон и Λ^0-частицу, которая затем распадается. (Нейтральные частицы не оставляют следа. Предполагаемые их траектории показаны здесь штрихованными линиями.)

Предсказание теории странности состоит в том, что K^0-мезон *никогда* не породит Λ-частицу в простой реакции, скажем, такого типа

$$K^0 + p \rightarrow \Lambda^0 + \pi^+,$$

хотя $\overline{K}^0$-мезон это может сделать. Иначе говоря, в пузырьковой камере $\overline{K}^0$-мезон мог бы вызвать событие, показанное на фиг. 9.5, *б*, где Λ^0-частицу из-за распада можно заметить, а K^0-мезон не смог бы. Это первая часть рассказа. Это и есть сохранение странности.

Странность, впрочем, сохраняется *не совсем*. Существуют очень медленные распады странных частиц — распады, происходящие за большое время — порядка 10^{-10} *сек* *, в которых стран-

* Типичное время для сильного взаимодействия ближе к 10^{-23} *сек*.

ность *не* сохраняется. Их называют «слабые» распады. Например, K^0-мезон распадается на пару π-мезонов (+ и —) со временем жизни 10^{-10} *сек*. Именно так на самом деле впервые были замечены K-частицы. Обратите внимание, что распадная реакция

$$K^0 \to \pi^+ + \pi^-$$

не сохраняет странности, так что «быстро», путем сильного взаимодействия, она идти не может. Может она идти только через слабый распадный процесс.

Далее, $\overline{K}^0$-мезон также распадается *таким же путем* (на π^+ и π^-) и тоже с таким же самым временем жизни:

$$\overline{K}^0 \to \pi^- + \pi^+.$$

Здесь опять идет слабый распад, потому что он не сохраняет странности. Существует принцип, по которому для всякой реакции всегда найдется соответствующая реакция, в которой «материя» заменяется «антиматерией» и наоборот. Раз $\overline{K}^0$ — это античастица K^0, она обязана распадаться на античастицы π^+ и π^-, но античастица π^+ есть π^-. (Или, если вам угодно, наоборот. Оказывается, что для π-мезонов неважно, кого из них назовут «материей», их эта материя совсем не интересует.) Итак, как следствие слабых распадов K^0- и $\overline{K}^0$-мезоны могут превращаться в одинаковые конечные продукты. Если «видеть» их по их распадам (как в пузырьковой камере), то выглядят они, как совершенно одинаковые частицы. Отличаются только их сильные взаимодействия.

Теперь наконец-то мы доросли до того, чтобы описать работу Гелл-Манна и Пайса. Во-первых, они отметили, что раз K^0 и $\overline{K}^0$ оба могут превращаться в два π-мезона, то должна также существовать *некоторая амплитуда* того, что K^0 может превратиться в $\overline{K}^0$, и такая же амплитуда того, что $\overline{K}^0$ превратится в K^0. Реакцию можно записать так, как это делают химики:

$$K^0 \leftrightarrows \pi^- + \pi^+ \leftrightarrows \overline{K}^0. \tag{9.43}$$

Из существования таких реакций следует, что есть амплитуда, которую мы обозначим через $-i/\hbar\langle\overline{K}^0|W|K^0\rangle$, превращения K^0 в $\overline{K}^0$, обусловленная тем самым слабым взаимодействием, с которым связан распад на два π-мезона. Ясно, что есть и амплитуда обратного процесса $\langle K^0|W|\overline{K}^0\rangle$. Так как материя и антиматерия ведут себя одинаково, то эти две амплитуды численно равны между собой; мы обозначим их через A:

$$\langle\overline{K}^0|W|K^0\rangle = \langle K^0|W|\overline{K}^0\rangle = A. \tag{9.44}$$

И вот, сказали Гелл-Манн и Пайс, здесь возникает интересная ситуация. То, что люди назвали двумя разными состояниями мира (K^0 и $\bar{K}^0$), на самом деле следует рассматривать как *одну систему* с двумя состояниями, потому что имеется амплитуда перехода из одного состояния в другое. Для полноты рассуждений следовало бы, конечно, рассмотреть не два состояния, а больше, потому что существуют еще состояния 2π и т. д.; но поскольку наши физики интересовались главным образом связью K^0 с $\bar{K}^0$, то они не захотели усложнять положения и представили это приближенно в виде системы с двумя состояниями. Другие состояния *были учтены* в той мере, в какой их влияние неявно скажется на амплитудах (9.44).

В соответствии с этим Гелл-Манн и Пайс анализировали нейтральную частицу как систему с двумя состояниями. Начали они с того, что выбрали состояния $|K^0\rangle$ и $|\bar{K}^0\rangle$ за базисные состояния. (С этого места весь рассказ становится очень похожим на то, что было для молекулы аммиака.) Всякое состояние $|\psi\rangle$ нейтрального K-мезона можно тогда описать, задав амплитуды того, что оно окажется в одном из базисных состояний. Обозначим эти амплитуды

$$C_+ = \langle K^0|\psi\rangle \quad \text{и} \quad C_- = \langle \bar{K}^0|\psi\rangle. \tag{9.45}$$

Следующим шагом мы должны написать уравнение Гамильтона для такой системы с двумя состояниями. Если бы K^0 и $\bar{K}^0$ не были бы связаны между собой, то уравнения выглядели бы просто

$$i\hbar\frac{dC_+}{dt} = E_0C_+; \quad i\hbar\frac{dC_-}{dt} = E_0C_-. \tag{9.46}$$

Однако есть еще амплитуда $\langle\bar{K}^0|W|K^0\rangle$ перехода K^0 в $\bar{K}^0$; поэтому в правую часть первого уравнения надо еще добавить слагаемое

$$\langle\bar{K}^0|W|K^0\rangle C_- = AC_-.$$

Аналогичное слагаемое AC_+ надо добавить и в уравнение, определяющее скорость изменения C. Но это еще не все! Если уж мы учитываем двухпионный эффект, то надо учесть и то, что существует еще *дополнительная* амплитуда превращения K^0 *в самого себя* по цепочке

$$K^0 \rightarrow \pi^- + \pi^+ \rightarrow K^0.$$

Эта дополнительная амплитуда (обозначим ее $\langle K^0|W|K^0\rangle$) в точности равна амплитуде $\langle\bar{K}^0|W|K^0\rangle$, так как амплитуды перехода в пару π-мезонов или от пары π-мезонов в K^0 или $\bar{K}^0$ одни и те же.

Если угодно, можно показать это и подробнее. Прежде всего напишем *

$$\langle\overline{K}^0|W|K^0\rangle = \langle\overline{K}^0|W|2\pi\rangle\langle 2\pi|W|K^0\rangle$$

и

$$\langle K^0|W|K^0\rangle = \langle K^0|W|2\pi\rangle\langle 2\pi|W|K^0\rangle.$$

Симметрия между материей и антиматерией требует, чтобы

$$\langle 2\pi|W|K^0\rangle = \langle 2\pi|W|\overline{K}^0\rangle,$$

а также

$$\langle K^0|W|2\pi\rangle = \langle\overline{K}^0|W|2\pi\rangle.$$

Отсюда $\langle K^0|W|K^0\rangle = \langle\overline{K}^0|W|K^0\rangle$, а также $\langle\overline{K}^0|W|K^0\rangle = \langle K^0|W|\overline{K}^0\rangle$, о чем мы уже говорили выше.

Итак, у нас есть две дополнительные амплитуды $\langle K^0|W|K^0\rangle$ и $\langle\overline{K}^0|W|\overline{K}^0\rangle$, обе равные A, которые надо вставить в уравнения Гамильтона. Первая приводит к слагаемому AC_+ в правой части уравнения для dC_+/dt, а вторая — к слагаемому AC_- в правой части уравнения для dC_-/dt. Рассуждая именно так, Гелл-Манн и Пайс пришли к заключению, что уравнения Гамильтона для системы $K^0\overline{K}^0$ должны иметь вид

$$\begin{aligned} i\hbar\frac{dC_+}{dt} &= E_0C_+ + AC_- + AC_+,\\ i\hbar\frac{dC_-}{dt} &= E_0C_- + AC_+ + AC_-. \end{aligned} \tag{9.47}$$

Теперь надо сделать поправку к сказанному в прежних главах: к тому, что две амплитуды, такие, как $\langle K^0|W|\overline{K}^0\rangle$ и $\langle\overline{K}^0|W|K^0\rangle$, выражающие обратные друг к другу процессы, всегда комплексно сопряжены. Это было бы верно, если бы мы говорили о частицах, которые не распадаются. Но если частицы могут распадаться, а поэтому «пропадать», то амплитуды не обязательно комплексно сопряжены. Значит, равенство (9.44) *не означает*, что наши амплитуды суть действительные числа. На самом деле они суть комплексные числа. Поэтому коэффициент A комплексный и его нельзя просто включить в энергию E_0.

Часто, возясь со спинами электронов и тому подобными вещами, наши герои знали: такие уравнения означают, что имеется *другая* пара базисных состояний с особенно простым поведением, которые также пригодны для представления системы K-частиц. Они рассуждали так: «Возьмем теперь сумму и разность этих

* Мы здесь упрощаем. Система 2π может иметь множество состояний, отвечающих различным импульсам π-мезонов, и в правой части этого равенства следовало бы поставить сумму по всем базисным состояниям π-мезонов. Но полный вывод все равно приводит к тем же результатам.

двух уравнений. Будем отсчитывать все энергии от E_0 и возьмем для энергии и времени такие единицы, при которых $\hbar=1$». (Так всегда поступают современные теоретики. Это не меняет, конечно, физики, но уравнения выглядят проще.) В результате они получили

$$i\frac{d}{dt}(C_+ + C_-) = 2A(C_+ + C_-), \quad i\frac{d}{dt}(C_+ - C_-) = 0, \tag{9.48}$$

откуда ясно, что комбинации амплитуд $C_+ + C_-$ и $C_+ - C_-$ действуют друг от друга независимо (и отвечают стационарным состояниям, которые мы раньше изучали). Они заключили, что удобнее было бы для K-частиц употреблять другое представление. Они определили два состояния:

$$\begin{aligned} |K_1\rangle &= \frac{1}{\sqrt{2}}(|K^0\rangle + |\overline{K}^0\rangle), \\ |K_2\rangle &= \frac{1}{\sqrt{2}}(|K^0\rangle - |\overline{K}^0\rangle) \end{aligned} \tag{9.49}$$

и сказали, что вместо того, чтобы думать о K^0- и $\overline{K}^0$-мезонах, с равным успехом можно рассуждать на языке двух «частиц» (т. е. «состояний») K_1 и K_2. (Они, конечно, соответствуют состояниям, которые мы обычно называли $|I\rangle$ и $|II\rangle$. Мы не пользуемся нашими старыми обозначениями, потому что хотим следовать обозначениям самих авторов, тем, которые вы встретите на физических семинарах.)

Но Гелл-Манн и Пайс проделывали все это не для того, чтобы давать частицам новые названия, во всем этом имеется еще некоторая весьма странная физика. Пусть C_1 и C_2 суть амплитуды того, что некоторое состояние $|\psi\rangle$ окажется либо K_1-, либо K_2-мезоном:

$$C_1 = \langle K_1|\psi\rangle, \quad C_2 = \langle K_2|\psi\rangle.$$

Из уравнений (9.49)

$$C_1 = \frac{1}{\sqrt{2}}(C_+ + C_-), \quad C_2 = \frac{1}{\sqrt{2}}(C_+ - C_-). \tag{9.50}$$

Тогда (9.48) превращается в

$$i\frac{dC_1}{dt} = 2AC_1, \quad i\frac{dC_2}{dt} = 0. \tag{9.51}$$

Их решения имеют вид

$$C_1(t) = C_1(0)\,e^{-i2At}, \quad C_2(t) = C_2(0), \tag{9.52}$$

где $C_1(0)$ и $C_2(0)$ — амплитуды при $t=0$.

Эти уравнения говорят, что если нейтральный K-мезон при $t=0$ находится в состоянии $|K_1\rangle$ [так что $C_1(0)=1$ и $C_2(0)=0$], то амплитуды в момент t таковы:

$$C_1(t)=e^{-i2At},\quad C_2(t)=0.$$

Вспоминая, что A — комплексное число, удобно положить

$$2A=\alpha-i\beta$$

(так как мнимая часть $2A$ оказывается отрицательной, мы пишем ее как *минус* $i\beta$). После такой подстановки $C_1(t)$ принимает вид

$$C_1(t)=C_1(0)\,e^{-\beta t}e^{-i\alpha t}. \qquad (9.53)$$

Вероятность обнаружить в момент t частицу K_1 равна квадрату модуля этой амплитуды, т. е. $e^{-2\beta t}$. А из (9.52) следует, что вероятность обнаружить в любой момент состояние K_2 равна нулю. Это значит, что если вы создаете K-мезон в состоянии $|K_1\rangle$, *то вероятность найти* его в том же состоянии со временем экспоненциально падает, но вы никогда не увидите его в состоянии $|K_2\rangle$. Куда же он девается? Он распадается на два π-мезона со средним временем жизни $\tau=1/(2\beta)$, экспериментально равным 10^{-10} *сек*. Мы предусмотрели это, говоря, что A комплексное.

С другой стороны, (9.52) утверждают, что если создать K-мезон целиком в состоянии K_2, он останется в нем навсегда. На самом-то деле это не так. На опыте замечено, что он распадается на *три* π-мезона, но в 600 раз медленнее, чем при описанном нами двухпионном распаде. Значит, имеются какие-то другие малые члены, которыми мы в нашем приближении пренебрегли. Но до тех пор, пока мы рассматриваем только двухпионные распады, K_2 остается «навсегда».

Рассказ о Гелл-Манне и Пайсе близится к концу. Дальше они посмотрели, что будет, когда K-мезон образуется *вместе* с Λ^0-*частицей в сильном* взаимодействии. Раз его странность должна быть $+1$, он обязан возникать в состоянии K^0. Значит, при $t=0$ он не является ни K_1, ни K_2, а их *смесью*. Начальные условия таковы:

$$C_+(0)=1,\quad C_-(0)=0.$$

Но это означает [из (9.50)], что

$$C_1(0)=\frac{1}{\sqrt{2}},\quad C_2(0)=\frac{1}{\sqrt{2}},$$

а из (9.52) следует, что

$$C_1(t)=\frac{1}{\sqrt{2}}e^{-\beta t}e^{-i\alpha t},\quad C_2(t)=\frac{1}{\sqrt{2}}. \qquad (9.54)$$

Теперь вспомним, что K_1 и K_2 суть линейные комбинации K^0 и $\overline{K}^0$. В (9.54) амплитуды были выбраны так, что при $t=0$ части, из которых состоит $\overline{K}^0$, взаимно уничтожаются за счет интерференции, оставляя только состояние K^0. Но состояние $|K_1\rangle$ *со временем меняется*, а состояние $|K_2\rangle$ — *нет*. После $t=0$ интерференция C_1 и C_2 приведет к конечным амплитудам и для K^0, и для $\overline{K}^0$.

Что же все это значит? Возвратимся назад и подумаем об опыте, показанном на фиг. 9.5. Там π^--мезон образовал Λ^0-частицу и K^0-мезон, который летит без оглядки сквозь водород камеры. Когда он движется, существует ничтожный, но постоянный шанс, что он столкнется с ядром водорода. Раньше мы думали, что сохранение странности предохранит K-мезон от образования Λ^0-частицы в таком взаимодействии. Теперь, однако, мы понимаем, что это не так. Потому что, хотя наш K-мезон *вначале* является K^0-мезоном, неспособным к рождению Λ^0-частицы, он *не остается* им навечно. Через мгновение появляется *некоторая амплитуда* того, что он перейдет в состояние $\overline{K}^0$. Значит, следует ожидать, что иногда мы увидим Λ^0-частицу, образованную вдоль следа K-мезона. Вероятность такого происшествия дается амплитудой C_-, которую можно [решая (9.50)] связать с C_1 и C_2. Связь эта такова:

$$C_-=\frac{1}{\sqrt{2}}(C_1-C_2)=\frac{1}{2}(e^{-\beta t}e^{-i\alpha t}-1). \qquad (9.55)$$

И когда K-частица движется, вероятность того, что она будет «действовать как» $\overline{K}^0$, равна $|C_-|^2$, т. е.

$$|C_-|^2=\frac{1}{4}(1+e^{-2\beta t}-2e^{-\beta t}\cos\alpha t). \qquad (9.56)$$

Сложный и поразительный результат!

Это и есть замечательное предсказание Гелл-Манна и Пайса: когда возникает K^0-мезон, то шанс, что он превратится в $\overline{K}^0$-мезон, продемонстрировав это возможностью создания Λ^0-частицы, меняется со временем по закону (9.56). Это предсказание последовало только из чистейших логических рассуждений и из основных принципов квантовой механики без знания внутренних механизмов K-частицы. И поскольку никто не знает ничего об этом внутреннем механизме, то дальше этого Гелл-Манн и Пайс не смогли продвинуться. Им не удалось дать теоретических значений α и β. И никто до сегодняшнего дня не смог это сделать. Им было по силам оценить значение β из экспериментально наблюдаемой скорости распада на два π-мезона ($2\beta=1{,}1\cdot10^{10}$ *сек*$^{-1}$), но про α они ничего не смогли сказать.

Мы изобразили функцию (9.56) для двух значений α на фиг. 9.6. Видно, что форма ее сильно зависит от отношения α и β. Наблюдать $\overline{K}^0$-мезон сперва нет никакой вероятности, но затем она появляется. Если значение α велико, вероятность

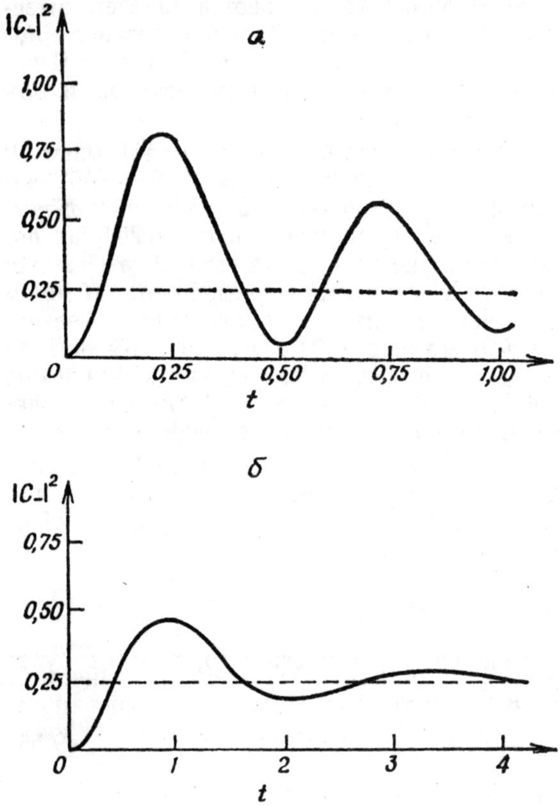

Фиг. 9.6. Функция (9.56).

а — для $\alpha=8\pi\beta$; б — для $\alpha=2\pi\beta$ (при $2\beta=10^{10}$ сек$^{-1}$) время t отложено в 10^{-10} сек.

сильно осциллирует; если оно мало, осцилляции невелики или вовсе отсутствуют, вероятность просто плавно возрастает до $^1/_4$.

Как правило, K-мезоны движутся с постоянной скоростью, близкой к скорости света. Тогда кривые фиг. 9.6 также представляют вероятность наблюдения K^0-мезона вдоль следа с типичными расстояниями порядка нескольких сантиметров. Теперь вы видите, отчего это предсказание так удивительно своеобразно. Вы создаете отдельную частицу, и она не просто распадается, а проделывает нечто совсем иное. Временами она распадается, а порой превращается в частицу другого сорта. Характеристическая вероятность этого эффекта по мере ее движения меняется очень странно. Ничего другого, похожего на это, в природе нет. И это удивительнейшее предсказание было сделано только на основе рассуждений об интерференции амплитуд.

Если и существует какое-то место, где есть шанс проверить главные принципы квантовой механики самым прямым образом — бывает ли суперпозиция амплитуд или не бывает,— то оно именно здесь. Несмотря на то что этот эффект был предсказан уже несколько лет тому назад, до сих пор достаточно ясного опытного определения еще не было. Имеются некоторые грубые результаты, указывающие, что значение α не равно нулю и что эффект действительно наблюдается: они свидетельствуют, что α по порядку величины равно β. И это все, что мы знаем из эксперимента. Было бы замечательно, если бы удалось точно проверить и посмотреть, действительно ли работает принцип суперпозиции в этом таинственном мире странных частиц — с неизвестными поводами для распадов и неизвестным поводом существования странности *.

Анализ, который мы только что привели,— характерный пример того, как сегодня используется квантовая механика, чтобы разгадать странные частицы. Во всех сложных теориях, о которых вы, быть может, слышали, нет ничего сверх этого элементарного фокуса, использующего принципы суперпозиции и другие принципы квантовой механики того же уровня. Некоторые утверждают, что у них есть теории, с помощью которых можно подсчитать β и α или по крайней мере α при данном β. Но эти теории совершенно бесполезны. Например, теория, предсказывающая значение α при данном β, говорит, что α должно быть бесконечным. Система уравнений, из которой они исходят, включает два π-мезона и затем возвращается от двух π-мезонов обратно к K^0-мезону и т. д. Если все выкладки проделать, то действительно возникает пара уравнений, похожих на те, что у нас получались, но, поскольку у двух π-мезонов имеется бесконечно много состояний, зависящих от их импульсов, интегрирование по всем возможностям приводит к α, равному бесконечности. А природное α *не* бесконечно. Значит, динамические теории неверны. На самом деле чрезвычайно поразительно, что *единственные* явления, которые могут быть в мире странных чатиц предсказаны, вытекают из принципов квантовой механики на том уровне, на котором вы их сейчас изучаете.

---

* Такую интерференцию действительно наблюдали. Коэффициент α оказался равным $-0{,}96\beta$. Отсюда можно было вычислить и разность масс K_1- и K_2-мезонов. Она оказалась равной около $-0{,}34\cdot 10^{-5}$ *эв*. Это наименьшая разность масс двух частиц, известных физикам.— *Прим. ред.*

§ 6. *Обобщение на системы с N состояниями*

Мы покончили с системами с двумя состояниями, рассказав все, что хотелось. В дальнейших главах мы перейдем к изучению систем с бо́льшим числом состояний. Расширение на системы с N состояниями идей, разработанных для двух состояний, проходит довольно просто. Это делается примерно так.

Если система обладает N различными состояниями, то всякое состояние $|\psi(t)\rangle$ можно представить как линейную комбинацию произвольной совокупности базисных состояний $|i\rangle$, где $i=1, 2, 3, \ldots, N$:

$$|\psi(t)\rangle = \sum_{\text{Все } i} |i\rangle C_i(t). \tag{9.57}$$

Коэффициенты $C_i(t)$ — это амплитуды $\langle i|\psi(t)\rangle$. Поведение амплитуд C_i во времени направляется уравнениями

$$i\hbar \frac{dC_i(t)}{dt} = \sum_j H_{ij} C_j, \tag{9.58}$$

где энергетическая матрица H_{ij} описывает физику задачи. С виду она такая же, как и для двух состояний. Но только теперь и i, и j должны пробегать по всем N базисным состояниям, и энергетическая матрица H_{ij} (или, если вам больше нравится, гамильтониан) — это теперь матрица $N \times N$, состоящая из N^2 чисел. Как и прежде, $H_{ji}^* = H_{ij}$ (до тех пор, пока частицы сохраняются) и диагональные элементы H_{ii} суть вещественные числа.

Мы нашли общее решение для всех C в системе с двумя состояниями, когда энергетическая матрица постоянна (не зависит от t). Точно так же нетрудно решить и уравнение (9.58) для системы с N состояниями, когда H не зависит от времени. Опять мы начинаем с того, что ищем возможное решение, в котором у всех амплитуд зависимость от времени *одинакова*. Мы пробуем

$$C_i = a_i e^{-(i/\hbar) Et}. \tag{9.59}$$

Если все эти C_i подставить в (9.58), то производные $dC_i(t)/dt$ превращаются просто в $(-i/\hbar) EC_i$. Сокращая повсюду на общую экспоненту, получаем

$$Ea_i = \sum_j H_{ij} a_j. \tag{9.60}$$

Это — система N линейных алгебраических уравнений для N неизвестных $a_1, a_2, \ldots, a_n$; решение у нее бывает только тогда, когда вам сильно повезет, когда определитель из коэффициентов при всех a равен нулю. Но не нужно чересчур умничать: можете просто начать их решать любым способом, и вы сразу увидите, что решить их удается лишь при некоторых значениях E. (Вспомните, что единственная величина, которая в этих уравнениях подлежит подгонке, это E.)

Если, впрочем, вы хотите, чтобы все было по форме, перепишите (9.60) так:

$$\sum_j (H_{ij}-\delta_{ij}E)\, a_j=0. \tag{9.61}$$

Затем примените правило (если оно вам знакомо), что эти уравнения будут иметь решения лишь для тех значений E, для которых

$$\operatorname{Det}(H_{ij}-\delta_{ij}E)=0. \tag{9.62}$$

Каждый член в детерминанте — это просто H_{ij} и только из диагональных отнято E. Иначе говоря, (9.62) означает просто

$$\begin{vmatrix} H_{11}-E & H_{12} & H_{13} & \dots \\ H_{21} & H_{22}-E & H_{23} & \dots \\ H_{31} & H_{32} & H_{33}-E & \dots \\ \dots & \dots & \dots & \dots \end{vmatrix}=0. \tag{9.63}$$

Это, конечно, всего-навсего особый способ записывать алгебраические уравнения для E, складывая вереницы членов, перемножаемых в определенном порядке. Эти произведения дадут все степени E вплоть до E^N.

Значит, у нас есть многочлен N-й степени, который равняется нулю. У него, вообще говоря, есть N корней. (Нужно помнить, однако, что некоторые из них могут быть кратными корнями; это значит, что два или более корней могут быть равны друг другу.) Обозначим эти N корней так:

$$E_I,\ E_{II},\ E_{III},\ \dots,\ E_n,\ \dots,\ E_N \tag{9.64}$$

(пусть n обозначает n-е порядковое числительное, так что n принимает значения I, II, . . ., N). Некоторые из этих энергий могут быть между собой равны, скажем $E_{II}=E_{III}$, но мы решили все же обозначать их разными именами.

Уравнения (9.60) или (9.61) имеют по одному решению для каждого значения E [из (9.64)]. Если вы подставите любое из E, скажем E_n, в (9.60) и найдете все a_i, то получится ряд чисел a_i, относящихся к энергии E_n. Этот ряд мы обозначим $a_i(n)$.

Если подставить эти $a_i(n)$ в (9.59), то получатся амплитуды $C_i(n)$ того, что состояния с определенной энергией находятся в базисном состоянии $|i\rangle$. Пусть $|\boldsymbol{n}\rangle$ обозначает вектор состояния для состояния с определенной энергией при $t=0$. Тогда можно написать

$$C_i(n)=\langle i\,|\,n\rangle\, e^{-(i/\hbar)E_n t},$$

где

$$\langle i \mid n \rangle = a_i(n). \tag{9.65}$$

Полное состояние с определенной энергией $|\psi_n(t)\rangle$ можно тогда записать так:

$$|\psi_n(t)\rangle = \sum_i |i\rangle a_i(n) e^{-(i/\hbar)E_n t},$$

или

$$|\psi_n(t)\rangle = |\boldsymbol{n}\rangle e^{-(i/\hbar)E_n t}. \tag{9.66}$$

Векторы состояний $|n\rangle$ описывают конфигурацию состояний с определенной энергией, но с вынесенной зависимостью от времени. Это постоянные векторы, которые, если мы захотим, можно использовать в качестве новой базисной совокупности.

Каждое из состояний $|n\rangle$ обладает тем свойством (в чем легко убедиться), что при действии на него оператором Гамильтона $\hat{H}$ получится просто E_n, умноженное на то же состояние:

$$\hat{H} \mid n \rangle = E_n \mid n \rangle. \tag{9.67}$$

Значит, энергия E_n — это характеристическое число оператора Гамильтона $\hat{H}$. Как мы видели, у гамильтониана в общем случае бывает несколько характеристических энергий. Физики обычно называют их «собственными значениями» матрицы $\hat{H}$. Для каждого собственного значения $\hat{H}$, иными словами, для каждой энергии, существует состояние с определенной энергией, которое мы называли «стационарным». Состояния $|n\rangle$ обычно именуются «собственными состояниями $\hat{H}$». Каждое собственное состояние отвечает определенному собственному значению E_n.

Далее, состояния $|n\rangle$ (их N штук) могут, вообще говоря, тоже быть выбраны в качестве базиса. Для этого все состояния должны быть ортогональны в том смысле, что для любой пары их, скажем $|n\rangle$ и $|m\rangle$,

$$\langle n \mid m \rangle = 0. \tag{9.68}$$

Это выполнится автоматически, если все энергии различны. Кроме того, можно умножить все $a_i(\boldsymbol{n})$ на подходящие множители, чтобы все состояния были отнормированы: чтобы для всех n было

$$\langle n \mid n \rangle = 1. \tag{9.69}$$

Когда оказывается, что (9.63) случайно имеет два (или больше) одинаковых корня с одной и той же энергией, то появляются небольшие усложнения. По-прежнему имеются две различные совокупности a_i, отвечающие двум одинаковым энергиям, но состояния, которые они дают, не обязательно ортогональны. Пусть вы проделали нормальную процедуру и нашли два стационарных состояния с равными энергиями. Обозначим их $|\mu\rangle$ и $|\nu\rangle$. Тогда они не обязательно окажутся ортогональными: если вам не повезло, то обнаружите, что

$$\langle\mu|\nu\rangle\neq 0.$$

Но зато всегда верно, что можно изготовить два новых состояния (обозначим их $|\mu'\rangle$ и $|\nu'\rangle$) с теми же энергиями, но ортогональных друг другу:

$$\langle\mu'|\nu'\rangle=0. \tag{9.70}$$

Этого можно добиться, составив $|\mu'\rangle$ и $|\nu'\rangle$ из подходящих линейных комбинаций $|\mu\rangle$ и $|\nu\rangle$ с так подобранными коэффициентами, что (9.70) будет выполнено. Это всегда полезно делать, и мы будем вообще предполагать, что это уже проделано, так что можно будет считать наши собственноэнергетические состояния $|n\rangle$ все ортогональными.

Для интереса докажем, что когда два стационарных состояния обладают разными энергиями, то они действительно ортогональны. Для состояния $|n\rangle$ с энергией E_n

$$\hat{H}\,|\,n\rangle=E_n\,|\,n\rangle. \tag{9.71}$$

Это операторное уравнение на самом деле означает, что имеется соотношение между числами. Если заполнить недостающие части, то оно означает то же самое, что и

$$\sum_j\langle i\,|\,\hat{H}\,|\,j\rangle\langle j\,|\,n\rangle=E_n\langle i\,|\,n\rangle. \tag{9.72}$$

Проделав здесь комплексное сопряжение, получим

$$\sum_j\langle i\,|\,\hat{H}\,|\,j\rangle^*\langle j\,|\,n\rangle^*=E_n^*\langle i\,|\,n\rangle^*. \tag{9.73}$$

Теперь вспомним, что комплексно сопряженная амплитуда — это амплитуда обратного процесса, так что (9.73) можно переписать в виде

$$\sum_j\langle n\,|\,j\rangle\langle j\,|\,\hat{H}\,|\,i\rangle=E_n^*\langle n\,|\,i\rangle. \tag{9.74}$$

Поскольку это уравнение справедливо для *всякого* i, то его можно «сократить» до

$$\langle n\,|\,\hat{H}=E_n^*\langle n\,|. \tag{9.75}$$

Это уравнение называется *сопряженным* с (9.71).

Теперь легко доказать, что E_n — число вещественное. Умножим (9.71) на $\langle n|$. Получится

$$\langle n | \hat{H} | n\rangle = E_n \tag{9.76}$$

(с учетом, что $\langle n|n\rangle = 1$). Умножим теперь (9.75) справа на $|n\rangle$:

$$\langle n | \hat{H} | n\rangle = E_n^*. \tag{9.77}$$

Сравнивая (9.76) с (9.77), видим, что

$$E_n = E_n^*, \tag{9.78}$$

а это означает, что E_n вещественно. Звездочку при E_n в (9.75) можно убрать.

Теперь наконец-то мы в силах доказать, что состояния с различными энергиями ортогональны. Пусть $|n\rangle$ и $|m\rangle$ — пара базисных состояний с определенными энергиями. Написав (9.75) для состояния $|m\rangle$ и умножив его на $|n\rangle$, получим

$$\langle m | \hat{H} | n\rangle = E_m \langle m | n\rangle.$$

Но если (9.71) умножить на $\langle m|$, то будет

$$\langle m | \hat{H} | n\rangle = E_n \langle m | n\rangle.$$

Раз левые части этих уравнений равны, то равны и правые:

$$E_m \langle m | n\rangle = E_n \langle m | n\rangle. \tag{9.79}$$

Если $E_m = E_n$, то это равенство ни о чем не говорит. Но если энергии двух состояний $|m\rangle$ и $|n\rangle$ *различны* ($E_m \neq E_n$), то уравнение (9.79) говорит, что $\langle m|n\rangle$ должно быть нулем, что мы и хотели доказать. Два состояния обязательно ортогональны, если только E_n и E_m отличаются друг от друга.

Глава 10

СВЕРХТОНКОЕ РАСЩЕПЛЕНИЕ В ВОДОРОДЕ

§ 1. Базисные состояния для системы двух частиц со спином $^1/_2$

В этой главе мы займемся «сверхтонким расщеплением» водорода — интересным примером того, что́ мы уже в состоянии делать с помощью квантовой механики. Здесь у нас уже будут не два состояния, а больше. Поучительность этого примера в том, что он познакомит нас с методами квантовой механики, применяемыми в более сложных задачах. Сам по себе этот пример достаточно сложен, и как только вы поймете, как с ним справляться, вам сразу же станет ясно, как обобщить его на другие возможные задачи.

Как известно, атом водорода состоит из электрона и протона; электрон сидит неподалеку от протона и может существовать в одном из многих дискретных энергетических состояний, в каждом из которых его картина движения другая. Так, первое возбужденное состояние лежит на $^3/_4$ ридберга, или на 10 *эв*, выше основного состояния. Но даже так называемое основное состояние водорода на самом деле не является отдельным состоянием с определенной энергией, ибо у электрона и у протона есть спины. Эти спины и ответственны за «сверхтонкую структуру» в уровнях энергии, которая расщепляет все уровни энергии на несколько почти одинаковых уровней.

Спин электрона может быть направлен либо вверх, либо вниз; у протона тоже *его собственный* спин может смотреть вверх или вниз. Поэтому на всякое динамическое состояние атома приходятся *четыре* возможных спиновых состояния. Иначе говоря, когда физик говорит об «основном состоянии» водорода, он на самом деле имеет в виду «четыре основных состояния», а не просто самое низкое из них. У четырех спиновых состояний энергия не совсем одинакова; имеются небольшие сдвиги по отношению к тому, что наблюдалось бы в отсутствие спинов. Эти сдвиги, однако, во много-много раз меньше, чем те 10 *эв*, которые лежат между основным состоянием и следующим более высоким состоянием.

В итоге энергия каждого динамического состояния расщеплена на ряд очень тесных уровней — это так называемое *сверхтонкое расщепление*.

Разности энергий четырех спиновых состояний — это и есть то, что мы хотим рассчитать в этой главе. Сверхтонкое расщепление вызывается взаимодействием магнитных моментов электрона и протона; оно приводит для каждого спинового состояния к слегка отличающимся магнитным энергиям. Эти сдвиги энергии составляют только около десятимиллионной части электронвольта, что действительно много меньше 10 *эв*!

Именно из-за столь большого промежутка основное состояние водорода мы вправе считать «четырехуровневой системой», не заботясь о том, что на самом-то деле при более высоких энергиях состояний куда больше. Мы намерены ограничиться здесь изучением сверхтонкой структуры только основного состояния атома водорода.

Для наших целей нам неважны различные детали *расположения* электрона и протона, потому что все они, так сказать, уже выработаны атомом, все они получились сами собой, когда атом попал в основное состояние. Достаточно знать только, что электрон и протон находятся невдалеке друг от друга, в каком-то определенном пространственном соотношении. Кроме того, у них могут быть всевозможные взаимные ориентации спинов. И мы хотим рассмотреть только спиновые эффекты.

Первый вопрос, на который нужно ответить: каковы *базисные состояния* для этой системы? Но вопрос этот поставлен неправильно. Такой вещи, как *единственный* базис, не существует, а всякая система базисных состояний, которую вы выберете, не будет единственной. Всегда можно составить новые системы из линейных комбинаций старой. Для базисных состояний всегда есть множество выборов и все они одинаково законны.

Значит, надо спрашивать: не «каков базис?», а «каким его *можно* выбрать?». И выбрать вы вправе какой угодно, лишь бы вам было удобно.

Обычно лучше всего начинать с базиса, который *физически* наиболее очевиден. Он не обязательно должен решать какую-то задачу или быть *непосредственно* важным в каком-то отношении, нет, он в общем должен только облегчать понимание того, что́ происходит.

Мы выбираем следующие базисные состояния:

Состояние 1. И у электрона, и у протона спины смотрят вверх.

Состояние 2. У электрона спин смотрит вверх, а у протона — вниз.

Состояние 3. У электрона спин смотрит вниз, а у протона — вверх.

Состояние 4. И у электрона, и у протона спины смотрят вниз.

Для краткой записи этих четырех состояний введем следующие обозначения:

Состояние 1:	$\vert + \ +\rangle$;	у электрона спин *вверх*, у протона спин *вверх*.	
Состояние 2:	$\vert + \ -\rangle$;	у электрона спин *вверх*, у протона спин *вниз*.	
Состояние 3:	$\vert - \ +\rangle$;	у электрона спин *вниз*, у протона спин *вверх*.	(10.1)
Состояние 4:	$\vert - \ -\rangle$;	у электрона спин *вниз*, у протона спин *вниз*.	

Помните, что *первый* знак плюс или минус относится к электрону, *второй* — к протону. Чтобы эти обозначения были у вас под рукой, они сведены на фиг. 10.1. Временами будет удобнее обозначать эти состояния $|1\rangle$, $|2\rangle$, $|3\rangle$ и $|4\rangle$.

Вы можете сказать: «Но частицы взаимодействуют, и, может быть, эти состояния вовсе не являются правильными базисными состояниями. Получается, будто вы рассматриваете обе частицы независимо». Да, действительно! Взаимодействие ставит перед нами вопрос: каков *гамильтониан* системы? Но вопрос о том, как *описать* систему, не касается взаимодействия. Что бы мы ни выбрали в качестве базиса, это никак не связано с тем, что случится после. Может оказаться, что атом не способен *оставаться* в одном из этих базисных состояний, даже если с него все и началось. Но это другой вопрос. Это вопрос о том, как со временем меняются амплитуды в выбранном (фиксированном) базисе. Выбирая базисные состояния, мы просто выбираем «единичные векторы» для нашего описания.

Раз уже мы коснулись этого, бросим взгляд на общую проблему отыскания совокупности базисных состояний, когда имеется не одна частица, а больше. Вы знаете базисные состояния для одной частицы. Электрон, например, полностью описывается в реальной жизни (не в наших упрощенных случаях, а в реаль-

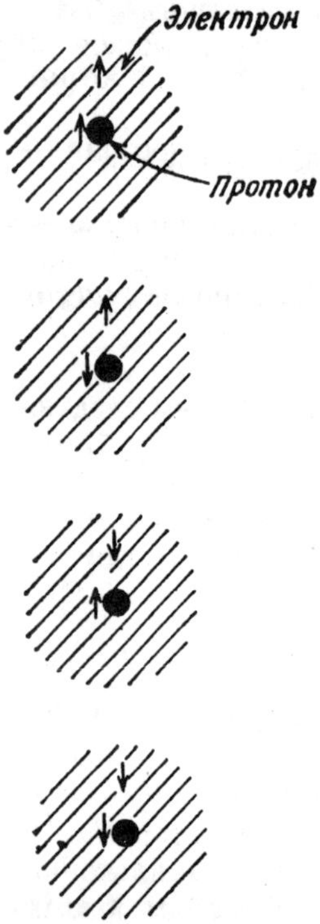

Фиг. 10.1. Совокупность базисных состояний для основного состояния атома водорода.

Эти состояния мы обозначаем $|++\rangle$, $|+-\rangle$, $|-+\rangle$, $|--\rangle$.

ной жизни) заданием амплитуд пребывания в одном из следующих состояний:

|Электрон спином вверх с импульсом **p**⟩

или

|Электрон спином вниз с импульсом **p**⟩.

В действительности, для каждого значения **p** существует два состояния. Значит, сказать, что электронное состояние $|\psi\rangle$ описано полностью, можно лишь тогда, когда вы знаете все амплитуды

$$\langle +, \mathbf{p}|\psi\rangle \text{ и } \langle -, \mathbf{p}|\psi\rangle,$$

где $+$ и $-$ представляют компоненты момента количества движения вдоль какой-то оси, обычно оси z, а **p** — вектор импульса. Стало быть, для каждого мыслимого импульса должны быть две амплитуды (дважды бесконечная совокупность базисных состояний). Вот и все, что нужно для описания отдельной частицы.

Таким же образом могут быть написаны базисные состояния, когда частиц не одна, а больше. Например, если надо было бы рассмотреть электрон и протон в более сложном, чем у нас, случае, то базисные состояния могли бы быть следующими:

|Электрон с импульсом $\mathbf{p}_1$ движется спином вверх,
а протон с импульсом $\mathbf{p}_2$ движется спином вниз⟩.

И так далее для других спиновых комбинаций. Если частиц больше двух, идея остается та же. Так что вы видите, что расписать *возможные* базисные состояния на самом деле очень легко. Вопрос только в том, каков гамильтониан.

Нам для изучения основного состояния водорода нет нужды применять полные совокупности базисных состояний для различных импульсов. Мы оговариваем и фиксируем определенные импульсные состояния протона и электрона, когда произносим слова «основное состояние». Детали конфигурации — амплитуды для всех импульсных базисных состояний — можно рассчитать, но это уже другая задача. А мы сейчас касаемся только влияния спина, так что ограничимся только четырьмя базисными состояниями (10.1). Очередной вопрос таков: каков гамильтониан для этой совокупности состояний?

§ 2. Гамильтониан основного состояния водорода

Через минуту вы это узнаете. Но прежде хочу вам напомнить одну вещь: *всякое* состояние всегда можно представить в виде линейной комбинации базисных состояний. Для любого состояния $|\psi\rangle$ можно написать

$$|\psi\rangle=|+\ +\rangle\langle+\ +|\psi\rangle+|+\ -\rangle\langle+\ -|\psi\rangle+ \\ +|-\ +\rangle\langle-\ +|\psi\rangle+|-\ -\rangle\langle-\ -|\psi\rangle. \qquad (10.2)$$

Напомним, что полные скобки — это просто комплексные числа, так что их можно обозначить обычным образом через C_i, где $i=1$, 2, 3 или 4, и записать (10.2) в виде

$$|\psi\rangle=|+\ +\rangle C_1+|+\ -\rangle C_2+|-\ +\rangle C_3+|-\ -\rangle C_4. \qquad (10.3)$$

Задание четверки амплитуд C_i полностью описывает спиновое состояние $|\psi\rangle$. Если эта четверка меняется во времени (как это и будет на самом деле), то скорость изменения во времени дается оператором $\hat{H}$. Задача в том, чтобы найти этот оператор $\hat{H}$.

Не существует общего правила, как писать гамильтониан атомной системы, и отыскание правильной формулы требует большего искусства, чем отыскание системы базисных состояний. Мы вам смогли дать общее правило, как записывать систему базисных состояний для любой задачи, в которой есть протон и электрон, но описать общий гамильтониан такой комбинации на этом уровне слишком трудно. Вместо этого мы подведем вас к гамильтониану некоторыми эвристическими рассуждениями, и вам придется признать его правильным, потому что результаты будут согласовываться с экспериментальными наблюдениями.

Вспомните, что в предыдущей главе мы смогли описать гамильтониан отдельной частицы со спином $^1/_2$, применив сигма-матрицы или в точности эквивалентные им сигма-операторы. Свойства операторов сведены в табл. 10.1. Эти операторы, являющиеся просто удобным, кратким способом запоминания матричных элементов типа $\langle+|\sigma_z|+\rangle$, были полезны для описания поведения *отдельной* частицы со спином $^1/_2$. Возникает вопрос, можно ли отыскать аналогичное средство для описания системы с двумя спинами. Да, и очень просто. Вот смотрите. Мы изобретем вещь, которую назовем «электрон-сигма» и которую будем представлять векторным оператором $\boldsymbol{\sigma}^e$ с тремя компонентами σ_x^e, σ_y^e и σ_z^e. Дальше *условимся*, что когда одна из них действует

Таблица 10.1 • СВОЙСТВА СИГМА-ОПЕРАТОРОВ

$$\sigma_z|+\rangle=+|+\rangle$$
$$\sigma_z|-\rangle=-|-\rangle$$
$$\sigma_x|+\rangle=+|-\rangle$$
$$\sigma_x|-\rangle=+|+\rangle$$
$$\sigma_y|+\rangle=+i|-\rangle$$
$$\sigma_y|-\rangle=-i|+\rangle$$

на какое-то из наших четырех базисных состояний атома водорода, то она действует на один только спин электрона, причем так, как если бы электрон был один, сам по себе. Пример: чему равно $\sigma_y^e|-+\rangle$? Поскольку σ_y, действующее на электрон со спином вниз, дает $-i$, умноженное на состояние с электроном, у которого спин вверх, то

$$\sigma_y^e|-\ +\rangle=-i|+\ +\rangle.$$

(Когда σ_y^e действует на комбинированное состояние, оно переворачивает электрон, не затрагивая протон, и умножает результат на $-i$.) Действуя на другие состояния, σ_y^e даст

$$\sigma_y^e|+\ +\rangle=i|-\ +\rangle,$$
$$\sigma_y^e|+\ -\rangle=i|-\ -\rangle,$$
$$\sigma_y^e|-\ -\rangle=-i|+\ -\rangle.$$

Напомним еще раз, что оператор σ^e действует только на *первый* спиновый символ, т. е. на спин *электрона*.

Теперь определим соответствующий оператор «протон-сигма» для спина протона. Три его компоненты σ_x^p, σ_y^p, σ_z^p действуют так же, как и σ^e, но только на *протонный спин*. Например, если σ_x^p будет действовать на каждое из четырех базисных состояний, то получится (опять с помощью табл. 10.1)

$$\sigma_x^p|+\ +\rangle=|+\ -\rangle,$$
$$\sigma_x^p|+\ -\rangle=|+\ +\rangle,$$
$$\sigma_x^p|-\ +\rangle=|-\ -\rangle,$$
$$\sigma_x^p|-\ -\rangle=|-\ +\rangle.$$

Как видите, ничего трудного.

В общем случае могут встретиться вещи и посложнее. Например, произведение операторов σ_y^e, σ_z^p. Когда имеется такое произведение, то сначала делается то, что хочет правый оператор, а потом — чего требует левый *. Например,

$$\sigma_x^e \sigma_z^p |+\,-\rangle = \sigma_x^e (\sigma_z^p |+\,-\rangle) = \sigma_x^e (-|+\,-\rangle) =$$
$$= -\sigma_x^e |+\,-\rangle = -|-\,-\rangle.$$

Заметьте, что эти операторы с числами ничего не делают; мы использовали это, когда писали $\sigma_x^e(-1)=(-1)\sigma_x^e$. Мы говорим, что операторы «коммутируют» с числами или что числа «можно протащить» через оператор. Попрактикуйтесь и покажите, что произведение $\sigma_x^e\sigma_z^p$ дает для четырех состояний следующий результат:

$$\sigma_x^e\sigma_z^p |+\,+\rangle = +|-\,+\rangle,$$
$$\sigma_x^e\sigma_z^p |+\,-\rangle = -|-\,-\rangle,$$
$$\sigma_x^e\sigma_z^p |-\,+\rangle = +|+\,+\rangle,$$
$$\sigma_x^e\sigma_z^p |-\,-\rangle = -|+\,-\rangle.$$

Если перебрать все допустимые операторы, каждый по разу, то всего может быть 16 возможностей. Да, *шестнадцать*, если включить еще «единичный оператор» $\hat{1}$. Во-первых, есть тройка σ_x^e, σ_y^e, σ_z^e, затем тройка σ_x^p, σ_y^p, σ_z^p, итого шесть. Кроме того, имеется девять произведений вида $\sigma_x^e\sigma_y^p$, итого 15. И еще единичный оператор, оставляющий все состояния нетронутыми. Вот и все шестнадцать!

Заметьте теперь, что для системы с четырьмя состояниями матрица Гамильтона должна представлять собой матрицу коэффициентов 4×4, в ней будет 16 чисел. Легко показать, что всякая матрица 4×4, и в частности матрица Гамильтона, может быть записана в виде линейной комбинации шестнадцати двойных спиновых матриц, соответствующих системе операторов, которые мы только что составили. Поэтому для взаимодействия между протоном и электроном, в которое входят только их спины, мы можем ожидать, что оператор Гамильтона может быть записан в виде линейной комбинации тех же 16 операторов. Вопрос только в том, как.

Но, во-первых, мы знаем, что взаимодействие не зависит от нашего выбора осей для системы координат. Если нет внешнего возмущения — чего-то вроде магнитного поля, выделяющего какое-то направление в пространстве,— то гамильтониан не может зависеть от нашего выбора направлений осей x, y и z. Это означает, что в гамильтониане не может быть таких членов, как σ_x^e сам по себе. Это выглядело бы нелепо, потому что кто-ни-

* Для *этих* операторов, правда, оказывается, что от их порядка ничего не зависит.

будь в другой системе координат пришел бы к другим результатам.

Единственно возможны только член с единичной матрицей, скажем постоянная a (умноженная на $\hat{1}$), и некоторая комбинация сигм, которая не зависит от координат, некоторая «инвариантная» комбинация. Единственная *скалярная* инвариантная комбинация из двух векторов — это их скалярное произведение, имеющее для наших сигм вид

$$\boldsymbol{\sigma}^e \cdot \boldsymbol{\sigma}^p = \sigma_x^e \sigma_x^p + \sigma_y^e \sigma_y^p + \sigma_z^e \sigma_z^p. \tag{10.4}$$

Этот оператор инвариантен по отношению к любому повороту системы координат. Итак, единственная возможность для гамильтониана с подходящей симметрией в пространстве — это постоянная, умноженная на единичную матрицу, плюс постоянная, умноженная на это скалярное произведение, т. е.

$$\hat{H} = E_0 + A\boldsymbol{\sigma}^e \cdot \boldsymbol{\sigma}^p. \tag{10.5}$$

Это и есть наш гамильтониан. Это единственное, чему, исходя из симметрии в пространстве, он может равняться, *пока нет внешнего поля*. Постоянный член нам многого не сообщит; он просто зависит от уровня, который мы выбрали для отсчета энергий. С равным успехом можно было принять $E_0=0$. А второй член поведает нам обо всем, что нужно для того, чтобы найти расщепление уровней в водороде.

Если угодно, можно размышлять о гамильтониане иначе. Если поблизости друг от друга находятся два магнита с магнитными моментами $\boldsymbol{\mu}_e$ и $\boldsymbol{\mu}_p$, то их взаимная энергия зависит, кроме всего прочего, и от $\boldsymbol{\mu}_e \cdot \boldsymbol{\mu}_p$. А мы, как вы помните, выяснили, что та вещь, которую мы в классической физике называли $\boldsymbol{\mu}_e$, в квантовой механике выступает под именем $\mu_e \boldsymbol{\sigma}_e$. Подобным же образом, то, что в классической физике выглядит как μ_p, в квантовой механике обычно оказывается равным $\mu_p \boldsymbol{\sigma}_p$ (где μ_p — магнитный момент протона, который почти в 1000 раз меньше μ_e и имеет обратный знак). Значит, (10.5) утверждает, что энергия взаимодействия подобна взаимодействию двух магнитов, но не до конца, потому что взаимодействие двух магнитов зависит от расстояния между ними. Но (10.5) может считаться (и на самом деле *является*) своего рода средним взаимодействием. Электрон как-то движется внутри атома, и наш гамильтониан дает лишь среднюю энергию взаимодействия. В общем все это говорит о том, что для предписанного расположения электрона и протона в пространстве существует энергия, пропорциональная косинусу угла между двумя магнитными моментами (выражаясь классически). Такая классическая качественная картина может помочь вам понять, откуда все получается, но единственное что важно при этом то, что (10.5) — это правильная квантово-механическая формула.

Порядок величины классического взаимодействия между двумя магнитами должен был бы даваться произведением двух магнитных моментов, деленным на куб расстояния между ними. Расстояние между электроном и протоном в атоме водорода, грубо говоря, равно половине атомного радиуса, т. е. 0,5 Å. Поэтому можно примерно прикинуть, что постоянная A должна быть равна произведению магнитных моментов μ_e и μ_p, деленному на куб половины ангстрема. Такая пристрелка приводит к числам, попадающим как раз в нужный район. Но оказывается, что A можно подсчитать и аккуратней, стоит только разобраться в полной теории атома водорода, что нам пока не по силам. На самом деле A было подсчитано с точностью до 30 миллионных. Как видите, в отличие от постоянной переброса A молекулы аммиака, которую по теории невозможно хорошо подсчитать, наша постоянная A для водорода *может быть* рассчитана из более детальной теории. Но ничего не поделаешь, нам для наших теперешних целей придется считать A числом, которое может быть определено из опыта, и анализировать физику вопроса.

Взяв гамильтониан (10.5), можно подставить его в уравнение

$$i\hbar\dot{C}_i=\sum_j H_{ij}C_j \qquad (10.6)$$

и посмотреть, что делает спиновое взаимодействие с уровнями энергии. Для этого надо подсчитать шестнадцать матричных элементов $H_{ij}=\langle i|H|j\rangle$, отвечающих любой двойке из четырех базисных состояний (10.1).

Начнем с того, что подсчитаем, чему равно $\hat{H}|j\rangle$ для каждого из четырех базисных состояний. К примеру,

$$\hat{H}|+\,+\rangle=A\sigma^e\cdot\sigma^p|+\,+\rangle=A\{\sigma_x^e\sigma_x^p+\sigma_y^e\sigma_y^p+\sigma_z^e\sigma_z^p\}|+\,+\rangle. \qquad (10.7)$$

Пользуясь способом, описанным немного раньше (вспомните табл. 10.1, она очень облегчит дело), мы найдем, что каждая пара σ делает с $|+\,+\rangle$. Ответ таков:

$$\begin{aligned}\sigma_x^e\sigma_x^p|+\,+\rangle&=+|-\,-\rangle,\\ \sigma_y^e\sigma_y^p|+\,+\rangle&=-|-\,-\rangle,\\ \sigma_z^e\sigma_z^p|+\,+\rangle&=+|+\,+\rangle.\end{aligned} \qquad (10.8)$$

Значит, (10.7) превращается в

$$\hat{H}|+\,+\rangle=A\{|-\,-\rangle-|-\,-\rangle+|+\,+\rangle\}=A|+\,+\rangle. \qquad (10.9)$$

Таблица 10.2 • **СПИНОВЫЕ ОПЕРАТОРЫ ДЛЯ АТОМА ВОДОРОДА**

$$\sigma_x^e\sigma_x^p|++\rangle=+|--\rangle$$
$$\sigma_x^e\sigma_x^p|+-\rangle=+|-+\rangle$$
$$\sigma_x^e\sigma_x^p|-+\rangle=+|+-\rangle$$
$$\sigma_x^e\sigma_x^p|--\rangle=+|++\rangle$$

$$\sigma_y^e\sigma_y^p|++\rangle=-|--\rangle$$
$$\sigma_y^e\sigma_y^p|+-\rangle=+|-+\rangle$$
$$\sigma_y^e\sigma_y^p|-+\rangle=+|+-\rangle$$
$$\sigma_y^e\sigma_y^p|--\rangle=-|++\rangle$$

$$\sigma_z^e\sigma_z^p|++\rangle=+|++\rangle$$
$$\sigma_z^e\sigma_z^p|+-\rangle=-|+-\rangle$$
$$\sigma_z^e\sigma_z^p|-+\rangle=-|-+\rangle$$
$$\sigma_z^e\sigma_z^p|--\rangle=+|--\rangle$$

А раз все наши четыре базисных состояния ортогональны, то это немедленно приводит к

$$\begin{aligned}\langle++|H|++\rangle&=A\langle++|++\rangle=A,\\ \langle+-|H|++\rangle&=A\langle+-|++\rangle=0,\\ \langle-+|H|++\rangle&=A\langle-+|++\rangle=0,\\ \langle--|H|++\rangle&=A\langle--|++\rangle=0.\end{aligned}\qquad(10.10)$$

Вспоминая, что $\langle j|H|i\rangle=\langle i|H|j\rangle^*$, мы сразу сможем написать дифференциальное уравнение для амплитуды C_1:

$$i\hbar\dot{C}_1=H_{11}C_1+H_{12}C_2+H_{13}C_3+H_{14}C_4,\qquad(10.11)$$

или

$$i\hbar\dot{C}_1=AC_1.$$

Вот и все! Только один член.

Чтобы теперь получить оставшиеся уравнения Гамильтона, мы должны терпеливо пройти через те же процедуры с $\hat{H}$, действующим на другие состояния. Во-первых, попрактикуйтесь в проверке того, что все произведения сигм в табл. 10.2 написаны правильно. Затем с их помощью получите

$$\begin{aligned}\hat{H}|+-\rangle&=A\{2|-+\rangle-|+-\rangle\},\\ \hat{H}|-+\rangle&=A\{2|+-\rangle-|-+\rangle\},\\ \hat{H}|--\rangle&=A|--\rangle.\end{aligned}\qquad(10.12)$$

И тогда, умножая их все по порядку слева на все прочие векторы состояний, мы получаем следующую гамильтонову матрицу H_{ij}:

$$H_{ij} = \begin{pmatrix} A & 0 & 0 & 0 \\ 0 & -A & 2A & 0 \\ 0 & 2A & -A & 0 \\ 0 & 0 & 0 & A \end{pmatrix} \qquad (10.13)$$

Это, конечно, означает, что дифференциальные уравнения для четырех амплитуд C_i имеют вид

$$\begin{aligned} i\hbar\dot{C}_1 &= AC_1, \\ i\hbar\dot{C}_2 &= -AC_2 + 2AC_3, \\ i\hbar\dot{C}_3 &= 2AC_2 - AC_3, \\ i\hbar\dot{C}_4 &= AC_4. \end{aligned} \qquad (10.14)$$

Но прежде чем перейти к их решению, трудно удержаться от того, чтобы не рассказать вам об одном умном правиле, которое вывел Дирак. Оно поможет вам ощутить, как много вы уже знаете, хотя нам в нашей работе оно и не понадобится. Из уравнений (10.9) и (10.12) мы имеем

$$\begin{aligned} \boldsymbol{\sigma}^e \cdot \boldsymbol{\sigma}^p \,|+\,+\rangle &= |+\,+\rangle, \\ \boldsymbol{\sigma}^e \cdot \boldsymbol{\sigma}^p \,|+\,-\rangle &= 2\,|-\,+\rangle - |+\,-\rangle, \\ \boldsymbol{\sigma}^e \cdot \boldsymbol{\sigma}^p \,|-\,+\rangle &= 2\,|+\,-\rangle - |-\,+\rangle, \\ \boldsymbol{\sigma}^e \cdot \boldsymbol{\sigma}^p \,|-\,-\rangle &= |-\,-\rangle. \end{aligned} \qquad (10.15)$$

«Взгляните,— сказал Дирак,— первое и последнее уравнения я могу записать также в виде

$$\begin{aligned} \boldsymbol{\sigma}^e \cdot \boldsymbol{\sigma}^p \,|+\,+\rangle &= 2\,|+\,+\rangle - |+\,+\rangle, \\ \boldsymbol{\sigma}^e \cdot \boldsymbol{\sigma}^p \,|-\,-\rangle &= 2\,|-\,-\rangle - |-\,-\rangle, \end{aligned}$$

и тогда все они станут похожими. Теперь я придумаю новый оператор, который обозначу $P_{\text{спин. обмен}}$ и который, по *определению*, будет обладать следующими свойствами *:

$$\begin{aligned} P_{\text{спин. обмен}}\,|+\,+\rangle &= |+\,+\rangle, \\ P_{\text{спин. обмен}}\,|+\,-\rangle &= |-\,+\rangle, \\ P_{\text{спин. обмен}}\,|-\,+\rangle &= |+\,-\rangle, \\ P_{\text{спин. обмен}}\,|-\,-\rangle &= |-\,-\rangle. \end{aligned}$$

---

* Этот оператор сейчас называют оператор обмена спинами.

Оператор этот, как видите, только обменивает направления спина у двух частиц. Тогда всю систему уравнений (10.15) я могу написать как одно простое операторное уравнение:

$$\sigma^e \cdot \sigma^p = 2P_{\text{спин. обмен}} - 1\text{»}. \tag{10.16}$$

Это и есть формула Дирака. Оператор обмена спинами дает удобное правило для запоминания $\sigma^e \cdot \sigma^p$. (Как видите, вы теперь уже все умеете делать. Для вас все двери открыты.)

§ 3. *Уровни энергии*

Теперь мы готовы к тому, чтобы вычислить уровни энергии основного состояния водорода, решая гамильтоновы уравнения (10.14). Мы хотим найти энергии стационарных состояний. Это значит, что мы должны отыскать те особые состояния $|\psi\rangle$, для которых каждая из принадлежащих $|\psi\rangle$ амплитуд $C_i = \langle i|\psi\rangle$ обладает одной и той же зависимостью от времени, а именно $e^{-i\omega t}$. Тогда состояние будет обладать энергией $E=\hbar\omega$. Значит, мы ищем совокупность амплитуд, для которых

$$C_i = a_i e^{-(i/\hbar)Et}, \tag{10.17}$$

где четверка коэффициентов a_i не зависит от времени. Чтобы увидеть, можем ли мы получить эти амплитуды, подставим (10.17) в (10.14) и посмотрим, что из этого выйдет. Каждое $i\hbar dC_i/dt$ в (10.14) перейдет в EC_i. И после сокращения на общий экспоненциальный множитель каждое C_i превратится в a_i; получим

$$\begin{aligned} Ea_1 &= Aa_1, \\ Ea_2 &= -Aa_2 + 2Aa_3, \\ Ea_3 &= 2Aa_2 - Aa_3, \\ Ea_4 &= Aa_4. \end{aligned} \tag{10.18}$$

Это и нужно решить для отыскания a_1, a_2, a_3 и a_4. Право, очень мило со стороны первого уравнения, что оно не зависит от остальных,— а это значит, что одно решение сразу видно. Если выбрать $E=A$, то

$$a_1 = 1, \; a_2 = a_3 = a_4 = 0$$

даст решение. (Конечно, если принять все a равными нулю, то это тоже будет решение, но состояния оно не даст!) Будем считать наше первое решение состоянием $|I\rangle$ *:

$$|I\rangle = |1\rangle = |+\,+\rangle. \tag{10.19}$$

---

* В действительности состоянием является

$$|I\rangle e^{-(i/\hbar)E_I t},$$

но, как обычно, мы отождествим состояния с постоянными векторами, которые при $t=0$ совпадают с настоящими векторами.

Его энергия

$$E_I = A.$$

Все это немедленно дает ключ ко второму решению, получаемому из последнего уравнения в (10.18):

$$a_1 = a_2 = a_3 = 0, \quad a_4 = 1,$$
$$E = A.$$

Это решение мы назовем состоянием $|II\rangle$:

$$|II\rangle = |4\rangle = |--\rangle, \quad E_{II} = A. \tag{10.20}$$

Дальше пойдет чуть труднее; оставшиеся два уравнения (10.18) переплетены одно с другим. Но мы все это уже делали. Сложив их, получим

$$E\,(a_2 + a_3) = A\,(a_2 + a_3). \tag{10.21}$$

Вычитая, будем иметь

$$E\,(a_2 - a_3) = -3A\,(a_2 - a_3). \tag{10.22}$$

Окидывая это взглядом и припоминая знакомый нам уже аммиак, мы видим, что здесь есть два решения:

$$a_2 = a_3, \quad E = A$$
и
$$a_2 = -a_3, \quad E = -3A. \tag{10.23}$$

Это смеси состояний $|2\rangle$ и $|3\rangle$. Обозначая их $|III\rangle$ и $|IV\rangle$ и вставляя для правильной нормировки множитель $1/\sqrt{2}$, имеем

$$|III\rangle = \frac{1}{\sqrt{2}}(|2\rangle + |3\rangle) = \frac{1}{\sqrt{2}}(|+-\rangle + |-+\rangle),$$
$$E_{III} = A \tag{10.24}$$

и

$$|IV\rangle = \frac{1}{\sqrt{2}}(|2\rangle - |3\rangle) = \frac{1}{\sqrt{2}}(|+-\rangle - |-+\rangle),$$
$$E_{IV} = -3A. \tag{10.25}$$

Мы нашли четверку стационарных состояний и их энергии. Заметьте, кстати, что наши четыре состояния ортогональны друг другу, так что их тоже можно при желании считать базисными состояниями. Задача наша полностью решена.

У трех состояний энергия равна A, а у последнего $-3A$. Среднее равно нулю, а это означает, что когда в (10.5) мы выбрали $E_0 = 0$, то тем самым мы решили отсчитывать все энергии от их среднего значения. Диаграмма уровней энергии основного состояния водорода будет выглядеть так, как на фиг. 10.2.

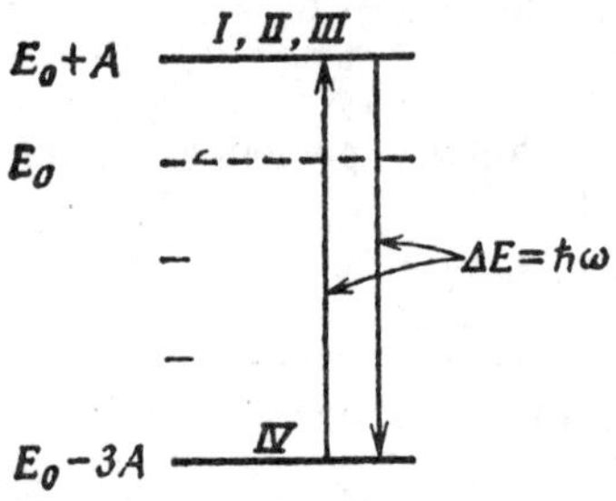

Фиг. 10.2. Диаграмма уровней энергии основного состояния атомарного водорода.

Различие в энергиях между состоянием $|IV\rangle$ и любым из остальных равно $4A$. Атом, который случайно окажется в состоянии $|I\rangle$, может оттуда упасть в состояние $|IV\rangle$ и испустить свет: не оптический свет, потому что энергия очень мала, а микроволновой квант. Или, если осветить водородный газ микроволнами, мы заметим поглощение энергии, оттого что атомы в состоянии $|IV\rangle$ будут ее перехватывать и переходить в одно из высших состояний, но все это только на частоте $\omega=4A/\hbar$. Эта частота была измерена экспериментально; наилучший результат, полученный сравнительно недавно *, таков:

$$f=\frac{\omega}{2\pi}=(1\,420\,405\,751{,}800\pm0{,}028)\ \textit{гц}. \qquad (10.26)$$

Ошибка составляет только *две* стомиллиардных! Вероятно, ни одна из фундаментальных физических величин не измерена лучше, чем эта; таково одно из наиболее выдающихся по точности измерений в физике. Теоретики были очень счастливы, когда им удалось вычислить энергию с точностью до $3\cdot10^{-5}$; но к этому времени она была измерена с точностью до $2\cdot10^{-11}$, т. е. в миллион раз точнее, чем в теории. Так что экспериментаторы идут далеко впереди теоретиков. В теории основного состояния атома водорода и *вы*, и мы находимся в одинаковом положении. Вы ведь тоже можете взять значение A из опыта — и всякому, в конце концов, приходится делать то же самое.

Вы, вероятно, уже слышали раньше о «21-*см* линии» водорода. Это и есть длина волны спектральной линии в 1420 *Мгц* между сверхтонкими состояниями. Излучение с такой длиной волны испускается или поглощается атомарным водородным газом в галактиках. Значит, с помощью радиотелескопов, настроенных на волны 21 *см* (или примерно на 1420 *Мгц*), можно наблюдать скорости и расположение сгущений атомарного водорода. Измеряя интенсивность, можно оценить его количество. Измеряя сдвиг в частоте, вызываемый эффектом Допплера, мож-

* Crampton, Kleppner, Ramsey, Physical Review Letters 11, 338 (1963).

но выяснить движение газа в галактике. Это одна из великих программ радиоастрономии. Так что мы с вами сейчас ведем речь о чем-то очень реальном, это вовсе не какая-то искусственная задача.

§ 4. Зеемановское расщепление

Хотя с задачей отыскания уровней энергии основного состояния водорода мы и справились, мы все же продолжим изучение этой интересной системы. Чтобы сказать о ней еще что-то, например чтобы подсчитать скорость, с какой атом водорода поглощает или испускает радиоволны длиной 21 *см*, надо знать, что́ с ним происходит, когда он возмущен. Нужно проделать то, что мы сделали с молекулой аммиака,— после того как мы нашли уровни энергии, мы отправились дальше и выяснили, что́ происходит, когда молекула находится в электрическом поле. И после этого нетрудно оказалось представить себе влияние электрического поля радиоволны. В случае атома водорода электрическое поле ничего с уровнями не делает, разве что сдвигает их все на некоторую постоянную величину, пропорциональную квадрату поля, а нам это неинтересно, потому что это не меняет *разностей* энергий. На сей раз важно уже *магнитное* поле. Значит, следующим шагом будет написать гамильтониан для более сложного случая, когда атом сидит во внешнем магнитном поле.

Каков же этот гамильтониан? Мы просто сообщим вам ответ, потому что никакого «доказательства» дать не можем, разве что сказать, что именно так устроен атом.

Гамильтониан имеет вид

$$\hat{H} = A(\boldsymbol{\sigma}^{e}\cdot\boldsymbol{\sigma}^{p}) - \mu_{e}\boldsymbol{\sigma}^{e}\cdot\mathbf{B} - \mu_{p}\boldsymbol{\sigma}^{p}\cdot\mathbf{B}. \qquad (10.27)$$

Теперь он состоит из трех частей. Первый член $A(\sigma^{e}\cdot\sigma^{p})$ представляет магнитное взаимодействие между электроном и протоном; оно такое же, как если бы магнитного поля не было. Влияние внешнего магнитного поля проявляется в остальных двух членах. Второй член $(-\mu_{e}\boldsymbol{\sigma}^{e}\cdot\mathbf{B})$ — это та энергия, которой электрон обладал бы в магнитном поле, если бы он там был один *. Точно так же последний член $(-\mu_{p}\boldsymbol{\sigma}^{p}\cdot\mathbf{B})$ был бы энергией протона-одиночки. Согласно классической физике, энергия их обоих вместе была бы суммой их энергий; по квантовой механике это тоже правильно. Возникающая из-за наличия магнитного поля энергия взаимодействия равна просто сумме энергий взаимодействия электрона с магнитным полем и протона с тем же

---

* Вспомните, что классически $U = -\boldsymbol{\mu}\cdot\mathbf{B}$, так что энергия наименьшая, когда момент направлен по полю. Для положительно заряженных частиц магнитный момент параллелен спину, для отрицательных — наоборот. Значит, в (10.27) μ_{p} — число *положительное*, а μ_{e} — *отрицательное*.

полем, выраженных через операторы сигма. В квантовой механике эти члены в действительности не являются энергиями, но обращение к классическим формулам для энергии помогает запоминать правила написания гамильтониана. Как бы то ни было, (10.27) — это правильный гамильтониан.

Теперь нужно вернуться к началу и решать всю задачу сызнова. Но бо́льшая часть работы уже сделана, надо только добавить эффекты, вызываемые новыми членами. Примем, что магнитное поле **B** постоянно и направлено по z. Тогда к нашему старому гамильтонову оператору $\hat{H}$ надо добавить два новых куска; обозначим их $\hat{H}'$:

$$\hat{H}' = -(\mu_e \sigma_z^e + \mu_p \sigma_z^p) B.$$

Пользуясь табл. 10.1, мы сразу получаем

$$\begin{aligned}
\hat{H}' |+\,+\rangle &= -(\mu_e + \mu_p) B |+\,+\rangle, \\
\hat{H}' |+\,-\rangle &= -(\mu_e - \mu_p) B |+\,-\rangle, \\
\hat{H}' |-\,+\rangle &= -(-\mu_e + \mu_p) B |-\,+\rangle, \\
\hat{H}' |-\,-\rangle &= (\mu_e + \mu_p) B |-\,-\rangle.
\end{aligned} \tag{10.28}$$

Смотрите, как удобно! Оператор $\hat{H}'$, действуя на каждое состояние, дает просто число, умноженное на это же состояние. В матрице $\langle i|H'|j\rangle$ есть поэтому только *диагональные* элементы, и можно просто добавить коэффициенты из (10.28) к соответствующим диагональным членам в (10.13), так что гамильтоновы уравнения (10.14) обращаются в

$$\begin{aligned}
i\hbar \frac{dC_1}{dt} &= \{A - (\mu_e + \mu_p) B\} C_1, \\
i\hbar \frac{dC_2}{dt} &= -\{A + (\mu_e - \mu_p) B\} C_2 + 2AC_3, \\
i\hbar \frac{dC_3}{dt} &= 2AC_2 - \{A - (\mu_e - \mu_p) B\} C_3, \\
i\hbar \frac{dC_4}{dt} &= \{A + (\mu_e + \mu_p) B\} C_4.
\end{aligned} \tag{10.29}$$

Форма уравнений не изменилась, изменились только коэффициенты. И пока B не меняется со временем, можно все делать так же, как и раньше.

Подставляя $C_i = a_i e^{-(i/\hbar)Et}$, мы получаем

$$\begin{aligned}
Ea_1 &= \{A - (\mu_e + \mu_p) B\} a, \\
Ea_2 &= -\{A + (\mu_e - \mu_p) B\} a_2 + 2Aa_3, \\
Ea_3 &= 2Aa_2 - \{A - (\mu_e - \mu_p) B\} a_3, \\
Ea_4 &= \{A + (\mu_e + \mu_p) B\} a_4.
\end{aligned} \tag{10.30}$$

К счастью, первое и четвертое уравнения по-прежнему не зависят от остальных, так что снова пойдет в ход та же техника.

Одно решение — это состояние $|I\rangle$, для которого

$$a_1 = 1, \quad a_2 = a_3 = a_4 = 0,$$

или

$$|I\rangle = |1\rangle = |++\rangle$$

с

$$E_I = A - (\mu_e + \mu_p) B. \tag{10.31}$$

Другое решение

$$|II\rangle = |4\rangle = |--\rangle$$

с

$$E_{II} = A + (\mu_e + \mu_p) B. \tag{10.32}$$

Для остальных двух уравнений потребуется больше работы, потому что коэффициенты при a_2 и a_3 уже не равны друг другу. Но зато очень похожи на ту пару уравнений, которую мы писали для молекулы аммиака. Оглядываясь на уравнения (7.20) и (7.21), можно провести следующую аналогию (помните, что тамошние индексы 1 и 2 соответствуют здесь индексам 2 и 3):

$$\begin{aligned} H_{11} &\to -A - (\mu_e - \mu_p) B, \\ H_{12} &\to 2A, \\ H_{21} &\to 2A, \\ H_{22} &\to -A + (\mu_e - \mu_p) B. \end{aligned} \tag{10.33}$$

Раньше энергии давались формулой (7.25), которая имела вид

$$E = \frac{H_{11} + H_{22}}{2} \pm \sqrt{\frac{(H_{11} - H_{22})^2}{4} + H_{12}H_{21}}. \tag{10.34}$$

Подставляя сюда (10.33), получаем для энергии

$$E = -A \pm \sqrt{(\mu_e - \mu_p)^2 B^2 + 4A^2}.$$

В гл. 7 мы привыкли называть эти энергии E_I и E_{II}, теперь мы их обозначим E_{III} и E_{IV}:

$$\begin{aligned} E_{III} &= A\{-1 + 2\sqrt{1 + (\mu_e - \mu_p)^2 B^2/4A^2}\}, \\ E_{IV} &= -A\{1 + 2\sqrt{1 + (\mu_e - \mu_p)^2 B^2/4A^2}\}. \end{aligned} \tag{10.35}$$

Итак, мы нашли энергии четырех стационарных состояний атома водорода в постоянном магнитном поле. Проверим наши выкладки, для чего устремим B к нулю и посмотрим, получатся ли те же энергии, что и в предыдущем параграфе. Вы видите, что все в порядке. При $B=0$ энергии E_I, E_{II} и E_{III} обращаются в $+A$, а E_{IV} — в $-3A$. Даже наша нумерация состояний согласуется с прежней. Но когда мы включим магнитное поле, то каждая энергия начнет меняться по-своему. Посмотрим, как это происходит.

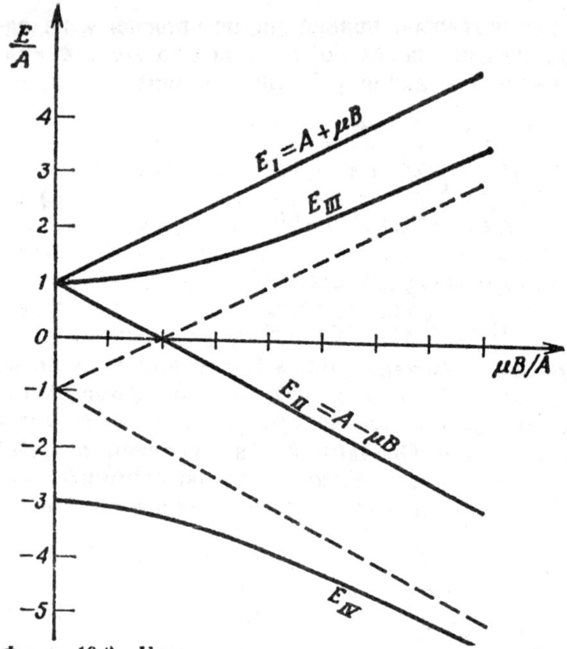

Фиг. 10.3. Уровни энергии основного состояния водорода в магнитном поле B.

Кривые E_{III} *и* E_{IV} *приближаются к пунктирным прямым* $A\pm\mu' B$.

Во-первых, напомним, что у электрона μ_e отрицательно и почти в 1000 раз больше μ_p, которое положительно. Значит, и $\mu_e+\mu_p$, и $\mu_e-\mu_p$ оба отрицательны и почти равны друг другу. Обозначим их $-\mu$ и $-\mu'$:

$$\mu=-(\mu_e+\mu_p),\quad \mu'=-(\mu_e-\mu_p). \tag{10.36}$$

(И μ, и μ' положительны и по величине почти совпадают с μ_e, которое примерно равно одному магнетону Бора.) Наша четверка энергий тогда обратится в

$$\begin{aligned} E_I&=A+\mu B,\\ E_{II}&=A-\mu B,\\ E_{III}&=A\{-1+2\sqrt{1+\mu'^2 B^2/4A^2}\},\\ E_{IV}&=-A\{1+2\sqrt{1+\mu'^2 B^2/4A^2}\}. \end{aligned} \tag{10.37}$$

Энергия E_I вначале равна A и линейно растет с ростом B со скоростью μ. Энергия E_{II} тоже вначале равна A, но с ростом B линейно *убывает*, наклон ее кривой равен $-\mu$. Изменение этих уровней с B показано на фиг. 10.3. На рисунке показаны также графики энергий E_{III} и E_{IV}. Их зависимость от B иная. При малых B они зависят от B квадратично; вначале наклон их равен нулю, а затем они начинают искривляться и при *больших* B приближаются к прямым с наклоном $\pm\mu'$, близким к наклону E_I и E_{II}.

Сдвиг уровней энергии атома, вызываемый действием магнитного поля, называется *эффектом Зеемана.* Мы говорим, что кривые на фиг. 10.3 показывают *зеемановское расщепление* основного состояния водорода. Когда магнитного поля нет, то просто получается одна спектральная линия от сверхтонкой структуры водорода. Переходы между состоянием $|IV\rangle$ и любым из остальных трех происходят с поглощением или испусканием фотона, частота которого равна 1420 *Мгц*: $1/\hbar$, умноженной на разность энергий $4A$. Но когда атом находится в магнитном поле **B**, то линий получается гораздо больше. Могут происходить переходы между любыми двумя из четырех состояний. Значит, если мы имеем атомы во всех четырех состояниях, то энергия может поглощаться (или излучаться) в любом из шести переходов, показанных на фиг. 10.4 вертикальными стрелками. Многие из этих переходов можно наблюдать с помощью техники молекулярных пучков Раби, которую мы описывали в гл. 35, § 3 (вып. 7).

Что же является причиной переходов? Они возникают, если наряду с сильным постоянным полем B приложить малое воз-

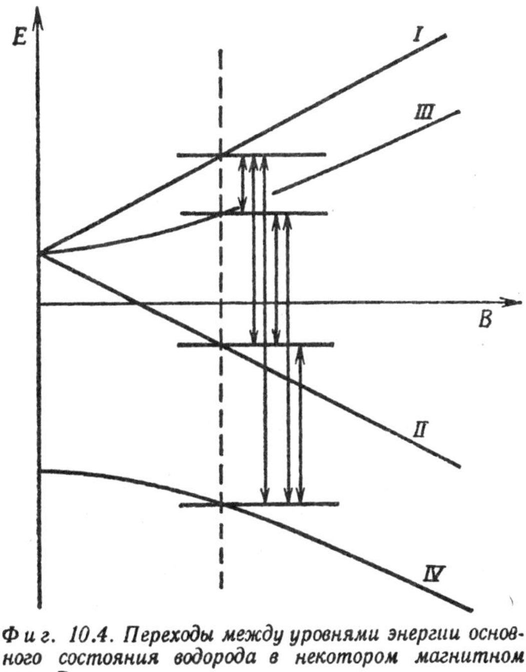

Фиг. 10.4. Переходы между уровнями энергии основного состояния водорода в некотором магнитном поле **B.**

мущающее магнитное поле, которое меняется во времени. То же самое мы наблюдали и при действии переменного электрического поля на молекулу аммиака. Только здесь виновник переходов — это магнитное поле, действующее на магнитные моменты. Но теоретические выкладки те же самые, что и в случае аммиака. Проще всего они получаются, если взять возмущающее магнитное поле, вращающееся в плоскости *xy*, хотя то же будет от любого осциллирующего горизонтального поля. Если вы вставите это возмущающее поле в качестве добавочного члена в гамильтониан, то получите решения, в которых амплитуды меняются во времени, как это было и с молекулой аммиака. Значит, вы сможете легко и аккуратно рассчитать вероятность перехода из одного состояния в другое. И обнаружите, что все это согласуется с опытом.

§ 5. *Состояния в магнитном поле*

Теперь займемся формой кривых на фиг. 10.3. Во-первых, если говорить о больших полях, то зависимость энергии от поля довольно интересна и легко объяснима. При достаточно больших B (а именно при $\mu B/A \gg 1$) в формулах (10.37) можно пренебречь единицей. Четверка энергий принимает вид

$$E_I = A + \mu B, \qquad E_{II} = A - \mu B,$$
$$E_{III} = -A + \mu' B, \quad E_{IV} = -A - \mu' B. \tag{10.38}$$

Это уравнения четырех прямых на фиг. 10.3. Эти формулы можно физически понять следующим образом. Природа стационарных состояний в *нулевом* поле полностью определяется взаимодействием двух магнитных моментов. Перемешивание базисных состояний $|+-\rangle$ и $|-+\rangle$ в стационарных состояниях $|III\rangle$ и $|IV\rangle$ вызвано этим взаимодействием. Однако вряд ли можно ожидать, что каждая из наших частиц (и протон, и электрон) в *сильных внешних* полях будет испытывать влияние поля другой частицы; каждая будет действовать так, как если бы во внешнем поле находилась она одна. Тогда (как мы уже много раз видели) спин электрона окажется направленным вдоль внешнего магнитного поля (по нему или против него).

Пусть спин электрона направлен вверх, т. е. вдоль поля; энергия его будет $-\mu_e B$. Протон при этом может стоять по-разному. Если у него спин тоже направлен вверх, то его энергия $-\mu_p B$. Их сумма равна $-(\mu_e+\mu_p)B=\mu B$. А это как раз и есть E_I, и это очень приятно, потому что мы описываем состояние $|+\,+\rangle=|I\rangle$. Есть еще небольшой дополнительный член A (теперь $\mu B \gg A$), представляющий энергию взаимодействия протона и электрона, когда их спины параллельны. (Мы с самого начала считали A положительным, потому что так должно было быть по теории, о которой шла речь; то же получается и на опыте.) Но спин протона может быть направлен и вниз. Тогда его энергия во внешнем поле обратится в $+\mu_p B$, а вместе с электроном их энергия будет $-(\mu_e-\mu_p)B=\mu' B$. А энергия взаимодействия обращается в $-A$. Их сумма даст энергию E_{III} в (10.38). Так что состояние $|III\rangle$ в сильных полях становится состоянием $|+-\rangle$.

Пусть теперь спин электрона направлен вниз. Его энергия во внешнем поле равна $\mu_e B$. Если и протон смотрит вниз, то их общая энергия равна $(\mu_e+\mu_p)B=-\mu B$ *плюс* энергия взаимодействия A (спины-то теперь параллельны). Это приводит как раз к энергии E_{II} в (10.38) и соответствует состоянию $|--\rangle=|II\rangle$, что очень мило. И наконец, если у электрона спин направлен вниз, а у протона — вверх, то мы получим энергию $(\mu_e-\mu_p)B-A$ (*минус* A потому, что спины противоположны), т. е. E_{IV}. А состояние отвечает $|-+\rangle$.

«Погодите минутку,— вероятно, скажете вы.— «Состояния $|III\rangle$ и $|IV\rangle$ — *это не* состояния $|+-\rangle$ и $|-+\rangle$; они являются их *смесями*». Верно, но перемешивание здесь едва заметно. Действительно, при $B=0$ они являются смесями, но мы пока не выясняли, что́ бывает при больших B. Когда мы для получения энергии стационарных состояний пользовались аналогией между (10.33) и формулами гл. 7, то заодно можно было оттуда взять и амплитуды. Они получатся из (7.23):

$$\frac{a_2}{a_3}=\frac{E-H_{22}}{H_{11}}.$$

Отношение a_2/a_3 — это, конечно, на сей раз C_2/C_3. Вставляя аналогичные величины из (10.33), получаем

$$\frac{C_2}{C_3}=\frac{E+A-(\mu_e-\mu_p)B}{2A},$$

или

$$\frac{C_2}{C_3}=\frac{E+A+\mu' B}{2A}, \qquad (10.39)$$

где вместо E надо взять подходящую энергию (либо E_{III}, либо E_{IV}). Например, для состояния $|III\rangle$ имеем

$$\left(\frac{C_2}{C_3}\right)_{III}\approx\frac{\mu' B}{A}. \qquad (10.40)$$

Значит, при больших B у состояния $|III\rangle$ $C_2\gg C_3$; состояние почти полностью становится состоянием $|2\rangle=|+-\rangle$. Точно так же если в (10.39) подставить E_{IV}, то получится, что $(C_2/C_3)_{IV}\ll 1$; в сильных полях состояние $|IV\rangle$ обращается попросту в состояние $|3\rangle=|-+\rangle$. Вы видите, что коэффициенты в линейных комбинациях наших базисных состояний, составляющих стационарные состояния, сами зависят от B.

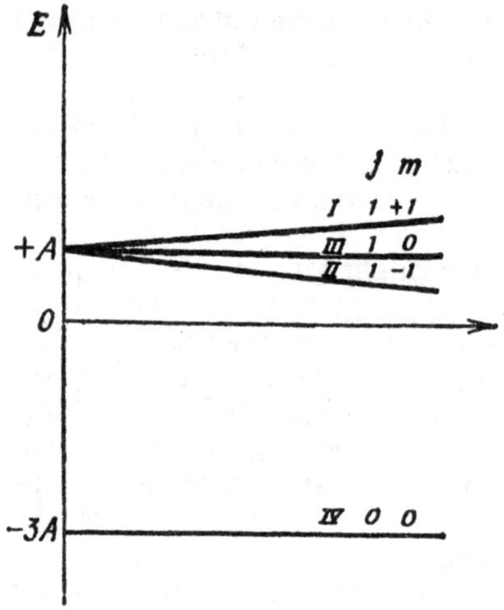

Фиг. 10.5. Состояния атома водорода в слабых магнитных полях.

Состояние, которое мы именуем $|III\rangle$, в очень слабых полях представляет собой смесь $|+-\rangle$ и $|-+\rangle$ в пропорции 1 : 1, но в сильных полях целиком смещается к $|+-\rangle$. Точно так же и состояние $|IV\rangle$, которое в слабых полях также является смесью $|+-\rangle$ и $|-+\rangle$ в пропорции 1 : 1 (с обратным знаком), переходит в состояние $|-+\rangle$, когда спины из-за сильного внешнего поля больше друг с другом не связаны.

Хотелось бы обратить ваше внимание, в частности, на то, что́ происходит в *очень слабых* магнитных полях. Имеется одна энергия ($-3A$), которая *не изменяется* при включении слабого магнитного поля. И имеется другая энергия ($+A$), которая при включении слабого магнитного поля расщепляется на три различных уровня энергии. В слабых полях энергии с ростом B меняются так, как показано на фиг. 10.5. Допустим, что у нас есть каким-то образом отобранное множество атомов водорода, у которых у всех энергия равна $-3A$. Если пропустить их через прибор Штерна — Герлаха (с не очень сильными полями), то мы найдем, что они просто проходят целиком насквозь. (Поскольку их энергия не зависит от B, то, согласно принципу виртуальной работы, градиент магнитного поля не создает никакой силы, которая бы ощущалась ими.) Пусть, с другой стороны, мы бы отобрали группку атомов с энергией $+A$ и пропустили их через прибор Штерна — Герлаха, скажем через прибор S. (Опять поля в приборе не должны быть столь сильными, чтобы разрушить внутренность атома; подразумевается, что поля малы настолько, что энергии можно считать линейно зависящими от B.) Мы бы получили *три пучка*. На состояния $|I\rangle$ и $|II\rangle$ действуют противоположные силы, их энергии меняются по B линейно с наклоном $\pm\mu$, так что *силы* сходны с силами, действующими на диполь, у которого $\mu_z = \mp\mu$, а состояние $|III\rangle$ проходит насквозь. Мы опять возвращаемся к гл. 3. *Атом водорода с энергией $+A$ — это частица со спином 1.* Это энергетическое состояние является «частицей», для которой $j=1$, и может быть описано (по отношению к некоторой системе осей в пространстве) в терминах базисных состояний $|+S\rangle$, $|OS\rangle$ и $|-S\rangle$, которыми мы пользовались в гл. 3. С другой стороны, когда атом водорода имеет энергию $-3A$, он является частицей со спином нуль. (Напоминаем, что все сказанное, строго говоря, справедливо лишь для бесконечно малых магнитных полей.) Итак, состояния водорода в нулевом магнитном поле можно сгруппировать следующим образом:

$$\left.\begin{aligned} |I\rangle &= |++\rangle \\ |III\rangle &= \frac{|+-\rangle + |-+\rangle}{\sqrt{2}} \\ |II\rangle &= |--\rangle \end{aligned}\right\} \text{спин } 1 \left\{\begin{aligned} &|+S\rangle, \\ &|0S\rangle, \\ &|-S\rangle, \end{aligned}\right. \tag{10.41}$$

$$|IV\rangle = \frac{|+-\rangle - |-+\rangle}{\sqrt{2}} \text{ спин } 0. \tag{10.42}$$

В гл. 35 (вып. 7) мы говорили, что у всякой частицы компоненты момента количества движения вдоль любой оси могут принимать только определенные значения, всегда отличающиеся на $\hbar$. Так, z-компонента момента количества движения J_z может быть равна $j\hbar$, $(j-1)\hbar$, $(j-2)\hbar$, . . ., $(-j)\hbar$, где j — спин частицы (который может быть целым или полуцелым). Обыкновенно пишут

$$J_z = m\hbar, \tag{10.43}$$

где m стоит вместо любого из чисел j, $j-1$, $j-2$, . . ., $-j$ (в свое время мы не сказали об этом). Вы поэтому часто встретите в книжках нумерацию четырех основных состояний при помощи так называемых *квантовых чисел* j и m [часто именуемых «квантовым числом полного момента количества движения» (j) и «магнитным квантовым числом»» (m)]. Вместо наших символов состояний $|I\rangle$, $|II\rangle$ и т. д. многие часто пишут состояния в виде $|j, m\rangle$. Нашу табличку состояний для нулевого поля в (10.41) и (10.42) они бы изобразили в виде табл. 10.3. Здесь нет какой-либо новой физики, это просто вопрос обозначений

Таблица 10.3 • СОСТОЯНИЯ АТОМА ВОДОРОДА В НУЛЕВОМ ПОЛЕ

Состояние $\|j, m\rangle$	j	m	Наше обозначение
$\|1, +1\rangle$	1	+1	$\|I\rangle = \|+S\rangle$
$\|1, 0\rangle$	1	0	$\|III\rangle = \|0S\rangle$
$\|1, -1\rangle$	1	−1	$\|II\rangle = \|-S\rangle$
$\|0, 0\rangle$	0	0	$\|IV\rangle$

§ 6. Проекционная матрица для спина 1*

Теперь мы хотели бы применить наши знания об атоме водорода к одной специальной задаче. В гл. 3 мы говорили о том, что частица *со спином 1*, находящаяся в одном из базисных состояний (+, 0, —) по отношению к прибору Штерна — Герлаха с какой-то частной ориентацией (скажем, по отношению к прибору S), будет иметь определенную амплитуду пребывания в одном из трех состояний по отношению к прибору T, ориентированному в пространстве по-другому. Имеются девять таких амплитуд $\langle jT|iS\rangle$, которые вместе образуют проекционную матрицу. В гл. 3, § 7 мы без доказательства выписали элементы этой матрицы для различных ориентаций T по отношению к S. Теперь мы хотим показать вам один из способов их вывода.

В атоме водорода мы с вами отыскали систему со спином 1, составленную из двух частиц со спином $^1/_2$. В гл. 4 мы уже научились преобразовывать амплитуды для спина $^1/_2$. Эти знания можно применить к тому, чтобы получить преобразование для спина 1. Вот как это делается: имеется система (атом водорода с энергией $+A$) со спином 1. Пусть мы пропустили ее сквозь фильтр S Штерна — Герлаха так, что знаем теперь, что она находится в одном из базисных состояний по отношению к S, скажем в $|+S\rangle$. Какова амплитуда того, что она окажется в одном из базисных состояний, скажем $|+T\rangle$, по отношению к прибору T? Если вы назовете систему координат прибора S системой x, y, z, то состояние $|+S\rangle$ — это то, что недавно называлось состоянием $|+\,+\rangle$. Но представьте, что какой-то ваш приятель провел свою ось z вдоль оси T. Он свои состояния будет относить к некоторой системе x', y', z'. Его состояния «вверх» и «вниз» для электрона и протона отличались бы от ваших. *Его* состояние «плюс — плюс», которое можно записать $|+\,'+'\rangle$, отмечая «штрихованность» системы, есть состояние $|+T\rangle$ частицы со спином 1. А вас интересует $\langle +T|+S\rangle$, что есть просто иной способ записи амплитуды $\langle +'\,+'|+\,+\rangle$.

Амплитуду $\langle +'\,+'|+\,+\rangle$ можно найти следующим образом. В *вашей* системе спин *электрона* из состояния $|+\,+\rangle$ направлен вверх. Это означает, что у него есть некоторая амплитуда $\langle +'|+\rangle_e$ оказаться в системе вашего приятеля спином вверх и некоторая амплитуда $\langle -'|+\rangle_e$ оказаться в этой системе спином вниз. Равным образом, *протон* в состоянии $|+\,+\rangle$ имеет спин вверх в вашей системе и амплитуды $\langle +'|+\rangle_p$ и $\langle -'|+\rangle_p$ оказаться спином вверх или вниз в «штрихованной» системе. Поскольку мы говорим о двух разных частицах, то амплитуда того, что *обе* частицы *вместе* в *его* системе

* Тем, кто перескочил через гл. 4, придется пропустить и этот параграф.

окажутся спинами вверх, равна произведению амплитуд

$$\langle +' +' \mid + + \rangle = \langle +' \mid + \rangle_e \langle +' \mid + \rangle_p. \qquad (10.44)$$

Мы поставили значки e и p под амплитудами $\langle +' \mid + \rangle$, чтоб было ясно, что́ мы делаем. Но обе они — это просто амплитуды преобразований для частицы со спином $^1/_2$, так что на самом деле — это одни и те же числа. Фактически — это те же амплитуды, которые мы в гл. 4 называли $\langle +T \mid +S \rangle$ и которые мы привели в табл. 4.1 и 4.2.

Но теперь, однако, нам угрожает путаница в обозначениях. Надо уметь различать амплитуду $\langle +T \mid +S \rangle$ для частицы *со спином* $^1/_2$ от того, что мы *также* назвали $\langle +T \mid +S \rangle$, но для *спина* 1 — между ними нет ничего общего! Надеюсь, вас не очень собьет с толку, если мы *на время* введем иные обозначения амплитуд для спина $^1/_2$. Они приведены в табл. 10.4. Для состояний частиц спина 1 мы по-прежнему будем прибегать к обозначениям $\mid +S \rangle$, $\mid 0\, S \rangle$ и $\mid -S \rangle$.

Таблица 10.4 • АМПЛИТУДЫ ДЛЯ СПИНА $^1/_2$

Обозначения, принятые в этой главе	Обозначения, принятые в гл. 4
$a = \langle +' \mid + \rangle$	$\langle +T \mid +S \rangle$
$b = \langle -' \mid + \rangle$	$\langle -T \mid +S \rangle$
$c = \langle +' \mid - \rangle$	$\langle +T \mid -S \rangle$
$d = \langle -' \mid - \rangle$	$\langle -T \mid -S \rangle$

В наших новых обозначениях (10.44) просто превращается в

$$\langle +' +' \mid + + \rangle = a^2.$$

Это как раз амплитуда $\langle +T \mid +S \rangle$ для спина 1. Теперь дабайте, например, предположим, что у вашего приятеля система координат, т. е. «штрихованный» прибор T, повернута вокруг *вашей* оси z на угол φ; тогда из табл. 4.2 получается

$$a = \langle +' \mid + \rangle = e^{i\varphi/2}.$$

Значит, из (10.44) амплитуда для спина 1 окажется равной

$$\langle +T \mid +S \rangle = \langle +' +' \mid + + \rangle = (e^{i\varphi/2})^2 = e^{i\varphi}. \qquad (10.45)$$

Теперь вам понятно, как мы будем действовать дальше.

Но хорошо бы провести выкладки в общем случае для всех состояний. Если протон и электрон в *нашей* системе (системе S) оба смотрят вверх, то амплитуды того, что в другой системе

(системе T) они будут в одном из четырех возможных состояний, равны

$$\begin{aligned}\langle +'\,+' \mid +\,+\rangle &= \langle +' \mid +\rangle_e \langle +' \mid +\rangle_p = a^2,\\ \langle +'\,-' \mid +\,+\rangle &= \langle +' \mid +\rangle_e \langle -' \mid +\rangle_p = ab,\\ \langle -'\,+' \mid +\,+\rangle &= \langle -' \mid +\rangle_e \langle +' \mid +\rangle_p = ba,\\ \langle -'\,-' \mid +\,+\rangle &= \langle -' \mid +\rangle_e \langle -' \mid +\rangle_p = b^2.\end{aligned} \qquad (10.46)$$

Затем мы можем записать состояние $|+\,+\rangle$ в виде следующей линейной комбинации:

$$|+\,+\rangle = a^2\,|+'\,+'\rangle + ab\,\{|+'\,-'\rangle + |-'\,+'\rangle\} + b^2\,|-'\,-'\rangle. \qquad (10.47)$$

Но теперь мы замечаем, что $|+'\,+'\rangle$ — это состояние $|+T\rangle$, что $\{|+'-'\rangle+|-'+'\rangle\}$ — это как раз $\sqrt{2}$, *умноженный* на состояние $|0T\rangle$ [см. (10.41)], и что $|-'-'\rangle=|-T\rangle$. Иными словами, (10.47) переписывается в виде

$$|+S\rangle = a^2\,|+T\rangle + \sqrt{2}\,ab\,|0T\rangle + b^2\,|-T\rangle. \qquad (10.48)$$

Точно так же легко показать, что

$$|-S\rangle = c^2\,|+T\rangle + \sqrt{2}\,cd\,|0T\rangle + d^2\,|-T\rangle. \qquad (10.49)$$

С $|0S\rangle$ дело обстоит чуть посложнее, потому что

$$|0\,S\rangle = \frac{1}{\sqrt{2}}\{|+\,-\rangle + |-\,+\rangle\}.$$

Но каждое из состояний $|+-\rangle$ и $|-\,+\rangle$ можно выразить через «штрихованные» состояния и подставить в сумму:

$$|+\,-\rangle = \\ = ac\,|+'\,+'\rangle + ad\,|+'\,-'\rangle + bc\,|-'\,+'\rangle + bd\,|-'\,-'\rangle \qquad (10.50)$$

и

$$|-\,+\rangle = \\ = ac\,|+'\,+'\rangle + bc\,|+'\,-'\rangle + ad\,|-'\,+'\rangle + bd\,|-'\,-'\rangle. \qquad (10.51)$$

Умножая сумму (10.50) и (10.51) на $1/\sqrt{2}$, получаем

$$|0\,S\rangle = \frac{2}{\sqrt{2}}\,ac\,|+'\,+'\rangle + \frac{ad+bc}{\sqrt{2}}\{|+'\,-'\rangle + |-'\,+'\rangle\} + \\ + \frac{2}{\sqrt{2}}\,bd\,|-'\,-'\rangle.$$

Отсюда следует

$$|0\,S\rangle = \sqrt{2}\,ac\,|+T\rangle + (ad+bc)\,|0T\rangle + \sqrt{2}\,bd\,|-T\rangle. \qquad (10.52)$$

Теперь у нас есть все необходимые амплитуды. Коэффициенты в (10.48), (10.49) и (10.52) — это матричные элементы

$\langle jT\,|\,iS\rangle$. Сведем их в одну матрицу:

$$\langle jT\,|\,iS\rangle = {}^{jT}\!\downarrow\overset{iS}{\longrightarrow}\begin{pmatrix} a^2 & \sqrt{2}ac & c^2 \\ \sqrt{2}ab & ad+bc & \sqrt{2}cd \\ b^2 & \sqrt{2}bd & d^2 \end{pmatrix}. \qquad (10.53)$$

Мы выразили преобразование спина 1 через амплитуды a, b, c и d преобразования спина $^1/_2$.

Если, например, система T повернута по отношению к S на угол α вокруг оси y (см. фиг. 3.6, стр. 64), то амплитуды в табл. 10.4 — это просто матричные элементы $R_y(\alpha)$ р табл. 4.2:

$$a=\cos\frac{\alpha}{2}, \qquad b=-\sin\frac{\alpha}{2},$$
$$c=\sin\frac{\alpha}{2}, \qquad d=\cos\frac{\alpha}{2}. \qquad (10.54)$$

Подставив их в (10.53), получим формулы (3.38), которые приведены на стр. 80 без доказательства.

Но что же случилось с состоянием $|IV\rangle$? Это система со спином нуль; значит, у нее есть только одно состояние — оно *во всех системах координат* одно и то же. Можно проверить, что все так и выходит, если взять разность (10.50) и (10.51); получим

$$|+\,-\rangle-|-\,+\rangle=(ad-bc)\{|+'\,-'\rangle-|-'\,+'\rangle\}.$$

Но $(ad-bc)$ — это определитель матрицы для спина $^1/_2$, он просто равен единице. Получается

$$|IV'\rangle=|IV\rangle$$

при любой относительной ориентации двух систем координат.

Глава 11

РАСПРОСТРАНЕНИЕ В КРИСТАЛЛИЧЕСКОЙ РЕШЕТКЕ

§ 1. Состояния электрона в одномерной решетке

На первый взгляд вам может показаться, что обладающий небольшой энергией электрон с превеликим трудом протискивается через твердый кристалл. Атомы в нем уложены так, что их центры отстоят один от другого лишь на несколько ангстрем, а эффективный диаметр атома при рассеянии электронов составляет примерно 1Å или около этого. Иначе говоря, атомы, если их сравнивать с промежутками между ними, очень велики, так что можно ожидать, что средний свободный пробег между столкновениями будет порядка нескольких ангстрем, а это практически равно нулю. Следует ожидать, что электрон почти тотчас же влетит в тот или иной атом. Тем не менее перед нами самое обычное явление природы: когда решетка идеальна, электрону ничего не стоит плавно пронестись сквозь кристалл, почти как сквозь вакуум. Странный этот факт — причина того, что металлы так легко проводят электричество; кроме того, он позволил изобрести множество весьма полезных устройств. Например, благодаря ему транзистор способен имитировать радиолампу. В радиолампе электроны движутся свободно через вакуум, в транзисторе они тоже движутся свободно, но только через кристаллическую решетку. Механизм того, что происходит в транзисторе, будет описан в этой главе; следующая глава посвящена применениям этих принципов в различных практических устройствах.

Проводимость электронов в кристалле — один из примеров очень общего явления. Через кристаллы могут странствовать не только электроны, но и другие «объекты». Так, атомные возбуждения тоже могут путешествовать аналогичным способом. Явление, о котором мы сейчас будем говорить, то и дело возникает при изучении физики твердого состояния.

Мы уже неоднократно разбирали примеры систем с двумя состояниями. Представим себе на этот раз электрон, который может находиться в одном из двух положений, причем в каждом из них он оказывается в одинаковом окружении. Предположим также, что имеется определенная амплитуда перехода электрона из одного положения в другое и, естественно, такая же амплитуда перехода обратно, в точности, как в гл. 8, § 1 (вып. 8) для молекулярного иона водорода. Тогда законы квантовой механики приводят к следующим результатам. У электрона возникнет два возможных состояния с определенной энергией, причем каждое состояние может быть описано амплитудой того, что электрон пребывает в одном из двух базисных положений. В каждом из состояний определенной энергии величины этих двух амплитуд постоянны во времени, а фазы меняются во времени с одинаковой частотой. С другой стороны, если электрон сперва был в одном положении, то со временем он перейдет в другое, а еще позже вернется в первое положение. Изменения амплитуды похожи на движение двух связанных маятников.

Рассмотрим теперь идеальную кристаллическую решетку и вообразим, что в ней электрон может расположиться в некоторой «ямке» возле определенного атома, имея определенную энергию. Допустим также, что у электрона имеется некоторая амплитуда того, что он перескочит в другую ямку, которая находится неподалеку, возле другого атома. Это чем-то напоминает систему с двумя состояниями, но с добавочными осложнениями. После того как электрон достигает соседнего атома, он может перейти в совершенно новое место или вернуться в исходную позицию. Все это похоже не столько на *пару* связанных маятников, сколько на *бесконечное множество* маятников, связанных между собой. Это чем-то напоминает одну из тех машин (составленных из длинного ряда стержней, прикрепленных к закрученной проволоке), с помощью которых на первом курсе демонстрировалось распространение волн.

Если у вас имеется гармонический осциллятор, связанный с другим гармоническим осциллятором, который в свою очередь связан со следующим осциллятором, который и т. д..., и если вы создадите в одном месте какую-то нерегулярность, то она начнет распространяться, как волна по проволоке. То же самое возникает и в том случае, если вы поместите электрон возле одного из атомов в длинной их цепочке.

Как правило, задачи по механике легче всего решать на языке установившихся волн; это проще, чем анализировать последствия отдельного толчка. Тогда появляется какая-то картина смещений, которая распространяется по кристаллу, как волна

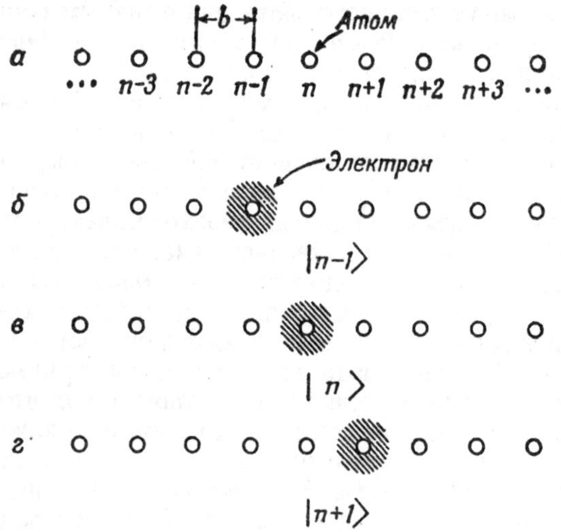

Фиг. 11.1. Базисные состояния электрона в одномерной решетке.

с заданной, фиксированной частотой. То же самое происходит с электроном, и по той же причине, потому что электрон описывается в квантовой механике похожими уравнениями.

Но нужно помнить одну вещь: амплитуда для электрона быть в данном месте это *амплитуда*, а не вероятность. Если бы электрон просто просачивался из одного места в другое, как вода через дырочку, то его поведение было бы совсем иным. Если бы, скажем, мы соединили два бачка с водой тоненькой трубочкой, по которой вода из одного бачка по капле перетекала в другой, то уровни воды выравнивались бы по экспоненте. С электроном же происходит просачивание амплитуды, а не монотонное переливание вероятностей. А одно из свойств мнимого члена (множителя i в дифференциальных уравнениях квантовой механики) — что он меняет экспоненциальное решение на колебательное. И то, что после этого происходит, ничуть не походит на то, как вода перетекает из одного бачка в другой.

Теперь мы хотим квантовомеханический случай проанализировать количественно. Пусть имеется одномерная система, состоящая из длинной цепи атомов (фиг. 11.1, *а*). (Кристалл, конечно, трехмерен, но физика в обоих случаях очень близка; если вы разберетесь в одномерном случае, то сможете разобраться и в том, что бывает в трех измерениях.) Мы хотим знать, что случится, если в эту линию атомов поместить отдельный электрон. Конечно, в реальном кристалле таких электронов мириады. Но большинство их (в непроводящем кристалле почти все) занимает в общей картине движения свое место, каждый вертится вокруг своего атома, и все оказывается совершенно установившимся. А мы хотим рассуждать о том, что́ будет, если внутрь поместить *лишний* электрон. Мы не будем думать о том, что́ делают прочие электроны, потому что будем считать, что на то, чтобы изменить их энергию, потребуется очень много энергии возбуждения. Мы собираемся добавить электрон и создать как бы новый слабо связанный отрицательный ион. Следя за тем, что поделывает *этот лишний* электрон, мы делаем приближение, пренебрегая при этом внутренним механизмом атомов.

Ясно, что этот электрон сможет перейти к другому атому, перенося в новое место отрицательный ион. Мы предположим, что (в точности, как и в случае электрона, «прыгавшего» от протона к протону) электрон может с какой-то амплитудой «прыгать» от атома к его соседям с любой стороны.

Как же описывать такую систему? Что́ считать разумными базисными состояниями? Если вы вспомните, что́ мы делали, когда у электрона было только две возможные позиции, вы сможете догадаться. Пусть в нашей цепочке все расстояния между атомами одинаковы, и пусть мы их пронумеруем по порядку, как на фиг. 11.1, *а*. Одно базисное состояние — когда электрон находится возле атома № 6; другое базисное состояние — когда электрон находится возле № 7, или возле № 8, и т. д.; n-е базисное состояние можно описать, сказав, что электрон находится возле атома № n. Обозначим это базисное состояние $|n\rangle$. Из фиг. 11.1 ясно, что́ подразумевается под тремя базисными состояниями:

$$|n-1\rangle, \ |n\rangle \text{ и } |n+1\rangle.$$

С помощью этих базисных состояний можно описать любое состояние $|\varphi\rangle$ одномерного кристалла, задав все амплитуды $\langle n|\varphi\rangle$ того, что состояние $|\varphi\rangle$ находится в одном из базисных состояний, т. е. амплитуду того, что электрон расположен близ данного частного атома. Тогда состоние $|\varphi\rangle$ можно записать в виде суперпозиции базисных состояний:

$$|\varphi\rangle = \sum_n |n\rangle\langle n|\varphi\rangle. \tag{11.1}$$

Кроме того, мы хотим еще предположить, что когда электрон находится близ одного из атомов, то имеется некоторая амплитуда того, что он просочится к тому атому, что слева, или к тому, что справа. Возьмем простейший случай, когда считается, что он может просочиться только к ближайшим соседям, а к следующему соседу он сможет дойти в два приема. Примем, что амплитуды того, что электрон перепрыгнет от одного атома к соседнему, равны $iA/\hbar$ (за единицу времени).

Изменим на время обозначения, и амплитуду $\langle n|\varphi\rangle$, связанную с n-м атомом, обозначим через C_n. Тогда (11.1) будет иметь вид

$$|\varphi\rangle=\sum_n |n\rangle C_n. \tag{11.2}$$

Если бы вы знали каждую из амплитуд C_n в данный момент, то, взяв квадраты их модулей, можно было бы получить вероятность того, что вы увидите электрон, взглянув в этот момент на атом n.

Но что сталось бы чуть позже? По аналогии с изученными нами системами с двумя состояниями мы предлагаем составить гамильтоновы уравнения для этой системы в виде уравнений такого типа:

$$i\hbar\frac{dC_n(t)}{dt}=E_0C_n(t)-AC_{n+1}(t)-AC_{n-1}(t). \tag{11.3}$$

Первый справа коэффициент E_0 физически означает энергию, которую имел бы электрон, если бы он не мог просачиваться от одного атома к другим. (Совершенно неважно, что́ мы назовем E_0; мы неоднократно видели, что реально это не означает ничего, кроме выбора нуля энергии.) Следующий член представляет амплитуду в единицу времени того, что электрон из $(n+1)$-й ямки просочится в n-ю ямку, а последний член означает амплитуду просачивания из $(n-1)$-й ямки. Как обычно, A считается постоянным (не зависящим от t).

Для полного описания поведения любого состояния $|\varphi\rangle$ надо для каждой из амплитуд C_n иметь по одному уравнению типа (11.3). Поскольку мы намерены рассмотреть кристалл с очень большим количеством атомов, то допустим, что состояний имеется бесконечно много, атомы тянутся без конца в обе стороны. (При конечном числе атомов придется специально обращать внимание на то, что́ случается на концах.) А если количество N наших базисных состояний бесконечно велико, то и вся система наших гамильтоновых уравнений бесконечна! Мы напишем только часть ее:

$$\begin{gathered}\vdots\\ i\hbar\frac{dC_{n-1}}{dt}=E_0C_{n-1}-AC_{n-2}-AC_n,\\ i\hbar\frac{dC_n}{dt}=E_0C_n-AC_{n-1}-AC_{n+1},\\ i\hbar\frac{dC_{n+1}}{dt}=E_0C_{n+1}-AC_n-AC_{n+2}.\\ \vdots\end{gathered} \tag{11.4}$$

§ 2. *Состояния определенной энергии*

Об электроне в решетке мы теперь уже можем узнать очень многое. Для начала попробуем отыскать состояния определенной энергии. Как мы видели в предыдущих главах, это означает, что надо отыскать такой случай, когда все амплитуды меняются с одной частотой, если только они вообще меняются. Мы ищем решение в виде

$$C_n = a_n e^{-iEt/\hbar}. \tag{11.5}$$

Комплексное число a_n говорит нам о том, какова не зависящая от времени часть амплитуды того, что электроны будут обнаружены возле n-го атома. Если это пробное решение подставить для проверки в уравнения (11.4), то получим

$$Ea_n = E_0 a_n - Aa_{n+1} - Aa_{n-1}. \tag{11.6}$$

Перед нами бесконечное число уравнений для бесконечного количества неизвестных a_n! Ситуация тяжелая!

Но мы знаем, что надо только взять детерминант... нет, погодите! Детерминанты хороши, когда уравнений два, три или четыре. Но здесь их очень много, даже бесконечно много, и вряд ли от детерминантов будет толк. Нет, лучше попробовать решать эти уравнения прямо. Во-первых, пронумеруем *положения* атомов; будем считать, что n-й атом находится в x_n, а $(n+1)$-й — в x_{n+1}. Если расстояние между атомами равно b (как на фиг. 11.1), то $x_{n+1} = x_n + b$. Взяв начало координат в атоме номер нуль, можно даже получить $x_n = nb$. Уравнение (11.5) можно тогда переписать в виде

$$C_n = a(x_n) e^{-iEt/\hbar}, \tag{11.7}$$

а уравнение (11.6) превратится в

$$Ea(x_n) = E_0 a(x_n) - Aa(x_{n+1}) - Aa(x_{n-1}). \tag{11.8}$$

Пользуясь тем, что $x_{n+1} = x_n + b$, это выражение можно также записать в виде

$$Ea(x_n) = E_0 a(x_n) - Aa(x_n + b) - Aa(x_n - b). \tag{11.9}$$

Это уравнение немного походит на дифференциальное. Оно говорит, что величина $a(x)$ в точке x_n связана с той же физической величиной в соседних точках $x_n \pm b$. (Дифференциальное уравнение связывает значения функции в точке с ее значениями в бесконечно близких точках.) Может быть, здесь подойдут методы, которыми мы обычно пользуемся для решения дифференциальных уравнений? Попробуем.

Решения линейных дифференциальных уравнений с постоянными коэффициентами всегда могут быть выражены через экспоненты. Попробуем и здесь то же самое; в качестве пробного решения выберем

$$a(x_n) = e^{ikx_n}. \qquad (11.10)$$

Тогда (11.9) обратится в

$$Ee^{ikx_n} = E_0 e^{ikx_n} - Ae^{ik(x_n+b)} - Ae^{ik(x_n-b)}. \qquad (11.11)$$

Сократим на общий множитель e^{ikx_n}; получим

$$E = E_0 - Ae^{ikb} - Ae^{-ikb}. \qquad (11.12)$$

Два последних члена равняются $2A \cos kb$, так что

$$E = E_0 - 2A \cos kb. \qquad (11.13)$$

Мы обнаружили, что при *любом* выборе постоянной k имеется решение, энергия которого дается этим уравнением. В зависимости от k получаются различные возможные энергии, и каждая k соответствует отдельному решению. Решений бесконечно много, но это и не удивительно, ведь мы исходим из бесконечного числа базисных состояний.

Посмотрим, каков смысл этих решений. Для каждой k уравнение (11.10) дает свои a. Тогда амплитуды обращаются в

$$C_n = e^{ikx_n} e^{-(i/\hbar)Et}, \qquad (11.14)$$

причем нужно помнить, что энергия E также зависит от k в согласии с уравнением (11.13). Множитель e^{ikx_n} дает *пространственную зависимость* амплитуд. Амплитуды при переходе от атома к атому колеблются.

При этом имейте в виду, что колебания амплитуды в пространстве *комплексны*, *модуль* ее вблизи любого атома один и тот же, а фаза (в данный момент) от атома к атому сдвигается на ikb. Чтобы можно было видеть, что́ происходит, поставим у каждого атома вертикальную черточку, равную вещественной части амплитуды (фиг. 11.2). Огибающая этих вертикалей (показанная штрихованной линией) является, конечно, косинусоидой. Мнимая часть C_n — это тоже колеблющаяся функция, но

Фиг. 11.2. Изменение вещественной части C_n с x_n.

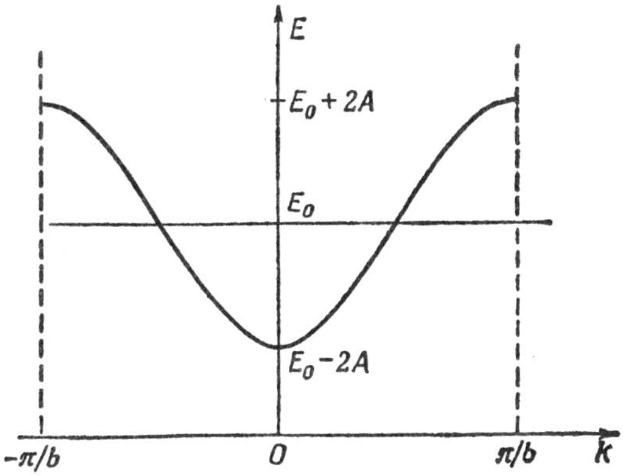

Фиг. 11.3. Энергия стационарных состояний как функция параметра k.

она сдвинута по фазе на 90°, так что квадрат модуля (сумма квадратов вещественной и мнимой частей) у всех C один и тот же.

Итак, выбирая k, мы получаем стационарное состояние с определенной энергией E. И в каждом таком состоянии электрону одинаково вероятно оказаться около любого из атомов, никаких преимуществ у одного атома перед другим нет. От атома к атому меняется только фаза. Фазы меняются еще и со временем. Из (11.14) следует, что вещественная и мнимая части распространяются по кристаллу, как волны, как вещественная и мнимая части выражения

$$e^{i\,[kx_n - (E/\hbar)\,t]}. \tag{11.15}$$

Волна может двигаться либо к положительным, либо к отрицательным x, смотря по тому, какой знак выбран для k.

Заметьте, что мы предположили, что поставленное в нашем пробном решении (11.10) число k есть число вещественное. Теперь видно, почему в бесконечной цепочке атомов так и должно быть. Пусть k было бы мнимым числом — ik'. Тогда амплитуды a_n менялись бы, как $e^{k'x_n}$, что означало бы, что амплитуда растет все выше и выше, когда x возрастает, или при k' отрицательном, когда x становится большим отрицательным числом. Такой вид решения был бы вполне хорош, если бы цепочка атомов на чем-то кончалась, но в бесконечной цепи атомов это не может быть физическим решением. Оно привело бы к бесконечным амплитудам и, стало быть, к бесконечным вероятностям, которые не могут отражать действительного положения вещей. Позже мы встретимся с примером, когда и у мнимых k есть смысл.

Соотношение (11.13) между энергией E и волновым числом k изображено на фиг. 11.3. Как следует из этого рисунка, энергия может меняться от E_0-2A при $k=0$ до E_0+2A при $k=\pm\pi/b$. График начерчен для положительных A, при отрицательных A кривую пришлось бы перевернуть, но область изменения осталась бы прежней. Существенно то, что в некоторой области, или «полосе» энергий допустимы любые значения энергии; вне полосы энергии быть не может. Из наших предположений следует, что если электрон в кристалле находится в стационарном состоянии, энергия его не сможет оказаться вне этой полосы.

Согласно (11.13), меньшие k отвечают более низким энергетическим состояниям $E\approx E_0-2A$. Когда k по величине растет (все равно, в положительную или отрицательную сторону), то энергия сперва растет, а потом при $k=\pm\pi/b$ достигает максимума, как показано на фиг. 11.3. Для k, больших, чем π/b, энергия опять начала бы убывать. Но такие k рассматривать не стоит, они не приведут к каким-либо новым состояниям, а просто повторяют те состояния, которые уже появлялись при меньших k. Вот как в этом можно убедиться. Рассмотрим состояние наинизшей энергии, для которого $k=0$. Тогда при всех x_n коэффициент $a(x_n)$ будет один и тот же [см. (11.10)]. Та же самая энергия получилась бы и при $k=2\pi/b$. Тогда из (11.10) следовало бы

$$a(x_n)=e^{i(2\pi/b)x_n}.$$

Но, считая, что начало координат приходится на x_0, можно положить $x_n=nb$, и тогда $a(x_n)$ превратится в

$$a(x_n)=e^{i2\pi n}=1,$$

т. е. состояние, описываемое этими $a(x_n)$, физически ничем не будет отличаться от состояний при $k=0$. Оно не представляет особого решения.

В качестве другого примера возьмем $k=\pi/4b$. Вещественная часть $a(x_n)$ изображена на фиг. 11.4 кривой *1*. Если бы k было в семь раз больше ($k=7\pi/4b$), то вещественная часть $a(x_n)$ менялась бы так, как показано на кривой *2*. (Сама коси-

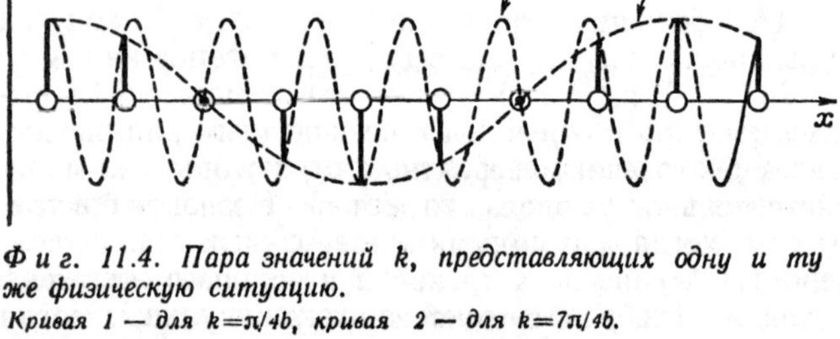

Фиг. 11.4. Пара значений k, представляющих одну и ту же физическую ситуацию.

Кривая 1 — для $k=\pi/4b$, кривая 2 — для $k=7\pi/4b$.

нусоида смысла не имеет, важны только ее значения в *точках* x_n. Кривые нужны просто для того, чтобы было видно, как все меняется.) Вы видите, что оба значения k во всех x_n дают одинаковые амплитуды.

Вывод из всего этого состоит в том, что все возможные решения нашей задачи получатся, если взять k только из некоторой ограниченной области. Мы выберем область от $-\pi/b$ до $+\pi/b$ (она показана на фиг. 11.3). В этой области энергия стационарных состояний с ростом абсолютной величины k возрастает.

Еще одно побочное замечание о том, с чем было бы забавно повозиться. Представьте, что электрон может не только перепрыгивать к ближайшим соседям с амплитудой $iA/\hbar$, но имеет еще возможность одним махом перепрыгивать и к *следующим за ними* соседям с некоторой другой амплитудой $iB/\hbar$. Вы опять обнаружите, что решение можно искать в форме $a_n=e^{ikx_n}$, этот тип решений является универсальным. Вы также увидите, что стационарные состояния с волновым числом k имеют энергию $E_0-2A\cos kb-2B\cos 2kb$. Это означает, что форма кривой E как функции k не универсальна, а зависит от тех частных допущений, при которых решается задача. Это не обязательно косинусоида, и она даже не обязательно симметрична относительно горизонтальной оси. Но зато всегда верно, что кривая вне интервала $(-\pi/b,\ \pi/b)$ повторяется, так что заботиться о других значениях k не нужно.

Посмотрим еще внимательнее на то, что́ происходит при малых k, когда вариации амплитуд между одним x_n и соседним очень маленькие. Будем отсчитывать энергию от такого уровня, чтобы было $E_0=2A$; тогда минимум кривой фиг. 11.3 придется на нуль энергии. Для достаточно малых k можно написать

$$\cos kb \approx 1-\frac{k^2b^2}{2},$$

и энергия (11.13) превратится в

$$E=Ak^2b^2. \tag{11.16}$$

Получается, что энергия состояния пропорциональна квадрату волнового числа, описывающего пространственные вариации амплитуд C_n.

§ 3. *Состояния, зависящие от времени*

В этом параграфе мы хотим подробнее обсудить поведение состояний в одномерной решетке. Если для электрона амплитуда того, что он окажется в x_n, равна C_n, то вероятность найти его там будет $|C_n|^2$. Для *стационарных* состояний, описанных уравнением (11.14), эта вероятность при всех x_n одна и та же и со временем не меняется. Как же отобразить такое положение вещей, кото-

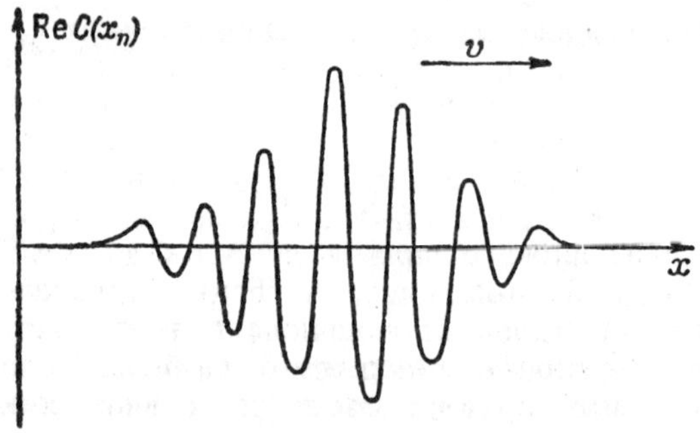

Фиг. 11.5. Вещественная часть $C(x_n)$ как функция x для суперпозиции нескольких состояний с близкими энергиями.

рое грубо можно было бы описать, сказав, что электрон определенной энергии сосредоточен в определенной области, так что более вероятно найти его в каком-то одном месте, чем в другом? Этого можно добиться суперпозицией нескольких решений, похожих на (11.14), но со слегка различными значениями k и, следовательно, с различными энергиями. Тогда, по крайней мере при $t=0$, амплитуда C_n вследствие интерференции различных слагаемых будет зависеть от местоположения, в точности так же, как получаются биения, когда имеется смесь волн разной длины [см. гл. 48 (вып. 4)]. Значит, можно составить такой «волновой пакет», что в нем будет преобладать волновое число k_0, но будут присутствовать и другие волновые числа, близкие к k_0*.

В нашей суперпозиции стационарных состояний амплитуды с разными k будут представлять состояния со слегка различными энергиями и, стало быть, со слегка различными частотами; интерференционная картина суммарного C_n поэтому тоже будет меняться во времени, возникнет картина «биений». Как мы видели в гл. 48 (вып. 4), пики биений [места, где $|C(x_n)|^2$ наибольшие] с течением времени начнут двигаться по x; скорость их движения мы назвали «групповой». Мы нашли, что эта групповая скорость связана с зависимостью k от частоты формулой

$$v_{\text{групп}}=\frac{d\omega}{dk}; \tag{11.17}$$

все это в равной мере относится и к нашему случаю. Состояние электрона, имеющее вид «скопления», т. е. состояние, для которого C_n меняется в пространстве так, как у волнового пакета на фиг. 11.5, будет двигаться вдоль нашего одномерного «кри-

* Только не старайтесь сделать пакет чересчур узким.

сталла» с быстротой v, равной $d\omega/dk$, где $\omega=E/\hbar$. Подставляя (11.16) вместо E, получаем

$$v=\frac{2Ab^2}{\hbar}k. \qquad (11.18)$$

Иными словами, электроны движутся по кристаллу с быстротой, пропорциональной самому характерному k. Тогда, согласно (11.16), энергия такого электрона пропорциональна квадрату его скорости, *он ведет себя подобно классической частице.* Пока мы рассматриваем все в столь крупном масштабе, что никаких тонкостей строения разглядеть не можем, наша квантовомеханическая картина приводит к тем же результатам, что и классическая физика.

В самом деле, если из (11.18) найти k и подставить его в (11.16), то получится

$$E=\frac{1}{2}m_{\text{эфф}}v^2, \qquad (11.19)$$

где $m_{\text{эфф}}$ — постоянная. Избыточная «энергия движения» электрона в пакете зависит от скорости в точности так же, как и у классической частицы. Постоянная $m_{\text{эфф}}$, именуемая «эффективной массой», дается выражением

$$m_{\text{эфф}}=\frac{\hbar^2}{2Ab^2}. \qquad (11.20)$$

Заметьте еще, что можно написать

$$m_{\text{эфф}}v=\hbar k. \qquad (11.21)$$

Если мы решим назвать $m_{\text{эфф}}v$ «импульсом», то этот импульс будет связан с волновым числом k так же, как и у свободной частицы.

Не забывайте, что $m_{\text{эфф}}$ ничего общего не имеет с реальной массой электрона. Она может быть совсем другой, хотя следует сказать, что в реальных кристаллах часто случается, что ее порядок величины оказывается примерно таким же (в 2 или, скажем, в 20 раз больше, чем масса электрона в пустом пространстве).

Мы только что с вами раскрыли поразительную тайну — как это электрон в кристалле (например, пущенный в германий добавочный электрон) может пронестись через весь кристалл, может лететь по нему совершенно свободно, даже если ему приходится сталкиваться со всеми атомами. Это получается оттого, что его амплитуды, перетекая с одного атома на другой, прокладывают ему путь через кристалл. Вот отчего твердое тело может проводить электричество.

§ 4. Электрон в трехмерной решетке

Еще немного о том, как можно применить те же идеи, чтобы понять, что́ происходит с электроном в трех измерениях. Результаты оказываются очень похожими. Пусть имеется прямоугольная решетка атомов с расстояниями a, b, c в трех направлениях. (Если вам больше по душе кубическая решетка, примите все расстояния равными друг другу.) Предположим также, что амплитуда прыжка к соседу в направлении x есть $iA_x/\hbar$; амплитуда прыжка в направлении y есть $iA_y/\hbar$, а амплитуда прыжка в направлении z есть $iA_z/\hbar$. Как же описать базисные состояния? Как и в одномерном случае, одно базисное состояние — это когда электрон находится близ атома с координатами x, y, z, где (x, y, z) — одна из точек решетки. Если выбрать начало координат в одном из атомов, то все эти точки придутся на

$$x = n_x a, \quad y = n_y b \quad \text{и} \quad z = n_z c,$$

где n_x, n_y, n_z — три целых числа. Вместо того чтобы ставить при x, y и z их номера, будем просто писать x, y, z, имея в виду, что они принимают лишь такие значения, которые бывают у точек решетки. Итак, базисное состояние изображается символом $|$электрон в $x, y, z\rangle$, а амплитуда того, что электрон в некотором состоянии $|\psi\rangle$ окажется в этом базисном состоянии, есть $C(x, y, z) = \langle$электрон в $x, y, z\,|\psi\rangle$.

Как и прежде, амплитуды $C(x, y, z)$ могут меняться во времени. При наших предположениях гамильтоновы уравнения обязаны выглядеть следующим образом:

$$i\hbar \frac{dC(x, y, z)}{dt} = E_0 C(x, y, z) - A_x C(x+a, y, z) - A_x C(x-a, y, z) - \\ - A_y C(x, y+b, z) - A_y C(x, y-b, z) - \\ - A_z C(x, y, z+c) - A_z C(x, y, z-c). \tag{11.22}$$

Хоть это и выглядит громоздко, но вы сразу, конечно, поймете, откуда взялось каждое слагаемое.

Опять попробуем найти стационарное состояние, в котором все C меняются со временем одинаково. И снова решение есть экспонента

$$C(x, y, z) = e^{-iEt/\hbar} e^{i(k_x x + k_y y + k_z z)}. \tag{11.23}$$

Если вы подставите это в (11.22), то увидите, что оно вполне подойдет, если только энергия E будет связана с k_x, k_y и k_z следующим образом:

$$E = E_0 - 2A_x \cos k_x a - 2A_y \cos k_y b - 2A_z \cos k_z c. \tag{11.24}$$

Теперь энергия зависит от *трех* волновых чисел k_x, k_y, k_z, которые, кстати, есть компоненты трехмерного вектора $\mathbf{k}$. И действительно, (11.23) можно переписать в векторных обозначениях.

$$C(x, y, z) = e^{-iEt/\hbar} e^{-i\mathbf{k}\cdot\mathbf{r}}. \qquad (11.25)$$

Амплитуда меняется как комплексная *плоская волна*, которая движется в трехмерном пространстве в направлении **k** с волновым числом $k=(k_x^2+k_y^2+k_z^2)^{1/2}$.

Энергия, связываемая с этими стационарными состояниями, зависит от трех компонент **k** сложным образом, подчиняясь уравнению (11.24). Характер изменения E зависит от относительных знаков и величин A_x, A_y и A_z. Если вся эта тройка положительна и если нас интересуют лишь маленькие **k**, то зависимость оказывается сравнительно простой.

Разлагая косинус, как и раньше [см. (11.16)], мы теперь придем к

$$E = E_{\text{мин}} + A_x a^2 k_x^2 + A_y b^2 k_y^2 + A_z c^2 k_z^2. \qquad (11.26)$$

В простой кубической решетке с расстоянием a между узлами следует ожидать, что и A_x, и A_y, и A_z будут все равны друг другу (скажем, равны A), так что получилось бы

$$E = E_{\text{мин}} + Aa^2 (k_x^2 + k_y^2 + k_z^2), \qquad (11.27)$$

или

$$E = E_{\text{мин}} + Aa^2k^2.$$

А это как раз совпадает с (11.16). Повторяя те же рассуждения, что и тогда, мы пришли бы к заключению, что электронный пакет в *трех* измерениях (составленный путем суперпозиции множества состояний с почти одинаковыми энергиями) также движется на манер классической частицы, обладающей некоторой эффективной массой.

В кристалле не с кубической, а с более низкой симметрией (или даже в кубическом кристалле, но таком, в котором состояние электрона около атома несимметрично) три коэффициента A_x, A_y и A_z различны. Тогда «эффективная масса» электрона, сосредоточенного в узкой области, *зависит от направления его движения*. Может, например, оказаться, что у него разная инерция при движении в направлении x и при движении в направлении y. (Детали такого положения вещей иногда описываются с помощью «тензора эффективной массы».)

§ 5. *Другие состояния в решетке*

Согласно (11.24), состояния электрона, о которых мы говорили, могут обладать энергиями только в некоторой энергетической «полосе», простирающейся от наименьшей энергии

$$E_0 - 2(A_x + A_y + A_z)$$

до наибольшей

$$E_0+2(A_x+A_y+A_z).$$

Другие энергии тоже возможны, но они принадлежат к другому классу состояний электрона. Для тех состояний, о которых говорилось раньше, мы выбирали такие базисные состояния, когда электрон в атоме кристалла находился в некотором определенном состоянии, скажем в состоянии наинизшей энергии.

Если у вас есть атом в пустом пространстве и вы добавляете к нему электрон, чтобы получился ион, то этот ион можно образовать многими способами. Электрон может расположиться так, чтобы образовать состояние наинизшей энергии, или так, чтобы образовать то или иное из многих возможных «возбужденных состояний» иона, каждое с определенной энергией, которая превосходит наинизшее значение. То же может случиться и в кристалле. Допустим, что энергия E_0, которой мы пользовались выше, соответствует базисным состояниям, представляющим собой ионы с наинизшей возможной энергией. Но можно также вообразить новую совокупность базисных состояний, в которых электрон по-иному располагается возле n-го атома: он образует одно из возбужденных состояний иона, так что энергия E_0 теперь уже становится чуть повыше. Как и раньше, имеется некоторая амплитуда A (отличная от прежней) того, что электрон перепрыгнет из своего возбужденного состояния близ одного атома в такое же возбужденное состояние подле соседнего атома. И весь анализ проходит, как раньше; мы обнаружим полосу возможных энергий, сосредоточенных вокруг некоторой высшей энергии. Вообще говоря, таких полос может быть много и каждая будет отвечать своему уровню возбуждения.

Мыслимы и другие возможности. Может существовать некоторая амплитуда того, что электрон перепрыгнет из возбужденного положения возле одного атома в невозбужденное положение близ следующего атома. (Это называется взаимодействием между полосами.) Математическая теория становится все сложнее и сложнее по мере того, как вы принимаете во внимание все больше и больше полос и добавляете все больше и больше коэффициентов просачивания между различными состояниями. Никаких новых идей не нужно; но уравнения, как мы видели из нашего простого примера, сильно разрастаются.

Следует еще заметить, что о различных коэффициентах, таких, как появляющаяся в теории амплитуда A, сказать можно лишь немногое. Их, как правило, очень трудно подсчитать, и в практических случаях об этих параметрах теоретически бывает очень мало известно; в тех или иных реальных случаях приходится их значения брать из опыта.

Бывают и другие случаи, в которых вся физика и вся математика почти в точности совпадают с тем, чтó мы обнаружили для электрона, движущегося по кристаллу, но в которых движущийся «объект» совсем не тот. Представим, например, что нашим исходным кристаллом (или, лучше сказать, линейной решеткой) была цепочка нейтральных атомов, у каждого из которых связь с внешним электроном очень слаба. Теперь вообразим, что мы убрали один электрон. У какого из атомов? Пусть C_n есть амплитуда того, что электрон *исчез* у атома, стоящего в точке x_n. Вообще говоря, имеется какая-то амплитуда A того, что электрон от соседнего атома, скажем от $(n-1)$-го, перепрыгнет к n-му, оставив свой $(n-1)$-й атом без электрона. Это все равно, что сказать, что у «нехватки электрона» имеется амплитуда A того, что она переберется от n-го атома к $(n-1)$-му. Легко видеть, что уравнения окажутся такими же, как и раньше, но, конечно, сами A не обязательно останутся прежними. Мы опять придем к тем же формулам для уровней энергии, для «волн» вероятности, которые бегут по кристаллу с групповой скоростью (11.18), для эффективной массы и т. д. Только теперь эти волны описывают поведение *недостающего* электрона или, как его называют, «дырки». Можно убедиться, что заряд этой частицы будет казаться положительным. В следующей главе мы немного подробнее расскажем об этих дырках.

Другой пример. Представим себе цепочку *нейтральных* атомов, один из которых был приведен в возбужденное состояние, т. е. с более высокой, чем у нормального основного состояния, энергией. Пусть C_n — амплитуда того, что n-й атом возбужден. Он может взаимодействовать с соседним атомом, передавая ему свой избыток энергии и возвращаясь в основное состояние. Обозначим амплитуду этого процесса $iA/\hbar$. Вы видите, что опять повторяется та же математика. Но теперь то, что движется, называется *экситоном*. Оно ведет себя как нейтральная «частица», которая движется через кристалл и несет с собой энергию возбуждения. Существование такого движения можно предполагать в некоторых биологических процессах, таких, как зрение или фотосинтез. Была высказана догадка, что поглощение света в сетчатке создает «экситон», который движется через некоторую периодическую структуру [такую, как слои палочек, описанные в гл. 36 (вып 3); см. там фиг. 36.5] и аккумулируется на некоторых специальных станциях, где эта энергия используется для возбуждения химической реакции.

§ 6. *Рассеяние на нерегулярностях решетки*

Теперь мы хотим рассмотреть одиночный электрон в неидеальном кристалле. Наш первоначальный анализ привел к выводу, что у идеальных кристаллов и проводимость идеальна, что электроны могут скользить по кристаллу, как по вакууму, без трения. Одной из самых важных причин, способных прекратить вечное движение электрона, является несовершенство кристалла, какая-то нерегулярность в нем. Допустим, что где-то в кристалле не хватает одного атома, или предположим, что кто-то поставил на место, предназначенное для какого-то атома, совсем не тот атом, какой положено, так что в этом месте все совсем не так, как в прочих местах. Скажем, другая энергия E_0 или другая амплитуда A. Как тогда можно будет описать все происходящее?

Для определенности вернемся к одномерному случаю и допустим, что атом номер «нуль» — это атом «загрязнения», «примеси» и у него совсем не такая энергия E_0, как у других атомов. Обозначим эту энергию E_0+F. Что же происходит? Для электрона, который достиг атома «нуль», есть какая-то вероятность того, что он рассеется назад. Если волновой пакет, мчась по кристаллу, достигает места, где все немного иначе, то часть его будет продолжать лететь вперед, а другая отскочит назад. Анализировать такой случай, пользуясь волновым пакетом, очень трудно, потому что все меняется во времени. С решениями в виде установившихся состояний работать много легче. Мы обратимся поэтому к стационарным состояниям; мы увидим, что их можно составить из непрерывных волн, состоящих из двух частей — пробегающей и отраженной. В случае трех измерений мы бы назвали отраженную часть рассеянной волной, потому что она разбегалась бы во все стороны.

Исходим из системы уравнений, похожей на (11.6), за одним исключением: уравнение при $n=0$ не похоже на остальные. Пятерка уравнений при $n=-2$, -1, 0, $+1$ и $+2$ выглядит так:

$$
\begin{aligned}
&\vdots \\
Ea_{-2} &= E_0a_{-2} - Aa_{-1} - Aa_{-3}, \\
Ea_{-1} &= E_0a_{-1} - Aa_0 - Aa_{-2}, \\
Ea_0 &= (E_0+F)\,a_0 - Aa_1 - Aa_{-1}, \\
Ea_1 &= E_0a_1 - Aa_2 - Aa_0, \\
Ea_2 &= E_0a_2 - Aa_3 - Aa_1. \\
&\vdots
\end{aligned}
\tag{11.28}
$$

Конечно, будут и другие уравнения при $|n|>2$. Они будут выглядеть так же, как (11.6).

Нам полагалось бы на самом деле для общности писать разные A, в зависимости от того, прыгает ли электрон *к* атому «нуль» или же *от* атома «нуль», но главные черты того, что́ происходит, вы увидите уже из упрощенного примера, когда все A равны.

Уравнение (11.10) по-прежнему будет служить решением для всех уравнений, кроме уравнения для атома «нуль» (для него оно не годится). Нам нужно другое решение; соорудим его так. Уравнение (11.10) представляет волну, бегущую в положительном направлении x. Волна, бегущая в отрицательном направлении x, тоже подошла бы в качестве решения. Мы бы написали

$$a(x_n)=e^{-ikx_n}.$$

Самое общее решение уравнения (11.6) представляло бы собой сочетание волны вперед и волны назад:

$$a_n=\alpha e^{ikx_n}+\beta e^{-ikx_n} \tag{11.29}$$

Это решение представляет комплексную волну с амплитудой α, бегущую в направлении $+x$, и волну с амплитудой β, бегущую в направлении $-x$.

Теперь бросим взгляд на систему уравнений нашей новой задачи: на (11.28) плюс такие же уравнения для остальных атомов. Уравнения, куда входят a_n с $n\leqslant-1$, решаются формулой (11.29) при условии, что k оказывается связанным с E и постоянной решетки b соотношением

$$E=E_0-2A\cos kb. \tag{11.30}$$

Физический смысл этого таков: «падающая» волна с амплитудой α приближается к атому «нуль» (или «рассеивателю») слева, а «рассеянная» или «отраженная» волна с амплитудой β бежит обратно, т. е. налево. Не теряя общности, можно положить амплитуду α падающей волны равной единице. Тогда амплитуда β будет, вообще говоря, комплексным числом.

То же самое можно сказать и о решениях a_n при $n\geqslant1$. Коэффициенты могут стать иными, так что следовало бы писать

$$a_n=\gamma e^{ikx_n}+\delta e^{-ikx_n} \quad \text{для} \quad n\geqslant 1. \tag{11.31}$$

Здесь γ — амплитуда волны, бегущей направо, а δ — амплитуда волны, приходящей справа. Мы хотим рассмотреть такой *физический* случай, когда вначале волна бежит только слева, и за рассеивателем (или атомом загрязнения) имеется только «прошедшая» волна. Будем поэтому искать решение, в котором $\delta=0$. Стало быть, мы попытаемся удовлетворить всем уравнениям для a_n, кроме средней тройки в (11.28), с помощью следующих пробных решений:

$$\begin{aligned} a_n\,(\text{для}\quad n<0)&=e^{ikx_n}+\beta e^{-ikx_n},\\ a_n\,(\text{для}\quad n>0)&=\gamma e^{ikx_n}. \end{aligned} \tag{11.32}$$

Положение, о котором идет речь, иллюстрируется фиг. 11.6.

Используя формулы (11.32) для a_{-1} и a_{+1}, можно из средней тройки уравнений (11.28) найти a_0 и два коэффициента

Фиг. 11.6. Волны в одномерной решетке с одним «примесным» атомом в n=0.

β и γ. Таким образом, мы найдем полное решение. Надо решить три уравнения (полагая $x_n = nb$):

$$(E-E_0)\{e^{ik(-b)}+\beta e^{-ik(-b)}\} = -A\{a_0+e^{ik(-2b)}+\beta e^{-ik(-2b)}\},$$
$$(E-E_0-F)\,a_0 = -A\{\gamma e^{ikb}+e^{ik(-b)}+\beta e^{-ik(-b)}\}, \qquad (11.33)$$
$$(E-E_0)\,\gamma e^{ikb} = -A\{\gamma e^{ik(2b)}+a_0\}.$$

Вспомните, что (11.30) выражает E через k. Подставьте это значение E в уравнения и учтите, что

$$\cos x = \frac{1}{2}(e^{ix}+e^{-ix});$$

тогда из первого уравнения получится

$$a_0 = 1+\beta, \qquad (11.34)$$

а из третьего

$$a_0 = \gamma, \qquad (11.35)$$

что согласуется друг с другом только тогда, когда

$$\gamma = 1+\beta. \qquad (11.36)$$

Это уравнение сообщает нам, что прошедшая волна (γ) — это просто исходная падающая волна (1) плюс добавочная волна (β), равная отраженной. Это не всегда так, но при рассеянии на одном только атоме оказывается, что это так. Если бы у вас была целая группа атомов примеси, то величина, добавляемая к волне, бегущей вперед, не обязательно вышла бы такой же, как у отраженной волны.

Амплитуду β отраженной волны мы можем получить из среднего из уравнений (11.33); окажется, что

$$\beta = \frac{-F}{F-2iA\sin kb}. \qquad (11.37)$$

Мы получили полное решение для решетки с одним необычным атомом.

Вас могло удивить, отчего это проходящая волна оказалась «выше», чем падавшая, если судить по уравнению (11.34). Но вспомните, что β и γ — числа комплексные и что число частиц в волне (или, лучше сказать, вероятность обнаружить частицу) пропорционально квадрату модуля амплитуды. В действительности «сохранение числа электронов» будет выполнено лишь при условии

$$|\beta|^2+|\gamma|^2=1. \qquad (11.38)$$

Попробуйте показать, что в нашем решении так оно и есть.

§ 7. *Захват нерегулярностями решетки*

Бывает и другой интересный случай. Он может возникнуть, когда F число отрицательное. Если энергия электрона в атоме примеси (при $n=0$) ниже, чем где-либо в другом месте, то электрон может оказаться захваченным этим атомом. Иначе говоря, если E_0+F ниже самого низа полосы (меньше, чем E_0-2A), тогда электрон может оказаться «пойманным» в состояние с $E<E_0-2A$. Из всего того, что мы делали до сих пор, такое решение не могло получиться. Но это решение можно получить, если в пробном решении (11.15) разрешить k принимать мнимые значения. Положим $k=i\varkappa$. Для $n<0$ и для $n>0$ у нас опять будут разные решения. Для $n<0$ допустимое решение могло бы иметь вид

$$a_n\,(\text{при}\ \ n<0)=ce^{+\varkappa x_n}. \qquad (11.39)$$

В экспоненте мы выбрали плюс; иначе амплитуда при больших отрицательных n стала бы бесконечно большой. Точно так же допустимое решение для $n>0$ имело бы вид

$$a_n\,(\text{при}\ n>0)=c'e^{-\varkappa x_n}. \qquad (11.40)$$

Если подставить эти пробные решения в (11.28), то они удовлетворят всем уравнениям, кроме средней тройки, при условии, что

$$E=E_0-A\,(e^{\varkappa b}+e^{-\varkappa b}). \qquad (11.41)$$

А раз сумма этих двух экспонент всегда больше 2, то эта энергия оказывается за пределами (ниже) обычной полосы. Это-то мы и искали. Оставшейся тройке уравнений (11.28) удастся удовлетворить, если взять $c=c'$ и если $\varkappa$ выбрать так, чтобы

$$A\,(e^{\varkappa b}-e^{-\varkappa b})=-F. \qquad (11.42)$$

Сопоставив это уравнение с (11.41), найдем энергию захваченного электрона

$$E=E_0-\sqrt{4A^2+F^2}. \qquad (11.43)$$

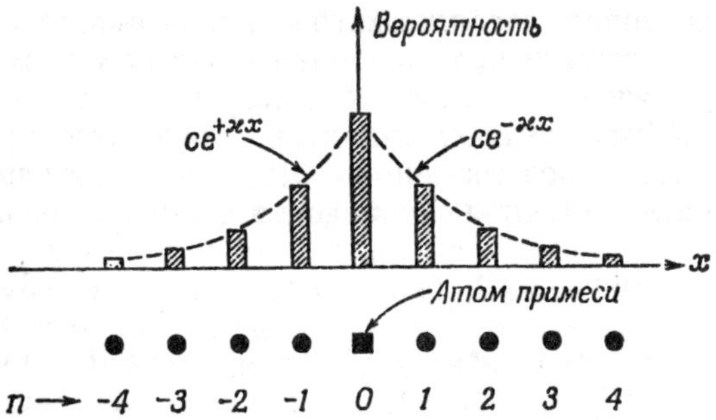

Фиг. 11.7. Относительные вероятности обнаружить захваченный электрон в атомных узлах поблизости от примесного атома — ловушки.

Захваченный электрон обладает одной-единственной энергией (а не целой полосой); она расположена несколько ниже полосы проводимости.

Заметьте, что амплитуды (11.39) и (11.40) *не* утверждают, что пойманный электрон сидит прямо в атоме примеси. Вероятность обнаружить его у одного из соседних атомов дается квадратом этих амплитуд. Изменение ее показано столбиками на фиг. 11.7 (при каком-то наборе параметров). С наибольшей вероятностью электрон можно встретить близ атома примеси. Для соседних атомов вероятность спадает экспоненциально по мере удаления от атома примеси. Это новый пример «проникновения через барьер». С точки зрения классической физики электрону не хватило бы энергии, чтобы удалиться от энергетической «дырки» близ центра захвата. Но квантовомеханически он может куда-то недалеко просочиться.

§ 8. Амплитуды рассеяния и связанные состояния

Наш последний пример может быть использован, чтобы проиллюстрировать одну вещь, которая в наши дни очень полезна для физики частиц высокой энергии. Речь идет о связи между амплитудами рассеяния и связанными состояниями. Положим, мы открыли (при помощи опытов и теоретического анализа), как пионы рассеиваются на протонах. Затем открывается новая частица и кому-то хочется узнать, не является ли она просто комбинацией из пиона и протона, объединенных в одно связанное состояние (по аналогии с тем, как электрон, будучи связан с протоном, образует атом водорода)? Под связанным состоянием мы подразумеваем комбинацию, энергия которой ниже, чем у пары свободных частиц.

Существует общая теория, согласно которой, если амплитуду рассеяния проэкстраполировать (или, на математическом языке, «аналитически продолжить») на энергии вне разрешенной зоны, то при такой энергии, при которой амплитуда становится бесконечной, возникнет связанное состояние. Физическая причина этого такова. Связанное состояние — это когда имеются только волны, стоящие близ некоторой точки; это состояние не порождается никакой начальной волной, оно просто существует само по себе. Относительная пропорция между так называемыми «рассеянными», или созданными, волнами и волнами, «посылаемыми внутрь», равна бесконечности. Эту идею мы можем проверить на нашем примере. Выразим нашу рассеянную амплитуду (11.37) прямо через энергию E рассеявшейся частицы (а не через k). Уравнение (11.30) можно переписать в виде

$$2A\sin kb=\sqrt{4A^2-(E-E_0)^2},$$

поэтому рассеянная амплитуда равна

$$\beta=\frac{-F}{F-i\sqrt{4A^2-(E-E_0)^2}}. \qquad (11.44)$$

Из вывода формулы следует, что применять ее можно только для реальных состояний — для тех, энергия которых попадает в энергетическую полосу, $E=E_0\pm 2A$. Но представьте, что мы об этом забыли и расширили нашу формулу на «нефизические» области энергии, где $|E-E_0|>2A$. Для этих нефизических областей можно написать *

$$\sqrt{4A^2-(E-E_0)^2}=i\sqrt{(E-E_0)^2-4A^2}.$$

Тогда «амплитуда рассеяния» (что бы это выражение ни значило) равна

$$\beta=\frac{-F}{F+\sqrt{(E-E_0)^2-4A^2}}. \qquad (11.45)$$

Теперь задаем вопрос: существует ли такая энергия E, при которой β становится бесконечным (т. е. при которой выражение для β имеет «полюс»)? Да, существует, если только F отрицательно; тогда знаменатель (11.45) обратится в нуль при

$$(E-E_0)^2-4A^2=F^2,$$

т. е. при

$$E=E_0\pm\sqrt{4A^2+F^2}.$$

---

* Знак корня, который здесь следовало поставить, это технический вопрос, связанный с допустимыми знаками $\varkappa$ в (11.39) и (11.40). Мы не будем здесь вдаваться в подробности.

При знаке минус получается как раз то, что мы получили в (11.43) для энергии захваченного электрона.

А как быть со знаком плюс? Он приводит к энергии *выше* разрешенной полосы энергий. И действительно, существует другое связанное состояние, которое мы пропустили, решая (11.28). Найти энергию и амплитуды a_n для этого связанного состояния вам предоставляется самим.

Одним из ключей (причем самых надежных) к разгадке экспериментальных наблюдений над новыми странными частицами служит это соотношение между законом рассеяния и связанными состояниями.

Глава 12

ПОЛУПРОВОДНИКИ

§ 1. Электроны и дырки в полупроводниках

Одним из самых замечательных и волнующих открытий последних лет явилось применение физики твердого тела к технической разработке ряда электрических устройств, таких, как транзисторы. Изучение полупроводников привело к открытию их полезных свойств и ко множеству практических применений. В этой области все меняется так быстро, что рассказанное вам сегодня может через год оказаться уже неверным или, во всяком случае, неполным. И совершенно ясно, что, подробнее изучив такие вещества, мы со временем сумеем осуществить куда более удивительные вещи. Материал этой главы вам не понадобится для понимания следующих глав, но вам, вероятно, будет интересно убедиться, что по крайней мере кое-что из того, что вы изучили, как-то все же связано с практическим делом.

Полупроводников известно немало, но мы ограничимся теми, которые больше всего применяются сегодня в технике. К тому же они и изучены лучше других, так что разобравшись в них, мы до какой-то степени поймем и многие другие. Наиболее широко применяемые в настоящее время полупроводниковые вещества это кремний и германий. Эти элементы кристаллизуются в решетке алмазного типа — в такой кубической структуре, в которой атомы обладают четверной (тетраэдральной) связью со своими ближайшими соседями. При очень низких температурах (вблизи абсолютного нуля) они являются изоляторами, хотя при комнатной

Литература: Ч. Киттель, Введение в физику твердого тела, М.—Л., 1958, гл. 13, 14, 18.

температуре они немного проводят электричество. Это не металлы; их называют *полупроводниками*.

Если каким-то образом в кристалл кремния или германия при низкой температуре мы введем добавочный электрон, то возникнет то, что описано в предыдущей главе. Такой электрон начнет блуждать по кристаллу, перепрыгивая с места, где стоит один атом, на место, где стоит другой. Мы рассмотрели только поведение электрона в прямоугольной решетке, а для реальной решетки кремния или германия уравнения были бы другими. Но все существенное может стать ясным уже из результатов для прямоугольной решетки.

Как мы видели в гл. 11, у этих электронов энергии могут находиться только в определенной полосе значений, называемой *зоной проводимости*. В этой зоне энергия связана с волновым числом **k** амплитуды вероятности C [см. (11.24)] формулой

$$E = E_0 - 2A_x \cos k_x a - 2A_y \cos k_y b - 2A_z \cos k_z c. \qquad (12.1)$$

Разные A — это амплитуды прыжков в направлениях x, y и z, а a, b, c — это постоянные решетки (интервалы между узлами) в этих направлениях.

Для энергий возле дна зоны формулу (12.1) можно приблизительно записать так:

$$E = E_{\text{мин}} + A_x a^2 k_x^2 + A_y b^2 k_y^2 + A_z c^2 k_z^2 \qquad (12.2)$$

(см. гл. 11, § 4).

Если нас интересует движение электрона в некотором определенном направлении, так что отношение компонент **k** все время одно и то же, то энергия есть квадратичная функция волнового числа и, значит, импульса электрона. Можно написать

$$E = E_{\text{мин}} + \alpha k^2, \qquad (12.3)$$

где α — некоторая постоянная, и начертить график зависимости E от k (фиг. 12.1). Такой график мы будем называть «энергетической диаграммой». Электрон в определенном состоянии энергии и импульса можно на таком графике изобразить точкой (S на рисунке).

Мы уже упоминали в гл. 11, что такое же положение вещей возникнет, если мы *уберем* электрон из нейтрального изолятора. Тогда на это место сможет перепрыгнуть электрон от соседнего атома. Он заполнит «дырку», а сам оставит на том месте, где стоял, новую «дырку». Такое поведение мы можем описать, задав амплитуду того, что *дырка* окажется возле данного определенного атома, и говоря, что *дырка* может прыгать от атома к атому. (Причем ясно, что амплитуда A того, что дырка перепрыгивает от атома a к атому b, в точности равна амплитуде того, что электрон от атома b прыгает в дырку от атома a.)

Фиг. 12.1. *Энергетическая диаграмма для электрона в кристалле изолятора.*

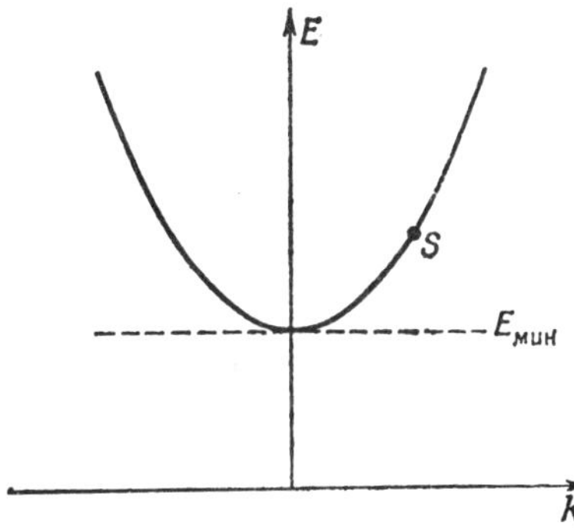

Математика для *дырки* такая же, как для добавочного электрона, и мы опять обнаруживаем, что энергия дырки связана с ее волновым числом уравнением, в точности совпадающим с (12.1) и (12.2), но, конечно, с другими численными значениями амплитуд A_x, A_y и A_z. У дырки тоже есть энергия, связанная с волновым числом ее амплитуд вероятности. Энергия ее лежит в некоторой ограниченной зоне и близ дна зоны квадратично меняется с ростом волнового числа (или импульса) так же, как на фиг. 12.1. Повторяя наши рассуждения гл. 11, § 3, мы обнаружим, что *дырка тоже ведет себя как классическая частица* с какой-то определенной эффективной массой, с той только разницей, что в некубических кристаллах масса зависит от направления движения. Итак, дырка напоминает *частицу с положительным зарядом*, движущуюся сквозь кристалл. Заряд частицы-дырки положителен, потому что она сосредоточена в том месте, где нет электрона; и когда она движется в какую-то сторону, то на самом деле это в обратную сторону движутся электроны.

Если в нейтральный кристалл поместить несколько электронов, то их движение будет очень похоже на движение атомов в газе, находящемся под низким давлением. Если их не слишком много, их взаимодействием можно будет пренебречь. Если затем приложить к кристаллу электрическое поле, то электроны начнут двигаться и потечет электрический ток. В принципе они должны очутиться на краю кристалла и, если там имеется металлический электрод, перейти на него, оставив кристалл нейтральным.

Точно так же в кристалл можно было бы ввести множество дырок. Они бы начали повсюду бродить как попало. Если приложить электрическое поле, то они потекут к отрицательному электроду и затем их можно было бы «снять» с него, что и происходит, когда их нейтрализуют электроны с металлического электрода.

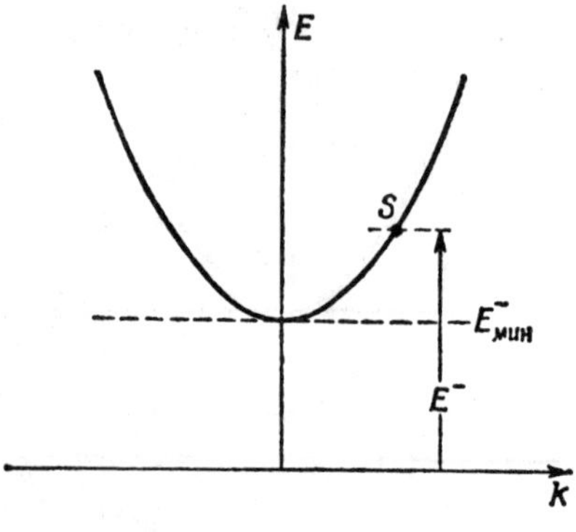

Фиг. 12.2. Энергия E^-, требуемая для «рождения» свободного электрона.

Электроны и дырки могут оказаться в кристалле одновременно. Если их опять не очень много, то странствовать они будут независимо. В электрическом поле все они будут давать свой вклад в общий ток. По очевидной причине электроны называют *отрицательными носителями*, а дырки — *положительными носителями*.

До сих пор мы считали, что электроны внесены в кристалл извне или (для образования дырки) удалены из него. Но можно также «создать» пару электрон—дырка, удалив из нейтрального атома связанный электрон и поместив его в том же кристалле на некотором расстоянии. Тогда у нас получатся свободный электрон и свободная дырка, и движение их будет таким, как мы описали.

Энергия, необходимая для того, чтобы поместить электрон в состояние S (мы говорим: чтобы «создать» состояние S),— это энергия E^-, показанная на фиг. 12.2. Это некоторая энергия, превышающая $E^-_{мин}$. Энергия, необходимая для того, чтобы «создать» дырку в каком-то состоянии S',— это энергия E^+ (фиг. 12.3), которая на какую-то долю выше, чем $E\,(=E^+_{мин})$.

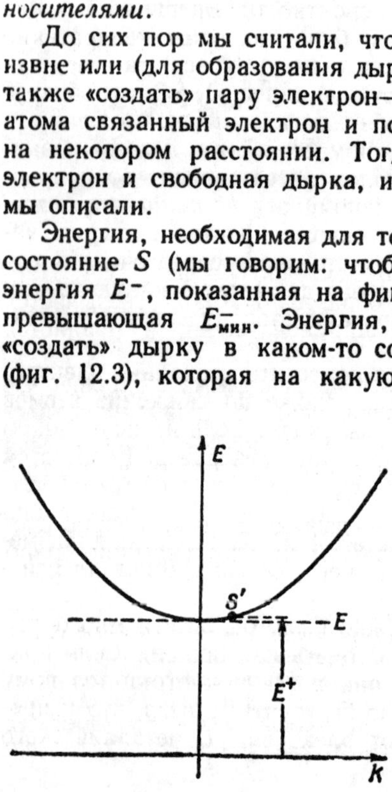

Фиг. 12.3. Энергия E^+, требуемая для «рождения» дырки в состоянии S'.

Фиг. 12.4. Энергетические диаграммы для электрона и дырки.

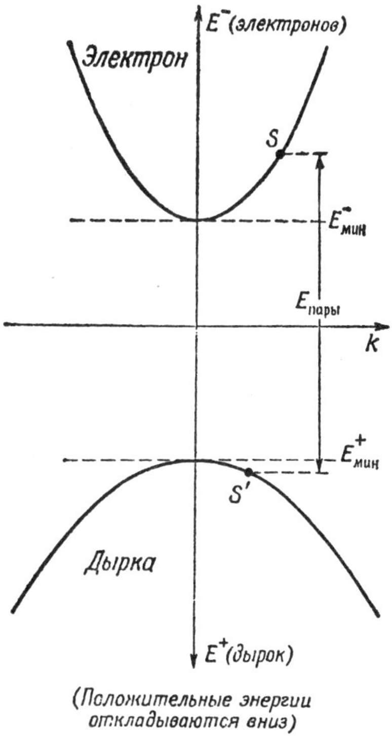

А чтобы создать пару в состояниях S и S', потребуется просто энергия E^-+E^+.

Образование пар — это, как мы увидим позже, очень частый процесс, и многие люди предпочитают помещать фиг. 12.2 и 12.3 на один чертеж, причем энергию *дырок* откладывают *вниз*, хотя, конечно, эта энергия *положительна*. На фиг. 12.4 мы объединили эти два графика. Преимущества такого графика в том, что энергия $E_{\text{пары}}=E^-+E^+$, требуемая для образования пары (электрона в S и дырки в S'), дается попросту расстоянием по вертикали между S и S', как показано на фиг. 12.4. Наименьшая энергия, требуемая для образования пары, называется энергетической шириной, или шириной щели, и равняется $E^-_{\text{мин}}+E^+_{\text{мин}}$.

Иногда вам может встретиться и диаграмма попроще. Ее рисуют те, кому не интересна переменная k, называя ее диаграммой энергетических уровней. Эта диаграмма (она показана на фиг. 12.5) просто указывает допустимые энергии у электронов и дырок *.

Как создается пара электрон — дырка? Есть несколько способов. Например, световые фотоны (или рентгеновские лучи)

* Во многих книжках эта же энергетическая диаграмма истолковывается иначе. Шкалу энергий относят только к *электронам*. Вместо того чтобы думать об энергии дырки, говорят о той энергии, которую *имел бы* электрон, если бы он заполнил дырку. Эта энергия *меньше*, нежели энергия свободного электрона, причем как раз на ту величину, которая показана на фиг. 12.5. При такой интерпретации шкалы энергий ширина энергетической щели — это наименьшая энергия, которой нужно снабдить *электрон*, чтобы перевести его из связанного состояния в зону проводимости.

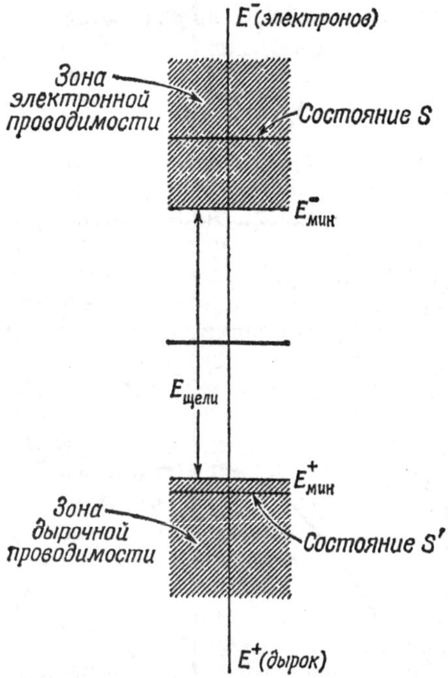

Фиг. 12.5. Диаграмма энергетических уровней для электронов и дырок.

могут поглотиться и образовать пару, если только энергия фотона больше энергетической ширины. Быстрота образования пар пропорциональна интенсивности света. Если прижать к торцам кристалла два электрода и приложить «смещающее» напряжение, то электроны и дырки притянутся к электродам. Ток в цепи будет пропорционален силе света. Этот механизм ответствен за явление фотопроводимости и за работу фотоэлементов.

Пары электрон — дырка могут образоваться также частицами высоких энергий. Когда быстро движущаяся заряженная частица (например, протон или пион с энергией в десятки и сотни *Мэв*) пролетает сквозь кристалл, ее электрическое поле может вырвать электроны из их связанных состояний, образуя пары электрон — дырка. Подобные явления сотнями и тысячами происходят на каждом миллиметре следа. После того как частица пройдет, можно собрать носители и тем самым вызвать электрический импульс. Перед вами механизм того, что разыгрывается в полупроводниковых счетчиках, в последнее время используемых в опытах по ядерной физике. Для таких счетчиков полупроводники не нужны, их можно изготовлять и из кристаллических изоляторов. Так и было на самом деле: первый из таких счетчиков был изготовлен из алмаза, который при комнатных температурах является изолятором. Но нужны очень чистые кристаллы, если мы хотим, чтобы электроны и дырки могли добираться до электродов, не боясь захвата. Потому и используются кремний и германий, что образцы этих полупроводников разумных размеров (порядка сантиметра) можно получать большой чистоты.

До сих пор мы касались только свойств полупроводниковых кристаллов при температурах около абсолютного нуля. При любой ненулевой температуре имеется еще другой механизм создания пар электрон — дырка. Энергией пару может снабдить тепловая энергия кристалла. Тепловые колебания кристалла могут передавать паре свою энергию, вызывая «самопроизвольное» рождение пар.

Вероятность (в единицу времени) того, что энергия, достигающая величины энергетической щели $E_{\text{щели}}$, сосредоточится в месте расположения одного из атомов, пропорциональна $\exp(-E_{\text{щели}}/\varkappa T)$, где T — температура, а $\varkappa$ — постоянная Больцмана [см. гл. 40 (вып. 4)]. Вблизи абсолютного нуля вероятность эта мало заметна, но по мере роста температуры вероятность образования таких пар возрастает. Образование пар при любой конечной температуре должно продолжаться без конца, давая все время с постоянной скоростью все новые и новые положительные и отрицательные носители. Конечно, на самом деле этого не будет, потому что через мгновение электроны случайно снова повстречаются с дырками, электрон скатится в дырку, а освобожденная энергия перейдет к решетке. Мы скажем, что электрон с дыркой «аннигилировали». Имеется определенная вероятность того, что дырка встретится с электроном и оба они друг друга уничтожат.

Если количество электронов в единице объема есть N_n (n означает негативных, или отрицательных, носителей), а плотность положительных (позитивных) носителей N_p, то вероятность того, что за единицу времени электрон с дыркой встретятся и проаннигилируют, пропорциональна произведению $N_n N_p$. При равновесии эта скорость должна равняться скорости, с какой образуются пары. Стало быть, при равновесии произведение $N_n N_p$ должно равняться произведению некоторой постоянной на больцмановский множитель

$$N_n N_p = \text{const}\, e^{-E_{\text{щели}}/\varkappa T}. \tag{12.4}$$

Говоря о постоянной, мы имеем в виду ее примерное постоянство. Более полная теория, учитывающая различные детали того, как электроны с дырками «находят» друг друга, свидетельствует, что «постоянная» слегка зависит и от температуры; но главная зависимость от температуры лежит все же в экспоненте.

Возьмем, например, чистое вещество, первоначально бывшее нейтральным. При конечной температуре можно ожидать, что число положительных и отрицательных носителей будет одно и то же, $N_n = N_p$. Значит, каждое из этих чисел должно с температурой меняться как $e^{-E_{\text{щели}}/2\varkappa T}$. Изменение многих свойств полупроводника (например, его проводимости) определяется главным образом экспоненциальным множителем, потому что все другие факторы намного слабее зависят от температуры. Ширина щели для германия примерно равна 0,72 *эв*, а для кремния 1,1 *эв*.

При комнатной температуре $\varkappa T$ составляет около $^1/_{40}$ *эв*. При таких температурах уже есть достаточно дырок и электронов, чтобы обеспечить заметную проводимость, тогда как, скажем, при 30°К (одной десятой комнатной температуры) проводимость незаметна. Ширина щели у алмаза равна 6—7 *эв*, поэтому при комнатной температуре алмаз — хороший изолятор.

§ 2. *Примесные полупроводники*

До сих пор мы говорили только о двух путях введения добавочных электронов в кристаллическую решетку, которая во всем остальном совершенно идеальна. Один путь — это впрыснуть электрон от внешнего источника, а другой — выбить связанный электрон из нейтрального атома, сотворив одновременно и электрон и дырку. Но можно внедрить электроны в зону проводимости кристалла совершенно иным способом. Представим себе кристалл германия, в котором один из атомов германия заменен атомом мышьяка. У атомов германия валентность равна 4, и кристаллическая структура определяется четырьмя валентными электронами. А у мышьяка валентность равна 5. И вот оказывается, что отдельный атом мышьяка в состоянии засесть в решетке германия (потому что габариты у него как раз такие, как надо), но при этом он будет вынужден действовать как четырехвалентный атом, тратя четыре валентных электрона из своего запаса на создание кристаллических связей и отбрасывая пятый. Этот лишний электрон привязан к нему очень слабо — энергия связи менее $^1/_{10}$ *эв*. При комнатной температуре электрон с легкостью раздобудет такую небольшую энергию у тепловой энергии кристалла и отправится на свой страх и риск блуждать по решетке на правах свободного электрона. Примесный атом наподобие мышьяка называется *донорным узлом*, потому что он может снабдить кристалл отрицательным носителем. Если кристалл германия выращивается из расплава, куда было добавлено небольшое количество мышьяка, то мышьяковые донорские пункты распределятся по всему кристаллу и у кристалла появится определенная плотность внедренных отрицательных носителей.

Могло бы показаться, что малейшее электрическое поле, приложенное к кристаллу, смело бы эти носители прочь. Но этого не случится, ведь каждый атом мышьяка в теле кристалла заряжен положительно. Чтобы весь кристалл оставался нейтральным, средняя плотность отрицательных носителей — электронов — должна быть равна плотности донорных узлов. Если вы приложите к граням этого кристалла два электрода и подключите их к батарейке, пойдет ток; но если с одного конца уносятся электроны-носители, то на другой конец должны поступать свежие электроны проводимости, так что средняя плотность электронов проводимости остается все время примерно равной плотности донорных узлов.

Поскольку донорные узлы заряжены положительно, у них должно наблюдаться стремление перехватывать некоторые из электронов проводимости, когда последние блуждают по кристаллу. Поэтому донорный узел должен действовать как раз как та ловушка, о которой мы говорили в предыдущем параграфе. Но если энергия захвата достаточно мала (как у мышьяка, например), то общее число захваченных в какой-то момент носителей должно составлять лишь малую часть их общего числа. Для полного понимания поведения полупроводников этот захват, конечно, следует иметь в виду. Однако мы в дальнейшем будем считать, что энергия захвата настолько низка, а температура так высока, что на донорных узлах нет электронов. Конечно, это всего-навсего приближение.

Можно также внедрить в кристалл германия атом примеси с валентностью 3, скажем атом алюминия. Этот атом пытается выдать себя за объект с валентностью 4, воруя добавочный электрон у соседей. Он может украсть электрон у одного из соседних атомов германия и оказаться в конце концов отрицательно заряженным атомом с эффективной валентностью 4. Конечно, когда он стащит у атома германия электрон, там остается дырка; и эта дырка начинает блуждать по кристаллу на правах положительного носителя. Атом примеси, который способен таким путем образовать дырку, называется *акцептором* от корня «акцепт» — принимать. Если кристалл германия или кристалл кремния выращен из расплава, в который была добавлена небольшая присадка алюминия, то в кристалле окажется определенная плотность дырок, которые действуют как положительные носители.

Когда к полупроводнику добавлена донорная или акцепторная примесь, мы говорим о «примесном» полупроводнике.

Когда кристалл германия с некоторым количеством внедренной донорной примеси находится при комнатной температуре, то электроны проводимости поставляются как донорными узлами, так и путем рождения электронно-дырочных пар за счет тепловой энергии. Естественно, электроны от обоих источников вполне эквивалентны друг другу, и в игру статистических процессов, ведущих к равновесию, входит их полное число N_n. Если температура не слишком низкая, то число отрицательных носителей, поставляемых атомами донорной примеси, примерно равно количеству имеющихся атомов примеси. При равновесии уравнение (12.4) еще обязано соблюдаться; произведение N_nN_p при данной температуре есть вполне определенное число. Это означает, что добавление донорной примеси, которое увеличивает число N_n, вызывает такое уменьшение количества N_p положительных носителей, что N_nN_p не изменяется. Если концентрация примеси достаточно высока, то число N_n отрицательных носителей определяется количеством донорных узлов и почти не зависит от температуры — все изменения в экспоненте происходят за счет N_p, даже если оно много меньше N_n. В чистом в других отношениях кристалле с небольшой концентрацией донорной примеси будут преобладать отрицательные носители; такой материал называется полупроводником «*n*-типа».

Если в кристаллической решетке добавлена примесь акцепторного типа, то кое-какие из новых дырок, блуждая, начнут аннигилировать с некоторыми свободными электронами, создаваемыми тепловыми флуктуациями. Это будет продолжаться до тех пор, пока не выполнится уравнение (12.4). В равновесных условиях количество положительных носителей возрастает, а количество отрицательных убывает, поддерживая произведение постоянным. Материал с избытком положительных носителей называется полупроводником «*p*-типа».

Если к полупроводниковому кристаллу приложить пару электродов и присоединить их к источнику разности потенциалов, то внутри кристалла появится электрическое поле. Оно вынудит двигаться положительные и отрицательные носители, и потечет электрический ток. Посмотрим сперва, что произойдет в материале *n*-типа, в котором имеется подавляющее большинство отрицательных носителей. В таком материале дырками можно пренебречь; они очень слабо скажутся на токе, потому что их мало. В реальном кристалле при конечной температуре (а особенно в кристалле с примесями) электроны перемещаются не совсем беспрепятственно. С ними беспрерывно происходят столкновения, которые сбивают их с намеченного ими пути, т. е. меняют их импульс. Эти столкновения — те самые рассеяния, о которых мы толковали в предыдущей главе и которые происходят на неровностях кристаллической решетки. В материале *n*-типа главной причиной рассеяния служат те самые донорные узлы, которые поставляют носителей. Раз у электронов проводимости энергия на донорных узлах немного иная, то волны вероятности обязаны на этом месте рассеиваться. Но даже в идеально чистом кристалле бывают (при ненулевой температуре) нерегулярности решетки, вызванные тепловыми колебаниями. С классической точки зрения можно говорить, что атомы не выстроены точно в правильную решетку, а в любое мгновение немного сдвинуты со своих мест по причине тепловых колебаний. Энергия E_0, связывавшаяся по теории, изложенной в гл. 11, с каждой точкой решетки, чуть-чуть меняется от одного места к другому, так что волны амплитуды вероятности не передаются идеально, а каким-то неправильным образом рассеиваются. И при очень высоких температурах или для очень чистых веществ такое рассеяние может стать очень важным, но в большинстве примесных полупроводников, применяемых в практических устройствах, рассеяние происходит только за счет атомов примеси. Мы сейчас оценим величину электрической проводимости в таких веществах.

Если к полупроводнику n-типа приложить электрическое поле, то каждый отрицательный носитель приобретет в этом поле ускорение, набирая скорость до тех пор, пока не рассеется на одном из донорных узлов. Это означает, что носители, которые обычно движутся случайным образом, имея при этом тепловую энергию, начнут в среднем повышать свою скорость дрейфа вдоль линий электрического поля, вызвав ток через кристалл. Скорость дрейфа, как правило, по сравнению с типичными тепловыми скоростями очень мала, так что можно, прикидывая величину тока, принять, что от столкновения к столкновению среднее время странствий носителя постоянно. Допустим, что электрический заряд отрицательного носителя равен q_n. Сила, действующая на носитель в электрическом поле $\mathcal{E}$, будет равна $q_n\mathcal{E}$. В гл. 43, § 3 (вып. 4) мы как раз подсчитывали среднюю скорость дрейфа в таких условиях и нашли, что она равна $F\tau/m$, где F — сила, действующая на заряд; τ — среднее время свободного пробега между столкновениями, а m — масса. Вместо нее надо поставить эффективную массу, которую мы подсчитывали в предыдущей главе, но поскольку нас интересует только грубый расчет, то предположим, что эта эффективная масса во всех направлениях одинакова. Мы ее здесь обозначим m_n. В этом приближении средняя скорость дрейфа будет равна

$$\mathbf{v}_{\text{дрейф}} = \frac{q_n \mathcal{E} \tau_n}{m_n}. \qquad (12.5)$$

Зная скорость дрейфа, можно найти ток. Плотность электрического тока $\mathbf{j}$ равна просто числу носителей в единице объема, N_n, умноженному на среднюю скорость дрейфа и на заряд носителей. Поэтому плотность тока равна

$$\mathbf{j} = N_n \mathbf{v}_{\text{дрейф}}\, q_n = \frac{N_n q_n^2 \tau_n}{m_n}\, \boldsymbol{\mathcal{E}}. \qquad (12.6)$$

Мы видим, что плотность тока пропорциональна электрическому полю; такие полупроводниковые материалы подчиняются закону Ома. Коэффициент пропорциональности между $\mathbf{j}$ и $\boldsymbol{\mathcal{E}}$, или проводимость σ, равен

$$\sigma = \frac{N_n q_n^2 \tau_n}{m_n}. \qquad (12.7)$$

Для материалов n-типа проводимость в общем не зависит от температуры. Во-первых, общее число основных носителей N_n

определяется главным образом плотностью доноров в кристалле (пока температура не настолько низка, чтобы позволять атомам захватить чересчур много носителей), а, во-вторых, среднее время от соударения к соударению, τ_n, регулируется главным образом плотностью атомов примеси, а она, ясное дело, от температуры не зависит.

Те же рассуждения можно приложить к веществу p-типа, переменив только значения параметров, которые появляются в (12.7). Если в одно и то же время имеется сравнимое количество отрицательных и положительных носителей, то вклады носителей обоего рода надо сложить. Полная проводимость определится из

$$\sigma = \frac{N_n q_n^2 \tau_n}{m_n} + \frac{N_p q_p^2 \tau_p}{m_p}. \tag{12.8}$$

Для очень чистых веществ N_p и N_n примерно равны. Они будут меньше, чем у материалов с примесями, так что и проводимость будет меньше. Кроме того, они будут резко меняться с температурой (по закону $e^{-E_{\text{щели}}/\varkappa T}$), так что проводимость с температурой может меняться чрезвычайно быстро.

§ 3. *Эффект Холла*

Конечно, это очень странно, что в веществе, где единственными более или менее свободными объектами являются электроны, электрический ток вызывается дырками, которые ведут себя как положительные частицы. Мы хотим поэтому описать опыт, который довольно явно свидетельствует, что знак носителя электрического тока может быть положительным. Пусть имеется брусок, изготовленный из полупроводящего вещества (или из металла), и мы прикладываем к нему электрическое поле, чтобы вызвать ток в каком-то направлении, скажем в горизонтальном (фиг. 12.6). Пусть мы также приложили к бруску магнитное поле под прямым углом к току, скажем, чтобы оно уходило *в плоскость* чертежа. Движущиеся носители будут испытывать действие магнитной силы $q(\mathbf{v}\times\mathbf{B})$. А так как сред-

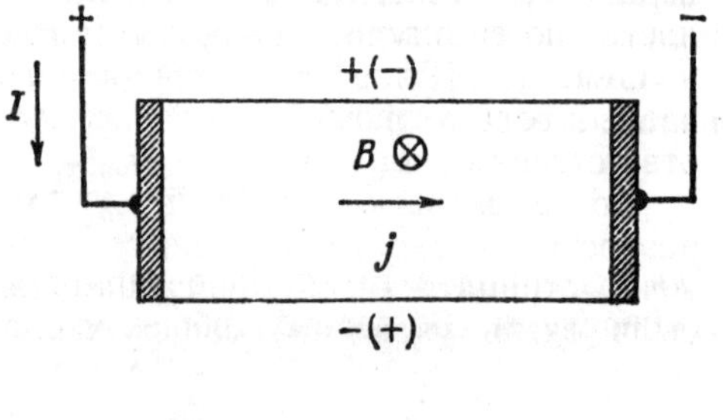

Фиг. 12.6. Эффект Холла возникает при действии магнитных сил на носители.

Сверху и снизу указаны знаки заряда при положительных и отрицательных (в скобках) носителях.

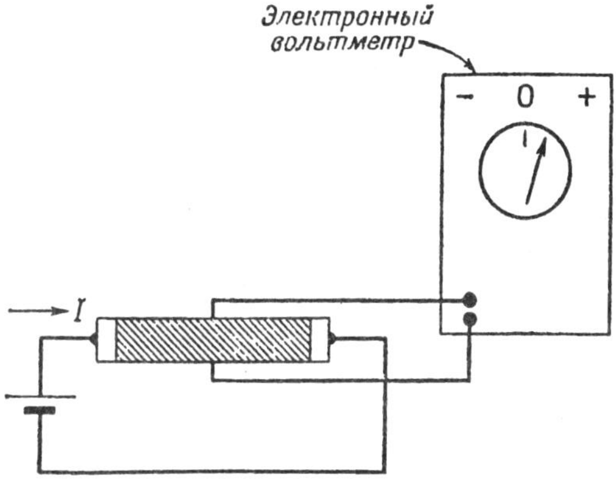

Фиг. 12.7. Измерение эффекта Холла.

няя скорость дрейфа направлена либо направо, либо налево (смотря по тому, каков знак заряда носителя), то действующая на носители средняя магнитная сила будет направлена либо вверх, либо вниз. Впрочем, нет! При выбранных нами направлениях тока и магнитного поля магнитная сила, действующая на движущийся заряд, всегда будет направлена *вверх*. Положительные заряды, движущиеся в направлении **j** (направо), подвергнутся действию силы, направленной вверх. А если ток переносится отрицательными зарядами, то они будут двигаться влево (при том же знаке тока проводимости) и также испытывают действие силы, направленной кверху. Но после установления тока никакого движения носителей вверх не будет, потому что ток может течь только слева направо. Вначале несколько зарядов могут потечь вверх, образовав вдоль верхнего края полупроводника поверхностную плотность заряда и оставив равную по величине и обратную по знаку поверхностную плотность заряда на нижней грани кристалла. Заряды на верхней и нижней поверхностях будут накапливаться до тех пор, пока электрические силы, с которыми они действуют на движущиеся заряды, в точности погасят (в среднем) действие магнитной силы, и установившийся ток пойдет по горизонтали. Заряды на верхней и нижней поверхностях создадут по вертикали поперек кристалла разность потенциалов, которую можно измерить высокоомным вольтметром (фиг. 12.7). Знак разности потенциалов, отмечаемый вольтметром, будет зависеть от знака носителей зарядов, ответственных за ток.

Когда впервые ставились эти опыты, считалось, что знак разности потенциалов окажется отрицательным, как и положено отрицательным электронам проводимости. Поэтому все были очень удивлены, обнаружив, что у некоторых веществ знак разности потенциалов совсем не тот. Дело выглядело так, словно носитель тока — частица с положительным знаком. Из наших рассуждений о примесных полупроводниках ясно, что полупроводник n-типа обязан вызывать знак разности потенциалов, свойственный отрицательным носителям, а полупроводник p-типа должен вызывать разность потенциалов противоположного знака, поскольку ток создается положительно заряженными дырками.

Открытие аномального знака разности потенциалов в эффекте Холла сначала было сделано не в полупроводнике, а в металле. Считалось, что уж в металлах-то проводимостью всегда занимаются электроны, и вдруг оказалось, что у бериллия знак разности потенциалов не тот. Теперь ясно, что в металлах, как и в полупроводниках, при некоторых обстоятельствах «объектами», ответственными за проводимость, оказываются дырки. Хотя в конечном счете в кристалле движутся электроны, тем не менее соотношение между импульсом и энергией и отклик на внешнее поле в точности такие, каких следовало бы ожидать, если бы электрический ток осуществлялся положительными частицами.

Поглядим, нельзя ли качественно оценить, какая разность потенциалов может быть получена при эффекте Холла. Если ток через вольтметр (см. фиг. 12.7) пренебрежимо мал, то заряды внутри полупроводника должны двигаться слева направо и вертикальная магнитная сила должна в точности гаситься вертикальным электрическим полем, которое мы обозначим $\mathcal{E}_{\perp}$ (индекс означает «поперечный»). Чтобы это электрическое поле уничтожало магнитные силы, должно быть

$$\mathcal{E}_{\perp} = -\mathbf{v}_{\text{дрейф}} \times \mathbf{B}. \qquad (12.9)$$

Припоминая связь между скоростью дрейфа и плотностью электрического тока, приведенную в (12.6), получаем

$$\mathcal{E}_{\perp} = -\frac{1}{qN}\,\mathbf{j} \times \mathbf{B}.$$

Разность потенциалов между верхом и низом кристалла равна, естественно, этой самой напряженности электрического поля, умноженной на высоту кристалла. Напряженность электрического поля в кристалле $\mathcal{E}_{\perp}$ пропорциональна плотности тока и напряженности магнитного поля. Множитель пропорциональности $1/qN$ называется коэффициентом Холла и обычно изображается символом R_H. Коэффициент Холла зависит просто от плотности носителей при условии, что носители одного знака находятся в явном большинстве. Поэтому измерение эффекта Холла дает удобный способ опытным путем определять плотность носителей в полупроводнике.

§ 4. Переходы между полупроводниками

Теперь мы хотим выяснить, что получится, если взять два куска германия или кремния с неодинаковыми внутренними характеристиками, скажем с разным количеством примеси, и приложить их друг к другу, чтобы возник «переход». Начнем с того, что́ именуется *p—n*-переходом, когда с одной стороны границы стоит германий *p*-типа, а с другой — германий *n*-типа (фиг. 12.8). Практически не очень удобно прикладывать друг к другу два разных куска германия и добиваться однородности контакта между ними на атомном уровне. Вместо этого переходы делают из одного кристалла, обработанного в разных концах по-разному. Один из приемов состоит в том, чтобы после того, как из расплава была выращена половинка кристалла, добавить в оставшийся расплав подходящую присадку. Другой способ — это нанести на поверхность немного примесного элемента и затем подогреть кристалл, чтобы часть атомов примеси продиффундировала в тело кристалла. У сделанных такими способами переходов нет резкой границы, хотя сами границы могут быть сделаны очень тонкими — до 10^{-4} *см*. Для наших рассуждений мы вообразим идеальный случай, когда эти две области кристалла с разными свойствами резко разграничены.

В *n*-области *p—n*-перехода имеются свободные электроны, которые могут переходить с места на место, а также фиксированные донорные узлы, которые уравновешивают полный электрический заряд. В *p*-области имеются свободные дырки, тоже переходящие с места на место, и равное количество отрицательных акцепторных узлов, гасящих полный заряд. Но в действительности такое описание положения вещей годится лишь до тех пор, пока между материалами не осуществлен контакт. Как только материалы соединятся, положение на границе изменится. Теперь, достигнув границы в материале *n*-типа, электроны не отразятся обратно, как это было бы на свободной поверхности, а смогут прямо перейти в материал *p*-типа. Часть электронов из материала *n*-типа поэтому будет стремиться проскользнуть в материал *p*-типа, где электронов меньше. Но так длиться без конца не может, потому что по мере того, как в *n*-области будут теряться электроны, ее заряд начнет становиться все более положительным, пока не возникнет электрическое напряжение, которое затормозит диффузию электронов в *p*-область. Подобным же

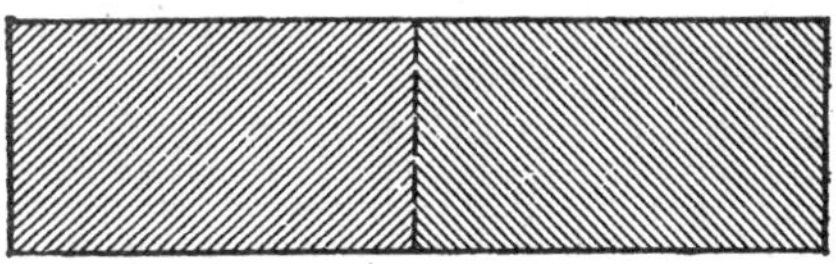

Фиг. 12.8. p — n-переход.

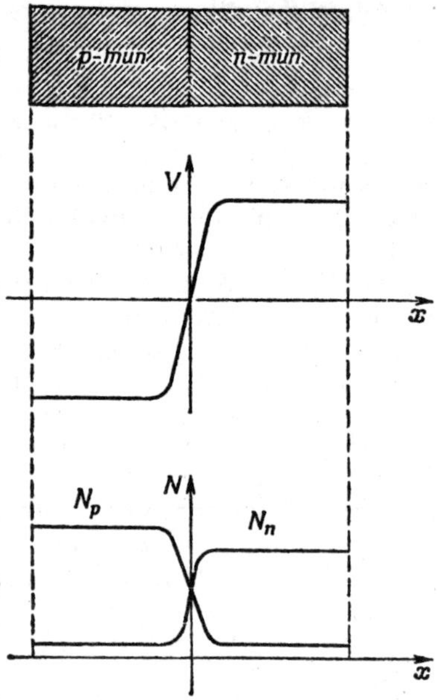

Фиг. 12.9. Электрический потенциал и плотности носителей в полупроводниковом переходе без смещающего напряжения.

образом положительные носители из материала p-типа смогут проскальзывать через переход в материал n-типа, оставляя позади себя избыток отрицательного заряда. В условиях равновесия полный ток диффузии должен будет равняться нулю. Это произойдет благодаря возникновению электрических полей, которые установятся таким образом, чтобы возвращать положительные носители обратно в p-область.

Оба описанных нами процесса диффузии продолжаются одновременно, и оба, как видите, действуют в таком направлении, чтобы материал n-типа зарядить положительно, а материал p-типа — отрицательно. Вследствие конечной проводимости полупроводящих материалов изменение потенциала между p-областью и n-областью произойдет в сравнительно узком участке близ границы; в основной же массе каждой области потенциал будет однороден. Проведем перпендикулярно границе ось x. Тогда электрический потенциал будет меняться с x так, как показано на фиг. 12.9, *б*. На фиг. 12.9, *в* показано ожидаемое изменение плотности N_n n-носителей и плотности N_p p-носителей. Вдали от перехода плотности носителей N_p и N_n должны быть попросту равны той равновесной плотности, которой положено устанавливаться в определенном бруске того же материала при той же температуре. (Фиг. 12.9 вычерчена для перехода, в котором в материале p-типа примеси больше, чем в материале n-типа.) Из-за перепада потенциала на переходе положительным носителям приходится взбираться на потенциальный холм, чтобы попасть в n-область. Это означает, что в условиях равновесия в материале n-типа будет меньше положительных носителей, чем в материале p-типа. Можно ожидать (вспомните законы статистической механики), что отношение количеств носителей p-типа в обеих областях будет даваться уравнением

$$\frac{N_p\,(p\text{-область})}{N_p\,(n\text{-область})} = e^{-q_p V/\varkappa T}. \qquad (12.10)$$

Произведение $q_p V$ в числителе показателя экспоненты — это как раз та энергия, которая требуется, чтобы пронести заряд q_p сквозь разность потенциалов V.

Точно такое же уравнение существует и для плотностей носителей n-типа:

$$\frac{N_n\,(n\text{-область})}{N_n\,(p\text{-область})} = e^{-q_n V/\varkappa T}. \qquad (12.11)$$

Если мы знаем равновесные плотности в каждом из двух материалов, то любое из этих уравнений даст нам разность потенциалов на переходе.

Заметьте, что для того, чтобы (12.10) и (12.11) давали одинаковые значения разности потенциалов V, произведение $N_p N_n$ должно быть в p-области и в n-области одним и тем же. (Вспомните, что $q_n = -q_p$.) Но мы еще раньше видели, что это произведение зависит только от температуры и от ширины энергетической щели кристалла. Если обе части кристалла находятся при одинаковой температуре, оба уравнения будут совместны, давая одинаковое значение разности потенциалов.

Но раз между двумя сторонами перехода имеется разность потенциалов, то это напоминает батарейку. Если соединить n-область с p-областью проволочкой, может, по ней пойдет ток? Это будет замечательно, ведь тогда ток будет идти без остановки, не истощая материала, и мы будем обладать бесконечным источником энергии в нарушение второго закона термодинамики! Но если вы действительно соедините p-область с n-областью проводами, никакого тока не будет. И легко понять почему.

Возьмем сперва проводничок из материала без примесей. Если подсоединить его к n-области, получится переход, на котором возникнет разность потенциалов. Пусть, скажем, она составит половину всей разности потенциалов между p- и n-областями. А когда мы подведем нашу чистую проволоку к p-области перехода, то там снова, на новом переходе, возникнет разность потенциалов, опять равная половине падения потенциала на p—n-переходе. Во всех переходах разности потенциалов так приладятся друг к другу, что никакой ток в схеме не пойдет. И какой бы вы проволокой ни начали соединять обе стороны p—n-перехода, у вас всегда выйдет два новых перехода, и до тех пор, пока температура всех переходов одинакова, скачки потенциалов на переходах будут компенсировать друг друга и тока не будет. Оказывается, однако (если вы рассчитаете все детали), что если у части переходов температура отличается от температуры других частей, то ток пойдет. Этот ток будет нагревать одни переходы и охлаждать другие, и тепловая энергия будет превращаться в электрическую. Это явление определяет собой действие термопар, применяемых для измерения температуры, и термоэлектрических генераторов. То же явление используется и в небольших холодильниках.

Но если мы не в состоянии измерять разность потенциалов между двумя сторонами *p*—*n*-перехода, то откуда уверенность, что перепад потенциалов, показанный на фиг. 12.9, действительно существует? Ну, во-первых, можно осветить переход светом. Когда фотоны света поглощаются, они могут образовать пару электрон — дырка. В том сильном электрическом поле, которое существует в переходе (равном наклону потенциальной кривой на фиг. 12.9), дырку затянет в *p*-область, а электрон — в *n*-область. Если теперь обе стороны перехода подсоединить ко внешней цепи, эти добавочные заряды вызовут ток. Энергия света перейдет в электрическую энергию перехода. Солнечные батареи, которые генерируют для спутников электрическую мощность, действуют именно на этом принципе.

Обсуждая свойства полупроводникового перехода, мы предполагали, что дырки и электроны действуют более или менее независимо, если не считать того, что они как-то все же приходят в тепловое равновесие. Когда мы говорили о токе, получающемся при освещении перехода светом, то предполагали, что электрон или дырка, образующиеся в области перехода, прежде чем аннигилировать с носителем противоположной полярности, успеют попасть в само тело кристалла. В непосредственной близости от перехода, где плотности носителей обоих знаков примерно одинаковы, аннигиляция пар электрон — дырка (называемая часто «рекомбинацией») — очень важный эффект, и его следует принимать во внимание при детальном анализе полупроводникового перехода.

Мы предполагали, что дырка или электрон, образуемые в области перехода, имеют хороший шанс еще до рекомбинации попасть в основное тело кристалла. Типичное время, требующееся электрону или дырке для того, чтобы найти противоположного партнера и аннигилировать, для обычных полупроводниковых материалов колеблется между 10^{-3} и 10^{-7} *сек*. Кстати, это время много больше времени среднего свободного пробега τ между столкновениями с узлами рассеяния в кристалле,— того времени, которым мы пользовались при анализе проводимости. В типичном *p*—*n*-переходе время, требуемое на то, чтобы смести в тело кристалла электрон или дырку, возникшую в области перехода, намного меньше времени рекомбинации. Поэтому большинство пар вливается во внешний ток.

§ 5. Выпрямление на полупроводниковом переходе

Теперь мы покажем, как получается, что p—n-переход действует как выпрямитель. Если мы к переходу приложим напряжение одного знака, то пойдет большой ток, если другого — тока почти не будет. А если к переходу приложить переменное напряжение, то ток пойдет только в одну сторону — он «выпрямится». Посмотрим еще раз, что получается в условиях равновесия, описанных кривыми фиг. 12.9. В материале p-типа имеется высокая концентрация N_p положительных носителей. Эти носители повсюду диффундируют, и некоторое их количество каждую секунду приближается к переходу. Этот ток положительных носителей, достигающих перехода, пропорционален N_p. Большая часть их, однако, разворачивается обратно, не будучи в состоянии взять высокий потенциальный холм у перехода, и только доля $e^{-qV/\varkappa T}$ их проходит дальше. Имеется также ток положительных носителей, приближающихся к переходу с другой стороны. Этот ток тоже пропорционален плотности положительных носителей в n-области, но здесь плотность носителей намного ниже плотности в p-области. Когда положительные носители приближаются из n-области к переходу, они обнаруживают перед собой холм с отрицательным склоном и с ходу соскальзывают под гору, на p-сторону перехода. Обозначим этот ток I_0. В условиях равновесия токи в обе стороны одинаковы. Значит, можно ожидать, что будет выполняться следующее соотношение:

$$I_0 \sim N_p\,(n\text{-область}) = N_p\,(p\text{-область})\,e^{-qV/\varkappa T}. \qquad (12.12)$$

Вы замечаете, что оно на самом деле совпадает с (12.10). Мы просто вывели его другим способом.

Допустим, однако, что мы снизили напряжение на n-стороне перехода на величину ΔV — это можно сделать, приложив к переходу внешнюю разность потенциалов. Теперь разница в потенциалах по обе стороны потенциального холма уже не V, а $V-\Delta V$. У тока положительных носителей из p-области в n-область теперь в показателе экспоненты будет стоять именно эта разность потенциалов. Обозначая этот ток через I_1, имеем

$$I_1 \sim N_p\,(p\text{-область})\,e^{-q(V-\Delta V)/\varkappa T}.$$

Этот ток превосходит ток I_0 в $e^{q\Delta V/\varkappa T}$ раз. Значит, между I_1 и I_0 существует следующая связь:

$$I_1 = I_0 e^{+q\Delta V/\varkappa T}. \qquad (12.13)$$

Ток из p-области при приложении внешнего напряжения ΔV растет по экспоненте. А ток положительных носителей из n-области остается постоянным, пока ΔV не слишком велико. Достигая барьера, эти носители по-прежнему будут видеть перед собой идущий под гору потенциал и будут все скатываться в p-область. (Если ΔV больше естественной разности потенциалов V, положение может измениться, но что случается при таких высоких напряжениях, мы рассматривать не будем.) В итоге ток положительных носителей I, текущий через переход, будет определяться разницей токов в обе стороны:

$$I = I_0 (e^{+q\Delta V/\varkappa T} - 1). \qquad (12.14)$$

Дырочный ток I течет в n-область. Там дырки диффундируют в самую глубь n-области и могут, вообще говоря, аннигилировать на основной массе отрицательных носителей электронов. Убыль электронов, теряемых при этой аннигиляции, восполняется током электронов из внешнего контакта материала n-типа.

Когда $\Delta V = 0$, то и ток в (12.14) равен нулю. Если ΔV положительна, ток с напряжением резко растет, а если ΔV отрицательна, знак тока меняется, но экспоненциальный член вскоре становится пренебрежимо малым, и отрицательный ток никогда не превышает I_0 — величины, которая, но нашему предположению, очень мала. Этот обратный ток I_0 ограничен той слабой плотностью, которой обладают неосновные носители в n-области перехода.

Если вы проведете в точности тот же анализ для тока отрицательных носителей, текущего через переход, сперва без внешней разности потенциалов, а после с небольшой приложенной извне разностью потенциалов ΔV, то для суммарного электронного тока вы опять получите уравнение, похожее на (12.14). Поскольку полный ток есть сумма токов носителей обоего рода, то (12.14) применимо и к полному току, если только отождествить I_0 с максимальным током, который может течь при перемене знака напряжения.

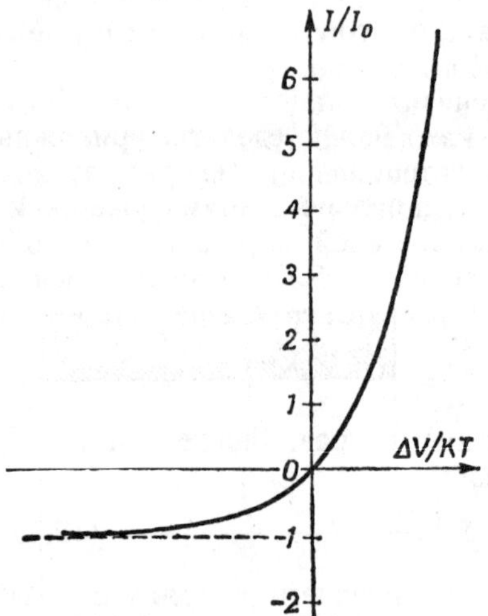

Фиг. 12.10. Зависимость тока через переход от приложенного к нему напряжения.

Вольтамперная характеристика (12.14) показана на фиг. 12.10. Она демонстрирует нам типичное поведение кристаллических диодов, подобных тем, которые применяются в современных вычислительных машинах. Нужно только заметить, что (12.14) справедливо лишь при невысоких напряжениях. При напряжениях, сравнимых с естественной внутренней разностью потенциалов V (или превышающих ее), в игру входят новые явления и ток уже не подчиняется столь простому уравнению.

Быть может, вы вспомните, что в точности такое же уравнение мы получили, говоря о «механическом выпрямителе» — храповике и собачке [см. гл. 46 (вып. 4)]. Мы получали те же уравнения, потому что лежащие в их основе физические процессы весьма схожи.

§ 6. *Транзистор*

Пожалуй, самым важным применением полупроводников является изобретение транзистора. Состоит он из двух полупроводниковых переходов, расположенных вплотную друг к другу, и работа его частично опирается на те же принципы, которые мы только что описывали, говоря о полупроводниковом диоде — выпрямляющем переходе. Предположим, что мы изготовили из германия небольшой брусочек, составленный из трех участков: p-область, n-область и опять p-область (фиг. 12.11, *а*). Такое сочетание именуется p—n—p-транзистором. Ведут себя эти переходы в транзисторе примерно так же, как описывалось в предыдущем параграфе. В частности, в каждом переходе должен наблюдаться перепад потенциала — падение потенциала из n-области в каждую из p-областей. Если внутренние свойства обеих p-областей одинаковы, то потенциал вдоль брусочка меняется так, как показано на фиг. 12.11, *б*.

Теперь представьте себе, что каждая из трех областей подключена к источнику внешнего напряжения (фиг. 12.12, *а*). Будем относить все напряжения к контакту, присоединенному

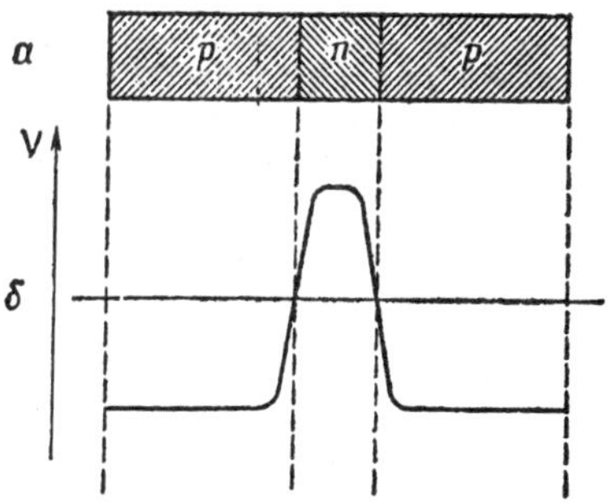

***Фиг. 12.11.** Распределение потенциала вдоль транзистора, если не приложено напряжение.*

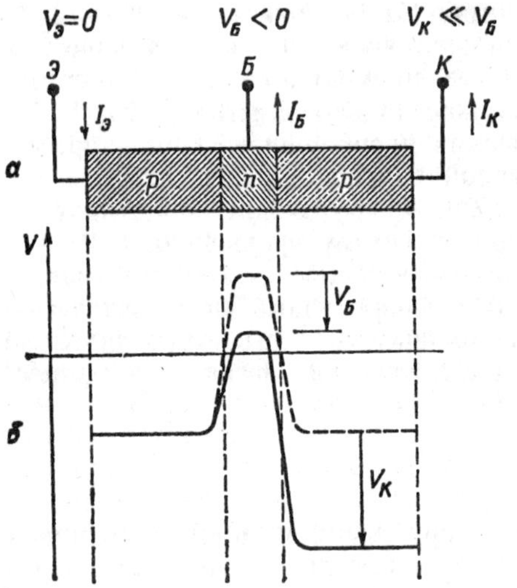

Фиг. 12.12. Распределение потенциала в работающем транзисторе.

к левой *p*-области, так что на этом контакте потенциал будет равен нулю. Этот контакт мы назовем *эмиттером*; *n*-область называется *базой*, или *основанием*, к ней подведен слабый отрицательный потенциал; правая *p*-область называется *коллектором*, к ней подведен намного больший отрицательный потенциал. В таких условиях потенциал будет меняться вдоль кристалла так, как показано на фиг. 12.12, *б*.

Посмотрим сначала, что́ происходит с положительными носителями, потому что именно их поведение в первую очередь управляет работой *p*—*n*—*p*-транзистора. Раз потенциал эмиттера более положителен, нежели потенциал базы, то из эмиттера в базу пойдет ток положительных носителей. Ток этот довольно велик, потому что перед нами переход, работающий при «подталкивающем напряжении» (что отвечает правой половине кривой на фиг. 12.10). При таких условиях положительные носители, или дырки, будут «эмиттироваться» из *p*-области в *n*-область. Может показаться, что этот ток вытечет из *n*-области через контакт Б. Но здесь-то и таится секрет транзистора. Эта *n*-область делается очень узкой, толщиной обычно в 10^{-3} *см*, а то и у́же, намного у́же, чем ее поперечные размеры. Следовательно, у дырок, попавших в *n*-область, имеется очень большой шанс успеть продиффундировать через всю область до следующего перехода, прежде чем они аннигилируют с электронами *n*-области. А когда они подойдут к правой границе *n*-области, они обнаружат перед собой крутой спуск с потенциального холма и с ходу ссыплются в правую *p*-область. Эта сторона кристалла называется *коллектором*, потому что он собирает дырки после того, как они проскользнут через n-область. В типичном транзисторе почти весь дырочный ток, вышедший из эмиттера и попавший на базу, собирается в области коллектора, и только жалкие остатки (доли процента) включаются в суммарный ток с электрода базы. Сумма токов из базы и коллектора, естественно, равна току через эмиттер.

Теперь представим себе, что́ получится, если мы будем слегка менять потенциал $V_Б$ контакта. Поскольку мы находимся на сравнительно крутой части кривой фиг. 12.10, легкие изменения потенциала $V_Б$ довольно значительно отразятся на токе эмиттера $I_Э$. А напряжение на коллекторе $V_К$ намного более отрицательно, чем напряжение на электроде базы, и эти слабые изменения потенциала не скажутся заметно на крутом потенциальном холме между базой и коллектором. Большинство положительных носителей, испущенных в n-область, по-прежнему будут попадать в коллектор. Итак, изменениям потенциала электрода базы будут отвечать изменения тока через коллектор $I_К$. Существенно, однако, что ток через базу $I_Б$ все время будет составлять лишь небольшую часть тока через коллектор. Транзистор — это усилитель; небольшой ток $I_Б$, проходящий через электрод базы, приведет к сильному току (раз в 100 сильней, а то и больше) через коллекторный электрод.

А как же обстоит дело с электронами — с отрицательными носителями, которыми мы до сих пор пренебрегали? Заметьте, во-первых, что между базой и коллектором мы не ожидаем сколько-нибудь заметного тока электронов. При столь большом отрицательном напряжении на коллекторе электронам из базы пришлось бы карабкаться на очень высокий потенциальный холм, и вероятность этого очень мала. Ток электронов на коллектор очень слаб.

Но, с другой стороны, электроны с базы *могут* переходить в область эмиттера. Можно ожидать, что электронный ток в этом направлении будет сравним с дырочным током от эмиттера к базе. Такой электронный ток пользы не приносит, даже наоборот, потому что он увеличивает полный ток через базу, нужный для того, чтобы ток дырок к коллектору имел данную величину. Поэтому транзистор устраивается так, чтобы ток электронов к эмиттеру свести до самой малосы.. Электронный ток пропорционален N_n (базы) — плотности отрицательных носителей в веществе базы, тогда как дырочный ток от эмиттера зависит от N_p (эмиттера) — плотности положительных носителей в области эмиттера. Сравнительно небольшим добавлением примеси в материал n-типа N_n (базы) может быть сделано много меньше, чем N_p (эмиттера). (Кроме того, сильно помогает очень малая толщина базы, потому что выметание дырок из этой области в коллектор заметно увеличивает средний дырочный ток от эмиттера к базе, не затрагивая электронного тока.) В итоге ток электронов через переход эмиттер — база может быть сделан много слабее тока дырок, так что электроны в работе *p—n—p*-транзистора заметной роли не играют. Токи в основном определяются движением дырок, и транзистор играет роль усилителя.

Можно также сделать транзистор, поменяв на фиг. 12.11 местами материалы *p*-типа и *n*-типа. Тогда получится так называемый *n—p—n*-транзистор. В таком транзисторе основной ток — это ток электронов, текущий от эмиттера к базе, а оттуда — в коллектор. Разумеется, все рассуждения, которые мы проводили для *p—n—p*-транзистора, в равной мере применимы и к *n—p—n*-транзистору, если только переменить знаки потенциалов электродов.

Глава 13

ПРИБЛИЖЕНИЕ НЕЗАВИСИМЫХ ЧАСТИЦ

§ 1. Спиновые волны

В гл. 11 мы разработали теорию распространения электрона или любой другой «частицы», например атомного возбуждения, вдоль кристаллической решетки. В предыдущей главе мы эту теорию применили к полупроводникам. Но хотя электронов у нас всегда было много, мы тем не менее неизменно пренебрегали каким-либо взаимодействием между ними. Это, конечно, было не более чем приближение, и мы сейчас постараемся глубже разобраться в самой мысли о том, что взаимодействием между электронами разрешается пренебрегать. Мы к тому же воспользуемся возможностью продемонстрировать новые применения теории распространения частиц. Поскольку мы по-прежнему будем продолжать пренебрегать взаимодействием между частицами, то фактически в этой главе будет очень мало нового, разве что новые приложения. Однако первый пример, который мы хотим рассмотреть,— это пример, в котором есть возможность совершенно точно выписать правильные уравнения для случая, когда «частиц» больше чем одна. Из них мы сможем увидеть, как делается приближение пренебрежения взаимодействием. Впрочем, мы не будем слишком тщательно анализировать эту проблему.

В качестве первого примера рассмотрим «спиновую волну» в ферромагнитном кристалле.

Теории ферромагнетизма мы касались в гл. 36 (вып. 7). При нулевой температуре все спины электронов, которые дают вклад в магнетизм всего ферромагнитного кристалла, параллельны между собой. Между спинами существует энергия взаимодействия, которая ниже всего тогда, когда все спины направлены вниз. Но при ненулевой температуре имеется какая-то вероятность того, что часть спинов перевернется. Эту вероятность тогда мы приближенно подсчитывали. На этот раз мы разовьем квантовомеханическую теорию явления, чтобы знать, что́ делать, если нужно будет решить задачу точнее. Но мы все еще будем прибегать к идеализации: будем считать, что электроны расположены вблизи атомов, а спины взаимодействуют только со своими соседями.

Рассмотрим такую модель: пусть в каждом атоме все электроны, кроме одного, спарены, и весь магнитный эффект обязан тому, что в каждом атоме остается один неспаренный электрон со спином $^1/_2$. Вообразим еще, что эти электроны расположены в тех самых узлах решетки, где находятся атомы. Модель в общих чертах отвечает металлической меди.

Кроме того, допустим, что любая пара вращающихся соседей-электронов взаимодействует друг с другом и что каждое такое взаимодействие добавляет в энергию системы по слагаемому:

$$E=-\sum_{i,\,j}K\boldsymbol{\sigma}_i\cdot\boldsymbol{\sigma}_j. \tag{13.1}$$

Здесь σ представляют собой спины, а суммирование идет по всем парам соседей-электронов. Мы уже говорили о подобной энергии взаимодействия, рассматривая сверхтонкое расщепление водорода, вызываемое взаимодействием магнитных моментов электрона и протона в атоме водорода. Тогда мы выражали это в виде $A\boldsymbol{\sigma}_e\cdot\boldsymbol{\sigma}_p$. На этот раз для данной пары, скажем для электронов из атома № 4 и из атома № 5, гамильтониан имеет вид $-K\boldsymbol{\sigma}_4\cdot\boldsymbol{\sigma}_5$. Каждая такая пара дает по одному слагаемому, а весь гамильтониан (как это бывает и с классическими энергиями) есть сумма таких слагаемых для каждой взаимодействующей пары. Энергия написана с множителем $-K$, так что положительное K отвечает ферромагнетизму, т. е. тому случаю, когда наинизшая энергия получается при параллельности соседних спинов. В реальном кристалле могут появиться и другие слагаемые — взаимодействие с соседом через *одного* и т. д., но на нашем уровне такие усложнения нам не понадобятся.

Располагая гамильтонианом (13.1), мы обладаем и полным описанием ферромагнетика (в рамках нашего приближения), так что из него должны получиться все магнитные свойства. Кроме того, из него же должны получаться и термодинамические свойства при намагничивании. Если мы сможем определить все уровни энергии, то можно будет найти и свойства кристалла при температуре T, основываясь на том, что для системы вероятность оказаться в данном состоянии с энергией E пропорциональна $e^{-E/\varkappa T}$. Эта задача никогда не была решена до конца.

Некоторые задачи мы сможем разобрать на простом примере, когда все атомы лежат на одной прямой — случай одномерной решетки. Все эти представления вы потом легко сможете распространить на трехмерную решетку. Возле каждого атома имеется электрон; у него есть два возможных состояния — либо спином вверх, либо вниз, и вся система описывается перечислением направлений спинов. В качестве гамильтониана системы возьмем оператор энергии взаимодействия. Интерпретируя спиновые векторы (13.1) как сигма-операторы, или сигма-матрицы, мы напишем для линейной решетки

$$\hat{H}=\sum_n \left(-\frac{A}{2}\,\hat{\boldsymbol{\sigma}}_n\cdot\hat{\boldsymbol{\sigma}}_{n+1}\right). \tag{13.2}$$

В этом уравнении для удобства написан множитель $A/2$ (так что некоторые из дальнейших уравнений в точности совпадут с уравнениями из гл. 11).

Каково же наинизшее состояние системы? Состояние наинизшей энергии это то состояние, когда все спины параллельны, скажем все глядят вверх *. Это состояние можно обозначить $|\ldots++++\ldots\rangle$, или $|\text{осн.}\rangle$, чтобы подчеркнуть, что оно «основное», наинизшее. Энергию этого состояния легко себе представить. Можно, например, расписать все сигма-векторы через $\hat{\sigma}_x$, $\hat{\sigma}_y$ и $\hat{\sigma}_z$, аккуратно подсчитать, каков вклад каждого из них в энергию основного состояния, и все затем сложить. Путь, однако, можно сильно сократить. В гл. 10, § 2 (вып. 8) мы видели, что $\hat{\sigma}_i\cdot\hat{\sigma}_j$ может быть выражено через спин-обменный оператор Паули:

$$\hat{\boldsymbol{\sigma}}_i\cdot\hat{\boldsymbol{\sigma}}_j=(2\hat{P}_{ij}^{\text{спин-обм}}-1), \tag{13.3}$$

где оператор $\hat{P}_{ij}^{\text{спин-обм}}$ обменивает спины i-го и j-го электронов. После этой подстановки гамильтониан обращается в

$$\hat{H}=-A\sum_n\left(\hat{P}_{n,\,n+1}^{\text{спин-обм}}-\frac{1}{2}\right). \tag{13.4}$$

Теперь уже легко подсчитать, что́ происходит в различных состояниях. Например, если и i и j смотрят вверх, то обмен спинами ничего не меняет, так что $\hat{P}_{ij}$, действуя на состояние, опять приводит к тому же состоянию, т. е. оно равнозначно умножению на $+1$. Выражение $\hat{P}_{ij}-{}^1/_2$ просто равно ${}^1/_2$. (В дальнейшем слова «спин-обм» над P мы писать не будем.)

---

* Основное состояние здесь на самом деле «вырождено». Существуют и другие состояния с той же энергией, например, когда все спины смотрят вниз или в любую другую сторону. Но наложение самого слабого внешнего поля в направлении z снабдит все эти состояния различной энергией, и истинным основным состоянием окажется как раз то, которое мы выбрали.

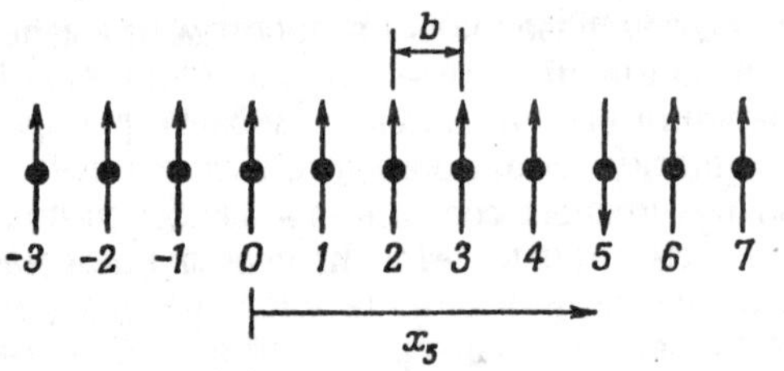

Фиг. 13.1. Базисное состояние $|x_5\rangle$ системы спинов, расположенных по одной линии.

Все спины направлены вверх, а тот, что в x_5, перевернут.

В основном состоянии все спины направлены вверх; значит, обмен любой парой спинов приводит опять к исходному состоянию. Основное состояние является стационарным. Если подействовать на него гамильтонианом, получится опять то же состояние, умноженное на сумму чисел $-(A/2)$, по одному на каждую пару спинов. Иначе говоря, энергия системы в основном состоянии составляет по $-A/2$ на атом.

Теперь подсчитаем энергии некоторых возбужденных состояний. Удобно будет отсчитывать энергии от основного состояния, т. е. в качестве нулевой энергии выбрать энергию основного состояния. Этого можно добиться, добавив к каждому слагаемому в гамильтониане по энергии $A/2$. Тогда $^1/_2$ в (13.4) просто заменится единицей. Наш новый гамильтониан будет равен

$$\hat{H}=-A\sum_n(\hat{P}_{n,\,n+1}-1). \qquad (13.5)$$

При таком гамильтониане энергия низшего состояния равна нулю; спин-обменный оператор равнозначен умножению на единицу (для основного состояния), что сокращается с единицей в каждом слагаемом.

Для описания состояний, отличных от основного, нам понадобится своя совокупность базисных состояний. Удобно подойти к делу так: сгруппировать состояния в соответствии с тем, у скольких электронов спин направлен вниз: у одного ли, у двух и т. д. Конечно, состояний, когда один спин направлен вниз, очень много: он может быть опрокинут, скажем, у атома № 4 или у № 5, или у № 6... И можно, конечно, в качестве базисных состояний выбрать именно такие состояния, обозначив их $|4\rangle$, $|5\rangle$, $|6\rangle$, ... Однако для дальнейшего удобнее, если мы будем отмечать «из ряда вон выходящий атом» (тот, у которого спин направлен вниз) его координатой x. Иначе говоря, мы определим состояние $|x_5\rangle$ как такое, в котором все электроны вращаются спинами вверх, и один только (тот, что возле атома в точке x_5) вращается спином вниз (фиг. 13.1). Вообще, $|x_n\rangle$ будет обозначать состояние с одним перевернутым спином, расположенным в координате x_n n-го атома.

Как же действует гамильтониан (13.5) на состояние $|x_5\rangle$? Один из членов гамильтониана это, скажем, $-A(\hat{P}_{7,8}-1)$. Оператор $\hat{P}_{7,8}$ обменивает спинами два соседних атома № 7 и № 8. Но в состоянии $|x_5\rangle$ они оба направлены вверх, так что ничего не меняется; $\hat{P}_{7,8}$ равнозначно умножению на единицу:

$$\hat{P}_{7,8}|x_5\rangle=|x_5\rangle.$$

Отсюда следует

$$(\hat{P}_{7,8}-1)|x_5\rangle=0.$$

Стало быть, все члены гамильтониана, кроме тех, куда входит атом № 5, дадут нуль. Операция $\hat{P}_{4,5}$, действуя на состояние $|x_5\rangle$, обменивает спинами атом № 4 (со спином вверх) и атом № 5 (со спином вниз). В результате появляется состояние, в котором все спины смотрят вверх, кроме атома в точке 4. Иначе говоря,

$$\hat{P}_{4,5}|x_5\rangle=|x_4\rangle.$$

Точно так же

$$\hat{P}_{5,6}|x_5\rangle=|x_6\rangle.$$

Значит, изо всего гамильтониана выживут только члены $-A(\hat{P}_{4,5}-1)$ и $-A(\hat{P}_{5,6}-1)$. Действуя на $|x_5\rangle$, они дадут соответственно $-A|x_4\rangle+A|x_5\rangle$ и $-A|x_6\rangle+A|x_5\rangle$. В итоге

$$\hat{H}|x_5\rangle=-A\sum_n(\hat{P}_{n,n+1}-1)|x_5\rangle=$$
$$=-A\{|x_6\rangle+|x_4\rangle-2|x_5\rangle\}. \tag{13.6}$$

Когда гамильтониан действует на состояние $|x_5\rangle$, то возникает некоторая амплитуда оказаться в состояниях $|x_4\rangle$ и $|x_6\rangle$. Это просто означает, что существует определенная амплитуда того, что направленный книзу спин перепрыгнет к соседнему атому. Значит, из-за взаимодействия между спинами, если вначале один спин был направлен вниз, имеется некоторая вероятность того, что позднее вместо него вниз будет смотреть другой. При действии на состояние $|x_n\rangle$ гамильтониан дает

$$\hat{H}|x_n\rangle=-A\{|x_{n+1}\rangle+|x_{n-1}\rangle-2|x_n\rangle\}. \tag{13.7}$$

Заметьте, в частности, что если взять полную систему состояний только с одним спином-«перевертышем», то они будут перемешиваться только между собой. Гамильтониан никогда не перемешает эти состояния с другими, в которых спинов-«перевертышей» больше. Пока вы только обмениваетесь спинами, вы никогда не сможете изменить общего количества перевертышей. Удобно будет использовать для гамильтониана матричное обозначение, скажем, $H_{n,m} \equiv \langle x_n | \hat{H} | x_m \rangle$; уравнение (13.7) эквивалентно следующему:

$$H_{n,n} = 2A, \qquad H_{n,n+1} = H_{n+1,n} = -A, \qquad (13.8)$$
$$H_{n,m} = 0 \quad \text{для} \quad |n-m| > 1.$$

Каковы же теперь уровни энергии для состояний с одним перевернутым спином? Пусть, как обычно, C_n — амплитуда того, что некоторое состояние $|\psi\rangle$ находится в состоянии $|x_n\rangle$. Если мы хотим, чтобы $|\psi\rangle$ было состоянием с определенной энергией, то все C_n обязаны одинаково меняться со временем, а именно по правилу

$$C_n = a_n e^{-iEt/\hbar}. \qquad (13.9)$$

Подставим это пробное решение в наше обычное уравнение Гамильтона

$$i\hbar \frac{dC_n}{dt} = \sum_m H_{nm} C_m, \qquad (13.10)$$

используя в качестве матричных элементов (13.8). Мы, конечно, получим бесконечное количество уравнений, но все их можно будет записать в виде

$$Ea_n = 2Aa_n - Aa_{n-1} - Aa_{n+1}. \qquad (13.11)$$

Перед нами опять в точности та же задача, что и в гл. 11, только там, где раньше стояло E_0, теперь стоит $2A$. Решения отвечают амплитудам C_n (амплитудам с перевернутым спином), которые распространяются вдоль решетки с константой распространения k и энергией

$$E = 2A(1 - \cos kb), \qquad (13.12)$$

где b — постоянная решетки.

Решения с определенной энергией отвечают «волнам» переворота спина, называемым «спиновыми волнами». И для каждой длины волны имеется соответствующая энергия. Для больших длин волн (малых k) эта энергия меняется по закону

$$E = Ab^2k^2. \qquad (13.13)$$

Как и прежде, мы можем теперь взять локализованный волновой пакет (содержащий, однако, только длинные волны), который соответствует тому, что электрон-«перевертыш» окажется в такой-то части решетки. Этот перевернутый спин будет вести себя как «частица». Так как ее энергия связана с k формулой (13.13), то эффективная масса «частицы» будет равна

$$m_{\text{эфф}} = \frac{\hbar^2}{2Ab^2}. \qquad (13.14)$$

Такие «частицы» иногда именуют «магнонами».

§ 2. *Две спиновые волны*

Теперь мы хотели бы выяснить, что́ происходит, когда имеется пара перевернутых спинов. Опять начнем с выбора системы базисных состояний. Выберем такие состояния, когда спины перевернуты в каких-то двух местах (так, как на фиг. 13.2). Эти состояния можно, скажем, отмечать x-координатами тех двух узлов решетки, в которых оказались электроны с перевернутым спином. То, что на рисунке, можно обозначить $|x_2, x_5\rangle$. В общем случае базисные состояния будут $|x_n, x_m\rangle$ — дважды бесконечная совокупность! При таком способе описания состояние $|x_4, x_9\rangle$ и состояние $|x_9, x_4\rangle$ совпадают, потому что каждое из них просто говорит, что в точках 4 и 9 спин перевернут; порядок их не имеет значения. Не имеет также смысла состояние $|x_4, x_4\rangle$ — такого просто быть не может. Любое состояние $|\psi\rangle$ мы можем описать, задав амплитуды того, что оно обнаружится в одном из базисных состояний.

Итак, $C_{m,n} = \langle x_m, x_n|\psi\rangle$ теперь означает амплитуду того, что система в состоянии $|\psi\rangle$ окажется в состоянии, когда у электронов, стоящих вблизи m-го и n-го атомов, спины смотрят вниз. Сложности, которые теперь возникнут, будут связаны не с усложнением идей,— это будут просто усложнения в бухгалтерии. (Одна из сложностей квантовой механики как раз и состоит в громоздкости бухгалтерии. Чем больше спинов перевернется, тем сложнее станут обозначения, тем больше будет индексов, тем страшнее будут выглядеть уравнения; но сами идеи вовсе не обязательно должны усложниться.)

Уравнения движения спиновой системы — это дифференциальные уравнения для $C_{n,m}$:

$$i\hbar\frac{dC_{n,m}}{dt} = \sum_{ij}(H_{nm,ij})\,C_{ij}. \qquad (13.15)$$

Пусть нам опять нужно найти стационарные состояния. Как обычно, производные по времени обратятся в E, умноженное на амплитуду, а $C_{m,n}$ заменятся коэффициентами $a_{m,n}$. Затем надо аккуратно рассчитать влияние H на состояние с перевернутыми спинами m и n. Это сделать нетрудно. Представьте на минуту, что m далеко от n, так что не нужно думать, что будет, если ... и т. д. Обменная операция, производимая в точке x_n, передвинет

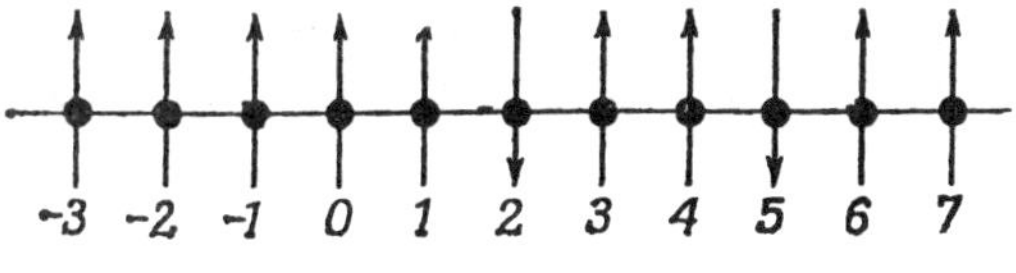

Фиг. 13.2. Состояния с двумя перевернутыми спинами.

перевернутый спин либо к $(n+1)$-му, либо к $(n-1)$-му атому, так что имеется ненулевая амплитуда того, что теперешнее состояние получилось из состояния $|x_m, x_{n+1}\rangle$, и амплитуда того, что оно произошло из состояния $|x_m, x_{n-1}\rangle$. Но передвинуться мог и второй спин, так что не исключена и какая-то амплитуда того, что $C_{m,n}$ питается от $C_{m+1,n}$ или от $C_{m-1,n}$. Все эти эффекты должны быть одинаковы. Окончательный вид гамильтонова уравнения для $C_{m,n}$ таков:

$$Ea_{m,n} = -A(a_{m+1,n} + a_{m-1,n} + a_{m,n+1} + a_{m,n-1}) + 4Aa_{m,n}. \qquad (13.16)$$

Это уравнение пригодно всегда, за исключением двух случаев. При $m=n$ уравнения вообще нет, а при $m=n\pm1$ пара членов в (13.16) должна пропасть. *Этими исключениями мы пренебрежем.* Мы просто будем игнорировать тот факт, что некоторые из этих уравнений слегка меняются. Ведь как-никак кристалл считается бесконечным и слагаемых в гамильтониане бесчисленно много; пренебрежение некоторым их числом вряд ли сильно на чем-то скажется. Итак, в первом грубом приближении давайте позабудем об изменениях уравнений. Иными словами, допустим, что (13.16) верно при всех m и n, даже когда m и n стоят по соседству. *Это самое существенное в нашем приближении.*

Теперь уже решение отыскать нетрудно. Мы немедленно получаем

$$C_{m,n} = a_{m,n}e^{-iEt/\hbar}, \qquad (13.17)$$

где

$$a_{m,n} = (\text{постоянная})\, e^{ik_1x_m}e^{ik_2x_n}, \qquad (13.18)$$

а

$$E = 4A - 2A\cos k_1b - 2A\cos k_2 \qquad (13.19)$$

Поразмыслим минутку о том, что было бы, если бы у нас были две *независимые, отдельные* спиновые волны (как в предыдущем параграфе), соответствующие $k=k_1$ и $k=k_2$; их энергии из (13.12) имели бы вид

$$\varepsilon_1 = 2A - 2A\cos k_1b$$

и

$$\varepsilon_2 = 2A - 2A\cos k_2b.$$

Заметьте, что энергия E в (13.19) является как раз их суммой:

$$E = \varepsilon(k_1) + \varepsilon(k_2). \qquad (13.20)$$

Иными словами, наше решение можно толковать следующим образом. Имеются две частицы, т. е. пара спиновых волн, одна из которых обладает импульсом, описываемым числом k_1, а другая — числом k_2; энергия системы равна сумме энергий этих двух объектов. Обе частицы действуют совершенно независимо. Вот и все, что в этом есть — и ничего больше.

Конечно, мы сделали некоторые приближения, но в данный момент мы не будем обсуждать точность нашего ответа. Вы, однако, чувствуете, что в кристаллах разумного размера с миллиардами атомов и, стало быть, с миллиардами слагаемых в гамильтониане большой ошибки от пренебрежения немногими слагаемыми не выйдет. Если бы, конечно, перевернутых спинов стало так много, что их плотность была бы заметной, то пришлось бы позаботиться и о поправках.

(Интересно, что в случае, когда перевернутых спинов только *два*, можно написать и точное решение. Но результат особой важности не представляет. Просто интересно, что в этом случае уравнения можно решить точно. Решение таково:

$$a_{m,n} = e^{ik_c(x_m+x_n)} \sin k\,|x_m - x_n| \tag{13.21}$$

с энергией

$$E = 4A - 2A \cos k_1 b - 2A \cos k_2 b$$

и с волновыми числами k_c и k, связанными с k_1 и k_2 формулами

$$k_1 = k_c - k, \quad k_2 = k_c + k. \tag{13.22}$$

В этом решении отражено и «взаимодействие» пары спинов. Оно описывает тот факт, что когда спины сближаются, возникает какая-то вероятность их рассеяния. Поведение спинов очень похоже на взаимодействие частиц. Но подробная теория их рассеяния выходит за пределы того, о чем мы здесь собрались говорить.)

§ 3. *Независимые частицы*

В предыдущем параграфе мы написали гамильтониан (13.15) для двухчастичной системы. Затем, пользуясь приближением, эквивалентным пренебрежению каким-либо «взаимодействием» между двумя частицами, мы нашли стационарные состояния, описываемые формулами (13.17) и (13.18). Это состояние попросту есть произведение двух одночастичных состояний. Но решение, которое мы написали для $a_{m,n}$ [формула (13.18)], на самом деле удовлетворить нас не может. Мы с самого начала подчеркивали, что состояние $|x_9, x_4\rangle$ *не отличается* от состояния $|x_4, x_9\rangle$, что *порядок* x_m и x_n неважен. Вообще говоря, алгебраическое выражение для амплитуды $C_{m,n}$ не должно меняться от перестановки значений x_m и x_n, потому что она не изменяет состояния. В любом случае она будет представлять амплитуду того, что спин, направленный вниз, обнаружится в x_m и в x_n.

Но обратите внимание, что (13.18) *несимметрично* по x_m и x_n, поскольку k_1 и k_2, вообще говоря, различны.

Все дело в том, что мы не заставили наше решение (13.15) подчиниться этому добавочному условию. К счастью, пока нетрудно все исправить. Заметьте, во-первых, что ничуть не хуже формулы (13.18) другое решение уравнения Гамильтона:

$$a_{m,\,n}=Ke^{ik_2x_m}e^{ik_1x_n}. \tag{13.23}$$

И даже энергия здесь та же самая, что была в (13.18). Значит, любая линейная комбинация (13.18) и (13.23) также будет решением системы и будет обладать по-прежнему энергией, даваемой (13.19). Решение, которое нужно выбрать по требованиям симметрии,— просто сумма (13.18) и (13.23):

$$a_{m,\,n}=K\left[e^{ik_1x_m}e^{ik_2x_n}+e^{ik_2x_m}e^{ik_1x_n}\right]. \tag{13.24}$$

Теперь при данных k_1 и k_2 амплитуда $C_{m,n}$ не зависит от того, в каком порядке мы берем x_m и x_n; если мы случайно поставим x_m и x_n в обратном порядке, мы получим ту же амплитуду. И наше толкование уравнения (13.24) на языке «магнонов» тоже станет иным. Уже нельзя говорить, что уравнение представляет *одну* частицу с волновым числом k_1 и *другую* частицу с волновым числом k_2. Амплитуда (13.24) представляет *одно* состояние с двумя частицами (магнонами). *Состояние* характеризуется двумя волновыми числами k_1 и k_2. Наше решение выглядит как составное состояние одной частицы с импульсом $p_1=k_1\hbar$ и другой частицы с импульсом $p_2=k_2\hbar$, но в этом состоянии нельзя сказать, где какая частица.

В этот момент полезно вспомнить гл. 2 (вып. 8) и наш рассказ о тождественных частицах. Мы просто только что показали, что частицы спиновых волн (магноны) ведут себя как тождественные бозе-частицы. Все амплитуды обязаны быть симметричны по координатам двух частиц; это все равно, что сказать, что после «обмена двумя частицами» мы снова получим ту же амплитуду с тем же знаком. Но вы можете подумать: «Почему же мы все-таки решили в (13.24) *сложить* два члена? Почему не вычесть?» Ведь при знаке минус обмен x_m и x_n просто изменил бы знак $a_{m,n}$, а это не в счет, это не имеет значения. Но ведь обмен x_m с x_n *ничего не меняет* —все электроны кристалла останутся там же, где и были, так что даже для перемены знака нет, казалось бы, никакого повода. Но это, конечно, плохой аргумент *.

---

* Квазичастицы обсуждаемого типа могут действовать и как бозе- и как ферми-частицы; и, как и у свободных частиц, частицы с целым спином суть бозоны, с полуцелым — фермионы. «Магнон» символизирует, что электрон со спином, направленным вверх, перевертывается вниз. Спин *меняется на единицу*. Значит, у магнона спин целый и он — бозон.

Наше обсуждение имело двойную цель: во-первых, рассказать вам кое-что о спиновых волнах; во-вторых, продемонстрировать состояние, амплитуда которого равна *произведению* двух амплитуд, а энергия равна *сумме* энергий, отвечающих этим амплитудам. Для *независимых частиц* амплитуда получается умножением, а энергия — сложением. Почему сложением — легко понять. Энергия — это коэффициент при t в мнимом показателе экспоненты; она пропорциональна частоте. Если пара объектов что-то совершает, один с амплитудой $e^{-iE_2t/\hbar}$, а другой с амплитудой $e^{-iE_1t/\hbar}$, и если амплитуда того, что обе эти вещи произойдут вместе, является произведением отдельных амплитуд, то в произведении появится единственная частота, равная сумме двух частот. Энергия, отвечающая произведению амплитуд, есть сумма обеих энергий.

Нам понадобилось довольно долго говорить, чтобы сообщить очень простую вещь: когда вы не учитываете взаимодействия между частицами, вы вправе рассматривать каждую частицу независимо. Они могут отдельно существовать во всевозможных состояниях, в которых они пребывали бы и порознь, и давать тот же вклад в энергию, какой давали бы порознь. Однако следует помнить, что если частицы тождественны, то они могут вести себя как бозе- или ферми-частицы в зависимости от задачи. Например, пара электронов, добавленная к кристаллу, ведет себя как ферми-частицы. Обмен местоположениями двух электронов приводит к перемене знака амплитуды. В уравнении, соответствующем (13.24), между двумя слагаемыми стоит знак минус. Как следствие этого: две ферми-частицы не могут пребывать в точности в одних и тех же условиях — с одинаковыми спинами и одинаковыми k. Амплитуда такого состояния нуль.

§ 4. *Молекула бензола*

Хотя квантовая механика снабжает нас основными законами, определяющими строение молекул, эти законы, однако, удается точно применить лишь к самым простым соединениям. Поэтому химики разработали различные приближенные способы расчета некоторых из свойств сложных молекул. Мы хотим здесь рассказать, как химики-органики применяют приближение независимых частиц. Начнем с молекулы бензола. Мы ее рассматривали с другой точки зрения в гл. 8 (вып. 8). Тогда мы воспользовались приближенным представлением молекулы в виде системы с двумя состояниями, базисные состояния которой показаны на фиг. 13.3. Имеется кольцо из шести углеродов, к каждому из которых приделано по водороду. По принятой схеме валентных связей необходимо допустить, что между половиной атомов углерода имеются двойные связи и что в низших

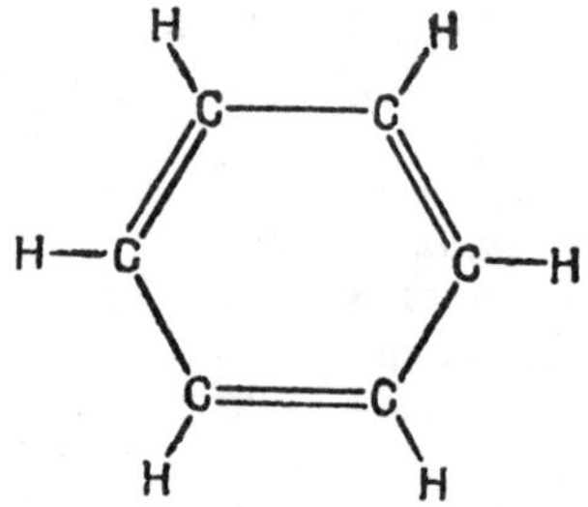

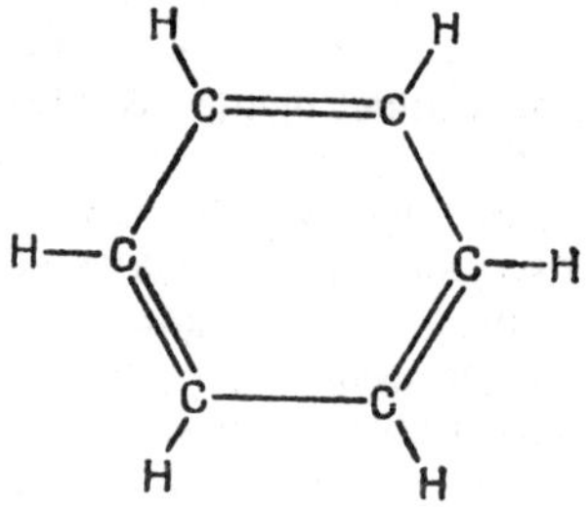

Фиг. 13.3. Два базисных состояния молекулы бензола, использовавшиеся в гл. 8.

энергетических условиях возникают две возможности, показанные на рисунке. Но, кроме этого, имеются еще и другие, более высокоэнергетические состояния. Когда мы в гл. 8 говорили о молекуле бензола, мы пользовались только двумя состояниями, а прочие забыли. И мы обнаружили, что энергия основного состояния молекулы не совпадала с энергией ни одного из нарисованных состояний; нет, она была ниже на величину, пропорциональную амплитуде переброса из одного такого состояния в другое.

А теперь мы хотим взглянуть на ту же молекулу с совершенно иной точки зрения, применяя приближение другого рода. Обе точки зрения приведут нас к разным ответам, но когда мы усовершенствуем оба приближения, то придем к истине — к правильному описанию бензола.

Однако если не позаботиться об этих усовершенствованиях (что обычно и делают), то не нужно удивляться, что эти описания не сойдутся. Мы по крайней мере покажем, что при новой точке зрения низшая энергия молекулы бензола оказывается ниже, чем у любой из структур с тремя двойными связями (см. фиг. 13.3).

Рассмотрим следующую картину. Представим себе шесть атомов углерода, связанных только одиночными связями (фиг. 13.4). Мы убрали шесть электронов (поскольку каждая связь обозначает пару электронов), так что перед нами шестикратно ионизованная молекула бензола. Теперь посмотрим, что случится, когда мы поодиночке вернем в молекулу всю шестерку электронов, считая, что каждый из них может свободно двигаться вокруг кольца. Допустим также, что все связи, показанные на фиг. 13.4, заполнены и не нуждаются в дальнейшем рассмотрении. Что происходит, когда мы возвращаем молекулярному иону его электрон? Он, конечно, может расположиться в любом из

Фиг. 13.4. Бензольное кольцо, из которого убрали шесть электронов.

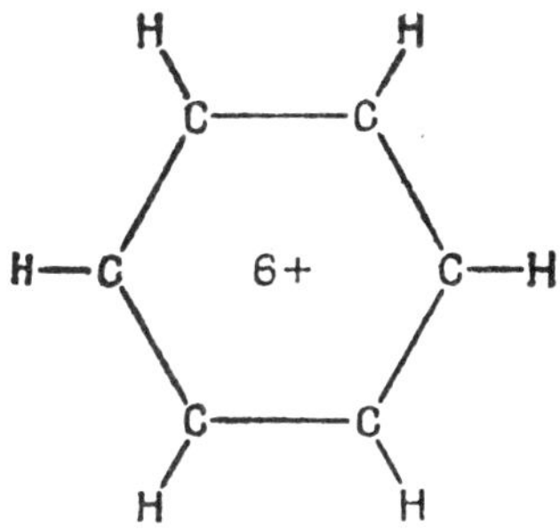

шести мест на кольце, соответствующих шести базисным состояниям. И у него будет некоторая амплитуда (скажем A) того, что он перейдет с одного места на другое. При анализе стационарных состояний обнаружатся несколько возможных уровней энергии. Это только при одном электроне.

Добавим еще один электрон. И сделаем теперь самое странное предположение: *то, что делает один электрон, не сказывается на том, что делает другой*. На самом деле они, конечно, будут взаимодействовать; они отталкивают друг друга с помощью кулоновых сил, и, кроме того, их энергия, когда они попадают в одно место, должна заметно отличаться от удвоенной энергии, когда они туда попадают поодиночке. Конечно, приближение независимых частиц незаконно, когда мест только шесть, особенно когда в них хотят поместить *шестерку* электронов. Но, несмотря на это, химики-органики сумели многому научиться, делая именно такое приближение.

Прежде чем подробно рассчитывать молекулу бензола, возьмем пример попроще — молекулу этилена. В нее входят только два атома углерода и по паре атомов водорода с каждой стороны (фиг. 13.5). У молекулы есть одна «лишняя» связь между двумя атомами углерода, в которую входят два электрона. Уберем один из этих электронов; что мы получим? То, что останется, можно будет рассматривать как систему с двумя состояниями: оставшийся электрон может находиться либо возле одного атома, либо возле другого. И, как у всякой системы с двумя состояниями, допустимые энергии отдельного электрона могут быть равны либо E_0-A, либо E_0+A (фиг. 13.6).

Добавим теперь второй электрон. Все очень хорошо: электронов у нас два — первый можно поставить в нижнее состояние,

Фиг. 13.5. Молекула этилена.

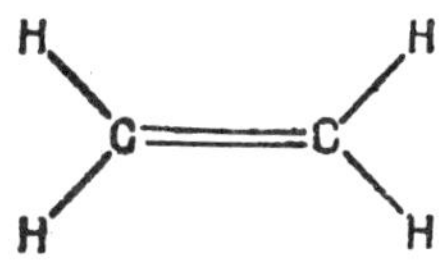

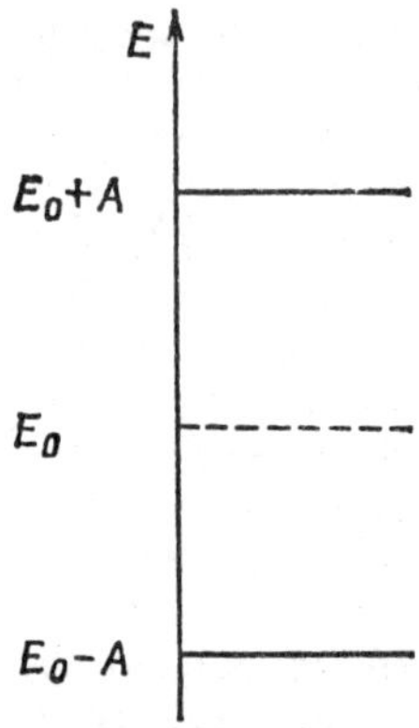

Фиг. 13.6. Возможные уровни энергии «лишних» электронов в молекуле этилена.

а второй в верхнее, не так ли? Не совсем,— мы о чем-то забыли. Ведь каждое из состояний на самом деле двойное. Когда мы говорим, что допустимо состояние с энергией $E_0—A$, то в действительности там их пара. В одно и то же состояние могут попасть два электрона, один со спином, направленным вверх, другой — вниз (но не больше, из-за принципа запрета). Так что на самом деле имеются два возможных состояния с энергией $E_0—A$. Можно начертить диаграмму (фиг. 13.7), которая показывает и уровни энергии, и их населенность. В состоянии наименьшей энергии оба электрона будут в наинизшем состоянии с противоположными спинами. Энергия «лишней» связи в молекуле этилена поэтому равна $2(E_0—A)$, если пренебречь взаимодействием между двумя электронами.

Теперь вернемся к бензолу. У каждого из двух состояний на фиг. 13.3 есть три двойные связи. И каждая из них очень похожа на связь в этилене и дает вклад в энергию $2(E_0—A)$, где теперь E_0— уже энергия, необходимая, чтобы поместить электрон в бензоле на нужное место, а A — амплитуда переброса его в соседнее место. Значит, энергия должна быть равна примерно $6(E_0—A)$. Но когда мы раньше изучали бензол, то пришли к выводу, что его энергия ниже энергии структуры с тремя двойными связями. Посмотрим, получится ли теперь, с нашей новой точки зрения, энергия бензола ниже, чем у трех двойных связей.

Начинаем с шестикратно ионизованного бензольного кольца. Добавляем

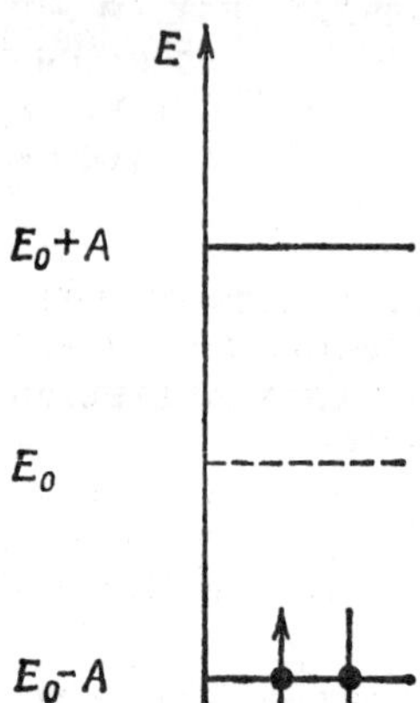

Фиг. 13.7. В добавочной связи молекулы этилена два электрона (один со спином вверх, другой — вниз) могут занять низший уровень энергии.

один электрон. Теперь у нас система с шестью состояниями. Мы пока еще не решали таких систем, но знаем, что́ нужно делать. Можно написать шесть уравнений для шести амплитуд и т. д. Но не лучше ли сберечь свои силы, ведь мы уже решили эту задачу, исследуя электрон в бесконечной цепочке атомов. Конечно, бензол — не бесконечная цепочка, шесть мест для атомов в нем расположены по кругу. Но представьте, что мы разняли кольцо в цепь и пронумеровали атомы вдоль цепи числами от 1 до 6. В бесконечной линии следующее место имело бы номер 7, но если мы условимся, что оно совпадает с местом номер 1 и т. д., то все окажется в точности похожим на бензольное кольцо. Иными словами, мы можем взять решение для бесконечной линии с *добавочным требованием*, чтобы решение было периодичным с периодом длиной в шесть атомов. Согласно гл. 11, электрон на прямой обладает состояниями определенной энергии, когда амплитуда того, что он окажется в некотором месте x_n, равна $e^{ikx_n}=e^{ikbn}$. При каждом k энергия равна

$$E=E_0-2A\cos kb. \tag{13.25}$$

Теперь из этих решений нам нужно оставить только такие, которые через каждые 6 атомов повторяются. Разберем сперва общий случай, когда в кольце N атомов. Если решение должно иметь период в N атомных расстояний, то e^{ikbN} должна быть равна единице, или kbN должна быть кратна 2π. Если s — любое целое число, то наше условие имеет вид

$$kbN=2\pi s. \tag{13.26}$$

Мы раньше видели, что нет смысла брать k вне пределов $\pm\pi/b$. Это означает, что мы получим все мыслимые состояния, беря значения s в пределах $\pm N/2$.

Стало быть, мы приходим к тому, что у N-атомного кольца имеется N состояний определенной энергии * и их волновые числа k_s даются числами

$$k_s=\frac{2\pi}{Nb}s. \tag{13.27}$$

Каждое состояние имеет энергию (13.25). Получается линейчатый спектр возможных уровней энергий. Спектр для бензола ($N=6$) показан на фиг. 13.8, *б*. (Числа в скобках указывают число *различных* состояний с одинаковой энергией.)

Есть наглядный способ изобразить эти шесть уровней энергии. Он показан на фиг. 13.8, *а*. Вообразим круг с центром на одном уровне с E_0 и с радиусом $2A$. Если мы отложим, начиная

---

* Могло бы показаться, что при четном N есть $N+1$ состояний. Это не так, ибо $s=\pm N/2$ дают одно и то же состояние.

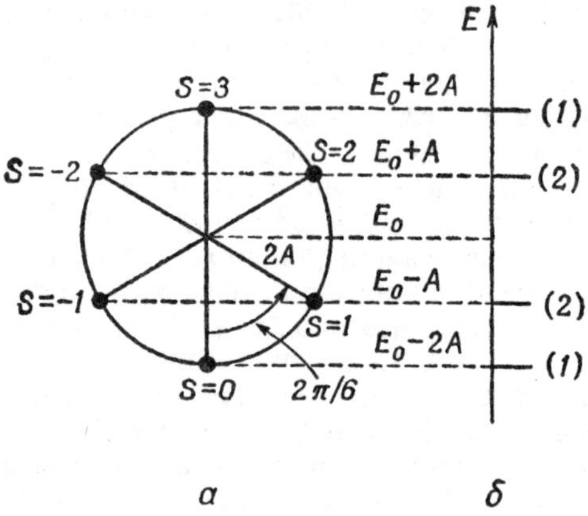

Фиг. 13.8. Уровни энергии в кольце, в котором для электрона приготовлены шесть свободных мест (например, в бензольном).

снизу, шесть равных дуг (под углами, считая от нижней точки, $k_s b = 2\pi s/N$, или $2\pi s/6$ для бензола), то высоты точек круга будут решениями (13.25). Шесть точек представляют шесть возможных состояний. Низший уровень энергии придется на $E_0 - 2A$; дальше идут два состояния с одинаковой энергией $E_0 - A$ и т. д.* Это возможные состояния одного электрона. Если электронов не один, а больше, то в каждое состояние может попасть по два электрона с противоположными спинами.

У молекулы бензола надо здесь разместить шесть электронов. Если состояние основное, то они должны попасть в наинизшие возможные энергетические состояния — пара в $s=0$, пара в $s=+1$ и пара в $s=-1$. Согласно приближению независимых частиц, энергия основного состояния равна

$$E_{\text{осн}} = 2(E_0 - 2A) + 4(E_0 - A) = 6E_0 - 8A. \qquad (13.28)$$

Она действительно оказывается меньше, чем у трех отдельных двойных связей,— на $2A$.

Сравнив энергию бензола с энергией этилена, можно определить A. Эта величина оказывается равной 0,8 *эв*, или в единицах, которые нравятся химикам, 18 *ккал/моль*.

Этим описанием можно воспользоваться, чтобы вычислить или понять другие свойства бензола. Например, глядя на фиг. 13.8, можно разобраться в возбуждении бензола светом. Что бы произошло, если бы мы попытались возбудить один из электронов? Он мог бы передвинуться к одному из незанятых высших состояний. Наинизшей энергией возбуждения оказался

* Когда имеется пара состояний (с разными распределениями амплитуд) с той же энергией, мы говорим, что эта пара состояний «вырождена». Заметьте, что энергией $E_0 - A$ могут обладать *четыре* электрона.

бы переход от наивысшего заполненного уровня к наинизшему пустому. Эта энергия равна $2A$. Бензол будет поглощать свет с частотой $\nu=2A/h$. Кроме того, будет наблюдаться также поглощение фотонов с энергиями $3A$ и $4A$. Нечего и говорить, что спектр поглощения бензола был измерен, и картина спектральных линий оказалась более или менее правильной, если не считать того, что наинизшие переходы наблюдаются в ультрафиолете; и чтобы удовлетворить всем данным, пришлось бы взять величину A около 1,4—2,4 *эв*. Иначе говоря, численное значение A вдвое-втрое выше, чем предсказывается энергией химической связи.

Как же поступает химик в таких случаях? Он анализирует множество молекул сходного типа и выводит какие-то эмпирические правила. Он учит, например: для расчета энергии связи берите вот такое-то и такое-то значение A, а для получения приближенно верного спектра поглощения возьмите другое значение A. Вам может показаться, что это звучит слегка абсурдно. И впрямь, в ушах физика, который пытается объяснить всю природу из первоначальных принципов, это звучит довольно дико. Но перед химиком задача другая. Он обязан заранее догадаться, что́ произойдет с молекулами, которых до сих пор не было или которые до конца не поняты. Ему нужен ряд эмпирических правил и ему совершенно все равно, откуда они возьмутся. Так что теорией он пользуется совсем не так, как физик. Он берет уравнения, в которых отразился свет истины, а потом вынужден менять в них константы, делая эмпирические поправки.

В случае бензола основная причина несогласия лежит в нашем предположении, что электроны независимы; теория, из которой мы исходили, на самом деле незаконна. Тем не менее на нее падает какой-то отблеск истины, потому что результаты, по-видимому, идут в правильном направлении. При помощи таких уравнений плюс некоторые эмпирические правила (со множеством исключений) химик-органик прокладывает свой путь через чащу тех сложнейших вещей, которые он решился изучать. (Не забывайте, что в действительности причина, по которой физику удается выводить что-то из основных принципов, состоит в том, что он выбирает только простые задачи. Он никогда не решает задач с 42 или даже с 6 электронами. До сих пор он смог рассчитать с приличной точностью только атом водорода да атом гелия.)

§ 5. Еще немного органической химии

Можно ли применить все эти идеи для изучения других молекул? Рассмотрим такую молекулу, как бутадиен (1,3); она показана на фиг. 13.9 с помощью обычной картины валентных связей.

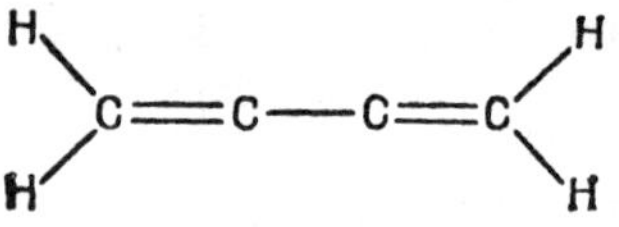

Фиг. 13.9. Изображение с помощью валентных связей молекулы бутадиена (1,3).

Мы можем опять затеять те же игры с лишней четверкой электронов, отвечающей двум двойным связям. Если ее убрать, то остается четыре атома углерода по одной линии. А как рассчитывать такую линию, вы уже знаете. «Но позвольте,— скажете вы,— я ведь только знаю, как решать *бесконечную* линию». Однако решения для бесконечной линии включают также и решения для конечной. Следите. Пусть N — число атомов на прямой; пронумеруем их 1, 2, ..., N (фиг. 13.10). В уравнении для амплитуды в точке 1 у вас не появится член для перехода из точки 0. Точно так же уравнение для точки N будет отличаться от того, которым мы пользовались для бесконечной прямой, потому что никакого вклада точки $N+1$ не будет. Но представьте, что мы придумали решение для бесконечной прямой со следующим свойством: амплитуда оказаться вблизи атома 0 есть нуль и амплитуда оказаться вблизи атома $N+1$ тоже нуль. Тогда система уравнений для всех точек от 1 до N на конечной линии также будет удовлетворяться. Казалось бы, таких решений не бывает, ибо все наши решения имеют вид e^{ikx_n} и обладают всюду одинаковой абсолютной величиной. Но вспомните, что энергия зависит только от абсолютной величины k, так что другим в равной мере законным решением было бы e^{-ikx_n}. И то же справедливо для любой суперпозиции этих двух решений. Вычитая их, мы получим решение $\sin kx_n$, а оно удовлетворяет требованию, чтобы амплитуда при $x=0$ была нулем. И оно все еще соответствует энергии $E_0-2A\cos kb$. Далее, подходящим выбором величины k можно также добиться, чтобы амплитуда в x_{N+1} была тоже нулем. Для этого нужно, чтобы $(N+1)\,kb$ было кратным π, т. е. чтобы

$$kb=\frac{\pi}{N+1}\,s, \qquad (13.29)$$

где s — целое число между 1 и N. (Берутся только положительные k, потому что каждое решение содержит и $+k$, и $-k$;

Фиг. 13.10. Отрезок прямой с N молекулами.

Фиг. 13.11. Энергетические уровни бутадиена.

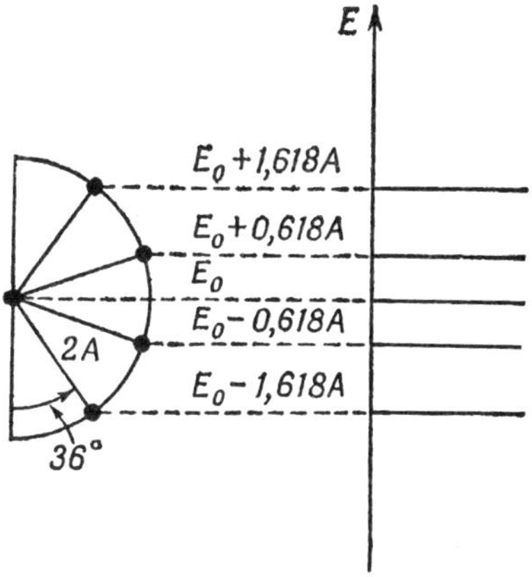

перемена знака k опять дает то же состояние.) Для молекулы бутадиена $N=4$, так что имеется четверка состояний с

$$kb=\frac{\pi}{5}, \quad \frac{2\pi}{5}, \quad \frac{3\pi}{5} \quad \text{и} \quad \frac{4\pi}{5}. \tag{13.30}$$

Уровни энергии можно теперь представить, пользуясь круговой диаграммой, похожей на бензольную. На сей раз возьмем полукруг, деленный на пять равных частей (фиг. 13.11). Точка внизу отвечает $s=0$, что не дает какого-либо состояния. То же самое справедливо для точки наверху, отвечающей $s=N+1$. Оставшиеся четыре точки дают четверку разрешенных энергий. Имеется четыре стационарных состояния, чего и следовало ожидать, судя по четырем базисным состояниям. В круговой диаграмме углы равны $\pi/5$, или 36°. Наинизшая энергия оказывается равной $E_0-1,618A$. (Каких только чудес не бывает в математике! Золотое сечение * греков дает нам наинизшее энергетическое состояние молекулы бутадиена, как это следует из нашей теории!)

Теперь уже ясно, как меняется энергия молекулы бутадиена, когда в нее вводят четверку электронов. Эта четверка заполнит два нижних уровня — каждый будет заполнен парой электронов с противоположными спинами. Полная энергия будет равна

$$E=2(E_0-1,618A)+2(E_0-0,618A)=4(E_0-A)-0,477A. \tag{13.31}$$

---

* Отношение сторон прямоугольника, который можно разбить на квадрат и на подобный ему прямоугольник.

Это выглядит вполне разумно. Энергия чуть пониже, чем просто у двух двойных связей, но связь не так сильна, как в бензоле. Во всяком случае, именно так химик анализирует некоторые органические молекулы.

Но в его распоряжении есть не только энергии, но и амплитуды вероятности. Зная амплитуды для каждого состояния и зная, какие состояния заполнены, он может сообщить нам, какова вероятность нахождения электрона в каком-нибудь месте молекулы. Те места, где пребывание электрона более вероятно, вступают в игру при таких химических замещениях, которые требуют, чтобы электрон обслуживал и другую группу атомов. Другие же места молекулы участвуют в таких замещениях, при которых молекула имеет тенденцию передать системе еще один электрон.

Подобные же идеи могут помочь нам получить правильное представление даже о таких сложных молекулах, как хлорофилл, один из вариантов которого показан на фиг. 13.12. Обратите внимание, что двойные и одиночные связи образуют длинное замкнутое кольцо с двадцатью интервалами.

Лишние электроны двойных связей могут бегать по этому кольцу. При помощи метода независимых частиц можно получить всю совокупность энергетических уровней. От переходов между этими уровнями возникают сильные линии поглощения, которые лежат в видимой части спектра и придают этой молекуле ее густой цвет. И другие сложные молекулы, такие, как ксантофилл, от которого листья получают красную окраску, можно изучить таким же точно способом.

В органической химии при работе с подобного рода теорией используют еще одну идею. Она, пожалуй, самая удачная из всех (или по крайней мере в определенном смысле самая точная). Она отвечает на такой вопрос: в каких случаях полу-

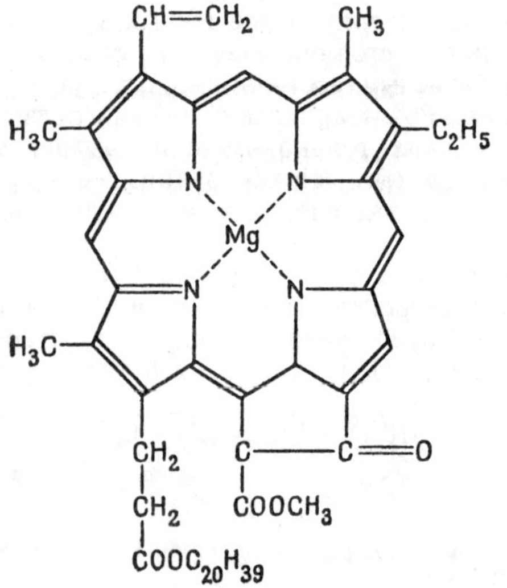

Фиг. 13.12. Молекула хлорофилла.

Фиг. 13.13. Сумма всех энергий электронов, когда нижние состояния на фиг. 13.8 заполнены n электронами (принято $E_0=0$).

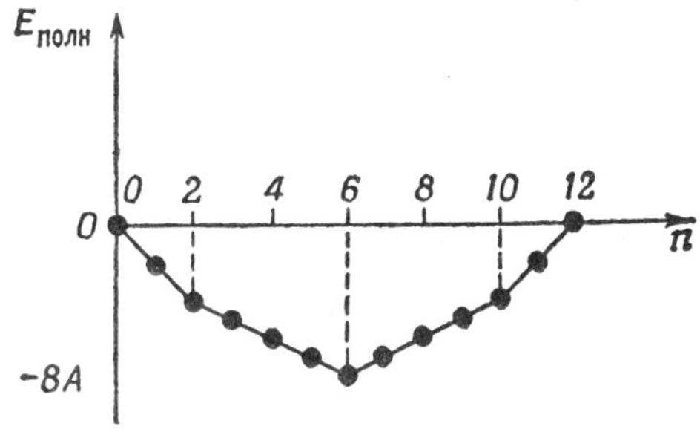

чается особенно прочная химическая связь? Ответ очень интересен. Возьмем вначале для примера бензол и представим ряд событий, которые произойдут, если мы начнем с шестикратно ионизованной молекулы и примемся добавлять новые и новые электроны. Тогда нужно будет говорить о различных ионах бензола — отрицательных и положительных. Изобразим энергию иона (или нейтральной молекулы) как функцию числа электронов. Если мы примем $E_0=0$ (мы не знаем, чему равно E_0), то получим кривую, показанную на фиг. 13.13. Для первых двух электронов наклон функции постоянен — это прямая линия. Затем для каждой очередной группы электронов он возрастает, меняясь скачком от одной группы к другой. Наклон изменяется тогда, когда заканчивается заполнение системы уровней с одной энергией и следующему электрону приходится переходить к очередной, более высокой системе уровней.

В действительности истинная энергия иона бензола совершенно непохожа на фиг. 13.13 из-за взаимодействия электронов и из-за электростатических энергий, которыми мы пренебрегли. Эти поправки, однако, меняются с n довольно плавно. Даже если бы их все учесть, на окончательной энергетической кривой все равно остались бы изломы при таких n, при которых как раз заполняются отдельные уровни энергии.

Рассмотрим теперь очень гладкую кривую, на которой в среднем укладываются все точки (фиг. 13.14). Можно сказать,

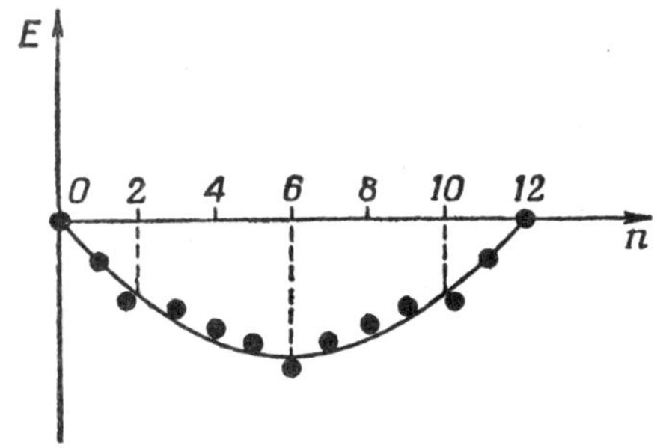

Фиг. 13.14. Точки с фиг. 13.13 и плавная кривая.

Молекулы n=2,6,10 устойчивее остальных.

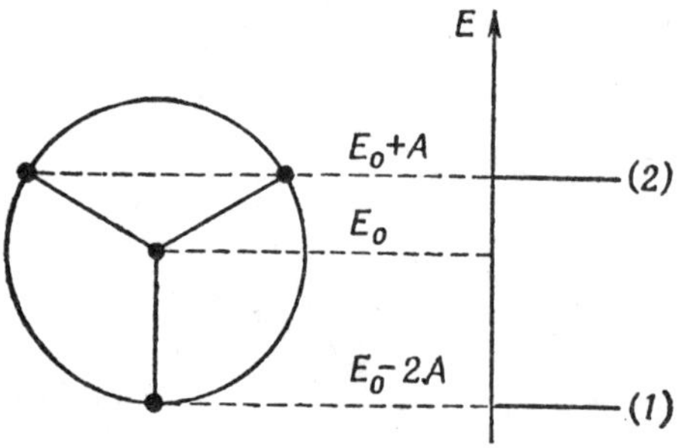

Фиг. 13.15. Энергетическая диаграмма для кольца из трех атомов.

что точки *над* этой кривой обладают энергией «выше чем нормальной», а точки *под* нею «ниже чем нормальной». И в общем случае следует ожидать, что у конфигураций с «ниже чем нормальной» энергией средняя устойчивость окажется повышенной. Обратите внимание, что конфигурации, которые значительно ниже кривой, всегда оказываются в конце одного из прямолинейных отрезков, а именно там, где электронов как раз хватает на то, чтобы заполнить «энергетическую оболочку», как ее называют. Это очень точное предсказание теории. *Молекулы и ионы особо устойчивы* (*по сравнению с прочими подобными конфигурациями*), *когда имеющиеся у них в наличии электроны как раз заполняют энергетическую оболочку*.

Эта теория объяснила и предсказала некоторые весьма необычные химические факты. Вот очень простой пример. Возьмем кольцо из трех атомов. Почти невозможно поверить, что химик сможет из трех атомов составить кольцо и сделать его устойчивым. Но это было сделано. Энергетический круг для трех электронов показан на фиг. 13.15. Если поместить в нижнее состояние два электрона, то пойдут в дело только два из трех требуемых электронов. Третий электрон придется поместить на более высокий уровень. Отсюда следует, что молекула не будет слишком устойчивой. Зато двухэлектронная структура обязана быть устойчивой. И действительно, оказывается, что нейтральную молекулу трифенилциклопропанила сделать очень трудно, но зато сравнительно легко соорудить положительный ион, показанный на фиг. 13.16. Правда, кольцо из трех атомов никогда не бывает легко сделать, потому что, когда связи в органической молекуле образуют равносторонний треугольник, всегда появляются большие напряжения. Чтобы соединение было устойчиво, структуру нужно как-то стабилизировать. Оказывается, что, если поставить по углам три бензольных кольца, можно сделать положительный ион. (Отчего нужно добавлять бензольные кольца, непонятно.)

Подобным же образом можно также проанализировать и пятиугольное кольцо. Если вы начертите энергетическую диа-

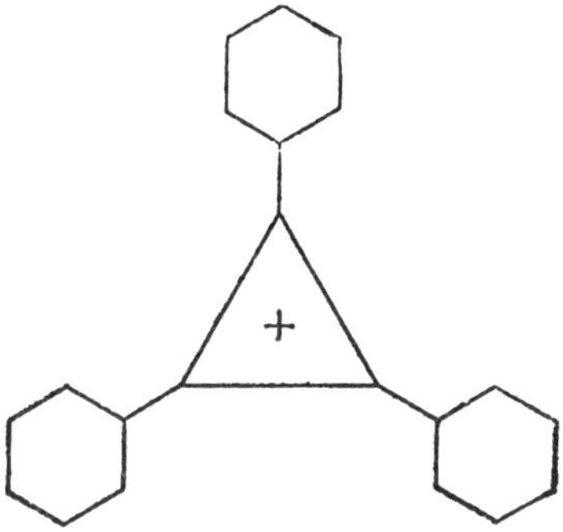

Фиг. 13.16. Катион трифенилциклопропанила.

грамму, то качественно сможете убедиться, что шестиэлектронная структура должна быть особо устойчива, так что такая молекула должна быть устойчивее всего в виде отрицательного иона. И вот кольцо из пяти атомов действительно хорошо известно, легко сооружается и действует всегда как отрицательный ион. Подобным же образом вы легко убедитесь, что кольцо из 4 и 8 атомов не очень интересно, а кольцо из 14 или 10 (как и кольцо из 6) должно быть особенно устойчиво в форме нейтрального объекта.

§ 6. Другие применения приближения

Есть два других сходных случая, на которых мы остановимся лишь вкратце. Говоря о строении атома, можно считать, что электрон заполняет последовательные оболочки. Теорию движения электрона Шредингера удается с легкостью разработать лишь для *отдельного* электрона, движущегося в «центральном» поле — поле, зависящем только от расстояния от точки. Но как же тогда разобраться в том, что происходит в атоме, в котором 22 электрона?! Один из путей — воспользоваться приближением независимых частиц. Сперва вы подсчитываете, что́ происходит с одним электроном. Получаете сколько-то там уровней энергии. Помещаете электрон в нижнее энергетическое состояние. В грубой модели вы продолжаете игнорировать взаимодействия электронов и продолжаете заполнять последовательные оболочки, но еще лучшие ответы получатся, если учесть (хотя бы приближенно) влияние электрического заряда электрона. Добавляя электрон, каждый раз вычисляйте амплитуду того, что он будет обнаружен в различных местах, и затем с ее помощью прикидывайте вид сферически симметричного распределения заряда. Поле этого распределения (совместно с полем положительного ядра и всех предыдущих электронов) используйте для расчета состояний, доступных очередному электрону. Таким путем вы можете получить вполне разумные оценки энергий нейтрального атома и различных ионизованных состояний. Вы увидите, что и здесь имеются энергетические оболочки, так же как у электронов в кольцевой молекуле. При не совсем заполненной оболочке атом иногда охотнее присоединяет к себе один или несколько электронов, а иногда охотнее их теряет, чтобы прийти в устойчивое состояние, когда оболочка заполнена.

Эта теория объясняет механизм, лежащий в основе самых фундаментальных химических свойств, проявляющихся в периодической таблице элементов. Инертные газы — это те элементы, у которых как раз закончилось заполнение оболочки, и их особенно трудно заставить вступать в реакцию. (В действительности, конечно, некоторые из них реагируют, например, с фтором или с кислородом, но в таких соединениях связь очень слаба; так называемые инертные газы инертны лишь отчасти.) Атом, у которого на один электрон больше или на один меньше, чем у инертного газа, легко теряет или присоединяет этот электрон, чтобы оказаться в особо устойчивых (низкоэнергетических) условиях, какие возникают от того, что оболочка заполнена до конца,— они являются очень активными химическими элементами с валентностью +1 и —1.

В ядерной физике можно встретиться с другим подобным случаем. В атомном ядре протоны и нейтроны очень сильно взаимодействуют друг с другом. Но и при этом модель независимых частиц опять полезна для анализа структуры ядра. Сперва было открыто экспериментально, что ядра особо устойчивы, если в них содержится определенное число нейтронов — а именно 2, 8, 20, 28, 50, 82. Ядра, содержащие в таком же количестве протоны, тоже особенно устойчивы. Поскольку вначале объяснения этим числам не было, их назвали «магическими числами» ядерной физики. Хорошо известно, что нейтроны и протоны друг с другом сильно взаимодействуют; поэтому люди были чрезвычайно поражены, когда выяснилось, что модель независимых частиц предсказывает оболочечное строение ядра, причем сами собой возникают несколько первых магических чисел. Модель эта предполагала, что каждый нуклон (протон или нейтрон) движется в центральном потенциальном поле, создаваемом средним влиянием всех прочих нуклонов. Однако модели не удавалось верно предсказать другие магические числа. Но затем Мария Майер и независимо Йенсен с сотрудниками открыли, что, принимая модель независимых частиц и добавляя только поправку на так называемое «спин-орбитальное взаимодействие», можно в этой усовершенствованной модели получить все магические числа. (Спин-орбитальное взаимодействие приводит к тому, что энергия нуклона оказывается ниже, если его спин направлен туда же, куда направлен его орбитальный момент количества движения в ядре.) Теория дает даже больше — ее картина так называемой «оболочечной структуры» ядра позволяет предсказывать некоторые характеристики ядер и ядерных реакций.

Приближение независимых частиц оказалось полезным для широкого круга явлений — от физики твердого тела до химии, от биологии до ядерной физики. Такое приближение часто очень грубо, но оно в состоянии помочь нам понять, отчего бывают особо устойчивые условия — отчего возникают оболочки. Но поскольку оно опускает всю сложность взаимодействий между индивидуальными частицами, нас не должно удивлять, что часто ему не удается правильно предсказать многие важные детали.

Глава 14

ЗАВИСИМОСТЬ АМПЛИТУД ОТ МЕСТА

§ 1. Как меняются амплитуды вдоль прямой

Выясним теперь, как в квантовой механике амплитуды вероятности меняются в пространстве. В некоторых предыдущих главах у вас могло возникнуть смутное чувство, что кое о чем мы умалчиваем. Например, когда мы толковали о молекуле аммиака, мы решили описывать ее через два базисных состояния. За одно из них мы выбрали случай, когда атом азота находится «выше» плоскости трех атомов водорода, а в качестве другого базисного состояния выбрали такие условия, когда атом азота стоит «ниже» плоскости трех атомов водорода. Почему же мы выбрали именно эту пару состояний? Почему бы не считать, что атом азота может оказаться либо на расстоянии 2Å от плоскости трех атомов водорода, либо на расстоянии 3Å, а может, и 4Å. Ведь атом азота может занимать множество положений. Или, когда шла речь о молекулярном ионе водорода, в котором имеется электрон, распределенный между двумя протонами, мы тоже вообразили два базисных состояния. Одно — когда электрон находится по соседству с протоном № 1, и другое, когда он пребывает в окрестностях протона № 2. Ясно, что многие детали мы упустили. Электрон ведь находится не точно у самого протона № 2, а только в его окрестностях. Он может оказаться и где-то повыше протона, и где-то пониже, и где-то слева, и где-то справа.

Мы намеренно избегали уточнения таких деталей. Мы говорили, что нас интересуют только определенные стороны проблемы, и воображали, что если уж электрон находится поблизости от протона № 1, то он принимает некоторое довольно определенное положение.

На самом деле в этих условиях вероятность обнаружить электрон обладает каким-то определенным распределением в пространстве вблизи протона. Но нас такие детали не заботили.

Можно представить дело и иначе. Когда мы рассматривали молекулярный ион водорода, то избрали приближенный подход, описывая положение вещей на языке двух базисных состояний. В действительности же таких состояний уйма. Электрон может попасть вблизи протона в свое наинизшее, или основное, состояние, но имеется еще и множество возбужденных состояний. В каждом из них электрон как-то по-особому распределен вблизи протона. Эти возбужденные состояния мы игнорировали, говоря, что нас интересуют лишь условия при наинизшей энергии. Но как раз они-то, эти возбужденные состояния, и приводят к тому, что возможны различные распределения электрона вокруг протона. Если мы хотим детально описать молекулярный ион водорода, то следует принять во внимание и эти прочие допустимые базисные состояния. Это можно сделать многими способами, и один из них — детальнее рассмотреть состояния, когда расположение электрона в пространстве описывается более тщательно.

Мы уже достаточно подготовлены, чтобы заняться более трудоемкой процедурой, которая позволит нам обстоятельнее говорить о местоположении электрона, задавая амплитуду вероятности того, что он будет обнаружен в каком угодно месте в данной ситуации. Эта более полная теория позволит подкрепить те приближения, которыми мы раньше пользовались. Наши прежние уравнения в каком-то смысле смогут быть выведены как своего рода приближения к более полной теории.

Вас может удивить, почему мы не начали прямо с более полной теории и не делали приближений по мере движения вперед. Но мы считали, что, отправившись от приближения двух состояний и постепенно подходя к более полной теории, вам будет легче достичь понимания всей механики квантовой механики. Наш подход, по-видимому, противоположен тому, который вы найдете во многих книгах.

Когда мы обратимся к теме этой главы, вы заметите, что мы нарушаем правило, которому в прошлом неизменно следовали. Какой бы темы мы ни касались, мы всегда пытались более или менее полно представить вам физику дела, указывая как можно полнее, куда ведут эти идеи. Мы стремились наряду с описанием общих следствий теории представить и некоторые характерные детали, чтобы вам было ясно, куда ведет эта теория. А теперь нам придется нарушить это правило. Мы расскажем об амплитудах вероятности пребывания электрона где-то в пространстве и продемонстрируем вам дифференциальные уравнения, которым они удовлетворяют. Но у нас не будет времени углубиться и обсудить многие очевидные выводы, следующие из теории.

Более того, нам даже не удастся связать эту теорию с некоторыми приближенными формулировками, к которым мы раньше прибегали, скажем, когда изучали молекулу водорода или молекулу аммиака. На этот раз придется бросить дело на полпути, не окончив его. Курс наш близится к концу, и хочешь не хочешь, придется обойтись одним только введением в общие представления. Мы укажем связь с тем, о чем говорилось раньше, и, кроме того, некоторые другие подходы к задачам квантовой механики. Надеемся, что этих представлений вам хватит, чтобы потом двинуться самостоятельно и уже по книгам узнать многие выводы из приведенных здесь уравнений. Все-таки нужно оставить кое-что и на будущее.

Вспомним еще раз, чтó нам известно о том, как электрон может продвигаться вдоль линии атомов. Когда электрон может с какой-то амплитудой перепрыгивать от одного атома к соседнему, то имеются состояния определенной энергии, в которых амплитуда вероятности обнаружить электрон распределяется вдоль решетки в виде бегущей волны. Для длинных волн (малых значений волнового числа k) энергия состояния пропорциональна квадрату волнового числа. Для кристаллической решетки с постоянной b, в которой амплитуда того, что электрон в единицу времени перепрыгнет от одного атома к следующему, равна $iA/\hbar$, энергия состояния связана с k (при малых kb) формулой

$$E=Ak^2b^2 \tag{14.1}$$

(см. гл. 11, § 2). Мы видели также, что группы таких волн с близкими энергиями образуют волновой пакет, который ведет себя как классическая частица с массой $m_{эфф}$:

$$m_{эфф}=\frac{\hbar^2}{2Ab^2}. \tag{14.2}$$

Раз волны амплитуды вероятности в кристалле ведут себя как частицы, то естественно ожидать, что общее квантовомеханическое описание частицы выявит такое же волновое поведение, какое мы наблюдали в решетке. Предположим, мы взяли одномерную решетку и вообразили, что постоянная решетки b становится все меньше и меньше. В пределе получилось бы, что электрон может оказаться в любой точке линии. Нам пришлось бы перейти к непрерывному распределению амплитуд вероятности. У электрона появилась бы амплитуда оказаться в любом месте линии. Таков был бы один из путей описания движения электронов в вакууме. Иными словами, если мы вообразим, что все пространство можно пронумеровать бесконечным числом очень тесно расположенных точек, и сможем вывести уравнения, связывающие между собой амплитуды в одной точке с амплитудами в соседних, то получим квантовомеханические законы движения электрона в пространстве.

Начнем с того, что напомним некоторые общие принципы квантовой механики. Пусть имеется частица, которая может в квантовомеханической системе существовать в разных условиях. Любые заданные условия, в которых может быть обнаружен электрон, мы называем «состоянием» и отмечаем их при помощи вектора состояния, скажем $|\varphi\rangle$. В каких-то других условиях и метка будет другая, скажем вектор состояния $|\psi\rangle$. Затем мы вводим идею о базисных состояниях. Мы говорим, что имеется совокупность состояний $|1\rangle$, $|2\rangle$, $|3\rangle$, $|4\rangle$ и т. д., обладающая следующими свойствами. Во-первых, все эти состояния совершенно различны — мы говорим, что они ортогональны. Под этим мы понимаем, что для любой пары базисных состояний $|i\rangle$ и $|j\rangle$ равна нулю амплитуда $\langle i|j\rangle$ того, что электрон, будучи в состоянии $|j\rangle$, окажется также и в состоянии $\langle i|$, если только, конечно, $|i\rangle$ и $|j\rangle$ не обозначают одного и того же состояния. Все это символически представляется так:

$$\langle i|j\rangle=\delta_{ij}. \tag{14.3}$$

Вспомните, что $\delta_{ij}=0$, если i и j различны, и $\delta_{ij}=1$, если i и j одинаковые числа.

Далее, базисные состояния $|i\rangle$ обязаны быть полной совокупностью, так чтобы любое состояние могло быть выражено на их языке. Иначе говоря, любое состояние $|\varphi\rangle$ может быть полностью описано заданием всех амплитуд $\langle i|\varphi\rangle$ того, что частица в состоянии $|\varphi\rangle$ обнаружится также в состоянии $|i\rangle$. Вектор состояния $|\varphi\rangle$ представляется суммой базисных состояний, умноженных каждое на коэффициент, являющийся амплитудой того, что состояние $|\varphi\rangle$ находится также в состоянии $|i\rangle$:

$$|\varphi\rangle=\sum_i|i\rangle\langle i|\varphi\rangle. \tag{14.4}$$

Наконец, если рассмотреть любые два состояния $|\varphi\rangle$ и $|\psi\rangle$, то амплитуду того, что состояние $|\psi\rangle$ окажется также в состоянии $|\varphi\rangle$, можно найти, проецируя сперва состояние $|\psi\rangle$ на базисные состояния, а затем каждое из базисных состояний — на состояние $|\varphi\rangle$. Это записывается так:

$$\langle\varphi|\psi\rangle=\sum_i\langle\varphi|i\rangle\langle i|\psi\rangle. \tag{14.5}$$

Суммирование, конечно, проводится по всей совокупности базисных состояний $|i\rangle$.

В гл. 11, когда мы рассчитывали, что́ бывает с электроном, помещенным в линейную цепочку атомов, вы выбрали совокупность базисных состояний, в которых электрон был расположен близ того или иного из атомов цепочки. Базисное состояние

$|n\rangle$ представляло электрон, локализованный (расположенный) возле атома номер n. (Конечно, неважно, обозначать ли наши базисные состояния $|n\rangle$ или $|i\rangle$.) Чуть позже мы нашли, что базисные состояния удобнее метить координатой атома, а не номером атома в цепочке. Состояние $|x_n\rangle$ — это просто другой способ записи состояния $|n\rangle$. Тогда, следуя общему правилу, любое состояние $|\psi\rangle$ можно описать заданием того, что электрон в состоянии $|\psi\rangle$ находится также в одном из состояний $|x_n\rangle$. Для удобства мы решили обозначать эти амплитуды символом

$$C_n = \langle x_n|\psi\rangle. \tag{14.6}$$

Поскольку базисные состояния связаны с местоположением электрона на линии, то амплитуду C_n можно рассматривать как функцию координаты x и писать ее в виде $C(x_n)$. Амплитуды $C(x_n)$ будут в общем случае меняться во времени и поэтому суть также функции от t, но мы не будем отмечать эту зависимость явно.

Кроме того, в гл. 11 мы предположили, что амплитуды $C(x_n)$ обязаны меняться во времени так, как положено по гамильтонову уравнению (11.3). В нашем новом обозначении это уравнение имеет вид

$$i\hbar\frac{\partial C(x_n)}{\partial t} = E_0C(x_n) - AC(x_n+b) - AC(x_n-b). \tag{14.7}$$

Два последних слагаемых в правой части представляют такой процесс, когда электрон, находившийся возле атома $(n+1)$ или возле атома $(n-1)$, окажется возле атома (n).

Мы нашли, что (14.7) имеет решения, отвечающие состояниям определенной энергии. Мы записывали их в виде

$$C(x_n) = e^{-iEt/\hbar}e^{ikx_n}. \tag{14.8}$$

У состояний с низкой энергией длины волн велики (k мало) и энергия связана с k формулой

$$E = (E_0 - 2A) + Ak^2b^2, \tag{14.9}$$

или, если выбрать нуль энергии так, чтобы было $(E_0-2A)=0$, то энергия дается формулой (14.1).

Посмотрим, что бы произошло, если бы мы позволили расстоянию b между атомами решетки стремиться к нулю, сохраняя волновое число постоянным. Если бы больше ничего не случилось, то последнее слагаемое в (14.9) обратилось бы просто в нуль, и никакой физики бы не осталось. Но предположим, что A и b вместе изменяются так, что при стремлении b к нулю произведение Ab^2 поддерживается постоянным *: с помощью (14.2) мы запишем Ab^2 в виде постоянной $\hbar^2/2m_{эфф}$. При этом

* Представьте себе, что по мере сближения точек x_n амплитуда A прыжков из $x_{n=1}$ в x_n возрастает.

(14.9) не изменится, но что произойдет с дифференциальным уравнением (14.7)?

Перепишем сперва (14.7) так:

$$i\hbar \frac{\partial C(x_n)}{\partial t} = (E_0 - 2A)\, C(x_n) + A\,[2C(x_n) - C(x_n + b) - C(x_n - b)]. \qquad (14.10)$$

При нашем выборе E_0 первое слагаемое выпадет. Далее, представим себе непрерывную функцию $C(x)$, которая плавно проходит через значения $C(x_n)$ в точках x_n. Когда расстояние b стремится к нулю, точки x_n сближаются все теснее и теснее и [если $C(x)$ меняется достаточно плавно] величина в скобках попросту пропорциональна второй производной $C(x)$. Можно написать (в чем легко убедиться, разложив в ряд Тэйлора каждый член) равенство

$$2C(x) - C(x+b) - C(x-b) \approx -b^2 \frac{\partial^2 C(x)}{\partial x^2}. \qquad (14.11)$$

Тогда в пределе, когда b стремится к нулю, а b^2A поддерживается равным $\hbar^2/2m_{\text{эфф}}$, уравнение (14.7) переходит в

$$i\hbar \frac{\partial C(x)}{\partial t} \approx -\frac{\hbar^2}{2m_{\text{эфф}}} \frac{\partial^2 C(x)}{\partial x^2}. \qquad (14.12)$$

Перед нами уравнение, утверждающее, что скорость изменения $C(x)$ — амплитуды того, что электрон будет обнаружен в x — зависит от амплитуды того, что электрон будет обнаружен в близлежащих точках так, что эта скорость пропорциональна второй производной амплитуды по координате.

Правильное квантовомеханическое уравнение движения электрона в пустом пространстве впервые было открыто Шредингером. При движении по прямой оно имеет вид (14.12); надо только $m_{\text{эфф}}$ заменить на m — массу электрона в пустом пространстве. При движении по прямой в пустом пространстве уравнение Шредингера имеет вид

$$i\hbar \frac{\partial C(x)}{\partial t} = -\frac{\hbar^2}{2m} \frac{\partial^2 C(x)}{\partial x^2}. \qquad (14.13)$$

Мы не хотим, чтобы вы считали, будто мы сейчас вывели уравнение Шредингера; мы только показываем вам один из способов, каким его можно осмыслить. Когда Шредингер впервые написал его, он привел какой-то вывод, опиравшийся на эвристические доводы и блестящие интуитивные догадки. Некоторые из его доводов были даже неверны, но это не имело значения; важно то, что окончательное уравнение дает правильное описание природы. И цель нашего обсуждения состоит просто в том, чтобы показать вам, что правильное фундаментальное квантовомеханическое уравнение (14.13) имеет ту же самую форму, какая получается в предельном случае электрона, движущегося вдоль цепочки атомов. Это значит, что можно считать, что дифференциальное уравнение (14.13) описывает диффузию амплитуды вероятности от точки к точке вдоль прямой. Иначе говоря, если электрон имеет некоторую амплитуду того, что он будет в одной точке, то чуть позже у него появится амплитуда того, что он будет в близлежащих точках. Уравнение действительно напоминает уравнения диффузии, которыми мы пользовались в начале курса. Но есть и одно важное отличие: мнимый коэффициент перед производной по времени приводит к поведению, в корне отличному от обычной диффузии (например, от диффузии газа, распространяющегося по длинной трубе). Обычная диффузия приводит к действительным экспоненциальным решениям, а решения (14.13) суть комплексные волны.

§ 2. *Волновая функция*

Чтобы получить некоторое представление о том, как теперь все будет выглядеть, вернемся к самому началу и изучим проблему описания движения электрона по прямой, не рассматривая состояний, связанных с атомами решетки. Мы хотим возвратиться к самому началу и посмотреть, какими представлениями нужно пользоваться, чтобы описать движение свободной частицы в пространстве. Раз нас интересует поведение частицы вдоль континуума точек, то придется иметь дело с бесконечным множеством возможных состояний и, как вы увидите, идеи, которые были развиты для конечного числа состояний, потребуют некоторых технических видоизменений.

Начнем с того, что вектором состояния $|x\rangle$ обозначим состояние, в котором частица расположена в точности в точке с координатой x. Для каждого значения x вдоль прямой — для 1,73, для 9,67, для 10,00 и т. д.— имеется соответствующее состояние. Выберем эти состояния $|x\rangle$ в качестве базисных. Если это сделать для всех точек x прямой, то получится полная совокупность состояний для движения в одном измерении. Теперь положим, что имеется состояние другого рода, скажем $|\psi\rangle$, в котором электрон как-то распределен вдоль прямой. Один из способов описать это состояние — задать все амплитуды того, что электрон будет также найден в каждом из базисных состояний $|x\rangle$. Надо задать бесконечную совокупность амплитуд, по одной для каждого x. Запишем их в виде $\langle x|\psi\rangle$. Каждая из этих амплитуд — комплексное число, и поскольку для каждого значения x существует одно такое число, амплитуда $\langle x|\psi\rangle$ является в действительности просто функцией x. Запишем ее также в виде $C(x)$:

$$C(x) \equiv \langle x|\psi\rangle. \tag{14.14}$$

Мы уже рассматривали такие амплитуды, которые непрерывным образом меняются с координатами, говоря в гл. 5 (вып. 8) об изменениях амплитуд во времени. Мы, например, показали там, что следует ожидать, что частица с определенным импульсом будет обладать особым типом изменения своей амплитуды во времени. Если частица имеет определенный импульс p и соответствующую ему определенную энергию E, то амплитуда того, что она будет обнаружена в любом заданном месте x, такова:

$$\langle x \mid \psi \rangle = C(x) \sim e^{+ipx/\hbar}. \qquad (14.15)$$

Это уравнение выражает важный общий принцип квантовой механики, который связывает базисные состояния, соответствующие различным положениям в пространстве, с другой системой базисных состояний — со всеми состояниями определенного импульса. В некоторых задачах состояния определенного импульса удобнее, чем состояния с определенным x. И любая другая система базисных состояний также годится для описания квантовомеханической ситуации. К связи между ними мы еще вернемся. А сейчас мы по-прежнему будем придерживаться описания на языке состояний $|x\rangle$.

Прежде чем продолжать, прибегнем к небольшой замене обозначений, которая, надеемся, вас не слишком смутит. Форма функции $C(x)$, определенной уравнением (14.14), естественно, будет зависеть от рассматриваемого состояния $|\psi\rangle$. Это нужно как-то отметить. Можно, например, указать, о какой функции $C(x)$ идет речь, поставив снизу индекс, скажем $C_\psi(x)$. Хотя такое обозначение вполне подошло бы, но оно все же чуточку громоздко и в большинстве книг вы его не встретите. Обычно просто убирают букву C и пользуются символом ψ для определения функции

$$\psi(x) \equiv C_\psi(x) = \langle x \mid \psi \rangle. \qquad (14.16)$$

Поскольку это обозначение принято во всем мире, неплохо было бы и вам привыкнуть к нему и не пугаться, встретив его где-нибудь. Надо только помнить, что ψ теперь будет использоваться двояким образом. В (14.14) ψ обозначает метку, которой мы отметили заданное физическое состояние электрона. А в (14.16) слева символ ψ применяется для определения математической функции от x, равной амплитуде, связываемой с каждой точкой x прямой. Надеемся, что это не слишком смутит вас, когда вы привыкнете к самой идее. Кстати, функцию $\psi(x)$ обычно именуют «волновой функцией», потому что она очень часто имеет форму комплексной волны своих переменных.

Раз мы определили $\psi(x)$ как амплитуду того, что электрон в состоянии ψ обнаружится в точке x, то хотелось бы интерпретировать квадрат абсолютной величины ψ как вероятность обнаружить электрон в точке x. Но, к сожалению, вероятность обнаружить электрон в точности в каждой данной точке равна нулю. Электрон в общем случае размазывается по какому-то участку прямой, и поскольку точек на каждом участке бесконечно много, то вероятность оказаться в любой из них не может быть конечным числом. Вероятность обнаружить электрон мы можем описать только на языке *распределения вероятностей* *, которое дает относительную вероятность обнаружить электрон в различных неточно указанных местах прямой. Пусть Вер. $(x, \Delta x)$ обозначает вероятность обнаружить электрон в узком интервале Δx возле точки x. Если мы в каждой физической ситуации будем пользоваться достаточно мелким масштабом, то вероятность будет от точки к точке меняться плавно, и вероятность обнаружить электрон в произвольном конечном маленьком отрезке прямой Δx будет пропорциональна Δx. И можно так изменить наши определения, чтобы это было учтено.

Можно считать, что амплитуда $\langle x|\psi\rangle$ представляет своего рода «плотность амплитуд» для всех базисных состояний $|x\rangle$ в узком интервале x. Поскольку вероятность обнаружить электрон в узком интервале Δx вблизи x должна быть пропорциональна длине интервала Δx, мы выберем такое определение $\langle x|\psi\rangle$, чтобы соблюдалось следующее условие:

$$\text{Вер.}\,(x, \Delta x) = |\langle x|\psi\rangle|^2\,\Delta x.$$

Амплитуда $\langle x|\psi\rangle$ поэтому пропорциональна амплитуде того, что электрон в состоянии ψ будет обнаружен в базисном состоянии x, а коэффициент пропорциональности выбран так, что квадрат абсолютной величины амплитуды $\langle x|\psi\rangle$ дает *плотность вероятности* обнаружить электрон в любом узком интервале. Можно писать и так:

$$\text{Вер.}\,(x, \Delta x) = |\psi(x)|^2\,\Delta x. \qquad (14.17)$$

Теперь надо изменить некоторые наши прежние уравнения, чтобы согласовать их с этим новым определением амплитуды вероятности. Пусть имеется электрон в состоянии $|\psi\rangle$, а мы хотим знать амплитуду того, что он будет обнаружен в другом состоянии $|\varphi\rangle$, которое может соответствовать другим условиям размазанности электрона. Когда речь шла о конечной системе дискретных состояний, мы пользовались уравнением (14.5). До изменения нашего определения амплитуд мы должны были писать

$$\langle\varphi|\psi\rangle = \sum_{\text{Все } x} \langle\varphi|x\rangle\langle x|\psi\rangle. \qquad (14.18)$$

А теперь если обе эти амплитуды нормированы так, как описано выше, то сумма по всем состояниям из узкого интервала x будет

* О распределениях вероятностей шла речь в гл. 6, § 4 (вып. 1).

эквивалентна умножению на Δx, а сумма по всем значениям x превратится просто в интеграл. При наших измененных определениях правильная формула будет такой:

$$\langle \varphi | \psi \rangle = \int\limits_{\text{Все } x} \langle \varphi | x \rangle \langle x | \psi \rangle \, dx. \qquad (14.19)$$

Амплитуда $\langle x | \psi \rangle$ — это то, что мы теперь называем $\psi(x)$; точно так же амплитуду $\langle x | \varphi \rangle$ мы обозначим $\varphi(x)$. Вспоминая, что $\langle \varphi | x \rangle$ комплексно сопряжена с $\langle x | \varphi \rangle$, мы можем (14.18) переписать в виде

$$\langle \varphi | \psi \rangle = \int \varphi^*(x) \psi(x) \, dx. \qquad (14.20)$$

При наших новых определениях все формулы останутся прежними, если только всюду знак суммы заменить интегрированием по x.

К тому, что было сказано, нужно сделать одну оговорку. Любая подходящая система базисных состояний должна быть полной, если хотят, чтобы она сполна отражала все, что происходит. Для одномерного движения электрона в действительности недостаточно указать только базисные состояния $|x\rangle$, потому что в каждом из этих состояний спин электрона может быть направлен вверх или вниз. Один из способов получить полную систему — взять две совокупности состояний по x: одну для спина вверх, другую для спина вниз. Мы, впрочем, пока не будем входить в такие подробности.

§ 3. Состояния с определенным импульсом

Пусть у нас имеется электрон в состоянии $|\psi\rangle$, описываемом амплитудой вероятности $\langle x | \psi \rangle = \psi(x)$. Мы знаем, что $\psi(x)$ обозначает состояние, в котором электрон размазан по прямой по какому-то закону, так что вероятность обнаружить его в узком интервале dx близ точки x попросту равна

$$\text{Вер.}\ (x,\ dx) = |\psi(x)|^2 dx.$$

Что можно сказать об импульсе этого электрона? Можно спросить, какова вероятность того, что импульс этого электрона равен p? Начнем с расчета амплитуды того, что состояние $|\psi\rangle$ присутствует в другом состоянии $|\text{имп. } p\rangle$, которое мы определим как состояние с определенным импульсом p. Эту амплитуду можно найти, применяя наше основное уравнение для разложения амплитуд (14.20). В терминах состояний $|\text{имп. } p\rangle$

$$\langle \text{имп. } p | \psi \rangle = \int\limits_{x=-\infty}^{+\infty} \langle \text{имп. } p | x \rangle \langle x | \psi \rangle \, dx. \qquad (14.21)$$

А вероятность того, что у электрона будет обнаружен импульс p, выразится квадратом абсолютной величины этой амплитуды. Но опять возникает тот же вопрос насчет нормирования. Ведь вообще можно говорить только о вероятности обнаружить электрон с импульсом в узкой области dp близ значения p. Вероятность того, что импульс в точности равен p, равна нулю (разве что состояние $|\psi\rangle$ окажется состоянием с определенным импульсом). Только вероятность обнаружить импульс в интервале dp возле значения p может оказаться конечной. Нормировку можно делать по-разному. Мы выберем тот способ нормировки, который нам кажется особенно удобным, хотя вам сейчас это может так и не показаться.

Примем такую нормировку, чтобы вероятность была связана с амплитудой равенством

$$\text{Вер.}\,(p, dp) = |\langle\text{имп. } p\,|\,\psi\rangle|^2 \frac{dp}{2\pi\hbar}. \tag{14.22}$$

Это определение дает нам нормировку амплитуды $\langle\text{имп. } p|x\rangle$. Амплитуда $\langle\text{имп. } p|x\rangle$, естественно, комплексно сопряжена с амплитудой $\langle x|\text{имп. } p\rangle$, а последнюю мы писали в (14.15). При нашей нормировке оказывается, что коэффициент пропорциональности перед экспонентой как раз равен единице, т. е.

$$\langle\text{имп. } p\,|\,x\rangle = \langle x\,|\,\text{имп. } p\rangle^* = e^{-ipx/\hbar}. \tag{14.23}$$

Тогда (14.21) превращается в

$$\langle\text{имп. } p|\psi\rangle = \int_{-\infty}^{+\infty} e^{-ipx/\hbar}\langle x\,|\,\psi\rangle\, dx. \tag{14.24}$$

Вместе с (14.22) это уравнение позволяет находить распределение импульсов для любого состояния $|\psi\rangle$.

Возьмем частный пример: скажем, когда электрон расположен в некоторой области вокруг $x=0$. Пусть мы взяли волновую функцию вида

$$\psi(x) = Ke^{-x^2/4\sigma^2}. \tag{14.25}$$

Распределение вероятности иметь то или иное значение x для такой волновой функции дается ее квадратом

$$\text{Вер.}\,(x, dx) = P(x)\,dx = K^2 e^{-x^2/2\sigma^2}\,dx. \tag{14.26}$$

Функция плотности вероятности $P(x)$ — это кривая Гаусса, показанная на фиг. 14.1. Большая часть вероятности сосредоточена между $x=+\sigma$ и $x=-\sigma$. Мы говорим, что «полуширина» кривой есть σ. (Точнее, σ равняется средней квадратичной координате x, если разброс координат соответствует этому распределению.) Коэффициент K следовало бы выбрать так, чтобы плотность вероятности $P(x)$ не просто была *пропорцио-*

Фиг. 14.1. Плотность вероятности для волновой функции (14.24).

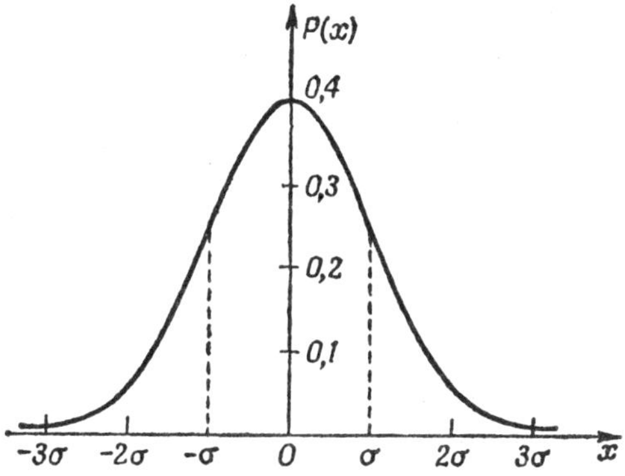

нальна вероятности (на единицу длины x) обнаружить электрон, но имела бы такой масштаб, чтобы $P(x)\ \Delta x$ *равнялось* вероятности обнаружить электрон в Δx вблизи x. Коэффициент K, при котором так и получается, можно найти из требования $\int\limits_{-\infty}^{+\infty} P(x)dx = 1$, потому что вероятность обнаружить электрон где попало равна единице. Мы находим, что $K=(2\pi\sigma^2)^{-1/4}$*.

Теперь найдем распределение по импульсу. Пусть $\varphi(p)$ есть амплитуда того, что импульс электрона окажется равным p:

$$\varphi(p) \equiv \langle \text{имп. } p \mid \psi \rangle. \tag{14.27}$$

Подстановка (14.25) в (14.24) дает

$$\varphi(p) = \int\limits_{-\infty}^{+\infty} e^{-ipx/\hbar} \cdot K e^{-x^2/4\sigma^2}\, dx, \tag{14.28}$$

что можно также переписать в форме

$$K e^{-p^2\sigma^2/\hbar^2} \int\limits_{-\infty}^{+\infty} e^{-(1/4\sigma^2)(x+2ip\sigma^2/\hbar)^2}\, dx. \tag{14.29}$$

Сделаем теперь замену $u=x+2ip\sigma^2/\hbar$; интеграл обратится в

$$\int\limits_{-\infty}^{+\infty} e^{-u^2/4\sigma^2}\, du = 2\sigma\sqrt{\pi}. \tag{14.30}$$

---

* Был использован тот факт, что $\int\limits_{-\infty}^{+\infty} e^{-t^2}dt = \sqrt{\pi}$; см. вып. 1, стр. 116.

Математикам, вероятно, не понравился бы такой путь расчета, однако итог, несмотря на это, верен:

$$\varphi(p)=(8\pi\sigma^2)^{1/4}e^{-p^2\sigma^2/\hbar^2}. \qquad (14.31)$$

Мы пришли к интересному результату — распределение амплитуд по p имеет в точности ту же математическую форму, как и распределение амплитуд по x, только ширина кривой Гаусса иная. Можно записать это так:

$$\varphi(p)=(2\pi\eta^2)^{-1/4}(2\pi\hbar)^{1/2}e^{-p^2/4\eta^2}, \qquad (14.32)$$

где полуширина η распределения по p связана с полушириной σ распределения по x формулой

$$\eta=\frac{\hbar}{2\sigma}. \qquad (14.33)$$

Наш результат утверждает: если сделать распределение по x очень узким, взяв σ малым, то η станет большим и распределение по p сильно расползется. Или наоборот, если распределение по p узко, то оно соответствует широкому распределению по x. Мы можем, если угодно, рассматривать η и σ как некую меру неопределенности локализации импульса и координаты электрона в изучаемом нами состоянии. Если обозначить их соответственно Δp и Δx, то (14.33) обратится в

$$\Delta p\Delta x=\frac{\hbar}{2}. \qquad (14.34)$$

Интересно вот что: можно доказать, что при всяком ином виде распределения по x или по p произведение $\Delta p\Delta x$ не может стать меньше, чем у нас получилось. Гауссово распределение дает наименьшее возможное значение произведения средних квадратичных. В общем случае

$$\Delta p\Delta x\geqslant\frac{\hbar}{2}. \qquad (14.35)$$

Это количественная формулировка принципа неопределенности Гейзенберга, который качественно нам уже давно известен. Мы обычно делали приближенное утверждение: наименьшее значение произведения $\Delta p\Delta x$ — это число порядка $\hbar$.

§ 4. Нормировка состояний с определенной координатой x

Теперь мы вернемся к обсуждению тех изменений в наших основных уравнениях, которые необходимо сделать для работы с континуумом базисных состояний. Когда имеется конечное число дискретных состояний, то фундаментальное условие, которому должна удовлетворять система базисных состояний, имеет вид

$$\langle i/j\rangle=\delta_{ij}. \tag{14.36}$$

Если частица пребывает в одном базисном состоянии, то амплитуда пребывания в другом базисном состоянии равна нулю. С помощью подходящей нормировки можно так определить амплитуду $\langle i|j\rangle$, чтобы она была равна единице. Оба эти условия содержатся в (14.36). Теперь мы хотим понять, как надо видоизменить это соотношение, когда пользуются базисными состояниями частицы на прямой. Если известно, что частица пребывает в одном из базисных состояний $|x\rangle$, то какова амплитуда того, что она пребывает в другом базисном состоянии $|x'\rangle$? Если x и x' — две разные точки прямой, то амплитуда $\langle x|x'\rangle$, конечно, есть нуль, что согласуется с (14.36). Но когда x и x' равны, то амплитуда $\langle x|x'\rangle$ не будет равна единице из-за той же старой проблемы нормировки. Чтобы увидеть, как надо все подправить, вернемся к (14.19) и применим это уравнение к частному случаю, когда состояние $|\varphi\rangle$ — просто-напросто базисное состояние $|x'\rangle$. Тогда получится

$$\langle x'|\psi\rangle=\int\langle x'|x\rangle\psi(x)\,dx. \tag{14.37}$$

Далее, амплитуда $\langle x|\psi\rangle$ — это как раз то, что мы назвали функцией $\psi(x)$. Подобно этому и амплитуда $\langle x'|\psi\rangle$, поскольку она относится к тому же состоянию ψ, является той же функцией переменной x', а именно $\psi(x')$. Поэтому (14.37) можно переписать так:

$$\psi(x')=\int\langle x'|x\rangle\psi(x)\,dx. \tag{14.38}$$

Уравнение должно выполняться для любого состояния ψ и, стало быть, для любой функции $\psi(x)$. Это требование обязано полностью определить природу амплитуды $\langle x|x'\rangle$, которая, конечно, есть попросту функция, зависящая от x и x'.

Наша задача теперь состоит в том, чтобы отыскать функцию $f(x, x')$, которая после умножения на $\psi(x)$ и интегрирования по всем x даст как раз величину $\psi(x')$. Но оказывается, что не существует математической функции, которая это умеет делать! По крайней мере не существует ничего похожего на то, что мы обычно имеем в виду под словом «функция».

Выберем какое-нибудь значение x', например 0, и определим амплитуду $\langle 0|x\rangle$ как некую функцию x, скажем $f(x)$. Тогда (14.38) обратится в

$$\psi(0)=\int f(x)\psi(x)\,dx. \tag{14.39}$$

Какого же вида функция $f(x)$ могла бы удовлетворить такому уравнению? Раз интеграл не должен зависеть от того, какие значения принимает $\psi(x)$ при x, отличных от нуля, то ясно, что $f(x)$ должна быть равна нулю для всех значений x, кроме нуля. Но если $f(x)$ всюду равна нулю, то интеграл будет тоже равен нулю, и уравнение (14.39) не удастся удовлетворить. Возникает невозможная ситуация: нам нужно, чтобы функция была нулем всюду, кроме одной точки, и давала все же конечный интеграл. Что ж, раз мы не в состоянии сыскать функцию, которая так поступает, то простейший выход — просто *сказать*, что функция $f(x)$ *определяется* уравнением (14.39). И именно $f(x)$ — такая функция, которая делает (14.39) правильным. Функция, которая умеет это делать, впервые была изобретена Дираком и носит его имя. Мы обозначаем ее $\delta(x)$. Все, что о ней утверждается — это что функция $\delta(x)$ обладает странным свойством: если ее подставить вместо $f(x)$ в (14.39), то интеграл выберет то значение, которое $\psi(x)$ принимает при $x=0$; и поскольку интеграл не должен зависеть от $\psi(x)$ при x, отличных от нуля, то функция $\delta(x)$ должна быть нулем всюду, кроме $x=0$. Словом, мы пишем

$$\langle 0 | x \rangle = \delta(x), \tag{14.40}$$

где $\delta(x)$ определяется соотношением

$$\psi(0) = \int \delta(x)\psi(x)\,dx. \tag{14.41}$$

Посмотрите, что выйдет, если вместо ψ в (14.41) поставить частную функцию «1». Тогда получится

$$1 = \int \delta(x)\,dx. \tag{14.42}$$

Иначе говоря, функция $\delta(x)$ обладает тем свойством, что всюду, кроме $x=0$, она равна нулю, но интеграл от нее конечен и равен единице. Приходится вообразить, что функция $\delta(x)$ обладает в одной точке такой фантастической бесконечностью, что полная площадь оказывается равной единице.

Как представить себе, на что похожа δ-функция Дирака? Один из способов — вообразить последовательность прямоугольников (или другую, какую хотите функцию с пиком), которая становится все у́же и у́же и все выше и выше, сохраняя все время единичную площадь, как показано на фиг. 14.2. Интеграл от этой функции от $-\infty$ до $+\infty$ всегда равен единице. Если вы умножите ее на произвольную функцию $\psi(x)$ и проинтегрируете произведение, то получите нечто, приближенно совпадающее со значением функции при $x=0$, причем приближение становится все лучше и лучше, по мере того как прямоугольники становятся у́же и у́же. Если хотите, можете представлять δ-функцию посредством такого рода предельного процесса. Но единственно здесь важно то, что δ-функция определена так, что (14.41) справедливо для каждой волновой функции $\psi(x)$.

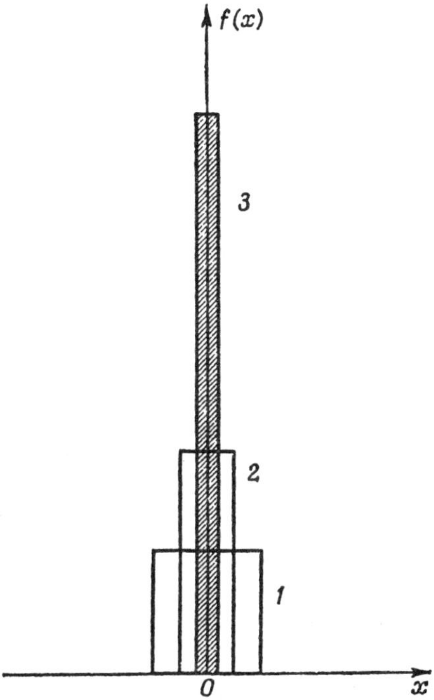

Фиг. 14.2. Последовательность функций, ограничивающих единичную площадь, вид которых все сильнее и сильнее напоминает δ-функцию.

Это однозначно определяет δ-функцию. Ее свойства тогда получаются такими, как было сказано.

Заменим аргумент δ-функции с x на $x-x'$, и соотношения обратятся в

$$\delta(x-x')=0, \quad x'\neq x,$$
$$\int \delta(x-x')\,\psi(x)\,dx=\psi(x'). \tag{14.43}$$

Если в (14.38) вместо амплитуды $\langle x|x'\rangle$ подставить $\delta(x-x')$, то это уравнение будет выполнено. В итоге получаем, что для наших базисных состояний с координатой x условие, соответствующее формуле (14.36), имеет вид

$$\langle x'|x\rangle=\delta(x-x'). \tag{14.44}$$

Теперь мы завершили все необходимые видоизменения наших основных уравнений, нужные для работы с континуумом базисных состояний, соответствующих точкам на прямой. Обобщение на три измерения вполне очевидно: во-первых, координата x заменяется вектором $\mathbf{r}$; во-вторых, интегралы по x заменяются на интегралы по x, y и z (иными словами, они становятся интегралами по объему); в-третьих, одномерную δ-функцию надо заменить просто произведением трех δ-функций от x, от y и от z: $\delta(x-x')\,\delta(y-y')\,\delta(z-z')$. Собирая все вместе, получаем следующую совокупность уравнений для амплитуд частицы в трехмерном мире:

$$\langle\varphi|\psi\rangle=\int\langle\varphi|\mathbf{r}\rangle\langle\mathbf{r}|\psi\rangle\,d\ \textit{Объем}, \tag{14.45}$$
$$\langle\mathbf{r}|\psi\rangle=\psi(\mathbf{r}),$$

$$\langle\mathbf{r}|\psi\rangle=\varphi(\mathbf{r}), \tag{14.46}$$

$$\langle\varphi\,|\,\psi\rangle=\int\varphi^*(\mathbf{r})\,\psi(\mathbf{r})\,d\ \textit{Объем}, \qquad (14.47)$$

$$\langle\mathbf{r}'\,|\,\mathbf{r}\rangle=\delta(x-x')\,\delta(y-y')\,\delta(z-z'). \qquad (14.48)$$

А что бывает, когда частиц не одна, а больше? Мы расскажем вам, как управляться с двумя частицами, и вы сразу поймете, чтó нужно делать, если вам понадобится оперировать с несколькими частицами. Пусть имеются две частицы; назовем их № 1 и № 2. Что применить в качестве базисных состояний? Одну вполне приемлемую совокупность можно задать, сказав, что частица № 1 находится в x_1, а частица № 2 — в x_2, и записав это в виде $|\,x_1,\ x_2\rangle$. Заметьте, что указание координаты *только одной частицы не определяет* базисного состояния. Каждое базисное состояние обязано определять условия всей системы целиком. Вы не должны думать, что каждая частица движется независимо как трехмерная волна. Всякое физическое состояние $|\psi\rangle$ можно определить, задав все амплитуды $\langle x_1,\ x_2\,|\psi\rangle$ того, что пара частиц будет обнаружена в x_1 и x_2. Эта обобщенная амплитуда поэтому является функцией *двух* совокупностей координат x_1 и x_2. Вы видите, что такая функция — это уже не волна в смысле колебания, которое разбегается в трех измерениях. Точно так же это и не простое произведение двух самостоятельных волн, по одной для каждой частицы. Это в общем случае какая-то волна в шести измерениях, определяемых числами x_1 и x_2. Если в природе имеются две взаимодействующие частицы, то не существует способа описать то, что происходит с одной из частиц, попытавшись выписать волновую функцию для нее одной. Известные парадоксы, которые мы рассматривали в первых главах (где объявлялось, что измерения, проделанные над одной частицей, в состоянии предсказать, чтó будет с другой, или что они могут разрушить интерференцию), причинили людям много неприятностей, потому что они пытались придумывать волновую функцию одной отдельной частицы вместо правильной волновой функции координат обеих частиц. Полное описание можно правильно провести только в терминах функций координат обеих частиц.

§ 5. Уравнение Шредингера

До сих пор мы просто заботились о том, как бы записать состояния, которые бы учитывали, что электрон может находиться в пространстве где угодно. Теперь же следует позаботиться о включении в наше описание *физики* того, чтó может произойти в тех или иных обстоятельствах. Как и прежде, надо подумать о том, как состояния будут меняться со временем. Если у нас есть состояние $|\psi\rangle$, которое несколько позже переходит в другое состояние $|\psi\rangle$, то положение в любой момент мы сможем описать, сделав волновую функцию (т. е. попросту амплитуду $\langle \mathbf{r} \mid \psi \rangle$) функцией не только координат, но и времени. Частицу в данных условиях можно будет тогда описывать, задавая меняющуюся во времени волновую функцию $\psi(\mathbf{r}, t)=\psi(x, y, z, t)$. Эта меняющаяся во времени волновая функция описывает эволюцию последовательных состояний, которая происходит с течением времени. Это так называемое «координатное представление»; оно дает проекции состояния $|\psi\rangle$ на базисные состояния $|\mathbf{r}\rangle$ и не всегда может считаться самым удобным, но мы с него и начнем.

В гл. 6 мы описали на языке гамильтониана H_{ij}, как состояния меняются во времени. Мы видели, что временна́я вариация различных амплитуд дается матричным уравнением

$$i\hbar \frac{dC_i}{dt}=\sum_j H_{ij}C_j. \tag{14.49}$$

Это уравнение говорит, что изменение во времени каждой из амплитуд C_i пропорционально сумме всех прочих амплитуд C_j с коэффициентами H_{ij}.

Как должно выглядеть (14.49) при континууме базисных состояний $|x\rangle$? Вспомним сперва, что (14.49) можно также записать в виде

$$i\hbar \frac{d}{dt}\langle i \mid \psi\rangle=\sum_j \langle i \mid \hat{H} \mid j\rangle \langle j \mid \psi\rangle.$$

Теперь ясно, что делать. Для x-представления следует писать

$$i\hbar \frac{d}{dt}\langle x \mid \psi\rangle=\int \langle x \mid \hat{H} \mid x'\rangle \langle x' \mid \psi\rangle\, dx'. \tag{14.50}$$

Сумма по базисным состояниям $|j\rangle$ заменяется интегралом по x'. Поскольку $\langle x|\hat{H}|x'\rangle$ должна быть какой-то функцией от x и x', запишем ее как $H(x, x')$, что соответствует H_{ij} в (14.49). Тогда (14.50) это то же самое, что

$$i\hbar \frac{d}{dt}\psi(x)=\int H(x, x')\,\psi(x')\, dx', \tag{14.51}$$

где

$$H(x, x')\equiv\langle x \mid \hat{H} \mid x'\rangle.$$

Согласно (14.51), быстрота изменения ψ в точке x зависела бы от значений ψ во всех других точках x; множитель $H(x, x')$ — это амплитуда (в единицу времени) того, что электрон перепрыгнет из x' в x. Оказывается, однако, что *в природе эта амплитуда всюду, кроме точек x', очень близких к x, равна нулю.* Это означает, как мы видели на примере цепочки атомов в начале главы [см. (14.12)], что правая часть (14.51) может быть полностью выражена только через ψ и ее производные по x в точке x.

Для частицы, которая свободно движется в пространстве, не подвергаясь действию каких-либо сил и возмущений, правильный физический закон таков:

$$\int H(x,\ x')\,\psi(x')\,dx' = -\frac{\hbar^2}{2m}\frac{d^2}{dx^2}\psi(x).$$

Откуда это получается? Это невозможно вывести из чего-либо нам уже известного. Это рождено в голове Шредингера, это выдумано им в битве за понимание экспериментальных наблюдений реального мира. Может быть, какой-то ключ к тому, почему так должно быть, вам дадут размышления по поводу нашего вывода уравнения (14.12), которое проистекло из рассмотрения распространения электрона в кристалле.

Конечно, от свободных частиц проку мало. Что будет, если к частице приложить силы? Что ж, если действующая на частицу сила может быть описана с помощью скалярного потенциала $V(x)$ (что означает, что речь идет не о магнитных силах, а об электрических) и если мы ограничимся низкими энергиями, чтобы иметь право пренебрегать теми сложностями, которые возникают при релятивистском движении, то гамильтониан, который укладывается в реальный мир, таков:

$$\int H(x,\ x')\,\psi(x')\,dx' = -\frac{\hbar^2}{2m}\frac{d^2}{dx^2}\psi(x) + V(x)\,\psi(x). \quad (14.52)$$

Опять-таки некоторый ключ к происхождению этого уравнения вы получите, если вернетесь к движению электрона в кристалле и посмотрите, как надо изменить уравнения, если энергия электрона медленно меняется от атома к атому, как если бы к кристаллу было приложено электрическое поле. Тогда член E_0 в (14.7) будет медленно меняться в зависимости от места и будет соответствовать новому слагаемому, появившемуся в (14.52).

[Вас может удивить, отчего мы сразу перешли от (14.51) к (14.52), а не дали правильного выражения для амплитуды $H(x,\ x') = \langle x|\hat{H}|x'\rangle$. Да потому, что $H(x,\ x')$ можно написать только с помощью необычных алгебраических функций, а интеграл в правой части (14.51) выражается через привычные вещи. Если вам это в самом деле интересно, то вот смотрите: $H(x,\ x')$ можно записать так:

$$H(x,\ x') = -\frac{\hbar^2}{2m}\delta''(x-x') + V(x)\,\delta(x-x'),$$

где δ'' означает вторую производную δ-функции. Эту довольно странную функцию можно заменить чуть более удобным и полностью ей равнозначным алгебраическим выражением

$$H(x,\ x') = \left\{-\frac{\hbar^2}{2m}\frac{d^2}{dx^2} + V(x)\right\}\delta(x-x').$$

Мы *не будем* пользоваться этими формулами, а прямо будем работать с (14.52).]

Если теперь взять выражение (14.52) и подставить в (14.50) вместо интеграла, то для $\psi(x)=\langle x|\psi\rangle$ получится дифференциальное уравнение

$$i\hbar\frac{\partial\psi}{\partial t}=-\frac{\hbar^2}{2m}\frac{\partial^2}{\partial x^2}\psi(x)+V(x)\psi(x). \qquad (14.53)$$

Совершенно очевидно, что́ надлежит поставить вместо (14.53), если нас интересует трехмерное движение. Надо только d^2/dx^2 заменить на

$$\nabla^2=\frac{\partial^2}{\partial x^2}+\frac{\partial^2}{\partial y^2}+\frac{\partial^2}{\partial z^2},$$

а $V(x)$ заменить на $V(x, y, z)$. Для электрона, движущегося в поле с потенциалом $V(x, y, z)$, амплитуда $\psi(x, y, z)$ удовлетворяет дифференциальному уравнению

$$i\hbar\frac{\partial\psi}{\partial t}=-\frac{\hbar^2}{2m}\nabla^2\psi+V\psi. \qquad (14.54)$$

Называется оно уравнением Шредингера и было первым известным квантовомеханическим уравнением. Его написал Шредингер, прежде чем было открыто любое другое описанное в этом томе уравнение.

Хотя мы здесь пришли к нему совсем иным путем, но появление этого уравнения в 1926 г., когда Шредингер впервые его написал, явилось великим историческим моментом, отметившим рождение квантовомеханического описания материи. Многие годы внутренняя атомная структура вещества была великой тайной. Никто не был в состоянии понять, что́ скрепляет вещество, отчего существует химическая связь, и, особенно, как атомам удается быть устойчивыми. Хотя Бор и смог дать описание внутреннего движения электрона в атоме водорода, которое, казалось бы, объясняло наблюдаемый спектр лучей, испускаемых этим атомом, но причина, отчего электроны движутся именно так, оставалась тайной. Шредингер, открыв истинные уравнения движения электронов в масштабах атома, снабдил нас теорией, которая позволила рассчитать атомные явления количественно, точно и подробно. В принципе его уравнение способно объяснить все атомные явления, кроме тех, которые связаны с магнетизмом и теорией относительности. Оно объясняет уровни энергии атома и все, что касается химической связи. Но, конечно, это объяснение только в принципе. Математика вскоре становится столь сложной, что точно решить удается только простейшие задачи. Одни лишь атомы водорода и гелия были рассчитаны с высокой точностью. Однако путем различных приближений, порой весьма сомнительных, можно многое понять и в более сложных атомах и в химической связи молекул. Некоторые из этих приближений были показаны в предыдущих главах.

Уравнение Шредингера в том виде, в каком мы его записали. не учитывает каких-либо магнитных эффектов. Их, правда, можно приближенно принять во внимание, добавив в уравнение еще другие члены. Но, как мы убедились раньше, магнетизм — это эффект существенно релятивистский, так что правильное описание движения электрона в произвольном электромагнитном поле можно обсуждать только в рамках надлежащего релятивистского уравнения. Правильное релятивистское уравнение для движения электрона было открыто Дираком через год после того, как Шредингер придумал свое уравнение; оно имеет совершенно другой вид. Мы его не успеем здесь изучить.

Прежде чем перейти к рассмотрению некоторых следствий из уравнения Шредингера, хотелось бы продемонстрировать, как оно выглядит для системы многих частиц. Мы не будем им пользоваться, а просто хотим показать вам его, чтобы подчеркнуть, что волновая функция ψ не просто обычная волна в пространстве, а функция многих переменных. Если частиц много, уравнение превращается в

$$-i\hbar\frac{\partial\psi(\mathbf{r}_1, \mathbf{r}_2, \mathbf{r}_3, \ldots)}{\partial t}=\sum_i \frac{\hbar^2}{2m_i}\left\{\frac{\partial^2\psi}{\partial x_i^2}+\frac{\partial^2\psi}{\partial y_i^2}+\frac{\partial^2\psi}{\partial z_i^2}\right\}-$$
$$-V(\mathbf{r}_1,\ \mathbf{r}_2,\ \mathbf{r}_3, \ldots)\psi. \qquad (14.55)$$

Потенциальная функция V — это то, что классически соответствует полной потенциальной энергии всех частиц. Если на частицы не действуют внешние силы, то функция V есть попросту электростатическая энергия взаимодействия всех частиц. Иначе говоря, если заряд i-й частицы равен $Z_i q_e$, то функция V просто равна *

$$V(\mathbf{r}_1,\ \mathbf{r}_2,\ \mathbf{r}_3, \ldots)=\sum_{\substack{\text{По всем}\\ i\neq j}}\frac{Z_iZ_j}{r_{ij}}e^2. \qquad (14.56)$$

§ 6. *Квантованные уровни энергии*

В одной из последующих глав мы на каком-нибудь примере более подробно разберем решение уравнения Шредингера. А сейчас мы хотим показать вам, как получается одно из самых замечательных следствий из уравнения Шредингера — тот поразительный факт, что из дифференциального уравнения, в которое входят только непрерывные функции непрерывных пространственных переменных, могут возникнуть квантовые эф-

* Помните, еще раньше мы условились, что $e^2 \equiv q_e^2/4\pi\varepsilon_0$.

фекты, как, например, дискретные уровни энергии в атоме. Нам надо понять следующий существенный факт: как это может быть, что энергия электрона, попавшего в потенциальный «колодец» и вынужденного оставаться в определенной области пространства, с необходимостью принимает значения только из точно определенной дискретной их совокупности.

Пусть речь идет об одномерном случае движения электрона, когда потенциальная энергия меняется по x так, как показано на фиг. 14.3. Предположим, что потенциал является статическим: со временем он не меняется. Как уже мы делали много раз, поищем решения, отвечающие состояниям определенной энергии, т. е. определенной частоты. Испытаем такую форму решения:

$$\psi = a(x)\, e^{-iEt/\hbar}. \tag{14.57}$$

Если мы эту функцию подставим в уравнение Шредингера, то увидим, что функция $a(x)$ обязана подчиняться следующему дифференциальному уравнению:

$$\frac{d^2 a(x)}{dx^2} = \frac{2m}{\hbar^2}[V(x) - E]\, a(x). \tag{14.58}$$

Это уравнение говорит, что, каково бы ни было x, вторая производная $a(x)$ по x пропорциональна $a(x)$ с коэффициентом пропорциональности $V-E$. Вторая производная от $a(x)$ это скорость изменения наклона $a(x)$. Если потенциал V больше энергии E частицы, то скорость изменения наклона $a(x)$ будет иметь тот же знак, что и $a(x)$. Это значит, что кривая $a(x)$ повернута выпуклостью к оси x, т. е. более или менее следует ходу положительной или отрицательной экспоненты $e^{\pm x}$. Это означает, что на участке слева от x_1 (см. фиг. 14.3), где V больше предполагаемой энергии E, функция $a(x)$ будет напоминать одну из кривых на фиг. 14.4, *а*.

Если же потенциальная функция V меньше энергии E, то знак второй производной $a(x)$ по x противоположен знаку самой

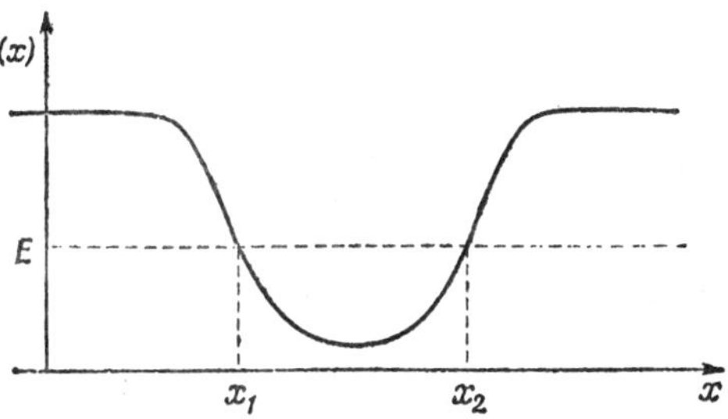

Фиг. 14.3. Потенциальная яма для частицы, движущейся вдоль оси x.

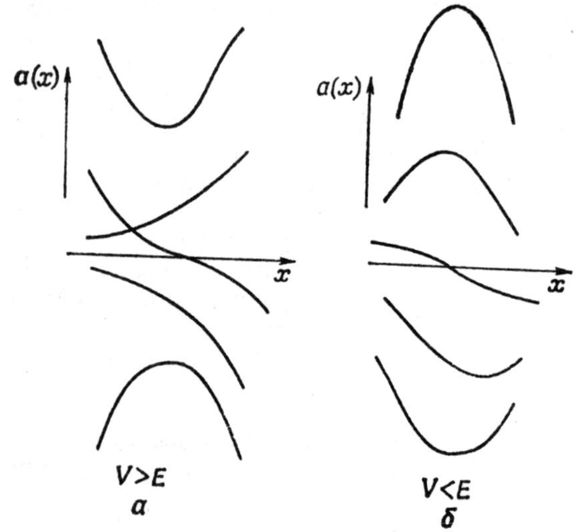

Фиг. 14.4. Возможные формы волновой функции $a(x)$ при $V>E$ и при $V<E$.

$a(x)$ и кривая $a(x)$ будет всегда вогнута к оси x, подобно одной из линий на фиг. 14.4, *б*. Решение на этом участке приобретет форму кусочков синусоид.

Теперь поглядим, можем ли мы графически построить решение для функции $a(x)$, отвечающей частице с энергией E_a при потенциале V, показанном на фиг. 14.5. Раз нас интересует такое положение, когда частица заключена *внутри* потенциальной ямы, то мы будем искать решения, при которых амплитуда волны принимает после удаления x за пределы потенциальной ямы очень малые значения. Мы очень легко можем представить себе кривую наподобие изображенной на фиг. 14.5, стремящуюся к нулю при больших отрицательных x и плавно поднимающуюся при приближении к x_1. Поскольку V в точке x_1 равно E_a, то кривизна функции в этой точке равна нулю. Между x_1 и x_2 величина $V - E_a$ всегда отрицательна, так что функция $a(x)$ все время вогнута к оси, а кривизна тем больше, чем больше разность между E_a и V. Если продолжить кривую в область между x_1 и x_2, ей придется идти примерно так, как на фиг. 14.5.

Теперь протянем эту кривую правее x_2. Там она искривляется прочь от оси и движется к большим положительным значениям (фиг. 14.6). Для выбранной нами энергии E решение $a(x)$ с ростом x растет все сильнее и сильнее. Действительно, ведь и *кривизна* решения $a(x)$ тоже возрастает (если потенциал остается почти постоянным). Амплитуда круто вырастает до гигантских масштабов. Что это означает? Просто что частица не

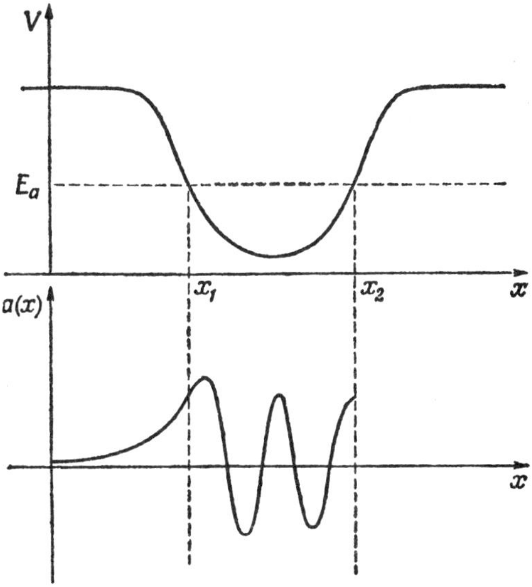

Фиг. 14.5. Волновая функция для энергии E_a, стремящаяся к нулю при удалении x в отрицательную сторону.

«связана» потенциальной ямой. Обнаружить *ее вне* ямы бесконечно более вероятно, чем *внутри*. Для изготовленного нами решения гораздо более вероятно встретить электрон в $x=+\infty$, чем где-либо еще. Найти решение для связанной частицы нам не удалось.

Что ж, попробуем взять другую энергию, скажем, чуточку повыше чем E_a, например E_b (фиг. 14.7). Если слева условия останутся теми же, то мы придем к решению, показанному на

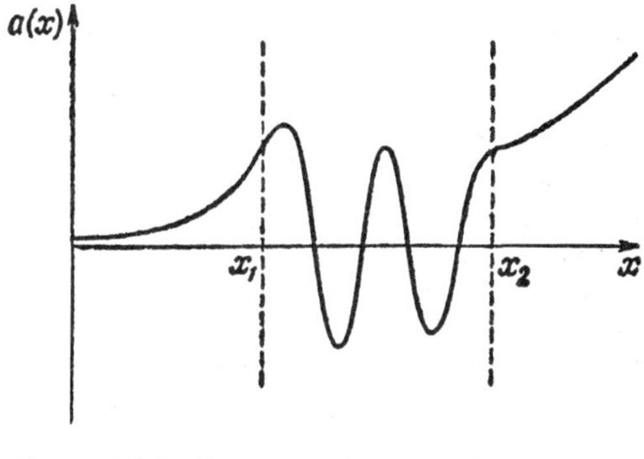

Фиг. 14.6. Волновая функция $a(x)$ (см. фиг. 14.5), продолженная за x_2.

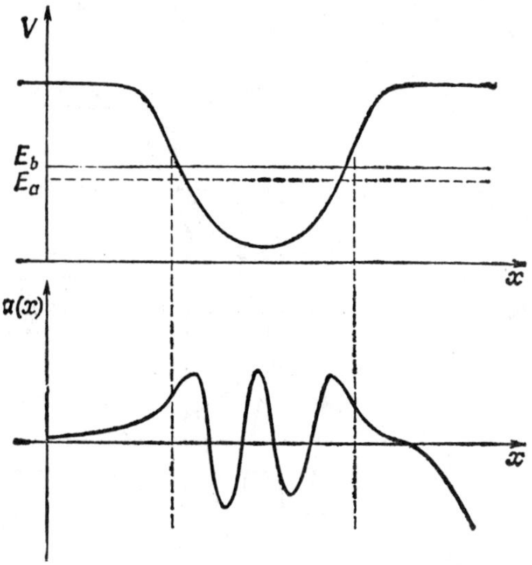

Фиг. 14.7. Волновая функция $a(x)$ для энергии E_b, большей чем E_a.

нижней части фиг. 14.7. На первых порах оно выглядит получше, но в конце концов оказывается таким же плохим, как и решение для E_a, только теперь при возрастании x величина $a(x)$ становится все более и более *отрицательной*.

Может быть, в этом разгадка! Раз небольшое изменение энергии от E_a к E_b приводит к тому, что кривая перебрасывается с одной стороны оси на другую, то, может быть, существует энергия, лежащая между E_a и E_b, при которой кривая для больших x будет стремиться к нулю. Так оно и есть, и мы на фиг. 14.8 изобразили, как может выглядеть решение.

Вам нужно понимать, что решение, показанное на рисунке, это весьма частное решение. Если бы мы даже чуть-чуть подняли или снизили энергию, то функция перешла бы в другие кривые, похожие на одну из штриховых кривых фиг. 14.8, и опять для связанной частицы не получилось бы надлежащих условий. Мы пришли к выводу, что если частица должна находиться в потенциальной яме, то это может с ней случиться только при вполне определенной энергии.

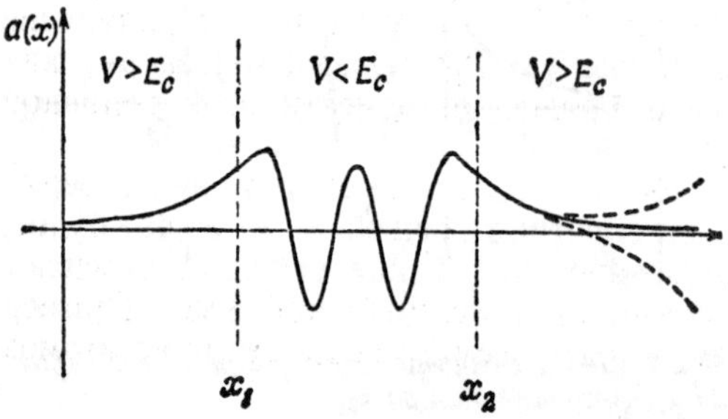

Фиг. 14.8. Волновая функция для энергии E_c между E_a и E_b.

Фиг. 14.9. Функция $a(x)$ для пяти связанных состояний с наинизшими энергиями.

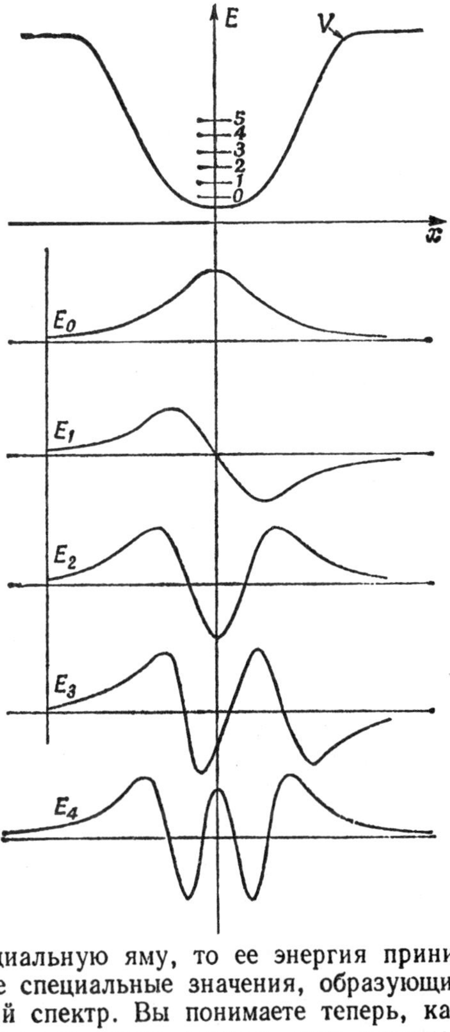

Значит ли это, что у частицы, находящейся в связанном состоянии в потенциальной яме, может быть только одна энергия? Отнюдь. Могут быть и другие, но не слишком близко к E_c. Обратите внимание, что волновая функция на фиг. 14.8 четыре раза пересекает ось на участке x_1x_2. Если бы мы выбрали энергию значительно ниже E_c, то могло бы получиться решение, которое бы пересекло ось только трижды, только дважды, только единожды или ни разу. Возможные решения намечены на фиг. 14.9. (Могут быть и решения, отвечающие более высоким энергиям.) Вывод состоит в том, что если частица загнана в потенциальную яму, то ее энергия принимает только определенные специальные значения, образующие дискретный энергетический спектр. Вы понимаете теперь, как способно дифференциальное уравнение описать этот основной факт квантовой физики.

Следует заметить только одно. Если энергия E выше верха потенциальной ямы, то дискретных решений уже не будет, и разрешены все мыслимые энергии. Такие решения отвечают рассеянию свободных частиц на потенциальной яме. Пример таких решений мы видели, когда рассматривали влияние атомов примесей в кристалле.

Глава 15

СИММЕТРИЯ И ЗАКОНЫ СОХРАНЕНИЯ

Повторить:
гл. 52 (вып. 4) «Симметрия законов физики»

§ 1. Симметрия

В классической физике немало величин (таких, как импульс, энергия и момент количества движения) *сохраняется*. Теоремы о сохранении соответствующих величин существуют и в квантовой механике. Самое прекрасное в квантовой механике это то, что теоремы сохранения в определенном смысле удается в ней вывести из чего-то другого; в классической же механике они сами практически являются исходными для других законов. (Можно, правда, и в классической механике поступать так же, как в квантовой, но это удается только на очень высоком уровне.) В квантовой механике, однако, законы сохранения очень тесно связаны с принципом суперпозиции амплитуд и с симметрией физических систем относительно различных изменений. Это и есть тема настоящей лекции. Хотя идеи эти мы будем применять главным образом к сохранению момента количества движения, но существенно здесь то, что все теоремы о сохранении каких угодно величин всегда связаны — в квантовой механике — с симметриями системы.

Начнем поэтому с изучения вопроса о симметриях систем. Очень простым примером служат молекулярные ионы водорода (впрочем, в равной степени подошли бы и молекулы аммиака), у которых имеется по два состояния. У молекулярного иона водорода за одно базисное состояние мы принимали такое состояние, когда электрон расположен возле протона № 1,

---

Литература: А. Р. Эдмондс, Угловые моменты в квантовой механике, в кн. «Деформация атомных ядер», ИЛ, 1958.

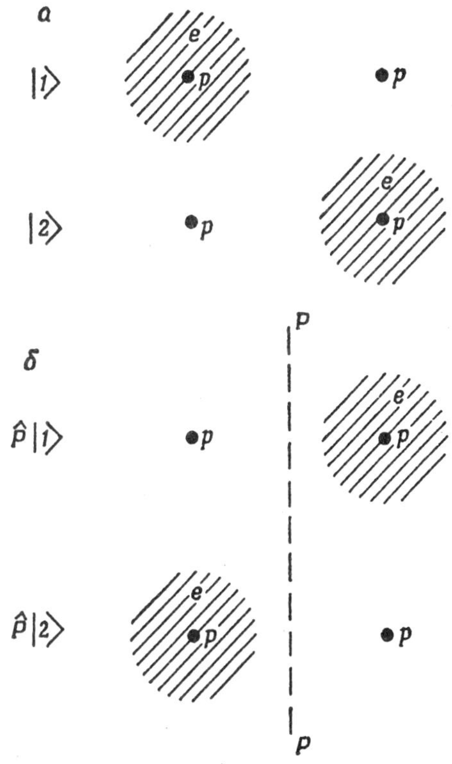

Фиг. 15.1. Если состояния $|1\rangle$ и $|2\rangle$ отразить в плоскости P—P, они перейдут соответственно в состояния $|2\rangle$ и $|1\rangle$.

а за другое базисное состояние то, в котором электрон располагался возле протона № 2. Эти два состояния (мы их называли $|1\rangle$ и $|2\rangle$) мы снова показываем на фиг. 15.1, *а*. И вот, поскольку оба ядра в точности одинаковы, в этой физической системе имеется определенная *симметрия*. Иначе сказать, если бы нам пришлось *отразить* систему в плоскости, поставленной посредине между двумя протонами (имеется в виду, если бы все находящееся с одной стороны плоскости симметрично перешло на другую сторону), то возникла бы картина, представленная на фиг. 15.1, *б*. А коль скоро протоны тождественны, *операция отражения* переводит $|1\rangle$ в $|2\rangle$, а $|2\rangle$ в $|1\rangle$. Обозначим эту операцию отражения P и напишем

$$\hat{P}|1\rangle=|2\rangle, \quad \hat{P}|2\rangle=|1\rangle. \tag{15.1}$$

Значит, наше $\hat{P}$ — это оператор, в том смысле, что он «*что-то делает*» с состоянием, чтобы вышло новое состояние. Интересно здесь то, что $\hat{P}$, действуя на *любое* состояние, создает какое-то *другое* состояние системы.

Далее, у $\hat{P}$, как у всякого другого оператора, с которыми мы встречались, есть матричные элементы, которые можно определить с помощью обычных очевидных обозначений. Именно

$$P_{11}=\langle 1|\hat{P}|1\rangle \quad \text{и} \quad P_{12}=\langle 1|\hat{P}|2\rangle$$

суть матричные элементы, которые получаются, если $\hat{P}|1\rangle$ и $\hat{P}|2\rangle$ умножить слева на $\langle 1|$. Согласно уравнению (15.1), они равны

$$\begin{aligned}\langle 1|\hat{P}|1\rangle &= P_{11} = \langle 1|2\rangle = 0,\\ \langle 1|\hat{P}|2\rangle &= P_{12} = \langle 1|1\rangle = 1.\end{aligned} \tag{15.2}$$

Таким же путем можно получить и P_{21}, и P_{22}. Матрица $\hat{P}$ *относительно базисной системы* $|1\rangle$ *и* $|2\rangle$ есть

$$P = \begin{pmatrix} 0 & 1 \\ 1 & 0 \end{pmatrix}. \tag{15.3}$$

Мы снова убеждаемся, что слова *оператор* и *матрица* в квантовой механике практически взаимозаменяемы. Есть, конечно, легкие технические различия, как между словами «числительное» и «число», но мы не такие педанты, чтобы забивать себе этим голову. Так что будем именовать $\hat{P}$ то оператором, то матрицей, независимо от того, определяет ли оно операцию или реально использовано для получения численной матрицы.

Теперь мы хотели бы кое на что обратить ваше внимание. *Предположим*, что *физика* всей системы молекулярного иона водорода сама по себе *симметрична*. Этого могло бы и не быть — это зависит, например, от того, чтó находится с нею рядом. Но если система симметрична, то с необходимостью должна быть справедлива следующая идея. Предположим, что вначале, при $t=0$, система находится в состоянии $|1\rangle$, а через промежуток времени t мы обнаруживаем, что система оказалась в более сложном положении — в какой-то линейной комбинации обоих базисных состояний. Вспомните, что в гл. 6 (вып. 8) мы привыкли представлять «эволюцию во времени» умножением на оператор $\hat{U}$. Это означает, что система очень скоро (скажем для определенности, через 15 *сек*) окажется в каком-то ином состоянии. Например, это состояние на $\sqrt{2/3}$ может состоять из состояния $|1\rangle$ и на $i\sqrt{1/3}$ из состояния $|2\rangle$, и мы бы написали

$$|\psi \text{ на 15-й секунде}\rangle = \hat{U}(15,0)|1\rangle = \sqrt{\frac{2}{3}}\,|1\rangle + i\sqrt{\frac{1}{3}}\,|2\rangle. \tag{15.4}$$

Теперь спросим: что же произойдет, если вначале мы запустим систему *в симметричном* состоянии $|2\rangle$ и при *тех же условиях* подождем 15 *сек*? Ясно, что если мир симметричен (чтó мы и предполагаем), то обязательно *получится* состояние, симметричное с (15.4):

$$|\psi \text{ на 15-й секунде}\rangle = \hat{U}(15,0)|2\rangle = \sqrt{\frac{2}{3}}\,|2\rangle + i\sqrt{\frac{1}{3}}\,|1\rangle. \tag{15.5}$$

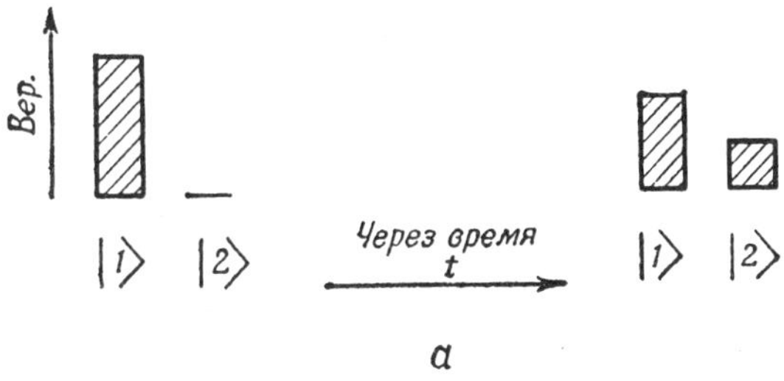

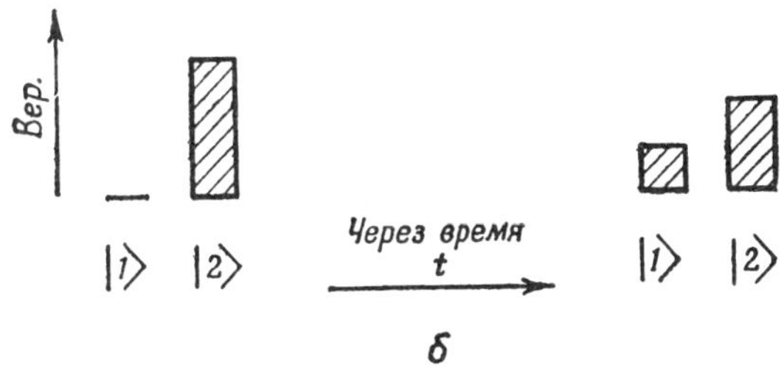

***Фиг. 15.2.** Если в симметричной системе чистое состояние |1⟩ развивается во времени так, как показано в части (а), то чистое состояние |2⟩ будет во времени развиваться так, как показано в части (б).*

Те же идеи схематично изображены на фиг. 15.2. Итак, если *физика* системы симметрична относительно некоторой плоскости и мы рассчитали поведение того или иного состояния, то нам также известно поведение состояния, которое получилось бы после отражения исходного состояния в плоскости симметрии.

То же самое можно высказать чуть более общо, т. е. чуть более отвлеченно. Пусть $\hat{Q}$ — любая из множества операций, которые вы можете произвести над системой, *не меняя физики*. К примеру, за $\hat{Q}$ мы можем принять операцию отражения в плоскости, расположенной посредине между двумя атомами молекулы водорода. Или в системе с двумя электронами можно было бы под $\hat{Q}$ подразумевать операцию *обмена* двумя электронами. Третьей возможностью явилась бы в сферически симметричной системе операция *поворота* всей системы на конечный угол вокруг некоторой оси; от этого физика не изменится. Конечно, в каждом отдельном случае мы бы обозначали $\hat{Q}$ по-своему. В частности, через $\hat{R}_y(\theta)$ мы обычно будем обозначать операцию «поверни систему вокруг оси y на угол θ». Под Q мы просто понимаем один из названных операторов или любой другой, который оставляет всю физическую ситуацию неизменной. Оператор $\hat{Q}$ мы будем называть *оператором симметрии* для системы.

Вот вам еще примеры операторов симметрии. Если у нас имеется атом, а *внешнее магнитное* или *внешнее электрическое* поле отсутствует, то после поворота системы координат вокруг любой оси физическая система остается той же самой. Опять-таки молекула аммиака симметрична относительно отражения в плоскости, параллельной той, в которой лежат три атома водорода (пока нет электрического поля). Если есть электрическое поле, то при отражении надо было бы обратить и поле, а это меняет всю физическую задачу. Но пока внешнего поля нет, молекула симметрична.

Теперь рассмотрим общий случай. Положим, мы начали с состояния $|\psi_1\rangle$, а через некоторое время или под влиянием других физических условий оно превратилось в состояние $|\psi_2\rangle$. Напишем

$$|\psi_2\rangle = \hat{U}\,|\psi_1\rangle. \tag{15.6}$$

[Посмотрите на формулу (15.4).] Теперь вообразите, что над всей системой мы проводим операцию $\hat{Q}$. Состояние $|\psi_1\rangle$ преобразится в состояние $|\psi_1'\rangle$, которое также записывается в виде $\hat{Q}|\psi_1\rangle$. А состояние $|\psi_2\rangle$ превращается в $|\psi_2'\rangle=\hat{Q}|\psi_2\rangle$. И вот, *если физика* симметрична относительно $\hat{Q}$ (не забывайте про это *если* — это отнюдь не общее свойство системы), тогда, подождав в тех же условиях то же время, мы должны получить

$$|\psi_2'\rangle = \hat{U}\,|\psi_1'\rangle. \tag{15.7}$$

[Как в (15.5).] Но вместо $|\psi_1'\rangle$ можно написать $\hat{Q}|\psi_1\rangle$, а вместо $|\psi_2'\rangle$ написать $\hat{Q}|\psi_2\rangle$, так что (15.7) переписывается в виде

$$\hat{Q}\,|\psi_2\rangle = U\hat{Q}\,|\psi_1\rangle. \tag{15.8}$$

Теперь, если $|\psi_2\rangle$ заменить на $\hat{U}|\psi_1\rangle$ [см. (15.6)], то получим

$$\hat{Q}\hat{U}\,|\psi_1\rangle = \hat{U}\hat{Q}\,|\psi_1\rangle. \tag{15.9}$$

Нетрудно понять, что это значит. В отношении молекулы водорода это означает, что «отразить и после немного подождать» [правая часть (15.9)] — это то же самое, что «немного подождать, а после отразить» [левая часть (15.9)]. Они должны совпасть, если только $\hat{U}$ при отражении не меняется.

А поскольку (15.9) справедливо при *любом* исходном состоянии $|\psi_1\rangle$, то на самом деле это уравнение для операторов

$$\hat{Q}\hat{U}=\hat{U}\hat{Q}. \tag{15.10}$$

Это-то мы и хотели получить — *математическую формулировку симметрии.* Когда соблюдается (15.10), мы говорим, что операторы $\hat{U}$ и $\hat{Q}$ *коммутируют.* Тогда «симметрию» можно *определить* следующим образом: физическая система *симметрична* относительно операции $\hat{Q}$, когда $\hat{Q}$ коммутирует с $\hat{U}$ (с операцией прошествия времени). [На языке матриц произведение двух операторов равнозначно матричному произведению, так что (15.10) в системе, симметричной относительно преобразования $\hat{Q}$, выполняется и для матриц $\hat{Q}$ и $\hat{U}$.]

Кстати, поскольку для бесконечно малого времени ε мы имеем $\hat{U}=1-i\hat{H}\varepsilon/\hbar$, где $\hat{H}$ — обычный гамильтониан [см. гл. 6 (вып. 8)], то легко видеть, что когда (15.10) выполнено, то выполнено и

$$\hat{Q}\hat{H}=\hat{H}\hat{Q}. \tag{15.11}$$

Так что (15.11) есть математическая формулировка условий на симметричность физической ситуации относительно оператора $\hat{Q}$. Она *определяет* симметрию.

§ 2. Симметрия и ее сохранение

Прежде чем применять только что найденный результат, хотелось бы еще немного вникнуть в идею симметрии. Положим, что стечение обстоятельств таково, что после действия оператора $\hat{Q}$ на состояние получается опять то же состояние. Это очень частный случай, но все же допустим, что так сложилось, что состояние $|\psi'\rangle=\hat{Q}|\psi_0\rangle$ физически совпадает с состоянием $|\psi_0\rangle$. Это значит, что $|\psi'\rangle$ равняется $|\psi_0\rangle$, если не считать некоторого фазового множителя *. Как это себе представлять? Пусть, например, имеется ион H_2^+ в состоянии, которое мы когда-то обозначали $|I\rangle$. У этого состояния имеется одинаковая амплитуда побывать в базисных состояниях $|1\rangle$ и $|2\rangle$. Вероятности показаны столбиками

---

* Кстати, вы можете доказать, что $\hat{Q}$ — это обязательно *унитарный оператор*, т. е. если он действует на $|\psi\rangle$, приводя к $|\psi\rangle$, умноженному на некоторое число, то это число должно иметь вид $e^{i\delta}$, где δ — вещественно. Это мелкое замечание, а доказательство основано на следующем наблюдении. Всякая операция наподобие отражения или поворота не приводит к потере каких-либо частиц, так что нормировки $|\psi'\rangle$ и $|\psi\rangle$ должны совпадать; отличаться они вправе только на множитель с чисто вещественной фазой в показателе.

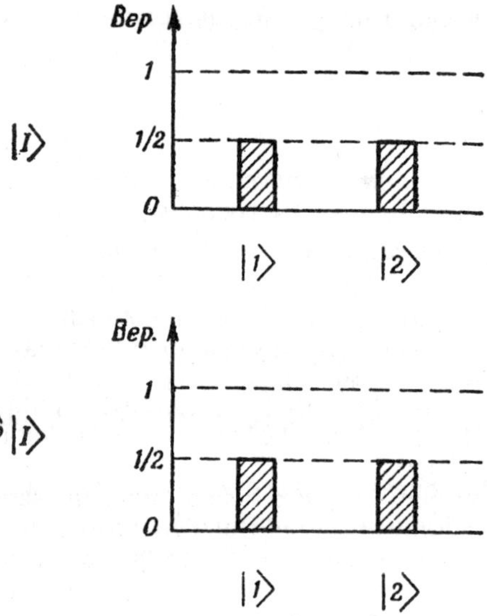

Фиг. 15.3. Состояние $|I\rangle$ и состояние $\hat{P}|I\rangle$, получаемые отражением $|I\rangle$ в плоскости, проходящей посредине между атомами в ионе H_2^+.

на фиг. 15.3, низ. Если на состояние $|I\rangle$ подействуем оператором отражения $\hat{P}$, он перевернет его, поменяв местами $|1\rangle$ с $|2\rangle$, а $|2\rangle$ с $|1\rangle$; получатся вероятности, показанные на фиг. 15.3, верх. Перед нами опять состояние $|I\rangle$. Если начать с состояния $|II\rangle$, то вероятности до и после отражения будут выглядеть тоже одинаково. Правда, если посмотреть на *амплитуды*, то разница все же есть. У состояния $|I\rangle$ после отражения амплитуды останутся *теми же*, у состояния $|II\rangle$ они приобретут противоположный знак. Иными словами,

$$\begin{aligned} \hat{P}\,\Big|I\rangle &= \hat{P}\left\{\frac{|1\rangle+|2\rangle}{\sqrt{2}}\right\} = \frac{|2\rangle+|1\rangle}{\sqrt{2}} = \Big|I\rangle, \\ \hat{P}\,|II\rangle &= \hat{P}\left\{\frac{|1\rangle-|2\rangle}{\sqrt{2}}\right\} = \frac{|2\rangle-|1\rangle}{\sqrt{2}} = -\,|II\rangle. \end{aligned} \qquad (15.12)$$

Если написать $\hat{P}\,|\psi_0\rangle = e^{i\delta}|\psi_0\rangle$, то у состояния $|I\rangle$ мы имеем $e^{i\delta}=1$, а у состояния $|II\rangle$ имеем $e^{i\delta}=-1$.

Возьмем другой пример. Пусть у нас есть правополяризованный по кругу фотон, распространяющийся в направлении z. Если мы совершим операцию поворота вокруг оси z, то, как мы знаем, это просто приведет к умножению амплитуды на $e^{i\varphi}$, где φ — угол поворота. Значит, в этом случае для операции поворота δ просто равно углу поворота.

Далее, ясно, что *если оказывается верным*, что оператор $\hat{Q}$ в какой-то момент времени просто меняет фазу состояния (скажем, в момент $t=0$), то *это будет верно всегда*. Иначе говоря, если состояние $|\psi_1\rangle$ переходит за время t в состояние $|\psi_2\rangle$:

$$\hat{U}(t,\ 0)\,|\psi_1\rangle = |\psi_2\rangle, \qquad (15.13)$$

и если симметрия физической картины такова, что

$$\hat{Q}\,|\psi_1\rangle = e^{i\delta}\,|\psi_1\rangle, \tag{15.14}$$

то верно и то, что

$$\hat{Q}\,|\psi_2\rangle = e^{i\delta}\,|\psi_2\rangle. \tag{15.15}$$

Это ясно, ведь

$$\hat{Q}\,|\psi_2\rangle = \hat{Q}\hat{U}\,|\psi_1\rangle = \hat{U}\hat{Q}\,|\psi_1\rangle,$$

и если $\hat{Q}|\psi_1\rangle = e^{i\delta}|\psi_1\rangle$, то

$$\hat{Q}\,|\psi_2\rangle = \hat{U}e^{i\delta}\,|\psi_1\rangle = e^{i\delta}\hat{U}\,|\psi_1\rangle = e^{i\delta}\,|\psi_2\rangle.$$

[Верхние равенства следуют из (15.13) и (15.10) для симметричной системы, нижние — из (15.14) и из того, что всякое число, скажем $e^{i\delta}$, коммутирует с оператором.]

Итак, при некоторых симметриях то, что верно сначала, верно всегда. Но разве это не *закон сохранения?* Да! Он утверждает, что если вы взглянете на исходное состояние и, проделав где-то в стороне небольшой подсчет, откроете, что операция, которая является *операцией симметрии для системы*, приводит только к умножению на некоторый фазовый множитель, то вы будете уверены, что это же свойство будет выполнено для конечного состояния — та же операция умножит и конечное состояние на тот же фазовый множитель. Это будет верно всегда, даже если вы ничего не знаете о том внутреннем механизме мира, который изменяет систему от начального состояния к конечному. Даже если вы не позаботились вглядеться в детали того, каким именно способом система переходит от одного состояния к другому, вы все равно имеете право говорить, что если вещь вначале находилась в состоянии с определенным характером симметрии и если гамильтониан этой вещи симметричен относительно этой операции симметрии, тогда тот же характер симметрии останется у состояния на вечные времена. Это основа всех законов сохранения квантовой механики.

Рассмотрим частный пример. Возьмем опять оператор $\hat{P}$. Сперва, правда, немножно изменим определение операции $\hat{P}$. Пусть $\hat{P}$ будет не просто зеркальным отражением, потому что оно требует определения плоскости, в которой поставлено зеркало. Существует особый вид отражения, который указания плоскости не требует. Переопределим операцию $\hat{P}$ таким образом: сперва вы отражаете в зеркале, находящемся в плоскости xy, так что z переходит в $-z$, x остается x, а y остается y; затем вы поворачиваете систему на угол 180° вокруг оси z, так что x переходит в $-x$, а y в $-y$. Все вместе называется *инверсией*, обращением координат. Каждая точка проецируется *через начало координат* в диаметрально противоположное положение. Все

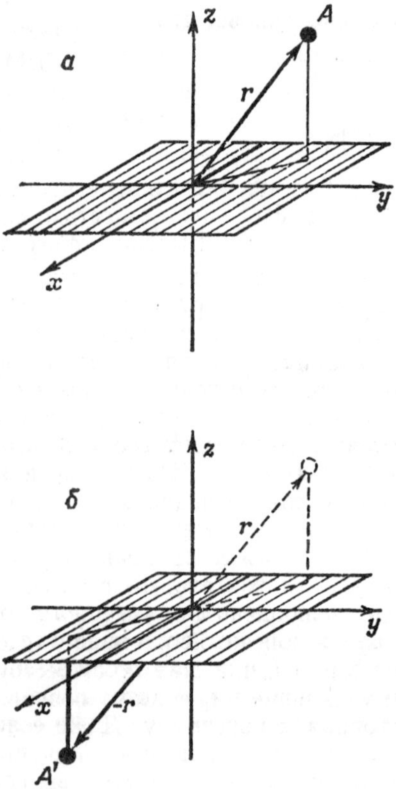

Фиг. 15.4. Операция инверсии $\hat{P}$. То, что находится в точке $A(x, y, z)$, переходит в точку $A'(-x, -y, -z)$.

координаты всего на свете меняют знак. Эту операцию мы, как и прежде, будем обозначать символом $\hat{P}$. Она изображена на фиг. 15.4 и немного удобнее, чем простая операция отражения, потому что не нужно указывать, в какой координатной плоскости происходит отражение, достаточно лишь указать точку, являющуюся центром симметрии.

Теперь предположим, что у нас есть состояние $|\psi_0\rangle$, которое при операции инверсии переходит в $e^{i\delta}|\psi_0\rangle$, т. е.

$$|\psi_0'\rangle = \hat{P}\,|\psi_0\rangle = e^{i\delta}\,|\psi_0\rangle. \tag{15.16}$$

Сделаем теперь новую инверсию. После *двух* инверсий мы вернемся к тому, с чего начали: ничего не изменится. Должно получиться

$$\hat{P}\,|\psi_0'\rangle = \hat{P}\cdot\hat{P}\,|\psi_0\rangle = |\psi_0\rangle.$$

Но

$$\hat{P}\cdot\hat{P}\,|\psi_0\rangle = \hat{P}e^{i\delta}\,|\psi_0\rangle = e^{i\delta}\hat{P}\,|\psi_0\rangle = (e^{i\delta})^2\,|\psi_0\rangle.$$

Отсюда следует, что $(e^{i\delta})^2 = 1$. Значит, *если оператор инверсии является операцией симметрии* для какого-то состояния, то у δ могут быть только две возможности:

$$e^{i\delta} = \pm 1,$$

а это означает, что или

$$\hat{P}\,|\psi_0\rangle = |\psi_0\rangle, \text{ или } \hat{P}\,|\psi_0\rangle = -\,|\psi_0\rangle. \tag{15.17}$$

В классической физике, если состояние симметрично относительно инверсии, то эта операция дает опять то же состояние.

А в квантовой механике имеются две возможности: получается либо *то же состояние*, либо *минус то же* состояние. Когда получается *то же* состояние, $\hat{P}|\psi_0\rangle=|\psi_0\rangle$, мы говорим, что у состояния $|\psi_0\rangle$ *четность положительна*. Если знак меняется, так что $\hat{P}|\psi_0\rangle=-|\psi_0\rangle$, мы говорим, что *четность* состояния *отрицательна*. (Оператор инверсии P известен также как оператор четности.) Состояние $|I\rangle$ иона H_2^+ обладает положительной четностью; состояние же $|II\rangle$ — отрицательной [см. (15.12)]. Бывают, конечно, состояния, не симметричные относительно операции $\hat{P}$; это состояния без определенной четности. Например, в системе H_2^+ состояние $|I\rangle$ имеет положительную четность, состояние $|II\rangle$— отрицательную, а состояние $|1\rangle$ определенной четности не имеет.

Когда мы говорим о том, что операция (например, инверсия) была совершена «*над физической системой*», то это можно представлять себе двояким образом. Можно считать, что все, что было в точке **r**, физически сдвинулось в обратную точку $-$**r**; или можно считать, что мы *смотрим* на ту же систему из новой системы отсчета x', y', z', связанной со старой формулами $x'=-x$, $y'=-y$ и $z'=-z$. Точно так же, когда мы говорим о поворотах, то можно либо считать, что мы поворачиваем целиком всю физическую систему, либо что поворачиваем систему координат, в которой мы измеряем нашу систему, оставляя последнюю закрепленной в пространстве. Эти две точки зрения по существу равноценны. Они равноценны и при повороте, *только* поворот *системы* на угол θ подобен повороту системы отсчета на *отрицательный* угол $-\theta$. В нашем курсе мы обычно смотрели, что́ получается, когда берется проекция на новую систему осей. То, что при этом получается, совпадает с тем, что получится, если мы оставим оси прежними и повернем тело на столько же *назад*. Когда вы это делаете, не забудьте поменять знаки углов *.

Многие *законы* физики (но не все) не меняются при отражении или инверсии координат. Они *симметричны* по отношению к инверсии. Законы электродинамики, например, не изменяются, если мы меняем x на $-x$, y на $-y$ и z на $-z$ во *всех* уравнениях. То же относится и к законам тяжести, и к сильным взаимодействиям ядерной физики. Только у слабых взаимодействий, ответственных за β-распад, нет такой симметрии. [Мы обсуждали это несколько подробнее в гл. 52 (вып. 4).] Но мы сейчас пренебрежем β-распадом. Тогда в любой физической системе, на которую, как можно думать, β-распад не оказывает заметного влияния (в качестве примера возьмем испускание света атомом), гамильтониан $\hat{H}$ и оператор $\hat{P}$ будут коммутировать. В этих обстоятельствах верно следующее утверждение. Если четность

* В других книгах вы можете встретить формулы с другими знаками; вероятнее всего, в них используются углы, определенные по-иному.

состояния вначале положительна и вы поинтересуетесь физической ситуацией через некоторое время, то увидите, что четность останется положительной. Пусть, например, нам известно, что атом перед тем, как испустить фотон, находился в состоянии с положительной четностью. Вы рассматриваете всю эту систему (включая фотон) после испускания; четность опять будет положительна (и точно так же было бы, если бы вы начали с отрицательной четности). Этот принцип именуется *сохранением четности*. Вы теперь понимаете, почему слова «сохранение четности» и «симметрия относительно отражений» в квантовой механике тесно переплетены. Хотя до последних лет считалось, что природа всегда сохраняет четность, теперь известно, что это *не так*. Выяснилось, что это неверно, потому что реакция β-распада не обладает симметрией относительно инверсии, обнаруженной в других законах физики.

Теперь мы можем доказать интересную теорему (справедливую до тех пор, пока слабыми взаимодействиями можно пренебрегать): любое состояние определенной энергии, не являющееся вырожденным, обязано обладать определенной четностью. Его четность должна быть либо положительна, либо отрицательна. (Припомните, что нам иногда встречались системы, в которых несколько состояний имели одну и ту же энергию,— такие состояния мы называем *вырожденными*. Так вот наша теорема к ним не относится.)

Мы знаем, что если $|\psi_0\rangle$ — состояние определенной энергии, то

$$\hat{H}\,|\psi_0\rangle = E\,|\psi_0\rangle, \tag{15.18}$$

где E — просто число, энергия состояния. Если у нас имеется *произвольный* оператор $\hat{Q}$, который является оператором симметрии для системы, то мы можем доказать, что

$$\hat{Q}\,|\psi_0\rangle = e^{i\delta}\,|\psi_0\rangle, \tag{15.19}$$

если только $|\psi_0\rangle$ — единственное состояние с данной энергией. Рассмотрим новое состояние $|\psi_0'\rangle$, которое вы получаете после действия $\hat{Q}$. Если вся физика симметрична, то $|\psi_0'\rangle$ должно иметь ту же энергию, что и $|\psi_0\rangle$. Но мы ведь выбрали случай, когда состояние с такой энергией *только одно*, а именно $|\psi_0\rangle$; значит, $|\psi_0'\rangle$ должно быть тем же состоянием, отличаясь разве что фазой. Таково физическое доказательство.

Но то же последует и из нашей математики. Наше определение симметрии — это (15.10) или (15.11), справедливое для любого состояния $|\psi\rangle$:

$$\hat{H}\hat{Q}\,|\psi\rangle = \hat{Q}\hat{H}\,|\psi\rangle. \tag{15.20}$$

Но сейчас речь идет о состоянии $|\psi_0\rangle$, которое является состоянием с определенной энергией, так что $\hat{H}|\psi_0\rangle = E|\psi_0\rangle$. А раз E — просто число, то оно попросту проходит сквозь $\hat{Q}$, и мы имеем

$$\hat{Q}\hat{H}\,|\,\psi_0\rangle = \hat{Q}E\,|\,\psi_0\rangle = E\hat{Q}\,|\,\psi_0\rangle,$$

так что

$$\hat{H}\,\{\hat{Q}\,|\,\psi_0\rangle\} = E\,\{\hat{Q}\,|\,\psi_0\rangle\}. \tag{15.21}$$

Значит, $|\psi_0'\rangle = \hat{Q}|\psi_0\rangle$— тоже состояние $\hat{H}$ с определенной энергией и при этом с тем же самым E. Но по нашей гипотезе имеется только одно такое состояние; значит, $|\psi_0'\rangle$ должно быть равно $e^{i\delta}|\psi_0\rangle$.

Все, что мы только что доказали, относится к любому оператору $\hat{Q}$, лишь бы он был оператором симметрии для физической системы. Поэтому когда в рассмотрение входят только электрические силы и сильные взаимодействия (и нет никакого β-распада), так что симметрия относительно инверсии является вполне допустимым приближением, в этих обстоятельствах $\hat{P}|\psi\rangle = e^{i\delta}|\psi\rangle$. Но мы видели также, что $e^{i\delta}$ обязано равняться либо $+1$, либо -1. Итак, любое состояние с определенной энергией (если оно не вырождено) навсегда снабжено либо положительной, либо отрицательной четностью.

§ 3. Законы сохранения

Обратимся теперь к другому интересному примеру операции симметрии — к повороту. Рассмотрим частный случай оператора, который поворачивает атомную систему на угол φ вокруг оси z. Обозначим этот оператор $\hat{R}_z(\varphi)$*. Предположим еще, что никаких влияний, выстроенных вдоль осей x и y, в нашем физическом случае нет. Все электрические или магнитные поля взяты параллельными оси z**, так что никаких изменений во *внешних* условиях от поворота всей физической системы вокруг оси z не наступит. Например, если имеется атом в пустом пространстве и мы повернем этот атом вокруг оси z на угол φ, то получим ту же физическую систему.

Тогда существуют *особые состояния*, обладающие тем свойством, что такая операция создает новое состояние, равное первоначальному, умноженному на некоторый фазовый множитель. Заметим, что когда это так, то изменение фазы обязано быть всег-

---

* Точнее, мы определим $\hat{R}_z(\varphi)$ как поворот физической системы на $-\varphi$ вокруг оси z; это то же самое, что повернуть систему координат на $+\varphi$.

** Мы всегда вправе выбрать ось z вдоль направления поля при условии, конечно, что его направление не меняется и что больше полей нет.

да пропорционально углу φ. Представьте, что вы дважды захотели бы сделать поворот на угол φ. Это равносильно тому, что повернуть на угол 2φ. Если поворот на угол φ имеет своим следствием умножение состояния $|\psi_0\rangle$ на фазовый множитель $e^{i\delta}$, так что

$$\hat{R}_z(\varphi)\,|\,\psi_0\rangle = e^{i\delta}\,|\,\psi_0\rangle,$$

то два таких поворота, один вслед за другим, привели бы к умножению состояния на множитель $(e^{i\delta})^2 = e^{i2\delta}$, так как

$$\hat{R}_z(\varphi)\,\hat{R}_z(\varphi)\,|\,\psi_0\rangle = \hat{R}_z(\varphi)\,e^{i\delta}\,|\,\psi_0\rangle = e^{i\delta}\hat{R}_z(\varphi)\,|\,\psi_0\rangle = e^{i\delta}e^{i\delta}\,|\,\psi_0\rangle.$$

Изменение фазы δ оказывается пропорциональным φ*. Мы, стало быть, рассматриваем лишь те особые состояния $|\psi_0\rangle$, для которых

$$\hat{R}_z(\varphi)\,|\,\psi_0\rangle = e^{im\varphi}\,|\,\psi_0\rangle, \tag{15.22}$$

где m — некоторое вещественное число.

Нам известен также тот примечательный факт, что *если* система симметрична относительно поворота вокруг z и *если* исходное состояние обладает тем свойством, что (15.22) окажется выполненным, то и позже у этого состояния сохранится то же свойство. Значит, это число m — очень важное число. Если его значение мы знаем в начале, то мы знаем его и в конце. Это число m, которое *сохраняется*, есть *константа движения*. Причина, почему мы говорим об m, выталкиваем его на первый план, состоит в том, что оно не связано с каким-либо определенным углом φ, и еще потому, что у него есть соответствие в классической механике. В *квантовой* механике мы *выбираем* для $m\hbar$ (в состояниях, подобных $|\psi_0\rangle$) *название момент количества движения вокруг оси* z. И тогда мы обнаруживаем, что в пределе больших систем та же величина равняется z-компоненте момента количества движения из классической механики. Значит, если мы имеем состояние, для которого поворот вокруг оси z приводит просто к фазовому множителю $e^{im\varphi}$, то перед нами состояние с определенным моментом количества движения относительно этой оси, и момент количества движения сохраняется. Он навсегда остается равным $m\hbar$. Конечно, повороты можно делать вокруг любых осей, и сохранение момента количества движения тоже будет получаться для любых осей. Вы видите, что сохранение момента количества движения связано с тем фактом, что, когда вы поворачиваете систему, вы получаете опять то же состояние, только с новым фазовым множителем.

---

* Для большей строгости все эти рассуждения нужно было бы провести для малых поворотов ε. Раз каждый угол φ представляет собой сумму некоторого числа n таких поворотов, $\varphi = n\varepsilon$, то $\hat{R}_z(\varphi) = [R_z(\varepsilon)]^n$, и общее изменение фазы в n раз превосходит изменение для малого угла ε и поэтому пропорционально φ.

Сейчас мы покажем вам, насколько обща эта идея. Применим ее к двум другим законам сохранения, по физической идее точно соответствующим сохранению момента количества движения. В классической физике существует также сохранение импульса и сохранение энергии, и интересно, что оба они тоже связаны с некоторыми физическими симметриями. Положим, у нас имеется физическая система — атом, или сложное ядро, или же молекула, или что угодно — и если мы возьмем ее и как целое передвинем на новое место, то ничего не изменится. Значит, мы имеем гамильтониан с тем свойством, что он в некотором смысле зависит от *внутренних координат*, но не зависит от *абсолютного положения* в пространстве. В этих обстоятельствах существует специальная операция симметрии, которая называется пространственным переносом. Определим $\hat{D}_x(a)$ как операцию смещения на расстояние a вдоль оси x. Тогда для каждого состояния мы сможем проделать эту операцию и получить новое состояние. И опять здесь возможны весьма специальные состояния, обладающие тем свойством, что когда вы их смещаете по оси x на a, вы получаете то же самое состояние (если не считать фазового множителя). И так же, как делалось выше, можно доказать, что когда так бывает, то фаза пропорциональна a. Так что для этих специальных состояний $|\psi_0\rangle$ можно писать

$$\hat{D}_x(a)\,|\,\psi_0\rangle = e^{ika}\,|\,\psi_0\rangle. \tag{15.23}$$

Коэффициент k, умноженный на $\hbar$, называется *x-компонентой импульса*. Его называют так потому, что это число, когда система велика, численно совпадает с классическим импульсом p_x. Общее утверждение таково: если гамильтониан не меняется при сдвиге системы и если вначале состояние характеризуется определенным импульсом в направлении x, то импульс в направлении x останется с течением времени неизменным. Полный импульс системы до и после столкновений (или после взрывов или еще чего-нибудь) будет один и тот же.

Есть и другая операция, которая совершенно аналогична смещению в пространстве: сдвиг во времени. Положим, перед нами физические обстоятельства, когда *ничто внешнее* от времени не зависит, и вот в этих обстоятельствах мы помещаем нечто в некоторый момент времени в данное состояние и пускаем его на произвол судьбы. А в другой раз (в новом опыте) мы то же самое устройство запускаем двумя секундами позже или вообще τ секундами позже. И вот если ничего во внешних условиях не зависит от абсолютного времени, то все будет развиваться точно так же, как прежде, и конечное состояние совпадет с прежним конечным состоянием, за исключением того, что запоздает на время τ. В этих обстоятельствах также найдутся особые состояния, у которых развитие во времени обладает той особенностью, что запоздавшее состояние — это попросту старое состояние, умноженное на фазовый множитель. И на этот раз тоже ясно, что для этих особых состояний изменение фазы должно быть пропорционально τ. Можно написать

$$\hat{D}_t(\tau)\,|\,\psi_0\rangle = e^{-i\omega\tau}\,|\,\psi_0\rangle. \tag{15.24}$$

Общепринято при определении ω пользоваться знаком минус; при таком соглашении $\omega\hbar$ — это *энергия* системы; *она сохраняется*. Итак, система с определенной энергией — это такая система, которая при сдвиге во времени на τ воспроизводит самое себя, умноженную на $e^{-i\omega\tau}$. (Это как раз то, что мы говорили, когда определяли квантовое состояние с определенной энергией, так что все согласуется.) Это означает, что если система находится в состоянии с определенной энергией и если гамильтониан не зависит от t, то независимо от того, что́ произойдет дальше, система во все позднейшие времена будет обладать той же энергией.

Теперь вы понимаете, стало быть, какая связь между законами сохранения и симметрией мира. Симметрия по отношению к сдвигам во времени влечет за собой сохранение энергии; симметрия относительно положения на осях x, y или z влечет за собой сохранение соответствующей компоненты импульса. Симметрия относительно поворотов вокруг осей x, y и z влечет за собой сохранение x-, y- и z-компонент момента количества движения. Симметрия относительно отражений влечет за собой сохранение четности. Симметрия по отношению к перестановке двух электронов влечет за собой сохранение чего-то, чему не придумано еще названия, и т. д. Часть этих принципов имеет классические аналоги, а часть — нет. В квантовой механике есть больше законов сохранения, чем это нужно для классической механики или по крайней мере чем обыкновенно в ней в ходу.

Чтобы вы смогли разобраться в других книгах по квантовой механике, мы сделаем небольшую техническую ремарку и познакомим вас с одним общепринятым обозначением. Операция сдвига по времени — это как раз та самая операция $\hat{U}$, о которой мы как-то говорили:

$$\hat{D}_t(\tau) = \hat{U}\,(t+\tau,\ t). \tag{15.25}$$

Многие предпочитают язык *бесконечно малых* сдвигов по времени или бесконечно малых перемещений в пространстве или поворотов на бесконечно малые углы. Поскольку всякое конечное смещение или угол можно постепенно накопить последовательными бесконечно малыми смещениями или поворотами, то часто легче проанализировать сначала этот бесконечно малый случай. Оператор бесконечно малого сдвига Δt во времени есть (по определению гл. 6, вып. 8)

$$\hat{D}_t(\Delta t) = 1 - \frac{i}{\hbar}\Delta t\hat{H}. \qquad (15.26)$$

Тогда $\hat{H}$ аналогично классической величине, которую мы именуем энергией, потому что если $\hat{H}|\psi\rangle$ оказывается равным постоянной, умноженной на $|\psi\rangle$, а именно если $\hat{H}|\psi\rangle = E|\psi\rangle$, то эта постоянная есть энергия системы.

То же самое проделывается и с другими операциями. Если мы делаем легкое смещение по x, скажем на Δx, то состояние $|\psi\rangle$, *вообще говоря*, перейдет в некоторое новое состояние $|\psi'\rangle$. Мы можем написать

$$|\psi'\rangle = \hat{D}_x(\Delta x)|\psi\rangle = (1 + \frac{i}{\hbar}\hat{p}_x\Delta x)|\psi\rangle, \qquad (15.27)$$

потому что, когда Δx стремится к нулю, $|\psi'\rangle$ обязано обратиться опять в $|\psi\rangle$, или, что то же самое, $\hat{D}_x(0) = 1$, а для малых Δx отклонение $\hat{D}_x(\Delta x)$ от единицы должно быть пропорционально Δx. Оператор $\hat{p}_x$, определенный таким путем, называется оператором импульса (естественно, для x-компоненты).

По тем же причинам для малых поворотов обычно пишут

$$\hat{R}_z(\Delta\varphi)|\psi\rangle = \left(1 + \frac{i}{\hbar}\hat{J}_z\Delta\varphi\right)|\psi\rangle \qquad (15.28)$$

и называют $\hat{J}_z$ оператором z-компоненты момента количества движения. Для тех особых состояний, для которых $\hat{R}_z(\varphi)|\psi_0\rangle = e^{im\varphi}|\psi_0\rangle$, можно для каждого малого угла, скажем $\Delta\varphi$, разложить правую часть до членов первого порядка по $\Delta\varphi$ и получить

$$\hat{R}_z(\Delta\varphi) = e^{im\Delta\varphi}|\psi_0\rangle = (1 + im\Delta\varphi)|\psi_0\rangle.$$

Сравнивая это с определением $\hat{J}_z$ по формуле (15.28), приходим к

$$\hat{J}_z|\psi_0\rangle = m\hbar|\psi_0\rangle. \qquad (15.29)$$

Иначе говоря, если вы действуете оператором $\hat{J}_z$ на состояние *с определенным моментом количества движения* вокруг оси z, то получаете $m\hbar$, умноженное на это состояние, где $m\hbar$ — величина z-компоненты момента количества движения. Все совершенно аналогично тому, как действие $\hat{H}$ на состояние с определенной энергией дает $E|\psi\rangle$.

Теперь хотелось бы перейти к некоторым приложениям идеи о сохранении момента количества движения, чтобы показать вам ее в действии. Дело в том, что в действительности все это очень просто. О том, что момент количества движения сохраняется, вы знали и раньше. Единственное, что вам нужно запомнить из этой главы, это что если у состояния $|\psi_0\rangle$ есть такое свойство, что при повороте на угол φ вокруг оси z оно превращается в $e^{im\varphi}|\psi_0\rangle$, то z-компонента момента количества движения равна $m\hbar$. Этих знаний достаточно, чтобы получить уйму интересных вещей.

§ 4. Поляризованный свет

Прежде всего необходимо проверить одну идею. В гл. 9, § 4 (вып. 8), мы показали, что когда состояние правополяризованного по кругу света наблюдается из системы, повернутой на угол φ вокруг оси z*, то оно оказывается умноженным на $e^{i\varphi}$. Не означает ли это, что фотоны правополяризованного по кругу света несут момент количества движения вдоль оси z, равный единице **?

Да, так оно и есть. Это означает еще, что когда у нас имеется пучок света, содержащий множество фотонов, поголовно одинаково поляризованных по кругу (как бывает в классических пучках), то он будет нести с собой какой-то момент количества движения. Если полная энергия, уносимая пучком за какое-то время, есть W, то в нем имеется $N=W/\hbar\omega$ фотонов. Каждый несет по моменту $\hbar$, так что полный момент количества движения равен

$$J_z = N\hbar = \frac{W}{\omega}. \qquad (15.30)$$

Можно ли и в классике доказать, что свет, правополяризованный по кругу, несет с собой энергию и момент количества движения в пропорции W к ω? Ведь если все правильно, это было бы классическое утверждение — случай, когда можно перейти от квантов к классике. Надо проверить, подтверждается ли это классической физикой. Тогда станет ясно, имеем ли мы право назвать m моментом количества движения. Припомним, чем в классическом смысле является правополяризованный свет. Он описывается электрическим полем с колеблющейся x-компонентой и колеблющейся y-компонентой, сдвинутыми по фазе на 90°, так что суммарный вектор $\mathcal{E}$ электрического поля бежит по кругу (фиг. 15.5, *а*). Теперь положим, что мы осветили таким светом стенку, способную поглотить его (или по крайней мере часть его), и рассмотрим один из атомов стенки, опираясь на классические пред-

---

* Прошу прощения! Этот угол имеет обратный знак по отношению к использовавшемуся в гл. 9, § 4.

** Как правило, момент количества движения атомной системы весьма удобно измерять в единицах $\hbar$. Тогда можно говорить, что частица со спином $1/2$ обладает по отношению к любой оси моментом количества движения $\pm 1/2$. И вообще, что z-компонента момента количества движения есть m. Не приходится все время повторять $\hbar$.

Фиг. 15.5. Электрическое поле ℰ в поляризованной по кругу световой волне (а) и вращение электрона, приводимого в движение поляризованным по кругу светом (б).

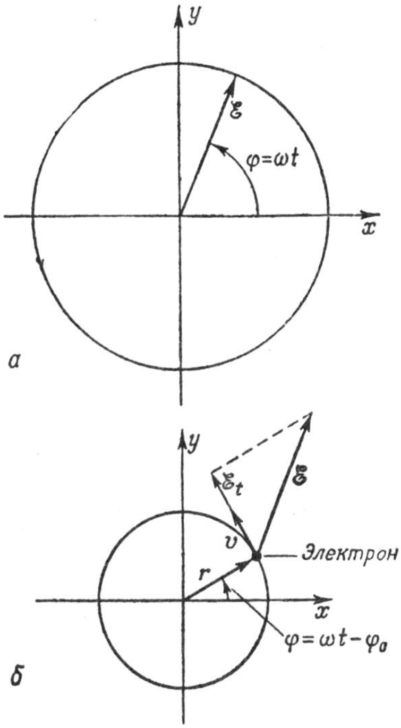

ставления. Мы часто представляли движение электрона в атоме в виде гармонического осциллятора, который приводится в действие внешним электрическим полем. Предположим, что атом изотропен, так что с равным успехом колеблется как в направлении x, так и в направлении y. Далее, у света, поляризованного по кругу, смещения по x и по y одинаковы, хотя и отстают друг от друга на 90°. В итоге электрон будет двигаться по кругу (фиг. 15.5, *б*). Он сместится из положения равновесия в начале координат на величину **r** и начнет ходить по кругу, как-то отставая по фазе от вектора $\mathcal{E}$. Связь между $\mathcal{E}$ и **r** может быть такая, как показано на фиг. 15.5, *б*. Электрическое поле с течением времени поворачивается, но с такой же частотой поворачивается и смещение, так что относительная ориентация остается той же. Посмотрим теперь, какая работа производится над электроном. Скорость, с какой электрону подается энергия, равна его скорости v, умноженной на компоненту $\mathcal{E}$, параллельную этой скорости:

$$\frac{dW}{dt} = e\mathcal{E}_t v. \tag{15.31}$$

Но вы не можете не заметить, что у электрона в это время непрерывно увеличивается и момент количества движения, потому что он все время испытывает действие момента, вращающего его вокруг начала координат. Вращательный момент равен $\mathcal{E}_t r$, и он обязан равняться скорости изменения момента количества движения dJ_z/dt:

$$\frac{dJ_z}{dt} = \mathcal{E}_t r. \tag{15.32}$$

Вспоминая, что $v=\omega r$, имеем

$$\frac{dJ_z}{dW}=\frac{1}{\omega}.$$

Следовательно, если проинтегрировать поглощаемый полный момент количества движения, то он окажется пропорциональным полной энергии, с коэффициентом пропорциональности $1/\omega$, что согласуется с (15.30). Свет действительно несет с собой момент количества движения — одну единицу ($\times\hbar$), когда он правополяризован по кругу вдоль оси z, и минус одну единицу, когда левополяризован.

Теперь зададим следующий вопрос: если свет линейно поляризован в направлении x, то чему равен момент количества движения? Свет поляризованный в направлении x, может быть представлен суперпозицией право- и левополяризованного света. Поэтому имеется некоторая амплитуда того, что момент количества движения равен $+\hbar$, и некоторая амплитуда того, что момент равен $-\hbar$, так что *определенного* момента количества движения у него нет, а есть амплитуда появиться с $+\hbar$, и такая же появиться с $-\hbar$. Интерференция этих двух амплитуд создает линейную поляризацию, обладающую *равной* вероятностью оказаться с плюс или с минус одной единичкой момента количества движения. Макроскопические измерения, проведенные над пучком линейно поляризованного света, покажут, что он несет нулевой момент количества движения, потому что среди большого числа фотонов, несущих противоположные количества момента, окажется поровну правых и левых, и средний момент количества движения будет равен нулю. И в классической теории вы не обнаружите никакого момента количества движения, разве что где-то окажутся следы какой-то круговой поляризации.

Мы говорили, что частица со спином 1 может иметь три значения J_z: $+1$, 0, -1 (те три состояния, которые нам встретились в опыте Штерна — Герлаха).

Но у света свой нрав: у него только два состояния. Состояния с нулем у него нет. Эта странная потеря связана с тем, что свет не может стоять на месте. У покоящейся частицы со спином j имеются $2j+1$ возможных состояния со значениями j_z, идущими с шагом 1 от $-j$ до $+j$. Но оказывается, что если что-то имеет спин j, а масса этого чего-то равна нулю, то у него могут быть только состояния с компонентами $+j$ и $-j$ вдоль направления движения. Например, у света не три состояния, а два, хотя фотон — это объект со спином 1. Как же это согласуется с нашими прежними доказательствами, опирающимися на то, что́ происходит при поворотах в пространстве, доказательствами того, что для частиц со спином 1 необходима тройка состояний? Покоящуюся частицу можно поворачивать вокруг любой оси, не меняя состояния ее момента. Частицы же с нулевой массой покоя (например, фотоны или нейтрино не могут находиться в покое; только повороты вокруг оси, указывающей направление движения, не изменяет состояния момента. А поворотов вокруг одной оси не хватает на то, чтобы доказать, что нужны обязательно три состояния, если дано, что одно из них при поворотах на угол φ меняется, как $e^{i\varphi}$*.

Еще одно замечание. Вообще-то частицы с нулевой массой покоя могут обойтись *только одним* из двух спиновых состояний ($+j$, $-j$) относительно линии движения. У нейтрино (частиц со спином $^1/_2$) в природе существуют только состояния с компонентой момента количества движения $-\hbar/2$, *обратной* направлению движения (а у антинейтрино — только с компонентой по направлению движения, $+\hbar/2$). Когда же система обладает симметрией инверсии (так что четность сохраняется), требуются уже обе компоненты $+j$ и $-j$. Примером является свет.

§ 5. Распад Λ^0

Теперь приведем пример того, как теорема о сохранении момента количества движения применяется в чисто квантовофизических задачах. Рассмотрим распад лямбда-частицы (Λ^0), которая расщепляется на протон и π^--мезон посредством слабого взаимодействия:

$$\Lambda^0 \longrightarrow p + \pi^-.$$

Пусть нам известно, что спин у пиона равен нулю, у протона — половине, а у Λ^0 тоже половине. Мы хотели бы решить следующую задачу: положим, что Λ^0 рождена таким образом, что оказалась полностью поляризованной; это значит, что ее спин направлен, скажем, вверх по отношению к подходящим образом выбранной оси z (фиг. 15.6, *а*). Вопрос заключается в том, с какой вероятностью она распадется так, что протон вылетит под углом θ к оси z (фиг. 15.6, *б*). Иными словами, каково угловое распределение распадов? Мы будем рассматривать распад в системе координат, где Δ^0 покоится, измеряя углы в системе покоя Λ^0; если нужно, их всегда можно перевести в другую систему.

Начнем с рассмотрения того частного случая, когда протон испускается в небольшой телесный угол $\Delta\Omega$ близ оси z (фиг. 15.7).

---

* Мы попытались на худой конец доказать, что компонента момента количества движения вдоль направления движения у частицы с нулевой массой должна быть, например, кратной $\hbar/2$, а не $\hbar/3$. Но даже приведя в действие всевозможные свойства преобразований Лоренца (и многое другое), мы с этим не справились. Может, это и не так. Надо было бы потолковать об этом с профессором Вигнером, который знает все о таких вещах.

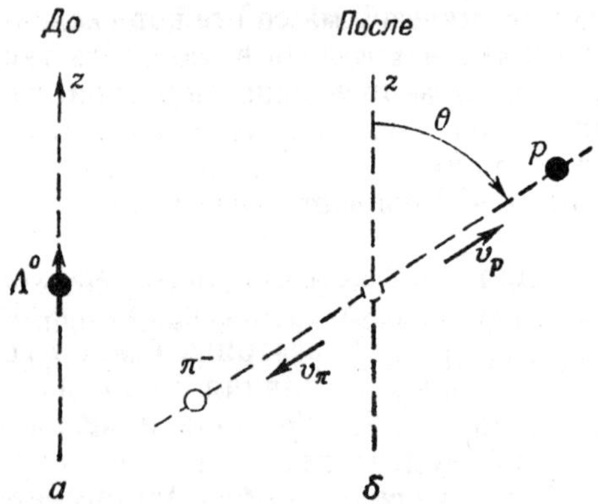

Фиг. 15.6. Λ^0-частица со спином, направленным вверх, распадается на протон и пион (в системе центра масс).

Какова вероятность того, что протон вылетит под углом θ?

До распада спин Λ^0 был направлен вверх (фиг. 15.7, *а*). Через мгновение (по причинам, по сей день неизвестным, известно только, что они связаны со слабыми распадами) Λ^0 взрывается, образуя протон и пион. Пусть протон летит вверх по оси $+z$. Тогда пиону из-за сохранения импульса придется направиться вниз. Поскольку протон — это частица со спином $^1/_2$, то его спин обязан быть направлен либо вверх, либо вниз,— в принципе имеются две возможности, показанные на фиг. 15.7, *б* и *в*. Сохранение момента количества движения требует, однако, чтобы спин протона был направлен только вверх. Легче всего понять это из следующих рассуждений. Частица, движущаяся вдоль оси z, никак не может приобрести за счет своего движения момента вокруг этой оси, поэтому в J_z могут дать вклад только спины. Спиновый момент количества движения вокруг оси z до распада был равен $+\hbar/2$; значит, и после он будет равен $+\hbar/2$. Можно сказать, что из-за того, что у пиона нет спина, спин протона должен смотреть вверх.

Если вас тревожит, что такого рода рассуждения могут в квантовой механике оказаться неправильными, стоит потратить минутку, чтобы показать, что и по квантовой механике все обстоит так же. Начальное (дораспадное) состояние, которое мы обозначим $|\Lambda^0$, спин по $+z\rangle$, обладает тем свойством, что если его повернуть вокруг оси z на угол φ, то вектор состояния умножается на фазовый множитель $e^{i\varphi/2}$. (В повернутой системе вектор состояния равен $e^{i\varphi/2}\,|\Lambda^0$, спин по $+z\rangle$.) Именно это и имеют в виду, говоря о спине вверх у частицы со спином $^1/_2$. Поскольку поведение природы не зависит от нашего выбора осей, то конечное состояние системы «протон плюс пион» должно обладать тем же свойством. Конечное состояние мы можем, например, записать в виде

$$|\text{протон летит по } +z, \text{ спин по } +z, \text{ пион летит по } -z\rangle.$$

Но движение пиона на самом деле не нужно оговаривать, потому что в выбранной нами системе пион всегда движется противоположно протону; наше описание конечного состояния можно упростить до

$$|\text{протон летит по } +z, \text{ спин по } +z\rangle.$$

Так что же случится с этим состоянием, если мы повернем систему координат вокруг оси z на угол φ?

Раз протон и пион движутся вдоль оси z, их движение поворотом не изменишь. (Вот почему мы и выбрали этот частный случай; иначе бы наше рассуждение не прошло.) Значит, с пионом ничего не случится, потому что спин его равен нулю. У протона, однако, спин равен $^1/_2$. Если его спин направлен вверх, он в ответ на поворот изменит фазовый множитель в $e^{i\varphi/2}$ раз. (А если бы спин его был направлен вниз, то изменение фазы стало бы $e^{-i\varphi/2}$.) Но если момент количества движения обязан сохраняться (а это так, ибо в гамильтониане нет факторов, зависящих от внешних воздействий), то изменение фазы из-за поворота должно быть до распада и после распада одно и то же. Итак, единственная возможность состоит в том, что спин протона будет направлен вверх. Если протон двинулся вверх, то и спин его должен быть направлен вверх.

Мы, следовательно, заключаем, что сохранение момента количества движения разрешает процесс, показанный на фиг. 15.7, *б*, но не разрешает процесса, показанного на фиг. 15.7, *в*. А раз мы знаем, что распад все же происходит, то, значит, имеется некоторая амплитуда для процесса, показанного на фиг. 15.7, *б*, когда протон летит вверх и спин его при этом тоже смотрит вверх. И мы обозначим буквой a амплитуду того, что в бесконечно малый промежуток времени произойдет такой распад *.

Теперь посмотрим, что было бы, если бы спин Λ^0 вначале был направлен вниз. Опять рассматриваем распады, в которых протон взлетает вверх по оси z, как показано на фиг. 15.8.

* Мы сейчас предполагаем, что механизм квантовой механики вам настолько знаком, что обо всем можно говорить на чисто физическом языке, не тратя времени на расписывание всех математических деталей. Но если то, что мы здесь говорим, вам не очень ясно, то обратитесь к концу этого параграфа, где приведены некоторые недостающие детали.

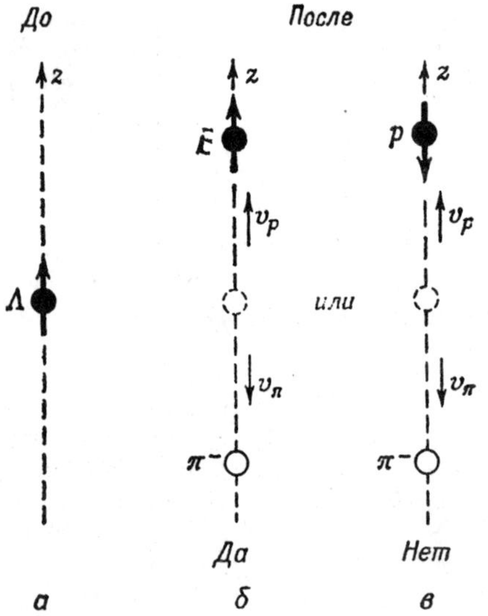

Фиг. 15.7. Две возможности распада частицы Λ^0 со спином, направленным вверх, если протон движется по оси $+z$.

Момент сохраняется только при схеме распада (б).

Вам, конечно, теперь ясно, что в этом случае спин протона направлен вниз (если только момент количества движения сохраняется). Обозначим амплитуду такого распада буквой b.

Об амплитудах a и b мы ничего больше сказать не сможем. Они зависят от внутренней механики частицы Λ^0 и от слабых распадов, и никто пока не знает, как их подсчитывать. Их приходится получать из опыта. Но, зная только эти две амплитуды, мы *можем* узнать об угловом распределении распадов все, что захотим. Надо только всегда тщательно и полностью определять те состояния, о которых идет речь.

Мы хотим знать вероятность того, что протон вылетит под углом θ к оси z (в некоторый узкий телесный

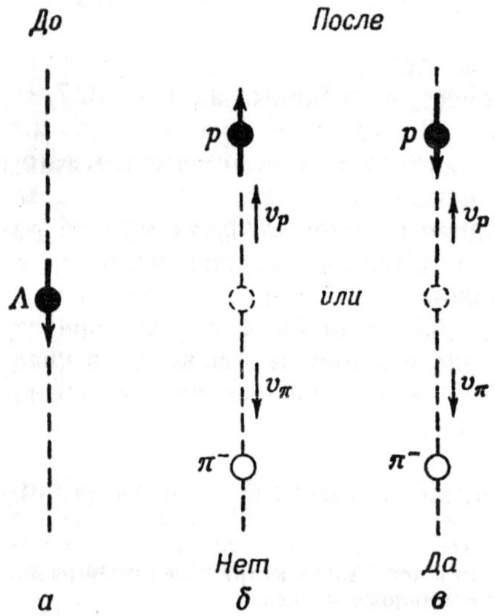

Фиг. 15.8. Распад вдоль оси z для Λ^0 со спином, направленным вниз.

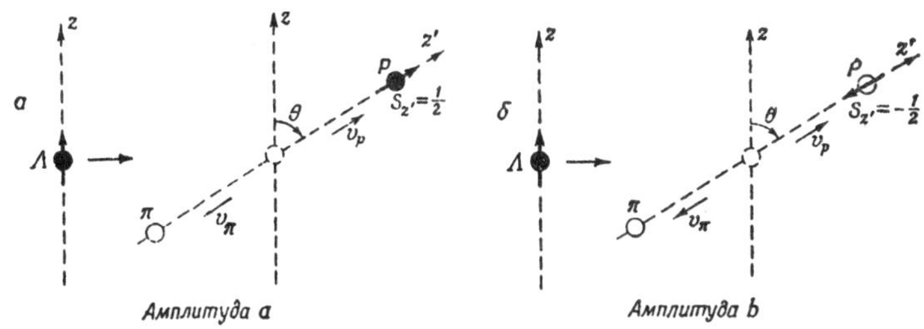

Фиг. 15.9. Два возможных состояния распада Λ^0.

угол $\Delta\Omega$), как показано на фиг. 15.9. Проведем новую ось z в этом направлении и обозначим ее z'! Как анализировать, что происходит вдоль этой оси, мы знаем. По отношению к ней спин Λ^0 уже не направлен вверх, а имеет какую-то амплитуду того, что он окажется направленным вверх и какую-то — вниз. Все это мы уже подсчитывали в гл. 4, а потом опять в гл. 8 [уравнение (8.30)] (вып. 8). Амплитуда того, что спин будет направлен вверх, есть $\cos\theta/2$, а амплитуда того, что спин будет смотреть вниз, есть $-\sin\theta/2$*. Когда спин Λ^0 направлен вверх по оси z', она испустит протон в направлении z' с амплитудой a. Значит, амплитуда того, что по направлению z' пройдет протон, держа свой спин вверх, равна

$$a\cos\frac{\theta}{2}. \qquad (15.33)$$

Точно так же амплитуда того, что вдоль положительной оси z' пройдет протон, направив свой спин вниз, равна

$$-b\sin\frac{\theta}{2}. \qquad (15.34)$$

Те два процесса, к которым относятся эти амплитуды, показаны на фиг. 15.9.

Теперь зададим такой немудреный вопрос. Пусть мы собираемся регистрировать протоны, вылетающие под угом θ, не интересуясь их спином. Два спиновых состояния (вверх и вниз по оси z') различимы, даже если бы мы того и не хотели. Значит, чтобы получить вероятность, надо амплитуды возвысить в квадрат и сложить. Вероятность $f(\theta)$ обнаружить протон в небольшом телесном угле $\Delta\Omega$ при θ равна

$$f(\theta)=|a|^2\cos^2\frac{\theta}{2}+|b|^2\sin^2\frac{\theta}{2}. \qquad (15.35)$$

---

* Мы провели ось z' в плоскости xz и используем матричные элементы для $R_y(\theta)$. То же получилось бы и при другом выборе осей.

Вспоминая, что $\sin^2\theta/2={}^1/_2\,(1-\cos\theta)$ и $\cos^2\theta/2={}^1/_2\,(1+\cos\theta)$, запишем $f(\theta)$ так:

$$f(\theta)=\frac{|a|^2+|b|^2}{2}+\frac{|a|^2-|b|^2}{2}\cos\theta. \qquad (15.36)$$

Угловое распределение имеет вид

$$f(\theta)=\beta\,(1+\alpha\cos\theta). \qquad (15.37)$$

Одна часть вероятности не зависит от θ, а другая зависит от $\cos\theta$ линейно. Из измерений углового распределения мы можем получить α и β, а значит, и $|a|$, и $|b|$.

Можно получить ответ и на многие другие вопросы. Может быть, вас интересуют лишь те протоны, спин которых направлен вверх относительно *старой* оси z? Каждый член в (15.33) и (15.34) даст амплитуду того, что спин протона окажется направленным вверх или вниз по отношению к оси z' ($|+z'\rangle$ и $|-z'\rangle$). А состояние, когда спин направлен вверх относительно старой оси, $|+z\rangle$, можно выразить через два базисных состояния $|+z'\rangle$ и $|-z'\rangle$. Можно тогда взять две амплитуды (15.33) и (15.34) с надлежащими коэффициентами ($\cos\theta/2$ и $-\sin\theta/2$) и получить полную амплитуду

$$\left(a\cos^2\frac{\theta}{2}+b\sin^2\frac{\theta}{2}\right).$$

Ее квадрат даст вероятность того, что протон вылетит под углом θ со спином, направленным туда же, куда направлен спин Λ^0 (вверх по оси z).

Если бы четность сохранялась, можно было бы сделать еще одно утверждение. Распад на фиг. 15.8— это просто зеркальное отражение, скажем в плоскости yz, распада с фиг. 15.7*. Если бы четность сохранялась, b равнялось бы либо a, либо $-a$. Тогда коэффициент α в (15.37) был бы равен нулю и распад одинаково часто происходил бы во всех направлениях.

Результаты опытов говорят, однако, что при распаде асимметрия *существует*. Измеренное угловое распределение действительно, как мы предсказали, меняется по закону $\cos\theta$, а не по закону $\cos^2\theta$ или по другой степени. Из этого углового распределения, стало быть, следует, что спин Λ^0 равен ${}^1/_2$. Кроме того, мы видим, что четность не сохраняется. Действительно, коэффициент α на опыте найден равным $-0{,}62\pm0{,}05$, так что b примерно вдвое больше a. Отсутствие симметрии относительно отражений совершенно очевидно.

Вы видите, как много можно вывести из сохранения момента количества движения. Еще некоторые примеры будут приведены в следующей главе.

---

* Вспомните, что спин — это аксиальный вектор и при отражении он переворачивается.

● ● ●

Замечание после лекции. Под амплитудой a здесь мы подразумевали амплитуду того, что состояние | протон летит по $+z$, спин по $+z\rangle$ образовано за бесконечно малое время dt из состояния $|\Lambda$, спин по $+z\rangle$, или, иными словами, что

$$\langle \text{протон летит по } +z, \text{ спин по } +z\,|\,H\,|\,\Lambda, \text{ спин по } +z\rangle = i\hbar a, \tag{15.38}$$

где H — гамильтониан всего мира или по крайней мере той его части, которая ответственна за Λ-распад. Сохранение момента количества движения означает, что у гамильтониана должно быть такое свойство:

$$\langle \text{протон летит по } +z, \text{ спин по } -z\,|\,H\,|\,\Lambda, \text{ спин по } +z\rangle = 0. \tag{15.39}$$

Под амплитудой b подразумевается, что

$$\langle \text{протон летит по } +z, \text{ спин по } -z\,|\,H\,|\,\Lambda, \text{ спин по } -z\rangle = i\hbar b. \tag{15.40}$$

Сохранение момента количества движения предполагает, что

$$\langle \text{протон летит по } +z, \text{ спин по } +z\,|\,H\,|\,\Lambda, \text{ спин по } -z\rangle = 0. \tag{15.41}$$

Если вам не ясно, как написаны амплитуды (15.33) и (15.34), можно их записать в более математической форме. Когда мы писали (15.33), нам нужна была амплитуда того, что Λ со спином, направленным по $+z$, распадается на протон, движущийся вдоль направления $+z'$ и обладающий спином, направленным тоже по $+z'$, т. е.

$$\langle \text{протон летит по } +z', \text{ спин по } +z'\,|\,H\,|\,\Lambda, \text{ спин по } +z\rangle. \tag{15.42}$$

По общим теоремам квантовой механики эту амплитуду можно записать так:

$$\sum_i \langle \text{протон летит по } +z', \text{ спин по } +z'\,|\,H\,|\,\Lambda, i\rangle\langle\Lambda, i\,|\,\Lambda, \text{ спин по } +z\rangle, \tag{15.43}$$

где суммирование проводится по базисным состояниям $|\Lambda, i\rangle$ покоящейся Λ-частицы. Поскольку спин Λ-частицы равен $^1/_2$, таких состояний два, в каком бы базисе мы ни работали. Если в качестве базисных мы выберем состояния со спином, направленным вверх и вниз *по отношению к оси* z' ($|+z'\rangle$, $|-z'\rangle$), то амплитуда (15.43) будет равна сумме

$$\langle \text{протон летит по } +z', \text{ спин по } +z'\,|\,H\,|\,\Lambda, +z'\rangle\langle\Lambda, +z'\,|\,\Lambda, +z\rangle + \langle \text{протон летит по } +z', \text{ спин по } +z'\,|\,H\,|\,\Lambda, -z'\rangle\times\langle\Lambda, -z'\,|\,\Lambda, +z\rangle. \tag{15.44}$$

Первый множитель в первом слагаемом равен a [из (15.38)], а первый множитель во втором слагаемом равен нулю — из формулы (15.41), в свою очередь следующей из сохранения момента количества движения. Второй множитель $\langle\Lambda, +z'\,|\,\Lambda, +z\rangle$ из первого слагаемого — это как раз амплитуда того, что частица со спином $^1/_2$, направленным вверх по одной оси, будет также обладать спином, направленным вверх по другой оси, повернутой относительно первой на угол θ. Такая амплитуда равна $\cos\theta/2$ [см. табл. 4.2 (вып. 8)]. Так что (15.44) равно просто $a\cos\theta/2$, как и было написано в (15.33). Амплитуда (15.34) следует из таких же рассуждений для Λ-частицы со спином, направленным вниз.

● ● ●

§ 6. *Сводка матриц поворота*

Теперь мы хотим собрать воедино все, что мы узнали о поворотах частиц со спином $^1/_2$ и спином 1; это будет удобно для дальнейшего. Ниже вы найдете таблицы двух матриц поворота $R_z(\varphi)$ и $R_y(\theta)$ для частиц со спином $^1/_2$, для частиц со спином 1 и для фотонов (частиц со спином 1 и нулевой массой). Для каждого из них приведены элементы матрицы $\langle j|R|i\rangle$ поворотов вокруг оси z или оси y. Они, конечно, в точности эквивалентны амплитудам типа $\langle +T|0S\rangle$, которыми мы пользовались в предыдущих главах. Под $R_z(\varphi)$ мы понимаем, что берется проекция состояния на новую систему координат, повернутую на угол φ вокруг оси z, причем для определения направления поворота всегда применяется правило правой руки; $R_y(\theta)$ означает, что оси координат повернуты на угол θ вокруг оси y. Зная эти два поворота, вы запросто сможете рассчитать любой поворот. Как обычно, матричный элемент пишется так, что состояние *слева* — это базисное состояние *новой* (повернутой) системы, а состояние *справа* — это базисное состояние *старой* (неповернутой) системы. Клетки таблицы можно истолковывать по-разному. К примеру, клетка $e^{-i\varphi/2}$ в табл. 15.1 означает, что матричный элемент $\langle -|R|-\rangle = e^{-i\varphi/2}$. Но это означает также, что $\hat{R}|-\rangle = e^{-i\varphi/2}|-\rangle$ или что $\langle -|\hat{R} = \langle -|e^{-i\varphi/2}$. Это все одно и то же.

Таблица 15.1 ● МАТРИЦЫ ПОВОРОТА ДЛЯ СПИНА $^1/_2$

Два состояния: $|+\rangle$, вверх по оси z, $m=+^1/_2$
$|-\rangle$, вниз по оси z, $m=-^1/_2$

$R_z(\varphi)$	$\lvert+\rangle$	$\lvert-\rangle$
$\langle+\rvert$	$e^{+i\varphi/2}$	0
$\langle-\rvert$	0	$e^{-i\varphi/2}$

$R_y(\theta)$	$\lvert+\rangle$	$\lvert-\rangle$
$\langle+\rvert$	$\cos\theta/2$	$\sin\theta/2$
$\langle-\rvert$	$-\sin\theta/2$	$\cos\theta/2$

Таблица 15.2 • МАТРИЦЫ ПОВОРОТА ДЛЯ СПИНА 1

Три состояния: $|+\rangle,\ m=+1$

$|0\rangle,\ m=0$

$|-\rangle,\ m=-1$

$R_z(\varphi)$	$\vert +\rangle$	$\vert 0\rangle$	$\vert -\rangle$
$\langle +\vert$	$e^{+i\varphi}$	0	0
$\langle 0\vert$	0	1	0
$\langle -\vert$	0	0	$e^{-i\varphi}$

$R_y(\theta)$	$\vert +\rangle$	$\vert 0\rangle$	$\vert -\rangle$
$\langle +\vert$	$\frac{1}{2}(1+\cos\theta)$	$+\frac{1}{\sqrt{2}}\sin\theta$	$\frac{1}{2}(1-\cos\theta)$
$\langle 0\vert$	$-\frac{1}{\sqrt{2}}\sin\theta$	$\cos 0$	$+\frac{1}{\sqrt{2}}\sin\theta$
$\langle -\vert$	$\frac{1}{2}(1-\cos\theta)$	$-\frac{1}{\sqrt{2}}\sin\theta$	$\frac{1}{2}(1+\cos\theta)$

Таблица 15.3 • ФОТОНЫ

Два состояния:

$|R\rangle=\frac{1}{\sqrt{2}}(|x\rangle+i|y\rangle)$

$m=+1$

(правополяризованные)

$|L\rangle=\frac{1}{\sqrt{2}}(|x\rangle-i|y\rangle)$,

$m=-1$

(левополяризованные)

$R_z(\varphi)$	$\vert R\rangle$	$\vert L\rangle$
$\langle R\vert$	$e^{+i\varphi}$	0
$\langle L\vert$	0	$e^{-i\varphi}$

Глава 16

МОМЕНТ КОЛИЧЕСТВА ДВИЖЕНИЯ

§ 1. Электрическое дипольное излучение

В предыдущей главе мы развили представления о сохранении момента количества движения в квантовой механике и показали, как ими можно воспользоваться для предсказания углового распределения протонов при распаде Λ^0-частицы. Теперь мы хотим добавить еще несколько иллюстраций тех следствий, которые вытекают из сохранения момента количества движения в атомных системах. Первым примером послужит излучение света атомом. Сохранение момента количества движения (наряду с другими обстоятельствами) определит поляризацию и угловое распределение испускаемых фотонов.

Пусть имеется атом в возбужденном состоянии с определенным моментом количества движения, скажем со спином, равным 1; он, излучая фотон, переходит к состоянию с моментом нуль при более низкой энергии. Задача в том, чтобы представить угловое распределение и поляризацию фотонов. (Она очень похожа на задачу о распаде Λ^0-частицы, но только теперь спин равен не $^1/_2$, а 1.) Раз у возбужденного состояния спин равен единице, то для z-компоненты момента имеются три возможности. Значения m может быть или $+1$, или 0, или -1. Возьмем для примера $m=+1$. (Если мы разберемся в этом примере, то справимся и с другими.) Предположим, что момент количества движения атома направлен по оси $+z$ (фиг. 16.1, *а*), и спросим, какова амплитуда того, что он излучит вверх по оси z правополяризованный по кругу свет, так что в результате его момент станет равным нулю (фиг. 16.1, *б*). Ответа на этот вопрос мы не знаем. Но зато мы знаем, что правополяризованный по кругу свет уносит вдоль направления своего распространения одну единицу момента количества движения. Значит, после излучения фотона положение станет таким, как показано на фиг. 16.1, *б*, т. е. атом остался с нулевым моментом относительно оси z, поскольку мы предположили, что низшее состояние атома имеет спин нуль. Обозначим амплитуду такого события буквой a. Точнее, a будет обозначать амплитуду излучения фотона в некоторый узкий телесный угол $\Delta\Omega$, окружающий ось z, за время dt. Заметьте, что амплитуда излучения левого фотона в том же направлении равна нулю. У такого фотона момент относительно оси z был бы равен -1, а так как у атома он равен нулю, то и в сумме получилось бы -1, так что момент не сохранился бы.

Точно так же, если спин атома вначале направлен вниз (-1 вдоль оси z), то он может излучать в направлении оси $+z$ только левые фотоны (фиг. 16.2). Амплитуду такого события обозначим буквой b (снова имея в виду амплитуду излучения фотона в некоторый узкий телесный угол $\Delta\Omega$). С другой стороны, если атом находится в состоянии с $m=0$, он вообще не сможет испустить фотон в направлении $+z$, потому что у фотона момент количества движения относительно его направления распространения может быть только $+1$ или -1.

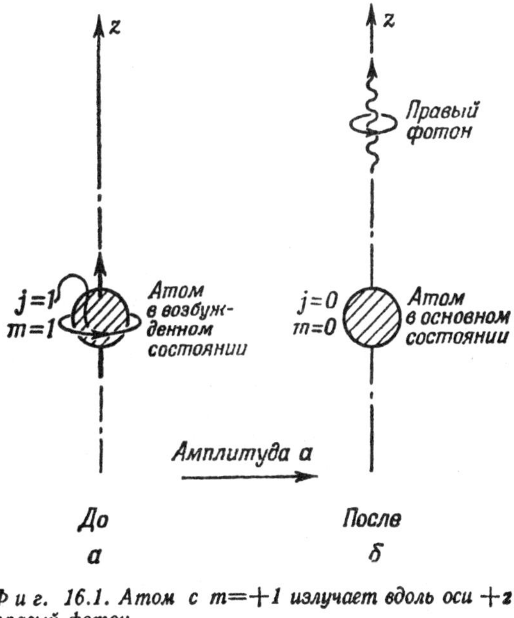

Фиг. 16.1. Атом с $m=+1$ излучает вдоль оси $+z$ правый фотон.

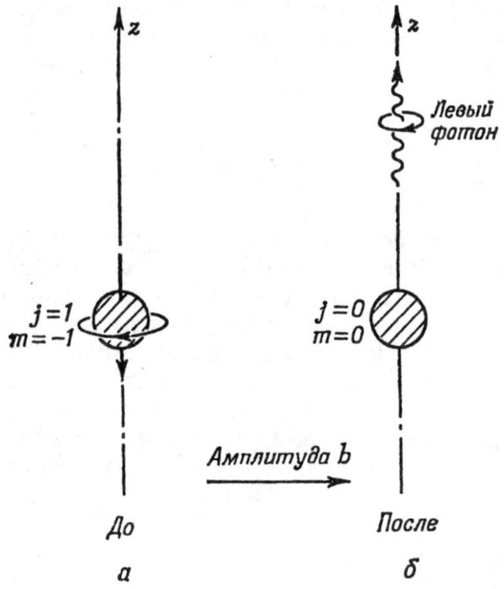

Фиг. 16.2. Атом с $m=-1$ излучает вдоль оси z левый фотон.

Далее, можно показать, что b и a связаны. Проделаем над системой, изображенной на фиг. 16.1, преобразование инверсии. Это значит, что мы должны представить себе, как будет выглядеть система, если мы каждую ее часть передвинем в соответствующую точку с другой стороны от начала координат. Но это *не значит*, что следует отражать и векторы момента количества движения, ведь они — искусственные образования. Нужно другое — нужно обратить истинный характер движения, соответствующего такому моменту количества движения.

На фиг. 16.3, *а* мы показали, как выглядит процесс, изображенный на фиг. 16.1, до и после инверсии относительно центра атома. Заметьте, что направление вращения атома не изменилось*. В обращенной системе (фиг. 16.3, *б*) получается атом с $m=+1$, излучающий вниз левый фотон.

Если мы теперь повернем систему, изображенную на фиг. 16.3, *б*, на 180° вокруг оси y, она совпадет с фиг. 16.2. Сочетание инверсии и поворота превращает второй процесс в первый. Пользуясь табл. 15.2 (стр. 129, мы видим, что по-

* Когда мы переводим x, y, z в $-x$, $-y$, $-z$, то можно подумать, что все векторы перевернутся. Это верно для *полярных* векторов, таких, как смещения и скорости, но не для *аксиальных* векторов наподобие момента количества движения, да и любых векторов, представляющих собой векторное произведение двух полярных векторов. Компоненты аксиальных векторов при инверсии не меняются.

Фиг. 16.3. Если процесс (а) преобразовать путем инверсии относительно центра атома, он станет выглядеть, как (б).

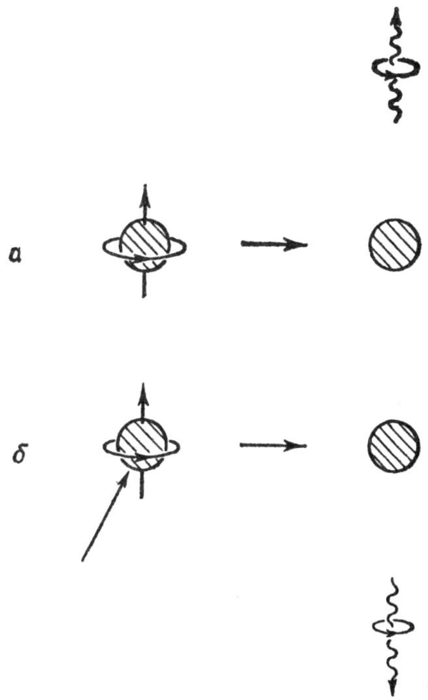

ворот на 180° вокруг оси y как раз переводит состояние с $m=-1$ в состояние с $m=+1$, так что амплитуда b должна быть равна амплитуде a, *если не считать возможной перемены знака при инверсии.* А перемена знака при инверсии зависит от четностей начального и конечного состояний атома.

В атомных процессах четность сохраняется, так что четность всей системы до и после излучения фотона должна быть одной и той же. Что на самом деле произойдет, зависит от того, положительны или отрицательны четности начального и конечного состояний атома — в разных случаях угловое распределение излучения будет различным. Возьмем обычный случай *отрицательной* четности начального состояния атома и *положительной* четности конечного; он даст так называемое «электрическое дипольное излучение». (Если начальное и конечное состояния обладают одинаковой четностью, то говорят, что происходит «магнитное дипольное излучение», напоминающее по характеру излучение витка с переменным током.) Если четность начального состояния отрицательна, его амплитуда при инверсии, переводящей систему из *а* и *б* на фиг. 16.3, меняет знак. Конечное состояние атома имеет положительную четность, так что его амплитуда при инверсии знака не меняет. Если в реакции сохраняется четность, то амплитуда b должна быть равна a по величине, но противоположна по знаку.

Мы приходим к заключению, что если амплитуда того, что состояние $m=+1$ излучит фотон вперед, равна a, то для рассматриваемых четностей начального и конечного состояний амплитуда того, что состояние $m=-1$ излучит вперед левый фотон*, равна $-a$.

Теперь у нас есть все, чтобы найти амплитуду того, что фотон будет испущен под углом θ к оси z. Пусть вначале атом поляризован так, что $m=+1$. Это состояние мы можем разложить на состояния с $m=+1$, $0, -1$ относительно новой оси z', проведенной в направлении испускания фотона. Амплитуды этих трех состояний — как раз те, которые были приведены в нижней половине табл. 15.2 (стр. 129). Амплитуда того, что правый фотон испускается в направлении θ, равна тогда произведению a на амплитуду того, что в этом направлении будет $m=+1$, а именно

$$a\langle +\,|\,R_y(\theta)\,|\,+\rangle=\frac{a}{2}(1+\cos\theta). \tag{16.1}$$

Амплитуда того, что в том же направлении будет испущен левый фотон, равна произведению $-a$ на амплитуду того, что в новом направлении будет $m=-1$. Из табл. 15.2 следует

$$-a\langle -\,|\,R_y(\theta)\,|\,+\rangle=\frac{a}{-2}(1-\cos\theta). \tag{16.2}$$

Если вас интересуют другие поляризации, то их амплитуды вы получите из суперпозиции этих двух амплитуд. Чтобы получить интенсивность любой компоненты как функцию угла, вам придется, конечно, взять квадрат модуля амплитуд.

§ 2. *Рассеяние света*

Воспользуемся этими результатами, чтобы решить немного более сложную задачу, но зато и более близкую к реальности. Предположим, что те же атомы находятся в своем основном состоянии ($j=0$) и *рассеивают* падающий на них пучок света. Пусть свет первоначально распространяется в направлении $+z$, так что фотоны падают на атом *из* направления $-z$, как показано на фиг. 16.4, *а*. Рассеяние света мы можем рассматривать как процесс, состоящий из двух шагов: фотон поглощается, а затем вновь излучается. Если мы начнем с правого фотона (фиг. 16.4, *а*) и если момент количества движения сохраняется, то после поглощения атом окажется в состоянии с $m=+1$ (фиг. 16.4, *б*). Амплитуду этого процесса мы обозначим c. Затем атом может испустить правый фотон в направлении θ (фиг. 16.4, *в*). Полная амплитуда того, что правый фотон рассеется в направлении θ, равна просто произведению c на (16.1). Обозначая эту амплитуду

---

* Кое-кто может возразить, что все эти рассуждения неверны, потому что наши конечные состояния не обладают определенной четностью. В добавлении 2 в конце этой главы вы найдете другое доказательство, которое вас удовлетворит.

рассеяния $\langle R'|S|R\rangle$, имеем

$$\langle R'|S|R\rangle=\frac{ac}{2}(1+\cos\theta). \qquad (16.3)$$

Имеется также амплитуда того, что поглотится правый фотон, а излучится левый. Произведение обеих амплитуд — это амплитуда $\langle L',|S|R\rangle$ — амплитуда того, что правый фотон, рассеявшись, превратится в левый. Используя (16.2), имеем

$$\langle L'|S|R\rangle=-\frac{ac}{2}(1-\cos\theta). \qquad (16.4)$$

Теперь посмотрим, что́ происходит, если на атом падает левый фото́н. Когда он поглощается, сам атом переходит в состояние с $m=-1$. Рассуждая так же, как в предыдущем параграфе, можно показать, что эта амплитуда будет равна $-c$. Амплитуда того, что атом в состоянии с $m=-1$ испустит правый фотон под углом θ, равна произведению a на амплитуду $\langle +|R_y(\theta)|-\rangle$, равную $^1/_2$ $(1-\cos\theta)$. В итоге получается

$$\langle R'|S|L\rangle=-\frac{ac}{2}(1-\cos\theta). \qquad (16.5)$$

Наконец, амплитуда того, что левый фотон после рассеяния останется левым, есть

$$\langle L'|S|L\rangle=\frac{ac}{2}(1+\cos\theta) \qquad (16.6)$$

(здесь минус на минус дал плюс).

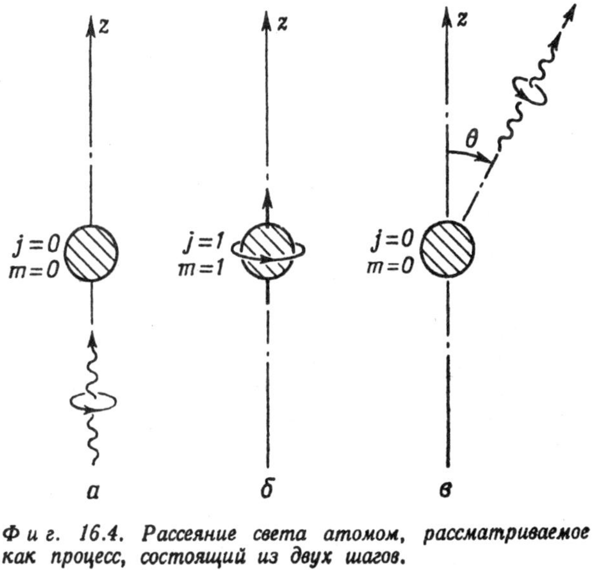

Фиг. 16.4. Рассеяние света атомом, рассматриваемое как процесс, состоящий из двух шагов.

Если мы измеряем *интенсивность* рассеяния для любой данной комбинации круговых поляризаций, то она будет пропорциональна квадрату одной из этих четырех амплитуд. Например, если падает правополяризованный пучок света, то интенсивность правополяризованного света в рассеянном излучении будет меняться как $(1+\cos\theta)^2$.

Все это прекрасно, но допустим, что мы хотели бы начать с *линейно* поляризованного света. Чего можно было бы тогда ожидать? Если свет поляризован вдоль оси x, его можно представить как суперпозицию право- и левополяризованного по кругу света. Мы пишем [см. гл. 9, § 4 (вып. 8)]

$$|x\rangle=\frac{1}{\sqrt{2}}(|R\rangle+|L\rangle). \tag{16.7}$$

Или если свет поляризован вдоль оси y, то

$$|y\rangle=-\frac{i}{\sqrt{2}}(|R\rangle-|L\rangle). \tag{16.8}$$

Что вы теперь хотите знать? Хотите знать амплитуду того, что x-поляризованный фотон рассеется под углом θ как правый фотон? Пожалуйста. Примените для этого обычное правило комбинирования амплитуд. Сначала умножьте (16.7) на $\langle R'|S$. Вы получите

$$\langle R'|S|x\rangle=\frac{1}{\sqrt{2}}[\langle R'|S|R\rangle+\langle R'|S|L\rangle]. \tag{16.9}$$

Теперь подставьте сюда (16.3) и (16.5). Получается

$$\langle R'|S|x\rangle=\frac{ac}{\sqrt{2}}\cos\theta. \tag{16.10}$$

Если бы вам нужна была амплитуда того, что x-фотон рассеется как левый фотон, то вы бы получили

$$\langle L'|S|x\rangle=\frac{ac}{\sqrt{2}}\cos\theta. \tag{16.11}$$

Наконец, представим, что вас заинтересовала амплитуда того, что x-поляризованный фотон рассеется, сохранив свою x-поляризацию. Значит, вам нужно знать $\langle x'|S|x\rangle$. Это можно записать так:

$$\langle x'|S|x\rangle=\langle x'|R'\rangle\langle R'|S|x\rangle+\langle x'|L'\rangle\langle L'|S|x\rangle. \tag{16.12}$$

Если вы затем вспомните соотношения

$$|R'\rangle=\frac{1}{\sqrt{2}}(|x'\rangle+i|y'\rangle), \tag{16.13}$$

$$|L'\rangle=\frac{1}{\sqrt{2}}(|x'\rangle-i|y'\rangle), \tag{16.14}$$

то из них последует

$$\langle x' \mid R' \rangle = \frac{1}{\sqrt{2}}, \qquad (16.15)$$

$$\langle x' \mid L' \rangle = \frac{1}{\sqrt{2}}. \qquad (16.16)$$

В итоге вы получите

$$\langle x' \mid S \mid x \rangle = ac \cos \theta. \qquad (16.17)$$

Ответ, стало быть, состоит в том, что пучок x-поляризованного света рассеивается в направлении θ (в плоскости xz) с *интенсивностью*, пропорциональной $\cos^2 \theta$. Если же нас интересует y-поляризованный свет, то

$$\langle y' \mid S \mid x \rangle = 0. \qquad (16.8)$$

Иначе говоря, рассеянный свет полностью поляризован в x-направлении.

Здесь отметим интересную вещь. Формулы (16.17) и (16.18) точно соответствуют классической теории рассеяния света, которую мы излагали в гл. 32, § 5 (вып. 3), считая, что электрон связан с атомом линейной возвращающей силой, что действует он как классический осциллятор. Вы можете подумать: «А в классической теории все было куда проще; если она дает верный ответ, зачем забивать себе голову квантовой теорией?» Во-первых, мы пока рассмотрели только один частный (хотя и частый) случай атома с возбужденным состоянием $j=1$ и с основным состоянием $j=0$. Если бы возбужденное состояние имело спин, равный 2, вы бы получили уже иные результаты. Во-вторых, нет причины, почему бы модель электрона, привязанного к пружинке и приводимого в движение колеблющимся электрическим полем, должна была бы быть верна для одиночного фотона. Правда, мы обнаружили, что она все же верна и что интенсивность и поляризация оказываются какими надо. Так что в каком-то смысле мы в течение нашего курса лавировали где-то неподалеку от истины. В начале курса мы излагали теорию показателя преломления и рассеяния света, опираясь на классические представления. А теперь мы показали, что квантовая теория в самых обычных случаях приводит к тому же результату. Мы фактически только что объяснили такое скажем, явление, как поляризация дневного света, с помощью квантовомеханических рассуждений, а это единственный по-настоящему законный путь.

Вообще все имеющие сегодня хождение классические теории должны быть в конечном счете подтверждены единственно правильными квантовыми аргументами. Естественно, что все те вещи, на объяснения которых мы потратили прежде столько времени, были отобраны как раз из тех частей классической физики, которые еще подтверждаются квантовой механикой. Заметьте, что мы не обсуждали во всех деталях такие модели атома, в которых электроны двигались вокруг ядра по орбитам. Это потому, что такая модель не дает результатов, согласуемых с квантовой механикой. Но электрон на пружинке (хоть эта картина ничуть не смахивает на настоящий атом) действительно с ней согласуется, и потому мы применяли эту модель в теории показателя преломления.

§ 3. *Аннигиляция позитрония*

Теперь хотелось бы рассмотреть еще один очень интересный пример. Он очень привлекателен, хотя и немного сложен, но надеемся, все же не слишком. Пример этот — система, именуемая *позитронием*, т. е. «атом», составленный из электрона и позитрона,— связанное состояние e^+ и e^-. Он походит на атом водорода, только вместо протона стоит позитрон. Как и у водорода, у него много состояний. И как у водорода, основное состояние вследствие взаимодействия с магнитным моментом расщепляется на «сверхтонкую структуру». Спины электрона и позитрона равны $^1/_2$ и могут быть либо параллельны, либо антипараллельны любой данной оси. (В основном состоянии орбитальное движение не создает своего момента количества движения.) Итак, всего есть четверка состояний: три из них — подсостояния системы со спином 1, все с одной энергией; и одно состояние со спином нуль и с иной, отличной энергией. Однако расщепление уровней здесь намного сильнее, чем те 1420 *Мгц*, которые есть в спектре водорода, потому что магнитный момент у позитрона куда больше протонного — в 1000 раз.

Но самое важное различие в том, что позитроний не может существовать вечно. Позитрон — это античастица электрона; они могут взаимно друг друга уничтожить. Две частицы полностью исчезают, обращая свою энергию покоя в излучение в виде γ-квантов (фотонов). Две частицы с конечной массой покоя переходят в пару (а то и больше) объектов с нулевой массой покоя*.

Начнем с анализа распада состояния позитрония со спином нуль. Он распадается на два γ-кванта со временем жизни 10^{-10} *сек*. Вначале имеются позитрон и электрон с антипараллельными спинами, расположенные очень близко один к другому и обра-

---

* При нашем нынешнем глубоком понимании мира нелегко ответить на вопрос — менее ли «материальна» энергия фотона, чем энергия электрона, ведь, как вы помните, все частицы ведут себя очень похоже. Единственное различие в том, что у фотона масса покоя равна нулю.

Фиг. 16.5. Двухфотонная аннигиляция позитрония.

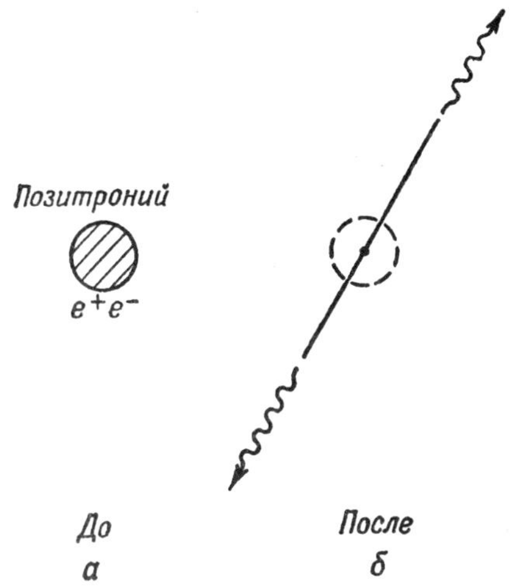

зующие систему позитрония. После распада возникают два фотона, разлетающиеся с равными и противоположными импульсами (фиг. 16.5). Импульсы обязаны быть равны и противоположны, потому что полный импульс после распада должен быть таким, как и до распада, т. е. равен нулю (если мы рассматриваем аннигиляцию в покое). Если позитроний движется, мы можем нагнать его, решить задачу и затем все преобразовать обратно в лабораторную систему (вот видите — мы теперь все умеем; все, что надо, у нас под рукой).

Для начала заметим, что угловое распределение интереса не представляет. Раз спин начального состояния равен нулю, то нет какой-либо выделенной оси, оно симметрично относительно любых поворотов. Значит, и конечное состояние должно быть симметрично относительно всякого поворота. Это означает, что все углы распада одинаково вероятны — амплитуда вылететь в любую сторону для фотона одна и та же. Конечно, если *один* из фотонов отправляется в одну сторону, то *другой* отправится в противоположную.

Единственное, что нам остается, это рассмотреть поляризацию фотонов. Проведем ось $+z$ по направлению движения одного фотона, а ось $-z$ по направлению движения второго фотона. Для описания состояний поляризации фотонов можно использовать любые представления. Мы выберем правую и левую круговые поляризации, всегда отсчитывая их относительно направлений движения. Сразу же видно, что если движущийся вверх фотон — правый, то момент количества движения останется прежним, если фотон, отправившийся вниз, тоже окажется правым. Каждый фотон унесет по $+1$ единице момента *относительно*

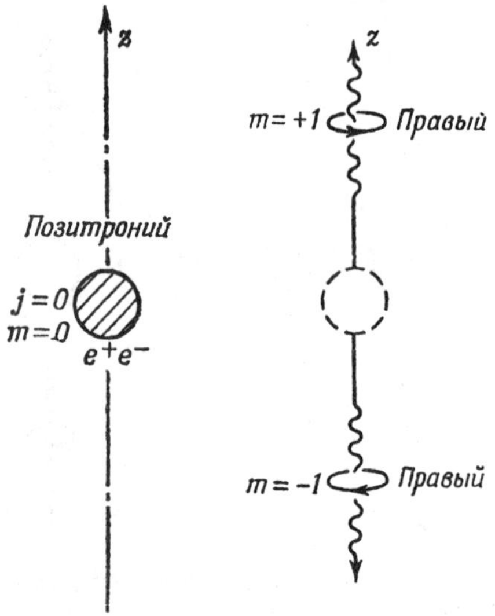

Фиг. 16.6. Одна из возможностей для аннигиляции позитрония вдоль оси z.

*направления своего импульса**, что означает +1 и —1 относительно оси z. В сумме будет нуль, и момент количества движения после распада окажется таким же, как и до распада (фиг. 16.6).

Те же рассуждения показывают, что если движущийся вверх фотон является правым, то движущийся вниз не может быть левым, ведь тогда конечное состояние обладало бы двумя единицами момента количества движения. А это не разрешается, если спин начального состояния равен нулю. Заметьте, что такое конечное состояние невозможно и тогда, когда основное состояние позитрония обладает спином 1, потому что в этом случае наибольшая величина момента количества движения в любом направлении равна единице.

А теперь мы покажем, что двухфотонная аннигиляция из состояния со спином 1 вообще невозможна. Могло бы показаться, что это не так, что если взять состояние с $j=1$, $m=0$, у которого момент количества движения относительно оси z равен нулю, то оно будет походить на состояние со спином 0 и поэтому распадется на два правых фотона. Конечно, изображенный на фиг. 16.7, *а* распад сохраняет момент количества движения относительно оси z. Но посмотрим, что будет, если мы повернем эту систему вокруг оси y на 180°; получится то, что показано на фиг. 16.7, *б*, т. е. конфигурация, в точности совпадающая с фиг. 16.7, *а*. Обменялись местами два фотона и больше ничего. А ведь фотоны — это бозе-частицы; перестановка их местами не меняет знака амп-

* Заметьте, что мы всегда анализируем момент количества движения относительно направления движения частицы. Если бы мы стали интересоваться моментом количества движения относительно других осей, нам пришлось бы учесть возможность «орбитального» момента количества движения — от члена $\mathbf{p}\times\mathbf{r}$. Так, мы не в праве говорить, что фотоны вылетают прямо из центра позитрония. Они могли вылететь, как два комка с обода вертящегося колеса. О таких подробностях не приходится задумываться, если проводить ось вдоль направления движения.

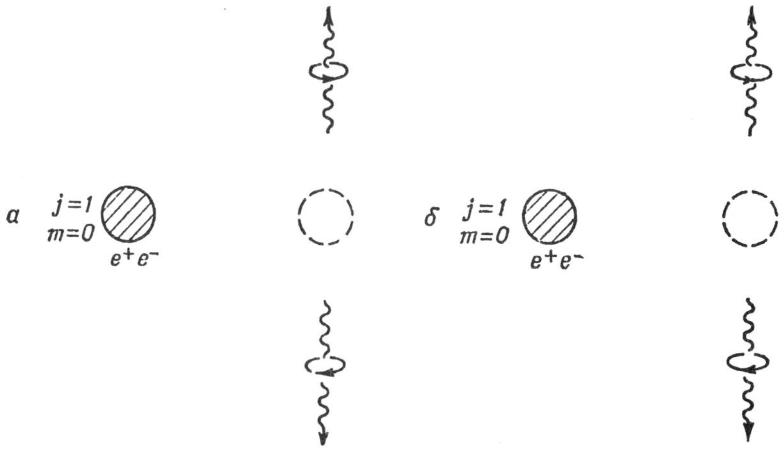

Фиг. 16.7. Для состояния позитрония с $j=1$ процесс (а) и процесс (б), получаемый поворотом (а) вокруг оси y на 180°, в точности совпадают.

литуды, так что амплитуда распада на конфигурацию, показанную на фиг. 16.7, *б*, должна быть такой же, как и на конфигурацию фиг. 16.7, *а*. Но мы предположили, что у начального объекта спин был равен единице. А когда мы поворачиваем объект со спином 1 в состоянии с $m=0$ на 180° вокруг оси y, то его амплитуда меняет знак (см. табл. 15.2 для $\theta=\pi$, стр. 129). Значит, амплитуды обеих конфигураций на фиг. 16.7 должны иметь обратные знаки; частица со спином 1 *не может распадаться на два фотона.*

Когда образуется позитроний, то можно ожидать, что в течение $^1/_4$ времени он будет превращаться в состояние со спином 0 и в течение $^3/_4$ времени — в состояние со спином 1 (с $m=-1,0$ или $+1$). Так что $^1/_4$ времени будет происходить двухфотонная аннигиляция. Остальные $^3/_4$ времени двухфотонная аннигиляция происходить не может. Аннигиляция происходит, но *на три* фотона. Такой аннигиляции труднее дождаться, и время жизни получается в 1000 раз дольше — около 10^{-7} *сек*. Это и наблюдается на опыте. Аннигиляцией состояния со спином 1 мы подробнее заниматься не будем.

До сих пор мы, опираясь на сохранение момента количества движения, считали, что состояние позитрония с нулевым спином может превращаться в два правых фотона. Имеется и другая возможность: это состояние может превратиться в пару левых фотонов, как показано на фиг. 16.8. Следующий вопрос — каково соотношение между амплитудами этих двух типов распада? Это можно узнать, учтя сохранение четности.

Но для этого нам нужно знать четность позитрония. Физики-теоретики показали (сложным путем, который нелегко пояснить), что четности электрона и позитрона (его античастицы) должны быть противоположны, так что основное состояние позитрония со спином 0 должно обладать отрицательной четностью. Мы просто предположим, что четность отрицательна, и, поскольку мы получим согласие с экспериментом, мы сочтем это достаточно убедительным доводом.

Посмотрим же, что произойдет, если мы проделаем инверсию процесса на фиг. 16.6. При инверсии оба фотона меняют свои направления и поляризации. Обращенная картина выглядит так, как показано на фиг. 16.8. Если считать, что четность позитрония отрицательна, то амплитуды процессов на фиг. 16.6 и 16.8 должны иметь обратные знаки. Пусть $|R_1R_2\rangle$ — конечное состояние на фиг. 16.6, где оба фотона правые, а $|L_1L_2\rangle$— конечное состояние на фиг. 16.8, где оба фотона — левые. Истинное конечное состояние (обозначим его $|F\rangle$) должно быть таким:

$$|F\rangle=|R_1R_2\rangle-|L_1L_2\rangle. \tag{16.19}$$

Тогда инверсия поменяет местами все R со всеми L и приведет к состоянию

$$P|F\rangle=|L_1L_2\rangle-|R_1R_2\rangle=-|F\rangle, \tag{16.20}$$

имеющему по сравнению с (16.19) знак минус. Значит, конечное состояние $|F\rangle$ обладает отрицательной четностью, совпадающей с четностью первоначального состояния позитрония со спином 0. Это единственное конечное состояние, которое сохраняет и момент количества движения и четность. Можно, конечно, вычислить амплитуду того, что произойдет распад в это состояние, но мы не будем этим заниматься, нас сейчас интересует только поляризация.

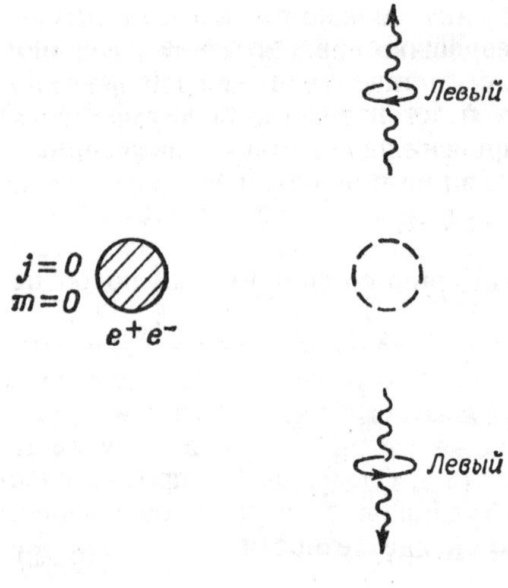

Фиг. 16.8. Другой мыслимый процесс аннигиляции позитрония.

Что же означает состояние (16.19) физически? Один из выводов таков: если мы наблюдаем пару фотонов при помощи двух детекторов, которые могут порознь считать число левых или число правых фотонов, то мы всегда будем видеть одновременно либо пару правых, либо пару левых фотонов. Иначе говоря, если вы встанете по одну сторону позитрония, а ваш приятель по другую, то вы сможете, измеряя поляризацию, сказать вашему приятелю, какая поляризация у него получилась. С вероятностью 50% вы будете ловить то левый, то правый фотон; что вы поймаете, то и предсказывайте.

Раз левая и правая поляризации встречаются поровну, то все это сильно смахивает на линейную поляризацию. Спросим себя, что будет, если наблюдать фотон с помощью счетчиков, которые воспринимают только линейно поляризованный свет? Поляризацию γ-квантов измерять не так легко, как поляризацию света; нет таких поляризаторов, которые на столь коротких волнах хорошо работают. Но вообразим, чтобы облегчить обсуждение, что такое бывает. Пусть имеется счетчик, который воспринимает только x-поляризованный свет, а по ту сторону позитрония стоит кто-то, кто тоже наблюдает линейно поляризованный свет, но только, скажем, y-поляризованный. Каков шанс, что вы оба одновременно заметите фотоны от аннигиляции? Нужно найти амплитуду того, что $|F\rangle$ будет в состоянии $|x_1y_2\rangle$. Иными словами, мы ищем амплитуду

$$\langle x_1y_2|F\rangle,$$

которая, конечно, равна просто разности

$$\langle x_1y_2|R_1R_2\rangle-\langle x_1y_2|L_1L_2\rangle. \qquad (16.21)$$

Далее, хотя нам сейчас нужны двухчастичные амплитуды для двух фотонов, с ними здесь можно обращаться так же, как с амплитудами для отдельных частиц, ведь каждая частица действует независимо от другой. Это значит, что амплитуда $\langle x_1y_2|R_1R_2\rangle$ попросту равна произведению двух независимых амплитуд $\langle x_1|R_1\rangle$ и $\langle y_2|R_2\rangle$. Эти амплитуды (см. табл. 15.3, стр. 130) равны $1/\sqrt{2}$ и $i/\sqrt{2}$, так что

$$\langle x_1y_2|R_1R_2\rangle=+\frac{i}{2}.$$

Аналогично,

$$\langle x_1y_2|L_1L_2\rangle=-\frac{i}{2}.$$

Вычитая их, как сказано в (16.21), получаем

$$\langle x_1y_2|F\rangle=+i. \qquad (16.22)$$

Значит, *если* вы заметите в своем x-поляризованном детекторе фотон, то ваш приятель с вероятностью *единица* тоже заметит фотон в своем y-поляризованном детекторе *.

Теперь предположим, что ваш приятель настраивает свой счетчик на ту же x-поляризацию, что и вы. Тогда он ни за что не получит отсчета одновременно с вами. Подсчитав все, что надо, вы найдете, что

$$\langle x_1 x_2 | F \rangle = 0. \quad (16.23)$$

Естественно, если вы настроите свой счетчик на y-поляризацию, то ваш приятель будет получать совпадающие отсчеты только тогда, когда он сам настроится на x-поляризацию.

Все это создает интересное положение. Представьте, что вы взяли кусок известкового шпата, который разделяет фотоны на x- и y-поляризованные пучки, и в каждом пучке поставили по счетчику. Назовем один из них x-счетчик, другой — y-счетчик. Если ваш приятель, стоящий по другую сторону, сделает то же самое, вы всегда сможете его предупредить, в каком пучке собирается пройти его фотон. Всякий раз, как у вас и у него получаются одновременные отсчеты, вы можете посмотреть, в какой из ваших детекторов попал фотон, и дать ему знать, какой из его счетчиков поймал фотон. Пусть, скажем, в некотором распаде вы обнаружите, что фотон вошел в ваш x-счетчик; тогда вы крикнете ему, что в его y-счетчике произошел отсчет.

Многих людей, изучающих квантовую механику обычным (старомодным) способом, это обстоятельство очень волнует. Им хотелось бы считать, что когда фотон излучается, то он движется как волна определенного характера. Они хотели бы думать, что поскольку «каждый данный фотон» обладает некоторой «амплитудой» того, что он окажется x- или y-поляризованным, то должен быть определенный шанс поймать его либо в x-, либо в y-счетчике, и что этот шанс не должен зависеть от того, что́ обнаруживает другой человек у совершенно другого фотона. Они доказывают, что «если кто-то другой делает измерения, он не должен быть в состоянии изменить вероятность того, что́ я обнаружу». Наша квантовая механика утверждает, однако, что, делая измерения над фотоном № 1, вы в состоянии предсказать точно, какая собирается быть поляризация у фотона № 2. С этим никак не мог согласиться Эйнштейн. Этот парадокс, так называемый «парадокс Эйнштейна — Подольского — Розена», его очень беспокоил. Но если описать положение вещей так, как это было сделано у нас, то вообще нет никакого парадокса; впол-

---

* Мы не нормировали наши амплитуды и не умножали их на амплитуду распада в то или иное конечное состояние, но легко видеть, что наш результат верен, ибо, рассчитывая вторую из взаимоисключающих возможностей [см. (16.23)], мы получаем вероятность нуль.

не естественно получается, что то, что измеряется в одном месте, коррелировано с тем, что измеряется где-то в другом. Рассуждать, чтобы результат стал парадоксальным, надо примерно так:

1) Если у вас есть счетчик, который сообщает вам, какой ваш фотон — правый или левый, то вы можете точно предсказать сорт фотона (правый или левый), который обнаружит ваш приятель.

2) Каждый фотон, который он принимает, должен поэтому быть либо чисто левым, либо чисто правым, причем часть фотонов будет одного сорта, а часть другого.

3) Вы бесспорно не в состоянии переменить физическую природу *его* фотонов, меняя характер тех наблюдений, которые вы совершаете над *вашими* фотонами. Какие бы вы измерения ни проделывали над своими фотонами, его фотоны по-прежнему должны быть либо правыми, либо левыми.

4) Допустим, что он меняет свой аппарат так, чтобы расщепить свои фотоны при помощи куска известкового шпата на два линейно поляризованных пучка, так что все его фотоны перейдут либо в x-поляризованный, либо в y-поляризованный пучок. Согласно квантовой механике, нет никакого способа сообщить, в какой из пучков перейдет заданный правый фотон. Есть 50%-ная вероятность, что он пойдет в x-пучок, и 50%-ная вероятность, что в y-пучок. То же будет и с левым фотоном.

5) Поскольку каждый фотон является либо левым, либо правым (согласно пунктам 2 и 3), то каждый из них должен с 50%-ной вероятностью перейти либо в x-пучок, либо в y-пучок, и невозможно предсказать, какой путь он выберет.

6) А теория предсказывает, что если *вы* заметили, что ваш фотон прошел через x-поляризатор, то вы со *всей определенностью* можете предсказать, что его фотон пройдет в его y-поляризованном пучке. Это противоречит пункту 5, так что налицо парадокс.

Но природа, по всей видимости, не замечает этого «парадокса», потому что опыт свидетельствует о том, что предсказание пункта 6 в действительности верно. Мы уже обсуждали ключ к решению этого «парадокса» в нашей самой первой лекции по квантовомеханическому поведению [см. гл. 37 (вып. 3)]. В приведенном выше рассуждении пункты 1, 2, 4 и 6 все правильны, а пункт 3 и, как следствие этого, пункт 5 — ошибочны; они не являются правильным описанием природы. Рассуждение в пункте 3 говорит, что с помощью *вашего* измерения (наблюдения правого или левого фотона) вы можете определить, какое из двух взаимоисключающих событий произойдет у него (увидит ли он правый фотон или левый), *и* что даже если вы *не проделаете* своих измерений, вы все равно сможете сказать, что у него произойдет либо одно событие, либо другое. В этом и состоит суть рассказанного в гл. 37 (вып. 3) — подчеркнуть сразу, с самого начала, что в Природе дело обстоит совсем не так. Ее путь требует описания на языке интерферирующих амплитуд, по одной амплитуде для каждого события, исключающего другие события. Измерение, в котором действительно реализуется одна из возможностей, разрушает интерференцию, но если измерение проделано *не было*, вы не вправе говорить, что «все равно реализуется либо одна возможность, либо другая».

Вот если бы вы могли определить для каждого из ваших фотонов, какой он — правый или левый и, *кроме того*, является ли он x-поляризованным (все для одного и того же фотона), то это действительно было бы парадоксом. Но этого вы не сможете сделать — перед вами пример принципа неопределенности.

Если вы все еще не удовлетворены и считаете это «парадоксом», то покажите, что это действительно парадокс: придумайте такой воображаемый опыт, для которого теория квантовой механики двумя различными рассуждениями предсказывала бы два несогласующихся результата. В противном случае «парадокс» — это всего лишь конфликт между тем, что есть на самом деле, и вашим ощущением того, какой «полагалось бы быть» реальной природе.

Вы считаете, что это *не* «парадокс», но что это все же очень странно? С этим мы все можем согласиться. Именно это и делает физику столь захватывающе интересной.

§ 4. Матрица поворота для произвольного спина

Сейчас, я надеюсь, вам уже ясно, как важно представление о моменте количества движения для понимания атомных процессов. До сих пор мы рассматривали только системы со спинами (или «полными моментами количества движения») 0, $^1/_2$, и 1. Но бывают, конечно, и атомные системы с бо́льшими моментами количества движения. Для анализа таких систем нужны такие же таблицы амплитуд поворота, какие мы привели в гл. 15, § 6. Иными словами, нужна матрица амплитуд для спина $^3/_2$, 2, $^5/_2$, 3 и т. д. Мы не будем подробно рассчитывать эти таблицы, но хотели бы показать, как это делается, чтобы вы, если понадобится, могли сами это проделать.

Как мы видели раньше, любая система со спином, или «полным моментом количества движения», j может существовать в одном из $2j+1$ состояний, в которых z-компонента момента количества движения принимает одно из дискретных значений j, $j-1$, $j-2$, . . ., $-(j-1)$, $-j$ (все в единицах $\hbar$). Обозначая z-компоненту момента количества движения произвольного выбранного состояния через $m\hbar$, можно определить состояние момента количества движения, задав численные значения двух «квантовых чисел момента количества движения» j и m. Такое состояние можно отметить, указав вектор состояния $|j, m\rangle$. В случае частиц со спином $^1/_2$ могут быть два состояния $|^1/_2, ^1/_2\rangle$ и $|^1/_2, -^1/_2\rangle$, а состояния системы со спином 1 в этих обозначениях можно записать как $|1,+1\rangle$, $|1, 0\rangle$, $|1, -1\rangle$. У частицы со спином 0 может быть, конечно, лишь одно состояние $|0,0\rangle$.

Теперь мы можем посмотреть, что́ происходит, когда мы проецируем общее состояние $|j, m\rangle$ на представление, относящееся к повернутой системе осей. Прежде всего известно, что j — это число, которое характеризует *систему*, поэтому оно не меняется. При повороте осей мы получим просто смесь различных значений m для одного и того же j. В общем случае появится амплитуда того, что система в повернутой системе координат окажется в состоянии $|j, m'\rangle$, где m' — новая z-компонента момента количества движения. Значит, нам нужны матричные элементы $\langle j, m'|R|j, m\rangle$ всевозможных поворотов. Мы уже знаем, что́ бывает, если поворот делается на угол φ вокруг оси z. Новое состояние — это попросту старое, умноженное на $e^{im\varphi}$, у него по-прежнему то же значение m. Это можно записать так:

$$R_z(\varphi)|j, m\rangle = e^{im\varphi}|j, m\rangle, \tag{16.24}$$

или, если вам больше нравится,

$$\langle j, m'|R_z(\varphi)|j, m\rangle = \delta_{m, m'}e^{im\varphi}, \tag{16.25}$$

(где $\delta_{m, m'}$ равно единице при $m'=m$, и нулю в прочих случаях).

При поворотах вокруг любой другой оси возникает перемешивание различных m-состояний. Можно было бы, конечно, попытаться подсчитать матричные элементы для произвольных поворотов, описываемых углами Эйлера β, α и γ. Но будет легче, если мы вспомним, что самый общий такой поворот может быть составлен из трех поворотов $R_z(\gamma)$, $R_y(\alpha)$, $R_z(\beta)$; так что если мы знаем матричные элементы для поворотов вокруг оси y, то уже располагаем всем необходимым.

Как же нам найти матрицу для поворота частицы со спином j на угол θ вокруг оси y? Опираясь на основные законы (и на то, что уже было), это сделать нелегко. Мы так поступали со спином $^1/_2$: вывели все, что нужно, пользуясь довольно сложными соображениями симметрии. Для спина 1 мы это проделали уже иначе: рассмотрели частный случай, когда система со спином 1 складывается из двух систем со спином $^1/_2$. Если вы последуете за нами и признаете правильным тот факт, что в общем случае ответы зависят только от спина j, а не от того, как скреплены между собой разные части системы со спином j, то мы сможем обобщить рассуждения для спина 1 на произвольный спин. Мы сможем, например, соорудить искусственную систему со спином $^3/_2$ из трех объектов со спином $^1/_2$. Мы сможем даже избежать всяких усложнений, вообразив, что все они суть различные частицы — скажем, протон, электрон и мюон. Преобразуя каждый объект со спином

$^1/_2$, мы увидим, что́ происходит со всей системой — надо только вспомнить, что для комбинированного состояния все амплитуды перемножаются. Давайте посмотрим, как все это происходит.

Допустим, мы расположили все три объекта со спином $^1/_2$ спинами вверх; обозначим такое состояние $|+++\rangle$. Если мы взглянем на него из системы координат, повернутой относительно оси z на угол φ, то каждый плюс останется плюсом, но умножится на $e^{i\varphi/2}$. Таких множителей у нас тройка, так что

$$R_z(\varphi)|+++\rangle = e^{i(3\varphi/2)}|+++\rangle. \qquad (16.26)$$

Ясно, что состояние $|+++\rangle$—это как раз то, что мы называем состоянием $m=+^3/_2$, или состоянием $|^3/_2, +^3/_2\rangle$.

Если мы затем повернем эту систему вокруг оси y, то у каждого из объектов со спином $^1/_2$ появится некоторая амплитуда стать плюсом или стать минусом, так что вся система станет теперь смесью восьми возможных комбинаций $|+++\rangle$, $|++-\rangle$, $|+-+\rangle$, $|-++\rangle$, $|+--\rangle$, $|-+-\rangle$, $|--+\rangle$ или $|---\rangle$. Ясно, однако, что их можно разбить на четыре группы, чтобы каждая соответствовала своему значению m. Прежде всего мы имеем $|+++\rangle$, для которого $m=^3/_2$. Затем имеется тройка состояний $|++-\rangle$, $|+-+\rangle$ и $|-++\rangle$— каждое с двумя плюсами и одним минусом. Поскольку каждый из объектов со спином $^1/_2$ имеет равные шансы стать после поворота минусом, то каждая из этих трех комбинаций должна войти на равных паях. Поэтому возьмем комбинацию

$$\frac{1}{\sqrt{3}}\{|++-\rangle+|+-+\rangle+|-++\rangle\}, \qquad (16.27)$$

где множитель $1/\sqrt{3}$ поставлен для нормировки. Если мы повернем это состояние вокруг оси z, то получим множитель $e^{i\varphi/2}$ для каждого плюса и $e^{-i\varphi/2}$ для каждого минуса. Каждое слагаемое в (16.27) умножится на $e^{i\varphi/2}$, и общий множитель $e^{i\varphi/2}$ мы вынесем за скобки. Такое состояние соответствует нашему представлению о состоянии с $m=+^1/_2$; мы приходим к выводу, что

$$\frac{1}{\sqrt{3}}\{|++-\rangle+|+-+\rangle+|-++\rangle\} = \left|\frac{3}{2},\ +\frac{1}{2}\right\rangle. \qquad (16.28)$$

Точно так же можно написать

$$\frac{1}{\sqrt{3}}\{|+--\rangle+|-+-\rangle+|--+\rangle\} = \left|\frac{3}{2},\ -\frac{1}{2}\right\rangle, \qquad (16.29)$$

что соответствует состоянию с $m=-^1/_2$. Заметьте, что мы берем только *симметричные* сочетания, у нас нет комбинаций, куда входят слагаемые со знаком минус. Они отвечали бы состояниям с таким же m, но с иным j. Это аналогично случаю спина 1, где

$(1/\sqrt{2})\,\{|+-\rangle+|-+\rangle\}$ было состоянием $|1,0\rangle$, а $(1/\sqrt{2})\,\{|+-\rangle-|-+\rangle\}$ было состоянием $|0,0\rangle$. Наконец, мы имеем

$$\left|\frac{3}{2},\ -\frac{3}{2}\right\rangle=|---\rangle. \qquad (16.30)$$

Эта четверка состояний сведена в табл. 16.1.

Таблица 16.1 • СВОДКА СОСТОЯНИЙ

$\lvert +++\rangle$	$=\left\lvert\frac{3}{2},\ +\frac{3}{2}\right\rangle$
$\frac{1}{\sqrt{3}}\{\lvert ++-\rangle+\lvert +-+\rangle+\lvert -++\rangle\}$	$=\left\lvert\frac{3}{2},\ +\frac{3}{2}\right\rangle$
$\frac{1}{\sqrt{3}}\{\lvert +--\rangle+\lvert -+-\rangle+\lvert --+\rangle\}$	$=\left\lvert\frac{3}{2},\ -\frac{1}{2}\right\rangle$
$\lvert ---\rangle$	$=\left\lvert\frac{3}{2},\ -\frac{3}{2}\right\rangle$

Все, что нам теперь нужно сделать, это взять каждое состояние, повернуть его вокруг оси y и посмотреть, сколько новых состояний оно создаст — пользуясь известной нам матрицей поворота для частицы спина $^1/_2$. Можно поступать так же, как мы это делали в случае спина 1 [см. гл. 10, § 6 (вып. 8)]. (Только алгебры будет побольше.) Мы будем строго следовать идеям гл. 10 (вып. 8), так что подробных объяснений давать не будем. Состояния в системе S будут обозначаться

$$\left|\frac{3}{2},\ +\frac{3}{2},S\right\rangle=|+++\rangle,$$

$$\left|\frac{3}{2},\ +\frac{1}{2},S\right\rangle=\frac{1}{\sqrt{3}}\{|++-\rangle+|+-+\rangle+|-++\rangle\}$$

и т. д.; T-системой будет считаться система, повернутая вокруг оси y системы S на угол θ. Состояния в T-системе будут обозначаться $|^3/_2,\ +^3/_2,\ T\rangle$, $|^3/_2,\ +^1/_2,\ T\rangle$ и т. д. Ясно что $|^3/_2,\ +^3/_2,\ T\rangle$ это то же самое, что $|+'+'+'\rangle$ (штрихи всегда относятся к T-системе). Точно так же $|^3/_2,\ +^1/_2,\ T\rangle$ будет равняться

$$\frac{1}{\sqrt{3}}\{|+'+'-'\rangle+|+'-'+'\rangle+|-'+'+'\rangle\}$$

и т. д. Каждое $|+'\rangle$-состояние в T-системе получается как из $|+\rangle$-, так и из $|-\rangle$-состояний в системе S с помощью матричных элементов из табл. 10.4 (вып. 8, стр. 267).

Если мы имеем тройку частиц со спином $^1/_2$, то (10.47) надо заменить на

$$
\begin{aligned}
|+++\rangle = a^3|+'+'+'\rangle + a^2b\{|+'+'-'\rangle + |+'-'+'\rangle + \\
+|-'+'+'\rangle\} + ab^2\{|+'-'-'\rangle + |-'+'-'\rangle + \\
+|-'-'+'\rangle\} + b^3|-'-'-'\rangle. \qquad (16.31)
\end{aligned}
$$

Пользуясь обозначениями табл. 16.1, получим вместо (10.48) уравнение

$$
\begin{aligned}
\left|\frac{3}{2},\ +\frac{3}{2},\ S\right\rangle = a^3\left|\frac{3}{2},\ +\frac{3}{2},\ T\right\rangle + \sqrt{3}a^2b\left|\frac{3}{2},\ +\frac{1}{2},\ T\right\rangle + \\
+\sqrt{3}ab^2\left|\frac{3}{2},\ -\frac{1}{2},\ T\right\rangle + b^3\left|\frac{3}{2},\ -\frac{3}{2},\ T\right\rangle. \qquad (16.32)
\end{aligned}
$$

Это уже дает нам некоторые из наших матричных элементов $\langle jT|iS\rangle$. Чтобы получить выражение для $|^3/_2, +^1/_2.\ S\rangle$, мы должны исходить из преобразования состояния с двумя плюсами и одним минусом. К примеру,

$$
\begin{aligned}
|++-\rangle = a^2c|+'+'+'\rangle + a^2d|+'+'-'\rangle + \\
+abc|+'-'+'\rangle + \\
+bac|-'+'+'\rangle + abd|+'-'-'\rangle + \\
+bad|-'+'-'\rangle + \\
+b^2c|-'-'+'\rangle + b^2d|-'-'-'\rangle. \qquad (16.33)
\end{aligned}
$$

Добавляя два сходных выражения для $|+-+\rangle$ и $|-++\rangle$ и деля на $\sqrt{3}$, найдем

$$
\begin{aligned}
\left|\frac{3}{2},\ +\frac{1}{2},\ S\right\rangle = \sqrt{3}a^2c\left|\frac{3}{2},\ +\frac{3}{2},\ T\right\rangle + \\
+(a^2d+2abc)\left|\frac{3}{2},\ +\frac{1}{2},\ T\right\rangle + \\
+(2bad+b^2c)\left|\frac{3}{2},\ -\frac{1}{2},\ T\right\rangle + \\
+\sqrt{3}b^2d\left|\frac{3}{2},\ -\frac{3}{2},\ T\right\rangle. \qquad (16.34)
\end{aligned}
$$

Продолжая этот процесс, мы найдем все элементы $\langle jT|iS\rangle$ матрицы преобразования. Они приведены в табл. 16.2. Первый столбец получается из (16.32), второй — из (16.34). Последние два столбца были вычислены таким же способом.

Теперь допустим, что T-система была повернута относительно S-системы на угол θ вокруг ее оси y. Тогда a, b, c и d равны [см. (10.54), вып. 8]: $a=d=\cos\theta/2$, $c=-b=\sin\theta/2$. Подставляя это в табл. 16.2, получаем формулы, похожие на вторую половину табл. 15.2, но на этот раз для системы со спином $^3/_2$.

Таблица 16.2 • МАТРИЦА ПОВОРОТА ДЛЯ ЧАСТИЦЫ СО СПИНОМ 3/2

Коэффициенты *a*, *b*, *c* и *d* объясняются в табл. 10.4

$\langle jT \mid iS\rangle$	$\left\lvert \frac{3}{2}, +\frac{3}{2}, S\right\rangle$	$\left\lvert \frac{3}{2}, +\frac{1}{2}, S\right\rangle$	$\left\lvert \frac{3}{2}, -\frac{1}{2}, S\right\rangle$	$\left\lvert \frac{3}{2}, -\frac{3}{2}, S\right\rangle$
$\left\langle \frac{3}{2}, +\frac{3}{2}, T\right\rvert$	a^3	$\sqrt{3}\,a^2c$	$\sqrt{3}\,ac^2$	c^3
$\left\langle \frac{3}{2}, +\frac{1}{2}, T\right\rvert$	$\sqrt{3}\,a^2b$	$a^2d+2abc$	$c^2b+2dac$	$\sqrt{3}\,c^2d$
$\left\langle \frac{3}{2}, -\frac{1}{2}, T\right\rvert$	$\sqrt{3}\,ab^2$	$2bad+b^2c$	$2cdb+d^2a$	$\sqrt{3}\,cd^2$
$\left\langle \frac{3}{2}, -\frac{3}{2}, T\right\rvert$	b^3	$\sqrt{3}\,b^2d$	$\sqrt{3}\,bd^2$	d^3

Рассуждения, которые мы только что провели, были обобщены на систему с произвольным спином j. Состояния $|j, m\rangle$ можно составить из $2j$ частиц со спином $^1/_2$ у каждой. (Из них $j+m$ будут в $|+\rangle$-состоянии, а $j-m$ будут в $|-\rangle$-состоянии.) Проводится суммирование по всем возможным способам, какими их можно сочетать, а затем состояния нормируются умножением на надлежащую постоянную. Если у вас есть способности к математике, то вы сможете доказать, что получается следующий результат *:

$$\langle j, m' \mid R_y(\theta) \mid j, m\rangle = [(j+m)!\,(j-m)!\,(j+m')!\,(j-m')!]^{1/2}\times$$
$$\times\sum_k \frac{(-1)^k (\cos\theta/2)^{2j+m'-m-2k}(\sin\theta/2)^{m-m'+2k}}{(m-m'+k)!\,(j+m'-k)!\,(j-m-k)!\,k!}, \qquad (16.35)$$

где k пробегает все те значения, при которых под знаком факториала получаются неотрицательные величины.

Это очень запутанная формула, но с ее помощью вы сможете проверить табл. 15.2 для $j=1$ (стр. 129) и составить ваши собственные таблицы для бóльших j. Некоторые матричные элементы очень важны и получили особые наименования. Например, матричные элементы для $m=m'=0$ и целых j известны под названием полиномов Лежандра и обозначаются

$$\langle j, 0 \mid R_y(\theta) \mid j, 0\rangle = P_j(\cos\theta). \qquad (16.36)$$

---

* Детали вы найдете в добавлении, стр. 430.

Первые из них таковы:

$$P_0(\cos\theta) = 1, \qquad (16.37)$$

$$P_1(\cos\theta) = \cos\theta, \qquad (16.38)$$

$$P_2(\cos\theta) = \frac{1}{2}(3\cos^2\theta - 1), \qquad (16.39)$$

$$P_3(\cos\theta) = \frac{1}{2}(5\cos^3\theta - 3\cos\theta). \qquad (16.40)$$

§ 5. *Измерение ядерного спина*

Продемонстрируем теперь пример, где понадобятся только что описанные коэффициенты. Он связан с проделанными не так давно интересными опытами, которые вы теперь в состоянии будете понять. Некоторым физикам захотелось узнать спин одного из возбужденных состояний ядра Ne^{20}. Для этого они принялись бомбить углеродную мишень пучком ускоренных ионов углерода и породили нужное им возбужденное состояние Ne^{20} (обозначаемое Ne^{20*}) в реакции

$$C^{12} + C^{12} \to Ne^{20*} + \alpha_1,$$

где α_1— это α-частица, или He^4. Кое-какие из создаваемых таким образом возбужденных состояний Ne^{20} неустойчивы и распадаются таким путем:

$$Ne^{20*} \to O^{16} + \alpha_2.$$

Значит, на опыте видны возникающие в реакции две α-частицы. Обозначим их α_1 и α_2; поскольку они вылетают с разными энергиями, их можно отличить друг от друга. Кроме того, выбирая α_1, имеющие нужную энергию, мы можем отобрать любые возбужденные состояния Ne^{20}.

Опыт ставился так, как показано на фиг. 16.9. Пучок ионов углерода с энергией 16 *Мэв* был направлен на углеродную пленку. Первая α-частица регистрировалась кремниевым детектором, настроенным на прием α-частиц с нужной энергией, движущихся вперед (по отношению к падающему пучку ионов C^{12}). Вторая α-частица регистрировалась счетчиком α_2, поставленным под углом θ к α_1. Скорость счета сигналов совпадений от α_1 и α_2 измерялась как функция угла θ.

Идея опыта в следующем. Прежде всего нужно знать, что спины C^{12}, O^{16} и α-частицы все равны нулю. Назовем направление движения начальных частиц C^{12} направлением $+z$; тогда известно, что Ne^{20*} должен обладать нулевым моментом количества движения относительно оси z. Ведь ни у одной из остальных частиц нет спина; кроме того, C^{12} прилетает вдоль оси z и α_1 улетает вдоль оси z, так что у них не может быть момента относи-

Фиг. 16.9. Размещение приборов в опыте по определению спина возбужденных состояний Ne^{20}.

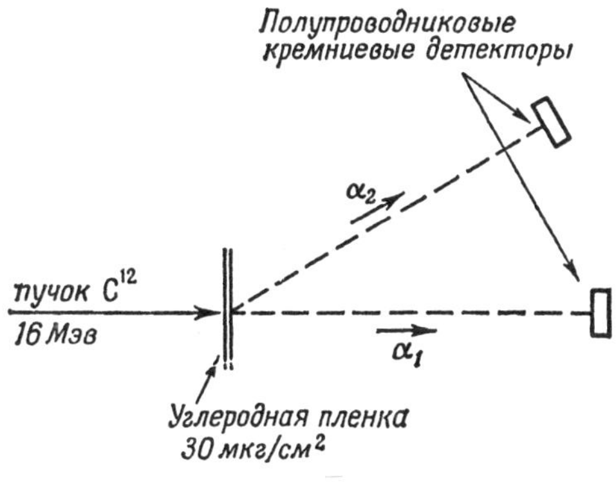

тельно этой оси. И каким бы ни был спин j ядра Ne^{20*}, мы знаем, что это ядро находится в состоянии $|j,0\rangle$. Что же случится, когда Ne^{20*} распадется на O^{16} и другую α-частицу? Что ж, α-частицу поймает счетчик α_2, а O^{16}, чтобы сохранить начальный импульс, вынужден будет уйти в противоположную сторону*. *Относительно новой оси* (оси α_2) не может быть тоже никакой компоненты момента количества движения. А раз конечное состояние имеет относительно новой оси нулевой момент количества движения, то у распада Ne^{20*} должна быть некоторая амплитуда того, что $m'=0$, где m'— квантовое число компоненты момента количества движения относительно новой оси. Вероятность наблюдать α_2 под углом θ будет на самом деле равна квадрату амплитуды (или матричного элемента).

$$\langle j,\ 0|R_y(\theta)|j,\ 0\rangle. \tag{16.41}$$

Чтобы получить спин интересующего нас состояния Ne^{20*}, вычертим интенсивность наблюдений второй α-частицы как функцию угла и сравним с теоретическими кривыми для различных значений j. Как мы отмечали в конце предыдущего параграфа, амплитуды $\langle j,\ 0|R_y(\theta)|j,0\rangle$ — это просто функции $P_j(\cos\theta)$. Значит, угловые распределения будут следовать кривым $[P_j\times\times(\cos\theta)]^2$. Экспериментальные результаты для двух возбужденных состояний показаны на фиг. 16.10. Вы видите, что угловое распределение для состояния 5,80 *Мэв* очень хорошо укладывается на кривую $[P_1(\cos\theta)]^2$, т. е. оно должно быть состоянием со спином 1. С другой стороны, данные для состояния 5,63 *Мэв* выглядят совершенно иначе; они ложатся на кривую $[P_3(\cos\theta)]^2$. Спин этого состояния равен 3.

В этом опыте мы измерили момент количества движения двух возбужденных состояний Ne^{20*}. Этой информацией можно вос-

---

* Отдачей, которую испытал Ne^{20*} в первой реакции, можно пренебречь. Или, еще лучше, подсчитать и сделать поправку на нее.

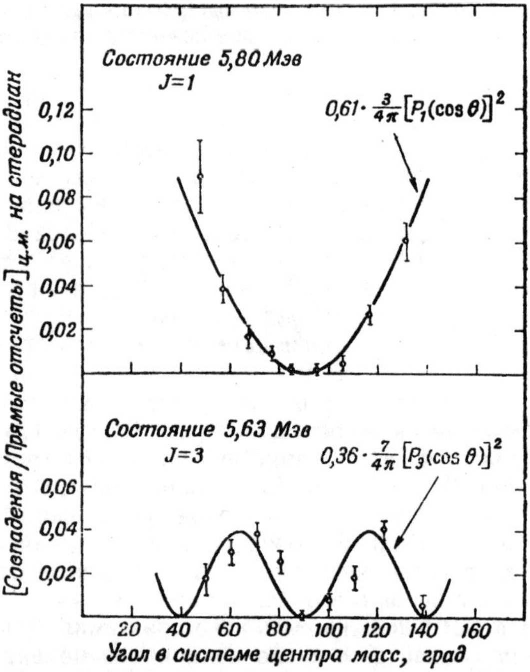

Фиг. 16.10. Экспериментальные результаты измерений углового распределения α-частиц, вылетающих при распаде двух возбужденных состояний Ne^{20}.

Они получены на устройстве, показанном на фиг. 16.9.

пользоваться, чтобы понять, как ведут себя протоны и нейтроны внутри этого ядра, и это принесет нам добавочные сведения о таинственных ядерных силах.

§ 6. Сложение моментов количества движения

Когда мы изучали сверхтонкую структуру атома водорода в гл. 10 (вып. 8), нам пришлось рассчитывать внутренние состояния системы, составленной из двух частиц — электрона и протона — со спинами $^1/_2$. Мы нашли, что четверка возможных спиновых состояний такой системы может быть разбита на две группы — на тройку состояний с одной энергией, которая во внешнем поле выглядела как частица со спином 1, и на одно оставшееся состояние, которое вело себя как частица со спином 0. Иначе говоря, объединяя две частицы со спином $^1/_2$, можно образовать систему, «полный спин» которой равен либо единице, либо нулю. В этом параграфе мы хотим рассмотреть на более общем уровне спиновые состояния *системы*, составленной из двух частиц с произвольными спинами. Это другая важная проблема, связанная с моментами количества движения квантовомеханической системы.

Перепишем сперва результаты гл. 10 для атома водорода в форме, которая позволит распространить их на более общий случай. Мы начали с двух частиц, которые теперь обозначим так: частица a (электрон) и частица b (протон). Спин частицы a был равен $j_a(=1/2)$, а z-компонента момента количества движения m_a могла принимать одно из нескольких значений (на самом деле два, а именно $m_a=+1/2$ или $m_a-1/2$). Точно так же спиновое состояние частицы b описывалось ее спином j_b и z-компонентой момента количества движения m_b. Из всего этого можно было составить несколько комбинаций спиновых состояний двух частиц. Например, из частицы a с $m_a=1/2$ и частицы b с $m_b=-1/2$ можно было образовать состояние $|a,+1/2;\ b,\ -1/2\rangle$. Вообще, объединенные состояния образовывали систему, у которой «спин системы», или «полный спин», или «полный момент количества движения» J мог быть равен либо единице, либо нулю, а z-компонента момента количества движения M могла равняться $+1$, 0 или -1 при $J=1$ и нулю при $J=0$. На этом новом языке формулы (10.41) и (10.42) можно переписать так, как показано в табл. 16.3.

Левый столбец таблицы описывает составное состояние через его полный момент количества движения J и z-компоненту M.

Таблица 16.3 • СОСТАВЛЕНИЕ МОМЕНТОВ КОЛИЧЕСТВА ДВИЖЕНИЯ ДВУХ ЧАСТИЦ СО СПИНОМ 1/2 ($j_a=1/2,\ j_b=1/2$)

$$|J=1,\ M=+1\rangle=\left|a,\ +\frac{1}{2};\ b,\ +\frac{1}{2}\right\rangle$$

$$|J=1,\ M=0\rangle=\frac{1}{\sqrt{2}}\left\{\left|a,\ +\frac{1}{2};\ b,\ -\frac{1}{2}\right\rangle+\left|a,\ -\frac{1}{2};\ b,\ +\frac{1}{2}\right\rangle\right\}$$

$$|J=1,\ M=-1\rangle=\left|a,\ -\frac{1}{2};\ b,\ -\frac{1}{2}\right\rangle$$

$$|J=0,\ M=0\rangle=\frac{1}{\sqrt{2}}\left\{\left|a,+\frac{1}{2};\ b,-\frac{1}{2}\right\rangle-\left|a,\ -\frac{1}{2};\ b,+\frac{1}{2}\right\rangle\right\}$$

Правый столбец показывает, как составляют эти состояния из значений m двух частиц a и b.

Мы хотим обобщить этот результат на состояния, составленные из двух объектов a и b с произвольными спинами j_a и j_b. Начнем с разбора примера, когда $j_a=1/2$ и $j_b=1$, а именно с атома дейтерия, в котором частица a — это электрон e, а частица

b — ядро, т. е. дейтрон d. Тогда $j_a=j_e={}^1/_2$. Дейтрон образован из одного протона и одного нейтрона в состоянии с полным спином 1, так что $j_b=j_d=1$. Мы хотим рассмотреть сверхтонкие состояния дейтерия, как мы сделали это для водорода. Поскольку у дейтрона может быть три состояния, $m_b=m_d=+1,\ 0,\ -1$, а у электрона — два, $m_a=m_e=+{}^1/_2,\ -{}^1/_2$, то всего имеется шесть возможных состояний, а именно (используется обозначение $|e,\ m_e;\ d,\ m_d\rangle$):

$$\begin{gathered}\left|e,\ +\frac{1}{2};\ d,\ +1\right\rangle,\\ \left|e,\ +\frac{1}{2};\ d,\ 0\right\rangle;\ \left|e,\ -\frac{1}{2};\ d,\ +1\right\rangle,\\ \left|e,\ +\frac{1}{2};\ d,\ -1\right\rangle;\ \left|e,\ -\frac{1}{2};\ d,\ 0\right\rangle,\\ \left|e,\ -\frac{1}{2};\ d,\ -1\right\rangle.\end{gathered}\tag{16.42}$$

Обратите внимание, что мы разверстали состояния согласно значениям суммы m_e и m_d в порядке ее убывания.

Спросим теперь: что случится с этими состояниями, если спроецировать их в другую систему координат? Если эту новую систему просто повернуть вокруг оси z на угол φ, то состояние $|e,\ m_e;\ d,\ m_d\rangle$ умножается на

$$e^{im_e\varphi}e^{im_d\varphi}=e^{i(m_e+m_d)\varphi}.\tag{16.43}$$

(Состояние можно считать произведением $|e,\ m_e\rangle|d,\ m_d\rangle$, и каждый вектор состояния независимо привнесет свой собственный экспоненциальный множитель.) Множитель (16.43) имеет форму $e^{iM\varphi}$, поэтому z-компонента момента количества движения у состояния $|e,\ m_e;\ d,\ m_d\rangle$ окажется равной

$$M=m_e+m_d.\tag{16.44}$$

Иначе говоря, *z-компонента полного момента количества движения есть сумма z-компонент моментов количества движения отдельных частей.*

Значит, в перечне состояний (16.42) верхнее состояние имеет $M=+{}^3/_2$, два следующих $M=+{}^1/_2$, затем два $M=-{}^1/_2$ и последнее состояние $M=-{}^3/_2$. Мы сразу же видим, что одной из возможностей для спина J объединенного состояния (для полного момента количества движения) должно быть ${}^3/_2$, это потребует четырех состояний с $M=+{}^3/_2,\ +{}^1/_2,\ -{}^1/_2$, и $-{}^3/_2$.

На $M=+{}^3/_2$ есть только один кандидат, и мы сразу видим, что

$$\left|J=\frac{3}{2},\ M=+\frac{3}{2}\right\rangle=\left|e,\ +\frac{1}{2};\ d,\ +1\right\rangle.\tag{16.45}$$

Но что является состоянием $|J={}^3/_2,\ M=+{}^1/_2\rangle$? Кандидатов здесь два, они стоят во второй строчке (16.42), и всякая их линейная комбинация тоже даст $M=+{}^1/_2$. Значит, в общем случае можно ожидать, что

$$\left|J=\frac{3}{2},\ M=+\frac{1}{2}\right\rangle=\alpha\left|e,\ +\frac{1}{2};\ d,\ 0\right\rangle+$$
$$+\beta\left|e,\ -\frac{1}{2};\ d,\ +1\right\rangle, \qquad (16.46)$$

где α и β — два числа. Их именуют *коэффициенты Клебша — Гордана.* Найти их и будет нашей очередной задачей.

И мы их легко найдем, если просто вспомним, что дейтрон состоит из нейтрона и протона, и в явном виде распишем состояния дейтрона, пользуясь правилами табл. 16.3. Если это проделать, то перечисленные в (16.42) состояния будут выглядеть так, как показано в табл. 16.4.

Пользуясь состояниями из этой таблицы, мы хотим образовать четверку состояний с $J={}^3/_2$. Но ответ нам уже известен, потому что в табл. 16.1 уже стоят состояния со спином ${}^3/_2$, образованные из трех частиц со спином ${}^1/_2$. Первое состояние в табл. 16.1 имеет $|J={}^3/_2,\ M=+{}^3/_2\rangle$, это $|+++\rangle$, а в наших нынешних обозначениях это $|e,\ +{}^1/_2;\ n,\ +{}^1/_2;\ p,\ +{}^1/_2\rangle$, или первое состояние из табл. 16.4. Но это состояние — то же самое, что первое по списку в (16.42), так что наше выражение (16.45) подтверждается. Вторая строчка в табл. 16.1 утверждает, если воспользоваться нашими теперешними обозначениями, что

$$\left|J=\frac{3}{2},\ M=+\frac{1}{2}\right\rangle=\frac{1}{\sqrt{3}}\left\{\left|e,\ +\frac{1}{2};\ n,\ +\frac{1}{2};\ p,\ -\frac{1}{2}\right\rangle+\right.$$
$$+\left|e,\ +\frac{1}{2};\ n,\ -\frac{1}{2};\ p,\ +\frac{1}{2}\right\rangle+$$
$$\left.+\left|e,\ -\frac{1}{2};\ n,\ +\frac{1}{2};\ p,\ +\frac{1}{2}\right\rangle\right\}. \qquad (16.47)$$

То, что стоит в правой части, можно, очевидно, составить из двух членов во второй строчке табл. 16.4, взяв $\sqrt{{}^2/_3}$ от первого члена и $\sqrt{{}^1/_3}$ от второго. Иначе говоря, (16.47) эквивалентно

$$\left|J=\frac{3}{2},\ M=+\frac{1}{2}\right\rangle=\sqrt{\frac{2}{3}}\left|e,\ +\frac{1}{2};\ d,\ 0\right\rangle+$$
$$+\sqrt{\frac{1}{3}}\left|e,\ -\frac{1}{2};\ d,\ 1\right\rangle. \qquad (16.48)$$

Мы нашли два наших первых коэффициента Клебша — Гордана α и β [см. (16.46)]:

$$\alpha=\sqrt{\frac{2}{3}},\quad \beta=\sqrt{\frac{1}{3}}. \qquad (16.49)$$

Таблица 16.4 • СОСТОЯНИЯ МОМЕНТА КОЛИЧЕСТВА ДВИЖЕНИЯ АТОМА ДЕЙТЕРИЯ

$m=\frac{3}{2}$ $\left\|e, +\frac{1}{2}; d, +1\right\rangle = \left\|e, +\frac{1}{2}; n, +\frac{1}{2}; p, +\frac{1}{2}\right\rangle$
$m=\frac{1}{2}$ $\left\|e, +\frac{1}{2}; d, 0\right\rangle = \frac{1}{\sqrt{2}}\left\{\left\|e, +\frac{1}{2}; n, +\frac{1}{2}; p, -\frac{1}{2}\right\rangle + \left\|e, +\frac{1}{2}; n, -\frac{1}{2}; p, +\frac{1}{2}\right\rangle\right\}$ $\left\|e, -\frac{1}{2}; d, +1\right\rangle = \left\|e, -\frac{1}{2}; n, +\frac{1}{2}; p, +\frac{1}{2}\right\rangle$
$m=-\frac{1}{2}$ $\left\|e, +\frac{1}{2}; d, -1\right\rangle = \left\|e, +\frac{1}{2}; n, -\frac{1}{2}; p, -\frac{1}{2}\right\rangle$ $\left\|e, -\frac{1}{2}; d, 0\right\rangle = \frac{1}{\sqrt{2}}\left\{\left\|e, -\frac{1}{2}; n, +\frac{1}{2}; p, -\frac{1}{2}\right\rangle + \left\|e, -\frac{1}{2}; n, -\frac{1}{2}; p, +\frac{1}{2}\right\rangle\right\}$
$m=-\frac{3}{2}$ $\left\|e, -\frac{1}{2}; d, -1\right\rangle = \left\|e, -\frac{1}{2}; n, -\frac{1}{2}; p, -\frac{1}{2}\right\rangle$

Повторяя ту же процедуру, найдем

$$\left|J=\frac{3}{2}, M=-\frac{1}{2}\right\rangle = \sqrt{\frac{1}{3}}\left|e, +\frac{1}{2}; d, -1\right\rangle + \sqrt{\frac{2}{3}}\left|e, -\frac{1}{2}; d, 0\right\rangle, \tag{16.50}$$

а также, конечно,

$$\left|J=\frac{3}{2}, M=-\frac{3}{2}\right\rangle = \left|e, -\frac{1}{2}; d, -1\right\rangle. \tag{16.51}$$

Это и есть правила составления из спина 1 и спина $^1/_2$ полного спина $J={}^3/_2$. Мы свели (16.45) и (16.50) в табл. 16.5

Таблица 16.5 • СОСТОЯНИЯ С $J=3/2$ АТОМА ДЕЙТЕРИЯ

$\left\|J=\frac{3}{2},\ M=+\frac{3}{2}\right\rangle=\left\|e,+\frac{1}{2};\ d,+1\right\rangle$
$\left\|J=\frac{3}{2},\ M=+\frac{1}{2}\right\rangle=\sqrt{\frac{2}{3}}\left\|e,+\frac{1}{2};\ d,\ 0\right\rangle+\sqrt{\frac{1}{3}}\left\|e,-\frac{1}{2};\ d,\ 1\right\rangle$
$\left\|J=\frac{3}{2},\ M=-\frac{1}{2}\right\rangle=\sqrt{\frac{1}{3}}\left\|e,+\frac{1}{2};\ d,-1\right\rangle+\sqrt{\frac{2}{3}}\left\|e,-\frac{1}{2};\ d,\ 0\right\rangle$
$\left\|J=\frac{3}{2},\ M=-\frac{3}{2}\right\rangle=\left\|e,-\frac{1}{2};\ d,-1\right\rangle$

Но у нас пока есть только четыре состояния, а у системы, которую мы рассматриваем, их шесть.

Из двух состояний во второй строчке (16.42) мы для образования $|J={}^3/_2,\ M=+{}^1/_2\rangle$ составили только одну линейную комбинацию. Есть и другая линейная комбинация, ортогональная к ней, у нее тоже $M=+{}^1/_2$ и она имеет вид

$$\sqrt{\frac{1}{3}}\left|e,\ +\frac{1}{2};\ d,\ 0\right\rangle-\sqrt{\frac{2}{3}}\left|e,\ -\frac{1}{2};\ d,\ +1\right\rangle. \qquad (16.52)$$

Точно так же из двух состояний в третьей строке (16.42) можно скомбинировать два взаимно-ортогональных состояния, каждое с $M=-{}^1/_2$. То, которое ортогонально к (16.50), имеет вид

$$\sqrt{\frac{2}{3}}\left|e,\ +\frac{1}{2};\ d,\ -1\right\rangle-\sqrt{\frac{1}{3}}\left|e,\ -\frac{1}{2};\ d,\ 0\right\rangle. \qquad (16.53)$$

Это и есть два оставшихся состояния. У них $M=m_e+m_d=\pm{}^1/_2$; эти состояния должны соответствовать $J={}^1/_2$. Итак, мы имеем

$$\begin{aligned}\left|J=\frac{1}{2},\ M=+\frac{1}{2}\right\rangle&=\sqrt{\frac{1}{3}}\left|e,\ +\frac{1}{2};\ d,\ 0\right\rangle-\\&\quad-\sqrt{\frac{2}{3}}\left|e,\ -\frac{1}{2};\ d,\ +1\right\rangle,\\ \left|J=\frac{1}{2},\ M=-\frac{1}{2}\right\rangle&=\sqrt{\frac{2}{3}}\left|e,\ +\frac{1}{2};\ d,\ -1\right\rangle-\\&\quad-\sqrt{\frac{1}{3}}\left|e,\ -\frac{1}{2};\ d,\ 0\right\rangle.\end{aligned} \qquad (16.54)$$

Можно убедиться, что эти два состояния действительно ведут себя как состояния объекта со спином ${}^1/_2$; для этого надо выразить дейтронную часть через нейтронные и протонные состояния (при помощи табл. 16.4). Состояние (16.52) превратится в

$$\sqrt{\frac{1}{6}}\left\{\left|e,\ +\frac{1}{2};\ n,\ +\frac{1}{2};\ p,\ -\frac{1}{2}\right\rangle+\right.$$
$$\left.+\left|e,\ +\frac{1}{2};\ n,\ -\frac{1}{2};\ p,\ +\frac{1}{2}\right\rangle\right\}-$$
$$-\sqrt{\frac{2}{3}}\left|e,\ -\frac{1}{2};\ n,\ +\frac{1}{2};\ p,\ +\frac{1}{2}\right\rangle, \qquad (16.55)$$

а это можно переписать так:

$$\sqrt{\frac{1}{3}}\left[\sqrt{\frac{1}{2}}\left\{\left|e,\ +\frac{1}{2};\ n,\ +\frac{1}{2};\ p,\ -\frac{1}{2}\right\rangle-\right.\right.$$
$$\left.-\left|e,\ -\frac{1}{2};\ n,\ +\frac{1}{2};\ p,\ +\frac{1}{2}\right\rangle\right\}+$$
$$+\sqrt{\frac{1}{2}}\left\{\left|e,+\ \frac{1}{2};\ n,\ -\frac{1}{2};\ p,\ +\frac{1}{2}\right\rangle-\right.$$
$$\left.\left.-\left|e,\ -\frac{1}{2};\ n,\ +\frac{1}{2};\ p,\ +\frac{1}{2}\right\rangle\right\}\right]. \qquad (16.56)$$

Посмотрите теперь на выражение в первых фигурных скобках и подумайте, что́ получается при объединении e и p. Вместе они образуют состояние с нулевым спином (см. нижнюю строку в табл. 16.3) и не дают вклада в момент количества движения. Остался только нейтрон, значит, вся *первая* фигурная скобка (16.56) будет вести себя при поворотах как нейтрон, а именно как состояние с $J={}^1/_2$, $M=+{}^1/_2$.

Повторяя те же рассуждения, убедимся, что во *вторых* фигурных скобках (16.56) электрон и нейтрон объединяются, чтобы образовать нулевой момент количества движения, и остается только вклад протона — с $m_p=+{}^1/_2$. Скобка опять ведет себя как объект с $J=+{}^1/_2$, $M=+{}^1/_2$. Значит, и все выражение (16.56) преобразуется как $|J=+{}^1/_2,\ M=+{}^1/_2\rangle$, чего мы и хотели. Состояние $M=-{}^1/_2$, отвечающее формуле (16.53), можно расписать так (заменив везде, где нужно, $+{}^1/_2$ на $-{}^1/_2$):

$$\sqrt{\frac{1}{3}}\left[\sqrt{\frac{1}{2}}\left\{\left|e,\ +\frac{1}{2};\ n,\ -\frac{1}{2};\ p,\ -\frac{1}{2}\right\rangle-\right.\right.$$
$$\left.-\left|e,\ -\frac{1}{2};\ n,\ -\frac{1}{2};\ p,\ +\frac{1}{2}\right\rangle\right\}+$$
$$+\sqrt{\frac{1}{2}}\left\{\left|e,\ +\frac{1}{2};\ n,\ -\frac{1}{2};\ p,\ -\frac{1}{2}\right\rangle-\right.$$
$$\left.\left.-\left|e,\ -\frac{1}{2};\ n,+\ \frac{1}{2};\ p,\ -\frac{1}{2}\right\rangle\right\}\right]. \qquad (16.57)$$

Вы легко проверите, что это совпадает со второй строчкой в (16.54), как и полагается, если каждая скобка представляет собой одно из двух состояний системы со спином ${}^1/_2$. Значит, наши результаты подтвердились. Дейтрон и электрон могут существовать в шести спиновых состояниях, четыре из которых ведут себя как состояния объекта со спином $^3/_2$ (табл. 16.5), а два — как объект со спином $^1/_2$ (16.54).

Результаты табл. 16.5 и уравнения (16.54) мы получили, воспользовавшись тем, что дейтрон состоит из нейтрона и протона. Правильность уравнений не зависит от этого особого обстоятельства. Для *любого* объекта со спином 1, объединяемого с объектом со спином $^1/_2$, законы объединения (и коэффициенты) одни и те же. Совокупность уравнений в табл. 16.5 означает, что если система координат поворачивается, скажем, вокруг оси y, так что состояния частицы со спином $^1/_2$ и частицы со спином 1 изменяются согласно табл. 15.1 и 15.2, то линейные комбинации по правую сторону знака равенства будут изменяться так, как это свойственно объекту со спином $^3/_2$. При таком же повороте состояния (16.54) будут меняться как состояния объекта со спином $^1/_2$. Результаты зависят только от свойств относительно поворотов (т. е. от спиновых состояний) двух исходных частиц, но отнюдь не от происхождения их моментов количества движения. Мы этим происхождением воспользовались лишь для вывода формул, выбрав частный случай, в котором одна из составных частей сама состоит из двух частиц со спином $^1/_2$ в симметричном состоянии. Все наши результаты мы свели в табл. 16.6, изменив индексы e и d на a и b, чтобы подчеркнуть их общность.

Таблица 16.6 • ОБЪЕДИНЕНИЕ ЧАСТИЦЫ СО СПИНОМ 1/2 ($j_a=1/2$) С ЧАСТИЦЕЙ СО СПИНОМ 1 ($j_b=1$)

$$\left|J=\frac{3}{2},\ M=\frac{3}{2}\right\rangle=\left|a,+\frac{1}{2};\ b,+1\right\rangle$$

$$\left|J=\frac{3}{2},\ M=\frac{1}{2}\right\rangle=\sqrt{\frac{2}{3}}\left|a,+\frac{1}{2};\ b,\ 0\right\rangle+\sqrt{\frac{1}{3}}\left|a,-\frac{1}{2};\ b,+1\right\rangle$$

$$\left|J=\frac{3}{2},\ M=-\frac{1}{2}\right\rangle=\sqrt{\frac{1}{3}}\left|a,+\frac{1}{2};\ b,-1\right\rangle+\sqrt{\frac{2}{3}}\left|a,-\frac{1}{2};\ b,\ 0\right\rangle$$

$$\left|J=\frac{3}{2},\ M=-\frac{3}{2}\right\rangle=\left|a,-\frac{1}{2};\ b,-1\right\rangle$$

$$\left|J=\frac{1}{2},\ M=+\frac{1}{2}\right\rangle=\sqrt{\frac{1}{3}}\left|a,+\frac{1}{2};\ b,\ 0\right\rangle-\sqrt{\frac{2}{3}}\left|a,-\frac{1}{2};\ b,+1\right\rangle$$

$$\left|J=\frac{1}{2},\ M=-\frac{1}{2}\right\rangle=\sqrt{\frac{2}{3}}\left|a,+\frac{1}{2};\ b,-1\right\rangle-\sqrt{\frac{1}{3}}\left|a,-\frac{1}{2};\ b,\ 0\right\rangle$$

Поставим теперь себе общую задачу найти состояния, которые можно образовать, объединяя два объекта с произвольными спинами. Скажем, у одного спин j_a (так что его z-компонента m_a пробегает $2j_a+1$ значений от $-j_a$ до $+j_a$), а у другого j_b (с z-компонентой m_b, пробегающей значения от $-j_b$ до $+j_b$).

Объединенные состояния суть $|a, m_a; b, m_b\rangle$, их всего $(2j_a+1)(2j_b+1)$. Какие же состояния с полным спином J мы обнаружим?

Полная z-компонента M момента количества движения равняется m_a+m_b, и все состояния можно перечислить, опираясь на величину M [как в (16.42)]. Наибольшее M является единственным; оно отвечает значениям $m_a=j_a$ и $m_b=j_b$ и равно попросту j_a+j_b. Это означает, что наибольший полный спин J также равен сумме j_a+j_b:

$$J = M_{\text{макс}} = j_a + j_b.$$

Следующему значению M, меньшему чем $M_{\text{макс}}$ на единицу, будут соответствовать два состояния (либо m_a, либо m_b меньше своих максимальных значений на единицу). Из них должно быть образовано одно состояние, принадлежащее совокупности с $J=j_a+j_b$, и останется еще одно, которое будет принадлежать новой совокупности с $J=j_a+j_b-1$. Следующее значение M (третье сверху) можно составить *тремя* путями (из $m_a=j_a-2$, $m_b=j_b$, из $m_a=j_a-1$, $m_b=j_b-1$ и из $m_a=j_a$, $m_b=j_b-2$). Два из них принадлежат к уже начавшим составляться группам; третье говорит нам, что надо включить в рассмотрение и состояния с $J=j_a+j_b-2$. Такие рассуждения будут продолжаться до тех пор, пока уже нельзя будет, меняя то одно, то другое m, получать новые состояния.

Пусть из j_a и j_b меньшим является j_b (а если они одинаковы, возьмите любое из них); тогда понадобятся только $2j_b$ значений полного спина J, идущих единичными шагами от j_a+j_b вниз к j_a-j_b. Иначе говоря, когда объединяются два объекта со спинами j_a и j_b, то полный момент количества движения J их системы может равняться одному из значений:

$$J = \begin{cases} j_a + j_b \\ j_a + j_b - 1 \\ j_a + j_b - 2 \\ \cdot \\ \cdot \\ \cdot \\ |j_a - j_b|. \end{cases} \tag{16.58}$$

(Написав $|j_a-j_b|$ вместо j_a-j_b, мы можем избежать напоминания о том, что $j_a \geqslant j_b$.)

Для *каждого* из этих значений J имеется $2J+1$ состояний с различными значениями M; M меняется от $+J$ до $-J$. Каждое из них образовано из линейных комбинаций исходных состояний $|a, m_a; b, m_b\rangle$ с соответствующими коэффициентами — коэффициентами Клебша — Гордана для каждого отдельного члена. Можно считать, что эти коэффициенты дают «количество» состояния $|j_a, m_a; j_b, m_b\rangle$, проявляющегося в состоянии $|J, M\rangle$. Так что каждый из коэффициентов Клебша — Гордана обладает, если угодно, *шестью* индексами, указывающими его положение в формулах типа приведенных в табл. 16.3 и 16.6. Иначе говоря, обозначая, скажем, эти коэффициенты C (J, M;

Таблица 16.7 • ОБЪЕДИНЕНИЕ ДВУХ ЧАСТИЦ СО СПИНОМ 1 ($j_a = 1$, $j_b = 1$)

$$|J=2,\ M=+2\rangle = |a,+1;\ b,+1\rangle$$

$$|J=2,\ M=+1\rangle = \frac{1}{\sqrt{2}}|a,+1;\ b,0\rangle + \frac{1}{\sqrt{2}}|a,\ 0;\ b,\ +1\rangle$$

$$|J=2,\quad M=0\rangle = \frac{1}{\sqrt{6}}|a,+1;b,-1\rangle + \frac{1}{\sqrt{6}}|a,-1;b,+1\rangle + \frac{2}{\sqrt{6}}|a,\ 0;\ b,\ 0\rangle$$

$$|J=2,\ M=-1\rangle = \frac{1}{\sqrt{2}}|a,\ 0;\ b,-1\rangle + \frac{1}{\sqrt{2}}|a,-1;\ b,\ 0\rangle$$

$$|J=2,\ M=-2\rangle = |a,\ -1;\ b,\ -1\rangle$$

$$|J=1,\ M=+1\rangle = \frac{1}{\sqrt{2}}|a,+1;\ b,0\rangle - \frac{1}{\sqrt{2}}|a,\ 0;\ b,\ +1\rangle$$

$$|J=1,\quad M=0\rangle = \frac{1}{\sqrt{2}}|a,+1;\ b,-1\rangle - \frac{1}{\sqrt{2}}|a,\ -1;\ b,\ +1\rangle$$

$$|J=1,\ M=-1\rangle = \frac{1}{\sqrt{2}}|a,0;\ b,-1\rangle - \frac{1}{\sqrt{2}}|a,-1;\ b,\ 0\rangle$$

$$|J=0,\quad M=0\rangle = \frac{1}{\sqrt{3}}\left\{|a,+1;\ b,-1\rangle + |a,-1;\ b,+1\rangle - |a,\ 0;\ b,\ 0\rangle\right\}$$

j_a, m_a; j_b, m_b), можно выразить равенство во второй строчке табл. 16.6 так:

$$C\left(\frac{3}{2},\ +\frac{1}{2},\ \frac{1}{2};\ +\frac{1}{2};\ 1,\ 0\right) = \sqrt{\frac{2}{3}},$$

$$C\left(\frac{3}{2},\ +\frac{1}{2};\ \frac{1}{2},\ -\frac{1}{2};\ 1,\ +1\right) = \sqrt{\frac{1}{3}}.$$

Мы не будем здесь подсчитывать коэффициенты для других частных случаев *. Но вы обнаружите такие таблицы во мно-

* Тем более, что бо́льшая часть работы уже проделана, раз у нас есть общая матрица поворота (16.35).

гих книжках. Попробуйте сами подсчитать другой случай, например объединение двух объектов со спином 1. Мы же просто привели в табл. 16.7 окончательный результат.

Эти законы объединения моментов количества движения имеют очень важное значение в физике частиц, их приложениям поистине нет конца. К сожалению, у нас нет сейчас больше времени на другие примеры.

Добавление 1. Вывод матрицы поворота*

Для тех, кто хотел бы разобраться в этом поподробнее, мы вычислим сейчас общую матрицу поворота для системы со спином (полным моментом количества движения) j. В расчете общего случая на самом деле большой необходимости нет; важно понять идею, а все результаты вы сможете найти в таблицах, которые приводятся во многих книжках. Но, с другой стороны, вы зашли уже так далеко, что у вас , естественно, может возникнуть желание убедиться, что вы и впрямь в состоянии понять даже столь сложные формулы квантовой механики, как (16.35).

Расширим рассуждения § 4 на систему со спином j, которую будем считать составленной из $2j$ объектов со спином $^1/_2$. Состояние с $m=j$ имело бы вид $|+++\ ...+\rangle$ (с $2j$ плюсами). Для $m=j-1$ было бы $2j$ членов типа $|++\ ...++-\rangle$, $|++\ ...+-+\rangle$ и т. д. Рассмотрим общий случай, когда имеется r плюсов и s минусов, причем $r+s=2j$. При повороте вокруг оси z от каждого из r плюсов появится множитель $e^{+i\varphi/2}$, а от каждого s минусов — множитель $e^{-i\varphi/2}$. В итоге фаза изменится на $i(r/2-s/2)\varphi$. Мы видим, что

$$m=\frac{r-s}{2}. \tag{16.59}$$

Как и в случае $J={}^3/_2$, каждое состояние с определенным m должно быть суммой всех состояний с одними и теми же r и s, взятых со знаком плюс, т. е. состояний, отвечающих всевозможным перестановкам с r плюсами и s минусами. Мы считаем, что вам известно, что всего таких сочетаний есть $(r+s)!/r!s!$. Чтобы нормировать каждое состояние, надо эту сумму разделить на корень квадратный из этого числа. Можно написать

$$\left[\frac{(r+s)!}{r!s!}\right]^{-1/2}\Big\{|\underbrace{++\,+\cdots++}_{r}\ \underbrace{---\cdots--}_{s}\rangle+ \\ +\begin{pmatrix}\text{Все перестановки}\\ \text{плюсов и минусов}\end{pmatrix}\Big\}=|j,\ m\rangle, \tag{16.60}$$

---

* Первоначально материал этого добавления входил в текст лекции, но потом мы поняли, что не стоит включать в нее такое подробное изложение общего случая.

где

$$j=\frac{r+s}{2}, \quad m=\frac{r-s}{2}. \tag{16.61}$$

Введем еще новые обозначения, они нам помогут в счете. Ну а поскольку мы уж определили состояния при помощи (16.60), то два числа r и s определяют состояние ничуть не хуже, чем j и m. Мы легче проследим за выкладками, если обозначим

$$|j, m\rangle=|{}^r_s\rangle, \tag{16.62}$$

где [см. (16.61)]

$$r=j+m, \quad s=j-m.$$

Далее, (16.60) мы запишем, пользуясь *специальным обозначением*

$$|j, m\rangle=\left|\begin{matrix} r \\ s\end{matrix}\right\rangle=\left[\frac{(r+s)!}{r!s!}\right]^{+1/2}\{|+\rangle^r|-\rangle^s\}_{\text{перест}}. \tag{16.63}$$

Обратите внимание, что показатель степени в общем множителе мы изменили на $+^1/_2$. Это оттого, что внутри фигурных скобок в (16.60) стоит как раз $N=(r+s)!/r!s!$ слагаемых. Если сопоставить (16.63) с (16.60), то ясно, что

$$\{|+\rangle^r|-\rangle^s\}_{\text{перест}}$$

— это краткая запись выражения

$$\frac{\{|++\cdots--\rangle+\text{Все перестановки}\}}{N},$$

где N — количество различных слагаемых в скобках. Эти обозначения удобны тем, что каждый раз при повороте все знаки плюс вносят один и тот же множитель, так что в итоге он получается в r-й степени. Точно так же все знаки минус дадут некоторый множитель в s-й степени, в каком бы порядке эти знаки ни стояли.

Теперь положим, что мы повернули нашу систему вокруг оси y на угол θ. Нас интересует $R_y(\theta)|{}^r_s\rangle$. Оператор $R_y(\theta)$, действуя на каждый $|+\rangle$, дает

$$R_y(\theta)|+\rangle=|+\rangle C+|-\rangle S, \tag{16.64}$$

где $C=\cos\theta/2$ и $S=\sin\theta/2$. Когда же $R_y(\theta)$ действует на $|-\rangle$, это приводит к

$$R_y(\theta)|-\rangle=|-\rangle C-|+\rangle S.$$

Так что искомое выражение равно

$$R_y(\theta)|{}^r_s\rangle=\left[\frac{(r+s)!}{r!s!}\right]^{1/2}R_y(\theta)\{|+\rangle^r|-\rangle^s\}_{\text{перест}}=$$

$$=\left[\frac{(r+s)!}{r!s!}\right]^{1/2}\{(R_y(\theta)|+\rangle)^r(R_y(\theta)|-\rangle)^s\}_{\text{перест}}=$$

$$=\left[\frac{(r+s)!}{r!s!}\right]^{1/2}\{(|+\rangle C+|-\rangle S)^r(|-\rangle C-|+\rangle S)^s\}_{\text{перест}}. \tag{16.65}$$

Теперь надо возвысить биномы в степень и перемножить. Появятся члены со всеми степенями $|+\rangle$ от нуля до $r+s$. Посмотрим, какие члены дадут r'-ю степень $|+\rangle$. Они всегда будут сопровождаться множителем типа $|-\rangle^{s'}$, где $s'=2j-r'$. Соберем их вместе. Получится сумма членов типа $|+\rangle^{r'}|-\rangle^{s'}$ с численными коэффициентами $A_{r'}$, куда входят коэффициенты биномиального разложения вместе с множителями C и S. Уравнение (16.65) тогда будет выглядеть так:

$$R_y(\theta)\left|{}^r_s\right\rangle=\sum_{r'=0}^{r+s}\{A_{r'}|+\rangle^{r'}|-\rangle^{s'}\}_{\text{перест}}. \tag{16.66}$$

Теперь разделим каждое $A_{r'}$ на множитель $[(r'+s')!/r'!s'!]^{1/2}$ и обозначим частное через $B_{r'}$. Тогда (16.66) превратится в

$$R_y(\theta)\left|{}^r_s\right\rangle=\sum_{r'=0}^{r+s}B_{r'}\left[\frac{(r'+s')!}{r'!s'!}\right]^{1/2}\{|+\rangle^{r'}|-\rangle^{s'}\}_{\text{перест}}. \tag{16.67}$$

[Можно просто сказать, что требование, чтобы (16.67) совпадало с (16.65), определяет $B_{r'}$.]

Если так определить $B_{r'}$, то оставшиеся множители в правой части (16.67) будут как раз состояниями $\left|{}^{r'}_{s'}\right\rangle$. Итак, имеем

$$R_y(\theta)\left|{}^r_s\right\rangle=\sum_{r'=0}^{r+s}B_{r'}\left|{}^{r'}_{s'}\right\rangle, \tag{16.68}$$

где s' всегда равняется $r+s-r'$. А это, конечно, означает, что коэффициенты $B_{r'}$ и есть искомые матричные элементы

$$\left\langle{}^{r'}_{s'}\right|R_y(\theta)\left|{}^r_s\right\rangle=B_{r'}. \tag{16.69}$$

Теперь, чтобы найти $B_{r'}$, остается немного: лишь пробиться через алгебру.

Сравнивая (16.67) с (16.65) и вспоминая, что $r'+s'=r+s$, мы видим, что $B_{r'}$ — это просто коэффициент при $a^{r'}b^{s'}$ в выражении

$$\left(\frac{r'!\,s'!}{r!\,s!}\right)^{1/2}(aC+bS)^r(bC-aS)^s. \tag{16.70}$$

Осталась лишь нудная работа разложить скобки по биному Ньютона и собрать члены с данными степенями a и b. Если вы все это проделаете, то увидите, что коэффициент при $a^{r'}b^{s'}$ в (16.70) имеет вид

$$\left[\frac{r'!\,s'!}{r!\,s!}\right]^{1/2}\sum_k(-1)^kS^{r-r'+2k}C^{s+r'-2k}\frac{r!}{(r-r'+k)!\,(r'-k)!}\,\frac{s!}{(s-k)!\,k!}. \tag{16.71}$$

Сумма берется по всем целым k, при которых аргументы факториалов больше или в крайнем случае равны нулю. Это выражение и есть искомый матричный элемент.

В конце надо вернуться к нашим первоначальным обозначениям j, m и m', пользуясь формулами

$$r=j+m,\quad r'=j+m',\quad s=j-m,\quad s'=j-m'.$$

Проделав эти подстановки, получим уравнение (16.35) из § 4.

Добавление 2. Сохранение четности при испускании фотона

В § 1 мы рассмотрели испускание света атомом, который переходит из возбужденного состояния со спином 1 в основное состояние со спином 0. Если спин возбужденного состояния направлен вверх ($m=+1$), то атом может излучить вверх вдоль оси $+z$ правый фотон или вдоль оси $-z$ левый. Обозначим эти два состояния фотона $|R_{вв}\rangle$ и $|L_{вн}\rangle$. Ни одно из них не обладает определенной четностью. Если оператор четности обозначить $\hat{P}$, то $\hat{P}\,|\,R_{вв}\rangle=|L_{вн}$ и $\hat{P}\,|\,L_{вн}\rangle=|R_{вв}\rangle$.

Что же тогда будет с нашим прежним доказательством, что атом в состоянии с определенной энергией должен иметь определенную четность, и с нашим утверждением, что четность в атомных процессах сохраняется? Разве не должно конечное состояние в этой задаче (состояние после излучения фотона) иметь определенную четность? Да, *должно*, если только мы рассмотрим *полное* конечное состояние, в которое входят амплитуды излучения фотонов под всевозможными углами. А в § 1 мы рассматривали только часть полного конечного состояния.

Если вы хотите, можно рассмотреть только конечные состояния, у которых действительно определенная четность. Например, рассмотрим конечное состояние $|\psi_к\rangle$, у которого есть некоторая амплитуда α оказаться правым фотоном, движущимся вдоль оси $+z$, и некоторая амплитуда β оказаться левым фотоном, движущимся вдоль оси $-z$. Можно написать

$$|\psi_К\rangle=\alpha\,|\,R_{вв}\rangle+\beta\,|\,L_{вн}\rangle. \tag{16.72}$$

Оператор четности, действуя на это состояние, дает

$$\hat{P}\,|\,\psi_К\rangle=\alpha\,|L_{вн}\rangle+\beta\,|\,R_{вв}\rangle. \tag{16.73}$$

Это состояние совпадает с $\pm|\psi_к\rangle$ либо при $\beta=\alpha$, либо при $\beta=-\alpha$. Так что конечное состояние с положительной четностью таково:

$$|\psi_К^+\rangle=\alpha\{|\,R_{вв}\rangle+|\,L_{вн}\rangle\}, \tag{16.74}$$

а состояние с отрицательной четностью

$$|\psi_К^-\rangle=\alpha\,\{|\,R_{вв}\rangle-|\,L_{вн}\rangle\}. \tag{16.75}$$

Далее, мы хотим рассмотреть распад возбужденного состояния с отрицательной четностью на основное состояние с положительной четностью и на фотон. Если четность должна сохраниться, то конечное состояние фотона должно иметь отрицательную четность. Оно обязано быть состоянием (16.75). Если амплитуда того, что будет обнаружено $|R_{вв}\rangle$, есть α, то амплитуда того, что будет обнаружено $|L_{вн}\rangle$, есть $-\alpha$.

Теперь обратите внимание на то, чтó получается, если мы проводим поворот на 180° вокруг оси y. Начальное возбужденное состояние атома становится состоянием с $m=-1$ (согласно табл. 15.2, стр. 395, знак не меняется). А поворот конечного состояния дает

$$R_y(180°)\,|\psi_{\bar{К}}\rangle=\alpha\,\{|R_{вн}\rangle-|L_{вв}\rangle\}. \qquad (16.76)$$

Сравнивая это с (16.75), мы увидим, что при выбранной нами четности конечного состояния амплитуда того, что при начальном состоянии с $m=-1$ будет получен левый фотон, идущий в направлении $+z$, равна со знаком минус амплитуде того, что при начальном состоянии с $m=+1$ будет получен правый фотон, идущий в направлении $+z$. Это согласуется с результатами, полученными в § 1.

Глава 17

АТОМ ВОДОРОДА И ПЕРИОДИЧЕСКАЯ ТАБЛИЦА

§ 1. Уравнение Шредингера для атома водорода

Самым замечательным успехом в истории квантовой механики было объяснение всех деталей спектров простейших атомов, а также периодичностей, обнаруженных в таблице химических элементов. В этой главе в нашем курсе квантовой механики мы наконец-то подойдем к этому важнейшему достижению и расскажем об объяснении спектра атомов водорода. Кроме того, здесь мы расскажем и о качественном объяснении таинственных свойств химических элементов. Для этого мы подробно изучим поведение электрона в атоме водорода: в первую очередь мы рассчитаем его распределение в пространстве, следуя тем представлениям, которые были развиты в гл. 14.

Для полного описания атома водорода следовало бы учесть движение обеих частиц — как протона, так и электрона. В квантовой механике в этой задаче следуют классической идее об описании движения каждой из частиц по отношению к их центру тяжести. Однако мы не будем этого делать. Мы просто используем приближение, в котором протон считается очень тяжелым, настолько тяжелым, что он как бы закреплен в центре атома.

Мы сделаем еще и другое приближение: забудем, что у электрона имеется спин и что его надлежит описывать законами релятивистской механики. Это потребует внесения небольших поправок в наши выкладки, поскольку мы будем пользоваться нерелятивистским уравнением Шредингера и пренебрежем магнитными эффектами. Небольшие магнитные эффекты появляются из-за того, что протон с точки зрения электрона есть циркулирующий по кругу заряд, который создает магнитное поле. В этом поле энергия электрона будет различна, смотря по тому, направлен ли его спин вверх или вниз по полю. Энергия атома должна немного сдвинуться относительно той величины, которую мы вычислим. Но мы пренебрежем этим слабым сдвигом энергии, т. е. вообразим, что электрон в точности подобен волчку, движущемуся в пространстве по кругу и сохраняющему все время одинаковое направление спина. Поскольку речь будет идти о свободном атоме в пространстве, полный момент количества движения будет сохраняться. В нашем приближении будет считаться, что момент количества движения, вызываемый спином электрона, остается неизменным, так что оставшийся момент количества движения атома (то, что обычно называют «орбитальным» моментом количества движения) тоже не будет меняться. В очень хорошем приближении можно считать, что электрон движется в атоме водорода как частица без спина— его орбитальный момент количества движения постоянен.

В этих приближениях амплитуда того, что электрон будет обнаружен в том или ином месте пространства, может быть представлена как функция положения электрона в пространстве и времени. Обозначим амплитуду того, что электрон будет обнаружен в точке x, y, z в момент t через $\psi(x, y, z, t)$. Согласно квантовой механике, скорость изменения этой амплитуды со временем дается гамильтоновым оператором, действующим на ту же функцию. Из гл. 14 мы знаем, что

$$i\hbar\frac{\partial\psi}{\partial t}=\hat{\mathscr{H}}\psi, \tag{17.1}$$

где

$$\hat{\mathscr{H}}=-\frac{\hbar^2}{2m}\nabla^2+V(\mathbf{r}). \tag{17.2}$$

Здесь m — масса электрона, а $V(\mathbf{r})$ — потенциальная энергия электрона в электростатическом поле протона. Считая на больших удалениях от протона $V=0$, можно написать *

$$V=-\frac{e^2}{r}.$$

Волновая функция ψ должна тогда удовлетворять уравнению

$$i\hbar\frac{\partial\psi}{\partial t}=-\frac{\hbar^2}{2m}\nabla^2\psi-\frac{e^2}{r}\psi. \tag{17.3}$$

Мы хотим найти состояния с определенной энергией, поэтому попробуем поискать решения, которые бы имели вид

$$\psi(\mathbf{r},\ t)=e^{-(i/\hbar)Et}\psi(\mathbf{r}). \tag{17.4}$$

* Как обычно, $e^2=q_e^2/4\pi\varepsilon_0$.

Фиг. 17.1. Сферические координаты r, θ, φ точки P.

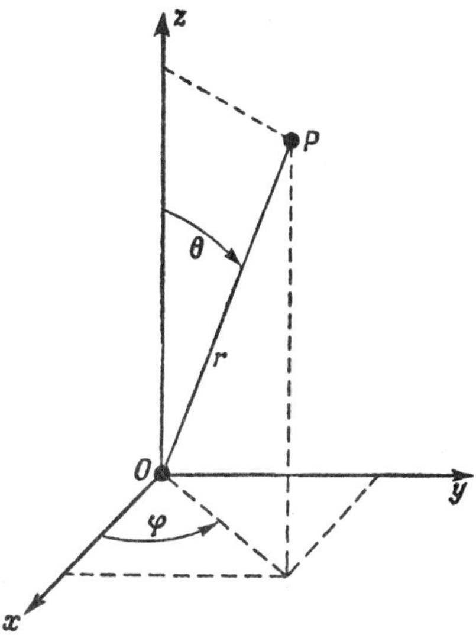

Тогда функция $\psi(\mathbf{r})$ должна быть решением уравнения

$$-\frac{\hbar^2}{2m}\nabla^2\psi=\left(E+\frac{e^2}{r}\right)\psi, \qquad (17.5)$$

где E — некоторое постоянное число (энергия атома).

Раз потенциальная энергия зависит только от радиуса, то это уравнение лучше решать в полярных координатах.

Лапласиан в прямоугольных координатах определялся так:

$$\nabla^2=\frac{\partial^2}{\partial x^2}+\frac{\partial^2}{\partial y^2}+\frac{\partial^2}{\partial z^2}.$$

Вместо этого мы хотим воспользоваться координатами r, θ, φ, изображенными на фиг. 17.1. Они связаны с x, y, z формулами

$$x=r\sin\theta\cos\varphi;\quad y=r\sin\theta\sin\varphi;\quad z=r\cos\theta.$$

Вас ждут довольно нудные алгебраические выкладки, но в конце концов вы должны будете прийти к тому, что для произвольной функции $f(\mathbf{r})=f(r, \theta, \varphi)$:

$$\nabla^2 f(r, \theta, \varphi)=\frac{1}{r}\frac{\partial^2}{\partial r^2}(rf)+$$
$$+\frac{1}{r^2}\left\{\frac{1}{\sin\theta}\frac{\partial}{\partial\theta}\left(\sin\theta\frac{\partial f}{\partial\theta}\right)+\frac{1}{\sin^2\theta}\frac{\partial^2 f}{\partial\varphi^2}\right\}. \qquad (17.6)$$

Итак, в полярных координатах уравнение, которому должна удовлетворять функция $\psi(r,\ \theta,\ \psi)$, принимает вид

$$\frac{1}{r}\frac{\partial^2}{\partial r^2}(r\psi)+\frac{1}{r^2}\left\{\frac{1}{\sin\theta}\frac{\partial}{\partial\theta}\left(\sin\theta\frac{\partial\psi}{\partial\theta}\right)+\frac{1}{\sin^2\theta}\frac{\partial^2\psi}{\partial\varphi^2}\right\}=$$
$$=-\frac{2m}{\hbar^2}\left(E+\frac{e^2}{r}\right)\psi. \qquad (17.7)$$

§ 2. *Сферически симметричные решения*

Попробуем сперва отыскать какую-нибудь функцию попроще, чтобы она удовлетворяла уравнению (17.7). Хотя волновая функция ψ в общем случае будет зависеть как от θ и φ, так и от r, можно все же поискать, не бывает ли такого особого случая, когда ψ *не* зависит от углов. Если волновая функция от углов не зависит, то при поворотах системы координат ни одна из амплитуд никак не будет меняться. Это означает, что все компоненты момента количества движения равны нулю. Такая функция ψ должна соответствовать состоянию с равным нулю полным моментом количества движения. (На самом деле, конечно, равен нулю только орбитальный момент количества движения, потому что остается еще спин электрона, но мы на эту часть момента не обращаем внимания.) Состояние с нулевым орбитальным моментом количества движения имеет особое название. Его называют «*s*-состоянием» (можете считать, что *s* от слова «сферически симметричный») *.

Раз ψ не собирается зависеть от θ и φ, то в полном лапласиане останется только один первый член и (17.7) сильно упростится:

$$\frac{1}{r}\frac{d^2}{dr^2}(r\psi)=-\frac{2m}{\hbar^2}\left(E+\frac{e^2}{r}\right)\psi. \qquad (17.8)$$

Прежде чем заняться решением подобного уравнения, хорошо бы, изменив масштаб, убрать из него все лишние константы вроде e^2, m, $\hbar$. От этого выкладки станут легче. Если сделать подстановки

$$r=\frac{\hbar^2}{me^2}\rho \qquad (17.9)$$

и

$$E=\frac{me^4}{2\hbar^2}\varepsilon, \qquad (17.10)$$

то уравнение (17.8) обратится (после умножения на ρ) в

$$\frac{d^2(\rho\psi)}{d\rho^2}=-\left(\varepsilon+\frac{2}{\rho}\right)\rho\psi. \qquad (17.11)$$

---

* Поскольку это и другие особые наименования являются частью общепринятого словаря атомной физики, вам попросту придется выучить их. Мы вам поможем их запомнить, поместив в этой главе небольшой «словарик» подобных терминов.

Эти изменения масштаба означают, что мы измеряем расстояние r и энергию E в «естественных» атомных единицах. Например, $\rho=r/r_B$, где $r_B=\hbar^2/me^2$, называется «боровским радиусом» и равно примерно 0,528 Å. Точно так же $\varepsilon=E/E_R$, где $E_R=me^4/2\hbar^2$. Эта энергия называется «ридбергом» и равна примерно 13,6 *эв*.

Раз произведение $\rho\psi$ встречается в обеих частях уравнения, то лучше работать с ним, чем с самим ψ. Обозначив

$$\rho\psi=f, \tag{17.12}$$

мы получим уравнение, которое выглядит проще:

$$\frac{d^2f}{d\rho^2}=-\left(\varepsilon+\frac{2}{\rho}\right)f. \tag{17.13}$$

Теперь нам предстоит найти функцию f, которая удовлетворяет уравнению (17.13), иными словами, просто решить дифференциальное уравнение. К сожалению, не существует никаких общих, годных во всех случаях жизни методов решения любого дифференциального уравнения. Вы должны просто покрутить его то так, то этак. Хоть уравнение не из легких, но люди все же нашли, что его можно решить при помощи следующей процедуры. Первым делом вы заменяете f, которое является некоторой функцией от ρ, произведением двух функций:

$$f(\rho)=e^{-\alpha\rho}g(\rho). \tag{17.14}$$

Это просто означает, что вы выносите из $f(\rho)$ множитель $e^{-\alpha\rho}$. Для любого $f(\rho)$ это можно сделать. Задача теперь просто свелась к отысканию подходящей функции $g(\rho)$.

Подставив (17.14) в (17.13), мы получим следующее уравнение для g:

$$\frac{d^2g}{d\rho^2}-2\alpha\frac{dg}{d\rho}+\left(\frac{2}{\rho}+\varepsilon+\alpha^2\right)g=0. \tag{17.15}$$

Мы вправе выбрать любое α, поэтому сделаем так, чтобы было

$$\alpha^2=-\varepsilon; \tag{17.16}$$

тогда получим

$$\frac{d^2g}{d\rho^2}-2\alpha\frac{dg}{d\rho}+\frac{2}{\rho}g=0. \tag{17.17}$$

Вы можете подумать, что мы не так уж далеко ушли от уравнения (17.13); но новое уравнение тем хорошо, что его можно легко решить разложением $g(\rho)$ в ряд по ρ. В принципе есть возможность таким же способом решать и (17.13), но только все проходит сложнее. Мы говорим: уравнению (17.17) можно удовлетворить некоторой функцией $g(\rho)$, которая записывается в виде ряда

$$g(\rho)=\sum_{k=1}^{\infty}a_k\rho^k, \tag{17.18}$$

где a_k — постоянные коэффициенты. И нам осталось только найти подходящую бесконечную последовательность коэффициентов! Проверим, годится ли такая запись решения. Первая производная такой функции $g(\rho)$ равна

$$\frac{dg}{d\rho}=\sum_{k=1}^{\infty} a_k k \rho^{k-1},$$

а вторая

$$\frac{d^2g}{d\rho^2}=\sum_{k=1}^{\infty} a_k k(k-1)\rho^{k-2}.$$

Подставляя это в (17.17), имеем

$$\sum_{k=1}^{\infty} k(k-1)a_k\rho^{k-2}-\sum_{k=1}^{\infty} 2\alpha k a_k\rho^{k-1}+\sum_{k=1}^{\infty} 2a_k\rho^{k-1}=0. \quad (17.19)$$

Пока еще не ясно, вышло ли у нас что-нибудь; но мы рвемся вперед. Если мы первую сумму заменим некоторым ее эквивалентом, то все выражение станет выглядеть лучше. Первый член в сумме равен нулю, поэтому каждое k можно заменить на $k+1$, от этого ничего в бесконечном ряде не изменится. Значит, первую сумму мы вправе записать и так:

$$\sum_{k=1}^{\infty}(k+1)k a_{k+1}\rho^{k-1}.$$

Теперь можно объединить все три суммы в одну:

$$\sum_{k=1}^{\infty}[(k+1)k a_{k+1}-2\alpha k a_k+2a_k]\rho^{k-1}=0. \quad (17.20)$$

Этот степенной ряд должен обращаться в нуль при всех мыслимых значениях ρ, что возможно лишь тогда, когда коэффициенты при каждой степени ρ порознь равны нулю. Мы получим решение для атома водорода, если отыщем такую последовательность a_k, для которой

$$(k+1)k a_{k+1}-2(\alpha k-1)a_k=0 \quad (17.21)$$

при всех $k>1$. А это, конечно, устроить легко. Выберите какое угодно a_1. Затем все прочие коэффициенты образуйте с помощью формулы

$$a_{k+1}=\frac{2(\alpha k-1)}{k(k+1)}a_k. \quad (17.22)$$

Пользуясь ею, вы получите a_2, a_3, a_4 и т. д., и каждая пара будет, конечно, удовлетворять (17.21). Мы получим ряд для $g(\rho)$, удовлетворяющий (17.17). С его помощью мы напишем ψ — решение уравнения Шредингера. Обратите внимание, что решения зависят от того, какова предполагаемая энергия (через α), но для каждого значения ε получается свой ряд.

Решение-то у нас есть, но что оно представляет физически? Понятие об этом мы получим, поглядев, что́ происходит вдалеке от протона — при больших ρ. Там основное значение приобретают наивысшие степени членов ряда, т. е. нам надо посмотреть, что́ бывает при больших k. Когда $k \gg 1$, то уравнение (17.22) приближенно совпадает с

$$a_{k+1} = \frac{2\alpha}{k} a_k,$$

а это означает, что

$$a_{k+1} \approx \frac{(2\alpha)^k}{k!} a_1. \tag{17.23}$$

Но это как раз коэффициенты разложения в ряд $e^{+2\alpha\rho}$. Функция g оказывается быстро растущей экспонентой. Даже после умножения на $e^{-\alpha\rho}$ получающаяся функция $f(\rho)$ [см. (17.14)] будет при больших ρ меняться как $e^{\alpha\rho}$. Мы нашли математическое решение, но оно не является физическим. Оно представляет случай, когда электрону *менее всего* вероятно очутиться вблизи протона! Чаще всего он вам повстречается на очень больших расстояниях ρ. А волновая функция для *связанного* электрона должна при больших ρ стремиться к нулю.

Придется подумать, нельзя ли как-нибудь обмануть решение. Оказывается, можно. Посмотрите! Если бы, по счастью, оказалось, что $\alpha = 1/n$, где n — любое целое число, то уравнение (17.22) привело бы к $a_{n+1} = 0$. И все высшие члены обратились бы тоже в нуль. Вышел бы не бесконечный ряд, а конечный многочлен. Любой многочлен растет медленнее, чем $e^{\alpha\rho}$, поэтому множитель $e^{-\alpha\rho}$ наверняка забьет его при больших ρ, и функция f при больших ρ будет стремиться к нулю. Единственные решения *для связанных состояний* это те, для которых $\alpha = 1/n$, где $n = 1, 2, 3, 4$ и т. д.

Оглядываясь на уравнение (17.16), мы видим, что у сферически симметричного волнового уравнения могут существовать решения для связанных состояний лишь при энергиях

$$-\varepsilon = 1, \frac{1}{4}, \frac{1}{9}, \frac{1}{16}, \ldots, \frac{1}{n^2}, \ldots .$$

Допустимы только те энергии, которые составляют именно такую часть ридберга $E_R = me^4/2\hbar^2$, т. е. энергия n-го уровня равна

$$E_n = -E_R \frac{1}{n^2}. \tag{17.24}$$

Кстати, ничего мистического в отрицательных энергиях нет. Они отрицательны просто потому, что когда мы решили писать $V = -e^2/r$, то тем самым в качестве нуля энергии выбрали энергию электрона, расположенного вдалеке от протона. Когда он ближе, то его энергия меньше, т. е. ниже нуля. Энергия ниже всего (самая отрицательная) при $n=1$ и возрастает к нулю с ростом n.

Еще до открытия квантовой механики экспериментальное изучение спектра водорода показало, что уровни энергии описываются формулой (17.24), где E_R, как это следует из измерений, равно примерно 13,6 *эв*. Затем Бор придумал модель, которая привела к тому же уравнению (17.24) и предсказала, что E_R должно равняться $me^4/2\hbar^2$. Первым большим успехом теории Шредингера явилось то, что она смогла воспроизвести этот результат прямо из основного уравнения движения электрона.

Теперь, когда мы рассчитали наш первый атом, давайте рассмотрим свойства полученного нами решения. Объединим все выделившиеся по дороге факторы и выпишем окончательный вид решения:

$$\psi_n = \frac{f_n(\rho)}{\rho} = \frac{e^{-\rho/n}}{\rho} g_n(\rho), \tag{17.25}$$

где

$$g_n(\rho) = \sum_{k=1}^{n} a_k \rho^k \tag{17.26}$$

и

$$a_{k+1} = \frac{2(k/n-1)}{k(k+1)} a_k. \tag{17.27}$$

Пока нас интересует главным образом относительная вероятность обнаружить электрон в том или ином месте, можно в качестве a_1 выбирать любое число. Возьмем, например, $a_1=1$. (Обычно выбирают a_1 так, чтобы волновая функция была «нормирована», т. е. чтобы полная вероятность обнаружить электрон где бы то ни было в атоме была равна единице. Мы в этом сейчас не нуждаемся.)

В низшем энергетическом состоянии $n=1$ и

$$\psi_1(\rho) = e^{-\rho}. \tag{17.28}$$

Если атом водорода находится в своем основном (наиболее низком энергетическом) состоянии, то амплитуда того, что электрон будет обнаружен в каком-то месте, экспоненциально падает с расстоянием от протона. Вероятнее всего встретить его вплотную близ протона. Характерное расстояние, на котором он встречается, соответствует $\rho=1$, или одного боровского радиуса r_B.

Подстановка $n=2$ дает следующий более высокий уровень. В волновую функцию этого состояния входят два слагаемых. Она равна

$$\psi_2(\rho) = \left(1 - \frac{\rho}{2}\right) e^{-\rho/2}. \tag{17.29}$$

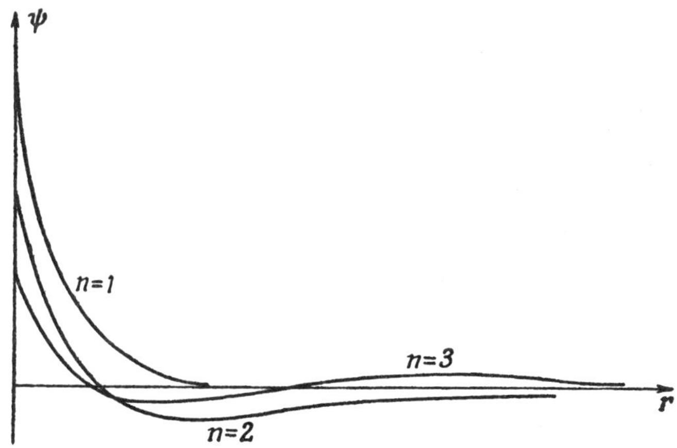

Фиг. 17.2. Волновые функции трех первых состояний атома водорода с $l=0$.

Масштабы выбраны так, чтобы полные вероятности совпадали.

Волновая функция для следующего уровня равна

$$\psi_3(\rho)=\left(1-\frac{2\rho}{3}+\frac{2}{27}\rho^2\right)e^{-\rho/3}. \qquad (17.30)$$

Эти три волновые функции начерчены на фиг. 17.2. Общая тенденция уже видна. Все волновые функции при больших ρ, поколебавшись несколько раз, приближаются к нулю. И действительно, число «изгибов» у ψ_n как раз равно n, или, если угодно, число пересечений оси абсцисс — число нулей — равно $n-1$.

§ 3. *Состояния с угловой зависимостью*

Мы нашли, что в состояниях, описываемых волновой функцией $\psi_n(r)$, амплитуда вероятности обнаружить электрон сферически симметрична; она зависит только от r — расстояния до протона. Момент количества движения таких состояний равен нулю. Теперь займемся состояниями, у которых какой-то момент количества движения имеется.

Можно было бы, конечно, просто исследовать чисто математическую задачу отыскания функций от r, θ и φ, удовлетворяющих дифференциальному уравнению (17.7), добавив только физическое условие, что единственно приемлемые для нас функции — это такие, которые при больших r стремятся к нулю. Так почти всегда и поступают. Но мы попробуем несколько сократить наш путь и воспользоваться тем, что́ мы уже знаем, именно тем, что нам известно, как амплитуды зависят от пространственных углов.

Атом водорода в том или ином состоянии — это частица с определенным «спином» j — квантовым числом полного момента количества движения. Часть этого спина возникает от собственного спина электрона, другая — от орбитального движения электрона. Поскольку каждая из этих частей действует (в очень хорошем приближении) независимо, то мы по-прежнему будем игнорировать спиновую часть и учтем только «орбитальный» момент. Впрочем, это орбитальное движение в точности подобно спину. Скажем, если орбитальное квантовое число есть l, то z-компонента момента количества движения может быть l, $l-1$, $l-2$, . . ., $-l$. (Мы, как обычно, измеряем все в единицах $\hbar$.) Кроме того, по-прежнему годятся все наши матрицы поворота и прочие известные свойства. (Начиная с этого места, мы *действительно* начнем пренебрегать спином электрона; говоря о «моменте количества движения», мы будем иметь в виду только орбитальную его часть.)

Поскольку поле с потенциалом V, в котором движется электрон, зависит только от r, а не от θ и не от φ, то гамильтониан симметричен относительно поворотов. Отсюда следует, что и момент количества движения и все его проекции сохраняются. Это не есть особое свойство кулонова потенциала e^2/r; оно справедливо при движении в *любом* «центральном поле» — поле, зависящем только от r.

Представим себе некоторое возможное состояние электрона; внутренняя угловая структура этого состояния будет определяться квантовым числом l. В зависимости от «ориентации» полного момента количества движения относительно оси z его проекция m на ось z может равняться одному из $2l+1$ чисел между $+l$ и $-l$. Пусть, например, $m=1$. С какой амплитудой электрон окажется на оси z на расстоянии r от начала? С нулевой. Электрон на оси z *не может* иметь какого-либо орбитального момента относительно этой оси. Но пусть тогда $m=0$. Вот это другое дело; теперь уже может появиться не равная нулю амплитуда того, что электрон окажется на оси z на таком-то расстоянии от протона. Обозначим эту амплитуду $F_l(r)$. Это — амплитуда того, что электрон будет обнаружен на расстоянии r по оси z, когда атом находится в состоянии $|l, 0\rangle$, т. е. в состоянии с орбитальным моментом l и его z-компонентой $m=0$.

А если нам известно $F_l(r)$, то известно все. Теперь уже в любом состоянии $|l, m\rangle$ мы можем узнать амплитуду $\psi_{l\,m}(\mathbf{r})$ того, что электрон обнаружится в *произвольном месте* атома. Как мы это узнаем? А вот следите. Пусть у нас есть атом в состоянии $|l, m\rangle$. Какова амплитуда того, что электрон обнаружится под углом θ, φ и на расстоянии r от начала? Проведите новую ось z, скажем z', под этим углом (фиг. 17.3) и задайте вопрос: какова амплитуда того, что электрон окажется на новой оси z' на расстоянии r? Мы знаем, что он не сможет оказаться

Фиг. 17.3. Точка (x, y, z) лежит на оси z' системы координат x', y', z'.

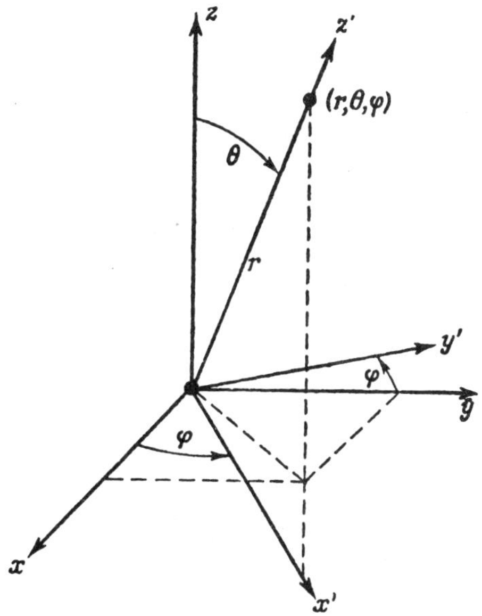

на оси z', если только m'— его z'-компонента момента количества движения — не равна нулю. Когда же $m'=0$, то амплитуда того, что электрон обнаружится на оси z', есть $F_l(r)$. Значит, результат получится перемножением двух амплитуд. Первая это амплитуда того, что атом, находящийся в состоянии $|l, m\rangle$ относительно оси z, окажется в состоянии $|l, m'=0\rangle$ *относительна оси* z'. Умножьте эту амплитуду на $F_l(r)$ и вы получите амплитуду $\psi_{l,m}(\mathbf{r})$ того, что электрон обнаружится в точке (r, θ, φ) относительно первоначальной системы осей.

Давайте все это распишем. Матрицы преобразования для поворотов мы уже вычислили. Чтобы перейти от системы x, y, z к системе x', y', z' (см. фиг. 17.3), можно сперва сделать поворот вокруг оси z на угол φ, а потом сделать поворот вокруг *новой* оси y (оси y') на угол θ. Совместный поворот выразится произведением

$$R_y(\theta)R_z(\varphi).$$

Амплитуда того, что после поворота обнаружится состояние $|l, m'=0\rangle$, есть

$$\langle l, 0|R_y(\theta)\, R_z(\varphi)|l, m\rangle. \qquad (17.31)$$

В итоге получаем

$$\psi_{l,m}(\mathbf{r}) = \langle l, 0\,|\,R_y(\theta)\,R_z(\varphi)\,|\,l, m\rangle\, F_l(r). \qquad (17.32)$$

Орбитальное движение может обладать только целыми значениями l. (Если электрон может быть обнаружен в любом месте, где $r \neq 0$, то имеется некоторая амплитуда того, что в этом направлении будет $m=0$. А состояния с $m=0$ бывают только при целых спинах.) Матрицы поворота для $l=1$ приведены в табл. 15.2 (стр. 129). Для больших l вы можете воспользоваться общими формулами, выведенными в гл. 16. Матрицы $R_z(\varphi)$ и $R_y(\theta)$ написаны по отдельности, но как их комбинировать, вы знаете. В общем случае вы начнете с состояния $|l, m\rangle$ и подействуете на него оператором $R_z(\varphi)$, получив новое состояние $R_z(\varphi)|l, m\rangle$ (которое просто равно $e^{im\varphi}|l, m\rangle$). Затем вы подействуете на это состояние оператором $R_y(\theta)$ и получите состояние $R_y(\theta)R_z(\varphi)|l, m\rangle$. Умножение на $\langle l, 0|$ даст вам матричный элемент (17.31).

Матричные элементы операции поворота — это алгебраические функции от θ и φ. Те частные виды функций, которые появляются в (17.31), возникают и во многих других задачах, связанных с волнами на сфере. Им присвоили особое имя. Правда, не у всех авторов обозначения одинаковы; чаще всего все же пишут

$$\langle l, 0|R_y(\theta)R_z(\varphi)|l, m\rangle \equiv aY_{l,m}(\theta, \varphi). \qquad (17.33)$$

Функции $Y_{l,m}(\theta, \varphi)$ называют *сферическими гармониками*, а a — просто численный множитель, который зависит от того, как определено $Y_{l,m}$. При обычном определении

$$a=\sqrt{\frac{4\pi}{2l+1}}. \qquad (17.34)$$

В этих обозначениях волновые функции водорода записываются так:

$$\psi_{l,m}(\mathbf{r})=Y_{l,m}(\theta, \varphi)F_l(r). \qquad (17.35)$$

Угловые функции $Y_{l,m}(\theta, \varphi)$ важны не только во многих квантовомеханических задачах, но и во многих областях классической физики, в которых встречается оператор ∇^2, например в электромагнетизме. В качестве другого примера их применения в квантовой механике рассмотрим распад возбужденного состояния Ne^{20} (о котором говорилось в предыдущей главе), которое испускает α-частицу и превращается в O^{16}:

$$Ne^{20*} \to O^{16}+He^4.$$

Допустим, что возбужденное состояние имеет спин l (обязательно целый), а z-компонента момента количества движения есть m. Спросим вот о чем: если даны l и m, то какова амплитуда того, что α-частица вылетит в направлении, составляющем с осью z угол θ и с плоскостью xz угол φ (фиг. 17.4)?

Решить эту задачу нам поможет следующее наблюдение. Распад, в котором α-частица вылетает прямо вдоль оси z, должен происходить из состояния с $m=0$. Это потому, что у самих O^{16} и α-частицы спин равен нулю, а за счет движения вдоль оси z

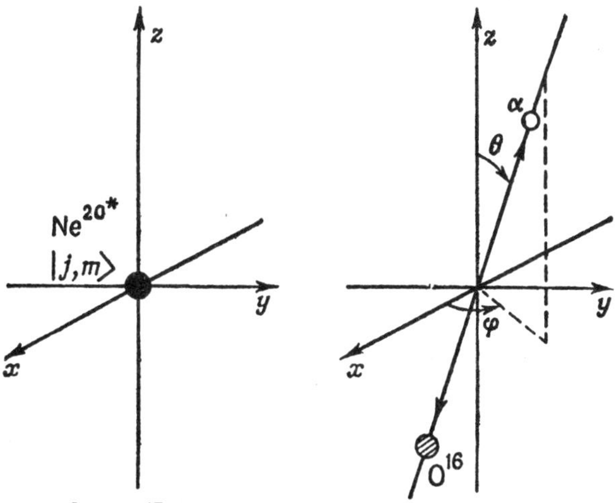

Фиг. 17.4. Распад возбужденного состояния Ne^{20}.

момента вокруг этой оси не создашь. Обозначим эту амплитуду a (на единицу телесного угла). Тогда, чтобы найти амплитуду распада под произвольным углом (см. фиг. 17.4), остается только узнать, с какой амплитудой данное начальное состояние будет обладать нулевым моментом относительно направления распада. Амплитуда того, что распад будет в направлении (θ, φ), тогда будет равна произведению a на амплитуду того, что состояние $|l, m\rangle$ относительно оси z окажется в состоянии $|l, 0\rangle$ относительно z' (направления распада). Эта последняя амплитуда как раз и есть то, что мы писали в (17.31). Вероятность увидеть α-частицу под углом (θ, φ), стало быть, равна

$$P(\theta, \varphi)=a^2|\langle l, 0|R_y(\theta)R_z(\varphi)|l, m\rangle|^2.$$

Для примера рассмотрим начальное состояние с $l=1$ и различными m. Из табл. 15.2 (стр. 129) мы знаем все нужные амплитуды:

$$\langle 1, 0|R_y(\theta)R_z(\varphi)|1, +1\rangle=-\frac{1}{\sqrt{2}}\sin\theta e^{i\varphi},$$

$$\langle 1, 0|R_y(\theta)R_z(\varphi)|1, 0\rangle=\cos\theta,$$

$$\langle 1, 0|R_y(\theta)R_z(\varphi)|1, -1\rangle=\frac{1}{\sqrt{2}}\sin\theta e^{-i\varphi}. \qquad (17.36)$$

Это и есть три возможные амплитуды угловых распределений, в зависимости от того, какое m у первоначального ядра.

Такие амплитуды, как (17.36), встречаются так часто и так важны, что им дали *несколько* названий. Если амплитуда углового распределения пропорциональна любой из этих трех функций или любой их линейной комбинации, то мы говорим: «орбитальный момент системы равен единице». Или можно сказать: «Ne^{20} * испускает p-волну». Или говорят: «α-частица испускается в состоянии с $l=1$». Выражений так много, что даже стоит составить словарик. Если вы хотите понимать разговор физиков, то вам просто нужно выучить их язык. В табл. 17.1 приведен словарь орбитальных моментов количества движения.

Таблица 17.1 ● СЛОВАРИК ОРБИТАЛЬНЫХ МОМЕНТОВ ($l=j$ — ЦЕЛЫЕ ЧИСЛА)

Орбитальный момент l	z-компонента, m	Угловая зависимость амплитуд	Наименование	Число состояний	Орбитальная четность
0	0	1	s	1	+
1	+1	$-\frac{1}{\sqrt{2}}\sin\theta e^{i\varphi}$	p	3	—
	0	$\cos\theta$			
	−1	$\frac{1}{\sqrt{2}}\sin\theta e^{-i\varphi}$			
2	+2	$\frac{\sqrt{6}}{4}\sin^2\theta e^{2i\varphi}$	d	5	+
	+1	$-\frac{\sqrt{6}}{2}\sin\theta\cos\theta e^{i\varphi}$			
	0	$\frac{1}{2}(3\cos^2\theta-1)$			
	−1	$\frac{\sqrt{6}}{2}\sin\theta\cos\theta e^{-i\varphi}$			
	−2	$\frac{\sqrt{6}}{4}\sin^2\theta e^{-2i\varphi}$			
3, 4, 5, ...		$\langle l, 0 \mid R_y(\theta) R_z(\varphi) \mid l, m\rangle = Y_{l,m}(\theta, \varphi) = P_l^m(\cos\theta) e^{im\varphi}$	f, g, h, ...	$2l+1$	$(-1)^l$

Если орбитальный момент равен нулю, то повороты системы координат ничего не меняют и зависимости от угла нет: «зависимость» от угла имеет вид постоянной, скажем 1. Это называют «s-состоянием». Есть только одно такое состояние, пока дело касается только зависимости от угла. Если орбитальный момент равен 1, то амплитуда зависимости от углов может быть одной из трех приведенных функций, смотря по тому, чему равно m, или их линейной комбинацией. Из называют «p-состояниями». Таких состояний три. Если орбитальный момент равен 2, то подобных функций пять (см. таблицу). Любая их линейная комбинация называется «$l=2$»-амплитудой, или амплитудой «d-волны». Теперь вы сразу догадаетесь, какая будет следующая буква. Что должно идти после s, p, d? Ну, конечно же, f, g, h и т. д. по алфавиту. Буквы эти ничего не значат. [Когда-то они что-то значили: «резкая» (sharp), «главная» (principal), «диффузная» (diffuse) и «фундаментальная» (fundamental) серии линий оптического спектра атомов. Но это было тогда, когда еще не было известно, откуда эти серии линий берутся. После f особых названий уже не было, так что мы сейчас просто продолжаем g, h и т. д.]

Угловые функции в таблице проходят под несколькими именами и определяются порой с небольшими вариациями в численных множителях, стоящих впереди. Иногда их называют «сферические гармоники» и обозначают $Y_{l,m}(\theta, \varphi)$. Иногда их пишут $P_l^m(\cos\theta)\,e^{im\varphi}$, а при $m=0$ просто $P_l(\cos\theta)$. Функции $P_l(\cos\theta)$ называются «полиномы Лежандра» по $\cos\theta$, а функции $P_l^m(\cos\theta)$ именуют «присоединенными функциями Лежандра». Таблицы этих функций встречаются во многих книгах.

Обратите, кстати, внимание, что все функции с данным l имеют одну и ту же четность — при нечетных l они от инверсии меняют свой знак, при четных l — нет. Поэтому можно написать, что четность состояния с орбитальным моментом l равна $(-1)^l$.

Как мы видели, одни и те же угловые распределения могут относиться к разным вещам: к ядерному распаду, к другим

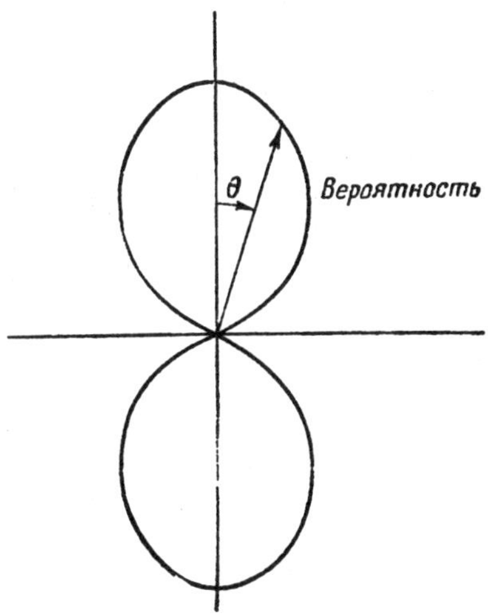

Фиг. 17.5. График $\cos^2\theta$ в полярных координатах, дающий относительную вероятность обнаружения электрона под различными углами к оси z (для данного r) в состоянии атома с $l=1$ и $m=0$.

ядерным процессам, к распределению амплитуд наблюдения электрона в том или ином месте атома водорода. Например, если электрон находится в p-состоянии ($l=1$), то амплитуда того, что он обнаружится в каком-то месте, зависит от угла определенным образом, но всегда представляет собой линейную комбинацию трех функций для $l=1$ из табл. 17.1. Возьмем очень интересный случай $\cos\theta$. Он означает, что амплитуда, скажем, положительна в верхней части ($\theta<\pi/2$), отрицательна в нижней ($\theta>\pi/2$) и равна нулю при $\theta=90°$. Возводя ее в квадрат, видим, что вероятность встретить электрон меняется с θ так, как показано на фиг. 17.5, и не зависит от φ. Такое угловое распределение ответственно за то, что в молекулярной связи притяжение электрона в состоянии $l=1$ к другому атому зависит от направления. Отсюда ведет свое начало направленная валентность химического притяжения.

§ 4. *Общее решение для водорода*

В уравнении (17.35) мы записали волновые функции атома водорода в виде

$$\psi_{l,m}(\mathbf{r}) = Y_{l,m}(\theta, \varphi) F_l(r). \tag{17.37}$$

Эти волновые функции должны быть решениями дифференциального уравнения (17.7). Посмотрим, что это означает. Подставим (17.37) в (17.7); получим

$$\frac{Y_{l,m}}{r}\frac{d^2}{dr^2}(rF_l)+\frac{F_l}{r^2\sin\theta}\frac{\partial}{\partial\theta}\left(\sin\theta\frac{\partial Y_{l,m}}{\partial\theta}\right)+\frac{F_l}{r^2\sin^2\theta}\frac{\partial^2 Y_{l,m}}{\partial\varphi^2}= \\ =-\frac{2m}{\hbar^2}\left(E+\frac{e^2}{r}\right)Y_{l,m}F_l. \tag{17.38}$$

Помножим все на r^2/F_l и переставим члены; результат будет таков:

$$\frac{1}{\sin\theta}\frac{\partial}{\partial\theta}\left(\sin\theta\frac{\partial Y_{l,m}}{\partial\theta}\right)+\frac{1}{\sin^2\theta}\frac{\partial^2 Y_{l,m}}{\partial\varphi^2}= \\ =-\left[\frac{r^2}{F_l}\left\{\frac{1}{r}\frac{d^2}{dr^2}(rF_l)+\frac{2m}{\hbar^2}\left(E+\frac{e^2}{r}\right)F_l\right\}\right]Y_{l,m}. \tag{17.39}$$

Левая часть этого уравнения зависит от θ и φ, а от r *не зависит*. Какое бы значение r мы ни взяли, от этого левая часть не изменится. Значит, *то же должно быть выполнено и для правой части*. Хотя в выражении в квадратных скобках там и сям попадаются разные r, все выражение от r зависеть не может, иначе бы не получилось уравнение, которое годится для всех r. Кроме того, как вы видите, эта скобка не зависит ни от θ, ни от φ. Она должна быть постоянным числом. Его величина имеет право зато зависеть от значения l того состояния, которое мы изучаем, поскольку этому состоянию принадлежит функция F_l; поэтому постоянное число мы обозначим K_l. Уравнение (17.35), стало быть, равнозначно двум уравнениям

$$\frac{1}{\sin\theta}\frac{\partial}{\partial\theta}\left(\sin\theta\frac{\partial Y_{l,m}}{\partial\theta}\right)+\frac{1}{\sin^2\theta}\frac{\partial^2 Y_{l,m}}{\partial\varphi^2}=-K_l Y_{l,m}, \quad (17.40)$$

$$\frac{1}{r}\frac{d^2}{dr^2}(rF_l)+\frac{2m}{\hbar^2}\left(E+\frac{e^2}{r}\right)F_l=K_l\frac{F_l}{r^2}. \quad (17.41)$$

Теперь взглянем на то, что мы сделали. Для каждого состояния, описываемого числами l и m, мы знаем функции $Y_{l,m}$; тогда из уравнения (17.40) можно определить K_l. Затем, подставив K_l в (17.41), мы получим дифференциальное уравнение для функции $F_l(r)$. Если мы его сможем решить, то все множители, входящие в (17.37), нам станут известны, и мы узнаем $\psi(\mathbf{r})$.

Чему же равно K_l? Ну, во-первых, заметьте, что при всех m (входящих в данное l) оно должно быть одним и тем же, поэтому мы вправе выбрать в $Y_{l,m}$ то m, какое нам нравится, и вставить его в (17.40). Пожалуй, проще всего взять $Y_{l,l}$. Из уравнения (16.24)

$$R_z(\varphi)\,|\,l,\ l\rangle=e^{il\varphi}\,|\,l,\ l\rangle. \quad (17.42)$$

Матричный элемент $R_y(\theta)$ тоже совсем прост:

$$\langle l,\ 0\,|\,R_y(\theta)\,|\,l,\ l\rangle=b(\sin\theta)^l, \quad (17.43)$$

где b — некоторое число *. Объединяя их, получаем

$$Y_{l,l}\sim e^{il\varphi}\sin^l\theta. \quad (17.44)$$

Подстановка этой функции в (17.40) даст

$$K_l=l(l+1). \quad (17.45)$$

Теперь, когда мы определили K_l, уравнение (17.41) даст нам радиальную функцию $F_l(r)$. Перед нами обычное уравнение Шредингера, у которого угловая часть заменена ее эквивалентом K_lF_l/r^2. Перепишем (17.41) в той форме, в какой мы писали уравнение (17.8):

$$\frac{1}{r}\frac{d^2}{dr^2}(rF_l)=-\frac{2m}{\hbar^2}\left\{E+\frac{e^2}{r}-\frac{l(l+1)\hbar^2}{2mr^2}\right\}F_l. \quad (17.46)$$

---

* Это нетрудно вывести из (16.35). Но можно это сделать, исходя из основных принципов; надо только воспользоваться идеями, изложенными в гл. 16, § 4. Состояние $|l,\ l\rangle$ может быть составлено из $2l$ частиц со спином $1/2$, у которых спин направлен вверх; а в состоянии $|l,\ 0\rangle$ l спинов было бы направлено вверх, а l — вниз. При повороте амплитуда того, что спин останется тем же, равна $\cos\theta/2$, а амплитуда того, что он перевернется, равна $-\sin\theta/2$. А нас интересует амплитуда того, что l спинов не перевернутся, а другие l перевернутся. Такая амплитуда равна $(\cos\theta/2\ \sin\theta/2)^l$, а это то же самое, что $\sin^l\theta$.

У потенциальной энергии появилась какая-то таинственная добавка. Хотя она появилась на свет после длинной серии математических шагов, тем не менее у нее простое физическое происхождение. Мы беремся рассказать о ее происхождении при помощи полуклассических аргументов. После этого она уже не покажется вам такой таинственной.

Представим классическую частицу, вращающуюся вокруг некоторого силового центра. Полная энергия сохраняется и является суммой потенциальной и кинетической энергий

$$U = V(r) + \frac{1}{2}mv^2 = \text{const}.$$

В общем случае v разлагается на радиальную компоненту v_r и на касательную компоненту $r\dot{\theta}$, т. е.

$$v^2 = v_r^2 + (r\dot{\theta})^2.$$

Момент количества движения $mr^2\dot{\theta}$ тоже сохраняется; пусть он равняется L. Тогда можно написать

$$mr^2\dot{\theta} = L, \quad \text{или} \quad r\dot{\theta} = \frac{L}{mr},$$

т. е. энергия равна

$$U = \frac{1}{2}mv_r^2 + V(r) + \frac{L^2}{2mr^2}.$$

Если бы момента количества движения не было, у нас осталось бы только два первых члена. Добавление момента количества движения L изменяет энергию как раз так, как если бы к потенциальной энергии добавился член $L^2/2mr^2$. Но он почти точно совпадает с добавкой (17.46). Единственная разница в том, что вместо ожидаемого числителя $l^2\hbar^2$ (этого можно было бы ожидать) появляется комбинация $l(l+1)\hbar^2$. Но мы еще раньше видели [например, в гл. 34, § 7 (вып. 7)], что это обычная замена, к которой всегда приходится прибегать, если хотят, чтобы квазиклассические рассуждения совпали с правильным квантовомеханическим расчетом. Поэтому новый член можно понимать как своего рода «потенциал», определяющий «центробежную силу» и возникающий в уравнениях радиального движения вращающейся системы [см. гл. 12, § 5 (вып. 1)].

Теперь мы уже можем решить уравнение (17.46) относительно $F_l(r)$. Оно очень похоже на (17.8), так что прибегнем к той же технике. Все повторяется вплоть до уравнения (17.19), в котором появится добавочный член

$$-l(l+1)\sum_{k=1}^{\infty} a_k\rho^{k-2}. \tag{17.47}$$

Его можно записать еще и так:

$$-l(l+1)\left\{\frac{a_1}{\rho}-\sum_{k=1}^{\infty} a_{k+1}\rho^{k-1}\right\}. \qquad (17.48)$$

(Мы выделили первый член, а затем текущий индекс k сдвинули на единицу.) Вместо (17.20) появится

$$\sum_{k=1}^{\infty}\left[\{k(k+1)-l(l+1)\}a_{k+1}-2(\alpha k-1)a_k\right]\rho^{k-1}-$$
$$-\frac{l(l+1)a_1}{\rho}=0. \qquad (17.49)$$

Поскольку член с ρ^{-1} только один, то он должен обратиться в нуль. Коэффициент a_1 должен быть равен нулю (если только l не равно нулю, но тогда мы приходим к нашему прежнему решению). А когда все квадратные скобки при любых k обратятся в нуль, то и все следующие члены станут равны нулю. Из-за этого условие (17.21) переходит в

$$a_{k+1}=\frac{2(\alpha k-1)}{k(k+1)-l(l+1)}a_k. \qquad (17.50)$$

Это единственное существенное видоизменение по сравнению со сферически симметричным случаем.

Как и раньше, ряд должен оборваться, если мы хотим, чтобы решения представляли связанные электроны. Если $\alpha n=1$, то ряд оборвется на $k=n$. Условие для α получается таким же: α должно быть равно $1/n$, где n — целое число. Однако (17.50) приводит и к новому ограничению. Индекс k не может быть равен l, в противном случае знаменатель обратится в нуль, а a_{l+1} — в бесконечность. Иначе говоря, поскольку $a_1=0$, то (17.50) подразумевает, что все последовательные a_k обращаются в нуль, пока мы не придем к a_{l+1}, которое может быть и не нулем. Это означает, что k должно начинаться с $l+1$ и кончаться на n.

Окончательный итог таков: при любом l имеется набор возможных решений, которые мы обозначим $F_{n,l}$, где $n>l+1$. Каждое решение обладает энергией

$$E_n=-\frac{me^4}{2\hbar^2}\left(\frac{1}{n^2}\right). \qquad (17.51)$$

Волновая функция состояния с такой энергией и с угловыми квантовыми числами l и m имеет вид

$$\psi_{n,l,m}=Y_{l,m}(\theta,\varphi)F_{n,l}(\rho), \qquad (17.52)$$

где

$$\rho F_{n,l}(\rho)=e^{-\alpha\rho}\sum_{k=l+1}^{n}a_k\rho^k. \qquad (17.53)$$

Коэффициенты a_k получаются из (17.50). Наконец-то в наших руках полное описание состояний атома водорода.

§ 5. *Волновые функции водорода*

Посмотрим же, что мы открыли. Состояния, которые удовлетворяют уравнению Шредингера для электрона в кулоновом поле, характеризуются тремя (причем целыми) квантовыми числами n, l, m. Угловое распределение амплитуды электрона может обладать только определенными формами, которые мы обозначим $Y_{l,m}$. Они нумеруются числом l — *квантовым числом момента количества движения* и m — *«магнитным» квантовым числом*, которое может меняться от $-l$ до $+l$. При каждой угловой конфигурации возможны различные радиальные распределения $F_{n,l}(r)$ амплитуды электрона; они нумеруются *главным квантовым числом* n, которое может меняться от $l+1$ до ∞. Энергия состояния зависит только от n и растет с n.

Состояние наинизшей энергии, или основное, является s-состоянием. У него $l=0$, $n=1$ и $m=0$. Это «невырожденное» состояние: имеется только одно состояние с такой энергией, а волновая функция у него сферически симметрична. Амплитуда того, что электрон обнаружится, достигает максимума в центре и монотонно спадает с удалением от центра. Эту электронную амплитуду можно изобразить этаким комочком (фиг. 17.6, *а*).

Имеются и другие s-состояния, с бо́льшими энергиями; у них $n=2, 3, 4, \ldots$ и $l=0$. Каждой энергии соответствует только одно состояние $m=0$, и все они сферически симметричны. Амплитуды этих состояний с ростом r один или несколько раз меняют знак. Имеется $n-1$ сферических узловых поверхностей, или мест, где ψ проходит через нуль. Например, $2s$-состояние ($l=0$, $n=2$) выглядит так, как показано на фиг. 17.6, *б*. (Темные области указывают те места, где амплитуда велика, а знаки плюс и минус отмечают относительные фазы амплитуды.) Уровни энергии s-состояний показаны в первом столбце фиг. 17.7.

Затем бывают p-состояния с $l=1$. Для каждого n (n равно или больше 2) существует тройка состояний с одинаковой энергией, одно с $m=+1$, другое с $m=0$, третье с $m=-1$. Уровни энергии отмечены на фиг. 17.7. Угловые зависимости этих состояний приведены в табл. 17.1. Так, при $m=0$, если амплитуда положительна для углов θ, близких к нулю, то при углах θ, близких к 180°, она окажется отрицательной. Имеется узловая плоскость, совпадающая с плоскостью xy. При $n>1$ бывают также

Фиг. 17.6. Наброски, отражающие общий характер волновых функций водорода.

В заштрихованных местах амплитуды велики. Знаки плюс и минус — это относительные знаки амплитуд в каждой области.

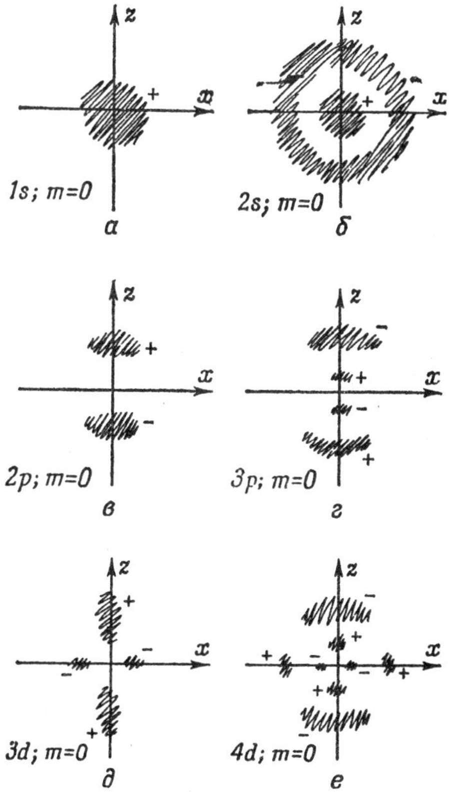

конические узловые поверхности. Амплитуда $n=2$, $m=0$ намечена на фиг. 17.6, *в*, а волновая функция $n=3$, $m=0$ — на фиг. 17.6, *г*.

Могло бы показаться, что поскольку m дает, так сказать, «ориентацию» в пространстве, то должны наблюдаться еще такие же распределения, но с пиками вдоль оси x или вдоль оси y. Можно подумать, что это скорее всего состояния с $m=+1$ и с $m=-1$. Однако это не так! Но зато раз у нас есть тройка состояний с одинаковыми энергиями, то любая линейная комбинация из этой тройки тоже будет стационарным состоянием с той же энергией. Оказывается, что «x»-состояние (по аналогии с «z»-состоянием, или состоянием с $m=0$, см. фиг. 17.6, *в*) это линейная комбинация состояний с $m=+1$ и с $m=-1$. Другая комбинация дает «y»-состояние. Точнее, имеется в виду, что состояния

$$«z» = |1,\ 0\rangle,$$

$$«x» = \frac{|1,\ +1\rangle + |1,\ -1\rangle}{\sqrt{2}},$$

$$«y» = \frac{|1,\ +1\rangle - |1,\ -1\rangle}{i\sqrt{2}},$$

если отнести их к своим осям, выглядят одинаково.

У d-состояний ($l=2$) для каждой энергии есть пять возможных значений m; наинизшей энергией обладает $n=3$. Уровни показаны на фиг. 17.7. Угловые зависимости усложняются. К примеру, состояния с $m=0$ обладают двумя коническими узловыми поверхностями, так что при переходе от северного полюса к южному волновая функция меняет фазы с + на — и обратно на +. Примерная форма амплитуды нарисована на фиг. 17.6, *д* и *е* для состояний с $m=0$ и $n=3$ и 4. И снова при больших n появляются конические узловые поверхности.

Мы не будем пытаться описывать другие последующие состояния. Подробное изложение волновых функций водорода вы найдете во многих книгах. Рекомендую вам особенно: L. Pauling, E. B. Wilson, Introduction to Quantum Mechanics, New York, 1935; R. B. Leighton, Principles of Modern Physics, New York, 1959. В этих книгах вы найдете графики некоторых функций и графическое изображение многих состояний.

Хотелось бы упомянуть об одном особом свойстве волновых функций при высших l: при $l>0$ амплитуды обращаются в центре в нуль. Ничего в этом удивительного нет, ведь электрону трудно иметь большой момент, когда плечо момента очень мало. По этой причине чем l больше, тем дальше амплитуды «отталкиваются» от центра. Если вы посмотрите, как радиальные функции $F(r)$ меняются при малых r, то из (17.53) окажется, что

$$F_{n,l}(r) \approx r^l.$$

Такая зависимость от r означает, что при больших l вам придется дальше отойти от $r=0$, чтобы получить заметную амплитуду. Такое поведение, кстати, определяется членом с центробежной силой в радиальном уравнении,

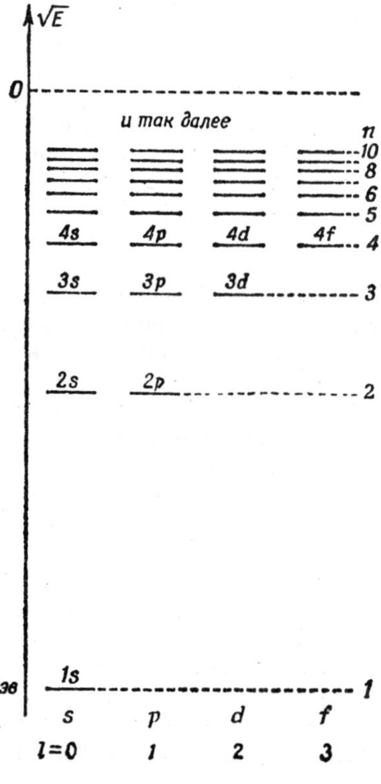

Фиг. 17.7. *Диаграмма уровней энергии водорода.*

так что все это применимо к любому потенциалу, который при малых r меняется медленнее, чем $1/r^2$, а таково большинство атомных потенциалов.

§ 6. *Периодическая таблица*

Теперь мы хотели бы применить теорию атома водорода к объяснению химической периодической таблицы элементов. В атоме элемента с атомным номером Z имеется Z электронов, которые удерживаются электрическим притяжением ядра, но при этом взаимно отталкиваются друг от друга. Чтобы получить точное решение, пришлось бы решить уравнение Шредингера для Z электронов в кулоновом поле. Для гелия уравнение имеет вид

$$-\frac{\hbar}{i}\frac{\partial\psi}{\partial t}=-\frac{\hbar^2}{2m}(\nabla_1^2\psi+\nabla_2^2\psi)+\left(-\frac{2e^2}{r_1}-\frac{2e^2}{r_2}+\frac{e^2}{r_{12}}\right)\psi,$$

где ∇_1^2 — лапласиан, который действует на $\mathbf{r}_1$, координату первого электрона; ∇_2^2 действует на $\mathbf{r}_2$, а $r_{12}=|\mathbf{r}_1-\mathbf{r}_2|$. (Мы опять пренебрегаем спинами электронов.) Чтобы найти стационарные состояния и уровни энергии, следовало бы отыскать решения вида

$$\psi=f(\mathbf{r}_1,\ \mathbf{r}_2)e^{-(i/\hbar)Et}.$$

Геометрическая зависимость заключена в f — функции шести переменных — одновременных положений двух электронов. Аналитического решения никто не знает, хотя решения для низших энергетических состояний и были найдены численными методами.

Когда электронов 3, 4 или 5, безнадежно пытаться получить точные решения. Поэтому было бы опрометчиво утверждать, что квантовая механика до конца объяснила периодическую таблицу. Но все же можно сказать, что даже с помощью довольно сомнительных приближений (и кое-какой последующей отделки) удается, по крайней мере качественно, понять многие химические свойства, проявляющиеся в периодической таблице.

Химические свойства атомов определяются в первую очередь их низшими энергетическими состояниями. Для отыскания этих состояний и их энергий мы воспользуемся следующей приближенной теорией. Во-первых, пренебрежем спином электрона, разве только что принцип запрета будет принят нами во внимание и мы будем считать, что каждое частное электронное состояние может быть занято только одним электроном. Это означает, что на одной орбите не может оказаться больше *двух* электронов — один со спином, направленным вверх, другой — вниз. Затем мы в первом приближении пренебрежем *деталями* взаимодействия электронов и будем считать, что каждый электрон движется в *центральном поле*, образуемом полями ядра и всех прочих электронов. Про неон, у которого 10 электронов, мы скажем, например, что каждый электрон в атоме неона испытывает влияние среднего потенциала ядра и оставшейся девятки электронов. Мы вообразим далее, что в уравнение Шредингера для каждого электрона мы подставляем $V(r)$ — то же поле $1/r$, но только видоизмененное за счет сферически симметричной плотности заряда, возникшей от остальных электронов.

В такой модели каждый электрон ведет себя как независимая частица. Угловые зависимости его волновой функции будут попросту такими же, какие были у атома водорода. Это будут те же s-состояния, p-состояния и т. п., и у них будут различные значения m. Раз $V(r)$ больше не следует закону $1/r$, то радиальная часть волновых функций слегка перекраивается, но качественно останется прежней, так что по-прежнему будет существовать радиальное квантовое число n. Энергии состояний тоже станут немного иными.

H

Что же при таких представлениях у нас получится с водородом? У основного состояния водорода $l=m=0$ и $n=1$; мы говорим, что у него электронная конфигурация $1s$. Энергия равна —13,6 *эв*. Это значит, что для отрыва электрона от атома нужно 13,6 *эв* энергии. Ее называют «энергией ионизации», W_I. Большая энергия ионизации означает, что оторвать электрон трудно, но водород может отнять электрон у другого атома, а потому он химически активен.

He

Теперь обратимся к гелию. Оба электрона в гелии могут находиться в одном и том же нижнем состоянии (только у одного спин направлен вверх, у другого —вниз). В своем наинизшем состоянии электрон движется в поле с потенциалом, который при малых r походит на кулонов потенциал с $Z=2$, а при больших r — на кулонов потенциал с $Z=1$. В результате возникает «водородоподобное» $1s$-состояние с несколько более низкой энергией. Оба электрона занимают одни и те же $1s$-состояния ($l=0$, $m=0$). Наблюдаемая энергия ионизации (требуемая на отрыв *одного* электрона) равна 24,6 *эв*. Поскольку теперь «оболочка» $1s$ заполнена (больше двух электронов в нее не втиснешь), то практически не возникает тенденции уводить у других атомов электроны. Гелий химически инертен.

Li

Ядро лития имеет заряд 3. Состояния электрона опять будут водородоподобны, и тройка электронов займет три нижних

Фиг. 17.8. Схематическая диаграмма уровней энергии атомного электрона в присутствии других электронов.

Масштаб иной, нежели на фиг. 17.7.

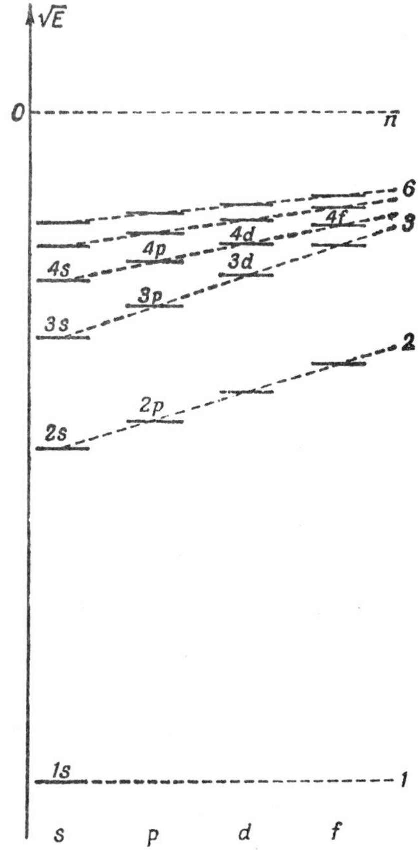

уровня энергии. Два попадут в состояния 1s, а третий пойдет в состояние $n=2$. Но вот с $l=0$ или с $l=1$? В водороде у этих состояний энергия одна и та же, в других же атомах это не так, и вот по какой причине. Вспомним, что у 2s-состояния есть некоторая амплитуда того, что оно окажется вблизи ядра, а у 2p такой амплитуды нет. Это означает, что 2s-электрон как-то ощутит тройной электрический заряд ядра Li, а 2p-электрон останется там, где поле выглядит как кулоново поле единичного заряда. Добавочное притяжение понизит энергию 2s-состояния по сравнению с энергией 2p-состояния. Уровни энергии примерно окажутся такими, как показано на фиг. 17.8 (сравните с соответствующей диаграммой на фиг. 17.7 для водорода). Значит, в атоме лития два электрона будут в 1s-состояниях, а один — в 2s-состоянии. Поскольку электрон в 2s-состоянии обладает более высокой энергией, чем электрон в 1s-состоянии, то его сравнительно легко удалить. Ионизационная энергия лития всего 5,4 *эв*, и он весьма активен химически.

Так постепенно перед вами развертывается вся картина; в табл. 17.2 мы привели список первых 36 элементов, отметив состояния, занимаемые электронами в основном состоянии каждого атома. Таблица дает энергию ионизации для наиболее слабо связанного электрона и количество электронов, занимающих каждую «оболочку», т. е. состояние с одним и тем же n. Поскольку разные l-состояния обладают разными энергиями, то

Таблица 17.2 ● ЭЛЕКТРОННЫЕ КОНФИГУРАЦИИ ПЕРВЫХ 36 ЭЛЕМЕНТОВ (число электронов в разных состояниях)

Z	Элемент	W_I, эв	Электронная конфигурация									
			1s	2s	2p	3s	3p	3d	4s	4p	4d	4f
1	H водород	13,6	1									
2	He гелий	24,6	2									
3	Li литий	5,4		1								
4	Be бериллий	9,3		2								
5	B бор	8,3		2	1							
6	C углерод	11,3	Заполнены	2	2							
7	N азот	14,5	(2)	2	3							
8	O кислород	13,6		2	4							
9	F фтор	17,4		2	5							
10	Ne неон	21,6		2	6							
11	Na натрий	5,1				1						
12	Mg магний	7,6				2						
13	Al алюминий	6,0				2	1					
14	Si кремний	8,1	—Заполнены—			2	2					
15	P фосфор	10,5				2	3					
16	S сера	10,4	(2)	(8)		2	4					
17	Cl хлор	13,0				2	5					
18	Ar аргон	15,8				2	6					
19	K калий	4,3							1			
20	Ca кальций	6,1							2			
21	Sc скандий	6,5						1	2			
22	Ti титан	6,8						2	2			
23	V ванадий	6,7	— —Заполнены— —					3	2			
24	Cr хром	6,8						5	1			
25	Mn марганец	7,4	(2)	(8)		(8)		5	2			
26	Fe железо	7,9						6	2			
27	Co кобальт	7,9						7	2			
28	Ni никель	7,6						8	2			
29	Cu медь	7,7						10	1			
30	Zn цинк	9,4						10	2			
31	Ga галлий	6,0							2	1		
32	Ge германий	7,9							2	2		
33	As мышьяк	9,8	— —Заполнены— —						2	3		
34	Se селен	9,7							2	4		
35	Br бром	11,8	(2)	(8)		(18)			2	5		
36	Kr криптон	14,0							2	6		

каждое значение l отвечает некоторой подоболочке из $2(2l+1)$ возможных состояний (с различными m и различными направлениями спина). У всех у них энергия одинакова с точностью до некоторых слабых эффектов, которыми мы пренебрежем.

Be

Бериллий похож на литий, только у него в $2s$-состоянии находятся два электрона, а в заполненной $1s$-оболочке тоже два.

От B до Ne

У бора 5 электронов. Пятый должен уйти в $2p$-состояние. Всего бывает $2\times3=6$ разных $2p$-состояний, поэтому можно продолжать добавлять по электрону, пока не дойдем до 8. Так мы доберемся до неона. Добавляя эти электроны, мы увеличиваем также Z, поэтому все электронное распределение все теснее и теснее стягивается к ядру и энергия $2p$-состояний все снижается и снижается. К тому времени, когда мы достигнем неона, энергия ионизации возрастет до 21,6 *эв*. Неон легко своего электрона не отдает. У него к тому же больше нет пустых мест на орбите, которые можно заполнить, так что и чужие электроны ему не нужны. Стало быть, неон химически инертен. У фтора есть пустое место, попав на которое, электрон может оказаться в состоянии с низкой энергией, поэтому в химических реакциях фтор очень активен.

От Na до Ar

В натрии одиннадцатый электрон вынужден начать новую оболочку, переходя в $3s$-состояние. Уровень энергии этого состояния намного выше; энергия ионизации резко спадает; натрий химически очень активен. От натрия до аргона s- и p-состояния с $n=3$ заполняются в той же последовательности, как от лития до неона. Угловые конфигурации электронов во внешней незаполненной оболочке идут в той же последовательности, и прогрессирующий рост энергии ионизации тоже весьма схож с тем, что было раньше. Вы теперь понимаете, почему химические свойства с ростом атомного числа повторяются. Химическое действие магния очень похоже на бериллий, кремния — на углерод, хлора — на фтор. Аргон, подобно неону, инертен.

Быть может, вы уже обратили внимание на то, что в последовательности энергий ионизации от лития до неона есть небольшая особенность, и такая же особенность наблюдается между натрием и аргоном. Последний электрон прикреплен к атому кислорода чуть слабее, чем можно было ожидать. Тем же самым отличается сера. Отчего бы это? Это можно понять, если чуть внимательнее вдуматься в эффекты взаимодействия между электронами. Подумаем о том, что бывает, когда мы помещаем в атом бора первый $2p$-электрон. Он имеет шесть возможностей — три возможных p-состояния, в каждом по два спина. Представим, что электрон со спином вверх попадает в состояние с $m=0$, которое мы также будем называть «z»-состоянием, потому что оно облегает ось z. Ну, а что произойдет в углероде? Теперь уже $2p$-электронов два. Если один из них попал в «z»-состояние, то куда попадет второй? Ниже всего его энергия будет тогда, когда он расположится подальше от первого электрона. Этого можно достичь, попав, скажем, в «x»-состояние $2p$-оболочки. (Это состояние, как вы помните,— просто линейная комбинация состояний с $m=+1$ и с $m=-1$.) Дальше, когда мы перейдем к азоту, то у тройки $2p$-электронов наименьшая энергия взаимного отталкивания будет тогда, когда один из них попадет в «x»-конфигурацию, другой — в «y», третий — в «z». Весь этот хоровод, однако, для кислорода не проходит. Четвертому электрону уже ничего не остается, как попасть в одно из заполненных состояний, держа при этом спин вниз. Тот электрон, который уже находится в этом состоянии, начнет его сильно отталкивать, так что его энергия не будет такой низкой, какой она была бы в противном случае, поэтому его легче будет удалить. Этим и объясняется разрыв в последовательности энергий связи, который появляется между азотом и кислородом, и между фосфором и серой.

От K до Zn

Можно было бы подумать, что за аргоном новые электроны начнут заполнять состояние $3d$. Но нет! Как мы уже говорили (и иллюстрировали фиг. 17.8), состояния с высшими моментами сдвинуты по энергии вверх. К моменту, когда мы подошли к $3d$-состояниям, они по энергии оказываются задвинутыми немножко выше энергии $4s$-состояния. Поэтому в калии последний электрон попадает в $4s$-состояние. После этого в кальции оболочка заполнится (двумя электронами), а $3d$-состояния начнут заполняться у скандия, титана и ванадия.

Энергии $3p$- и $4s$-состояний так близки друг к другу, что малозаметные эффекты легко сдвигают равновесие в ту или иную сторону. К моменту, когда придет время поместить в $3d$-состояния четыре электрона, их отталкивание так подымет энергию $4s$-состояния, что она станет чуть выше энергии $3d$-состояния, поэтому один электрон из s уходит в d. И для хрома не получается ожидавшаяся комбинация 4, 2, а вместо этого выступает комбинация 5, 1. Новый электрон, добавляемый, чтобы получить марганец, опять заполняет оболочку $4s$ и затем одно за другим идет заполнение $3d$-оболочки, пока мы не доберемся до меди.

Но так как самая внешняя оболочка марганца, железа, кобальта и никеля имеет одну и ту же конфигурацию, то все они обладают близкими химическими свойствами. (Этот эффект еще сильнее выражен у редкоземельных элементов. У них внешняя оболочка одинакова, а заполняется постепенно внутренняя ячейка, что меньше сказывается на их химических свойствах.)

То же и в меди. В ней тоже построение 3*d*-оболочки завершается грабежом: из 4*s*-оболочки уводится один электрон. Энергия комбинации 10,1, однако, настолько близка у меди к энергии комбинации 9, 2, что равновесие может сместиться уже оттого, что поблизости стоит другой атом. По этой причине два последних электрона меди примерно равноценны, и валентность меди равна то 1, то 2. (Временами она проявляет себя так, как если бы ее электроны были в комбинации 9,2.) Похожие вещи случаются и в других местах таблицы; они-то и ответственны за то, что другие металлы, такие, как железо, соединяются химически то с той, то с другой валентностью. Наконец, у цинка обе оболочки 3*d* и 4*s* заполняются раз и навсегда.

От Ga до Kr

От галлия до криптона последовательность опять продолжается нормально, заполняя 4*p*-оболочку. Внешние оболочки, энергии и химические свойства повторяют картину изменений на участке от бора до неона и от алюминия до аргона.

Криптон, как и аргон или неон, известен как «благородный» газ. Все эти три «благородных» газа химически «инертны» *. Это означает только то, что после того, как они заполнили оболочки со сравнительно низкими энергиями, редки будут случаи, когда им станет энергетически выгодно соединиться в простые сочетания с другими элементами. Но для «благородства» недостаточно просто обладать заполненной оболочкой. У бериллия, например, или у магния заполнены *s*-оболочки, но энергия этих оболочек чересчур высока, чтобы можно было говорить об устойчивости. Точно так же можно было бы ожидать появления другого «благородного» элемента где-то возле никеля, если бы энергия у 3*d*-оболочки была бы чуть пониже (или у 4*s*-оболочки повыше). С другой стороны, криптон не вполне инертен; он образует с хлором слабо связанное соединение.

Поскольку в рассмотренной нами части таблицы уже проявились все основные черты периодической системы, мы обрываем наше изложение на элементе № 36 (их остается еще штук 70, а то и больше!).

---

* В действительности мнение об инертности благородных газов оказалось, как и многое другое, сильным преувеличением. Криптон, например, весьма охотно соединяется с фтором, образуя кристаллы KrF_6. Сейчас химия инертных газов превращается в большую и увлекательную науку.— *Прим. ред.*

Мы хотим отметить еще один момент: мы в состоянии понять в какой-то степени не только валентности, но можем кое-что сказать и о направлениях химических связей. Возьмем такой атом, как кислород. В нем четыре $2p$-электрона. Первые три попадают в состояния «x», «y» и «z», а четвертый вынужден заполнить одно из них, оставив два других — скажем, «x» и «y» — вакантными. Посмотрите теперь, что происходит в H_2O. Каждый из двух водородов желает разделить свой электрон с кислородом, помогая кислороду заполнить оболочку. Эти электроны будут стремиться попасть на вакансии в состояниях «x» и «y». Поэтому два водорода в молекуле воды обязаны расположиться под прямым углом друг к другу, если смотреть из центра атома кислорода. На самом деле угол равен 105°. Можно даже понять, почему угол больше 90°. Обобществив свои электроны с кислородом, водороды остаются в конце концов с избытком положительного заряда. Электрическое отталкивание «растягивает» волновые функции и разводит угол до 105°. Так же обстоит дело и у H_2S. Но атом серы крупнее, атомы водорода оказываются дальше друг от друга, и угол расходится только до 93°. А селен еще крупнее, поэтому в H_2Se угол уже совсем близок к 90°.

Аналогичные рассуждения позволяют разобраться в геометрии аммиака H_3N. В азоте есть место еще для трех $2p$-электронов, по одному на каждое состояние типа «x», «y» и «z». Три водорода будут вынуждены подсоединиться под прямыми углами друг к другу. Углы снова окажутся чуть больше 90°, опять-таки из-за электрического отталкивания, но по крайней мере теперь ясно, отчего молекула H_3N не плоская. Углы в фосфине H_3P уже ближе к 90°, а в H_3As еще ближе. Мы не зря предположили, что NH_3 не плоский, когда говорили о нем как о системе с двумя состояниями. Именно из-за этой объемности аммиака и возможен аммиачный мазер. Вы видите, что сама форма молекулы аммиака тоже следует из квантовой механики.

Уравнение Шредингера явилось одним из величайших триумфов физики. Снабдив нас ключом к механизму, лежащему в основе строения атома, оно объяснило атомные спектры и всю химию, благодаря чему стала понятна физическая природа материи.

Глава 18

ОПЕРАТОРЫ

§ 1. Операции и операторы

Для того чтобы управиться со всем, что мы до сих пор делали в квантовой механике, достаточно было бы обычной алгебры, но мы все же время от времени демонстрировали особые способы записи квантовомеханических величин и уравнений. Мы хотели бы рассказать теперь немного больше о некоторых интересных и полезных способах описания квантовомеханических величин.

К предмету квантовой механики можно подойти разными способами, и во многих книгах прибегают совсем к иному подходу, чем у нас. Когда вы начнете читать другие книжки, то может оказаться, что вам не удастся сразу связать то, что в них говорится, с тем, что делали мы. Хотя в этой главе мы и получим кое-какие новые результаты, она не похожа на другие главы. У нее совсем иная цель: рассказать о других способах выражения тех же самых физических представлений. Зная это, вы легче поймете, о чем говорится в других книжках.

Когда люди впервые начали разрабатывать классическую механику, они неизменно расписывали свои уравнения через x-, y- и z-компоненты. Затем кто-то сделал шаг вперед и указал, что все можно упростить, введя векторные обозначения. Правда, очень часто, чтобы представить себе задачу конкретнее, вы разбиваете векторы обратно на их компоненты. Но обычно все же куда легче делать расчеты и разбираться в существе дела, работая с векторами. В квантовой механике нам тоже удалось упростить запись многих вещей, воспользовавшись идеей «вектора состояния». Вектор состояния $|\psi\rangle$ ничего общего, конечно, не имеет с геометрическими векторами в трехмерном пространстве; это просто отвлеченный символ, который обозначает *физическое состояние*, отмечаемое своим «значком» или «названием» ψ. Представление это весьма и весьма полезно, потому что на языке этих символов законы квантовой механики выглядят как алгебраические уравнения. К примеру, тот наш фундаментальный закон, что всякое состояние можно составить из линейной комбинации базисных состояний, записывается так:

$$|\psi\rangle=\sum_i C_i\,|i\rangle, \tag{18.1}$$

где C_i— совокупность обычных (комплексных) чисел, амплитуд $C_i=\langle i|\psi\rangle$, а $|1\rangle$, $|2\rangle$, $|3\rangle$ и т. д. обозначают базисные состояния в некотором базисе, или *представлении*.

Если вы берете какое-то физическое состояние и что-то проделываете над ним (поворачиваете или ждете в течение времени Δt или еще что-то), то вы получаете уже другое состояние. Мы говорим: «производя над состоянием операцию, получаем новое состояние». Эту же идею можно выразить уравнением

$$|\varphi\rangle=\hat{A}\,|\psi\rangle. \tag{18.2}$$

Операция над состоянием создает новое состояние. *Оператор* A обозначает некоторую определенную операцию. Когда эта операция совершается над каким-то состоянием, скажем над $|\psi\rangle$, то она создает какое-то другое состояние $|\varphi\rangle$.

Что означает уравнение (18.2)? Мы *определяем* его смысл так. Умножив уравнение на $\langle i|$ и разложив $|\psi\rangle$ по (18.1), вы получите

$$\langle i\,|\,\varphi\rangle=\sum_i \langle i\,|\,\hat{A}\,|\,j\rangle\langle j\,|\,\psi\rangle \tag{18.3}$$

($|j\rangle$ — это состояния из той же совокупности, что и $|i\rangle$). Теперь это просто алгебраическое уравнение. Число $\langle i|\varphi\rangle$ показывает, какое количество базисного состояния $|i\rangle$ вы обнаружите в $|\varphi\rangle$, и оно определяется через линейную суперпозицию амплитуд $\langle j|\psi\rangle$ того, что вы обнаружите $|\psi\rangle$ в том или ином базисном состоянии. Числа $\langle i|\hat{A}|j\rangle$ — это попросту коэффициенты, которые говорят, сколько (какая доля) амплитуды $\langle j|\psi\rangle$ входит в сумму. Оператор $\hat{A}$ численно описывается набором чисел, или «матрицей»

$$A_{ij}\equiv\langle i\,|\,\hat{A}\,|\,j\rangle. \tag{18.4}$$

Значит, (18.2) это запись уравнения (18.3) на высшем уровне. А на самом деле даже немножко и сверх того: в нем подразумевается нечто большее. В (18.2) нет ссылки на ту или иную систему базисных состояний. Уравнение (18.3) — это образ уравнения (18.2) в некоторой системе базисных состояний. Но, как известно, система годится любая. Именно это и имеется в виду в (18.2). Операторная манера записи, стало быть, уклоняется от того или иного выбора системы. Конечно, если вам хочется определенности, вы вольны избрать *одну* из систем. И когда вы делаете этот выбор, вы пишете уравнение (18.3). Значит, *операторное* уравнение (18.2) — это более отвлеченный способ записи *алгебраического* уравнения (18.3). Это очень походит на разницу между записью

$$\mathbf{c}=\mathbf{a}\times\mathbf{b}$$

и записью

$$c_x=a_yb_z-a_zb_y,$$
$$c_y=a_zb_x-a_xb_z,$$
$$c_z=a_xb_y-a_yb_x.$$

Первый способ нагляднее. Но если вам понадобятся *числа*, вы наверняка зададите сперва компоненты относительно некоторой системы осей. Точно так же, если вы хотите дать понять, что за штука $\hat{A}$, вам нужно быть готовыми задать матрицу A_{ij} через *некоторую* совокупность базисных состояний. И пока вы имеете в виду определенную совокупность чисел A_{ij}, уравнение (18.2) означает то же, что и (18.3). (И нужно еще помнить, что если уж вы знаете матрицу для одной частной совокупности базисных состояний, то всегда сможете подсчитать матрицу, соответствующую любому другому базису. Матрицу всегда можно преобразовать от одного представления к другому.)

Операторное уравнение (18.2) допускает и другие возможности. Если мы представили себе некоторый оператор $\hat{A}$, то его можно применить к любому состоянию $|\psi\rangle$ и он создаст новое состояние $\hat{A}|\psi\rangle$. Временами получаемое таким путем «состояние» может оказаться очень своеобразным — оно может уже не представлять собой никакой *физической* ситуации, с которой можно встретиться в природе. (Например, может получиться состояние, которое не нормировано на вероятность получить один электрон.) Иными словами, временами мы можем получить «состояния», которые есть математически искусственные образования. Эти искусственные «состояния» могут все равно оказаться полезными, чаще всего в каких-либо промежуточных вычислениях.

Мы уже приводили много примеров квантовомеханических операторов. Встречался нам оператор поворота $\hat{R}_y(\theta)$, который, взяв состояние $|\psi\rangle$, делает из него новое состояние, представляющее собой старое состояние с точки зрения повернутой системы координат. Встречался оператор четности (или инверсии) $\hat{P}$, создающий новое состояние обращением всех координат. Встречались и операторы $\hat{\sigma}_x$, $\hat{\sigma}_y$ и $\hat{\sigma}_z$ для частиц со спином $^1/_2$.

Оператор $\hat{J}_z$ определялся в гл. 15 через оператор поворота на малые углы ε:

$$\hat{R}_z(\varepsilon) = 1 + \frac{i}{\hbar}\varepsilon\hat{J}_z. \tag{18.5}$$

Это, конечно, попросту означает, что

$$\hat{R}_z(\varepsilon)\,|\psi\rangle = |\psi\rangle + \frac{i}{\hbar}\varepsilon\hat{J}_z\,|\psi\rangle. \tag{18.6}$$

В этом примере $\hat{J}_z|\psi\rangle$ — это умноженное на $\hbar/i\varepsilon$ состояние, получаемое тогда, когда вы повернете $|\psi\rangle$ на малый угол ε и затем вычтете прежнее состояние. Оно представляет «состояние», являющееся *разностью* двух состояний.

Еще один пример. Мы имели оператор $\hat{p}_x$, он назывался оператором (x-компоненты) импульса и определялся уравнением, похожим на (18.6). Если $\hat{D}_x(L)$ — оператор, который смещает состояние вдоль x на длину L' то $\hat{p}_x$ определялось так:

$$\hat{D}_x(\delta) = 1 + \frac{i}{\hbar}\delta\hat{p}_x, \tag{18.7}$$

где δ — малое смещение. Смещение состояния $|\psi\rangle$ вдоль оси x на небольшое расстояние δ дает новое состояние $|\psi'\rangle$. Мы говорим, что это новое состояние есть старое состояние плюс еще новый кусочек

$$\frac{i}{\hbar}\delta\hat{p}_x\,|\psi\rangle.$$

Операторы, о которых мы говорим сейчас, действуют на вектор состояния, скажем на $|\psi\rangle$, являющийся абстрактным описанием физической ситуации. Это совсем не то, что *алгебраические* операторы, действующие на математические функции. Например, d/dx это «оператор», действие которого на $f(x)$ создает из $f(x)$ новую функцию $f'(x)=df/dx$. Другой пример алгебраического оператора — это ∇^2. Можно понять, отчего в обоих случаях пользуются одним и тем же словом, но нужно помнить, что это разные типы операторов. Квантовомеханический оператор A действует *не* на алгебраическую функцию, а на вектор состояния, скажем на $|\psi\rangle$. В квантовой механике употребляются и те и другие операторы, и часто, как вы увидите, в уравнениях сходного типа.

Когда вы впервые изучаете предмет, то все время надо иметь в виду эту разницу. А позднее, когда предмет вам станет ближе, вы увидите, что не так уж важно делать резкое различие между одними операторами и другими. И во многих книгах, как вы убедитесь, оба типа операторов обозначаются одинаково!

Теперь нам пора продвинуться вперед и узнать о многих полезных вещах, которые можно проделывать с помощью операторов. Но для начала небольшое замечание. Пускай у нас имеется оператор $\hat{A}$, матрица которого в каком-то базисе есть $A_{ij} \equiv \langle i|\hat{A}|j\rangle$. Амплитуда того, что состояние $\hat{A}|\psi\rangle$ находится также в некотором другом состоянии $|\varphi\rangle$, есть $\langle\varphi|\hat{A}|\psi\rangle$. Имеет ли смысл комплексное сопряжение этой амплитуды? Вы, вероятно, сможете показать, что

$$\langle\psi|\hat{A}|\psi\rangle^* = \langle\psi|\hat{A}^\dagger|\varphi\rangle, \tag{18.8}$$

где A^+ (читается «А с крестом») это оператор, матричные элементы которого равны

$$A^\dagger_{ij} = (A_{ji})^*. \tag{18.9}$$

Иначе говоря, чтобы получить i, j-й элемент матрицы $A^\dagger$, вы обращаетесь к j, i-му элементу матрицы $\hat{A}$ (индексы переставлены) и комплексно его сопрягаете. Амплитуда того, что состояние $\hat{A}^\dagger|\varphi\rangle$ находится в состоянии $|\psi\rangle$, комплексно сопряжена амплитуде того, что $\hat{A}|\psi\rangle$ находится в $|\varphi\rangle$. Оператор $\hat{A}^\dagger$ называется «эрмитово сопряженным» оператору $\hat{A}$. Многие важные операторы квантовой механики имеют специальное свойство: если вы их эрмитово сопрягаете, вы опять возвращаетесь к тому же оператору. Если $\hat{B}$ как раз такой оператор, то $\hat{B}^\dagger = \hat{B}$; его называют «самосопряженным», или «эрмитовым», оператором.

§ 2. Средние энергии

До сих пор мы в основном напоминали вам о том, что́ вы уже знаете. А теперь перейдем к новому. Как бы вы подсчитали *среднюю* энергию системы, скажем, атома? Если атом находится в определенном состоянии с определенной энергией и вы эту энергию измеряете, то вы получите определенную энергию E. Если вы начнете повторять измерения с каждым из множества атомов, которые отобраны так, чтобы быть всем в одинаковом состоянии, то все измерения дадут вам E, и «среднее» изо всех ваших измерений тоже, конечно, окажется E.

Но что случится, если вы проделаете свои измерения над состоянием $|\psi\rangle$, которое *не является* стационарным? Раз у системы нет определенной энергии, то одно измерение даст одну энергию, то же измерение над другим атомом в том же состоянии даст другую и т. д. Каким же окажется среднее всей серии измерений энергии?

На этот вопрос мы ответим, если возьмем проекцию состояния $|\psi\rangle$ на систему состояний с определенной энергией. Чтобы помнить, что это особый базис, будем обозначать эти состояния $|\eta_i\rangle$. Каждое из состояний $|\eta_i\rangle$ обладает определенной энергией E_i. В этом представлении

$$|\psi\rangle=\sum_i C_i\,|\,\eta_i\rangle. \tag{18.10}$$

Когда вы проделываете измерение энергии и получаете некоторое число E_i, вы тем самым обнаруживаете, что система была в состоянии $|\eta_i\rangle$. Но в каждом новом измерении вы можете получить новое число. Иногда вы получите E_1, иногда E_2, иногда E_3 и т. д. *Вероятность*, что вы обнаружите энергию E_1, равна попросту вероятности обнаружить систему в состоянии $|\eta_1\rangle$, т. е. квадрату модуля амплитуды $C_1=\langle\eta_1|\psi\rangle$. Вероятность обнаружить то или иное возможное значение энергии E_i есть

$$P_i=|C_i|^2. \tag{18.11}$$

Как же связать эти вероятности со средним значением всей последовательности измерений энергий? Вообразим, что мы получили ряд результатов измерений, например E_1, E_7, E_{11}, E_9, E_1, E_{10}, E_7, E_2, E_3, E_9, E_6, E_4 и т. д., всего тысяча измерений. Сложим все энергии и разделим на 1000. Это и есть среднее. Можно сложение проделать и покороче. Посчитайте, сколько раз у вас вышло E_1 (скажем, оно вышло N_1 раз), сколько раз вышло E_2 (скажем, N_2 раз) и т. д. Ясно, что сумма всех энергий равна

$$N_1E_1+N_2E_2+N_3E_3+\ldots=\sum_i N_iE_i.$$

Средняя энергия равна этой сумме, деленной на полное число измерений, т. е. на сумму всех N_i, которую мы обозначим N:

$$E_{\text{ср}}=\frac{\sum_i N_iE_i}{N}. \tag{18.12}$$

Мы почти у цели. Под вероятностью какого-нибудь события мы *понимаем* как раз число случаев, когда ожидается наступление этого события, деленное на общее число испытаний. Отношение N_i/N должно (при больших N) мало отличаться от P_i— вероятности обнаружить состояние $|\eta_i\rangle$, хоть и не будет точно совпадать с P_i из-за статистических флуктуаций. Обозначим предсказываемую (или «ожидаемую») среднюю энергию $\langle E\rangle_{\text{ср}}$; тогда мы вправе сказать

$$\langle E\rangle_{\text{ср}}=\sum_i P_iE_i. \tag{18.13}$$

Те же рассуждения подойдут к измерениям каких угодно величин. Среднее значение измеряемой величины A должно равняться

$$\langle A\rangle_{\text{ср}} = \sum_i P_i A_i,$$

где A_i — различные допустимые значения наблюдаемой величины, а P_i — вероятность получения этого значения.

Вернемся теперь к нашему квантовомеханическому состоянию $|\psi\rangle$. Его средняя энергия равна

$$\langle E\rangle_{\text{ср}} = \sum_i |C_i|^2 E_i = \sum_i C_i^* C_i E_i. \tag{18.14}$$

А теперь следите внимательно! Сначала перепишем эту сумму так:

$$\sum \langle\psi\,|\,\eta_i\rangle E_i \langle\eta_i\,|\,\psi\rangle. \tag{18.15}$$

Теперь будем рассматривать левое $\langle\psi|$ как общий множитель. Вынесем его за знак суммы и напишем

$$\langle\psi\,|\left\{\sum_i |\,\eta_i\rangle E_i \langle\eta_i\,|\,\psi\rangle\right\}.$$

Это выражение имеет вид $\langle\psi|\varphi\rangle$, где $|\varphi\rangle$ — некоторое «придуманное» состояние, определяемое равенством

$$|\,\varphi\rangle = \sum_i |\,\eta_i\rangle E_i \langle\eta_i\,|\,\psi\rangle. \tag{18.16}$$

Иными словами, это то состояние, которое у вас получится, если вы возьмете каждое базисное состояние $|\eta_i\rangle$ в количестве $E_i\langle\eta_i|\psi\rangle$.

Но вспомним теперь, что такое $|\eta_i\rangle$. Состояния $|\eta_i\rangle$ считаются стационарными, т. е. для каждого из них

$$\hat{H}\,|\,\eta_i\rangle = E_i\,|\,\eta_i\rangle.$$

А раз E_i — просто число, то правая часть совпадает с $|\eta_i\rangle\, E_i$, а сумма в (18.16) — с

$$\sum_i \hat{H}\,|\,\eta_i\rangle \langle\eta_i\,|\,\psi\rangle.$$

Теперь приходится просуммировать по i общеизвестную комбинацию, приводящую к единице:

$$\sum_i \hat{H}\,|\,\eta_i\rangle \langle\eta_i\,|\,\psi\rangle = \hat{H} \sum_i |\,\eta_i\rangle \langle\eta_i\,|\,\psi\rangle = \hat{H}\,|\,\psi\rangle.$$

Чудесно, уравнение (18.16) совпало с

$$|\,\varphi\rangle = \hat{H}\,|\,\psi\rangle. \tag{18.17}$$

Средняя энергия состояния $|\psi\rangle$ записывается, стало быть, в очень привлекательном виде

$$\langle E\rangle_{\text{ср}} = \langle\psi\,|\,\hat{H}\,|\,\psi\rangle. \tag{18.18}$$

Чтобы получить среднюю энергию, подействуйте на $|\psi\rangle$ оператором H и затем умножьте на $\langle\psi|$. Очень простой результат.

Наша новая формула для средней энергии не только привлекательна, но и полезна. Теперь нам уже не надо ничего говорить об особой системе базисных состояний. И даже всех уровней энергии знать не нужно. При расчете достаточно выразить наше состояние через *какую угодно* совокупность базисных состояний, и, если мы знаем гамильтонову матрицу H_{ij} для *этой* совокупности, мы уже сможем узнать среднюю энергию. Уравнение (18.18) говорит, что при *любой* совокупности базисных состояний $|i\rangle$ средняя энергия может быть вычислена из

$$\langle E\rangle_{\text{ср}}=\sum_{ij}\langle\psi\,|\,i\rangle\,\langle i\,|\,\hat{H}\,|\,j\rangle\,\langle j\,|\,\psi\rangle, \tag{18.19}$$

где амплитуды $\langle i|H|j\rangle$ как раз и есть элементы матрицы H_{ij}.

Проверим это на том частном примере, когда состояния $|i\rangle$ суть состояния с определенной энергией. Для них $\hat{H}\,|j\rangle=E_j\,|j\rangle$, так что $\langle i|\hat{H}\,|j\rangle=E_j\delta_{ij}$ и

$$\langle E\rangle_{\text{ср}}=\sum_{ij}\langle\psi\,|\,i\rangle\,E_i\delta_{ij}\,\langle j\,|\,\psi\rangle=\sum_{i}E_i\,\langle\psi\,|\,i\rangle\,\langle\ \,|\,\psi\rangle,$$

что совпадает с (18.14).

Уравнение (18.19) можно, кстати, обобщить и на другие физические измерения, которые вы в состоянии выразить в виде оператора. Например, пусть $\hat{L}_z$ есть оператор z-компоненты момента количества движения $\mathbf{L}$. Средняя z-компонента для состояния $|\psi\rangle$ равна

$$\langle L_z\rangle_{\text{ср}}=\langle\psi\,|\,\hat{L}_z\,|\,\psi\rangle.$$

Один из способов доказательства этой формулы — придумать такую задачу, в которой энергия пропорциональна моменту количества движения. Тогда все рассуждения просто повторятся.

Подытоживая, скажем, что если физически наблюдаемая величина A связана с соответствующим квантовомеханическим оператором $\hat{A}$, то среднее значение A в состоянии $|\psi\rangle$ дается формулой

$$\langle A\rangle_{\text{ср}}=\langle\psi\,|\,\hat{A}\,|\,\psi\rangle. \tag{18.20}$$

Под этим подразумевается

$$\langle A\rangle_{\text{ср}}=\langle\psi\,|\,\varphi\rangle, \tag{18.21}$$

где

$$|\,\varphi\rangle=\hat{A}\,|\,\psi\rangle. \tag{18.22}$$

§ 3. *Средняя энергия атома*

Пусть мы хотим узнать среднюю энергию атома в состоянии, описываемом волновой функцией $\psi(\mathbf{r})$; как же ее найти? Рассмотрим сперва одномерную задачу, когда состояние $|\psi\rangle$ определяется амплитудой $\langle x|\psi\rangle=\psi(x)$. Нас интересует частный случай применения уравнения (18.19) к координатному представлению. Следуя нашей обычной процедуре, заменим состояния $|i\rangle$ и $|j\rangle$ на $|x\rangle$ и $|x'\rangle$ и сумму на интеграл. Мы получим

$$\langle E\rangle_{\text{ср}}=\iint\langle\psi\,|\,x\rangle\langle x\,|\,\hat{H}\,|\,x'\rangle\langle x'\,|\,\psi\rangle\,dx\,dx'. \qquad (18.23)$$

Этот интеграл можно при желании записывать иначе:

$$\int\langle\psi\,|\,x\rangle\langle x\,|\,\varphi\rangle\,dx, \qquad (18.24)$$

где

$$\langle x\,|\,\varphi\rangle=\int\langle x\,|\,\hat{H}\,|\,x'\rangle\langle x'\,|\,\psi\rangle\,dx'. \qquad (18.25)$$

Интеграл по x' в (18.25) тот же самый, что встречался нам в гл. 14 [см. (14.50) и (14.52)]. Он равен

$$-\frac{\hbar^2}{2m}\frac{d^2}{dx^2}\psi(x)+V(x)\,\psi(x).$$

Поэтому можно написать

$$\langle x\,|\,\varphi\rangle=\left\{-\frac{\hbar^2}{2m}\frac{d^2}{dx^2}+V(x)\right\}\psi(x). \qquad (18.26)$$

Вспомним, что $\langle\psi|x\rangle=\langle x|\psi\rangle^*=\psi^*(x)$; с помощью этого равенства среднее значение энергии в (18.23) можно записать в виде

$$\langle E\rangle_{\text{ср}}=\int\psi^*(x)\left\{-\frac{\hbar^2}{2m}\frac{d^2}{dx^2}+V(x)\right\}\psi(x)\,dx. \qquad (18.27)$$

Если волновая функция $\psi(x)$ известна, то, взяв этот интеграл, вы получите среднюю энергию. Вы теперь начинаете понимать, как от представлений о волновом векторе можно перейти к представлению о волновой функции и обратно.

Величина в фигурных скобках в (18.27) это *алгебраический* оператор. [«Оператор» $V(x)$ означает «умножь на $V(x)$».] Мы обозначим его $\mathscr{H}$:

$$\mathscr{H}=-\frac{\hbar^2}{2m}\frac{d^2}{dx^2}+V.$$

В этих обозначениях (18.23) превращается в

$$\langle E\rangle_{\text{ср}}=\int\psi^*(x)\,\mathscr{H}\,\psi(x)\,dx. \qquad (18.28)$$

Определенный здесь алгебраический оператор $\hat{\mathcal{H}}$, конечно, не тождествен с квантовомеханическим оператором $\hat{H}$. Новый оператор действует на функцию координаты $\psi(x)=\langle x|\psi\rangle$, образуя новую функцию от x, $\varphi(x)=\langle x|\varphi\rangle$, а $\hat{H}$ действует на вектор состояния $|\psi\rangle$, образуя другой вектор состояния $|\varphi\rangle$, причем не имеется в виду ни координатное, ни вообще какое-либо частное представление. Мало того, даже в координатном представлении $\hat{\mathcal{H}}$ не совсем то же, что $\hat{H}$. Если бы мы решили работать в координатном представлении, то смысл оператору $\hat{H}$ пришлось бы придавать с помощью матрицы $\langle x|\hat{H}|x'\rangle$, которая как-то зависит от двух «индексов» x и x'; иначе говоря, следовало бы ожидать, что [как утверждает (18.25)] $\langle x|\varphi\rangle$ связано со всеми амплитудами $\langle x|\psi\rangle$ операцией интегрирования. А с другой стороны, мы нашли, что $\hat{\mathcal{H}}$ — это дифференциальный оператор. Связь между $\langle x|\hat{H}|x'\rangle$ и алгебраическим оператором $\hat{\mathcal{H}}$ мы уже выясняли в гл. 14, § 5.

Наши результаты нуждаются в одном уточнении. Мы предположили, что амплитуда $\psi(x)=\langle x|\psi\rangle$ нормирована, т. е. масштабы выбраны так, что

$$\int|\psi(x)|^2\,dx=1,$$

и вероятность увидеть электрон *все равно где* равна единице. Но вы могли бы, если бы захотели, работать с ненормированной $\psi(x)$, следовало бы только писать

$$\langle E\rangle_{\text{ср}}=\frac{\int\psi^*(x)\,\hat{\mathcal{H}}\,\psi(x)\,dx}{\int\psi^*(x)\,\psi(x)\,dx}. \tag{18.29}$$

Это одно и то же.

Обратите внимание на сходство между (18.28) и (18.18). Оба эти способа записи одного и того же результата при работе в x-представлении часто встречаются. От первого можно перейти ко второму, если $\hat{A}$ — *локальный* оператор, т. е. такой, для которого интеграл

$$\int\langle x|\hat{A}|x'\rangle\langle x'|\psi\rangle\,dx'$$

может быть записан в виде $\hat{\mathcal{A}}\psi(x)$, где $\hat{\mathcal{A}}$ — дифференциальный алгебраический оператор. Однако встречаются операторы, для которых это неверно. Тогда приходится работать с исходными уравнениями (18.21) и (18.22).

Наш вывод легко обобщается на три измерения. Итог таков *:

$$\langle E\rangle_{\text{ср}}=\int\psi^*(\mathbf{r})\,\hat{\mathcal{H}}\,\psi(\mathbf{r})\,d\ \textit{Объем}, \tag{18.30}$$

* Элемент объема мы обозначаем *d Объем*. Он попросту равен $dx\,dy\,dz$, а интеграл берется от $-\infty$ до $+\infty$ по всем трем координатам.

где

$$\hat{\mathscr{H}} = -\frac{\hbar^2}{2m}\nabla^2 + V(\mathbf{r}), \tag{18.31}$$

причем подразумевается, что

$$\int |\psi|^2 \, d \text{ Объем} = 1. \tag{18.32}$$

Такие же уравнения получаются довольно очевидным образом и при обобщении на системы с несколькими электронами, но мы не будем сейчас заниматься выписыванием результатов.

С помощью (18.30) можно рассчитать среднюю энергию атомного состояния, даже не зная уровней энергии. Нужна только волновая функция. Это очень важный закон. Расскажем об одном интересном его применении. Пусть вам нужно узнать энергию основного состояния некоторой системы, скажем атома гелия, но вы затрудняетесь решить уравнение Шредингера для волновой функции из-за большого числа переменных. Положим, однако, что вы решили попробовать какую-то волновую функцию (выбрав ее по своему желанию) и подсчитать среднюю энергию. Иначе говоря, вы пользуетесь уравнением (18.29), обобщенным на три измерения, чтобы узнать, какова была бы средняя энергия, если бы атом был на самом деле в состоянии, описываемом этой волновой функцией. Эта энергия, бесспорно, окажется выше энергии основного состояния — самой низкой энергии, какую может иметь атом *. Возьмем теперь новую функцию и вычислим новую среднюю энергию. Если она ниже, чем было при первом вашем выборе, значит, вы подошли ближе к истинной энергии основного состояния. Если вы немного поразмыслите, вы, конечно, начнете пробовать такие функции, в которых есть несколько свободных параметров. Тогда энергия выразится через эти параметры. Варьируя параметры так, чтобы получить наинизшую мыслимую энергию, вы тем самым перепробуете за один раз целый класс функций. Скорее всего вы обнаружите, что понижать энергию становится все труднее и труднее, т. е. начнете убеждаться в том, что уже довольно близко подошли к наинизшей возможной энергии. Именно так и был решен атом гелия — никаких дифференциальных уравнений не решали, а составили особые функции со множеством поддающихся подгонке параметров, которые были подобраны так, чтобы дать средней энергии наинизшее значение.

---

* Можно выразить это и иначе. Какую бы функцию (т. е. состояние) вы ни выбрали, ее всегда можно представить в виде линейной комбинации базисных состояний, являющихся состояниями с определенной энергией. Поскольку в этой комбинации присутствует примесь состояний с более высокими энергиями, то средняя энергия окажется выше энергии основного состояния.

§ 4. *Оператор места*

Каково среднее местоположение электрона в атоме? В данном состоянии $|\psi\rangle$ каково среднее значение координаты x? Разберем одномерный случай, а обобщение на трехмерный или на системы с большим числом частиц останется на вашу долю. Мы имеем состояние, описываемое функцией $\psi(x)$, и продолжаем раз за разом измерять x. Что получится в среднем? Очевидно, $\int xP(x)\,dx$, где $P(x)$ — вероятность обнаружить электрон в небольшом элементе длины dx возле x. Пусть плотность вероятности $P(x)$ меняется с x так, как показано на фиг. 18.1. Вероятнее всего вы обнаружите электрон где-то возле вершины кривой. Среднее значение x тоже придется куда-то на область невдалеке от вершины, а точнее, как раз на центр тяжести площади, ограниченной кривой.

Мы видели раньше, что $P(x)=|\psi(x)|^2=\psi^*(x)\,\psi(x)$, значит, среднее x можно записать в виде

$$\langle x\rangle_{\text{ср}}=\int \psi^*(x)\,x\psi(x)\,dx. \tag{18.33}$$

Наше выражение для $\langle x\rangle_{\text{ср}}$ имеет тот же вид, что (18.28). Когда мы считали среднюю энергию, мы ставили между двумя ψ оператор $\hat{\mathscr{H}}$, а когда считаем среднее положение, ставим просто x. (Если угодно, можете рассматривать x как алгебраический оператор «умножь на x».) Эту параллель можно провести еще дальше, выразив среднее местоположение в форме, которая соответствует уравнению (18.18). Предположим, что мы просто написали

$$\langle x\rangle_{\text{ср}}=\langle\psi\,|\,\alpha\rangle, \tag{18.34}$$

где

$$|\alpha\rangle=\hat{x}\,|\,\psi\rangle, \tag{18.35}$$

и смотрим, не удастся ли найти такой оператор $\hat{x}$, чтобы он создавал состояние $|\alpha\rangle$, при котором уравнение (18.34) не противоречит уравнению (18.33). Иначе говоря, мы должны найти такое $|\alpha\rangle$, чтобы было

$$\langle\psi\,|\,\alpha\rangle=\langle x\rangle_{\text{ср}}=\int\langle\psi\,|\,x\rangle\,x\,\langle x\,|\,\psi\rangle\,dx. \tag{18.36}$$

Разложим сперва $\langle\psi|\alpha\rangle$ по x-представлению:

$$\langle\psi\,|\,\alpha\rangle=\int\langle\psi\,|\,x\rangle\,\langle x\,|\,\alpha\rangle\,dx. \tag{18.37}$$

Сравним затем интегралы в (18.36) и (18.37). Вы видите, что в *x-представлении* (и *только* в этом представлении)

$$\langle x\,|\,\alpha\rangle=x\,\langle x\,|\,\psi\rangle. \tag{18.38}$$

Фиг. 18.1. Кривая плотности вероятности, представляющей локализованную частицу.

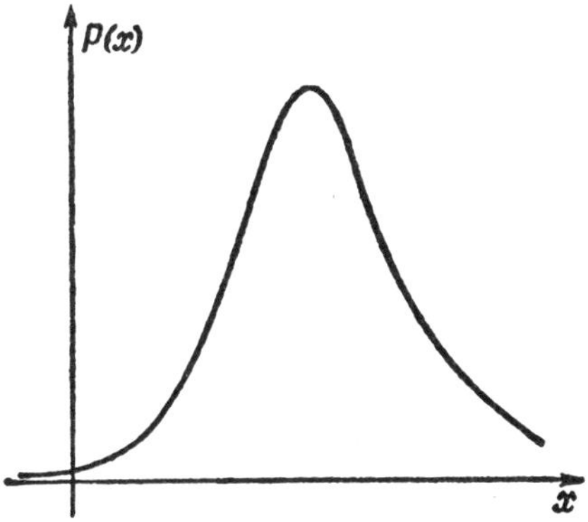

Воздействие на $|\psi\rangle$ оператора $\hat{x}$ для получения $|\alpha\rangle$ равнозначно умножению $\psi(x)=\langle x|\psi\rangle$ на x для получения $\alpha(x)=\langle x|\alpha\rangle$. Перед нами определение оператора $\hat{x}$ в координатном представлении *.

(Мы не задавались целью получить x-представление матрицы оператора $\hat{x}$. Если вы честолюбивы, попытайтесь показать, что

$$\langle x|\hat{x}|x'\rangle = x\delta(x-x'). \qquad (18.39)$$

Тогда вы сможете доказать поразительную формулу

$$\hat{x}|x\rangle = x|x\rangle, \qquad (18.40)$$

т. е. что оператор $\hat{x}$ обладает интересным свойством: когда он действует на базисное состояние $|x\rangle$, то это равнозначно умножению на x.)

А может, вы хотите знать среднее значение x^2? Оно равно

$$\langle x^2\rangle_{\text{ср}} = \int \psi^*(x)\,x^2\psi(x)\,dx. \qquad (18.41)$$

Или, если желаете, можно написать и так:

$$\langle x^2\rangle_{\text{ср}} = \langle\psi|\alpha'\rangle,$$

где

$$|\alpha'\rangle = \hat{x}^2|\psi\rangle. \qquad (18.42)$$

Под $\hat{x}^2$ подразумевается $\hat{x}\hat{x}$ — два оператора применяются друг за другом. С помощью (18.42) можно подсчитать $\langle x^2\rangle_{\text{ср}}$, пользуясь каким угодно представлением (базисными состояниями). Если вам нужно знать среднее значение x^n или любого многочлена по x, то вы легко это теперь проделаете.

---

* Уравнение (18.38) *не означает*, что $|\alpha\rangle = x|\psi\rangle$ [ср. (18.35)]. Сокращать на $\langle x|$ нельзя, потому что множитель x перед $\langle x|\psi\rangle$ для каждого состояния $\langle x|$ имеет свое значение. Это — значение координаты электрона в состоянии $|x\rangle$ [см. (18.40)].

§ 5. *Оператор импульса*

Теперь мы хотим рассчитать средний *импульс* электрона, опять начав с одномерного случая. Пусть $P(p)dp$ — вероятность того, что измерение приведет к импульсу в интервале между p и $p+dp$. Тогда

$$\langle p\rangle_{\text{ср}}=\int pP(p)\,dp. \tag{18.43}$$

Обозначим теперь через $\langle p|\psi\rangle$ амплитуду того, что состояние $|\psi\rangle$ есть состояние с определенным импульсом $|p\rangle$. Это та же самая амплитуда, которую в гл. 14, § 3, мы обозначали $\langle$имп. $p|\psi\rangle$; она является функцией от p, как $\langle x|\psi\rangle$ является функцией от x. Затем мы выберем такую нормировку амплитуды, чтобы было

$$P(p)=\frac{1}{2\pi\hbar}|\langle p|\psi\rangle|^2. \tag{18.44}$$

Тогда получится

$$\langle p\rangle_{\text{ср}}=\int\langle\psi|p\rangle\,p\,\langle p|\psi\rangle\frac{dp}{2\pi\hbar}, \tag{18.45}$$

что очень похоже на то, что мы имели для $\langle x\rangle_{\text{ср}}$.

При желании можно продолжить ту же игру, которой мы предавались с $\langle x\rangle_{\text{ср}}$. Во-первых, этот интеграл можно записать так:

$$\int\langle\psi|p\rangle\langle p|\beta\rangle\frac{dp}{2\pi\hbar}. \tag{18.46}$$

Теперь вы должны узнать в этом уравнении разложение амплитуды $\langle\psi|\beta\rangle$ — разложение по базисным состояниям с определенным импульсом. Из (18.45) следует, что состояние $|\beta\rangle$ определяется *в импульсном представлении* уравнением

$$\langle p|\beta\rangle=p\langle p|\psi\rangle. \tag{18.47}$$

Иначе говоря, теперь можно писать

$$\langle p\rangle_{\text{ср}}=\langle\psi|\beta\rangle, \tag{18.48}$$

причем

$$|\beta\rangle=\hat{p}|\psi\rangle, \tag{18.49}$$

где оператор $\hat{p}$ определяется на языке p-представления уравнением (18.47).

[И опять при желании можно показать, что матричная запись $\hat{p}$ такова:

$$\langle p|\hat{p}|p'\rangle=p\delta(p-p'), \tag{18.50}$$

и что

$$\hat{p}|p\rangle=p|p\rangle. \tag{18.51}$$

Выводится это так же, как и для x.]

Теперь возникает интересный вопрос. Мы можем написать $\langle p \rangle_{\text{ср}}$ так, как мы это сделали в (18.45) и (18.48); смысл оператора $\hat{p}$ в *импульсном представлении* нам тоже известен. Но как истолковать $\hat{p}$ в *координатном представлении*? Это бывает нужно знать, если у нас есть волновая функция $\psi(x)$ и мы собираемся вычислить ее средний импульс. Позвольте более четко пояснить, что имеется в виду. Если мы начнем с того, что зададим $\langle p \rangle_{\text{ср}}$ уравнением (18.48), то это уравнение можно будет разложить по p-представлению и вернуться к (18.45). Если нам задано p-представление состояния, а именно амплитуда $\langle p|\psi \rangle$ как алгебраическая функция импульса p, то из (18.47) можно получить $\langle p|\beta \rangle$ и продолжить вычисление интеграла. Вопрос теперь в следующем: а что делать, если нам задано описание состояния в x-представлении, а именно волновая функция $\psi(x) = \langle x|\psi \rangle$?

Ну что ж, начнем раскладывать (18.48) в x-представлении. Напишем

$$\langle p \rangle_{\text{ср}} = \int \langle \psi \,|\, x \rangle \langle x \,|\, \beta \rangle \, dx. \tag{18.52}$$

Но теперь надо знать другое: как выглядит состояние $|\beta\rangle$ в x-представлении. Если мы узнаем это, мы сможем взять интеграл. Итак, наша задача — найти функцию $\beta(x) = \langle x|\beta \rangle$.

Ее можно найти следующим образом. Мы видели в гл. 14, § 3, как $\langle p|\beta \rangle$ связано с $\langle x|\beta \rangle$. Согласно уравнению (14.24),

$$\langle p \,|\, \beta \rangle = \int e^{-ipx/\hbar} \langle x \,|\, \beta \rangle \, dx. \tag{18.53}$$

Если нам известно $\langle p|\beta \rangle$, то, решив это уравнение, мы найдем $\langle x|\beta \rangle$. Но результат, конечно, следовало бы как-то выразить через $\psi(x) = \langle x|\psi \rangle$, потому что считается, что именно эта величина нам известна. Будем теперь исходить из (18.47) и, опять применив (14.24), напишем

$$\langle p \,|\, \beta \rangle = p \langle p \,|\, \psi \rangle = p \int e^{-ipx/\hbar} \psi(x) \, dx. \tag{18.54}$$

Интеграл берется по x, поэтому p можно внести под интеграл

$$\langle p \,|\, \beta \rangle = \int e^{-ipx/\hbar} p \psi(x) \, dx. \tag{18.55}$$

Теперь сравним это с (18.53). Может быть, вы подумали, что $\langle x|\beta \rangle$ равно $p\psi(x)$? Нет, напрасно! Волновая функция $\langle x|\beta \rangle = \beta(x)$ может зависеть только от x, но не от p. В этом-то вся трудность.

К счастью, кто-то заметил, что интеграл в (18.55) можно проинтегрировать по частям. Производная $e^{ipx/\hbar}$ по x равна

$(-i/\hbar)pe^{ipx/\hbar}$, поэтому интеграл (18.55) это все равно, что

$$-\frac{\hbar}{i}\int\left(\frac{d}{dx}e^{-ipx/\hbar}\right)\psi(x)\,dx.$$

Если это проинтегрировать по частям, оно превратится в

$$-\frac{\hbar}{i}\left[e^{-ipx/\hbar}\psi(x)\right]_{-\infty}^{+\infty}+\frac{\hbar}{i}\int e^{-ipx/\hbar}\frac{d\psi}{dx}\,dx.$$

Пока речь идет только о связанных состояниях, $\psi(x)$ стремится к нулю при $x\to\pm\infty$, скобка равна нулю и мы имеем

$$\langle p\,|\,\beta\rangle=\frac{\hbar}{i}\int e^{-ipx/\hbar}\frac{d\psi}{dx}\,dx. \qquad (18.56)$$

А вот теперь сравним этот результат с (18.53). Вы видите, что

$$\langle x\,|\,\beta\rangle=\frac{\hbar}{i}\frac{d}{dx}\psi(x). \qquad (18.57)$$

Все необходимое, чтобы взять интеграл в (18.52), у нас уже есть. Окончательный ответ таков:

$$\langle p\rangle_{\text{ср}}=\int\psi^*(x)\,\frac{\hbar}{i}\frac{d}{dx}\psi(x)\,dx. \qquad (18.58)$$

Мы узнали, как выглядит (18.48) в координатном представлении.

Перед нами начинает постепенно вырисовываться интересная картина. Когда мы задали вопрос о средней энергии состояния $|\psi\rangle$, то ответ был таков:

$$\langle E\rangle_{\text{ср}}=\langle\psi\,|\,\varphi\rangle,\quad\text{где}\quad|\psi\rangle=\hat{H}\,|\,\psi\rangle.$$

То же самое в координатном мире записывается так:

$$\langle E\rangle_{\text{ср}}=\int\psi^*(x)\,\varphi(x)\,dx,\quad\text{где}\quad\varphi(x)=\hat{\mathscr{H}}\psi(x).$$

Здесь $\hat{\mathscr{H}}$ — *алгебраический* оператор, который действует на функцию от x.

Когда мы задали вопрос о среднем значении x, то тоже обнаружили, что ответ имеет вид

$$\langle x\rangle_{\text{ср}}=\langle\psi\,|\,\alpha\rangle,\quad\text{где}\quad|\alpha\rangle=\hat{x}\,|\,\psi\rangle.$$

В координатном мире соответствующие уравнения таковы:

$$\langle x\rangle_{\text{ср}}=\int\psi^*(x)\,\alpha(x)\,dx,\quad\text{где}\quad\alpha(x)=x\psi(x).$$

Когда мы задали вопрос о среднем значении p, то ответ оказался

$$\langle p\rangle_{\text{ср}}=\langle\psi\,|\,\beta\rangle,\quad\text{где}\quad|\beta\rangle=\hat{p}\,|\,\psi\rangle.$$

В координатном мире эквивалентные уравнения имели бы вид

$$\langle p\rangle_{\text{ср}}=\int\psi^*(x)\,\beta(x)\,dx,\quad\text{где}\quad\beta(x)=\frac{\hbar}{i}\frac{d}{dx}\psi(x).$$

Во всех наших трех примерах мы исходили из состояния $|\psi\rangle$ и создавали новое (гипотетическое) состояние с помощью *квантовомеханического* оператора. В координатном представлении мы генерируем соответствующую волновую функцию, действуя на волновую функцию $\psi(x)$ *алгебраическим* оператором. Можно говорить о взаимнооднозначном соответствии (для одномерных задач) между

$$\begin{aligned} &\hat{H} \quad \text{и} \quad \mathscr{H} = -\frac{\hbar^2}{2m}\frac{d^2}{dx^2} + V(x), \\ &\hat{x} \quad \text{и} \quad x \\ &\hat{p}_x \quad \text{и} \quad \hat{\mathscr{P}}_x = \frac{\hbar}{i}\frac{\partial}{\partial x}. \end{aligned} \tag{18.59}$$

В этом перечне мы ввели новый символ $\hat{\mathscr{P}}_x$ для алгебраического оператора $(\hbar/i)\partial/\partial x$:

$$\hat{\mathscr{P}}_x = \frac{\hbar}{i}\frac{\partial}{\partial x}, \tag{18.60}$$

и поставили под $\hat{\mathscr{P}}$ значок x, чтобы напомнить, что имеем пока дело с одной только x-компонентой импульса.

Результат этот легко обобщается на три измерения. Для других компонент импульса

$$\hat{p}_y \longrightarrow \hat{\mathscr{P}}_y = \frac{\hbar}{i}\frac{\partial}{\partial y}, \quad \hat{p}_z \longrightarrow \hat{\mathscr{P}}_z = \frac{\hbar}{i}\frac{\partial}{\partial z}.$$

При желании можно даже говорить об операторе *вектора* импульса и писать

$$\hat{\mathbf{p}} \longrightarrow \hat{\mathscr{P}} = \frac{\hbar}{i}\left(\mathbf{e}_x\frac{\partial}{\partial x} + \mathbf{e}_y\frac{\partial}{\partial y} + \mathbf{e}_z\frac{\partial}{\partial z}\right),$$

где $\mathbf{e}_x$, $\mathbf{e}_y$ и $\mathbf{e}_z$ — единичные векторы в трех направлениях. Можно записать это и еще изящнее:

$$\hat{\mathbf{p}} \longrightarrow \hat{\mathscr{P}} = \frac{\hbar}{i}\nabla. \tag{18.61}$$

Окончательный вывод наш таков: по крайней мере для некоторых квантовомеханических операторов существуют соответствующие им алгебраические операторы в координатном представлении. Все, что мы до сих пор вывели (с учетом трехмерности мира), подытожено в табл. 18.1. Каждый оператор может быть представлен в двух равноценных видах *:

либо

$$|\varphi\rangle = \hat{A}\,|\psi\rangle, \tag{18.62}$$

* Во многих книжках для $\hat{A}$ и $\hat{\mathscr{A}}$ используется один и тот же символ: физика в них одна и та же, да и удобнее все время обходиться без новых букв. А из контекста всегда ясно, что́ имеется в виду.

либо

$$\varphi(\mathbf{r}) = \hat{\mathscr{A}}\psi(\mathbf{r}). \qquad (18.63)$$

Теперь мы дадим несколько иллюстраций применения этих идей. Для начала выявим связь между $\hat{\mathscr{P}}$ и $\hat{\mathscr{H}}$. Если применить $\hat{\mathscr{P}}_x$ дважды, получим

$$\hat{\mathscr{P}}_x\hat{\mathscr{P}}_x = -\hbar^2\frac{\partial^2}{\partial x^2}.$$

Это означает, что можно написать равенство

$$\hat{\mathscr{H}} = \frac{1}{2m}\{\hat{\mathscr{P}}_x\hat{\mathscr{P}}_x + \hat{\mathscr{P}}_y\hat{\mathscr{P}}_y + \hat{\mathscr{P}}_z\hat{\mathscr{P}}_z\} + V(\mathbf{r}).$$

Или, в векторных обозначениях,

$$\hat{\mathscr{H}} = \frac{1}{2m}\hat{\mathscr{P}}\cdot\hat{\mathscr{P}} + V(\mathbf{r}). \qquad (18.64)$$

(Члены в алгебраическом операторе, над которыми нет символа оператора ^, означают простое умножение.) Это уравнение очень приятно, потому что его легко запомнить, если вы еще не забыли курса классической физики. Хорошо известно, что энергия (нерелятивистская) состоит из кинетической энергии $p^2/2m$ плюс потенциальная, а у нас $\hat{\mathscr{H}}$ — тоже оператор полной энергии.

Этот результат произвел на некоторых деятелей столь сильное впечатление, что они начали стремиться во что бы то ни стало вбить студенту в голову всю классическую физику, прежде чем приступить к квантовой. (Мы думаем иначе!) Параллели очень часто обманчивы. Если у вас есть операторы, то важен порядок

Таблица 18.1 ● АЛГЕБРАИЧЕСКИЕ ОПЕРАТОРЫ В КООРДИНАТНОМ ПРЕДСТАВЛЕНИИ

Физическая величина	Оператор	Координатная запись
Энергия	$\hat{H}$	$\hat{\mathscr{H}} = -\frac{\hbar^2}{2m}\nabla^2 + V(\mathbf{r})$
Положение	$\hat{x}$	x
	$\hat{y}$	y
	$\hat{z}$	z
Импульс	$\hat{p}_x$	$\hat{\mathscr{P}}_x = \frac{\hbar}{i}\frac{\partial}{\partial x}$
	p_y	$\hat{\mathscr{P}}_y = \frac{\hbar}{i}\frac{\partial}{\partial y}$
	$\hat{p}_z$	$\hat{\mathscr{P}}_z = \frac{\hbar}{i}\frac{\partial}{\partial z}$

различных множителей, а в классическом уравнении он безразличен.

В гл. 15 мы определили оператор $\hat{p}_x$ через оператор смещения $\hat{D}_x$ [см. формулу (15.27)]:

$$|\psi'\rangle=\hat{D}_x(\delta)|\psi\rangle=\left(1+\frac{i}{\hbar}\hat{p}_x\delta\right)|\psi\rangle, \tag{18.65}$$

где δ — *малое* смещение. Мы должны показать, что это эквивалентно нашему новому определению. В соответствии с тем, что̀ мы только что доказали, это уравнение должно означать то же самое, что и

$$\psi'(x)=\psi(x)+\frac{\partial\psi}{\partial x}\delta.$$

Но в правой части стоит просто разложение $\psi(x+\delta)$ в ряд Тэйлора, а $\psi(x+\delta)$ — то, что получится, если сместить состояние влево на δ (или сдвинуть на столько же вправо систему координат). Оба наши определения $\hat{p}$ согласуются!

Воспользуемся этим, чтобы доказать еще кое-что. Пусть у нас в какой-то сложной системе имеется множество частиц, которым мы присвоим номера 1, 2, 3, ... (Для простоты остановимся на одномерном случае.) Волновая функция, описывающая состояние, является функцией всех координат x_1, x_2, x_3, ... Запишем ее в виде $\psi(x_1, x_2, x_3, \ldots)$. Сдвинем теперь систему (влево) на δ. Новая волновая функция

$$\psi'(x_1, x_2, x_3, \ldots)=\psi(x_1+\delta, x_2+\delta, x_3+\delta, \ldots)$$

может быть записана так:

$$\psi'(x_1, x_2, x_3, \ldots)=\psi(x_1, x_2, x_3, \ldots)+ \\ +\left\{\delta\frac{\partial\psi}{\partial x_1}+\delta\frac{\partial\psi}{\partial x_2}+\delta\frac{\partial\psi}{\partial x_3}+\ldots\right\}. \tag{18.66}$$

Согласно уравнению (18.65), оператор импульса состояния $|\psi\rangle$ (назовем его *полным* импульсом) равняется

$$\hat{\mathcal{P}}_{\text{полн}}=\frac{\hbar}{i}\left\{\frac{\partial}{\partial x_1}+\frac{\partial}{\partial x_2}+\frac{\partial}{\partial x_3}+\ldots\right\}.$$

Но это все равно, что написать

$$\hat{\mathcal{P}}_{\text{полн}}=\hat{\mathcal{P}}_{x_1}+\hat{\mathcal{P}}_{x_2}+\hat{\mathcal{P}}_{x_3}+\ldots . \tag{18.67}$$

Операторы импульса подчиняются тому правилу, что полный импульс есть сумма импульсов отдельных частей. Здесь, как видите, все чудесным образом переплетено и разные вещи взаимно согласуются.

§ 6. *Момент количества движения*

Для интереса рассмотрим еще одну операцию — операцию орбитального момента количества движения. В гл. 15 мы определили оператор $\hat{J}_z$ через $\hat{R}_z(\varphi)$ — оператор поворота на угол φ вокруг оси z. Рассмотрим сейчас систему, описываемую всего лишь одной-единственной волновой функцией $\psi(\mathbf{r})$, которая является функцией одних только координат и не учитывает того факта, что спин у электрона должен быть направлен либо вверх, либо вниз. Это значит, что мы собираемся пока пренебречь *внутренним* моментом количества движения и намерены думать только об *орбитальной* части. Чтобы подчеркнуть различие, обозначим орбитальный оператор $\hat{L}_z$ и определим его через оператор поворота на бесконечно малый угол ε формулой

$$\hat{R}_z(\varepsilon)\,|\,\psi\rangle=\left(1+\frac{i}{\hbar}\,\varepsilon\hat{L}_z\right)|\,\psi\rangle$$

(*напоминаем*: это определение применимо только к состоянию $|\psi\rangle$, у которого нет внутренних спиновых переменных, а есть только зависимость от координат $\mathbf{r}$: x, y, z). Если мы взглянем на состояние $|\psi\rangle$ из новой системы координат, повернутой вокруг оси z на небольшой угол ε, то увидим новое состояние:

$$|\,\psi'\rangle=\hat{R}_z(\varepsilon)\,|\,\psi\rangle.$$

Если мы решили описывать состояние $|\psi\rangle$ в координатном представлении, т. е. с помощью его волновой функции $\psi(\mathbf{r})$, то следует ожидать такого равенства:

$$\psi'(r)=\left(1+\frac{i}{\hbar}\,\varepsilon\hat{\mathscr{L}}_z\right)\psi(r). \qquad (18.68)$$

Что же такое $\hat{\mathscr{L}}$? А вот что. Точка $P(x, y)$ в *новой* системе координат (на самом деле x', y', но мы убрали штрихи) раньше имела координаты $x—\varepsilon y$ и $y+\varepsilon x$ (фиг. 18.2). Поскольку амплитуда того, что электрон окажется в точке P, не меняется от поворота системы координат, то можно писать

$$\psi'(x,\ y,\ z)=\psi(x-\varepsilon y,\ y-\varepsilon x,\ z)=$$
$$=\psi(x,\ y,\ z)+\varepsilon y\,\frac{\partial\psi}{\partial x}-\varepsilon x\,\frac{\partial\psi}{\partial y}$$

(напоминаем, что ε — малый угол). Это означает, что

$$\hat{\mathscr{L}}_z=\frac{\hbar}{i}\left(x\,\frac{\partial}{\partial y}-y\,\frac{\partial}{\partial x}\right). \qquad (18.69)$$

Это и есть наш ответ. Обратите, однако, внимание, что это определение эквивалентно такому:

$$\hat{\mathscr{L}}_z=x\hat{\mathscr{P}}_y-y\hat{\mathscr{P}}_x. \qquad (18.70)$$

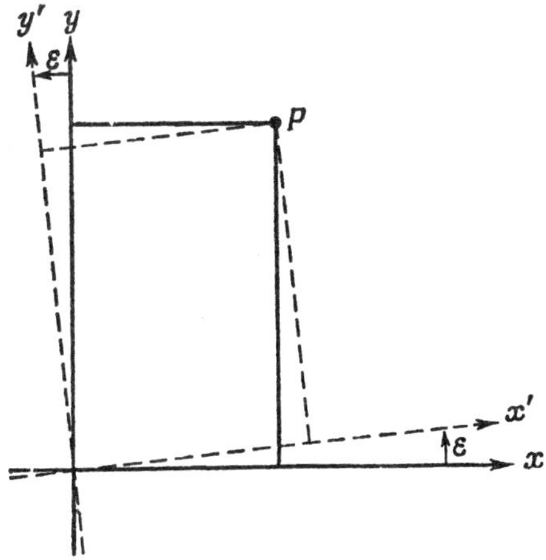

Фиг. 18.2. Поворот осей вокруг оси z на малый угол ε.

Или, если вернуться к нашим квантовомеханическим операторам, можно написать

$$\hat{L}_z = x\hat{p}_y - y\hat{p}_x. \tag{18.71}$$

Эту формулу легко запомнить, потому что она похожа на знакомую формулу классической механики: это z-компонента векторного произведения

$$\mathbf{L} = \mathbf{r} \times \mathbf{p}. \tag{18.72}$$

Одна из забавных сторон манипуляций с операторами заключается в том, что многие классические уравнения переносятся в квантовомеханическую форму. А какие нет? Ведь должны же быть такие, которые не получаются, потому что если бы все повторялось, то в квантовой механике не было бы ничего отличного от классической, не было бы новой физики.

Вот вам уравнение, которое отличается. В классической физике

$$xp_x - p_x x = 0.$$

А что в квантовой механике?

$$\hat{x}\hat{p}_x - \hat{p}_x\hat{x} = ?$$

Подсчитаем это в x-представлении. Чтобы было видно, что́ мы делаем, приложим это к некоторой волновой функции $\psi(x)$. Пишем

$$x\hat{\mathcal{P}}_x\psi(x) - \mathcal{P}_x x\psi(x)$$

или

$$x\frac{\hbar}{i}\frac{\partial}{\partial x}\psi(x) - \frac{\hbar}{i}\frac{\partial}{\partial x}x\psi(x).$$

Вспомним теперь, что производные действуют на всё, что справа. Получаем

$$x\frac{\hbar}{i}\frac{\partial\psi}{\partial x}-\frac{\hbar}{i}\psi(x)-\frac{\hbar}{i}x\frac{\partial\psi}{\partial x}=-\frac{\hbar}{i}\psi(x). \tag{18.73}$$

Ответ *не* нуль. Вся операция попросту равнозначна умножению на $-\hbar/i$:

$$\hat{x}\hat{p}_x-\hat{p}_x\hat{x}=-\frac{\hbar}{i}. \tag{18.74}$$

Если бы постоянная Планка была равна нулю, то квантовые и классические результаты стали бы одинаковыми и не пришлось бы нам учить никакой квантовой механики!

Отметим, что если два каких-то оператора $\hat{A}$ и $\hat{B}$, взятые в сочетании

$$\hat{A}\hat{B}-\hat{B}\hat{A},$$

не дают нуля, то мы говорим, что «операторы не перестановочны», или «операторы не коммутируют». А уравнение наподобие (18.74) называется «перестановочным соотношением». Вы можете сами убедиться, что перестановочное соотношение для p_x и y (или коммутатор p_x и y) имеет вид

$$\hat{p}_x\hat{y}-\hat{y}\hat{p}_x=0.$$

Существует еще одно очень важное перестановочное соотношение. Оно относится к моментам количества движения. Вид его таков:

$$\hat{L}_x\hat{L}_y-\hat{L}_y\hat{L}_x=i\hbar\hat{L}_z. \tag{18.75}$$

Если вы хотите приобрести некоторый опыт работы с операторами $\hat{x}$ и $\hat{p}$, попробуйте доказать эту формулу сами.

Интересно заметить, что операторы, которые не коммутируют, можно встретить и в классической физике. Мы с этим уже сталкивались, когда говорили о поворотах в пространстве. Если вы повернете что-нибудь, например книжку, сперва на 90° вокруг оси x, а затем на 90° вокруг оси y, то получится совсем не то, что было бы, если бы сначала вы повернули ее на 90° вокруг оси y, а после на 90° вокруг оси x. Именно это свойство пространства и ответственно за уравнение (18.75).

§ 7. Изменение средних со временем

Теперь мы познакомим вас с еще одной интересной вещью: вы узнаете, как средние изменяются во времени. Представим на минуту, что у нас есть оператор $\hat{A}$, в который время явным образом не входит. Имеется в виду такой оператор, как $\hat{x}$ или $\hat{p}$.

[А исключаются, скажем, такие вещи, как оператор внешнего потенциала $V(x, t)$, меняющийся во времени.] Теперь представим, что мы вычислили $\langle A\rangle_{ср}$ в некотором состоянии $|\psi\rangle$, т. е.

$$\langle A\rangle_{ср}=\langle\psi|\hat{A}|\psi\rangle. \tag{18.76}$$

Как $\langle A\rangle_{ср}$ будет зависеть от времени? Но почему оно вообще может зависеть от времени? Ну, во-первых, может случиться, что оператор сам явно зависит от времени, например, если он был связан с переменным потенциалом типа $V(x, t)$. Но даже если оператор от t не зависит, например оператор $\hat{A}=\hat{x}$, то соответствующее среднее может зависеть от времени. Ведь среднее положение частицы может перемещаться. Но как может такое движение получиться из (18.76), если $\hat{A}$ от времени не зависит? Дело в том, что во времени может меняться само состояние $|\psi\rangle$. Для нестационарных состояний мы часто даже явно отмечали зависимость от времени, записывая их как $|\psi(t)\rangle$. Теперь мы хотим показать, что скорость изменения $\langle A\rangle_{ср}$ дается новым оператором, который мы обозначим $\hat{\dot{A}}$. Напомним, что $\hat{A}$ это оператор, так что точка над A вовсе не означает дифференцирования по времени, а является просто способом записи *нового* оператора $\hat{\dot{A}}$, определяемого равенством

$$\frac{d}{dt}\langle A\rangle_{ср}=\langle\psi|\hat{\dot{A}}|\psi\rangle. \tag{18.77}$$

Задачей нашей будет найти оператор $\hat{\dot{A}}$.

Прежде всего, нам известно, что скорость изменения состояния дается гамильтонианом. В частности,

$$i\hbar\frac{d}{dt}|\psi(t)\rangle=\hat{H}|\psi(t)\rangle. \tag{18.78}$$

Это всего-навсего абстрактная форма записи нашего первоначального определения гамильтониана

$$i\hbar\frac{dC_i}{dt}=\sum_i H_{ij}C_j. \tag{18.79}$$

Если мы комплексно сопряжем это уравнение, оно будет эквивалентно

$$-i\hbar\frac{d}{dt}\langle\psi(t)|=\langle\psi(t)|\hat{H}. \tag{18.80}$$

Посмотрим теперь, что случится, если мы продифференцируем (18.76) по t. Поскольку каждое ψ зависит от t, мы имеем

$$\frac{d}{dt}\langle A\rangle_{ср}=\left(\frac{d}{dt}\langle\psi|\right)\hat{A}|\psi\rangle+\langle\psi|\hat{A}\left(\frac{d}{dt}|\psi\rangle\right). \tag{18.81}$$

Наконец, заменяя производные их выражениями (18.78) и (18.80), получаем

$$\frac{d}{dt}\langle A\rangle_{\text{ср}}=\frac{i}{\hbar}\{\langle\psi|\hat{H}\hat{A}|\psi\rangle-\langle\psi|\hat{A}\hat{H}|\psi\rangle\},$$

а это то же самое, что написать

$$\frac{d}{dt}\langle A\rangle_{\text{ср}}=\frac{i}{\hbar}\langle\psi|(\hat{H}\hat{A}-\hat{A}\hat{H})|\psi\rangle.$$

Сравнивая это уравнение с (18.77), мы видим, что

$$\hat{\dot{A}}=\frac{i}{\hbar}(\hat{H}\hat{A}-\hat{A}\hat{H}). \tag{18.82}$$

Это и есть то интересное соотношение, которое мы обещали; и оно справедливо для любого оператора $\hat{A}$.

Кстати заметим, что, если бы оператор $\hat{A}$ *сам* зависел от времени, мы бы получили

$$\hat{\dot{A}}=\frac{i}{\hbar}(\hat{H}\hat{A}-\hat{A}\hat{H})+\frac{\partial\hat{A}}{\partial t}. \tag{18.83}$$

Проверим (18.82) на каком-либо примере, чтобы посмотреть, имеет ли оно вообще смысл. Какой, например, оператор соответствует $\dot{x}$? Мы утверждаем, что это должно быть

$$\hat{\dot{x}}=\frac{i}{\hbar}(\hat{H}\hat{x}-\hat{x}\hat{H}). \tag{18.84}$$

Что это такое? Один способ установить, что это такое — перейти в координатное представление и воспользоваться алгебраическим оператором $\hat{\mathscr{H}}$. В этом представлении коммутатор равен

$$\hat{\mathscr{H}}x-x\hat{\mathscr{H}}=\left\{-\frac{\hbar^2}{2m}\frac{d^2}{dx^2}+V(x)\right\}x-x\left\{-\frac{\hbar^2}{2m}\frac{d^2}{dx^2}+V(x)\right\}.$$

Если вы подействуете всем этим выражением на волновую функцию $\psi(x)$ и вычислите везде, где нужно, производные, вы в конце концов получите

$$-\frac{\hbar^2}{m}\frac{d\psi}{dx}.$$

Но это то же самое, что и

$$-i\,\frac{\hbar}{m}\hat{\mathscr{P}}_x\psi,$$

так что мы обнаруживаем, что

$$\hat{H}\hat{x}-\hat{x}\hat{H}=-i\,\frac{\hbar}{m}\hat{p}_x \tag{18.85}$$

или что

$$\hat{\dot{x}}=\frac{\hat{p}_x}{m}. \tag{18.86}$$

Прелестный результат. Он означает, что если среднее значение x меняется со временем, то перемещение центра тяжести равно среднему импульсу, деленному на массу m. Точно как в классической механике.

Другой пример. Какова скорость изменения среднего импульса состояния? Правила игры прежние. Оператор этой скорости равен

$$\dot{\hat{p}} = \frac{i}{\hbar}(\hat{H}\hat{p} - \hat{p}\hat{H}). \qquad (18.87)$$

Опять все можно подсчитать в x-представлении. Напомним, что $\hat{p}$ обращается в $\frac{\hbar}{i}\,d/dx$, а это означает, что вам придется дифференцировать потенциальную энергию V (в $\hat{\mathcal{H}}$), но только во втором слагаемом. В конце концов остается только один член, и вы получаете

$$\hat{\mathcal{H}}\hat{\mathcal{P}} - \hat{\mathcal{P}}\hat{\mathcal{H}} = i\hbar\frac{dV}{dx}$$

или

$$\dot{\hat{p}} = -\frac{dV}{dx}. \qquad (18.88)$$

Опять классический результат. Справа стоит сила, так что мы вывели закон Ньютона! Но помните — это законы для *операторов*, которые дают *средние* величины. Они не описывают в деталях, что́ происходит внутри атома.

Существенное отличие квантовой механики в том, что $\hat{p}\hat{x}$ не равно $\hat{x}\hat{p}$. Они отличаются на самую малость — на маленькое число $\hbar$. Но все поразительные сложности интерференции волн и тому подобного проистекают из того небольшого факта, что $\hat{x}\hat{p} - \hat{p}\hat{x}$ не совсем нуль.

История этой идеи тоже интересна. С разницей в несколько месяцев в 1926 г. Гейзенберг и Шредингер независимо отыскали правильные законы, описывающие атомную механику. Шредингер изобрел свою волновую функцию $\psi(x)$ и нашел уравнение для нее, а Гейзенберг обнаружил, что природу можно было бы описывать и классическими уравнениями, лишь бы $xp - px$ было равно $\hbar/i$, чего можно было добиться, определив их с помощью особого вида матриц. На нашем теперешнем языке он пользовался энергетическим представлением и его матрицами. И то и другое — и матричная алгебра Гейзенберга и дифференциальное уравнение Шредингера — объясняли атом водорода. Несколькими месяцами позднее Шредингер смог показать, что обе теории эквивалентны — мы только что это видели. Но две разные математические формы квантовой механики были открыты независимо.

Глава 19

УРАВНЕНИЕ ШРЕДИНГЕРА В КЛАССИЧЕСКОМ КОНТЕКСТЕ. СЕМИНАР ПО СВЕРХПРОВОДИМОСТИ

§ 1. Уравнение Шредингера в магнитном поле

Эту лекцию я читаю вам для развлечения. Захотелось посмотреть, что́ получится, если начать читать в немного ином стиле. В курс она не входит, и не думайте, что это попытка обучить вас в последний час чему-то новому. Я скорее воображаю, будто провожу семинар или будто делаю отчет об исследованиях перед более подготовленной аудиторией, перед людьми, которые в квантовой механике уже многое понимают. Основное различие между семинаром и регулярной лекцией в том, что на семинаре докладчик не приводит все стадии, всю алгебру выкладок. Он просто говорит: «Если вы проделаете то-то и то-то, то получится вот что», а в детали не входит. Вот и в этой лекции будут только высказываться идеи и приводиться *результаты* расчетов. А вы должны понимать, что вовсе не обязательно во всем немедленно и до конца разбираться, надо только верить, что если проделать все выкладки, то все так и получится.

Но это не все. Главное — что об этом мне *хочется* говорить. Это такая свежая, актуальная, современная тема, что вполне законно вынести ее на семинар. Тема эта — классический аспект уравнения Шредингера, явление сверхпроводимости.

Обычно та волновая функция, которая появляется в уравнении Шредингера, относится только к одной или к двум частицам. И сама волновая функция классическим смыслом не обладает в отличие от электрического поля, или векторного потенциала, или других подобных вещей. Правда, волновая функция отдельной частицы — это «поле» в том смысле, что она есть функция положения, но классического значения она, вообще говоря, не имеет. Тем не менее бывают иногда обстоятельства, в которых квантовомеханическая волновая функция действительно имеет классическое значение, именно их я и хочу коснуться. Своеобразие квантовомеханического поведения вещества в мелких масштабах обычно не дает себя чувствовать в крупномасштабных явлениях, если не считать стандартных выводов о том, что оно вызывает к жизни законы Ньютона, законы так называемой классической механики. Но существуют порой обстоятельства, в которых особенности квантовой механики могут особым образом сказаться в крупномасштабных явлениях.

При низких температурах, когда энергия системы очень-очень сильно убывает, вместо прежнего громадного количества состояний в игру включается только очень-очень малое количество состояний — тех, которые расположены неподалеку от основного. При таких условиях квантовомеханический характер этого основного состояния может проявиться на макроскопическом уровне. Вот целью этой лекции и будет продемонстрировать связь между квантовой механикой и крупномасштабными эффектами — не обычное обсуждение пути, по которому квантовая механика в среднем воспроизводится ньютоновой механикой, а специальный случай, когда квантовая механика вызывает свои собственные, характерные для нее эффекты в крупных, «макроскопических» размерах.

Начну с того, что напомню вам кое-какие свойства уравнения Шредингера *. Я хочу с помощью уравнения Шредингера описать поведение частицы в магнитном поле, потому что явления сверхпроводимости связаны с магнитными полями. Внешнее магнитное поле описывается векторным потенциалом, и вопрос состоит в том, каковы законы квантовой механики в поле векторного потенциала. Принцип, определяющий квантовомеханическое поведение частицы в поле векторного потенциала, очень прост. Амплитуда того, что частица при наличии поля перейдет по некоторому пути из одного места в другое (фиг. 19.1), равна амплитуде того, что она прошла бы по этому пути без поля, умноженной на экспоненту от криволинейного интеграла от векторного потенциала, умноженного в свою очередь на электрический заряд и деленного на постоянную Планка [см. гл. 15, § 5 (вып. 6)]:

$$\langle b\,|\,a\rangle_{\text{в поле }\mathbf{A}} = \langle b\,|\,a\rangle_{A=0}\exp\left\{\frac{iq}{\hbar}\int_a^b \mathbf{A}\cdot d\mathbf{s}\right\}. \tag{19.1}$$

Это исходное утверждение квантовой механики.

* Фактически это не напоминание, потому что некоторые из этих уравнений я раньше не приводил; не забудьте, что я веду настоящий семинар.

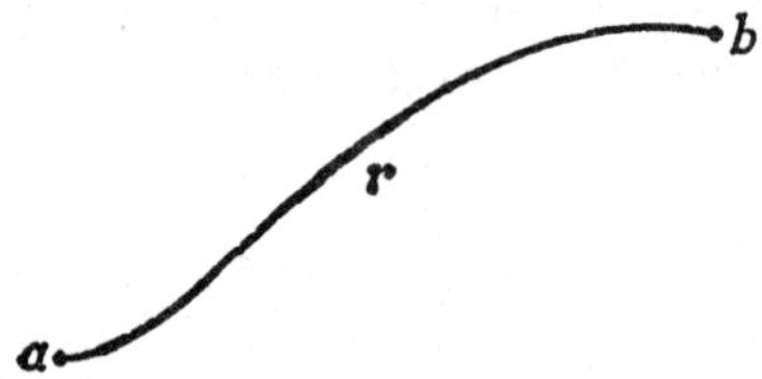

Фиг. 19.1. Амплитуда перехода из a в b по пути r пропорциональна $\exp\left[(iq/\hbar)\int \mathbf{A}\cdot d\mathbf{s}\right]$.

И вот в отсутствие векторного потенциала уравнение Шредингера для заряженной частицы (нерелятивистской, без спина) имеет вид

$$-\frac{\hbar}{i}\frac{\partial\psi}{\partial t}=\hat{\mathscr{H}}\psi=\frac{1}{2m}\left(\frac{\hbar}{i}\nabla\right)\cdot\left(\frac{\hbar}{i}\nabla\right)\psi+q\varphi\psi, \tag{19.2}$$

где φ — электрический потенциал, так что $q\varphi$ — потенциальная энергия *. А уравнение (19.1) равнозначно утверждению, что в магнитном поле градиенты в гамильтониане нужно каждый раз заменять на градиент минус $\frac{iq}{\hbar}\mathbf{A}$, так что (19.2) превращается в

$$-\frac{\hbar}{i}\frac{\partial\psi}{\partial t}=\hat{\mathscr{H}}\psi=\frac{1}{2m}\left(\frac{\hbar}{i}\nabla-q\mathbf{A}\right)\cdot\left(\frac{\hbar}{i}\nabla-q\mathbf{A}\right)\psi+q\varphi\psi. \tag{19.3}$$

Это и есть уравнение Шредингера для частицы с зарядом q (нерелятивистской, без спина), движущейся в электромагнитном поле $\mathbf{A}$, φ.

Чтобы стало ясно, что оно правильно, я хочу проиллюстрировать это простым примером, когда вместо непрерывного случая имеется линия атомов, расставленных на оси x на расстоянии b друг от друга, и существует амплитуда $-K$ того, что электрон перепрыгнет в отсутствие поля от одного атома к другому **. Тогда, согласно уравнению (19.1), если имеется вектор-потенциал $A_x(x, t)$ в x-направлении, то амплитуда перескока по сравнению с тем, что было раньше, изменится, ее придется домножить на $\exp[(iq/\hbar)A_x b]$ — экспоненту с показателем, равным произведению $iq/\hbar$ на векторный потенциал, проинтегрированный от одного атома до другого. Для простоты мы будем писать $(q/\hbar)A_x\equiv f(x)$, поскольку A_x, вообще говоря, зависит от x. Если обозначить через $C(x)\equiv C_n$ амплитуду того, что электрон обнаружится возле атома n, расположенного в точке x, то скорость изменения этой амплитуды будет даваться уравне-

* Только, пожалуйста, не путайте это φ с нашим прежним обозначением состояния φ!

** K — это та самая величина, которая в задаче о линейной решетке обозначалась буквой A (см. гл. 11).

нием

$$-\frac{\hbar}{i}\frac{\partial}{\partial t}C(x)=E_0C(x)-Ke^{-ibf(x+b/2)}C(x+b)-$$
$$-Ke^{+ibf(x-b/2)}C(x-b). \qquad (19.4)$$

В нем три части. Во-первых, у электрона, который находится в точке x, есть некоторая энергия E_0. Это, как обычно, дает член $E_0C(x)$. Затем имеется член $-KC(x+b)$, т. е. амплитуда того, что электрон от атома $n+1$, расположенного в $x+b$, отпрыгнул на шаг назад. Однако если это происходит в присутствии векторного потенциала, то фаза амплитуды обязана сместиться согласно правилу (19.1). Если A_x на расстоянии между соседними атомами заметно не изменяется, то интеграл можно записать попросту в виде значения A_x посредине, умноженного на расстояние. Итак, произведение $(iq/\hbar)$ на интеграл равно $ibf(x+b/2)$. А раз электрон прыгал назад, я этот сдвиг фазы отмечаю знаком минус. Это дает вторую часть. И точно так же имеется некоторая амплитуда того, что будет прыжок вперед, но на этот раз уже берется векторный потенциал с другой стороны от x, на расстоянии $b/2$, и умножается на расстояние b. Это дает третью часть. В сумме получается уравнение для амплитуды того, что частица в поле, характеризуемом векторным потенциалом, окажется в точке x.

Но дальше мы знаем, что если функция $C(x)$ достаточно плавная (мы берем длинноволновый предел) и если мы сдвинем атомы потеснее, то уравнение (14.7) (стр. 81) будет приблизительно описывать поведение электрона в пустоте. Поэтому следующим шагом явится разложение обеих сторон (19.4) по степеням b, считая b очень малым. К примеру, если $b=0$, то правая часть будет равна просто $(E_0-2K)C(x)$, так что в нулевом приближении энергия равняется E_0-2K. Затем пойдут степени b, но из-за того, что знаки показателей экспонент противоположны, останутся только четные степени. В итоге, если вы разложите в ряд Тэйлора $C(x)$, $f(x)$ и экспоненты и соберете затем члены с b^2, вы получите

$$-\frac{\hbar}{i}\frac{dC(x)}{\partial t}=E_0C(x)-2KC(x)-$$
$$-Kb^2[C''(x)-2if(x)C'(x)-if'(x)C(x)-f^2(x)C(x)] \qquad (19.5)$$

(штрихи обозначают дифференцирование по x).

Это ужасное нагромождение разных букв выглядит очень сложно. Но математически оно в точности совпадает с

$$-\frac{\hbar}{i}\frac{\partial C(x)}{\partial t}=(E_0-2K)C(x)-$$
$$-Kb^2\left[\frac{\partial}{\partial x}-if(x)\right]\left[\frac{\partial}{\partial x}-if(x)\right]C(x). \qquad (19.6)$$

Вторая скобка, действуя на $C(x)$, даст $C'(x)$ минус $if(x)C(x)$. Первая скобка, действуя на эти два члена, даст член с C'', члены с первыми производными $f(x)$ и с первой производной $C(x)$. А теперь вспомните, что решения в нулевом магнитном поле (см. гл. 11, § 3) изображают частицу с эффективной массой $m_{эфф}$, даваемой формулой

$$Kb^2 = \frac{\hbar^2}{2m_{эфф}}.$$

Если вы затем положите $E_0 = +2K$ и снова вернетесь к $f(x) = (q/\hbar)A_x$, то легко убедитесь, что (19.6) это то же самое, что первая часть (19.3). (Происхождение члена с потенциальной энергией хорошо известно, и я не буду им заниматься.) Утверждение (19.1) о том, что векторный потенциал умножает все амплитуды на экспоненциальный множитель, равнозначно правилу, что оператор импульса $(\hbar/i)\nabla$ заменяется на $(\hbar/i)\nabla - q\mathbf{A}$, как мы и сделали в уравнении Шредингера (19.3).

§ 2. *Уравнение непрерывности для вероятностей*

Перехожу теперь ко второму пункту. Важную сторону уравнения Шредингера отдельной частицы составляет идея о том, что вероятность обнаружить частицу в каком-то месте определяется квадратом абсолютной величины волновой функции. Для квантовой механики характерно также то, что вероятность сохраняется локально (т. е. в каждом отдельном месте). Когда вероятность обнаружить электрон в таком-то месте убывает, а вероятность обнаружить его в каком-то другом месте возрастает (так что полная вероятность не меняется), то что-то в промежутке между этими местами должно было произойти. Иными словами, электрон обладает непрерывностью в том смысле, что если вероятность спадает в одном месте и возрастает в другом, то между этими местами должно что-то протекать. Так, если вы между ними поставите стенку, то это скажется на вероятностях и они станут не такими, как были. Следовательно, одно только сохранение вероятности не есть полная формулировка закона сохранения, все равно как одно только сохранение энергии не обладает такой глубиной и не представляет такой важности, как локальное сохранение энергии [см. гл. 27, § 1 (вып. 6)]. Если энергия исчезает, то этому должен соответствовать отток энергии от этого места. Вот и у вероятности хотелось бы обнаружить такой же «ток». Хотелось бы, чтобы было так: если где-нибудь переменится плотность вероятности (вероятность обнаружить что-то там такое в единице объема), то чтобы можно было считать, что вероятность откуда-то сюда притекла (или утекла отсюда куда-то еще). Такой ток был бы вектором, который можно было бы толковать следующим образом: его x-компонента была бы чистой вероятностью (в секунду и на единицу объема) того, что частица пройдет в направлении x через плоскость, параллельную плоскости yz. Проход в направлении $+x$ считается положительным потоком, а проход в обратную сторону — отрицательным потоком.

Существует ли такой ток? Вы знаете, что плотность вероятности $P(\mathbf{r}, t)$ выражается через волновую функцию

$$P(\mathbf{r}, t) = \psi^*(\mathbf{r}, t)\,\psi(\mathbf{r}, t). \tag{19.7}$$

И вот, я спрашиваю: существует ли такой ток $\mathbf{J}$, что

$$\frac{\partial P}{\partial t} = -\nabla\cdot\mathbf{J}? \tag{19.8}$$

Если я продифференцирую (19.7) по времени, то получу два слагаемых

$$\frac{\partial P}{\partial t} = \psi^*\frac{\partial\psi}{\partial t} + \psi\frac{\partial\psi^*}{\partial t}. \tag{19.9}$$

Теперь для $\partial\psi/\partial t$ возьмите уравнение Шредингера — уравнение (19.3); кроме того, комплексно его сопрягите, т. е. перемените знак при каждом i, чтобы получить $\partial\psi^*/\partial t$. У нас выйдет

$$\frac{\partial P}{\partial t} = -\frac{i}{\hbar}\left[\psi^*\frac{1}{2m}\left(\frac{\hbar}{i}\nabla - q\mathbf{A}\right)\cdot\left(\frac{\hbar}{i}\nabla - q\mathbf{A}\right)\psi + q\varphi\psi^*\psi - \right.$$
$$\left. -\psi\frac{1}{2m}\left(\frac{\hbar}{i}\nabla + q\mathbf{A}\right)\cdot\left(\frac{\hbar}{i}\nabla + q\mathbf{A}\right)\psi^* - q\varphi\psi\psi^*\right]. \tag{19.10}$$

Члены с потенциальной энергией и многие другие члены взаимно уничтожатся. А то, что останется, оказывается, действительно можно записать в виде полной дивергенции. Все уравнение целиком эквивалентно уравнению

$$\frac{\partial P}{\partial t} = -\nabla\cdot\frac{1}{2m}\left\{\psi^*\left(\frac{\hbar}{i}\nabla - q\mathbf{A}\right)\psi + \psi\left(-\frac{\hbar}{i}\nabla - q\mathbf{A}\right)\psi^*\right\}. \tag{19.11}$$

Не так уж сложно, как кажется на первый взгляд. Это симметричная комбинация из ψ^*, умноженного на некоторую операцию над ψ, плюс ψ, умноженное на комплексно сопряженную операцию над ψ^*. Это просто некоторая величина плюс комплексно сопряженная ей величина, так что все вместе (как и положено быть) вещественно. Операция запоминается так: это попросту оператор импульса $\hat{\mathcal{P}}$ минус $q\mathbf{A}$. Ток из (19.8) я могу записать в виде

$$\mathbf{J} = \frac{1}{2}\left\{\left[\frac{\hat{\mathcal{P}} - q\mathbf{A}}{m}\psi\right]^*\psi + \psi^*\left[\frac{\hat{\mathcal{P}} - q\mathbf{A}}{m}\psi\right]\right\}. \tag{19.12}$$

Тогда это и есть тот ток $\mathbf{J}$, который удовлетворяет уравнению (19.8).

Уравнение (19.8) показывает, что вероятность сохраняется локально. Если частица исчезает из одной области, то она не может оказаться в другой без того, чтобы что-то не протекло в промежутке между областями. Вообразите, что первая область окружена замкнутой поверхностью, которая проведена так далеко, что имеется нулевая вероятность обнаружить на ней электрон. Полная вероятность обнаружить электрон где-то внутри поверхности равна объемному интегралу от P. Но, согласно теореме Гаусса, объемный интеграл от дивергенции **J** равняется поверхностному интегралу от **J**. Если ψ на поверхности равно нулю, то (19.12) утверждает, что и **J** есть нуль; значит, полная вероятность отыскать частицу внутри поверхности не может измениться. Только тогда, когда часть вероятности достигает границы, какая-то ее часть может вытечь наружу. Мы вправе говорить, что она выбирается наружу только через поверхность — это и есть локальная сохраняемость.

§ 3. *Два рода импульсов*

Уравнение для тока довольно интересно, хотя порой причиняет немало забот. Ток можно было бы считать чем-то вроде произведения плотности частиц на скорость. Плотность выглядела бы как $\psi\psi^*$, так что здесь все в порядке. Каждый член в (19.12) напоминает типичное выражение для среднего значения оператора

$$\frac{\hat{\mathcal{P}}-q\mathbf{A}}{m}. \tag{19.13}$$

Поэтому, быть может, следовало бы рассматривать его как скорость потока? Но тогда получается, что скорость с импульсом можно связать двояким образом, ведь с равным правом можно было бы считать, что скоростью должно быть отношение импульса к массе $\hat{\mathcal{P}}/m$. Эти две возможности разнятся на вектор-потенциал.

Оказывается, те же две возможности имелись еще в классической физике, и в ней тоже было найдено, что импульс можно определить двумя путями *. Один можно назвать «кинематическим импульсом», но для абсолютной ясности я в этой лекции буду его называть «mv-импульсом». Это импульс, получаемый от перемножения массы на скорость. Другой, более математичный, более отвлеченный импульс, именуемый иногда «динамическим импульсом», а я его буду называть «p-импульс». Итак, у нас

* См., например, J. D. J a c k s o n, Classical Electrodynamics, New York, 1962 (есть перевод: Д. Д ж е к с о н, Классическая электродинамика, изд-во «Мир», 1965).

Фиг. 19.2. Электрическое поле снаружи соленоида, ток в котором увеличивается.

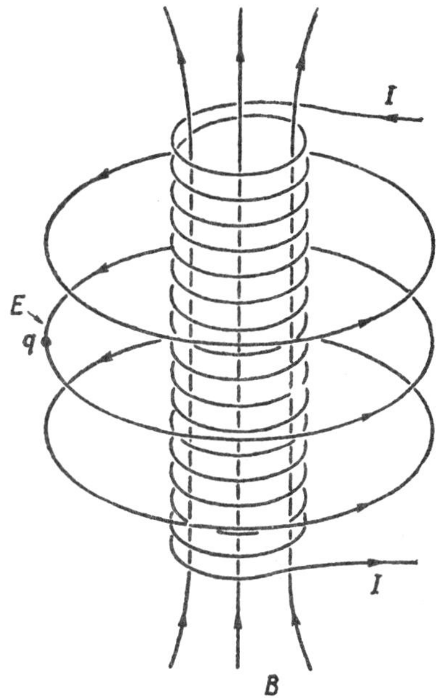

есть две возможности:

$$mv\text{-}импульс = m\mathbf{v}, \qquad (19.14)$$

$$p\text{-}импульс = m\mathbf{v} + q\mathbf{A}. \qquad (19.15)$$

И вот оказывается, что в квантовой механике, включающей магнитные поля, с оператором градиента $\hat{\mathcal{P}}$ связан именно p-импульс, так что оператор скорости это (19.13).

Здесь я хотел бы немного отклониться от темы и пояснить, почему так получается — отчего в квантовой механике должно быть нечто похожее на (19.15). Волновая функция меняется со временем, следуя уравнению Шредингера (19.3). Если бы я внезапно изменил векторный потенциал, то в первое мгновение волновая функция не изменилась бы, а изменилась бы только скорость ее изменения. Теперь представьте себе, что случится в следующих обстоятельствах. Пусть имеется длинный соленоид, в котором я создаю поток магнитного поля (поля **B**), как показано на фиг. 19.2. А поблизости сидит заряженная частица. Допустим, что этот поток почти мгновенно с нуля вырастает до какого-то значения. Сперва векторный потенциал равен нулю, а потом я его включаю. Это означает, что я внезапно создаю круговой вектор-потенциал **A**. Вы помните, что криволинейный интеграл от **A** вдоль петли это то же самое, что поток поля **B** сквозь петлю [см. гл. 14, § 1 (вып. 5)]. И что же происходит, когда я мгновенно включаю векторный потенциал? Согласно квантовомеханическому уравнению, внезапное изменение **A** не вызывает внезапного изменения ψ; волновая функция пока та же самая. Значит, и градиент не изменился.

Но вспомните, что́ происходит электрически, когда я внезапно включаю поток. В течение краткого времени, пока поток растет, возникает электрическое поле, контурный интеграл от которого равен скорости изменения потока во времени

$$E=-\frac{\partial \mathbf{A}}{\partial t}. \tag{19.16}$$

Если поток резко меняется, то электрическое поле достигает огромной величины и оказывает сильное воздействие на частицу. Эта сила равна произведению заряда на электрическое поле; стало быть, в момент появления потока частица получает полный импульс (т. е. изменение в $m\mathbf{v}$), равный $-q\mathbf{A}$. Иными словами, если вы подействуете на заряд векторным потенциалом, включив его внезапно, то этот заряд немедленно схватит mv-импульс, равный $-q\mathbf{A}$. Но имеется нечто, не меняющееся немедленно — это разность между $m\mathbf{v}$ и $-q\mathbf{A}$. Стало быть, сумма $\mathbf{p}=m\mathbf{v}+q\mathbf{A}$ и есть то, что не меняется, если вы подвергаете вектор-потенциал внезапному изменению. Именно эту величину мы именуем p-импульсом, именно она играет важную роль в классической динамике; она же оказывается существенной и в квантовой механике. Эта величина зависит от характера волновой функции и является преемником оператора

$$\hat{\mathcal{P}}=\frac{\hbar}{i}\nabla$$

при наличии магнитного поля.

§ 4. *Смысл волновой функции*

Когда Шредингер впервые открыл свое уравнение, он открыл заодно, что закон сохранения (19.8) есть следствие этого уравнения. Но он неправильно решил, что P это плотность электрического заряда электрона, а $\mathbf{J}$ — плотность электрического тока, т. е. он думал, что электроны взаимодействуют с электромагнитным полем через эти заряды и токи. Решая свои уравнения для атома водорода и вычисляя ψ, он не вычислял никакой амплитуды (в то время еще не было амплитуд), а толковал это совершенно иначе. Атомное ядро было стационарно, вокруг же него текли токи; заряды $\mathbf{P}$ и токи $\mathbf{J}$ генерировали электромагнитные поля, и все вместе это излучало свет. Но вскоре, решая задачу за задачей, он понял, что рассуждает не вполне правильно. И именно в этот момент Борн выдвинул весьма нетривиальную идею. Именно Борн правильно (насколько нам известно) отождествил ψ в уравнении Шредингера с амплитудой вероятности, предположив, что квадрат амплитуды — это не плотность заряда, а всего лишь вероятность (на единицу объема) обнаружить там электрон и что если вы находите электрон в некотором месте, то там окажется и весь его заряд. Вся эта идея принадлежит Борну.

Волновая функция $\psi(\mathbf{r})$ электрона в атоме не описывает, стало быть, размазанного электрона с плавно меняющейся плотностью заряда. Электрон может быть либо здесь, либо там, либо где-то еще, но где бы он ни был, он всегда — точечный заряд. Но, с другой стороны, представим себе случай, когда огромное число частиц находится в одном и том же состоянии, очень большое их число с одной и той же волновой функцией. Что тогда? Одна из них будет здесь, другая — там, и вероятность обнаружить любую из них в данном месте пропорциональна $\psi\psi^*$. Но поскольку частиц так много, то, если я посмотрю в какой-нибудь объем $dxdydz$, я, вообще говоря, обнаружу там примерно $\psi\psi^* dxdydz$ частиц. Итак, когда ψ — волновая функция каждой из огромного количества частиц, поголовно пребывающих в одном и том же состоянии, то в этом случае $\psi\psi^*$ *можно* отождествлять с плотностью частиц. Если в этих условиях все частицы несут одинаковые заряды q, то мы можем пойти дальше и отождествить $\psi^*\psi$ с плотностью *электричества*. Обычно, если $\psi\psi^*$ имеет размерность плотности вероятности, то $\psi\psi^*$ надо умножить на q, чтобы получить размерность плотности заряда. Для наших теперешних целей мы можем включить этот постоянный множитель в ψ и принять за плотность электрического заряда само $\psi\psi^*$. Если помнить об этом, то $\hat{\mathbf{J}}$ (тот ток вероятности, который я вычислил) можно будет считать просто плотностью электрического тока.

Итак, когда в одном и том же состоянии может находиться очень много частиц, возможно иное физическое толкование волновых функций. Плотность заряда и электрический ток могут быть вычислены прямо из волновых функций, и волновые функции приобретают физический смысл, который распространяется на классические, макроскопические ситуации.

Нечто подобное может случиться и с нейтральными частицами. Если у нас имеется волновая функция отдельного фотона, то это — амплитуда того, что он будет обнаружен где-то. Хотя мы и не писали его, однако существует уравнение для фотонной волновой функции, аналогичное уравнению Шредингера для электрона. Фотонное уравнение попросту совпадает с уравнениями Максвелла для электромагнитного поля, а волновая функция — с векторным потенциалом $\mathbf{A}$. Волновая функция оказывается обычным векторным потенциалом. Физика квантов света совпадает с классической физикой, потому что фотоны суть невзаимодействующие бозе-частицы и многие из них могут пребывать в одинаковом состоянии; более того, как вы знаете, они *любят* бывать в одинаковом состоянии. В момент, когда мириады их окажутся в одном и том же состоянии (т. е. в одной и той же электромагнитной волне), вы сможете непосредственно измерить волновую функцию (т. е. векторный потенциал). Конечно, исторически все шло иным путем. Первые наблюдения были проведены при таких обстоятельствах, когда было много фотонов в одинаковом состоянии, и тем самым удалось открыть правильные уравнения для отдельного фотона, наблюдая непосредственно своими глазами природу волновой функции на макроскопическом уровне.

Трудность с электроном состоит в том, что вы не можете поместить в одно и то же состояние больше одного электрона. Поэтому очень долго считалось, что волновая функция уравнения Шредингера никогда не будет иметь макроскопического представления, подобного макроскопическому представлению амплитуды для фотонов. Но теперь стало ясно, что явление сверхпроводимости представляет именно такой случай.

§ 5. *Сверхпроводимость*

Вы знаете, что очень многие металлы ниже определенной температуры (температура у каждого металла своя) становятся сверхпроводящими *. Если вы как следует снизите температуру, то металлы начинают проводить электричество без всякого сопротивления. Это явление наблюдалось у очень многих металлов, но не у всех, и теория этого явления причинила немало хлопот. Понадобилось довольно долгое время, чтобы разобраться, что происходит внутри сверхпроводников, и я опишу здесь только то, что будет нужно для наших нынешних целей. Оказывается, что из-за взаимодействия электронов с колебаниями атомов в решетке возникает слабое эффективное *притяжение* между электронами. Грубо говоря, электроны в итоге взаимодействия образуют связанные пары.

Известно также, что каждый отдельный электрон является ферми-частицей. Но связанная пара уже будет вести себя как бозе-частица, потому что, если я переставляю два электрона от одной пары к другой, я дважды меняю знак волновой функции, а это означает, что я ничего не меняю. Пара является бозе-частицей.

Энергия спаривания (энергия притяжения электронов) очень-очень слаба. Незначительной температуры достаточно, чтобы тепловое возбуждение разбросало электроны и обратило их в «нормальные» электроны. Но если снизить температуру достаточно сильно, то эти электроны сделают все от них зависящее, чтобы прийти в самое наинизшее состояние, и уж тогда-то действительно разберутся попарно.

Мне не хотелось бы, чтобы вы вообразили, будто пары и впрямь скреплены очень тесно, словно точечные частицы. В дей-

---

* Впервые это открыл Оннес в 1911 г. [H. K. Onnes, Comm. Phys. Lab., Univ. Leyden, № 119, 120, 122 (1911)]. Прекрасное современное изложение предмета вы найдете в книге E. A. Lynton, Superconductivity, New York, 1962 (есть перевод: Е. Линтон, Сверхпроводимость, М., 1964).

ствительности, именно в этом пункте лежала наибольшая трудность в понимании этого явления на первых порах. Два электрона, образующие пару, в действительности расходятся на заметные расстояния; и среднее расстояние между парами меньше размера отдельной пары. Несколько пар одновременно занимают один и тот же объем. Объяснение причины образования электронами в металле пар и оценка энергии, выделяемой при образовании пар, стало триумфом современной науки. Этот фундаментальный факт в явлении сверхпроводимости впервые разъяснен в теории, созданной Бардином, Купером и Шриффером *. Но не это будет темой нашего семинара. Мы попросту примем как данное представление о том, что электроны так или иначе действуют попарно, что можно считать, что эти пары ведут себя более или менее как частицы и что поэтому можно говорить о волновой функции «пары».

Уравнение Шредингера для пары более или менее похоже на (19.3). Единственная разница состоит в том, что заряд q будет удвоенным зарядом электрона. Кроме того, мы не знаем инерции (или эффективной массы) пары в кристаллической решетке, поэтому неизвестно, какое число поставить вместо m. Не следует также считать, что если перейти к очень высоким частотам (или коротким волнам), то форма уравнения останется правильной, ведь кинетическая энергия, которая отвечает очень резко меняющимся волновым функциям, может стать столь большой, что разрушит пары. При конечных температурах в соответствии с теорией Больцмана всегда встречается сколько-то разрушенных пар. Вероятность того, что пара разрушится, пропорциональна $\exp(-E_{\text{пары}}/kT)$. Не связанные попарно электроны называются «нормальными» и движутся по кристаллу обычным образом. Я буду, однако, рассматривать только случай истинно нулевой температуры или, во всяком случае, пренебрегу усложнениями, вызываемыми теми электронами, у которых нет пары.

Раз пары электронов — это бозоны, то когда множество их собирается в одном состоянии, амплитуда перехода других пар в то же состояние становится особенно велика. Значит, почти все пары должны скопиться при наинизшей энергии *в точности в одинаковом состоянии*, сбежать кому-либо из них в другое состояние очень нелегко. У каждой пары амплитуда того, что она перейдет в занятое состояние в $\sqrt{n}$ раз больше, чем в незанятое (где хорошо известный фактор $\sqrt{n}$ определяется населенностью n наинизшего состояния). Значит, мы вправе ожидать, что все пары будут двигаться в одном состоянии.

Как же тогда будет выглядеть наша теория? Я обозначу через ψ волновую функцию пары в наинизшем энергетическом со-

---

* J. Bardeen, L. N. Cooper, J. R. Schrieffer, Phys. Rev., 108, 1175 (1957) (см. перевод в сборнике «Теория сверхпроводимости», ИЛ, 1960).

стоянии. Однако из-за того, что $\psi\psi^*$ окажется пропорциональным плотности заряда ρ, я с равным правом могу записать ψ как квадратный корень из плотности заряда, умноженный на некоторый фазовый множитель

$$\psi(\mathbf{r}) = \sqrt{\rho(\mathbf{r})}\, e^{i\theta(\mathbf{r})}, \tag{19.17}$$

где ρ и θ — действительные функции от $\mathbf{r}$. (В таком виде можно, конечно, записать любую комплексную функцию.) Что мы подразумеваем, говоря о плотности заряда,— это ясно, но каков физический смысл фазы θ волновой функции? Ну что же, давайте поглядим, что получится, если мы подставим $\psi(\mathbf{r})$ в (19.12) и выразим плотность тока через эти новые переменные ρ и θ. Это простая замена переменных, и, не повторяя всех выкладок, я приведу результат:

$$J = \frac{\hbar}{m}\left(\nabla\theta - \frac{q}{\hbar}\mathbf{A}\right)\rho. \tag{19.18}$$

Поскольку и плотность тока и плотность заряда имеют для сверхпроводящего электронного газа прямой физический смысл, то и ρ и θ — вполне реальные вещи. Фаза столь же наблюдаема, как и ρ: это часть плотности тока $\mathbf{J}$. *Абсолютная* фаза ненаблюдаема, но если градиент фазы известен во всех точках, то фаза известна с точностью до константы. И если вы определите по своему желанию фазу в одной точке, то во всех остальных точках она уже определится сама собой.

Кстати заметим, что уравнение для тока можно проанализировать и изящнее, если представить себе, что плотность тока *и впрямь* совпадает с произведением плотности заряда на скорость тока электронной жидкости, т. е. что $\mathbf{J} = \rho\mathbf{v}$. Тогда (19.18) равнозначно уравнению

$$m\mathbf{v} = \hbar\nabla\theta - q\mathbf{A}. \tag{19.19}$$

Мы замечаем, что в mv-импульсе есть две части: одна связана с векторным потенциалом, а другая с поведением волновой функции. Иными словами, величина $\hbar\nabla\theta$ — это как раз то, что мы называли p-импульсом.

§ 6. *Явление Мейсснера*

Теперь уже можно кое-что рассказать и о явлении сверхпроводимости. Прежде всего здесь отсутствует электрическое сопротивление. А нет сопротивления оттого, что все электроны коллективно пребывают в одинаковом состоянии. При обычном течении тока то один электрон, то другой выбивается из равномерного потока, постепенно разрушая полный импульс. Здесь же не так-то просто помешать одному электрону делать то, что делают другие, ибо все бозе-частицы стремятся попасть в одинаковое состояние. Ток, если уж он пошел, то это навеки.

Легко также понять, что если имеется кусок металла в сверхпроводящем состоянии и вы включите не очень сильное магнитное поле (что́ будет, когда оно сильное, мы обойдем молчанием), то оно не сможет проникнуть в металл. Если бы в момент создания магнитного поля хоть какая-то его часть возросла внутри металла, то в нем появилась бы скорость изменения потока, а в результате и электрическое поле, которое в свою очередь немедленно вызвало бы электрический ток, который, по закону Ленца, был бы направлен на уменьшение потока. А раз все электроны будут двигаться совместно, то бесконечно малое электрическое поле уже вызовет достаточный ток, чтобы полностью воспротивиться наложению любого магнитного поля. Значит, если вы включите поле после того как охладили металл до сверхпроводящего состояния, внутрь оно допущено ни за что не будет.

Еще интереснее другое связанное с этим явление, экспериментально обнаруженное Мейсснером *. Если имеется кусок металла при высокой температуре (т. е. обычный проводник) и в нем вы создали магнитное поле, а затем снизили температуру ниже критического уровня (когда металл становится сверхпроводником), то *поле будет вытолкнуто*. Иными словами, в сверхпроводнике возникает свой собственный ток, и как раз в таком количестве, чтобы вытолкнуть поле наружу.

Причину этого можно понять из уравнений, и сейчас я объясню как. Пусть у нас имеется сплошной кусок сверхпроводящего материала (без отверстий). Тогда в любом установившемся положении дивергенция тока должна быть равна нулю, потому что ему некуда течь. Удобно будет выбрать дивергенцию **A** равной нулю. (Конечно, полагалось бы объяснить, отчего принятие этого соглашения не означает потери общности, но я не хочу тратить на это время.) Если взять дивергенцию от уравнения (19.18), то в итоге окажется, что лапласиан от θ должен быть равен нулю. Но погодите, а как же с вариацией ρ? Я забыл упомянуть об одном важном пункте. В металле существует фон положительных зарядов (из-за наличия атомных ионов решетки). Если плотность заряда ρ однородна, то не будет ни остаточного заряда, ни электрического поля. Если бы в каком-то месте электроны и скопились, то их заряд не был бы нейтрализован и возникло бы сильнейшее отталкивание, которое растолкало бы

---

* W. Meissner, R. Ochsenfeld, Naturwiss., 21, 787 (1933).

электроны по всему металлу *. Значит, в обычных обстоятельствах плотность электронного заряда в сверхпроводниках почти идеально однородна, и я вправе считать ρ постоянным. Далее, единственная возможность, чтобы $\nabla^2\theta$ было равно нулю всюду внутри сплошного куска металла,— это постоянство θ. А это означает, что в $\mathbf{J}$ не входит член с p-импульсом. Согласно выражению (19.18), ток пропорционален ρ, умноженному на $\mathbf{A}$. Значит в куске сверхпроводящего материала ток с необходимостью будет пропорционален вектор-потенциалу

$$J = -\rho\frac{q}{m}\mathbf{A}. \tag{19.20}$$

Знаки ρ и q одинаковы (отрицательны), и поскольку ρ — величина постоянная, то я могу положить $\rho q/m = -$(некоторая постоянная). Тогда

$$\mathbf{J} = -(\text{некоторая постоянная})\,\mathbf{A}. \tag{19.21}$$

Это уравнение впервые предложили братья Лондон **, чтобы объяснить экспериментальные наблюдения над сверхпроводимостью, задолго до того, как люди уяснили себе квантовомеханическое происхождение эффекта.

Мы теперь можем подставить (19.20) в уравнения электромагнетизма и определить поля. Векторный потенциал связан с плотностью тока уравнением

$$\nabla^2\mathbf{A} = -\frac{1}{\varepsilon_0 c^2}\mathbf{J}. \tag{19.22}$$

Если вместо $\mathbf{J}$ я подставлю (19.21), то получу

$$\nabla^2\mathbf{A} = \lambda^2\mathbf{A}, \tag{19.23}$$

где λ^2 — просто новая постоянная

$$\lambda^2 = \rho\frac{q}{\varepsilon_0 mc^2}. \tag{19.24}$$

Теперь можно попробовать решить это уравнение относительно $\mathbf{A}$ и детальнее посмотреть, что там происходит. Например, в одномерном случае у (19.23) имеются экспоненциальные решения вида $e^{-\lambda x}$ и $e^{+\lambda x}$. Эти решения означают, что векторный потенциал обязан экспоненциально *убывать* по мере удаления от поверхности внутрь образца. (Возрастать он не может —

---

* В действительности, если бы электрическое поле оказалось чересчур сильным, то пары разорвались бы, и среди возникших «нормальных» электронов началось бы движение за нейтрализацию всяческих излишеств в положительном заряде. Но все же для образования этих нормальных электронов понадобилась бы энергия, так что основная мысль, заключающаяся в том, что почти однородная плотность ρ очень выгодна энергетически, остается справедливой.

** H. London, F. London, Proc. Roy. Soc. (London), **A149**, 71, (1935); Physica, **2**, 341 (1935).

Фиг. 19.3. Сверхпроводящий цилиндр в магнитном поле (а) и магнитное поле **B** *как функция от r (б).*

a

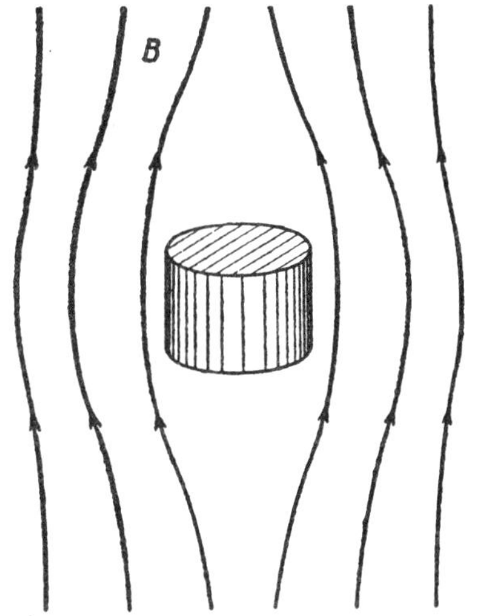

б

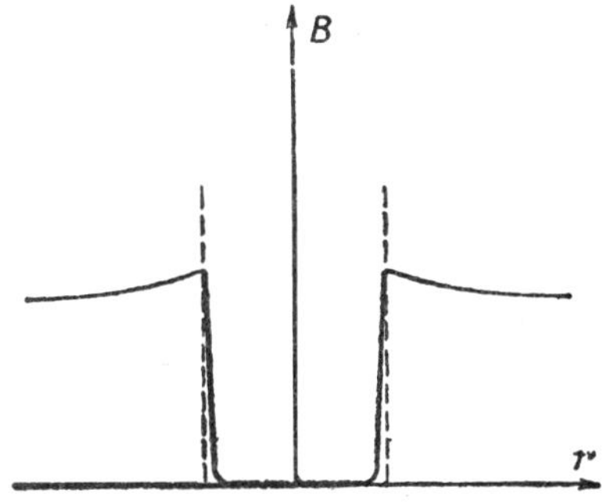

будет взрыв.) Если кусок металла очень велик по сравнению с $1/\lambda$, то поле проникнет внутрь только в тонкий слой у поверхности толщиной около $1/\lambda$. Все остальное место внутри проводника будет свободно от поля, как показано на фиг. 19.3. Этим и объясняется явление Мейсснера.

Какова же эта «глубина проникновения» $1/\lambda$? Вы помните, что r_0 — «электромагнитный радиус» электрона ($2{,}8\cdot 10^{-13}$ *см*) — выражается формулой

$$mc^2 = \frac{q_e^2}{4\pi\varepsilon_0 r_0}.$$

Вы помните также, что q вдвое больше заряда электрона, так что

$$\frac{q}{\varepsilon_0 mc^2} = \frac{8\pi r_0}{q_e}.$$

Записав ρ в виде $q_e N$, где N — число электронов в кубическом сантиметре, мы получим

$$\lambda^2 = 8\pi N r_0. \qquad (19.25)$$

У такого металла, как свинец, на каждый кубический сантиметр приходится $3\cdot 10^{22}$ атомов, и если каждый атом снабдит нас одним электроном проводимости, то $1/\lambda$ будет порядка $2\cdot 10^{-6}$ *см*. Это дает вам порядок величины эффекта.

§ 7. Квантование потока

Уравнение Лондонов (19.21) было предложено, чтобы объяснить наблюдавшиеся при сверхпроводимости явления, включая эффект Мейсснера. Однако в последнее время прозвучали и более поразительные предсказания. Одно из предсказаний Лондонов было таким своеобразным, что никто даже не обратил на него особого внимания. Об этом я и расскажу. На сей раз *возьмем* сверхпроводящее кольцо, толщина которого по сравнению с $1/\lambda$ велика, и посмотрим, что случится, если мы сперва наложим на кольцо магнитное поле, затем охладим кольцо до сверхпроводящего состояния, а потом уберем первоначальный источник поля **B**. Последовательность этих событий изображена на фиг. 19.4. В нормальном состоянии (фиг. 19.4, *а*) в теле кольца имеется магнитное поле. Когда кольцо становится сверхпроводящим, поле (как мы уже знаем) *выталкивается* из вещества кольца. Но тогда, как показано на фиг. 19.4, *б*, останется некоторый поток поля сквозь отверстие кольца. Если теперь убрать внешнее поле, то те линии поля, которые шли через отверстие, будут «заморожены» (фиг. 19.4, *в*). Поток Φ через центр сойти на нет не может, потому что $\partial\Phi/\partial t$ должно быть все время равно контурному интегралу от **E** вдоль кольца, а **E** внутри сверхпроводника равно нулю. И вот, когда мы убираем внешнее поле, то по кольцу начинает течь сверхпроводящий ток, цель которого — сохранить поток через кольцо неизменным. (Это старая идея о вихревых токах, только с нулевым сопротивлением.) Но все эти токи будут течь только у самой поверхности (на глубине не более $1/\lambda$), что следует из такого же анализа, как и проделанный для сплошного куска. Эти токи в состоянии сделать так, чтобы магнитное поле не попадало внутрь кольца, но зато все время держалось вокруг него.

Но здесь имеется существенное различие, и наши уравнения предсказывают поразительный эффект. Рассуждение о том, что фаза θ в сплошном куске должна быть постоянной, *к кольцу неприменимо*; в этом вам помогут убедиться следующие рассуждения.

Далеко в глубине тела кольца плотность тока **J** равна нулю; значит, (19.18) означает, что

$$\hbar\nabla\theta = q\mathbf{A}. \tag{19.26}$$

Теперь посмотрим, что получится, если мы возьмем контурный интеграл от **A** по кривой Г, которая проходит по самому центру поперечного сечения кольца, нигде не подходя близко к поверхности (фиг. 19.5). Из (19.26)

$$\hbar\oint\nabla\theta\cdot d\mathbf{s} = q\oint\mathbf{A}\cdot d\mathbf{s}. \tag{19.27}$$

Фиг. 19.4. Кольцо в магнитном поле.

а — в нормальном состоянии; б — в сверхпроводящем состоянии; в — после того, как внешнее поле убрали.

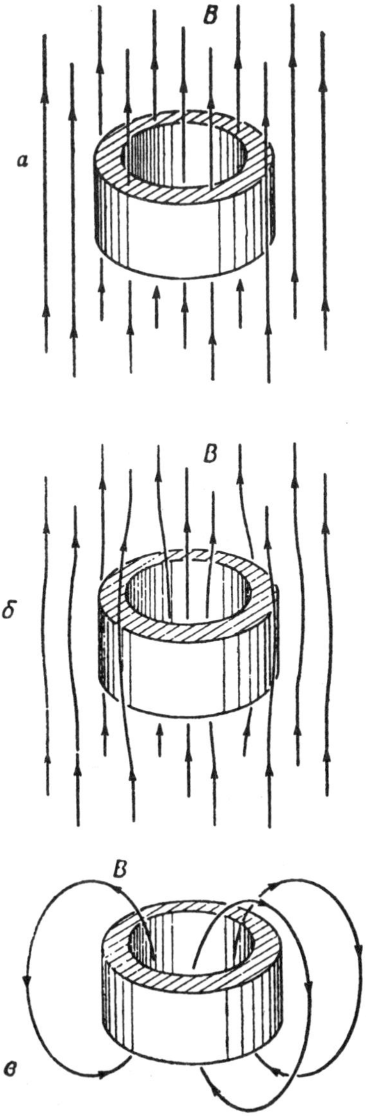

Вы знаете, что контурный интеграл от **A** по любой петле равен потоку **B** через петлю

$$\oint \mathbf{A}\cdot d\mathbf{s} = \Phi.$$

Стало быть, уравнение (19.27) превращается в

$$\oint \nabla\theta\cdot d\mathbf{s} = \frac{q}{\hbar}\Phi. \quad (19.28)$$

Криволинейный интеграл от одной точки до другой (скажем, от точки 1 до точки 2) от градиента равен разности значений функции в этих двух точках:

$$\int_1^2 \nabla\theta\cdot d\mathbf{s} = \theta_2 - \theta_1.$$

Если начать сближать точки 1 и 2, чтобы петля стала замкнутой, то на первый взгляд могло бы показаться, что θ_1 станет равно θ_2, так что интеграл в (19.28) обратится в нуль. Так оно и было бы для замкнутых петель в односвязном куске сверхпроводника, но для кольцеобразного куска это не обязательно. Единственное физическое требование, которое мы вправе предъявить, это чтобы *в каждой точке волновая функция могла принимать только одно значение*. Что бы ни делала фаза θ, когда вы движетесь по кольцу, но когда вы возвращаетесь к начальной точке, фаза

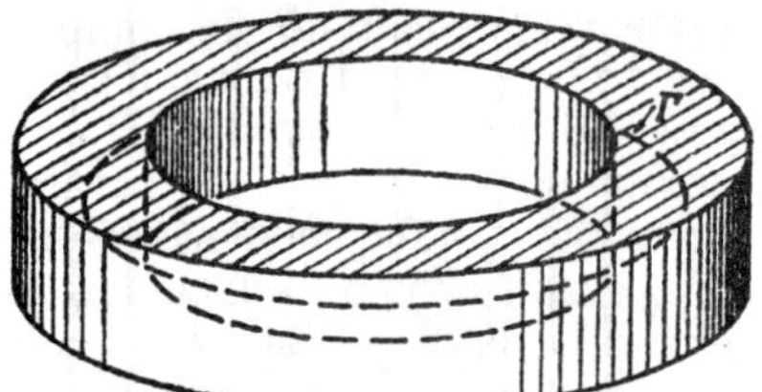

Фиг. 19.5. Кривая **Г** *внутри сверхпроводникового кольца.*

θ обязана обеспечить вам прежнее значение волновой функции $\psi=\sqrt{\rho}e^{i\theta}$. Так будет, если θ меняется на $2\pi n$, где n — любое целое число. Итак, если мы делаем один полный оборот вокруг кольца, то левая часть (19.27) должна быть равна $\hbar\cdot 2\pi n$. Подставляя сюда (19.28), получаем

$$2\pi n\hbar=q\Phi. \tag{19.29}$$

Захваченный поток всегда обязан быть кратным числу $2\pi\hbar/q$! Если бы кольцо было классическим объектом с идеальной (т. е. бесконечной) проводимостью, то можно было бы подумать, что в кольце обязан остаться весь проходивший через него поток, какой бы величины он ни был, т. е. можно заморозить любое количество потока. Но квантовомеханическая теория сверхпроводимости утверждает, что поток может быть либо нулем, либо $2\pi\hbar/q$, либо $4\pi\hbar/q$, либо $6\pi\hbar/q$ и т. д., но только не промежуточным числом! Он обязан быть кратным фундаментальной квантовомеханической константе.

Лондон * предсказывал, что поток, захватываемый сверхпроводящим кольцом, окажется квантованным и допустимая величина потока будет дана уравнением (19.29), где $q=q_e$ — заряду электрона. Согласно Лондону, фундаментальная единица потока должна быть равна $2\pi\hbar/q_e$, т. е. около $4\cdot 10^{-7}$ *гс·см²*. Чтобы представить себе эту величину, вообразите тонкий цилиндрик толщиной в одну десятую долю миллиметра; магнитное поле внутри него, если он содержит такую величину потока, составит около одного процента магнитного поля Земли. С помощью чувствительных магнитных измерений такой поток можно зарегистрировать.

В 1961 г. Дивер и Фейрбэнк ** из Стэнфордского университета предприняли поиски такого квантованного потока и нашли его; примерно в то же время это проделали Долл и Набауэр *** в Германии.

---

* F. London, Superfluids, Vol. 1, New York, 1950, p. 152.

** B. S. Deaver, Jr., W. M. Fairbank, Phys. Rev. Letters, **7, 43** (1961).

*** R. Doll, M. Nabauer, Phys. Rev. Letters, **7, 51 (1961).**

В опыте Дивера и Фейрбэнка сверхпроводящий цилиндрик был изготовлен электроосаждением тонкого слоя олова на кусочке медной проволоки диаметром $1{,}3 \cdot 10^{-3}$ *см* (длиной 1 *см*). Ниже 3,8°К олово становится сверхпроводящим, а медь остается нормальным металлом. Проволока была помещена в небольшое регулируемое магнитное поле и температура снижалась до тех пор, пока олово не стало сверхпроводником. Затем убрали внешний источник поля. Вы понимаете, что по закону Ленца это вызвало появление тока, стремившегося погасить эффект убывания потока внутри цилиндра. Цилиндрик приобрел магнитный момент, пропорциональный потоку внутри него. Этот магнитный момент измеряли, для чего водили проволочкой вверх и вниз (как иглой в швейной машинке, но со скоростью 100 раз в секунду) внутри пары маленьких катушечек, помещенных у концов оловянного цилиндрика. Мерой магнитного момента было наводимое в катушках напряжение.

Дивер и Фейрбэнк, проделав свой опыт, обнаружили, что поток действительно квантуется, но *фундаментальная единица равна половине той, которую предсказал Лондон*. Тот же результат получили Долл и Набауэр. Сперва это выглядело очень таинственно *, но теперь стало ясно, отчего так вышло. Согласно теории сверхпроводимости Бардина, Купера и Шриффера, то q, которое стоит в (19.29), это заряд *пары* электронов, т. е. равно $2q_e$. Фундаментальная единица потока равна

$$\Phi_0 = \frac{\pi\hbar}{q_e} \approx 2 \cdot 10^{-7} гс \cdot см^2, \qquad (19.30)$$

т. е. равна половине того, что было предсказано Лондоном. Теперь все сходится, и измерения свидетельствуют о существовании предсказанного чисто квантовомеханического, но крупномасштабного явления.

§ 8. *Динамика сверхпроводимости*

Эффект Мейсснера и квантование потока подтверждают наши общие представления. Для полноты стоит еще продемонстрировать, как с этой точки зрения выглядели бы полные уравнения сверхпроводящей жидкости,— получается довольно интересно. До сих пор я подставлял выражение для ψ только в уравнения плотности заряда и тока. Но если я их подставлю в полное уравнение Шредингера, то получу уравнения для ρ и θ. Интересно поглядеть, что из этого выйдет, потому что перед нами сейчас «жидкость» электронных пар с плотностью заряда ρ и с таинственной θ; мы можем посмотреть, как выглядят урав-

---

* Когда-то Онзагер говорил, что это возможно (см. цитированную на стр. 508 книжку Лондона), но никто не понимал, почему.

нения такой «жидкости»! Итак, подставим волновую функцию (19.17) в уравнение Шредингера (19.3) и вспомним, что ρ и θ это вещественные функции от x, y и z. Если мы отделим вещественную часть от мнимой, то уравнений станет два. Чтобы запись была короче, я, следуя уравнению (19.19), напишу

$$\frac{\hbar}{m}\nabla\theta-\frac{q}{m}\mathbf{A}=\mathbf{v}. \tag{19.31}$$

Тогда одно из двух уравнений примет вид

$$\frac{\partial\rho}{\partial t}=-\nabla\cdot\rho\mathbf{v}. \tag{19.32}$$

Поскольку $\rho\mathbf{v}$ это и есть $\mathbf{J}$ [см. (19.18)], то мы просто еще раз получили уравнение непрерывности. Второе же уравнение говорит об изменении θ:

$$\hbar\frac{\partial\theta}{\partial t}=-\frac{m}{2}\mathbf{v}^2-q\varphi+\frac{\hbar^2}{2m}\left\{\frac{1}{\sqrt{\rho}}\nabla^2(\sqrt{\rho})\right\}. \tag{19.33}$$

Те из вас, кто хорошо знаком с гидродинамикой (думаю, очень немногие), в этом уравнении узнают уравнение движения электрически заряженной жидкости, если только отождествить $\hbar\theta$ с «потенциалом скоростей»; но только в последнем члене, который должен быть энергией сжатия жидкости, имеется довольно странная зависимость от плотности ρ. Во всяком случае, это уравнение утверждает, что скорость изменения величины $\hbar\theta$ дается членом с кинетической энергией $(m/2)v^2$ плюс член с потенциальной энергией $q\varphi$ плюс добавочный член с множителем $\hbar^2$, который мы назовем «квантовомеханической энергией». Мы видели, что внутри сверхпроводника электростатические силы поддерживают ρ очень однородным, поэтому во всех практических применениях этим членом почти наверняка можно пренебречь при условии, что имеется только одна сверхпроводящая область. Если между двумя сверхпроводниками имеется граница (или есть другие обстоятельства, за счет которых ρ может начать резко меняться), то этот член может стать существенным.

Для тех, кто не так уж знаком с уравнениями гидродинамики, я попробую переписать (19.33) в том виде, который позволит яснее видеть физику. Я использую (19.31), чтобы θ выразить через $\mathbf{v}$. Беря от всего уравнения (19.33) градиент и выражая с помощью (19.31) $\nabla\theta$ через $\mathbf{A}$ и $\mathbf{v}$, я получу

$$\frac{\partial\mathbf{v}}{\partial t}=\frac{q}{m}\left(-\nabla\varphi-\frac{\partial\mathbf{A}}{\partial t}\right)-\mathbf{v}\times(\nabla\times\mathbf{v})-(\mathbf{v}\cdot\nabla)\mathbf{v}+$$
$$+\nabla\frac{\hbar^2}{2m}\left(\frac{1}{\sqrt{\rho}}\nabla^2\sqrt{\rho}\right). \tag{19.34}$$

Что же означает это уравнение? Вспомним, во-первых, что

$$-\nabla\varphi-\frac{\partial\mathbf{A}}{\partial t}=\mathbf{E}, \tag{19.35}$$

Затем заметим, что если взять ротор от уравнения (19.19), то получится

$$\nabla\times\mathbf{v}=-\frac{q}{m}\nabla\times\mathbf{A}, \qquad (19.36)$$

поскольку ротор градиента всегда нуль. Но $\nabla\times\mathbf{A}$ — это магнитное поле $\mathbf{B}$, так что два первых члена можно записать в виде

$$\frac{q}{m}(\mathbf{E}+\mathbf{v}\times\mathbf{B}).$$

Наконец, вы должны уяснить себе, что $\partial\mathbf{v}/\partial t$ обозначает скорость изменения скорости жидкости в *данной точке*. Если же вас интересует отдельная *частица*, то ее ускорение выразится *полной* производной от $\mathbf{v}$ (или, как иногда говорят в динамике жидкостей, «сопутствующим ускорением»), связанной с $\partial\mathbf{v}/\partial t$ формулой [см. гл. 40, § 2 (вып. 7)]

$$\left.\frac{d\mathbf{v}}{dt}\right|_{(\text{сопутствующее})}=\frac{\partial\mathbf{v}}{\partial t}+(\mathbf{v}\cdot\nabla)\,\mathbf{v}. \qquad (19.37)$$

В правой части (19.34) стоит тот же член $(\mathbf{v}\cdot\nabla)\mathbf{v}$. Если перенести его влево, то (19.34) перепишется так:

$$m\left.\frac{d\mathbf{v}}{dt}\right|_{(\text{сопутствующее})}=q\,(\mathbf{E}+\mathbf{v}\times\mathbf{B})+\nabla\frac{\hbar^2}{2}\left(\frac{1}{\sqrt{\rho}}\nabla^2\sqrt{\rho}\right). \qquad (19.38)$$

Затем из (19.36) следует

$$\nabla\times\mathbf{v}=-\frac{q}{m}\mathbf{B}. \qquad (19.39)$$

Это и есть уравнения движения сверхпроводящей электронной жидкости. Первое уравнение — это просто закон Ньютона для заряженной жидкости в электромагнитном поле. Оно утверждает, что ускорение каждой частицы жидкости с зарядом q вызывается действием обычной лоренцевой силы $q(\mathbf{E}+\mathbf{v}\times\mathbf{B})$ плюс добавочная сила, являющаяся градиентом какого-то таинственного квантовомеханического потенциала; эта сила обычно мала и становится заметной только при соприкосновении двух разных сверхпроводников. Второе уравнение утверждает, что жидкость «идеальна» — ротор обладает нулевой дивергенцией (у $\mathbf{B}$ дивергенция всегда нуль). Это означает, что скорость может быть выражена через потенциал скоростей. Обычно для идеальной жидкости пишут $\nabla\times\mathbf{v}=0$, но *для идеальной заряженной жидкости в магнитном поле* это уравнение обращается в (19.39).

Итак, уравнение Шредингера для электронных пар в сверхпроводнике дает нам уравнения движения электрически заряженной идеальной жидкости. Теория сверхпроводимости совпадает с задачей гидродинамики заряженной жидкости. Если вы хотите решить какую-либо задачу, касающуюся сверхпроводников, вы берете эти уравнения для жидкости [или равноценную им пару (19.32) и (19.33)] и сочетаете их с уравнениями Максвелла, чтобы получить поля. (Заряды и токи, которыми вы пользуетесь, чтобы узнать поля, должны, естественно, включать как заряды и токи от сверхпроводника, так заряды и токи от внешних источников.)

Кстати, я считаю, что уравнение (19.38) не очень-то правильно, в него следует добавить член с плотностью. Он определяется не квантовой механикой, а вытекает из обычной энергии, связанной с вариациями плотности, так же как в уравнении для обычной жидкости должна стоять плотность потенциальной энергии, пропорциональная квадрату отклонения ρ от ρ_0 (невозмущенной плотности, которая в нашем случае равна также плотности заряда кристаллической решетки). Поскольку должны наблюдаться силы, пропорциональные градиенту этой энергии, то в (19.38) обязан стоять еще один член, пропорциональный $\nabla(\rho-\rho_0)^2$. В нашем анализе он не появился, потому что возникает он от взаимодействия между частицами, которым я, применяя приближение независимых частиц, пренебрег. Но это та самая сила, на которую я сослался, когда делал качественное утверждение о том, что электростатические силы стремятся сохранить ρ вдоль сверхпроводника почти неизменным.

§ 9. Переходы Джозефсона

И вот напоследок я перехожу к разбору очень интересного случая, впервые отмеченного Джозефсоном *, к анализу того, что́ бывает при контакте двух сверхпроводников. Пусть у нас есть два сверхпроводника, связанные тонким слоем изолятора (фиг. 19.6). Теперь такое устройство называется «переходом Джозефсона». Если изолирующий слой толст, электроны не могут пройти через него, но если он достаточно тонок, то электроны могут иметь заметную квантовомеханическую амплитуду перескока. Это попросту новый пример квантовомеханического проникновения через барьер. Джозефсон проанализировал такой случай и выяснил, что при этом должно происходить немало странных явлений.

Для анализа такого контакта я обозначу амплитуду того, что электрон окажется на одной стороне, через ψ_1, а того, что на другой,— через ψ_2. В сверхпроводящем состоянии волновая функция ψ_1 — это общая волновая функция всех электронов с одной стороны, а ψ_2 — соответствующая функция с другой стороны. Эту задачу можно решать для сверхпроводников разного сорта, но мы ограничимся самым простым случаем, когда вещество по обе стороны одно и то же,— так что соединение са-

---

* B. D. Josephson, Physics Letters, 1, 251 (1962).

Фиг. 19.6. *Два сверхпроводника, разделенных тонким изолятором.*

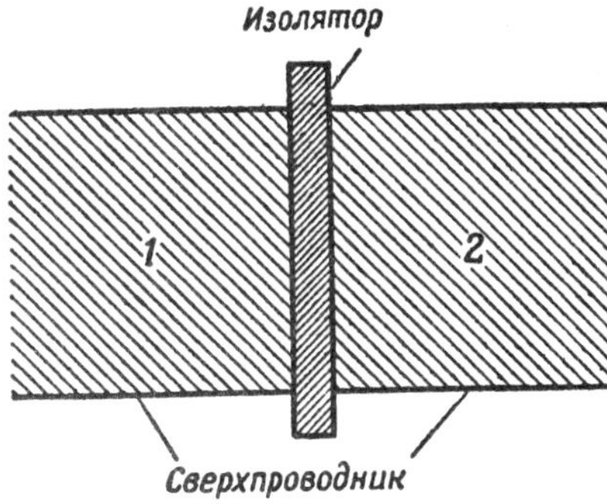

мое простое и симметричное. И пусть пока никакого магнитного поля нет. Тогда связь между этими двумя амплитудами должна быть такой:

$$i\hbar\frac{\partial\psi_1}{\partial t}=U_1\psi_1+K\psi_2,$$

$$i\hbar\frac{\partial\psi_2}{\partial t}=U_2\psi_2+K\psi_1.$$

Постоянная K характеризует данный переход. Если бы K была равна нулю, то эта пара уравнений попросту описывала бы наинизшее энергетическое состояние (с энергией U) каждого сверхпроводника. Но обе стороны связаны амплитудой K, выражающей возможность утечки из одной стороны в другую (это как раз известная нам по двухуровневым системам амплитуда «переброса»). Если обе стороны одинаковы, то U_1 будет равно U_2, и я имею право их просто вычесть. Но теперь предположим, что мы подсоединили две сверхпроводящие области к двум полюсам батарейки, так что к переходу оказалась приложенной разность потенциалов V. Тогда $U_1-U_2=qV$. Для удобства я могу выбрать нуль энергии посредине между U_1 и U_2, и тогда уравнения обратятся в

$$i\hbar\frac{\partial\psi_1}{\partial t}=\frac{qV}{2}\psi_1+K\psi_2,$$
$$i\hbar\frac{\partial\psi_2}{\partial t}=-\frac{qV}{2}\psi_2+K\psi_1. \tag{19.40}$$

Это стандартные уравнения двух связанных квантовомеханических состояний. На этот раз давайте проанализируем их по-иному. Сделаем подстановки:

$$\psi_1=\sqrt{\rho_1}\,e^{i\theta_1},$$
$$\psi_2=\sqrt{\rho_2}\,e^{i\theta_2}, \tag{19.41}$$

где θ_1 и θ_2 — фазы по обе стороны контакта, а ρ_1 и ρ_2 — плотности электронов в этих двух точках. Вспомним, что на практике ρ_1 и ρ_2 почти точно совпадают друг с другом и равны ρ_0 — нормальной плотности электронов в сверхпроводящем материале. Если вы теперь подставите эти формулы для ψ_1 и ψ_2 в (19.40) и приравняете вещественные части вещественным, а мнимые — мнимым, то получится четверка уравнений (для краткости обозначено $\theta_2-\theta_1=\delta$):

$$\dot{\rho}_1=+\frac{2}{\hbar}K\sqrt{\rho_2\rho_1}\sin\delta,$$
$$\dot{\rho}_2=-\frac{2}{\hbar}K\sqrt{\rho_2\rho_1}\sin\delta, \tag{19.42}$$

$$\dot{\theta}_1=+\frac{K}{\hbar}\sqrt{\frac{\rho_2}{\rho_1}}\cos\delta-\frac{qV}{2\hbar},$$
$$\dot{\theta}_2=+\frac{K}{\hbar}\sqrt{\frac{\rho_1}{\rho_2}}\cos\delta+\frac{qV}{2\hbar}. \tag{19.43}$$

Первая пара уравнений говорит, что $\dot{\rho}_1=-\dot{\rho}_2$ «Но,— скажете вы,— они ведь обе должны быть равны нулю, раз ρ_1 и ρ_2 обе постоянны и равны ρ_0». Не совсем. Эти уравнения описывают не все. Они говорят, какими были бы $\dot{\rho}_1$ и $\dot{\rho}_2$, *если бы не было добавочных электрических сил* за счет того, что нет баланса между электронной жидкостью и фоном положительных ионов. Они сообщают, как начали бы меняться плотности, и поэтому описывают тот ток, который начал бы течь. Этот ток, текущий от стороны 1 к стороне 2, был бы как раз равен $\dot{\rho}_1$ (или $-\dot{\rho}_2$), или

$$J=\frac{2K}{\hbar}\sqrt{\rho_1\rho_2}\sin\delta. \tag{19.44}$$

Такой ток вскоре зарядил бы сторону 2, *если можно было бы забыть*, что обе стороны соединены проводами с батареей. Однако он не зарядит область 2 (и не разрядит область 1), потому что возникнут токи, которые выровняют потенциал. В наши уравнения эти токи от батареи не входят. Если бы их добавить, то ρ_1 и ρ_2 оставались бы фактически постоянными, а ток через переход определялся бы формулой (19.44).

Поскольку ρ_1 и ρ_2 действительно остаются постоянными и равными ρ_0, давайте положим $2K\rho_0/\hbar=J_0$ и напишем

$$J=J_0\sin\delta. \tag{19.45}$$

Тогда J_0, подобно K, есть число, характеризующее данный переход.

Другая пара уравнений (19.43) дает нам θ_1 и θ_2. Нас интересует разность $\delta=\theta_2-\theta_1$, которую мы хотим подставить в (19.45); из уравнений же мы имеем

$$\dot{\delta}=\dot{\theta}_2-\dot{\theta}_1=\frac{qV}{\hbar}. \tag{19.46}$$

Это значит, что можно написать

$$\delta(t)=\delta_0+\frac{q}{\hbar}\int V(t)\,dt, \qquad (19.47)$$

где δ_0 — значение δ при $t=0$. Не забывайте также, что q — это заряд пары, $q=2q_e$. В уравнениях (19.45) и (19.47) содержится важный результат — общая теория переходов Джозефсона.

Так что же из них следует? Сначала приложим постоянное напряжение. Если приложить постоянное напряжение V_0, то аргумент синуса примет вид $\delta_0+(q/\hbar)V_0t$. Поскольку $\hbar/q$ — число маленькое (по сравнению с обычными напряжениями и временами), то синус будет колебаться довольно быстро и в итоге никакой ток не пойдет. (Практически, поскольку температура не равна нулю, небольшой ток все же будет из-за проводимости «нормальных» электронов.) С другой стороны, если напряжение на переходе равно *нулю*, то ток может пойти! Если нет напряжения, то ток может равняться любой величине между $+J_0$ и $-J_0$ (в зависимости от того, каково значение δ_0). Но попробуйте приложить напряжение — и ток обратится в нуль. Это странное поведение недавно наблюдалось экспериментально *.

Ток можно получить и другим способом: кроме постоянного напряжения — приложить еще и высокую частоту. Пусть

$$V=V_0+v\cos\omega t,$$

где $v\ll V$. Тогда

$$\delta(t)=\delta_0+\frac{q}{\hbar}V_0t+\frac{q}{\hbar}\frac{v}{\omega}\sin\omega t.$$

Но при малых Δx

$$\sin(x+\Delta x)\approx\sin x+\Delta x\cos x.$$

Разложив по этому правилу $\sin\delta$, я получу

$$J=J_0\left[\sin\left(\delta_0+\frac{q}{\hbar}V_0t\right)+\frac{q}{\hbar}\frac{v}{\omega}\sin\omega t\cos\left(\delta_0+\frac{q}{\hbar}V_0t\right)\right].$$

Первый член в среднем дает нуль, но второй в нуль не обращается, если

$$\omega=\frac{q}{\hbar}V_0.$$

Значит, если частота переменного напряжения равна $(q/\hbar)V_0$, то через контакт пойдет ток. Шапиро ** сообщил, что он наблюдал такой резонансный эффект.

---

* P. W. Anderson, J. M. Powell, Phys. Rev. Letters, 10, 230 (1963).

** S. Shapiro, Phys. Rev. Letters, 11, 80 (1963).

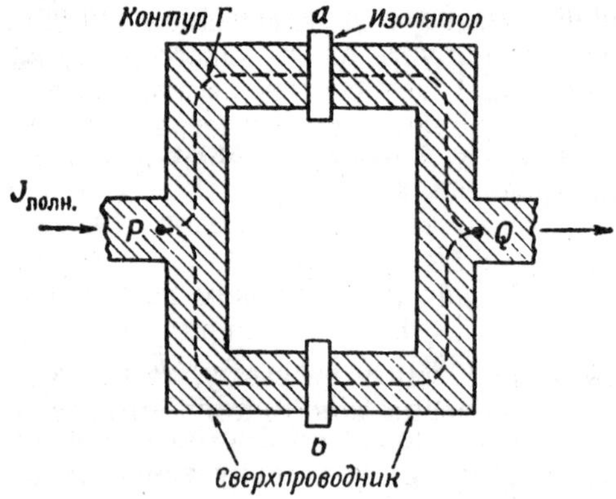

Фиг. 19.7. Два параллельных перехода Джозефсона.

Если вы просмотрите работы на эту тему, то заметите, что в них формула для тока часто записывается в виде

$$J = J_0 \sin\left(\delta_0 + \frac{2q_e}{\hbar}\int \mathbf{A}\cdot d\mathbf{s}\right), \qquad (19.48)$$

где интеграл берется по пути, ведущему через переход. Причина здесь в том, что если переход находится в поле векторного потенциала, то фаза амплитуды переброса видоизменяется так, как было объяснено вначале [уравнение (19.1)]. Если вы всюду включите такой сдвиг фазы, то получите нужные формулы.

Наконец, я хотел бы описать очень эффектный и интересный опыт по интерференции токов, проходящих через два перехода, который был недавно проделан. Мы привыкли встречаться в квантовой механике с интерференцией амплитуд от двух щелей. Сейчас мы будем иметь дело с интерференцией двух токов, текущих через два перехода между сверхпроводниками. Она вызывается различием в фазах, с которыми сливаются токи, прошедшие по двум разным путям. На фиг. 19.7 показано параллельное соединение двух переходов a и b между сверхпроводниками. Концы сверхпроводников P и Q подключены к приборам, которыми мы измеряем ток. Внешний ток $J_{полн}$ будет суммой токов через каждый из переходов. Пусть J_a и J_b это токи через переходы, и пусть их фазы будут δ_a и δ_b. Разность фаз волновых функций в точках P и Q должна быть одинаковой, по какому бы пути вы ни пошли. На том пути, который следует через переход a, разность фаз между P и Q равна δ_a плюс криволинейный интеграл от векторного потенциала вдоль верхнего пути:

$$\Delta\,\text{Фазы}_{P\to Q} = \delta_a + \frac{2q_e}{\hbar}\int\limits_{\text{Верхн}} \mathbf{A}\cdot d\mathbf{s}. \qquad (19.49)$$

Почему? Потому что фаза θ связана с **A** уравнением (19.26). Если вы это уравнение проинтегрируете вдоль какого-то пути, то левая часть даст изменение фазы, которое тем самым как раз окажется пропорциональным криволинейному интегралу от **A**, что и написано. Изменение фазы по нижнему пути может быть записано подобным же образом:

$$\Delta \text{Фазы}_{P \to Q} = \delta_b + \frac{2q_e}{\hbar} \int\limits_{\text{Нижн}} \mathbf{A} \cdot d\mathbf{s}. \qquad (19.50)$$

Эти величины должны быть равны; если я их вычту, то получу, что разность дельт должна быть равна контурному интегралу от **A** по замкнутому пути

$$\delta_b - \delta_a = \frac{2q_e}{\hbar} \oint\limits_{\Gamma} \mathbf{A} \cdot d\mathbf{s}.$$

Здесь интеграл берется по замкнутому контуру Γ (см. фиг. 19.7), проходящему через оба перехода. Интеграл от **A** это магнитный поток Φ через контур. Итак, две дельты оказываются отличающимися на $2q_e/\hbar$, умноженное на магнитный поток Φ, который проходит между двумя ветвями схемы:

$$\delta_b - \delta_a = \frac{2q_e}{\hbar} \Phi. \qquad (19.51)$$

Изменяя магнитное поле в схеме, я смогу контролировать эту разность фаз. Я ее прилажу так, чтобы посмотреть, проявится ли в полном токе, текущем сквозь оба перехода, интерференция между его частями. Полный ток равен сумме J_a и J_b. Для удобства я приму

$$\delta_a = \delta_0 + \frac{q_e}{\hbar}\Phi, \qquad \delta_b = \delta_0 - \frac{q_e}{\hbar}\Phi.$$

Тогда

$$J_{\text{полн}} = J_0 \left\{ \sin\left(\delta_0 + \frac{q_e}{\hbar}\Phi\right) + \sin\left(\delta_0 - \frac{q_e}{\hbar}\Phi\right) \right\} =$$

$$= 2J_0 \sin\delta_0 \cos\frac{q_e\Phi}{\hbar}. \qquad (19.52)$$

Мы не знаем, каково значение δ_0, и природа здесь может, в зависимости от обстоятельств, вытворять все, что ей заблагорассудится. В частности, δ_0 может зависеть от прилагаемого к переходам внешнего напряжения. Но что бы мы ни делали, $\sin\delta_0$ не окажется больше единицы. Значит, *предельно сильный* ток для каждого данного Φ дается формулой

$$J_{\text{макс}} = 2J_0 \left| \cos\frac{q_e\Phi}{\hbar} \right|.$$

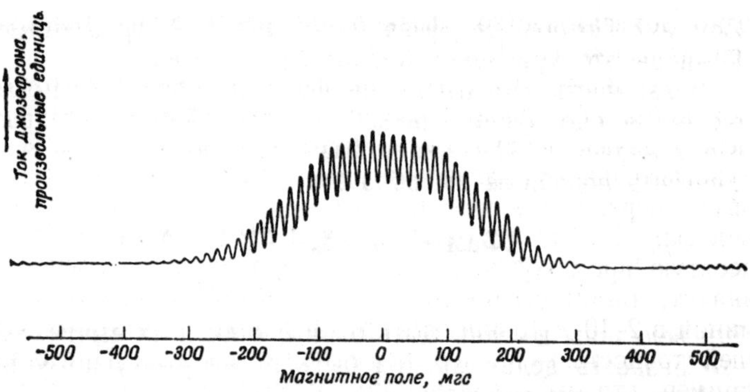

Фиг. 19.8. Запись тока через два параллельных перехода Джозефсона как функции магнитного поля в области между двумя переходами.

Этот предельный ток меняется, смотря по тому, каково Ф, и сам достигает максимума всякий раз, когда

$$\Phi = n\frac{\pi\hbar}{q_e},$$

где n — целое число. Иными словами, ток достигает своего максимума, когда зацепляющийся за схему поток принимает те самые квантованные значения, которые мы получили в уравнении (19.30)!

Ток Джозефсона через двойной переход недавно был измерен * как функция магнитного поля в области между ветвями. Результаты приведены на фиг. 19.8. Здесь мы видим общий фон от токов, вызываемых различными эффектами, которыми мы пренебрегли, но быстрые колебания тока при изменении магнитного поля объясняются наличием интерференционного члена $\cos(q_e\Phi/\hbar)$ в (19.52).

Один из самых интригующих вопросов квантовой механики — это вопрос о том, существует ли векторный потенциал в том месте, где нет поля **. Опыт, который я только что описал, был проделан тоже с узеньким соленоидом, помещенным между двумя переходами, так что заметное магнитное поле **B** было только внутри соленоида, а на сверхпроводящие провода его попадало пренебрежимо мало. И вот оказалось, что сила тока колеблется с изменением потока магнитного поля внутри этого соленоида, даже если само поле и не касается проводов. Это еще

---

* Jaklevic, Lambe, Silver, Mercereau, Phys. Rev. Letters, 12, 159 (1964).

** Jaklevic, Lambe, Silver, Mercereau, Phys. Rev. Letters, 12, 274 (1964).

одно доказательство «физической реальности» векторного потенциала [см. гл. 15, § 5 (вып. 6)].

Я не знаю, что теперь на очереди. Но посмотрите-ка, что можно было бы сделать. Во-первых, заметьте, что интерференция между двумя переходами может быть применена для создания чувствительного магнитометра. Если площадь, охватываемая двумя переходами, равна, скажем, 1 *мм*², то максимумы на кривой фиг. 19.8 будут отстоять друг от друга на $2\cdot 10^{-5}$ *гс*. Одну десятую промежутка между пиками запросто можно заметить; значит, таким соединением можно будет измерять поля величиной в $2\cdot 10^{-6}$ *гс*, или замерять большие поля со столь же хорошей точностью. Можно даже пойти дальше. Представим, например, что мы вплотную друг к другу на равных расстояниях расставили 10—20 переходов. Тогда получится интерференция на 10—20 щелях, и при изменении магнитного поля мы получим очень резкие максимумы и минимумы. Вместо интерференции на двух щелях у нас будет двадцати-, а может быть, и стощелевой интерферометр для измерения магнитного поля. Вероятно, можно предсказать, что измерения магнитных полей при использовании квантовомеханической интерференции станут почти такими же точными, как измерения длин световых волн.

Это еще одна иллюстрация к тому, что́ происходит в физике в последнее время — появление транзистора, лазера, а теперь эти переходы сверхпроводников, практическое значение которых пока еще не раскрыто полностью. Квантовая механика, открытая в 1926 г., имела за своими плечами почти 40 лет развития, когда вдруг внезапно она получила множество реальных практических применений. Как-то сразу появилась возможность крайне деликатно и тонко управлять природой.

И должен вам сообщить, джентльмены, как это ни прискорбно, что для того, чтобы принять в этом участие, вам абсолютно необходимо как можно быстрее изучить квантовую механику. В этом курсе мы попытались отыскать путь, на котором тайны этой области физики стали бы вам понятными как можно раньше.

КОНЕЦ ТРЕТЬЕГО ТОМА

Эпилог

Ну что ж, я выступал перед вами два года, пора и перестать. Кое в чем я хотел бы попросить прощения, кое в чем нет. Я надеюсь (более того, знаю!), что человек двадцать-тридцать из вас оказались в состоянии следить за всем с большим подъемом и получили большое удовольствие. Но я знаю и то, что «обучение редко приносит плоды кому-либо, кроме тех, кто предрасположен к нему, но им оно почти не нужно». Значит, о тех двух-трех десятках из вас, которые все понимали, я могу сказать, что лишь раскрыл перед ними истинное положение вещей. Что же касается прочих, то было бы жаль, если бы мои лекции заставили их возненавидеть предмет. Я никогда прежде не преподавал элементарной физики и поэтому приношу им всяческие извинения. Но все же я надеюсь, что не очень вас напугал и вы не бросите этого замечательного занятия. Может быть, кто-нибудь другой выучит вас всему, чему нужно, не вызывая раздражения, и в конце концов вы вдруг поймете, что все это не так страшно, как сперва казалось.

Смею заметить, наконец, что я не ставил себе целью подготовить вас к каким-то экзаменам и даже к работе в промышленности или в военном деле. Я хотел, чтобы большинство из вас смогло оценить красоту нашего прекрасного мира и вместе с тем получить физическое представление о мире, которое, я думаю, составляет сейчас главную часть истинной культуры нашей эпохи. (Вероятно, найдутся преподаватели других дисциплин, которые захотят что-то возразить, но я-то знаю, что они абсолютно неправы.)

А может быть, вы не только сумеете отдать должное этой культуре; не исключено, что и вас самих потянет подключиться к этому величайшему дерзанию, на которое когда-либо пускался человеческий разум.

Оглавление

Выпуск 8

Выпуск 9

Научно-популярное издание

Фейнман Ричард, Лейтон Роберт, Сэндс Мэтью

Фейнмановские лекции по физике
Т. VI (8–9)

Ответственный редактор *Г. Веснина*
Художественный редактор *Е. Фрей*
Технический редактор *Т. Полонская*
Компьютерная верстка: *Р. Рыдалин*

Подписано в печать 11.01.2021. Формат 60x90 1/16.
Печать офсетная. Гарнитура Newton.
Усл. печ. л. 33,00. Тираж 3000 экз. Заказ № 40.

Общероссийский классификатор продукции ОК-034-2014 (КПЕС 2008);
58.11.1 – книги, брошюры печатные

Произведено в Российской Федерации
Изготовлено в 2021 г.
Изготовитель: ООО «Издательство АСТ»
129085, г. Москва, Звёздный бульвар, дом 21, строение 1, комната 705,
пом. I, 7 этаж.
Наш электронный адрес: **www.ast.ru.** Интернет-магазин: **www.book24.ru.**
E-mail: **neoclassic@ast.ru.** ВКонтакте: **vk.com/ast_neoclassic.**
Инстаграм: **instagram.com/ast_neoclassic.**

«Баспа Аста» деген ООО
129085, г. Мәскеу, Жұлдызды гүлзар, д. 21, 1 құрылым, 705 бөлме, пом. 1, 7-қабат
Біздің электрондық мекенжаймыз: **www.ast.ru**
Интернет-магазин: **www.book24.kz** Интернет-дүкен: **www.book24.kz**
Импортер в Республику Казахстан и Представитель по приему претензий
в Республике Казахстан – ТОО РДЦ Алматы, г. Алматы.
Қазақстан Республикасына импорттаушы және Қазақстан Республикасында
наразылықтарды қабылдау бойынша өкіл — «РДЦ-Алматы» ЖШС, Алматы
қ., Домбровский көш., 3«а», Б литері офис 1. Тел.: 8(727) 2 51 59 90,91,
факс: 8 (727) 251 59 92 ішкі 107; E-mail: **RDC-Almaty@eksmo.kz, www.book24.kz**
Тауар белгісі: «АСТ» Өндірілген жылы: 2021
Өнімнің жарамдылық; мерзімі шектелмеген.

Отпечатано с готовых файлов заказчика
в АО «Первая Образцовая типография»,
филиал «УЛЬЯНОВСКИЙ ДОМ ПЕЧАТИ»
432980, Россия, г. Ульяновск, ул. Гончарова, 14

12+

Американский физик Ричард Фейнман – один из создателей квантовой электродинамики, Нобелевский лауреат, но, прежде всего, – незаурядная многогранная личность, не вписывающаяся в привычные рамки образа «человека науки».

Он был известен своим пристрастием к шуткам и розыгрышам, писал изумительные портреты, играл на экзотических музыкальных инструментах. Великолепный оратор, он превращал каждую свою лекцию в захватывающую интеллектуальную игру. На его выступления рвались не только студенты и коллеги, но и люди, просто увлеченные физикой.

Автобиография великого ученого захватывает сильнее, чем приключенческий роман. Это одна из немногих книг, которые навсегда остаются в памяти каждого, кто их прочитал.

В основу этой книги легли знаменитые лекции Ричарда Фейнмана, прочитанные им в Калифорнийском университете. Уникальность их заключается в том, что читались они для преподавателей и студентов гуманитарных факультетов — то есть людей, совершенно не подготовленных к восприятию такого на первый взгляд сложного материала, как квантовая электродинамика. Однако прославленному физику удалось изложить теорию, в создании которой принимал участие он сам, простым и доступным языком. Не зря даже о самом первом, принстонском, издании этой работы критики писали: «Книга, которая полностью передает захватывающий и остроумный стиль Фейнмана, сделавшего квантовую электродинамику не только понятной, но и занятной!»